utb 8696

Eine Arbeitsgemeinschaft der Verlage

Böhlau Verlag · Wien · Köln · Weimar
Verlag Barbara Budrich · Opladen · Toronto
facultas · Wien
Wilhelm Fink · Paderborn
A. Francke Verlag · Tübingen
Haupt Verlag · Bern
Verlag Julius Klinkhardt · Bad Heilbrunn
Mohr Siebeck · Tübingen
Ernst Reinhardt Verlag · München · Basel
Ferdinand Schöningh · Paderborn
Eugen Ulmer Verlag · Stuttgart
UVK Verlagsgesellschaft · Konstanz, mit UVK/Lucius · München
Vandenhoeck & Ruprecht · Göttingen · Bristol
Waxmann · Münster · New York

Alle Informations- und Arbeitsblätter zum Download unter:
www.utb-shop.de/filmwelten-verstehen-und-vermitteln-9468.html

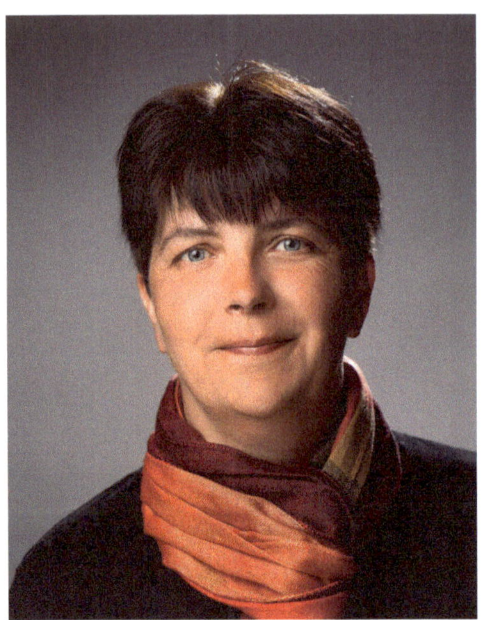

Kristina Wacker studierte Wissenschaftliches Bibliothekswesen und absolvierte nach langjährigen Tätigkeiten als freie Journalistin den Aufbaustudiengang Medienpädagogik an der Pädagogischen Hochschule Freiburg. Nach ihrer Mitarbeit in der DFG-Forschergruppe »Historische Lebenswelten in populären Wissenskulturen der Gegenwart« war sie als Lehrbeauftragte für Filmvermittlung tätig und koordinierte mit der Arbeitsgruppe Integrative Filmdidaktik der PH Freiburg den Kongress »Neue Wege der Filmbildung 2015«.

Kristina Wacker

Filmwelten verstehen und vermitteln

Das Praxisbuch für Unterricht und Lehre

UVK Verlagsgesellschaft mbH · Konstanz
mit UVK Lucius · München

Online-Angebote oder elektronische Ausgaben sind erhältlich unter
www.utb-shop.de

Bibliografische Information der Deutschen Nationalbibliothek
Die Deutsche Nationalbibliothek verzeichnet diese Publikation in der Deutschen Nationalbibliografie; detaillierte bibliografische Daten sind im Internet über http://dnb.d-nb.de abrufbar.

Einbandgestaltung: Atelier Reichert, Stuttgart
Einbandfoto: © VadimGuzhva/fotolia.com
Druck: CPI – Ebner & Spiegel, Ulm

UVK Verlagsgesellschaft mbH
Schützenstr. 24 · D-78462 Konstanz
Tel.: 07531-9053-0 · Fax: 07531-9053-98
www.uvk.de

UTB-Band Nr. 8696
ISBN 978-3-8252-8696-5

Vorwort

Filme prägen wie kaum ein anderes Medium unsere Sicht auf die Welt, sie rühren uns zu Tränen, lassen uns lachend den Alltag vergessen und eröffnen uns Erfahrungen, die weit über das hinausreichen, was wir selbst je erleben können. Filme sind damit ein wichtiger Bestandteil unseres Weltwissens und das Angebot wie auch die Nutzung digitaler und mobiler Endgeräte wird diese Fokussierung auf das (bewegte) Bild auch in Zukunft weiter beschleunigen. Angesichts solcher Entwicklungen liegt es auf der Hand, dass die Kompetenz, Filme in Inhalt und Form zu verstehen und für die eigene Gestaltung zu nutzen, ein unverzichtbarer Teil der (Medien)Bildung sein muss. Film als narratives Leitmedium gilt aus diesen Gründen längst als zentraler Bestandteil schulischen Lernens. Dies fand schon im Jahre 2003 in der „Filmkompetenzerklärung" des Berliner Kongresses „Kino macht Schule" und dem daraus resultierenden „Filmkanon" wie auch in der von der Länderkonferenz MedienBildung 2009 vorgestellten „Filmbildung – Kompetenzorientiertes Konzept für die Schule" seinen Ausdruck.[1]

Fragt man allerdings Schüler und Studenten nach ihrer selbst erfahrenen Filmbildung in der Schule sind der Ergebnisse mehr als ernüchternd. Filme haben sie im Unterricht alle gesehen. Filmbildung, verstanden als *Lernen über Film* und damit als Beschäftigung mit Inhalt und der Form des Dargestellten, kaum bis gar nicht. *Lernen mit Film*, indem das Medium als Erweiterung des Schulbuches zur Vermittlung von fachspezifischem Sachwissen Verwendung findet oder im Sinne eine Bonbondidaktik als Belohnung für Mitarbeit und Disziplin vor Ferienbeginn eingesetzt wird, haben dagegen die meisten Schüler und Studenten erlebt. Doch woran liegt es, dass seit Jahren auf vielen Kongressen, Symposien und in zahlreichen Publikationen die Notwendigkeit von Filmbildung als unbestritten gilt, in der schulischen Praxis aber kaum einen entsprechenden Widerhall findet?[2] Die Antwort ist so grundlegend wie auch einfach: Filmbildung ist kein integraler Bestandteil der Lehrerbildung. Die sich aus den Anforderungen der Filmbildung ableitbaren notwendigen Filmkompetenzen der Lehrkräfte und die filmpädagogischen Kompetenzen, diese Inhalte auch zielgruppenorientiert zu vermitteln, können deshalb keineswegs vorausgesetzt werden. Berücksichtigt man dazu noch den häufig höheren Vorbereitungsaufwand einer solchen Unterrichtseinheit, wird nachvollziehbar, dass Filmbildung selten in der Schule stattfindet. Damit soll keineswegs der schwarze Peter den Lehrkräften zugeschoben werden, denn das Interesse und auch die Bereitschaft, Filmbildung in die jeweiligen Fächer zu integrieren, sind durchaus vorhanden. Was fehlt, sind konkrete Vermittlungsvorschläge, die über grobe Zielvorgaben der Kompetenzbereiche hinausgehen.

Dieses Praxisbuch stellt exemplarisch anhand von 20 Filmen verschiedene Themen der Filmbildung in Form von Informations- und Arbeitsblättern vor, welche Lehrende und Filminteressierte selbst als Lernplattform nutzen oder als Materialien zur Vermittlung im Unterricht einsetzen können. Die vorgeschlagenen Themen und Inhalte erheben natürlich keinen Anspruch auf Vollständigkeit und können grundlegende Werke zur Filmgeschichte, Filmsprache und Filmvermittlung nicht ersetzen. Eine Auswahl mit weiterführenden Literaturhinweisen finden Sie deshalb im Anhang dieses Buches. Was dieses Buch aber leisten kann, ist Impulse und Anregungen zu liefern. Jeder Film kann interessante und anregende Themen der Filmvermittlung liefern. Sogar sogenannte Trashfilme, die von Filmhistorikern und -kritikern wegen ihrer qualitativ schlechten Machart verrissen werden, können uns anschaulich vor Augen führen, was uns irritiert und dadurch zu Aha-Effekten verhelfen, was wir inhaltlich und formal erwarten. Der entscheidende Punkt ist, die eigene Fähigkeit zu entwickeln, das Potential eines Werkes für Themen der Filmvermittlung zu erkennen und auch den Mut zu finden, diese im Unterricht zu behandeln. Und genau dazu möchte dieses Praxisbuch Anregungen liefern, die sich in alle Richtungen als erweiterbar und anschlussfähig verstehen.

Im ersten Teil werden Ihnen auf jeweils einer Doppelseite 20 Filme in komprimierter Form vorgestellt, deren Auswahl sich vor allem auf unterrichtspraktische Überlegungen gründet: Ausschlaggebend sind die kostengünstige Verfügbarkeit der Filme auf DVD und auch eine gewisse Bandbreite unterschiedlicher Altersfreigaben durch die Freiwillige Selbstkontrolle Kino (FSK), sodass Filmvermittlungskonzepte für unterschiedliche Jahrgangsstufen möglich werden. Sie werden Filme finden wie „Panzerkreuzer Potemkin" oder „Citizen Kane", die seit Jahrzehnten einen festen Platz in den Listen der besten Filme aller Zeiten gefunden haben. Sie werden aber auch Werke entdecken, die Sie vielleicht hier nicht vermutet hätten. Bei Filmen wie „Jäger des verlorenen Schatzes" oder bei der britische TV-Produktion „Sherlock – Sein letzter Schwur" sprachen andere Gründe als deren filmhistorische Bedeutung für die Aufnahme. So hat der Indiana-Jones-Film nicht nur das Genre der Abenteuerfilme in den 1980er-Jahren wiederbelebt, er steht hier auch exemplarisch für das dramaturgische Konzept der Heldenreise. Für eine Aufnahme der BBC-Fernsehproduktion „Sherlock" sprach deren große Publikumsresonanz sowie der Wunsch, auch einen aktuellen Film, dem noch weitere Episoden folgen werden, in die Auswahl zu integrieren und daran rückwirkend aufzuzeigen, wie Filme vorangegangener Jahrzehnte auch in gegenwärtigen Produktionen präsent sind. Kenntnisse über Werke der Filmgeschichte sind damit nicht nur ein Selbstzweck, sondern lassen uns auch aktuelle Filme besser verstehen.

Für jeden dieser Filme werden **im zweiten Teil** des Buches mehrere Themen in Form von Informations- und Arbeitsblättern vorgestellt, die sich an den Kompetenzbereichen der Länderkonferenz Medienbildung orientieren und Film in das kulturelle Handlungsfeld der *Filmanalyse, Film in der Mediengesellschaft; Filmnutzung* und *Filmproduktion und Präsentation* einordnen lassen. Diese Themen können Sie für Ihr Selbststudium nutzen und im Buch bearbeiten. Darüber hinaus sind einige Informations- und Arbeitsblätter mit dem Symbol einer Computermaus markiert. Diese Materialien können Sie, einschließlich aller anderen Themen, auf der UTB-Webseite unter folgender Seite abrufen: **http://www.utb-shop.de/filmwelten-verstehen-und-vermitteln-9468.html** und im Unterricht einsetzen.

Mit diesem Aufbau des Buches in zwei Teile ist es Ihnen freigestellt, wo Sie Ihren Ausgangspunkt setzen. Sie können alternativ zur Reihenfolge im Buch z.B. auch vom Filmischen ausgehen und sich beispielsweise mit Thema „Farbe im Film" oder „Filmmusik" beschäftigen. In diesem Fall bieten sich die Informationsblätter im Kapitel *Filmanalyse/visuell* bzw. *Filmanalyse/auditiv* an. Diese können Sie als Anregungen nutzen und selbst Arbeitsblätter für Filme Ihrer Wahl entwickeln oder auf den vorgeschlagenen Film in diesem Buch zurückgreifen. Sie können natürlich auch den umgekehrten Weg gehen, wenn Sie einen konkreten Film im Blick haben, mit dem Sie sich gern beschäftigen möchten. In diesem Fall sollten Sie sich überlegen, für welche Bereiche der Filmvermittlung er ein interessantes und anschauliches Beispiel abgeben könnte, auf die entsprechenden Informationsblätter zurückgreifen und selbst Arbeitsmaterialien für Ihren Film entwickeln. Last but not least können Sie Ihren Ausgangspunkt aber auch bei der Durchführung eines eigenen Filmprojektes setzen und sich in den einzelnen Produktionsphasen davon inspirieren lassen, welche kreativen Lösungen Filmschaffende vor Ihnen gefunden haben.

Nutzen Sie dieses Buch wie einen offenen Werkzeugkasten, dessen Tools Sie entsprechend Ihrer eigenen Zielsetzungen und Zielgruppen miteinander kombinieren, ergänzen oder auch austauschen können. Um etwas vermitteln zu können, müssen die Inhalte natürlich den Lehrende selbst präsent sein. Nutzen Sie einfach die Informations- und Arbeitsblätter dieses Buches zum Selbststudium. Vielleicht sind Sie an der einen oder anderen Stelle erstaunt, wie viel wir bei jeder Filmrezeption intuitiv und aufgrund unserer Filmerfahrung verstehen, ohne jeweils die Gründe dafür genau benennen zu können. Bevor Sie Film im Unterricht thematisieren können, sollte Ihnen und auch den Schülern klar sein, welches übergeordnete Lernziel damit verbunden ist. Die Behandlung von Einstellungsgrößen sollte kein Selbstzweck sein, sondern in einem Kontext stehen, der auch eine Verbindung mit dem jeweiligen Fach sichtbar werden lässt. Denkbar wäre beispielsweise für den Geschichtsunterricht die übergeordnete Fragestellung, inwieweit Filme Zeugnis der Vergangenheit sein können und welche Formen der Perspektivität der damaligen oder gegenwärtigen Filmschaffenden in filmästhetischen Mitteln zum Ausdruck kommen.

Eine vieldiskutierte Frage bleibt am Ende noch: Sollten Filme in Gänze oder in Ausschnitten gesehen werden? Es kommt ganz darauf an, welche Ziele Sie mit Ihrem Unterrichtskonzept verfolgen, wie viel Zeit Sie für diese Einheit einplanen, wie lang der Film ist und ob er in seiner Machart dazu geeignet ist, ein junges Publikum die gesamte Laufzeit über zu fesseln. Bei Filmen wie „Metropolis" mit mehr als zweieinhalb Stunden Dauer und einer für das heutige Publikum eher ungewohnten Stummfilmästhetik fällt die Entscheidung für die Rezeption von Filmausschnitten leicht. Bei anderen Filmen dagegen wie beispielsweise „Lola rennt" kann es auch genauso gute Argumente für die Rezeption des ganzen Filmes geben. Für welchen Zugang und für welchen Film Sie sich auch immer entscheiden, ein übergeordnetes Ziel sollte jeder Filmvermittlung vorangestellt sein: Es muss Lehrenden wie Lernenden Spaß machen. Film ist ein faszinierendes und unüberschaubar vielfältiges Medium und auch alte Filme müssen nicht zwangsläufig alte Hüte sein. Jeder aktuelle Film steht mehr oder weniger sichtbar in einer langen Tradition und die Kenntnis von Filmklassikern und erfolgreichen Filmen sagt immer auch etwas über deren Entstehungszeit und über das damalige oder aktuelle Publikum und damit über uns selbst.

Sollten Ihnen einige der Vorschläge Anregungen für eigene Unterrichtskonzepte oder Filmprojekte geliefert haben und möchten Sie diese Erfahrung mit anderen teilen oder einfach nur ein Feedback geben, freue ich mich über eine Kontaktaufnahme per E-Mail unter Kristina.Wacker@gmx.net.

Zum Schluss bleibt mir nur noch ein Wunsch: Genießen Sie Filme bewusst, entdecken Sie deren Möglichkeiten und das Potenzial der Filmvermittlung, lassen Sie sich inspirieren, entwickeln Sie eigene Ideen und seien Sie offen für ein Medium, das viele Künste in sich vereint und schon seit mehr als 120 Jahren die Menschen fasziniert.

Kristina Wacker — Freiburg, den 23. März 2017

Die Zauberwelt des Films – „Die Reise zum Mond" (1902)

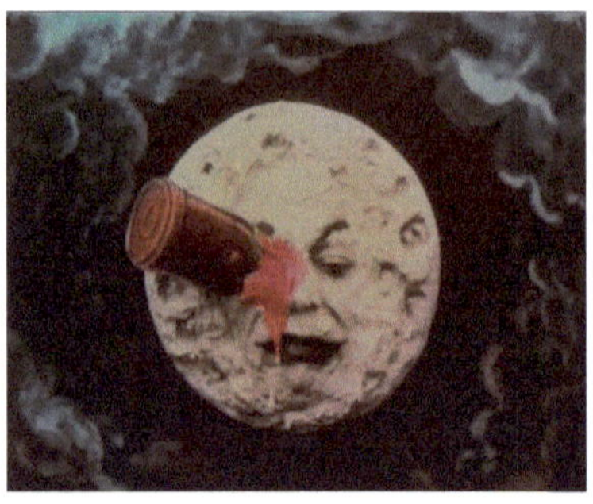

Während die ersten Filme der Brüder Lumière noch Alltagsszenen in der Tradition der Fotografie zeigten und ihre Faszination aus der Sichtbarmachung von Bewegungsabläufen bezogen, entwickelte Georges Méliès den Film innovativ weiter: Er begründete den narrativen Spielfilm, das Genre der Science-Fiction-Filme und er nutzte auch als Erster ganz bewusst die Möglichkeiten des Filmtricks. Anders als die am Realismus orientierten Filme der Brüder Lumière schuf Méliès phantastische Zauberwelten und verstand Film als erweiterte Realität.

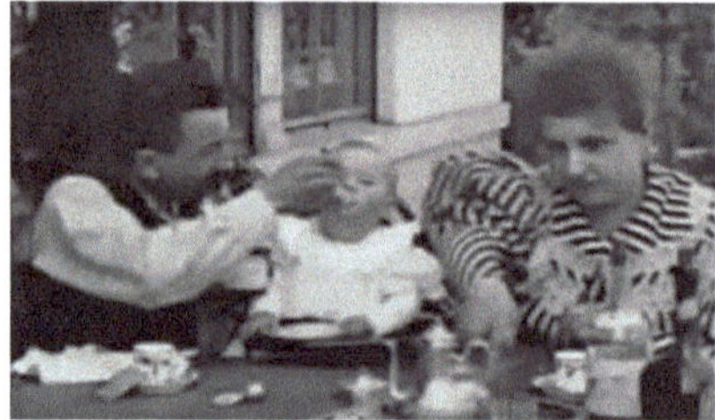

„Babys Frühstück" (1895)

Auch wenn Film nur durch zahlreiche vorangegangene Erfindungen möglich wurde, gilt allgemein der 28. Dezember 1895 als Geburtsstunde des Kinos. An diesem Tag führten die Brüder Auguste und Louis Lumière in Paris ihren Cinématographe einem zahlenden Publikum vor. Ein Gerät, das die Eigenschaften einer Kamera, eines Filmkopierers und eines Projektionsapparates in sich vereinte.

Die Zuschauer konnten miterleben wie ein Baby am Frühstückstisch gefüttert wird oder wie Arbeiter ein Fabrikgebäude verlassen. Wirklich neu war das zunächst nicht, konnten sie diese Dinge doch auch in ihrem Alltag wahrnehmen. Spektakulär dagegen war die Aufführung selbst. D.h. die Reproduktion von Bewegung auf einer Leinwand als gemeinschaftlich empfundenes Erlebnis in einem dunklen Raum mit dem Geräusch eines Filmprojektors im Hintergrund. Die Faszination der ersten Filme lag damit nicht im Inhalt des Dargestellten, sondern in der Inszenierung eines Spektakels.

Anders als diese an der Fotografie orientierten Alltagsfilme der Brüder Lumière wollte Georges Méliès mit seinen Filmen Zauberwelten erschaffen, Illusionen erzeugen und phantastische Geschichte erzählen. Zu Recht wurde er schon zu Lebzeiten „Kinomagier" und „Jules Verne des Films" genannt. Diesen Ruf erwarb er sich durch mehrere Verdienste. Zum einen schuf er mit seiner am Theater orientierten Dramaturgie die ersten narrativ erzählenden Spielfilme und zum anderen begründete er das neue Genre der Science-Fiction-Filme. Darüber hinaus sicherte er sich einen Platz in der Filmgeschichte durch den Einsatz raffinierter Tricktechniken vor und mit der Kamera, die er durch Mehrfachbelichtungen, Stopptricks und Überblendungen (Kasch) erzeugte. Auch wenn er durch das Drehen in einer einzigen Einstellung, mit einer starren Kamera gefilmt, noch ganz der Theaterästhetik verhaftet bleibt, so zeigen uns seine Studiofilme voller künstlicher Kulissen und traumhafter Kostüme schon, was Film in der Zukunft auch sein wollte: eine Welt voller Zauber und Phantasie, ein Filmspektakel jenseits der Realität. Mit diesen beiden Perspektiven lassen sich schon zu Beginn des Films zwei Grundtendenzen unterscheiden: die realistische Tendenz der Brüder Lumière mit ihrem Bestreben, die Wirklichkeit dokumentarisch zu reproduzieren und die formgebende Tendenz durch Georges Méliès, der die Wirklichkeit filmisch erweiterte und narrativ zu erzählen begann.

Als Georges Méliès 1902 seinen Film „Die Reise zum Mond“ vorstellte, muss das Pariser Publikum überwältigt gewesen sein. Was die Zuschauer hier zum ersten Mal miterleben konnten, war sensationell. Sie sahen einen Film, der nicht wie sonst üblich schon nach zwei bis drei Minuten zu Ende war, sondern ein Werk, das seine Geschichte ganze 14 Minuten lang entfalten konnte, mit tricktechnischen Effekten Dinge zeigte, die in der Alltagswelt nicht erfahrbar waren und seinen Stoff aus den utopischen Zukunftswelten der Romane von Jules Verne und H.G. Wells bezog.

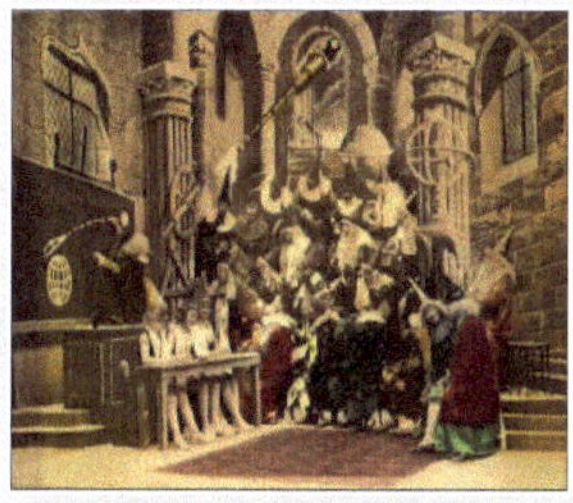
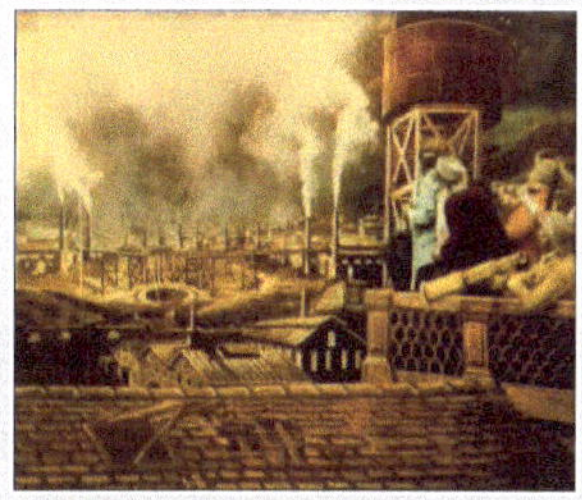
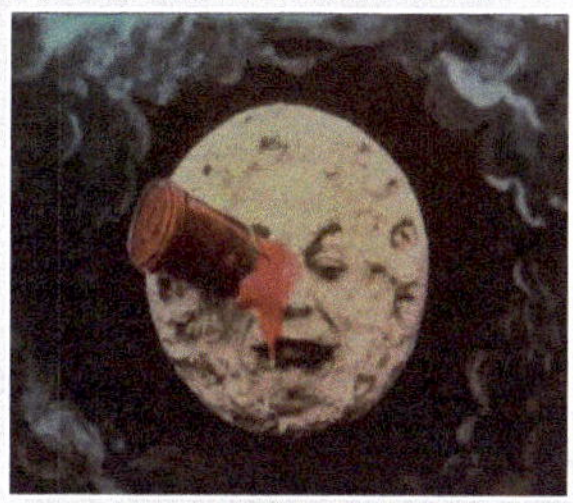

Die Mitglieder einer astronomischen Gesellschaft unter Führung von Professor Barbenfouillis planen eine Reise zum Mond. Sie lassen eine riesige Kanone und eine Raumkapsel bauen, werden in den Weltraum geschossen und landen im rechten Auge des Mondes.

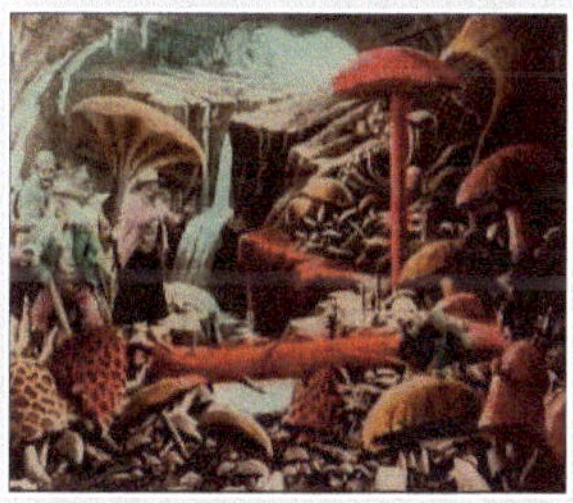
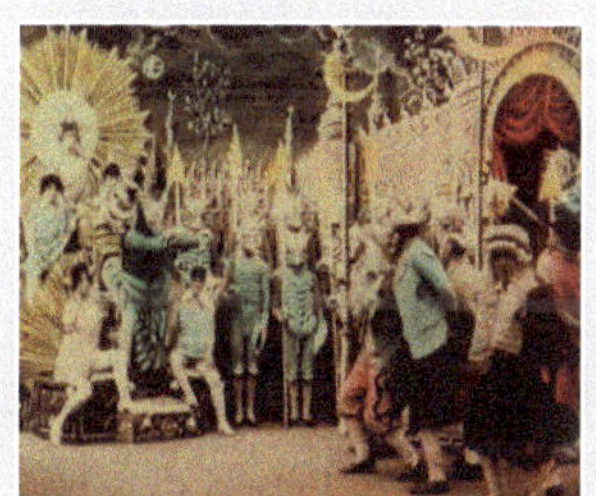
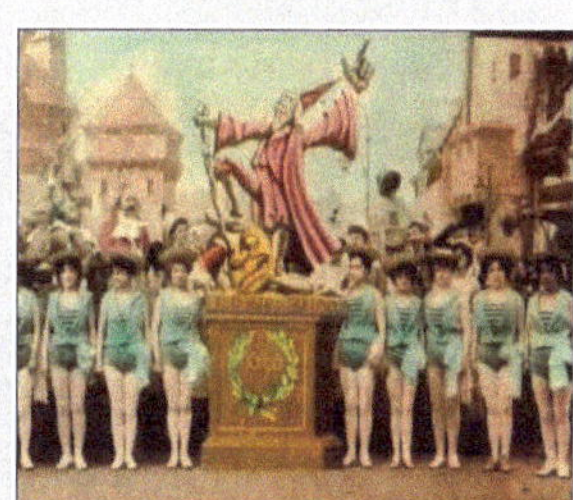

Nach ersten Erkundungen auf dem fremden Himmelskörper werden sie von den Mondbewohnern überfallen, gefangen genommen und vor deren Herrscher gezerrt. Nach einem abenteuerlichen Kampf gelingt ihnen die Flucht. Sie landen im Meer, werden von einem Schiff an Land gezogen und in ihrer Heimatstadt gefeierte. Der Kurzfilm endet mit der Einweihung eines Denkmals für Professor Barbenfouillis.

ARBEITSMATERIALIEN

Filmanalyse/narrativ:	Vom Zeigen zum Erzählen (IB 1 + AB 1.1)
	Dramaturgie – Das Drei-Akt-Schema (IB 2.1 + AB 2.1)
Filmanalyse/visuell:	Farbe im Film – Schwarzweiß oder Farbe? (IB 16.1 + AB 16.1)
Filmproduktion:	Frühe Tricktechniken – Stopp-Motion (IB 46.1 – 46.2 + AB 46.1)
Filmproduktion:	Filmberufe – Tätigkeiten in der Frühzeit des Films (AB 47.4) 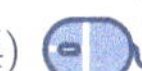

Der blanke Wahnsinn – „Das Cabinet des Dr. Caligari“ (1920)

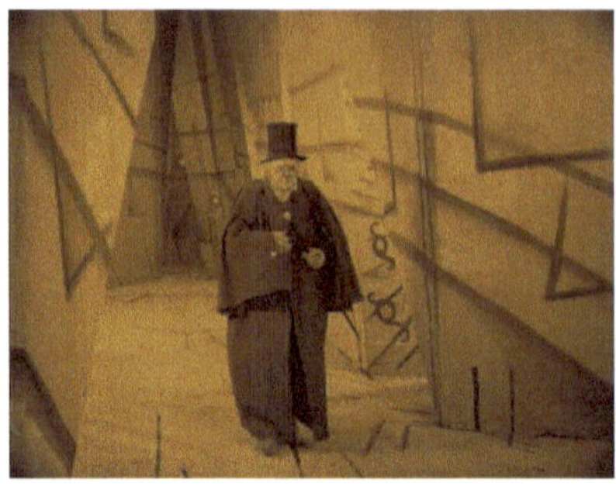

Kaum ein anderes Werk hatte einen so großen Einfluss auf die Anerkennung des Filmes als Zusammenspiel aller Künste wie das Werk des Regisseurs Robert Wiene. Kurz nach dem Ersten Weltkrieg entstanden, wurde seine mehrdeutige Geschichte über Tod und Wahnsinn durch ihre außergewöhnliche expressionistische Gestaltung zur Sensation des Jahres 1920, sie machte das Kino der Weimarer Republik weltberühmt und beeinflusste viele weitere Filme.

Schräg sitzende Hüte, schiefe Häuser, krumme Linien – nichts ist gerade und ordentlich in diesem Film. Alles ist möglich und individuell. Der ganze Film spielt in Studiokulissen, deren Künstlichkeit durch die Gestaltung mit geometrisch abstrakten Formen besonders betont wird. Alles trägt dadurch den Charakter des Unwirklichen, Alptraumhaften und korrespondiert mit der Psyche der Figuren, die jegliche Anhaltspunkte einer gesicherten Orientierung verloren zu haben scheinen. Schon die Ankündigung des Filmes im Januar 1920 verwies auf das Außergewöhnliche: -„Du musst Caligari werden!“ war auf zahlreichen Plakaten der Berliner Litfaßsäulen zu lesen und keiner wusste zunächst, was damit gemeint sein könnte. So warb man mit Irritation und Neugier für diesen Film, der alles Vorangegangene in den Schatten stellte. Erst am Ende des V. Aktes und damit nach über einer Stunde Filmdauer wird es dem Zuschauer in einem Tagebucheintrag des Dr. Caligari offenbart:

> „Jetzt werde ich ergründen, ob es wahr ist, daß [sic] ein Somnambule zu Handlungen gezwungen werden kann, die er im wahren Zustand niemals begehen, die er verabscheuen würde… Ob es wahr ist, daß [sic] der Schlafende bis zum Mord getrieben werden kann…“

Kann man Menschen vollständig einen fremden Willen aufzwingen? Kann ein ganzes Volk wie ein Schlafwandler (Somnambule) von fremden Mächten geleiten werden? Eine Frage, die so kurz nach dem Ersten Weltkrieg viele Menschen beschäftigte. Eine tieferschütterte, traumatisierte Gesellschaft auf der Suche nach sich selbst, nach einer gesellschaftlichen und persönlichen Identität.

ARBEITSMATERIALIEN

Filmanalyse/narrativ:	Zwischentitel im Stummfilm (IB 5.1 + AB 5.1)
	Rahmenerzählung und Binnenstory (IB 6 + AB 6)
	Der Filmvorspann (IB 8 + AB 8.2)
Filmanalyse/visuell:	Farbe im Film – Die Viragierung (IB 16.1 + AB 16.2)
Filmanalyse/auditiv:	Filmerklärer und Geräuschmacher (IB 23.2 + AB 23.3)
Mediengesellschaft:	Die Welt ist aus den Fugen (IB 27.1 – 27.2)
	Filmgenres – Die Dramen (IB 36 + AB 36)
Mediengesellschaft:	Historische Filmplakate (IB 27.3 + AB 27.1 – 27.2) 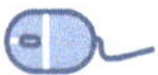

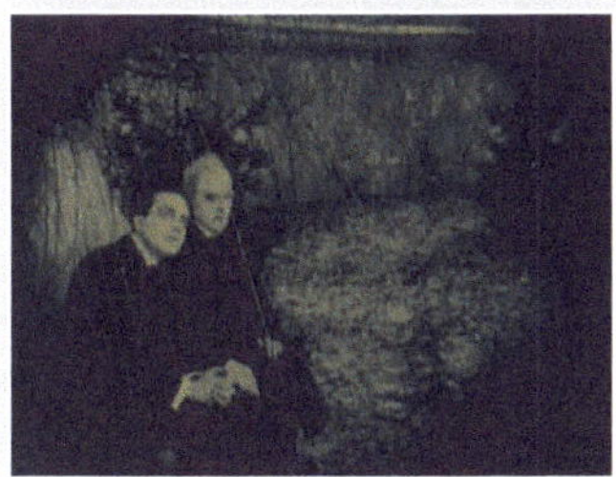
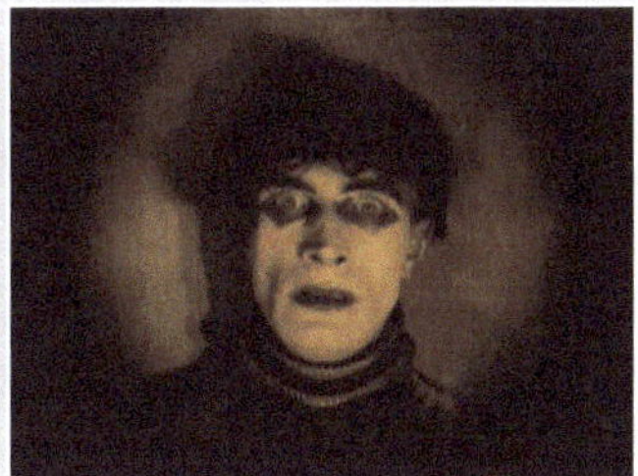
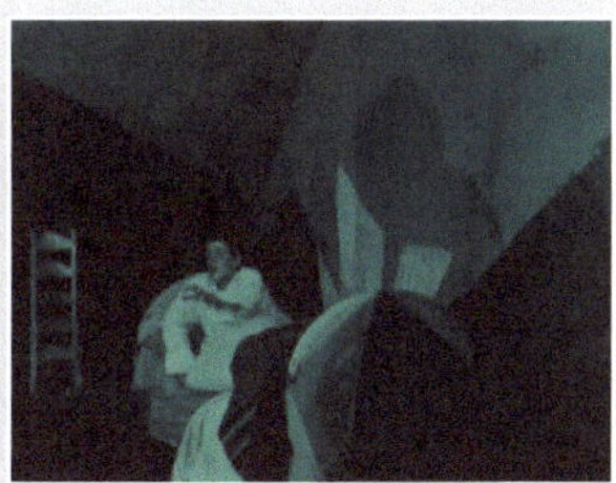

Der junge Franzis sitzt auf einer Parkbank und erzählt einem Nachbarn seine Geschichte: In der norddeutschen Kleinstadt Holstenwall findet ein Jahrmarkt statt, auf dem der Schausteller Dr. Caligari seinen Somnambulen (Schlafwandler) Cesare vorführt. Franzis besucht mit seinem Freund Alan die Vorstellung, in der Cesare erweckt wird und Fragen des Publikums beantwortet. Er prophezeit Alan, dass dieser nur noch bis zum Morgengrauen zu leben hat. Am nächsten Tag wird Alan ermordet aufgefunden und vom Täter fehlt jede Spur. Franzis verdächtigt Cesare und beobachtet ihn.

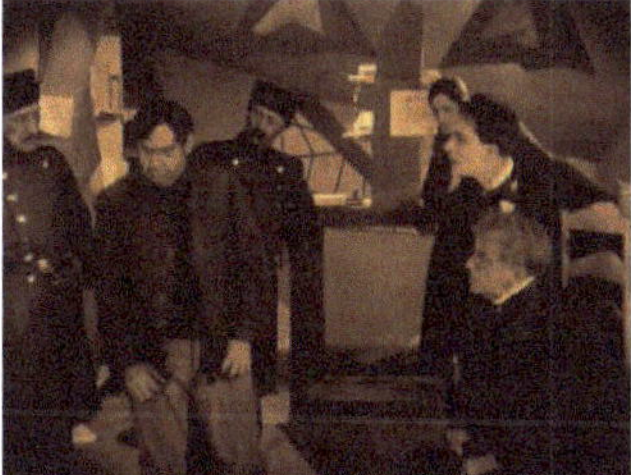
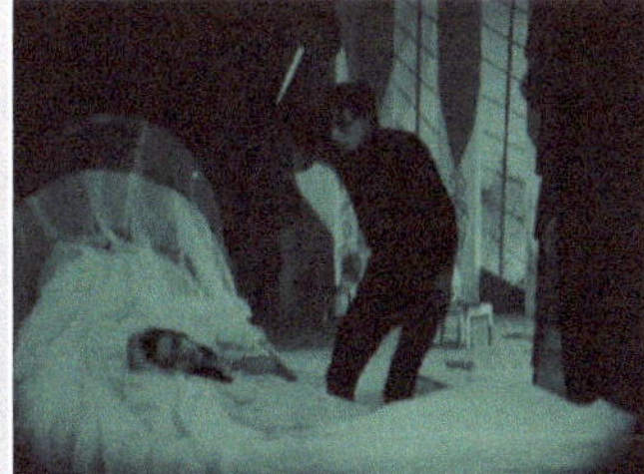
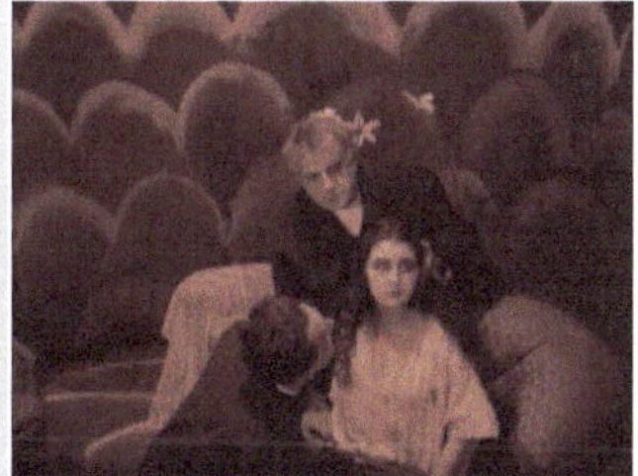

In der Zwischenzeit wird in der Stadt ein Verbrecher bei einem Mordversuch gefangen genommen und als Täter identifiziert. Jane, die Liebe von Franzis, wird von Cesare entführt und nach einer Verfolgungsjagd gerettet.

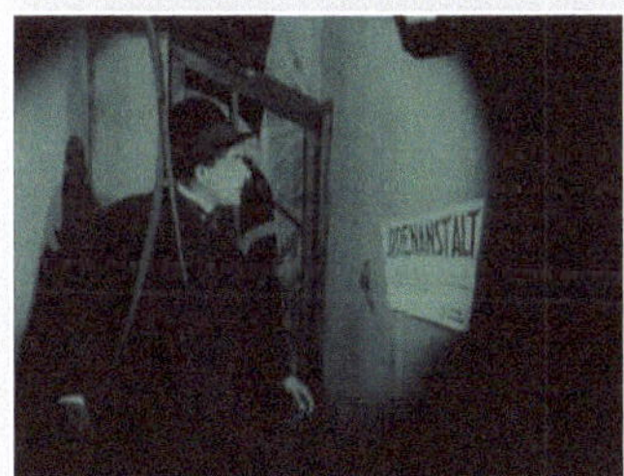
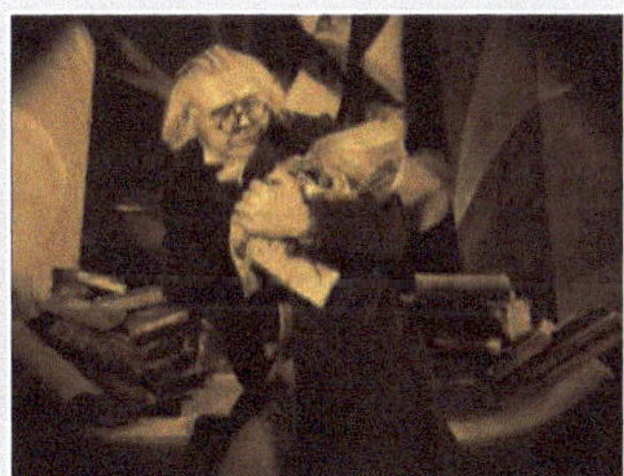
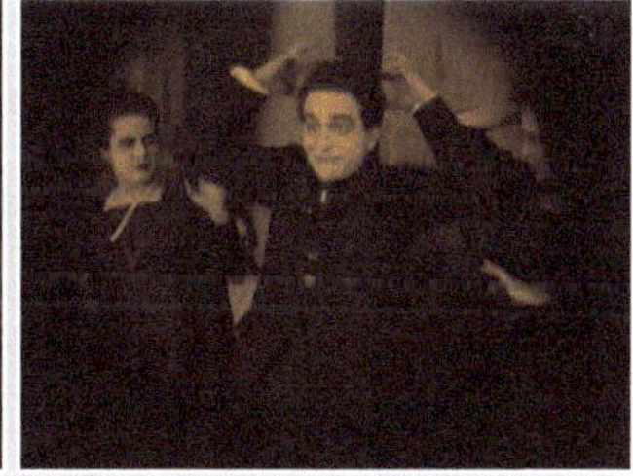

Da der Verbrecher noch in der Zelle sitzt und statt des Schlafwandlers eine Puppe im Wohnwagen liegt, verdächtigt Franzis wieder Dr. Caligari und verfolgt ihn in ein Irrenhaus. Er findet heraus, dass der Arzt als Direktor der Anstalt selbst dem Irrsinn verfallen ist. Der Rahmen schließt sich, als sichtbar wird, dass Franzis selbst auch ein Patient des Irrenhauses ist. Es bleibt am Ende offen, ob Dr. Caligari, als wahnsinnig gewordener Irrenarzt, die Verbrechen zu verantworten hat oder ob Franzis sich von seinem eigenen Wahn bei der Erzählung hat leiten lassen. Eine zentrale Frage bleibt am Schluss: Was ist die Wirklichkeit?

Das Ganze ist mehr als die Summe der Teile – „Panzerkreuzer Potemkin" (1925)

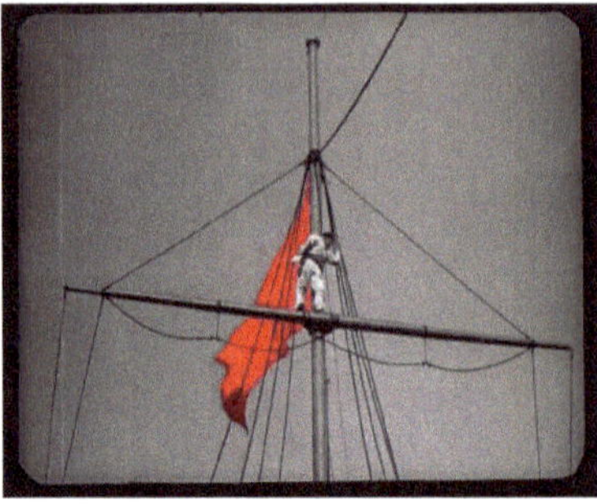

Dieser russische Revolutionsfilm war nicht nur ein politisches Bekenntnis, er setzte auch eine Revolution filmästhetischer Mittel in Gang. Als Medium der Agitation für die noch junge Sowjetunion grenzte sich dieser Film ganz bewusst von den filmischen Konventionen des kapitalistischen Kinos ab und hat durch den Einsatz der auf Kontraste setzenden Montageform bis heute nicht an Wirkung eingebüßt.

1925 beschloss das Zentrale Exekutivkomitee der UdSSR zum 20. Jahrestag der ersten Russischen Revolution einen Auftragsfilm an den jungen Regisseur Sergej Eisenstein zu vergeben. Nur acht Jahre nach der Oktoberrevolution von 1917 war dadurch das Ziel der politischen Führung gesetzt. Film sollte, gemäß dem Diktum Lenins „... als wichtigste aller Künste"[3] die breiten Massen erreichen und die sowjetische Ideologie festigen. Während Filme in der westlichen Welt hauptsächlich der Unterhaltung dienten, ging es der Sowjetführung vorrangig um die Erziehung der Massen.

Orientiert an der klassischen Fünf-Akt-Struktur des Dramas erzählt der Film von den unzumutbaren Zuständen an Bord eines Kriegsschiffes (I), der darauf folgenden Revolte der Matrosen gegen die Offiziere (II), der Verbrüderung der Bevölkerung von Odessa mit den meuternden Seeleuten (III), dem Abschlachten der Zivilbevölkerung auf der Hafentreppe durch die Kosaken des Zaren (IV) und der anschließenden Rettung durch herbeieilende Schiffe der Flotte (V). Liest man diese kurze Zusammenfassung, so erscheint das Erzählte keineswegs spektakulär und es mag verwundern, dass dieser Revolutionsfilm seit Jahrzehnten auf fast jeder Liste der besten Filme aller Zeiten auftaucht. Das Revolutionäre lag weniger im Inhalt des Gezeigten, sondern in der Form seiner Darstellung und darin, wie er seine emotionale und auch heute noch wirksame Kraft entfaltet. Sergej Eisenstein erkannte das Potenzial des Schnittes und der Montage für den Film und entwickelte neue Montagekonzepte, die ganz bewusst dem flüssigen Erzählstil des Hollywoodkinos widersprechen sollten. So setzte er mit seinem als „Attraktionsmontage" bezeichnetem Konzept auf Kollision, Konflikt und Kontrast, indem er inhaltlich oder kompositorisch sehr gegensätzliche Bilder aneinanderreihte und damit dem Publikum neue Assoziationen und Bedeutungsebenen eröffnete.

ARBEITSMATERIALIEN

Filmanalyse/narrativ:	Vergangenheit im Film (IB 10.4 + AB 10.6)
Filmanalyse/auditiv:	Filmmusik (IB 25.1 + AB 25.1)
Mediengesellschaft:	Film als Waffe – Agitation oder Propaganda? (AB 28.1)
	Filmzensur in der Weimarer Republik (IB 41 + AB 41)
Filmanalyse/visuell:	Montage (IB 22.1 – 22.2 + AB 22.1 – 22.2) 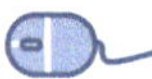

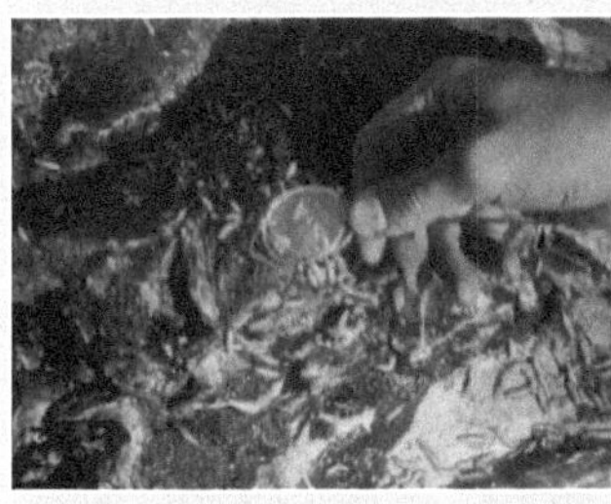
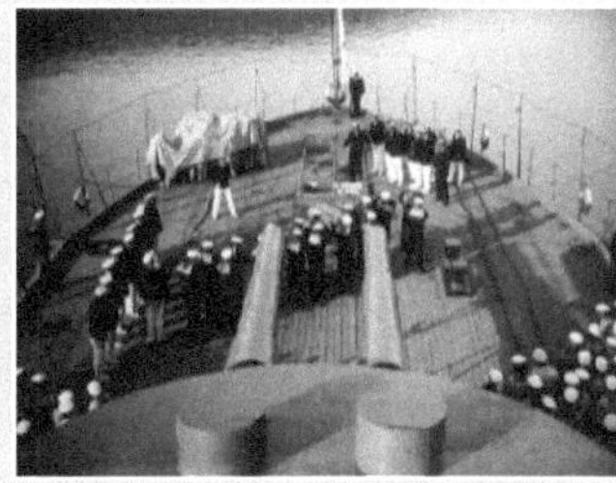
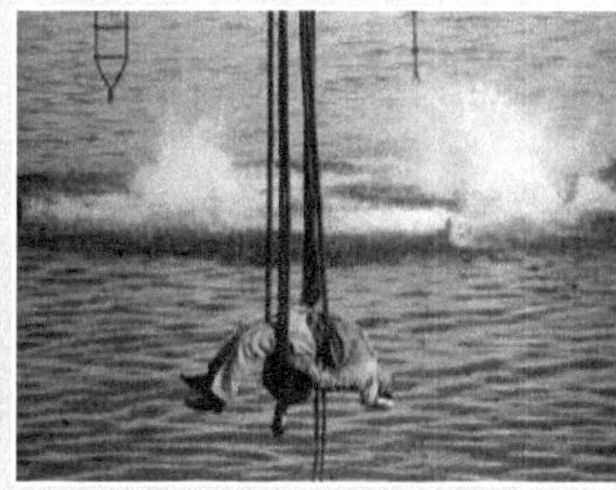

Die Matrosen des Panzerkreuzers sollen madiges Fleisch essen und weigern sich. Der Kapitän will daraufhin ein Exempel statuieren und Matrosen erschießen lassen. Es kommt zur Meuterei und die Matrosen übernehmen das Schiff. Der Anführer Wakulintschuk wird im Kampf getötet.

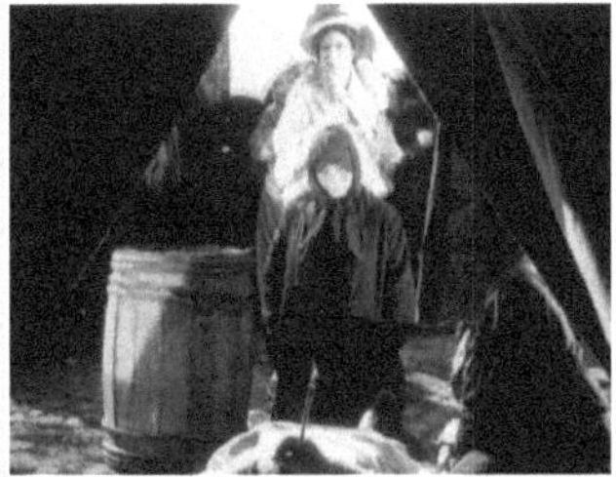
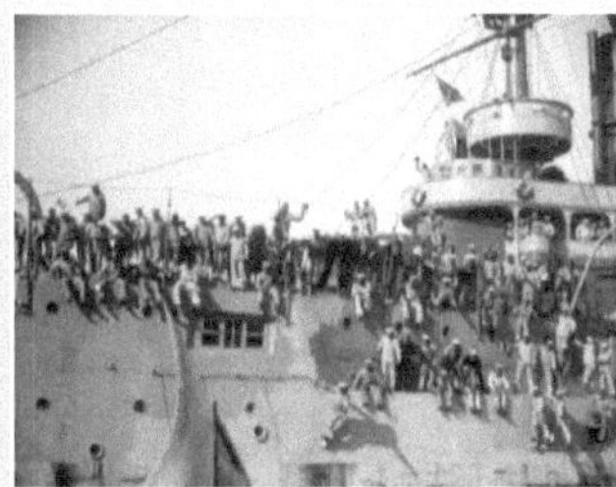
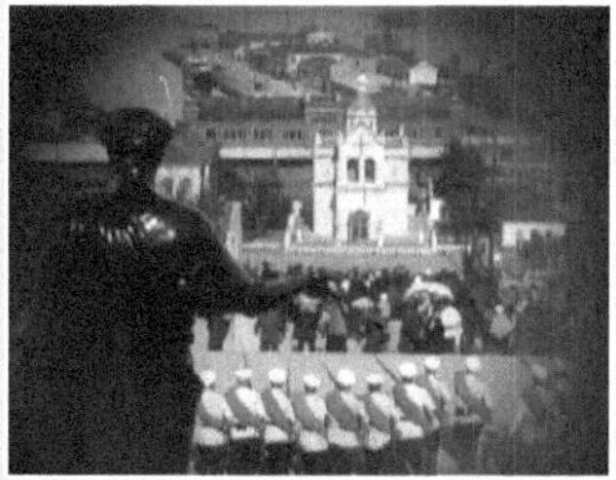

Walintschuks Leiche wird in der Hafenstadt Odessa betrauert und die Bevölkerung zeigt sich mit den meuternden Soldaten solidarisch. Plöztlich marschiert die Armee des Zaren die Hafentreppe hinunter und beginnt, in die Menge zu schießen. Panik bricht aus und viele Zivilisten werden getötet.

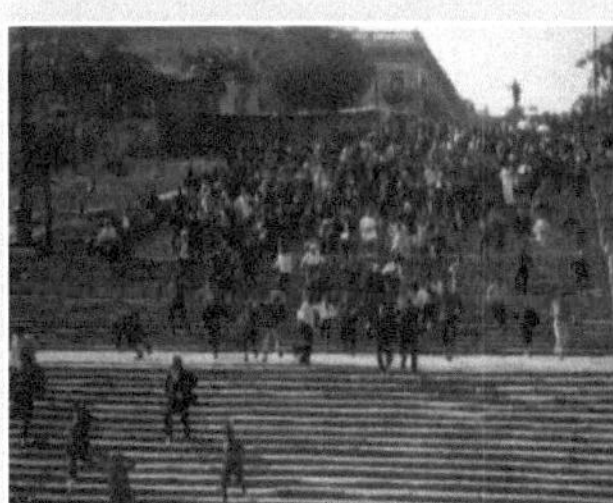
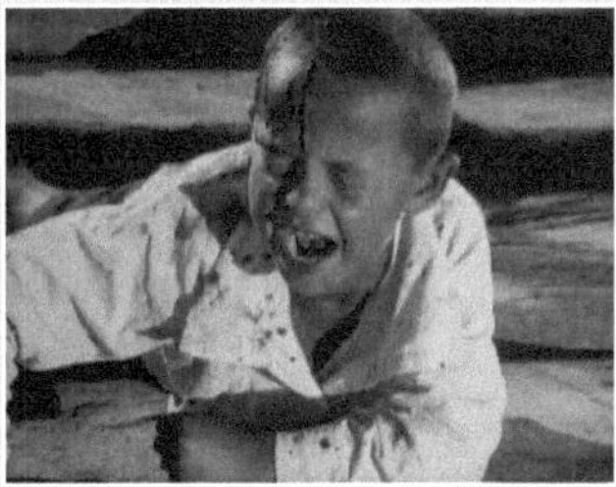
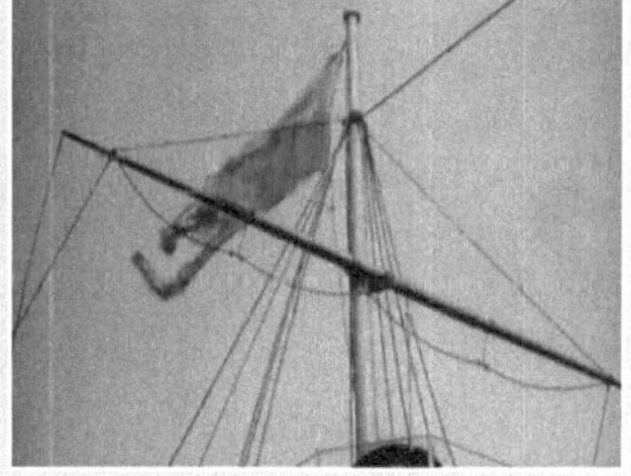

Die Matrosen der Potemkin feuern auf den Sitz des Generalstabes und das Massaker kommt zum Erliegen. Am nächsten Tag taucht am Horizont das Admiralsgeschwader des Zaren auf und der Panzerkreuzer Potemkin bereitet sich auf den Kampf vor. Kurz vor der Eskalation verbrüdern sich die Kameraden der anderen Schiffe mit den meuternden Matrosen und der Panzerkreuzer kann das Geschwader passieren. Siegreich weht die rote Fahne der Revolution am Mast.

Zukunft als Dystopie? – „Metropolis“ (1926)

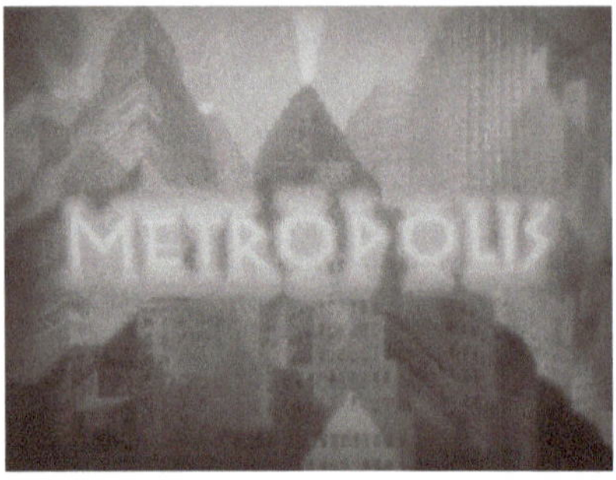

Es gibt nur wenige Filme des 20. Jahrhunderts, die schon zur Uraufführung so kontrovers diskutiert wurden und so viele Spuren in späteren Filmen und in der Populärkultur hinterlassen haben wie „Metropolis“ von Fritz Lang. Als Querschnittsfilm zwischen Expressionismus und Neuer Sachlichkeit besticht er bis heute durch die visuelle Kraft einzelner Szenen, welche das Filmgenre der Science-Fiction-Filme maßgeblich prägten.

Es sollte *der* Film werden, der die deutsche Filmindustrie aus der finanziellen Krise führt und den US-amerikanischen Markt erobert. Die Ufa mit dem Starproduzent Erich Pommer scheuten deshalb keine Kosten und stellten dem durch die Filme „Dr. Mabuse, der Spieler“ (1922) und „Nibelungen“ (1924) bekannt gewordenen Regisseur Fritz Lang ein großes Budget zur Verfügung, und die am Ende verbrauchten ca. 5 Millionen Reichsmark machten Metropolis zur teuersten Produktion dieser Zeit. Eine Summe, die umso bedeutender wird, wenn man die durchschnittlichen Produktionskosten von 175.000 Reichsmark für einen Film Mitte der 1920er-Jahre in Beziehung setzt und mit einrechnet, dass die Einspielergebnisse an den Kinokassen nach der Uraufführung im Januar 1927 im Berliner Ufa-Palast am Zoo mehr als dürftig waren. Um das finanzielle Desaster etwas zu begrenzen, kürzte die Ufa den überlangen Film um rund ein Viertel. Was übrig blieb, ging in den Filmverleih und sollte bis zum Fund der Premierenfassung im Jahre 2008 in Argentinien den Mythos Metropolis in der Filmgeschichte und der Populärkultur etablieren.

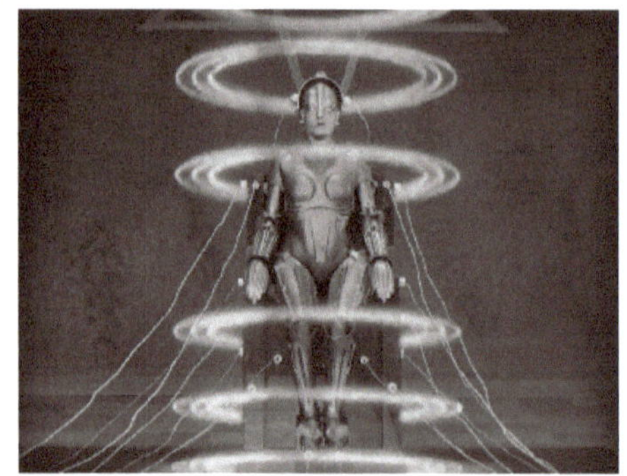

Dieser Monumentalfilm hat durch seine grandiose Bildhaftigkeit und seine visionären Science-Fiction-Szenen unzählige Filme beeinflusst und ist doch noch ganz einer schauspielerischen Ästhetik des Stummfilms verhaftet, welche schon zur Zeit der Uraufführung als schwülstig und sentimental empfunden wurde, das damalige Urteil lässt sich in einem Satz zusammenfassen lässt: „Ein toller Film, wenn nur die Geschichte nicht wäre“.[4]

ARBEITSMATERIALIEN

Filmanalyse/auditiv:	Filmmusik (IB 25.1 + AB 25.1)
Mediengesellschaft:	Filmgenres – Phantastische Filme (IB 33 + AB 33.1 – 33.2)
	Klingende Kurzfilme (IB 40.1 + AB 40.1)
	Ein siamesischer Zwilling? - Filmkritiken (IB 42 + AB 42)
Filmproduktion:	Tricktechniken erkennen (IB 46.1 – 46.4 + AB 46.2)

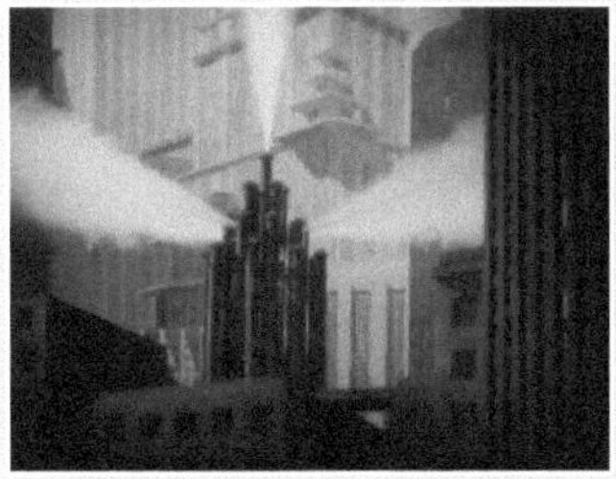
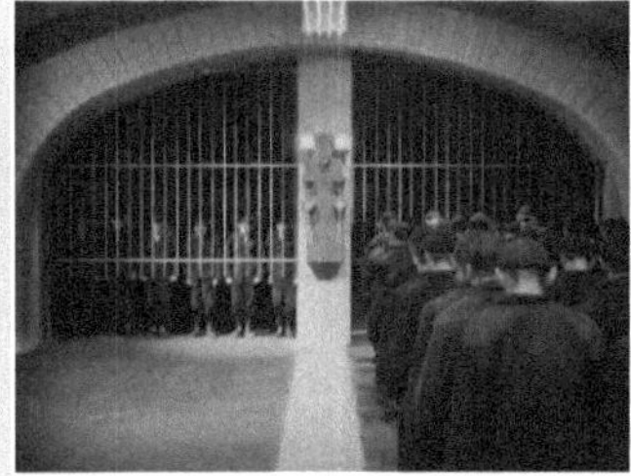
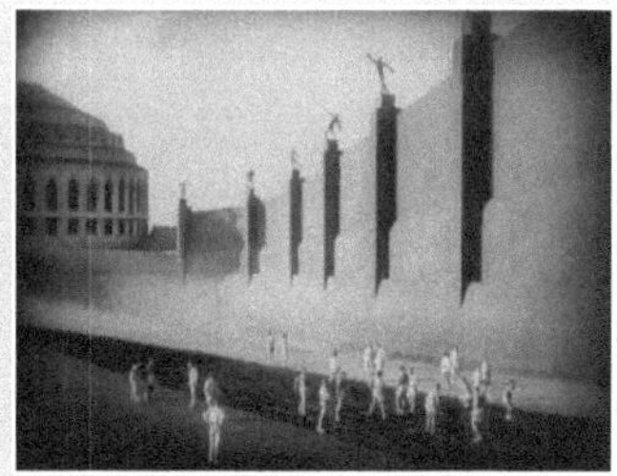

Die Stadt Metropolis ist in drei vertikale Ebenen eingeteilt. Auf der mittleren Ebene bedienen Arbeiter eine große Maschine, die den Luxus der Oberstadt mit Sportstadien und paradiesischen Gärten ermöglicht. Die Arbeiter selbst leben mit ihren Familien auf der unteren Ebene und damit ohne Sonne und in engen Wohnquartieren.

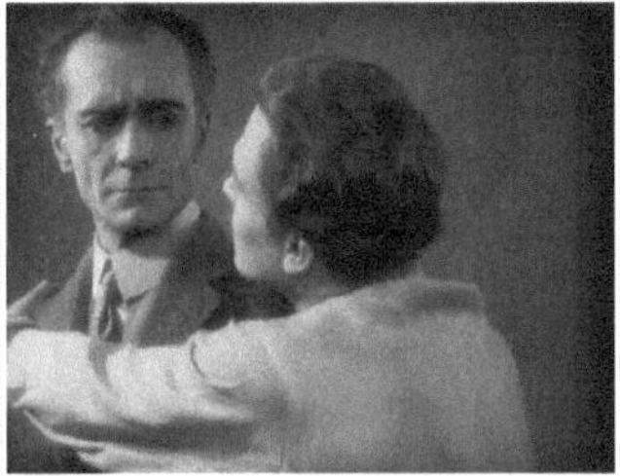
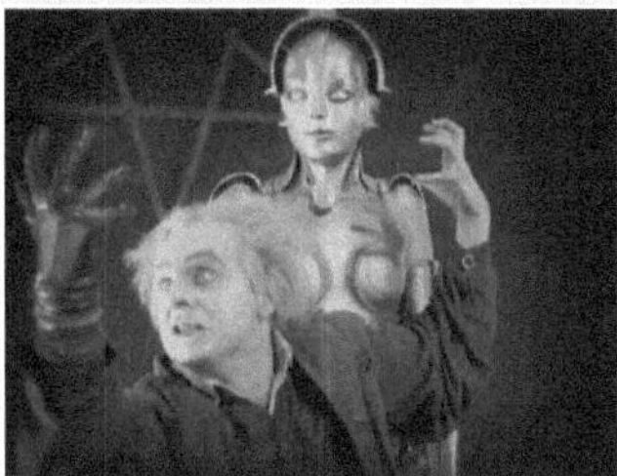
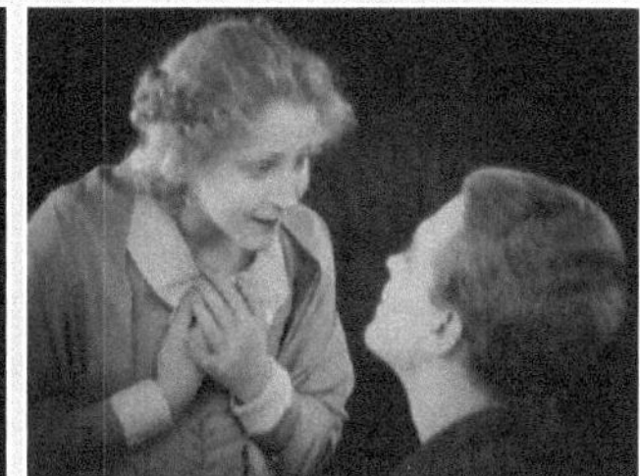

Der Herrscher über Metropolis ist Johann Fredersen, dessen Sohn Freder sich in Maria, eine Predigerin der Unterstadt, verliebt. Sie wartet auf einen Mittler zwischen Hirn (der Herrscher) und Hand (die Arbeiter), um die Lebensumstände der Arbeiter zu verbessern und glaubt, in Freder diesen Retter zu erblicken. Der Vater Johann Fredersen ist in der Zwischenzeit durch die Gefühle seines Sohnes und auch durch Anzeichen einer Revolte in der Unterstadt beunruhigt. Er beauftragt den Erfinder Rotwang seinen Maschinenmenschen das Aussehen von Maria zu geben. Diese falsche Maria soll die Massen aufwiegeln, damit der Aufstand mit Gewalt beendet werden kann und Freder von seiner Liebe ablässt. Der Plan scheint zu gelingen.

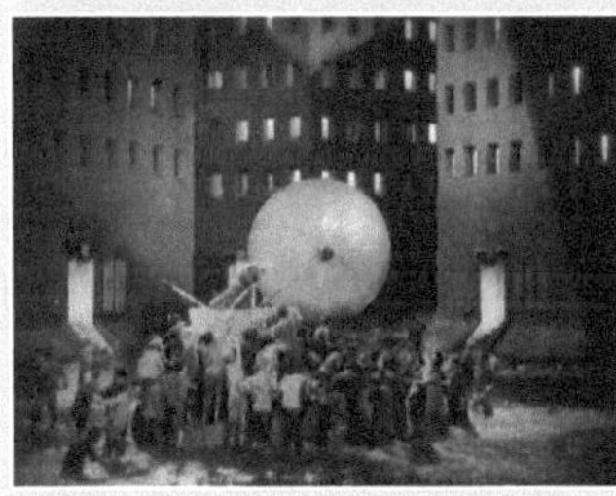
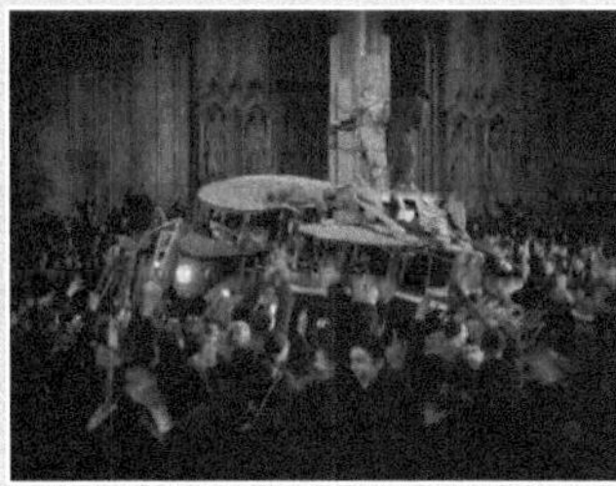
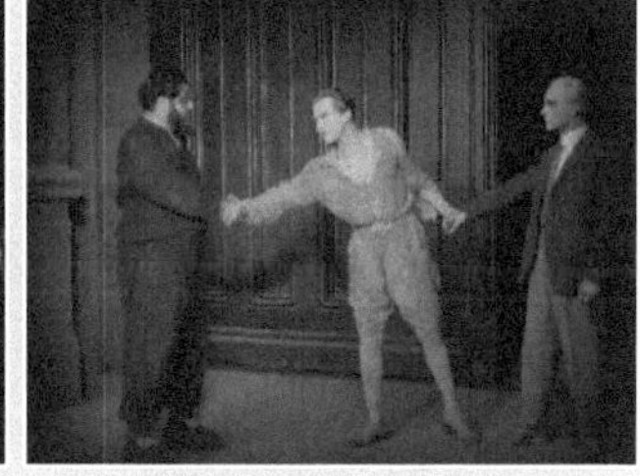

Die Arbeiter zerstören die Maschinen und überfluten ungewollt ihre Wohnstätten und damit auch ihre Familien. Die Rettung in letzter Minute gelingt durch den Einsatz von Freder und der echten Maria und leitet das Finale des Films in der Kathedrale ein. Die falsche Roboter-Maria wird von den Arbeitern auf einem Scheiterhaufen verbrannt, der wahnsinnig gewordene Erfinder Rotwang entführt die echte Erlöserin und schleppt sie – von Freder gejagt – auf das Dach der Kathedrale. Nach einem letzten Kampf stürzt er in den Tod und die sozialen Klassen versöhnen sich durch einen Handschlag zwischen Johann Fredersen und Grot, dem Vertreter der Arbeiter. Der Film endet mit dem Sinnspruch: „Mittler zwischen Hirn und Händen muss das Herz sein."

„Ich will nicht, ich muss!" – „M – eine Stadt sucht einen Mörder" (1931)

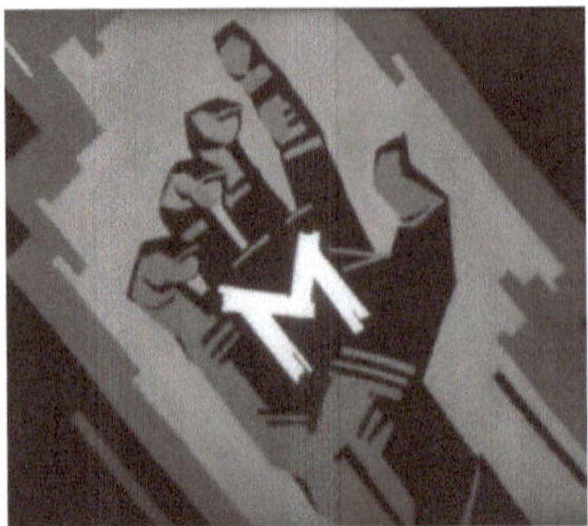

Fritz Langs Kriminalfilm ist ein Meisterwerk des deutschen Films, entstanden zum Ende der Weimarer Republik. Inszeniert im Stil der Neuen Sachlichkeit mit expressionistischen Lichtkontrasten sticht er vor allem durch den dramaturgisch gekonnten Einsatz des Tones hervor, der als erster Tonfilm dieses Regisseurs stilbildend für das Filmgenre der Kriminalfilme wurde. Darüber hinaus liefert dieser Film auch ein anschauliches Gesellschaftsporträt der Reichshauptstadt Berlin Ende der 1930er-Jahre.

Inspiriert von der Berichterstattung über die Serienmörder Peter Kürten in Düsseldorf und Fritz Haarmann in Hannover, die in den 1920er-Jahren für Schlagzeilen sorgten, schildert Fritz Lang die fiktive Geschichte einer Menschenjagd in der Reichshauptstadt Berlin 1930. Sein erster Tonfilm im Stil der Neuen Sachlichkeit war in mehrerer Hinsicht filmgeschichtlich bedeutsam. So setzte Fritz Lang durch den differenzierten Einsatz des Tones als dramaturgisches Element neue filmästhetische Maßstäbe und erweiterte das Filmgenre der Kriminalfilme durch eine meisterhaft umgesetzte Kombination aus Polizei-, Gangsterfilm und Thriller.

Die am Realismus orientierte Darstellung zeigt eindrücklich die Machtlosigkeit der Politik und Polizei und die tief in der Gesellschaft verwurzelte Kriminalität durch die Organisation der Ringvereine. Mit diesem Soziogramm der Gesellschaft kann der Film auch als mentalitätsgeschichtliche Quelle dieser Zeit gelesen werden. Der Film beginnt und endet mit dem Leid einer Mutter, deren Tochter dem Serienmörder zum Opfer fiel. Mit ihrer Aussage während der Gerichtsverhandlung: *„Davon werden unsere Kinder auch nicht wieder lebendig. Man muss eben noch besser uffpassen uff de Kleenen."* bleibt der Film am Ende eine Antwort auf die zentralen Fragestellungen schuldig und der Zuschauer muss selbst seine Haltung zur Todesstrafe, zum Umgang mit psychisch gestörten Triebtätern und zur Funktion der staatlichen Ordnungsmacht in der Gesellschaft überdenken.

2015 erschien unter der Regie von Gordian Maugg der Kinospielfilm „Fritz Lang", der die Entstehungsgeschichte dieses Filmes dramatisiert.

ARBEITSMATERIALIEN

Filmanalyse/narrativ:	Vergangenheit im Film (IB 10.4 + AB 10.6)
Filmanalyse/visuell:	Bildgestaltung (IB 14.1 – 14.2 + AB 14.1)
Filmanalyse/auditiv:	Tonbrücken (AB 23.5)
	Filmmusiktechniken (IB 25.2 + AB 25.5)
Mediengesellschaft:	Filmgenre Kriminalfilme (IB 34.1 – 34.2 + AB 34.1)
	Filmgenre Dramen (IB 36 + AB 36)
Mediengesellschaft:	Film als mentalitätsgeschichtliche Quelle (IB 43 + AB 43.1 – 43.3) 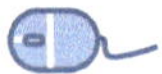

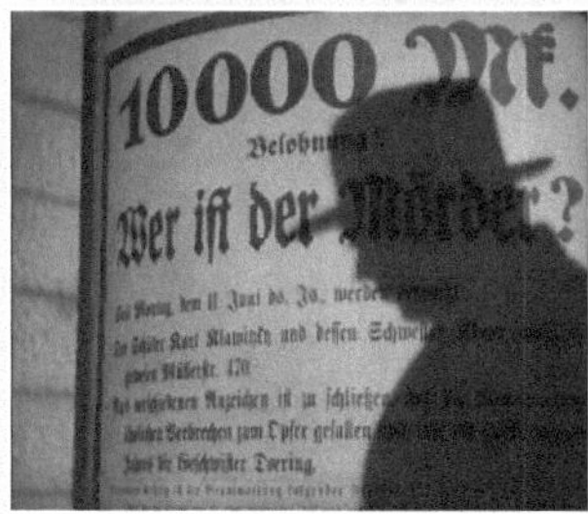

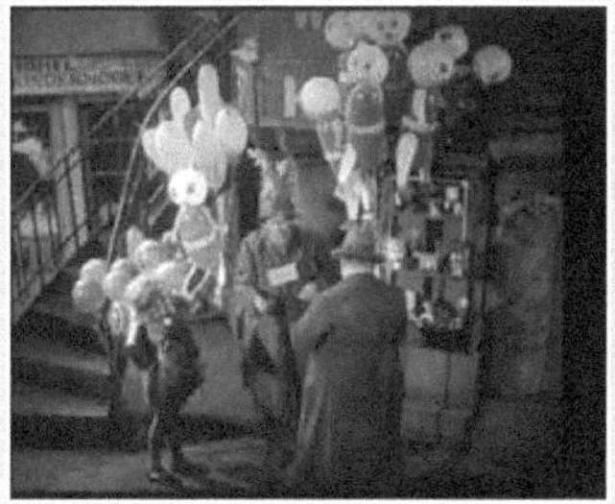

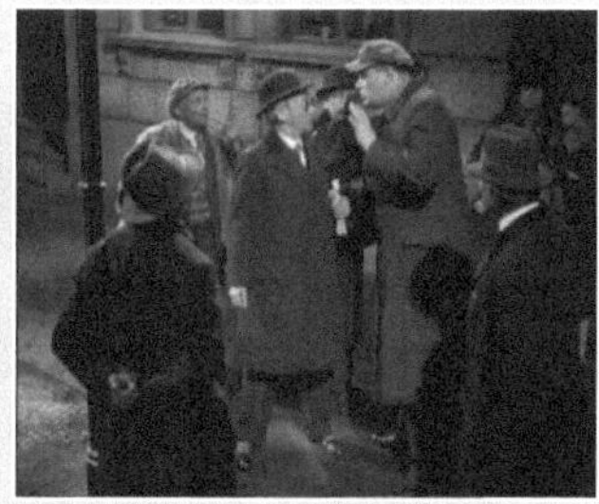

Ein Kindermörder versetzt die Stadt in Angst und Schrecken. Als auch noch die kleine Elsie Beckmann verschwindet, herrscht Misstrauen und jeder verdächtigt jeden.

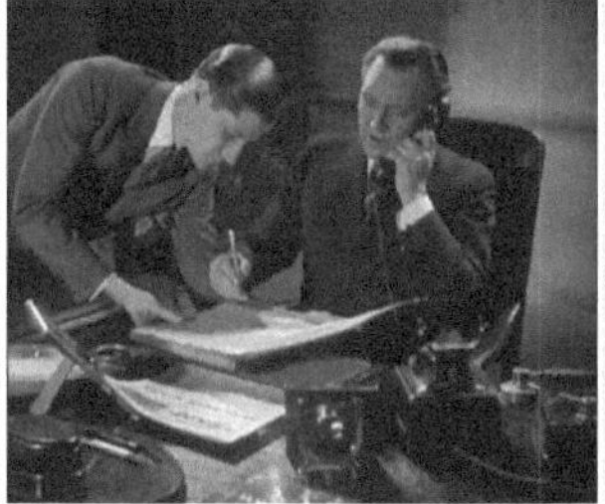

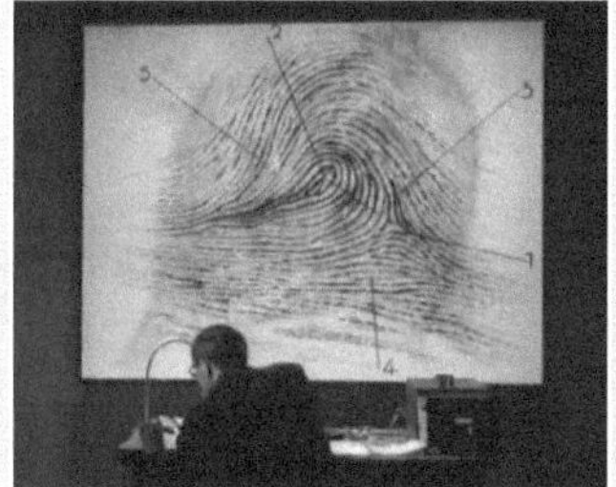

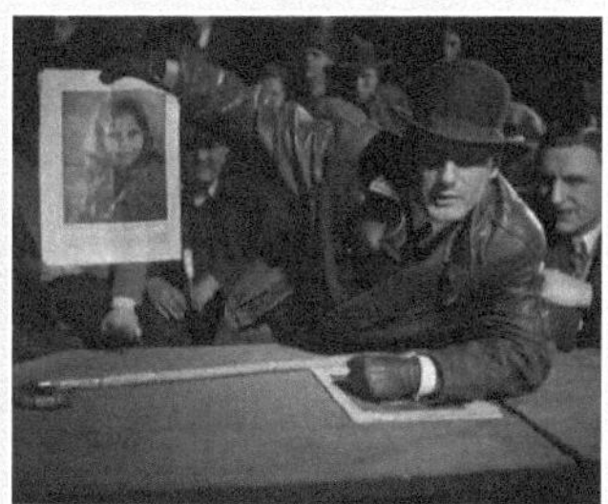

In dieser Stimmung der Angst zieht die Polizei alle Register der damals bekannten kriminalistischen Methoden und versetzt durch ihre verstärkte Aktivität auch die Unterwelt in Unruhe. Die in Ringvereinen organisierte Verbrecherwelt Berlins fühlt sich empfindlich in ihrer Arbeit gestört und möchte nicht mit einem Triebtäter gleichgesetzt werden.

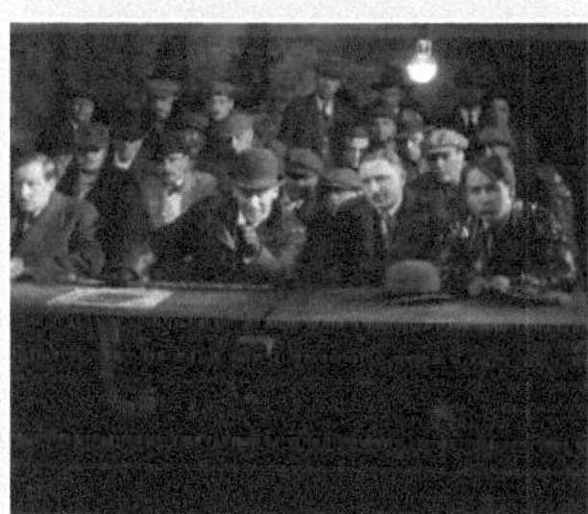

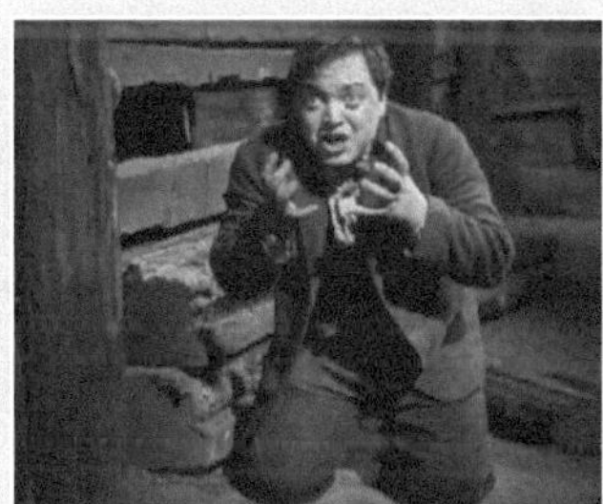

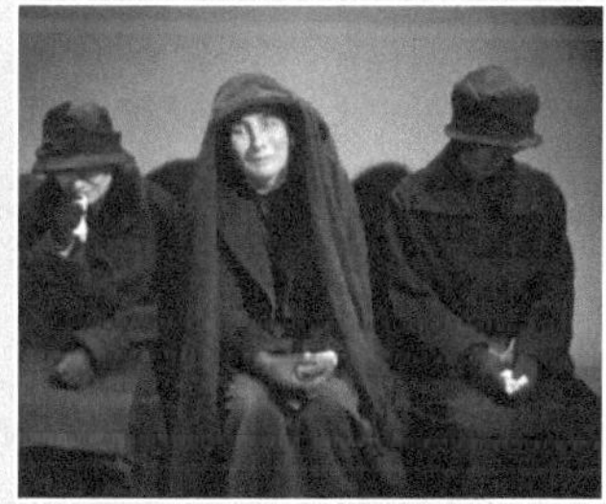

Die Jagd nach dem achtfachen Kindermörder wird zum Wettlauf zwischen Polizei und Unterwelt. In Zusammenarbeit mit den Bettlern der Stadt gelingt es den Ringvereinen, den Triebtäter aufzuspüren und vor ein improvisiertes Gericht zu stellen. Im großartig gespielten Geständnis des Triebtäters Hans Beckert (Peter Lorre) wird das Ausmaß seiner inneren Gespaltenheit deutlich. Kurz bevor das Tribunal der Verbrecherwelt den Mörder zum Tode verurteilen kann, schreitet die Polizei ein und verhindert eine Lynchjustiz. Der Mörder wird vor ein staatliches Gericht gestellt, dessen Urteilsverkündung aber nicht gezeigt wird. Der Film beginnt und endet mit einer Ansicht der Mutter von Elsie Beckmann.

Triumphe des Films? – „Triumph des Willens“ (1935)

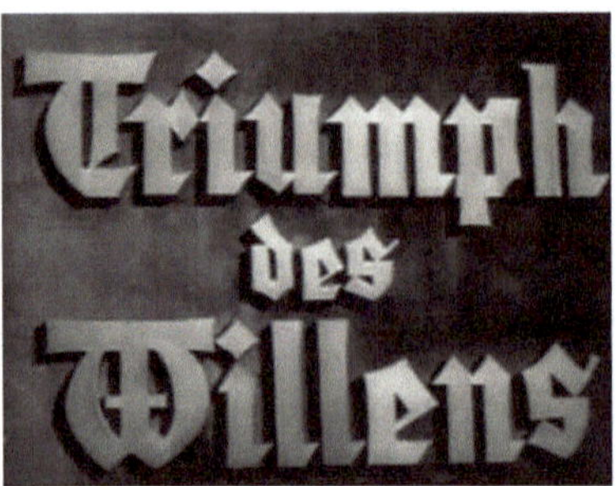

Wohl kaum ein Film wird seit Jahrzehnten in öffentlichen und filmwissenschaftlichen Diskursen so kontrovers verhandelt wie Leni Riefenstahls Film über den 6. Reichsparteitag 1934 in Nürnberg. Die Montage dynamischer Bilder mit innovativen Kameraperspektiven und -fahrten setzte neue filmästhetische Maßstäbe und ist sowohl ein filmisches Bekenntnis als auch eine Inszenierung der Einheit zwischen Volk und Führer.

„Triumph des Willens“ ist nach „Sieg des Glaubens“ (1933) der zweite Film über die Reichsparteitage der NSDAP von Leni Riefenstahl. Aufgenommen zwischen dem 4. und 10. September 1934 in Nürnberg sollte der „Reichsparteitag der Einheit und Stärke“ das publikumswirksame Medium Film nutzen, um die Geschlossenheit zwischen Volk und Führer zu demonstrieren und machtvoll einem nationalen und internationalen Publikum zu präsentieren.

Nachdem das Ergebnis des ersten Parteitagsfilms Leni Riefenstahls ästhetische Ansprüche nicht zufriedenstellte, konnte sie für diese zweite Produktion die künstlerische und organisatorische Gesamtleitung für sich durchsetzen, über einen Etat von 300.000 Reichsmark und einen Mitarbeiterstab von 170 Personen verfügen. Um sich von den statisch wirkenden Wochenschaufilmen abzugrenzen, war Leni Riefenstahl bestrebt, interessante und ästhetische Bilder für dynamische Darstellungen zu finden. 36 Kameraleute experimentierten mit innovativen Kameraperspektiven und -bewegungen. So wurde rollschuhfahrend gefilmt, und Schienen um die Rednertribüne ermöglichten dynamische Aufnahmen der Führerreden. Das Filmteam erhielt von Alfred Speer die Erlaubnis, einen Fahrstuhl am 38m hohen Fahnenmast der Luitpold-Arena zu installieren, durch den sich eindrucksvolle Bilder von Massenaufmärschen durch vertikale Kamerafahrten und starke Aufsichten filmen ließen. All dies setzte die Berücksichtigung der Filmproduktion schon bei der Veranstaltungsplanung voraus, so dass der Reichsparteitag zu einer riesigen Filmkulisse und damit Schauplatz und Inszenierung gleichermaßen wurde.[5] Durch den Einsatz damals innovativer filmästhetischer Mittel ging Leni Riefenstahl weit über die reine Dokumentation der Ereignisse hinaus und trug wesentlich zur Inszenierung des Führerkultes bei. In vielen Dokumentationen über den Nationalsozialismus finden sich Ausschnitte aus diesem Film, so dass unsere Vorstellungen über das Dritte Reich auch wesentlich durch dieses Werk geprägt wurden und werden.

ARBEITSMATERIALIEN

Filmanalyse/visuell:	Kameraperspektiven (IB 18 + AB 18)
	Kamerabewegungen (IB 19.1 – 19.3 + AB 19.1)
Mediengesellschaft:	Zwischen Eskapismus und Propaganda (IB 28.1 – 28.2 + AB 28.1)
	Legitimation der Gegenwart durch die Vergangenheit (AB 28.2)
Mediengesellschaft:	Der Mann, der dem Tramp den Schnurrbart stahl (IB 28.3 + AB 28.6) 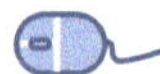

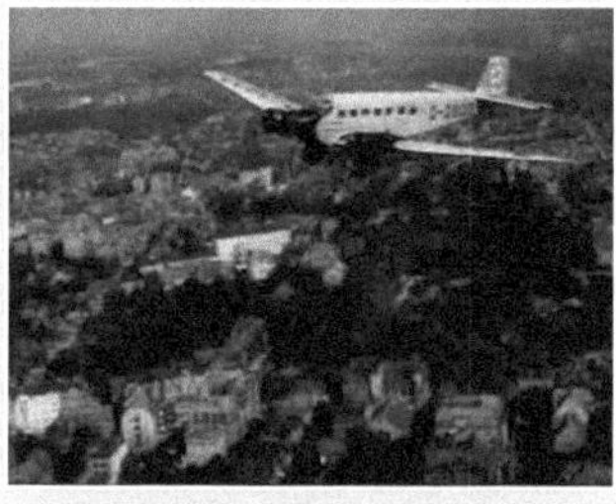
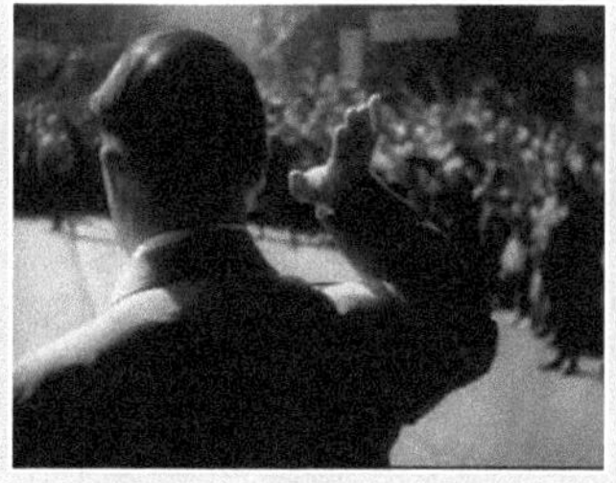
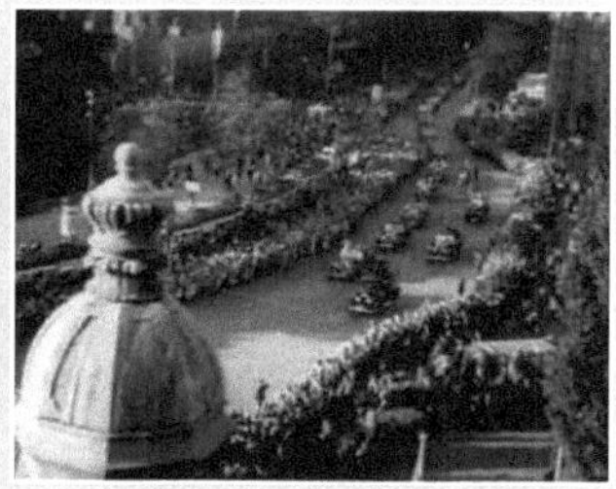

1. Tag: Adolf Hitler landet aus den Wolken in Nürnberg, zieht im Triumphzug durch die Stadt und steigt im Hotel „Deutscher Hof" ab. Der Vortag endet mit einer nächtlichen Kundgebung.

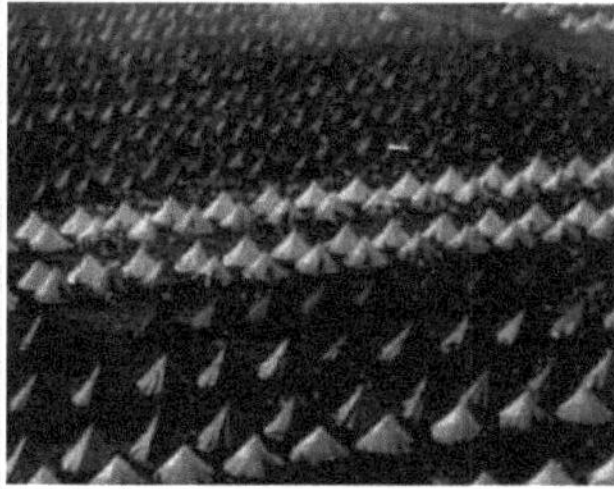
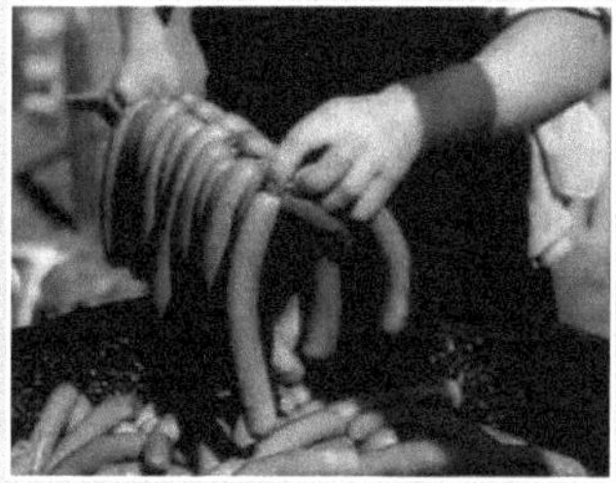
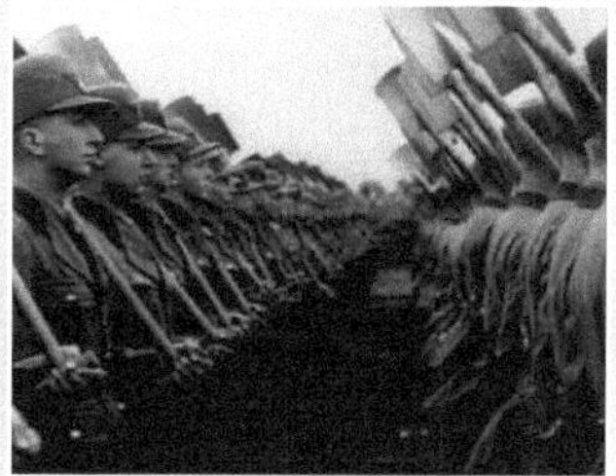

2. Tag: Die Stadt erwacht und NS-Organisationen bereiten sich in den Zeltlagern auf den Reichsparteitag vor. Rudolf Heß eröffnet die Veranstaltung in der Luitpoldarena und Adolf Hitler hält zum Reichsarbeitsdienst seine erste Rede. Dieser Tag endet mit einer SA-Fackelparade.

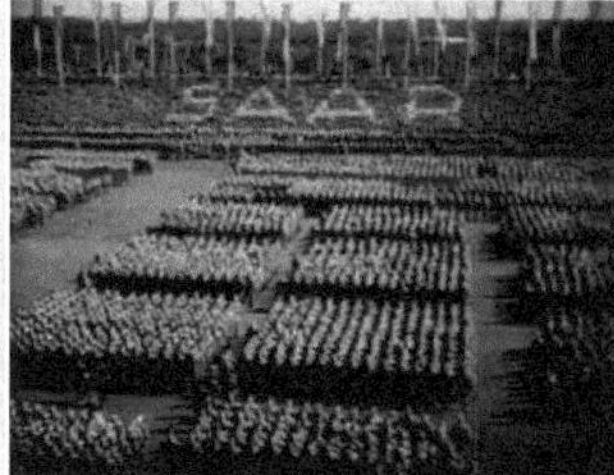
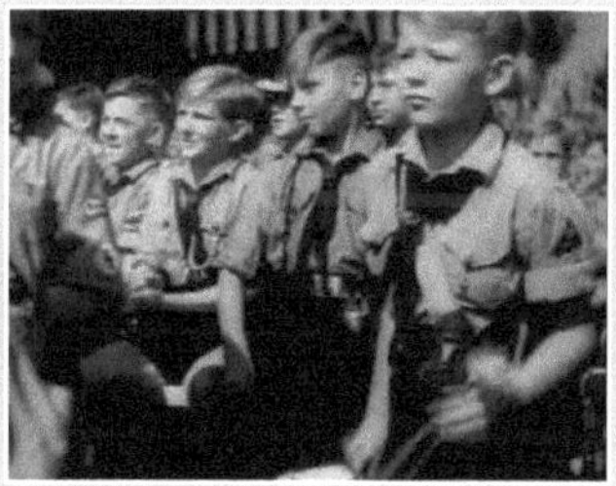
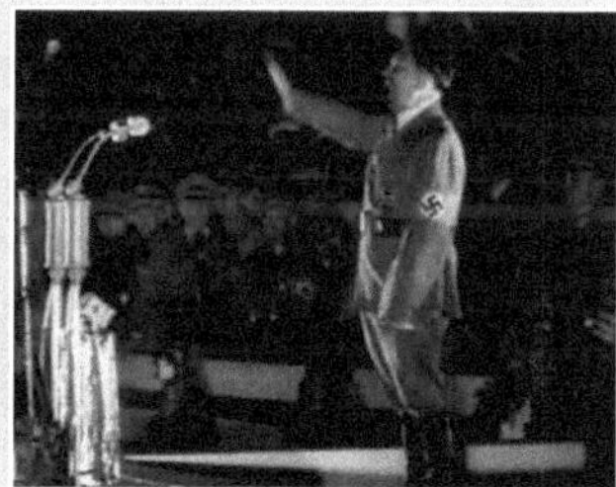

3. Tag: Nach einer Kundgebung der Hitlerjugend folgen eine Vorführung der Reichswehr und eine Rede Hitlers zur Parteiführung der NSDAP.

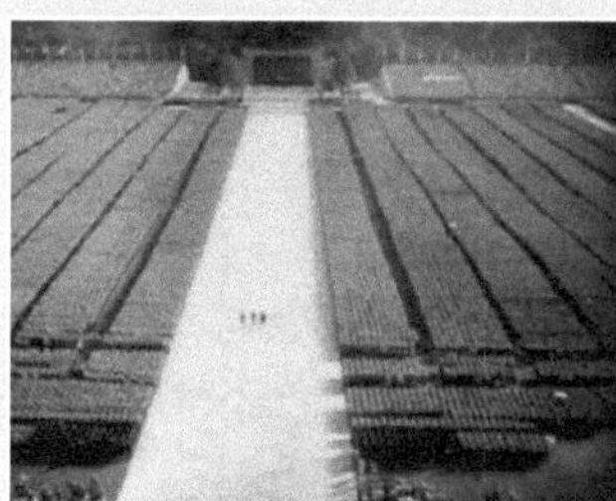
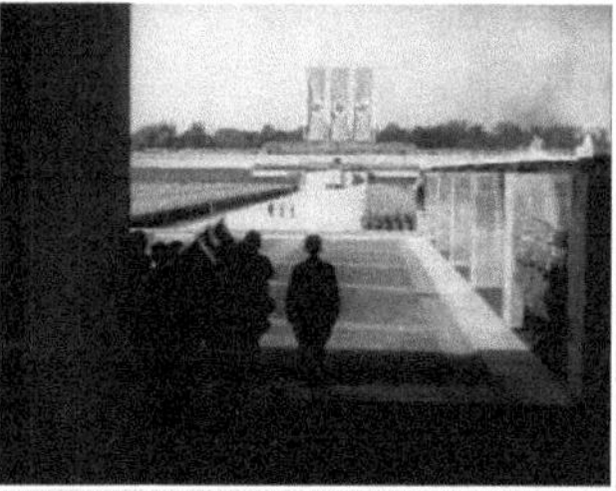
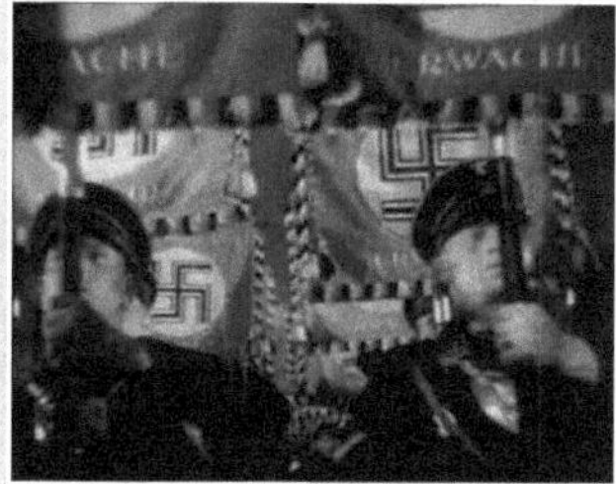

4. Tag: Den visuellen und akustischen Höhepunkt des Filmes bilden der Aufmarsch von über 150.000 SA- und SS-Männern in der Luitpold-Arena und die Abschlussrede Hitlers in der Luitpold-Halle, in der nochmals die Vorrangstellung der NSDAP in Deutschland betont wird.

Lachen über Hitler – „Der große Diktator" (1940)

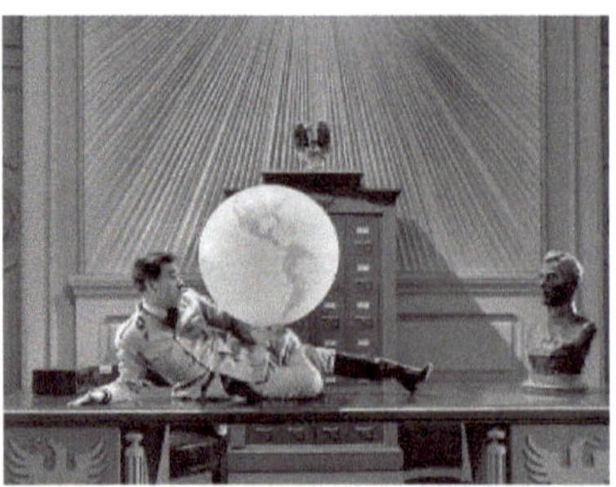

Diese Parodie auf das nationalsozialistische Deutschland war der erste Tonfilm Charlie Chaplins und seine kommerziell erfolgreichste, aber auch umstrittenste Produktion. In der Doppelrolle des namenlosen jüdischen Friseurs und des Diktators Anton Hynkel gelang Chaplin ein Plädoyer gegen Adolf Hitler und für die Menschlichkeit.

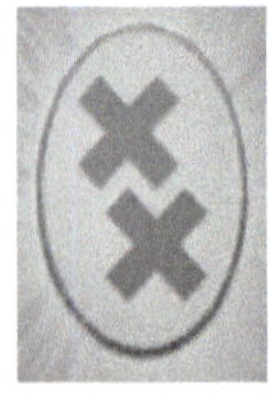

Das Zeichen des Doppelkreuzes ist nicht nur eine Anspielung auf das Hakenkreuz, sondern auch ein Wortspiel. Doublecross ist im Englischen ein Synonym für ‚-hintergehen'.

Nach den Erfolgen der Spielfilme „Goldrausch" (1925), „Lichter der Großstadt" (1931) und „Moderne Zeiten" (1936) entstand auf Anregung seines Kollegen Alexander Korda[6] die Idee, die Ähnlichkeit des Tramps mit Adolf Hitler für eine Doppelrolle zu nutzen. Zu einer Zeit als konservative Kräfte in den USA Adolf Hitler für einen Verbündeten gegen die Gefahr des Kommunismus hielten, stießen die Pläne dieses Filmprojektes auf regen Widerstand und Charlie Chaplin sah sich dem Druck der deutschen, britischen und US-amerikanischen Regierung ausgesetzt. Den Film finanzierte er mit zwei Millionen Dollar kurzerhand selbst. Eine Investition, die sich mehr als auszahlte und Oscar-Nominierungen in fünf Kategorien[7] im Jahr 1941 einbrachte. Obwohl sich der Tonfilm mit „The Jazz Singer" (1927) schon lange etabliert hatte, brachte Charlie Chaplin 1936 mit „Moderne Zeiten" einen weiteren Stummfilm erfolgreich in die Kinos. Durch seine Weigerung, der Kunstfigur des kleinen Tramps neben der universalen Körpersprache der Pantomime auch eine gesprochene Sprache zu geben, griff er auf den Einsatz von Toneffekten zurück, die die erfolgreichen Tonfilme parodieren sollten. Im Film „Der große Diktator" setzte er sein skeptisches Verhältnis zum Ton durch den Einsatz einer Pseudosprache (Grammelot) fort. Trotz des großen Publikumserfolgs wurden nach der Premiere 1940 immer wieder Stimmen laut, die die Oberflächlichkeit der Faschismusdarstellungen anprangerten. Heute gehören die Figuren des Frisörs und Anton Hynkels zu den Meilensteinen des Kinos, beschreiben sie doch zwei sehr ambivalente Seiten des menschlichen Charakters. Auf der einen Seite die unangepasste, asoziale Figur des Tramps und auf der anderen Seite das lächerliche, größenwahnsinnige Imponiergehabe Anton Hynkels.

ARBEITSMATERIALIEN

Filmanalyse/narrativ:	Voice-Over-Kommentare (IB 5.2 + AB 5.2)
Filmanalyse/auditiv:	Demokratie Schtonk! Liberty Schtonk! (AB 23.4)
Mediengesellschaft:	Film als Waffe – Agitation oder Propaganda? (IB 28.1 – 28.2 + AB 28.1)
	Filmgenre Komödie (IB 35.1 – 35.2 + AB 35)
Filmproduktion:	Das Exposé (IB 44 + AB 44)
Mediengesellschaft:	Der Mann, der dem Tramp den Schnurrbart stahl (IB 28.3 und AB 28.6) 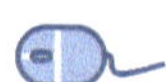

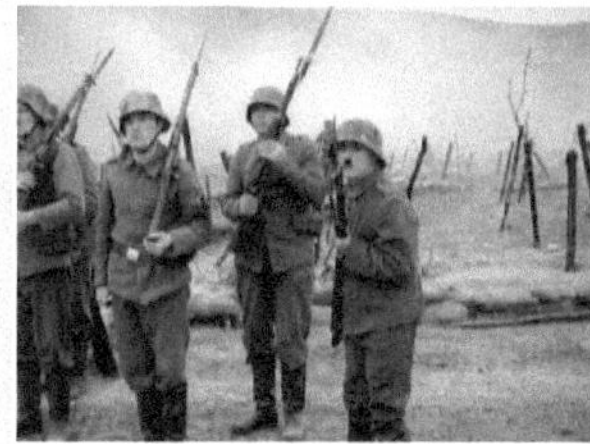
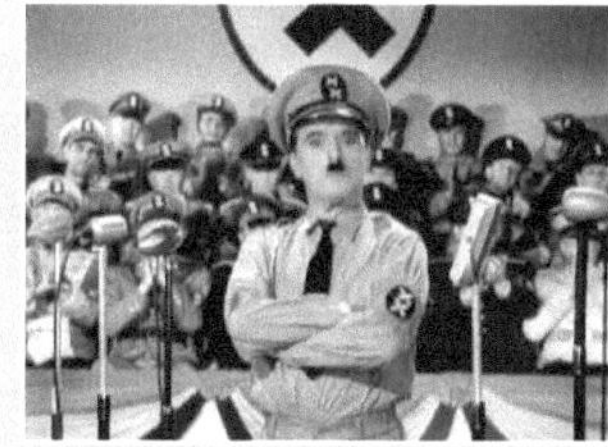
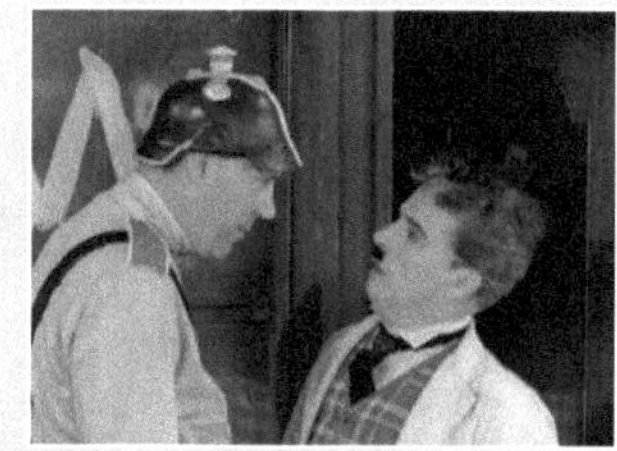

Der jüdische Friseur verliert durch eine Verwundung im Ersten Weltkrieg sein Gedächtnis und kommt Jahre später aus dem Lazarett ins Ghetto zurück. In der Zwischenzeit hat Anton Hynkel die Herrschaft in Tomanien übernommen und regiert mit eiserner Hand. Aus Unkenntnis der aktuellen Entwicklung wehrt sich der Friseur beherzt gegen die Übergriffe des Sturmtrupps.

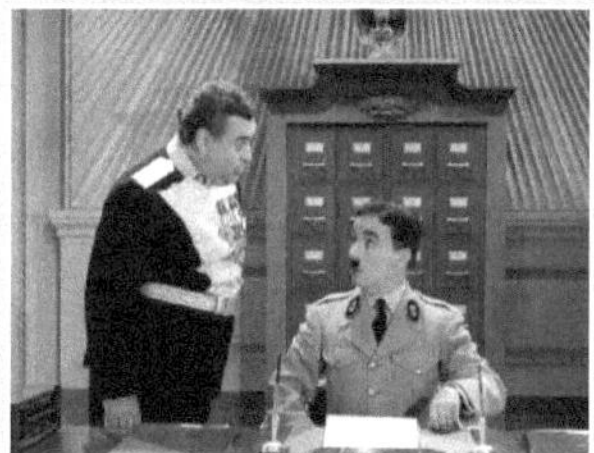
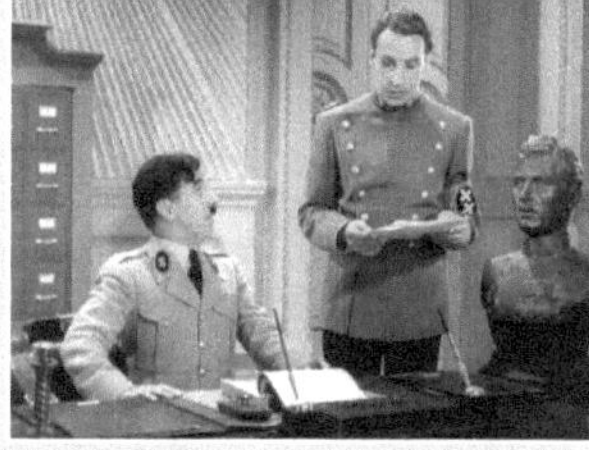
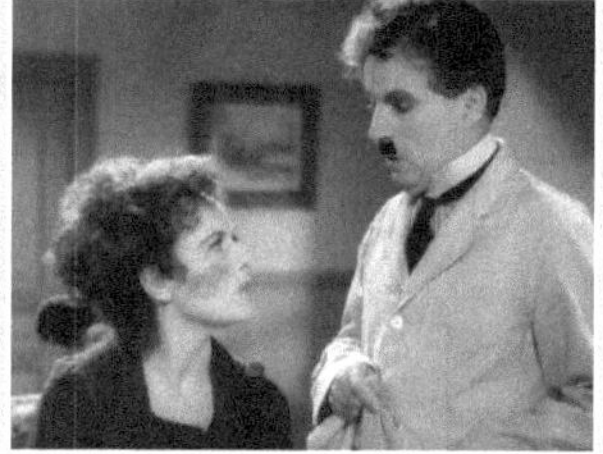

Während Feldmarschall Hering völlig unbrauchbare Erfindungen vorstellt und Propagandaminister Garbitsch Fragen des Überfalls auf Osterlitsch mit Anton Hynkel bespricht, kommen sich der Friseur und die Ghettobewohnerin Hannah näher.

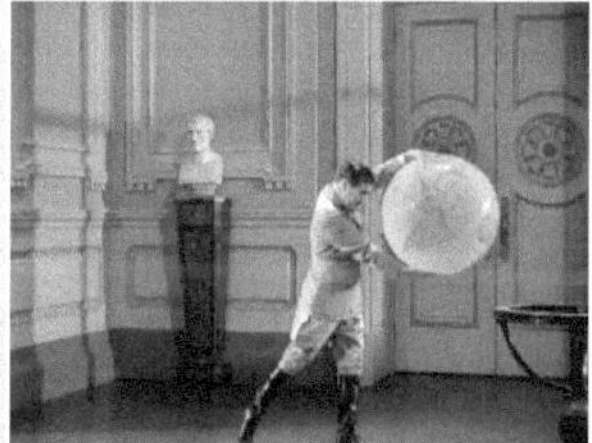
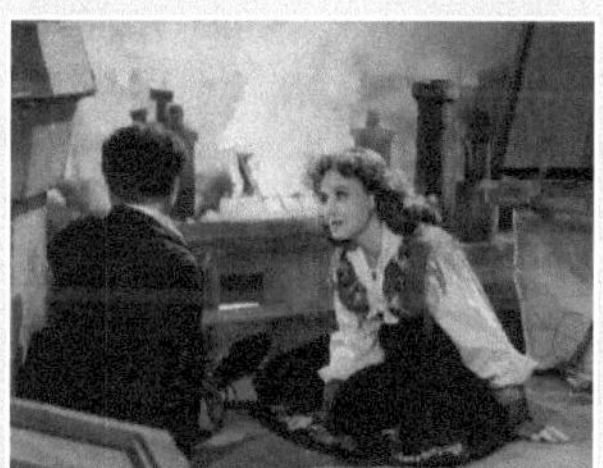
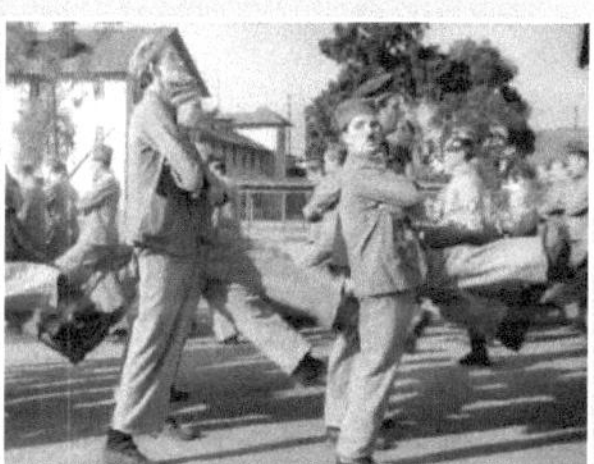

Hynkel schwelgt in Allmachtsphantasien und spielt mit der ganzen Welt. Während einer Razzia im Ghetto brennt das Friseurgeschäft ab, der Friseur kommt ins Konzentrationslager und Hannah flieht mit anderen Bewohnern des Ghettos in das noch freie Land Osterlitsch.

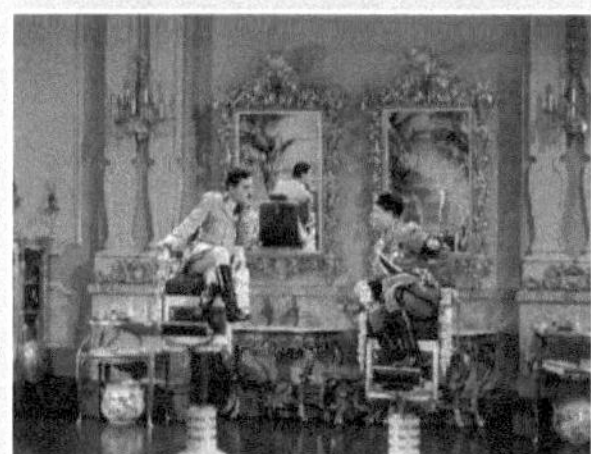
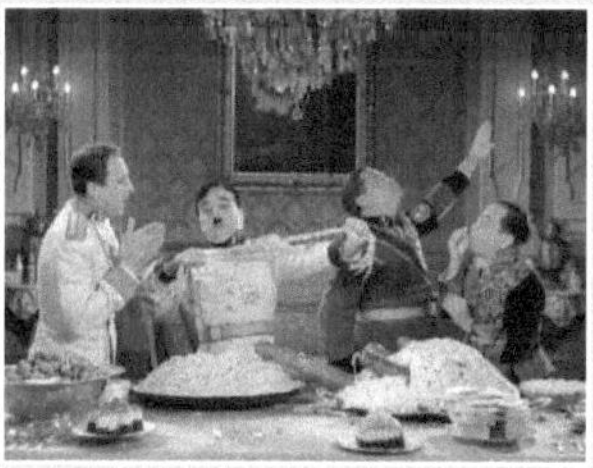
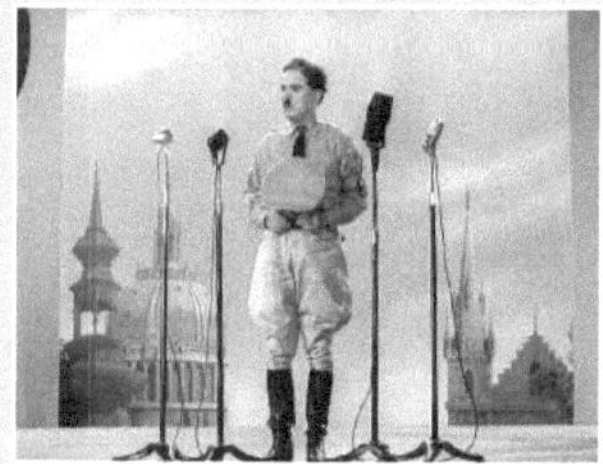

Nach anfänglichen Rivalitäten wird eine Allianz zwischen dem Diktator Benito Napoloni und Anton Hynkel geschlossen. Während der Flucht des Friseurs aus dem Konzentrationslager kommt es zu einer Verwechslung des Friseurs mit dem Diktator. Der Film endet mit einer 6-minütigen Ansprache und einem Plädoyer der Menschlichkeit, die weder zur Figur des Friseurs noch zu Adolf Hynkel passt, sondern den Künstler Charlie Chaplin zu Wort kommen lässt.

Film auf neuen Wegen – „Citizen Kane“ (1941)

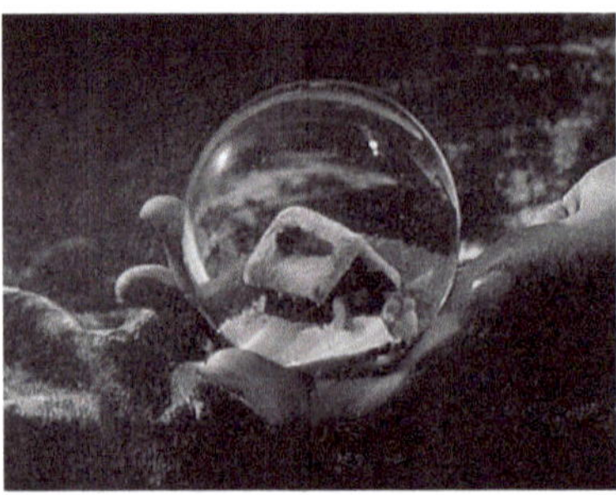

Kein anderer Film taucht so häufig in den Listen der besten Filme aller Zeiten auf wie dieser Debütfilm des damals 24-jährigen Orson Welles. Revolutionär war das multiperspektivische Erzählen in Form von Rückblenden aus der Sicht von fünf Wegbegleitern des Protagonisten Charles Foster Kane. Die visuelle Gestaltung durch neuartige Lichtinszenierungen und eine neue Ästhetik der Tiefenschärfe waren so spektakulär, dass von einigen Filmhistorikern Citizen Kane als Beginn der Moderne im Film angesehen wird.

Der Film entfaltet seinen Plot durch eine Erzählung auf mehreren Zeitebenen. Wir sehen zuerst die Gegenwart, die mit dem einsamen Tod eines uns noch unbekannten Mannes in einem unpersönlichen Anwesen beginnt. Den ersten Eindruck über den Menschen Charles Foster Kane liefert uns der Nachruf in Form einer Wochenschau, die unvollendet bleibt, da die Bedeutung seines letzten Wortes „Rosebud“ ein Rätsel ist. Wir begleiten den Reporter Thompson auf seiner Recherche und erhalten in verschiedenen Rückblenden (Flashbacks) aus Sicht von fünf Wegbegleitern Kanes ein multiperspektivisches und unvollständiges Bild eines Menschen, der zu früh die Liebe und Geborgenheit der Kindheit verlor, der seinen Individualismus im Laufe seines Lebens einem vermeintlichen Erfolg opferte und der letztendlich auch keine dauerhaften menschlichen Beziehungen aufbauen konnte. Neben dieser damals neuen Art des nichtchronologischen Erzählens setzte dieser Film durch den Einsatz großer Tiefenschärfe, ungewöhnlicher Kameraperspektiven und Lichtinszenierungen durch starke Hell-Dunkel-Kontraste neue Maßstäbe im visuellen Bereich. Durch diese Art des Erzählens, die dem konventionellen Hollywoodkino und den Sehgewohnheiten des Publikums nicht entsprach, wurde der Zuschauer stärker zum Mitkonstrukteur des Films. Auch wenn dieser Film seit Jahrzehnten einen festen Platz auf den Bestenlisten der Filmkritik behaupten kann, ein kommerzieller Erfolg wurde er nach der Uraufführung am 1. Mai 1941 in New York nicht. Dies liegt auch darin begründet, dass Citizen Kane einen zeitkritischen Kommentar des amerikanischen Traums und eine Anspielung auf den Pressemogul William Randolph Hearst (1863 – 1951) beinhaltete, der daraufhin eine Gegenkampagne startete und die Aufführung des Films zu verhindern suchte.

ARBEITSMATERIALIEN

Filmanalyse/narrativ:	Vom Zeigen zum Erzählen (IB 1 + AB 1.2) Plot und Story (IB 4 + AB 4.1 – 4.2) Zeit im Film - Szenen einer Ehe (IB 10.1 – 10.2 + AB 10.1 – 10.2)
Filmanalyse/visuell:	Bildkomposition (IB 14.3 – 14.4 + AB 14.2) Licht und Schatten (IB 15.1 – 15.2 + AB 15.1)
Mediengesellschaft:	Filmgenre Dramen (IB 36 + AB 36)
Filmanalyse/visuell:	Kamerabewegungen (IB 19.1 – 19.3 + AB 19.2) 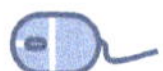

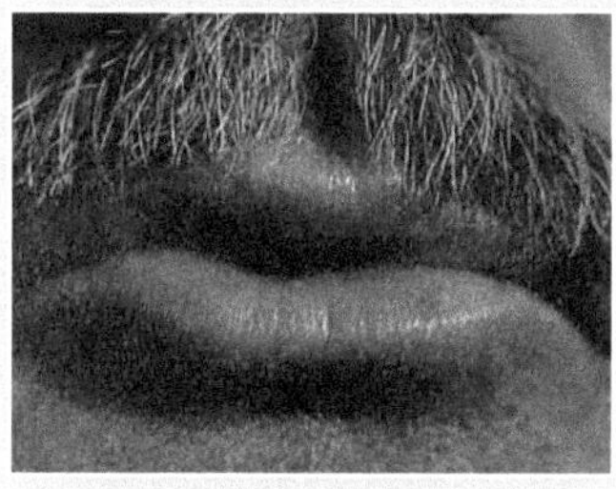

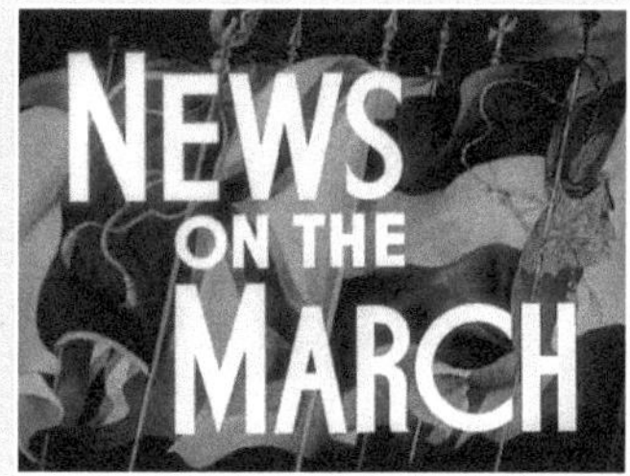

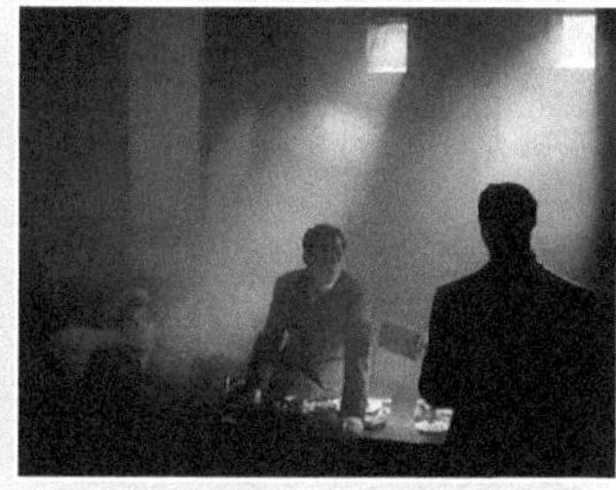

Ein reicher Mann stirbt einsam in seinem Anwesen. Ein Filmteam dreht über das Leben dieses Charles Foster Kane eine Dokumentation im Wochenschauformat. Sein letztes Wort „Rosebud" bleibt unverständlich und der Reporter Thompson erhält die Aufgabe, die Bedeutung des Wortes zu klären.

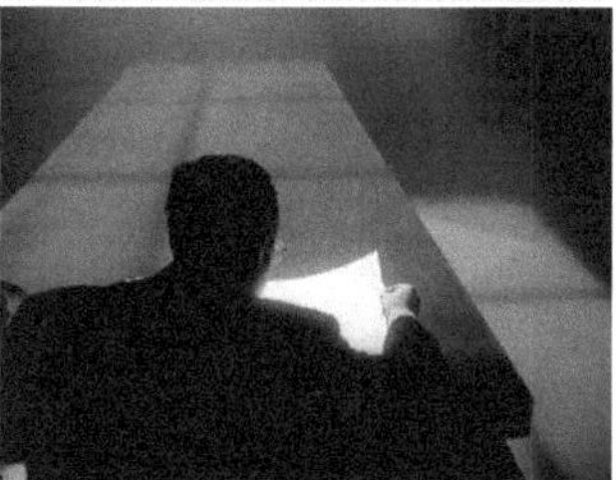

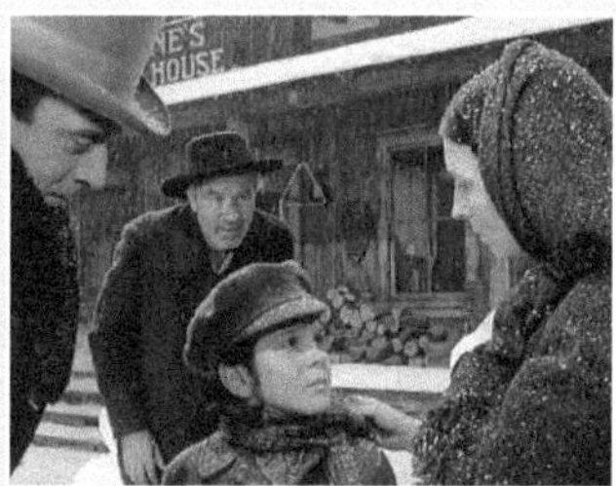

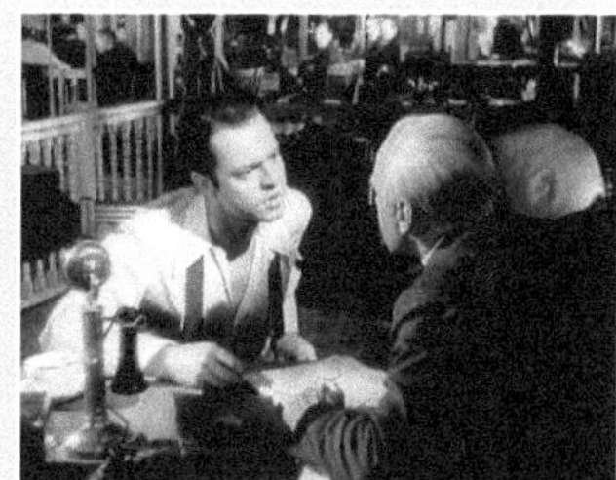

Durch Recherchen und Interviews mit Personen, die Charles Foster Kanes Leben begleitet haben, rekonstruiert Thompson Stück für Stück dessen Biografie. Aus dem Tagebuch des verstorbenen Vormunds Thatcher erhalten wir einen Einblick über Kanes Kindheit und Jugend.

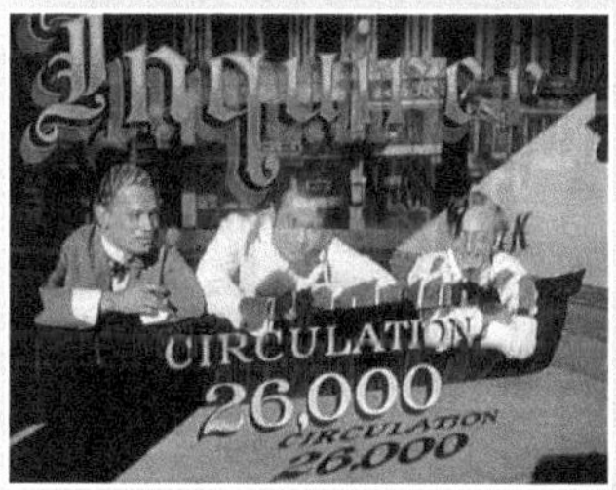

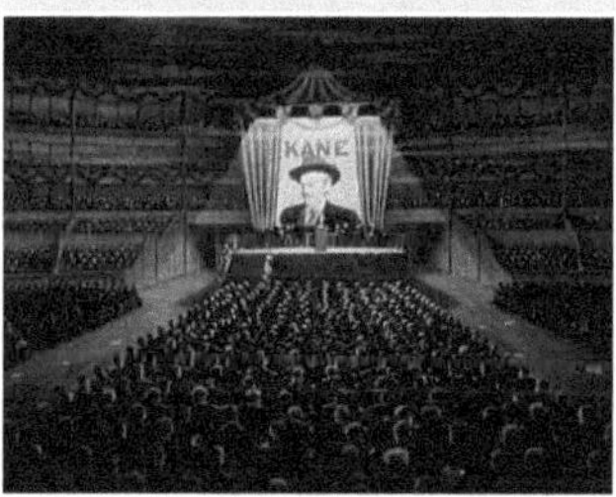

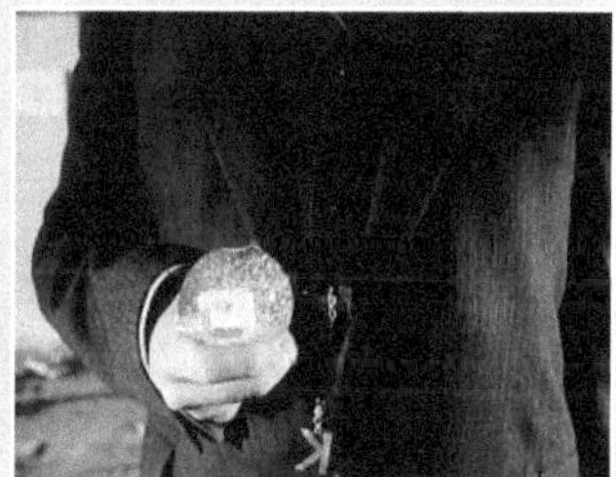

Mr. Bernstein berichtet von der Übernahme des New York Inquirer durch Kane und seiner Verlobung mit Emily Norton. Mr. Leland liefert einen Rückblick über Kanes politische Aktivitäten, seine Affäre mit der Sängerin Susan Alexander sowie das Scheitern seiner politischen Karriere und ersten Ehe. Die Darstellung von Susan erzählt vom erfolglosen Versuch ihrer Karriere als Sängerin und dem Scheitern der zweiten Ehe. Der Butler Raymond zeichnet ein Bild eines einsamen alten Mannes, dessen letztes Wort „Rosebud" auch für ihn unverständlich ist. Am Ende erfährt nur der Zuschauer von der symbolischen Bedeutung dieses Wortes.

Eine schwarze Serie – „Die Spur des Falken" (1941)

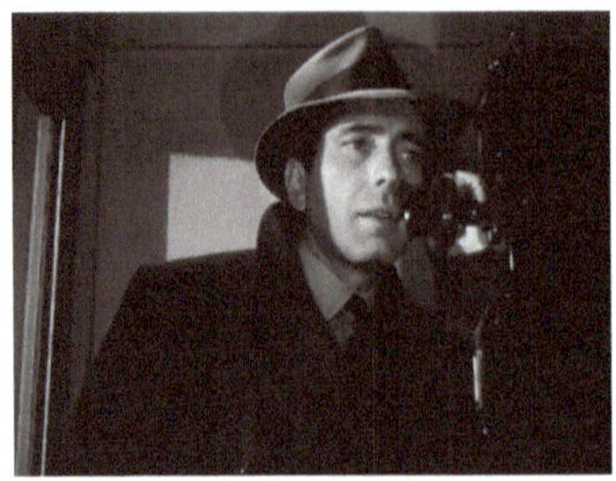

Mit diesem Detektivfilm beginnt für die meisten Filmhistoriker die Ära des Film noir. Ein Bezeichnung die erst später eine Reihe von Schwarz-Weiß-Filmen benannte, die von einem sozialkritischen desillusionistischen Wertesystem geprägt waren. Dieses Erstlingswerk des Regisseurs John Hustons machte auch den Hauptdarsteller Humphrey Bogart zu einem Weltstar, der als wortkarger und zynischer Ermittler hier seine Charakterrolle fand und zum Prototyp vieler folgender Detektive wurde.

Dieser Film avancierte aus mehreren Gründen zum Kultfilm des amerikanischen Kinos: Er wurde zum Prototyp des Film noir, begründete die Karriere des Regisseurs John Houston und verhalf Humphrey Bogart zu Weltruhm. Dabei waren die Produktionsbedingungen zu Beginn keineswegs unproblematisch, hatte doch der Chef der Warner Brothers Studios, Jack Warner, dem Regiedebütanten John Houston die Auflage erteilt, den Film in nur sechs Wochen mit einem Budget von maximal 300.000 US-Dollar fertigzustellen. Dies bedingte eine minutiöse Drehplanung mit detaillierten Instruktionen für jede Einstellung. Als Ergebnis entstand in Zusammenarbeit mit dem Kameramann Arthur Edeson eine beispielhafte Kameraführung, die durch eine leichte Unterbelichtung interessante Schattenspiele und Lichtkontraste hervorrief, die die Zwielichtigkeit von Personen und Situationen betonte und auch den düsteren Pessimismus der literarischen Vorlage von Dashiell Hammett aus dem Jahre 1930 meisterhaft wiedergab.[8]

Der Sensationserfolg des Jahres und die dreifache Oscar-Nominierung 1942 liegt zweifellos auch in der Faszination der Figurendarstellung Sam Spades begründet, der als „hard-boiled-detective" sehr widersprüchlich dargestellt wird und dessen Innenleben uns weitestgehend verborgen bleibt. Er gibt sich gefühlskalt, indem er den Namen seines ermordeten Kompagnons auf der Scheibe seines Büros noch vor dessen Beerdigung entfernen lässt. Er kooperiert mit der Polizei nur, wenn er sich einen Vorteil verspricht und schreckt selbst vor Gesetzesübertretungen nicht zurück.[9] Am Ende muss der Zuschauer selbst entscheiden, worin die Motivation seines Handelns begründet ist. Stellt der Detektiv die Suche nach Gerechtigkeit über alles oder hätte die Geschichte ein anderes Ende genommen, wenn der Malteser Falke keine Fälschung gewesen wäre? Was bleibt, ist ein einsamer, verlorener Held und der Verzicht auf ein hollywoodübliches Happy End.

ARBEITSMATERIALIEN

Filmanalyse/narrativ:	Das Drei-Akt-Schema (IB 2.1 + AB 2.2)
	Figurenkonstellation (IB 11.3 – 11.4 + AB 11.13)
Filmanalyse/visuell:	Stimmige Übergänge (IB 20.1 – 20.5 + AB 20.1 - 20.2)
Filmanalyse/auditiv:	Filmmusik (IB 25.1 + AB 25.9)
Mediengesellschaft:	Die besonderen Kriminalfilme – Film Noir (IB 29 + AB 29)
Filmanalyse/narrativ:	Figurencharakterisierung (IB 11.2 + AB 11.2 – 11.5) 

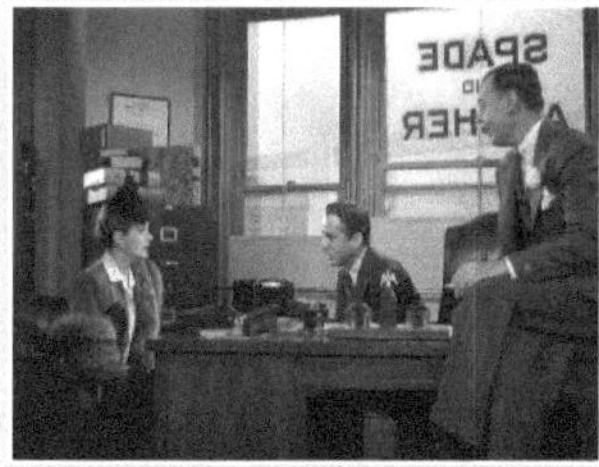

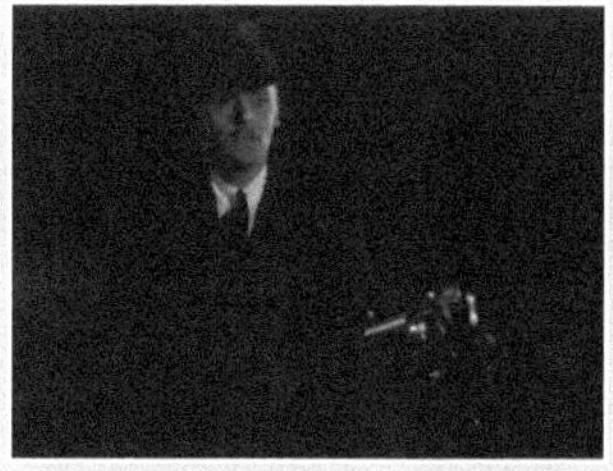
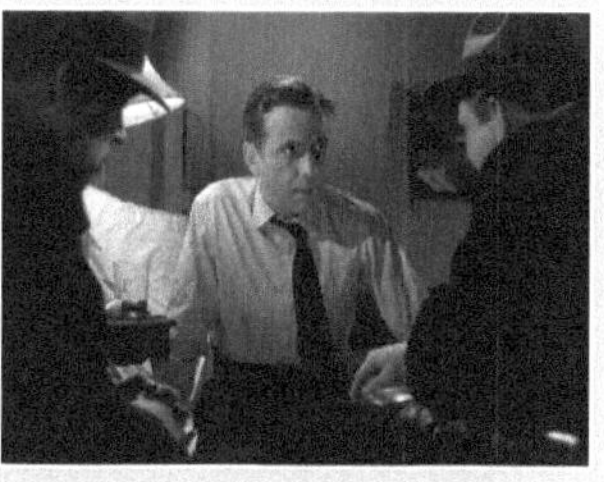

Das Detektivbüro Sam Spade & Miles Archer erhält von einer Klientin den Auftrag, einen Mr. Thursby zu überwachen, um ihre Schwester zu finden. Dabei wird Miles Archer erschossen und kurz danach auch Mr. Thursby. Der erste Verdacht der Polizei fällt auf Sam und er ist nun in der Pflicht, den wahren Tathergang zu rekonstruieren und seine Unschuld zu beweisen.

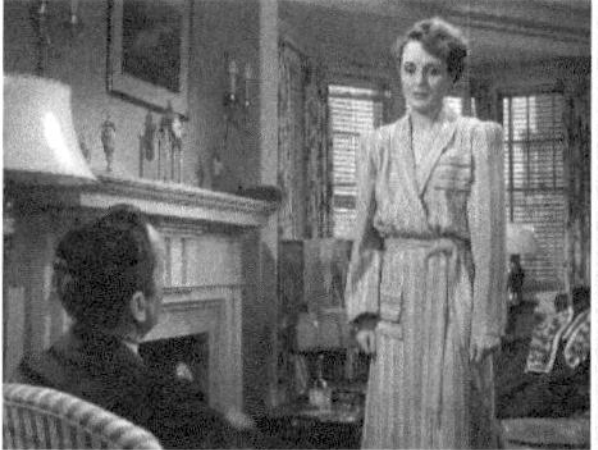
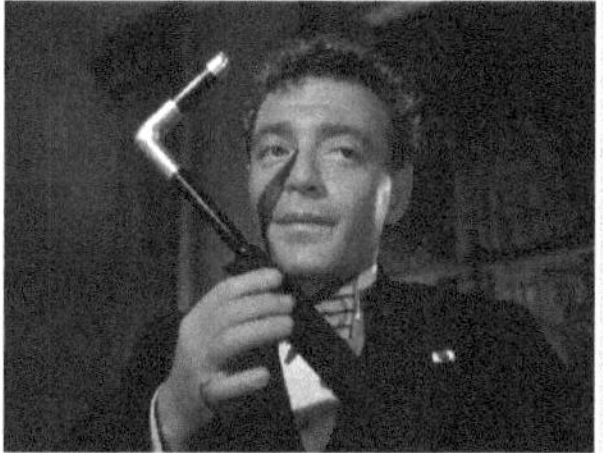
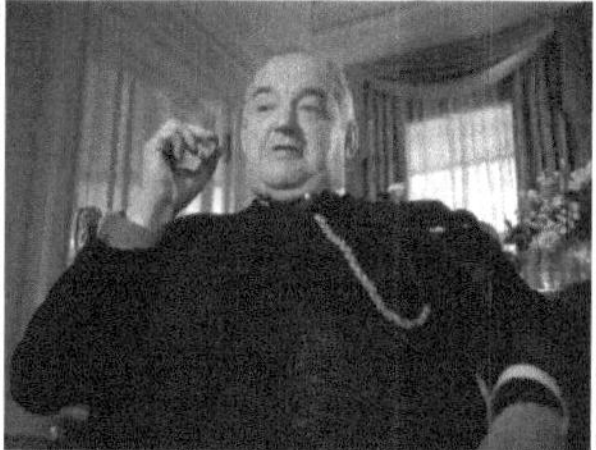

Sam Spade erkennt, dass die Klientin gelogen hat und dass es um die Jagd nach der Figur eines mit Gold und Edelsteinen verzierten Falken aus den 16. Jahrhundert geht. Aber nicht nur die mysteriöse Klientin, auch der zwielichtige Mr. Cairo und der Gangsterboss Mr. Gutman sind hinter der Kostbarkeit her und von ihnen erhält Spade den Auftrag, die Statue zu beschaffen.

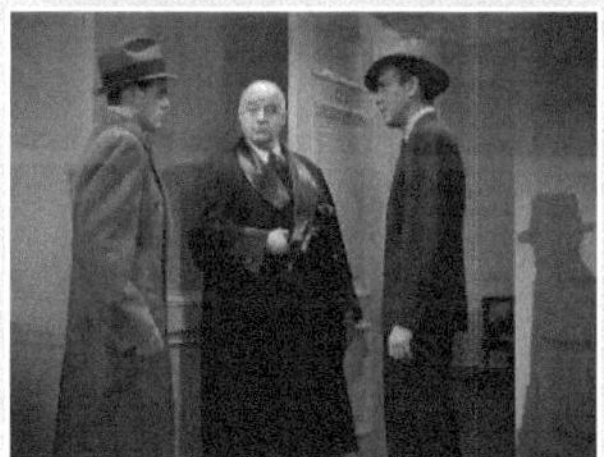
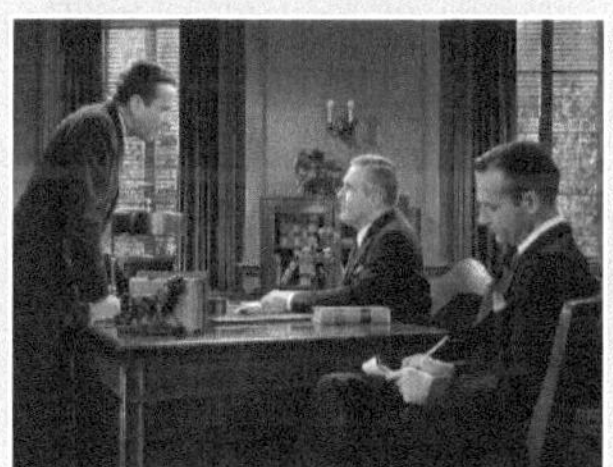
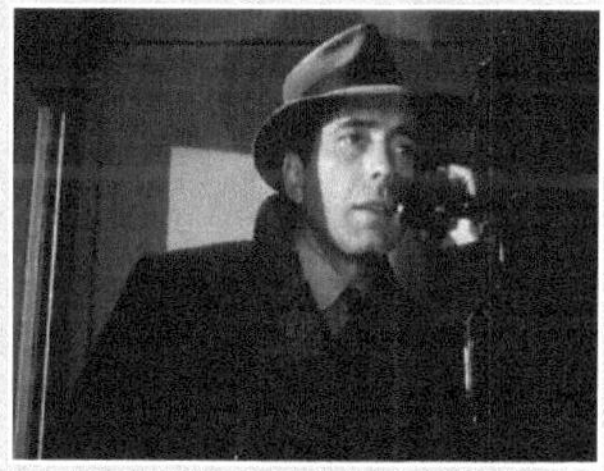

Sam Spade gerät zwischen die Fronten unterschiedlicher Auftraggeber, der Polizei und seiner eigenen Interessen, die darin liegen, den Mörder zu überführen und Kapital aus der Angelegenheit zu ziehen.

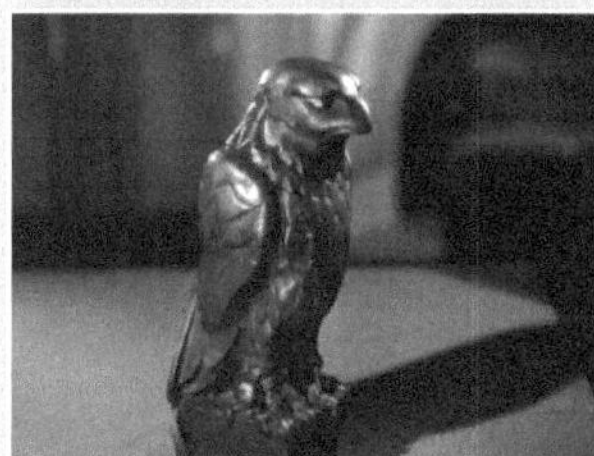
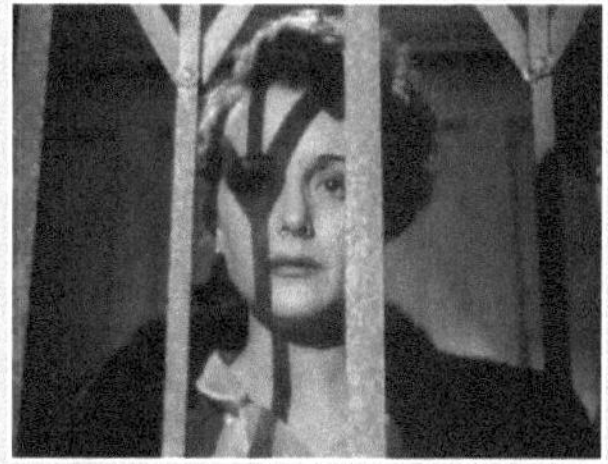
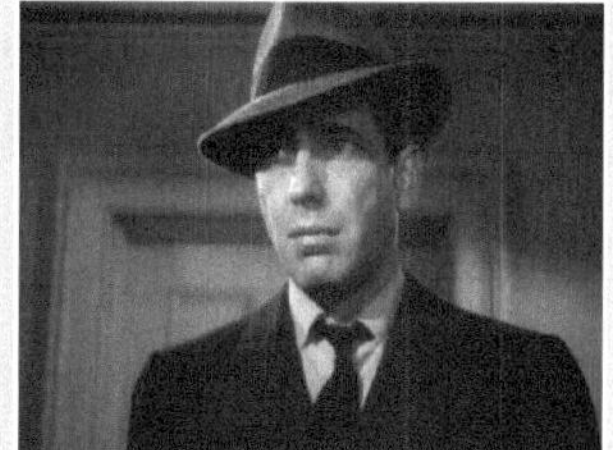

Nach einigen Verwicklungen stellt sich die Figur als Fälschung heraus und der erhoffte Geldsegen bleibt aus. Sam Spades Ziel, die Mörder zur Rechenschaft zu ziehen, rückt wieder in den Vordergrund und er übergibt alle der Polizei.

Ein Traum in Farbe – „ Münchhausen"(1943)

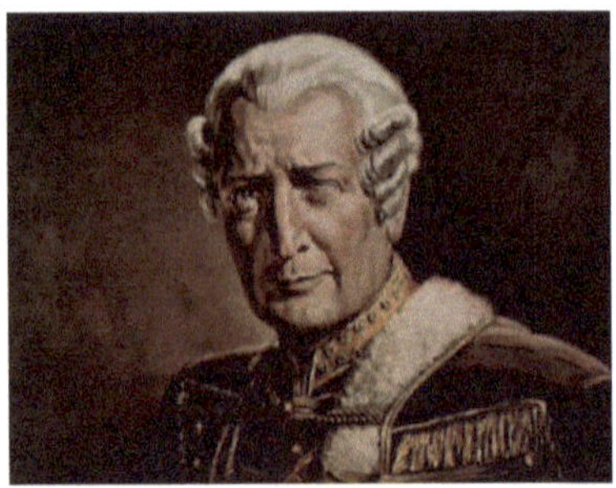

Dieser Prestigefilm zum 25. Jubiläum der Ufa war einer der teuersten Produktionen des Dritten Reiches und zugleich der einzige Fantasyfilm während des Nationalsozialismus. Durch das damals neue Agfacolor-Verfahren erstrahlten die Kostüme und Kulissen in bislang ungesehener Farbenpracht und durch die Anwendung zahlreicher Filmtricks fand dieser Film auch international Beachtung. Als Unterhaltungsfilm war er frei von politischer Propaganda und enthielt, je nach Interpretation, vielleicht sogar einige versteckte Elemente von Zeitkritik.

Der mit den Stars des deutschen Films Hans Albers, Brigitte Horney und Ferdinand Marian besetzte und aufwendig produzierte Märchenfilm über die Abenteuer des Lügenbarons Hieronymus von Münchhausen sollte *der* Prestigefilm des Nationalsozialismus werden. Vom Reichpropagandaminister Joseph Goebbels anlässlich des 25. Jubiläums der Ufa in Auftrag gegeben und mit einem Budget von rund 6,6 Millionen Reichsmark ausgestattet, sollte er mitten im Krieg wirkungsvoll die ungebrochene Leistungsfähigkeit der deutschen Filmindustrie national und international demonstrieren. Man wollte zeigen, dass man noch lange nicht geschlagen und immer noch zu aufwendigen und beeindruckenden Filmproduktionen in der Lage war. Als reiner Unterhaltungsfilm, der frei von politischer Propaganda sein sollte, übernimmt auch „Münchhausen" damit politische Funktionen.

Mit dem Drehbuch wurde der damals mit einem Schreibverbot belegte Schriftsteller Erich Kästner betraut. Unter der Bedingung, dass der Autor unter einem Pseudonym arbeitete, war auch Joseph Goebbels mit dieser Wahl einverstanden. Allerdings tauchte bei der Uraufführung des Filmes am 3. März 1943 nicht einmal das gewählte Pseudonym Berthold Bürger im Vorspann auf.

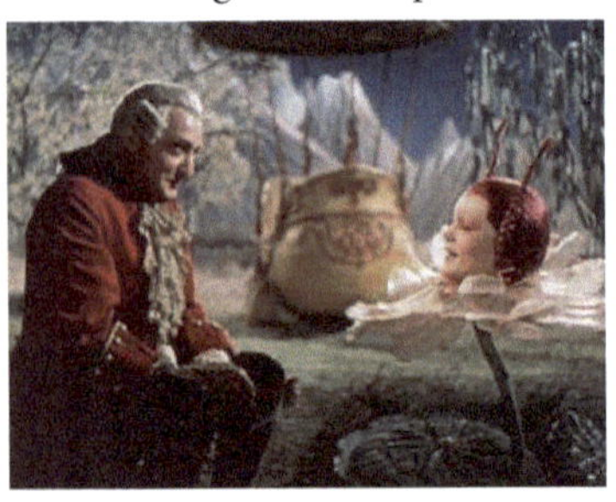

Nachdem Joseph Goebbels von den Technicolor-Farben des Hollywoodfilmes „Vom Winde verweht" (1939) begeistert war, forcierte er die Entwicklung des deutschen Agfacolor-Verfahrens, das diesem dritten Farbfilm der NS-Zeit seinen strahlenden Glanz verlieh. Beachtenswert sind auch der Einsatz unterschiedlicher Tricktechniken, die sich beispielsweise durch Münchhausens Ritt auf der Kanonenkugel im visuellen Gedächtnis verankert haben. Was bleibt ist ein Film, der auch heute noch erstaunlich modern und aktuell erscheint.

ARBEITSMATERIALIEN

Filmanalyse/narrativ:	Figurenkonzeptionen (IB 11.1 + AB 11.1)
Mediengesellschaft:	Zwischen Eskapismus und Propaganda (IB 28.1 – 28.2 + AB 28.3 – 28.5)
Filmproduktion:	Tricktechniken im Film (IB 46.1 – 46.4 + AB 46.4)
Filmanalyse/narrativ:	Filminterpretationen (AB 28.7) 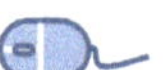

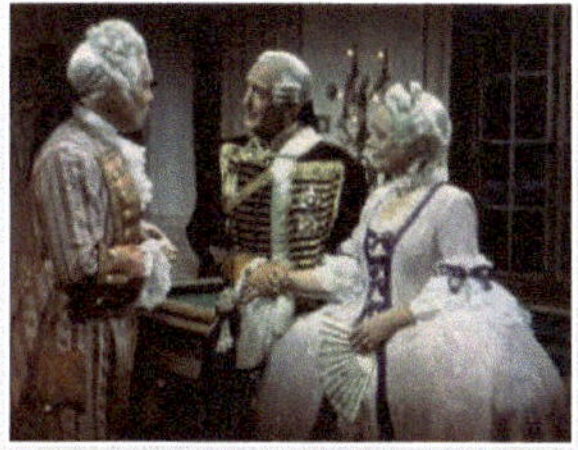
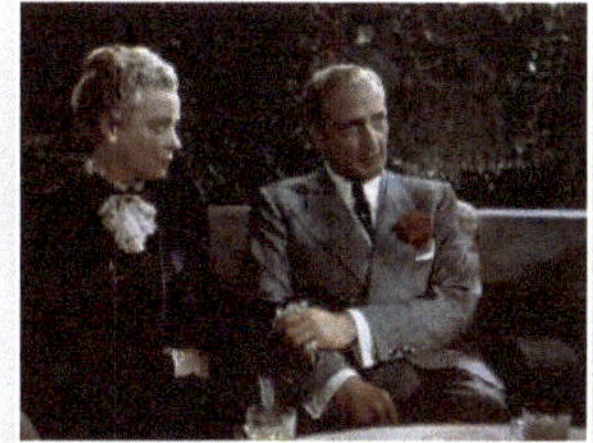
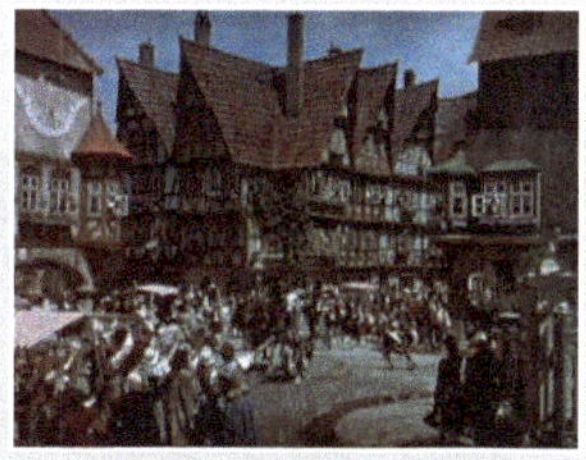

Während eines Kostümballs erzählt Münchhausen bedrängt von seinem Ahnherrn, dem legendären Lügenbaron Hieronymus von Münchhausen. Die Handlung geht zurück in das 18. Jahrhundert und beginnt mit der Rückkehr des Barons ins väterliche Bodenwerder.

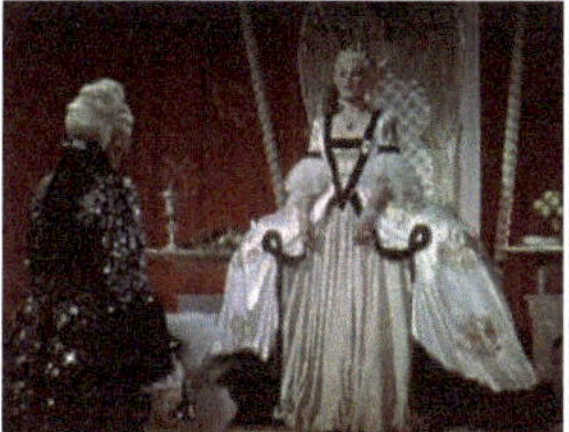
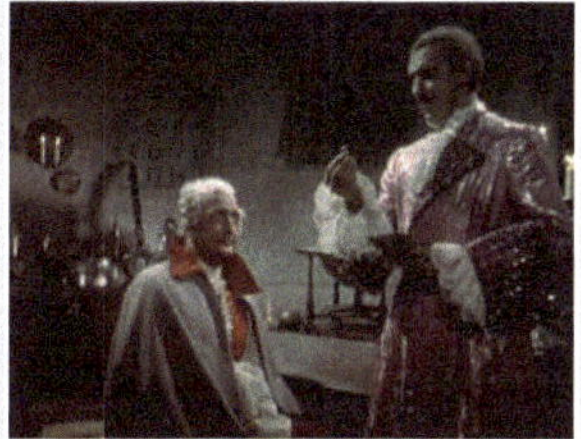
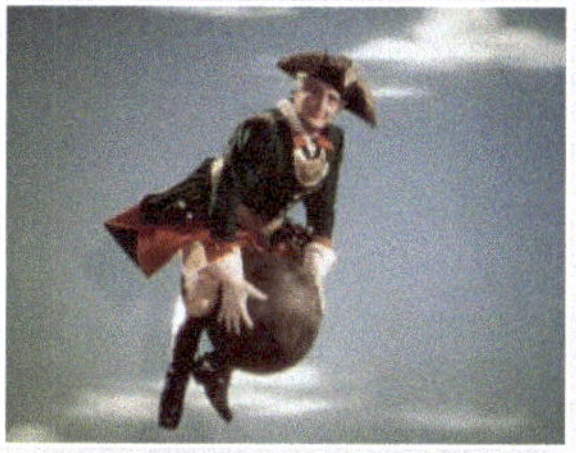

Münchhausen reist an den russischen Hof Katharinas der Großen. In Liebesabenteuer verstrickt, warnt er den Zauberer Graf Cagliostro vor Intrigen und erhält dafür einen Ring, der für eine Stunde unsichtbar macht sowie die Erfüllung seines Wunsches, nie älter zu werden, bis er selbst darum bittet. Von der Zarin in den Krieg gegen die Türken geschickt, trifft er einen Schnellläufer und fliegt unfreiwillig auf einer Kanonenkugel in die belagerte feindliche Festung.

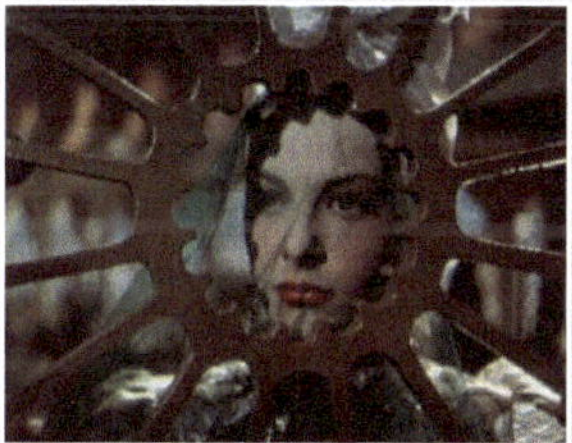
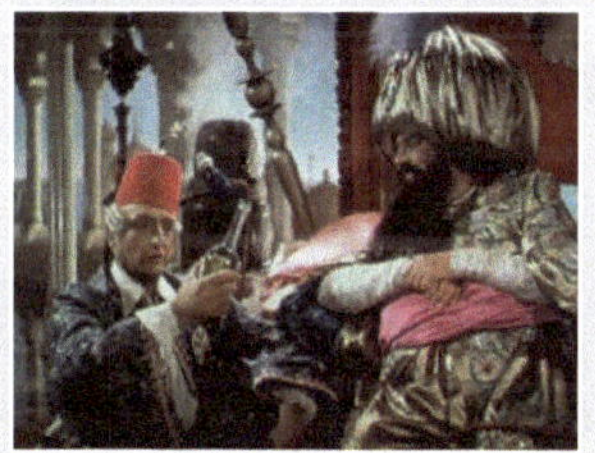
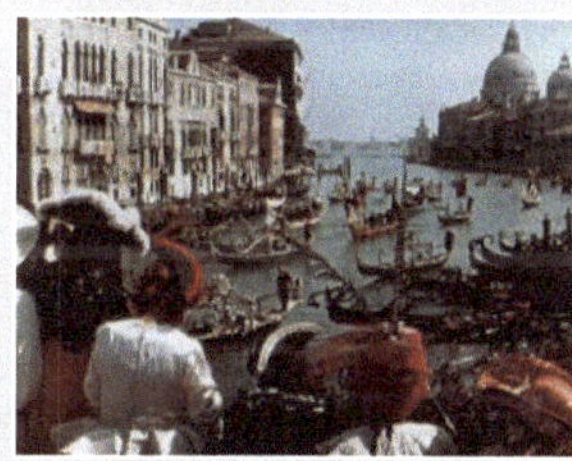

Vom Sultan als eine Art Hofnarr gehalten, gewinnt Münchhausen mit Hilfe seines Dieners und des Schnellläufers eine Wette. Er und seine Freunde erhalten die Freiheit. Um auch die Prinzessin Isabella d'Este zu befreien, setzt Münchhausen seinen Unsichtbarkeitsring ein und flieht mit ihr nach Venedig.

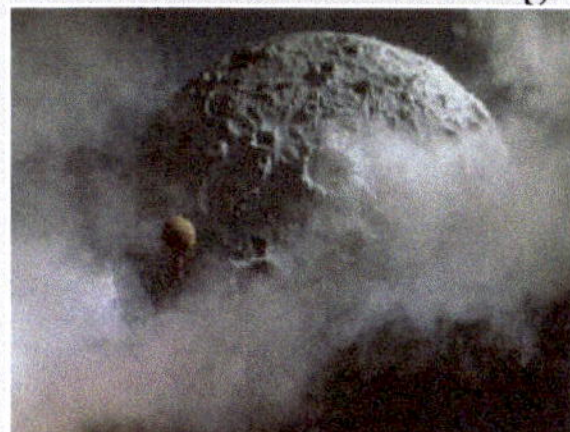
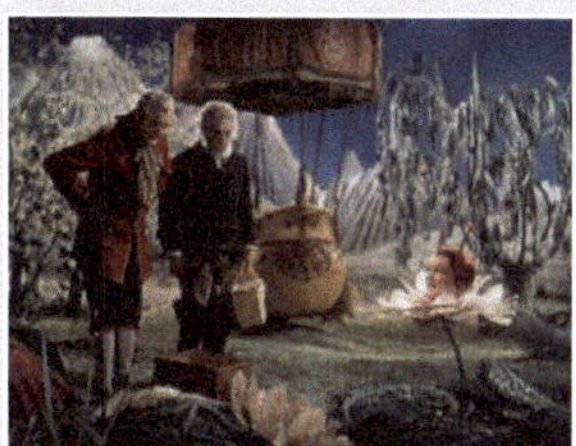
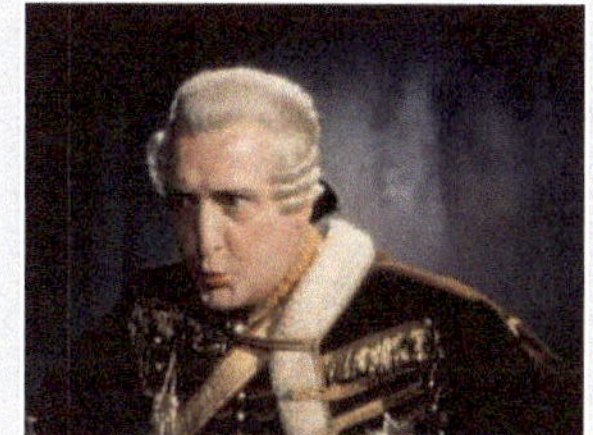

Nach weiteren Abenteuern und wunderlichen Erlebnissen stirbt sein Diener auf der Rückseite des Mondes und Münchhausen kehrt auf die Erde zurück. Hier endet die Erzählung und der Baron gibt sich als der nichtalternde Münchhausen zu erkennen. Der Liebe willen verzichtet er auf die Gabe der Jugendlichkeit und kann nun mit seiner Frau alt werden.

Das wirkliche Leben – „Fahrraddiebe" (1948)

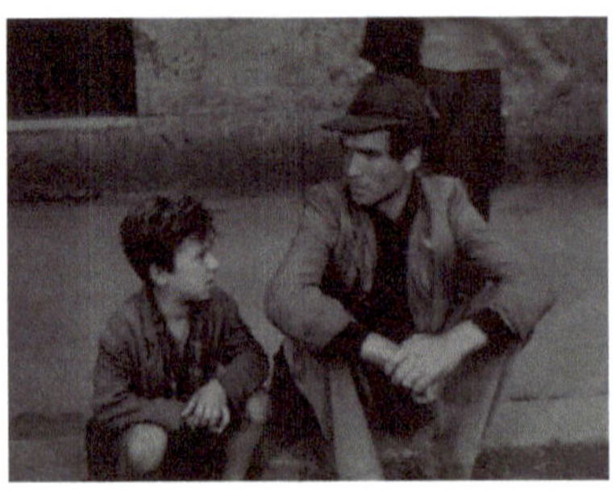

Vittorio de Sicas Geschichte über die existenzielle Bedeutung eines Fahrrads für den Protagonisten Antonio zählt zu den wichtigsten Filmen des italienischen Neorealismus. Der Film wurde mit Laiendarstellern an Originalschauplätzen in den Armenviertel Roms nach dem Ende des Zweiten Weltkrieges gedreht. Gezeigt wird auf eine dem Realismus verpflichtete Art und Weise wie sich das alltägliche Leben mit seinen sozialen und wirtschaftlichen Problemen gestaltete. Der internationale Erfolg dieses Filmes machte den Neorealismus bei einem breiten Publikum populär und beeinflusste zahlreiche Nachkriegsfilme.

Dieser Film ohne Schnörkel, fast beiläufig und zufällig erzählt und doch voller Dramatik und Gefühl begeisterte schon nach der Uraufführung im November 1948 Italien, Europa und sogar Hollywood. Er gewann 1950 den Oscar als bester fremdsprachiger Film und ist seitdem aus den verschiedenen Listen der weltbesten Filme nicht wegzudenken.[10]

Der Drehbuchautor dieses Filmes Cesare Zavattini, der noch weitere Vorlagen für neorealistische Filme schrieb und sich auch theoretisch mit dieser Stilrichtung beschäftigte, vertrat die Meinung, dass die ursprüngliche Bestimmung des Films darin liege, Zeuge der Wirklichkeit zu sein:

> „Es geht nicht darum, eine Geschichte zu erfinden, die der Wirklichkeit ähnelt, sondern die Wirklichkeit so zu erzählen als sei sie eine Geschichte. […] Jeder Augenblick ist unendlich reich. Das Banale existiert nicht."[11]

Dieser Überzeugung folgend, verzichtete der Regisseur Vittorio de Sica auf professionelle Schauspieler, besetzte die Rollen mit Laiendarsteller und drehte an Originalschauplätzen in den Straßen Roms. Damit schloss sich der Film „Fahrraddiebe" der Stilrichtung des Neorealismus an, der schon durch die Filme „Besessenheit" (1943) von Luchino Visconti und durch Roberto Rossellinis „Rom, offene Stadt" (1945) Eingang in das italienische Filmschaffen während des Zweiten Weltkriegs gefunden hatte und sich gegen die künstlichen Welten des Hollywoodkinos richtete. Filme sollten eine ungeschminkte Wirklichkeit zeigen, die sozialen und wirtschaftlichen Nöte der Bevölkerung und das gegenwärtige Leben der Zuschauer ernst nehmen. „Fahrraddiebe" gehört zweifellos zu den Klassikern des Films, der jede Generation durch seine ungekünstelte und lebendige Erzählweise neu berührt.

ARBEITSMATERIALIEN

Filmanalyse/narrativ:	Kategorien des Filmvorspanns (IB 8 + AB 8.2)
Mediengesellschaft:	Die Alltagswirklichkeit im Fokus (IB 30.1 – 30.2 + AB 30.1 – 30.3)
	Filmgenre Dramen (IB 36 + AB 36)
Filmanalyse/visuell:	Analyse einer Schlüsselszene (IB 17.1 – 17.2 und 19.1 – 19.3 + AB 20.3 – 20.4)

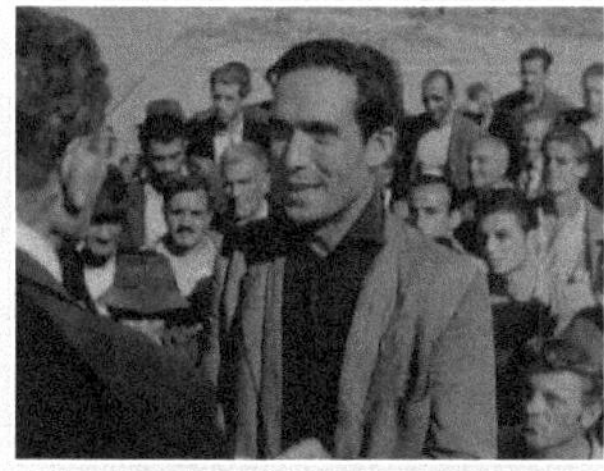
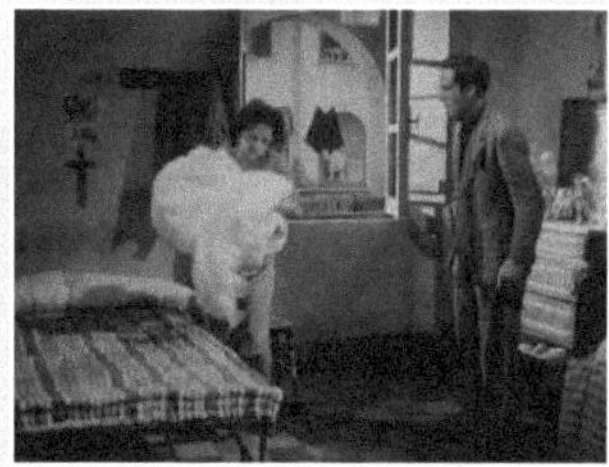
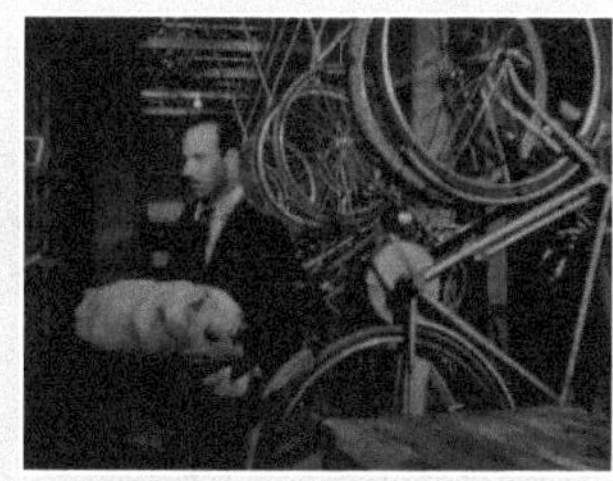

Der zweifache Familienvater Antonio Ricci gehört zum Heer der Arbeitslosen im Rom der Nachkriegszeit. Einen Weg aus der Armut bietet sich ihm mit einer neuen Arbeitsstelle als Plakatkleber. Diese begehrte Stelle setzt den Besitz eines Fahrrads voraus und seine Ehefrau Maria bringt kurzerhand die Bettwäsche der Familie in die Pfandleihe, um das erforderliche Fahrrad auszulösen.

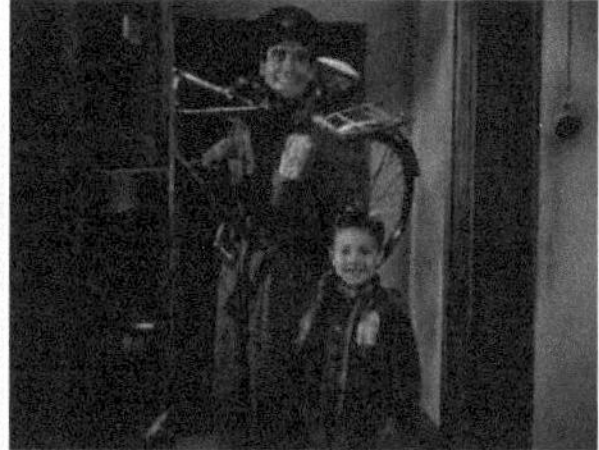
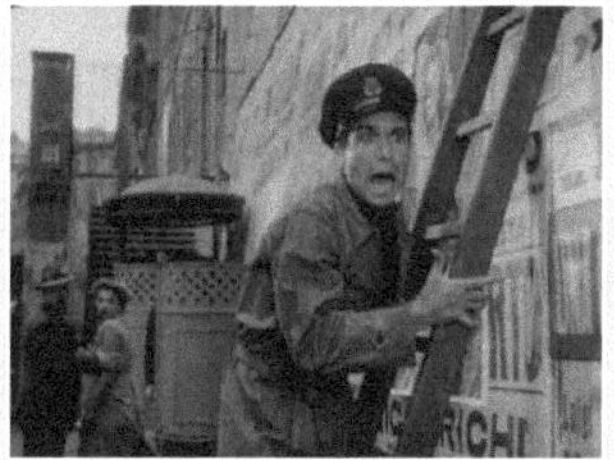
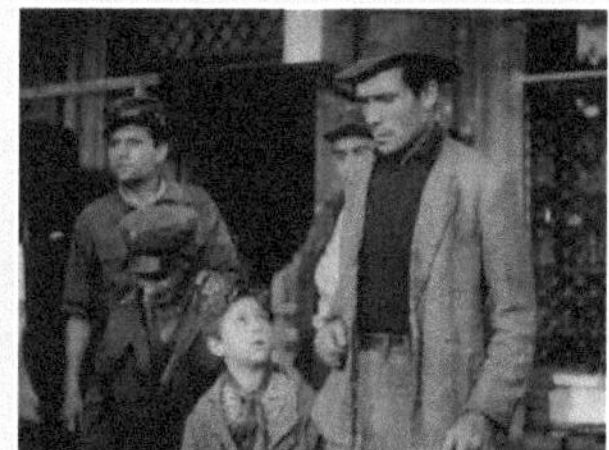

Das Glück und der Stolz über die neue Arbeit währen nur kurz, denn am ersten Tag wird das Fahrrad gestohlen. Der Kampf um die Existenz der Familie beginnt und Antonio macht sich mit seinem Sohn Bruno auf die Suche nach dem Dieb.

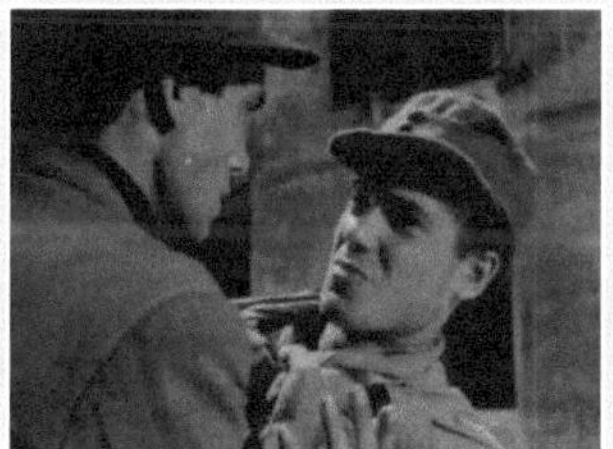
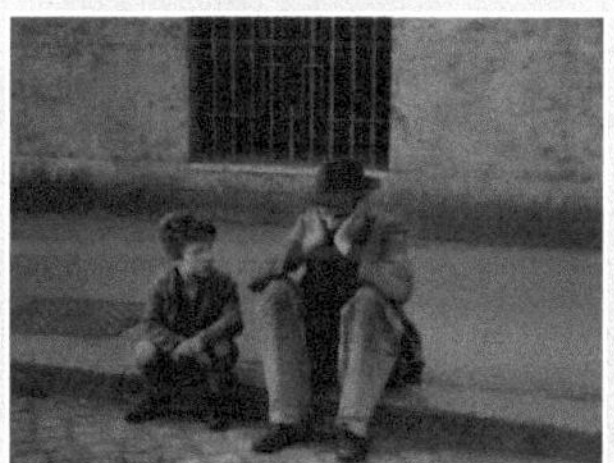
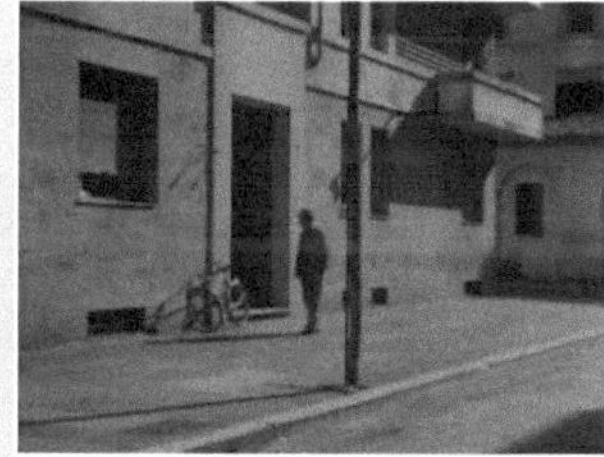

Der Hinweis eines Bettlers bringt sie auf die Spur des Diebes, dem aber nichts nachgewiesen werden kann und dessen Familie in noch größerer Armut lebt. Antonio wird immer verzweifelter und schickt seinen Sohn Bruno nach Hause. Ein scheinbar herrenloses Fahrrad an einer Hauswand lässt Antonio nun selbst zum Dieb werden.

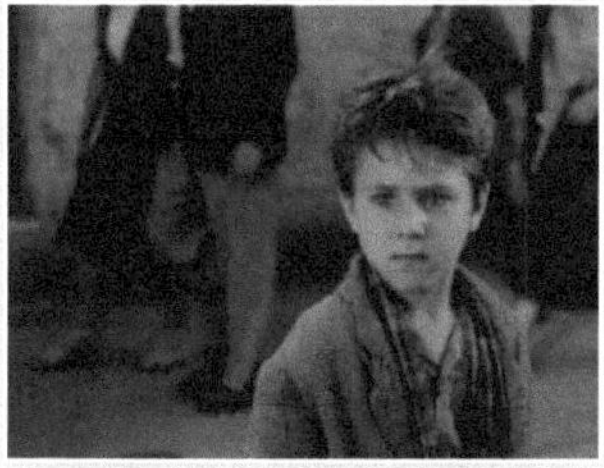
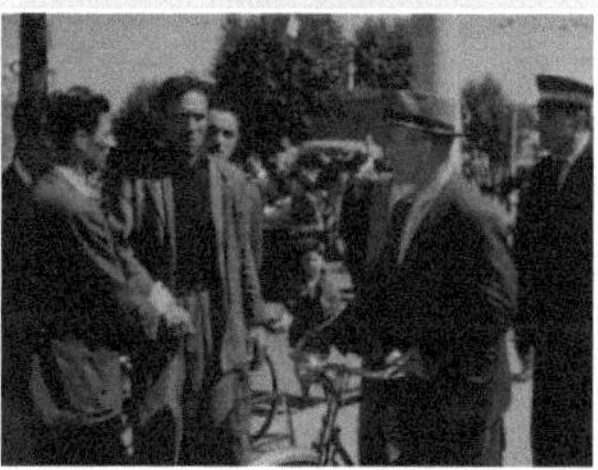
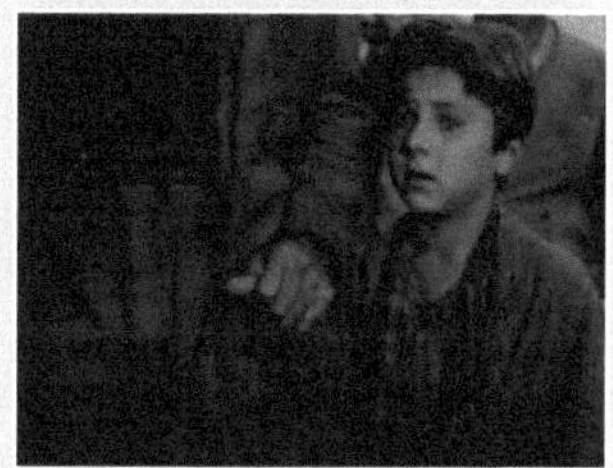

Er schwingt sich auf das Fahrrad, fährt davon und wird von einer wütenden Menschenmenge gestellt. Sein Sohn erlebt alles mit und seine Verzweiflung erspart dem Vater eine Anzeige. Gedemütigt und voller Scham gehen beide einer ungewissen Zukunft entgegen.

Der Zuschauer als Komplize – „Das Fenster zum Hof" (1954)

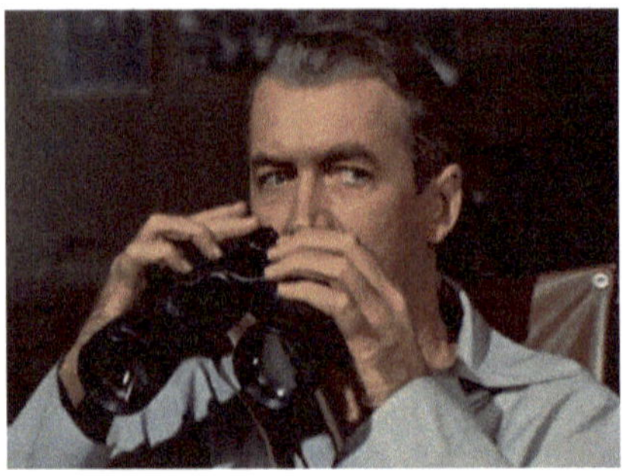

Dieses Meisterwerk des Spannungskinos besticht, neben dem ausgezeichneten Einsatz filmästhetischer Mittel, vor allem durch seine dramaturgisch ausgewogenen Handlungsebenen, die neben der vordergründig erzählten Geschichte eines möglichen Verbrechens, auch psychologisch motivierte Ansichten auf menschliche Beziehungen und einen reflexiven Blick auf den Voyeurismus der Medien wirft.

Der Fotojournalist Jefferies ist durch sein Gipsbein zur Untätigkeit gezwungen und beobachtet aus Langeweile das Leben seiner Nachbarn im Hof. Wie in einer überdimensionalen Puppenstube läuft der Alltag der Mitmenschen vor seinen Augen ab und er beobachtet nicht nur deren Charaktere und Emotionen, er glaubt auch indirekt Zeuge eines Mordes gewesen zu sein. Immer öfter greift er zum Fernglas und lässt uns das Spannungsfeld zwischen Beobachtung und subjektiver Interpretation miterleben. Mit diesem Blick durch das Schlüsselloch auf das hinter offenen und geschlossenen Fenstern spielende Welttheater aus Liebe, Glück, Leid und Verzweiflung wird auch der Zuschauer immer mehr zum Voyeur seiner Mitmenschen.

In dieser Grundsituation reflektiert Alfred Hitchcock nicht nur das Prinzip des Kinos und die Rolle der Medien, er macht auch deutlich, dass jede Beobachtung immer auch auf den Beobachter selbst verweist. Wie Jeff durch das Fernglas, so betrachten wir die Welt zu einem großen Teil durch die Medien.

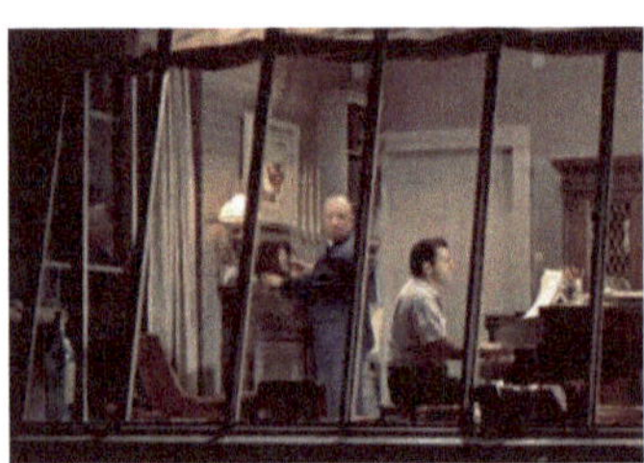

Alfred Hitchcock (links) taucht in vielen seiner Filme selbst kurz als Statist auf (Cameo-Auftritt).

Der britische Filmregisseur und Filmproduzent Alfred Hitchcock (*1899 – † 1980) prägte wie kaum ein anderer das Spannungskino des 20. Jahrhunderts. Nach ersten Erfahrungen durch das Zeichnen von Zwischentiteln für Stummfilme 1920 und als Regieassistent, begann er ab 1925, selbst Filme zu drehen. Zu den bekanntesten seiner 53 Filme gehören, neben „Das Fenster zum Hof" (1954), „Vertigo – aus dem Reich der Toten" (1958), „Der unsichtbare Dritte" (1959) und „Psycho" (1960). Begriffe wie *McGuffin* und *Suspense* fanden durch ihn Eingang in die Filmtheorie.

ARBEITSMATERIALIEN

Filmanalyse/narrativ:	Die Exposition (IB 9 + AB 9.1)
	Figurencharakterisierung (IB 11.2 + AB 11.6 – 11.7)
	Figurenkonstellationen (IB 11.3 + AB 11.14 – 11.15)
Filmanalyse/auditiv:	Musik im Film oder Filmmusik? (IB 25.1 + AB 25.2 – 25.3)
Mediengesellschaft:	Filmgenre – Kriminalfilme (IB 34.1 – 34.3 + AB 34.2)
Mediengesellschaft:	Remake, Reboot und Filmzitat (IB 40.2 + AB 40.2 – 40.3)

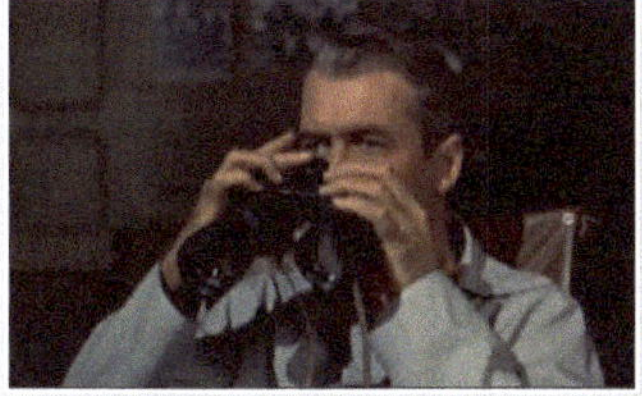
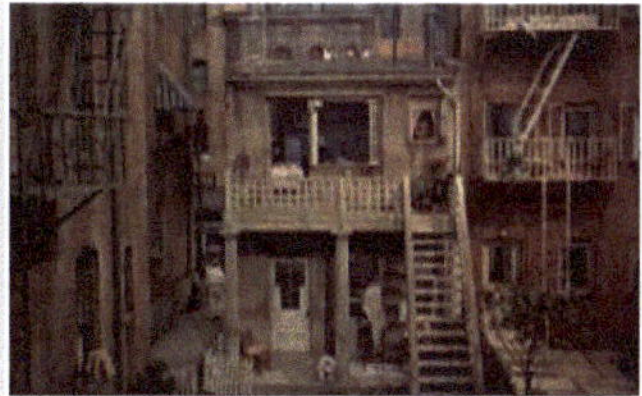
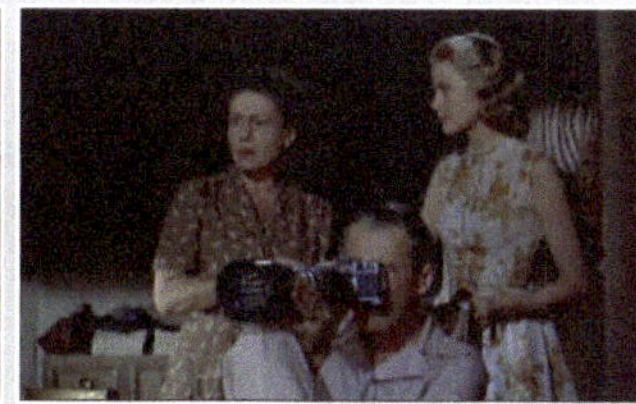

Durch einen Unfall zur Untätigkeit gezwungen, beginnt Jefferies seine Mitmenschen im Hof zu beobachten. Die Krankenschwester Stella und seine Freundin Lisa Fremont, welche ihn gern heiraten und zur Sesshaftigkeit überreden möchte, pflegen ihn.

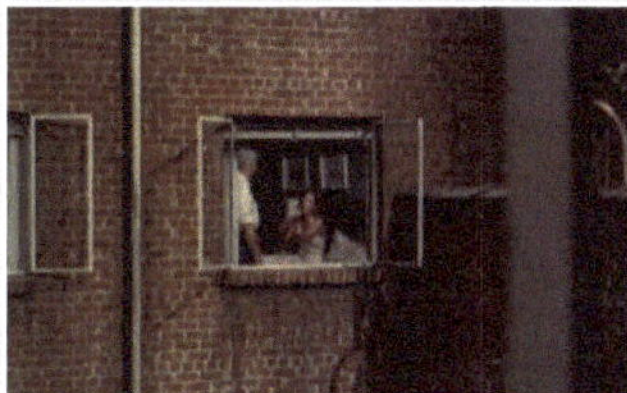
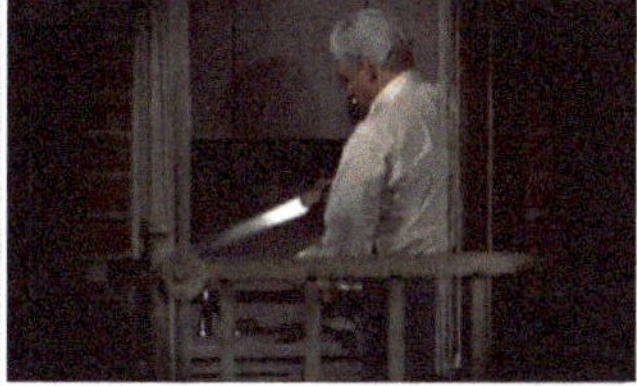
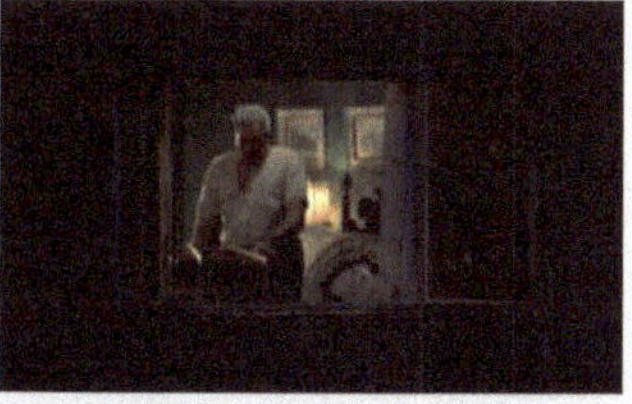

Als Jeff das Verschwinden der kranken Ehefrau von Lars Thorwald in der Wohnung gegenüber bemerkt und ihn beim Hantieren mit großen Messern beobachtet, nimmt sein Voyeurismus immer zwanghaftere Züge an. Er interpretiert zahlreiche Indizien seiner Hypothese eines Mordes entsprechend.

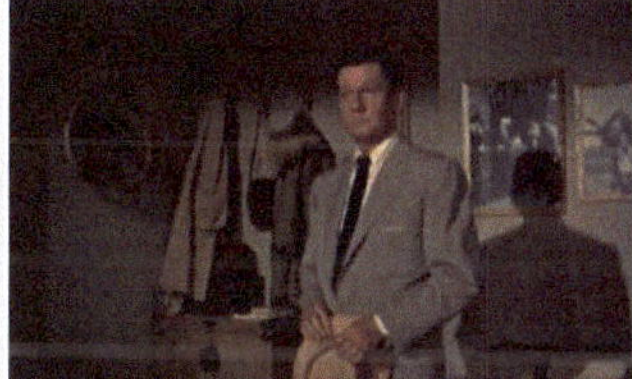
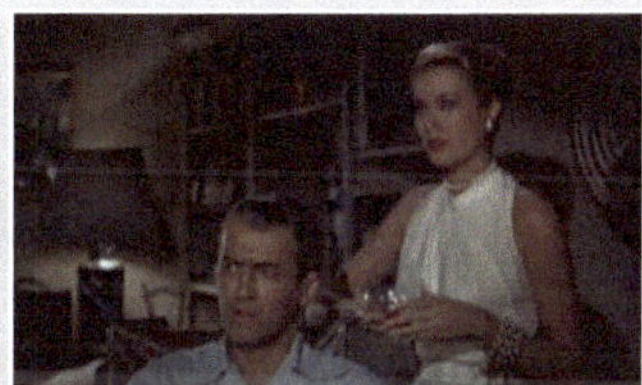
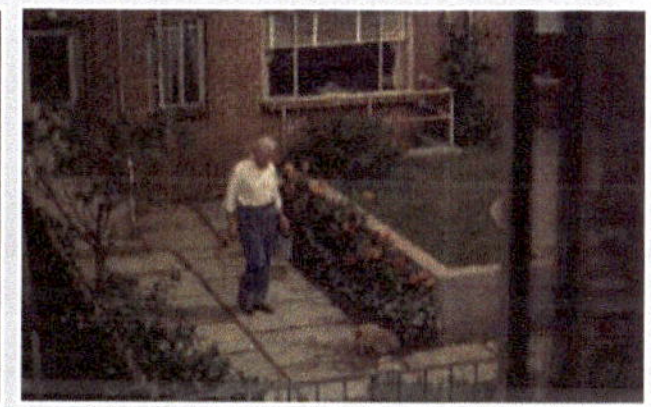

Spannung entsteht durch die zentrale Frage, ob wir aufgrund lückenhafter Indizien die richtigen Schlussfolgerungen ziehen. Haben wir indirekt einen Mord beobachtet oder gibt es für alles harmlose Erklärungen? Die kritische Stimme des Zweifels übernimmt Jefferies Freund Tom Doyle, der bei der New Yorker Kriminalpolizei arbeitet. Seine Recherchen legen die Vermutung nahe, dass die Ehefrau Thorwalds nur die Stadt verlassen hat und kein Verbrechen vorliegt. Bei Jeff und Lisa stellt sich ein Gefühl der Enttäuschung ein. Kurz danach wird der Hund einer Nachbarin ermordet und der Verdacht erneuert sich.

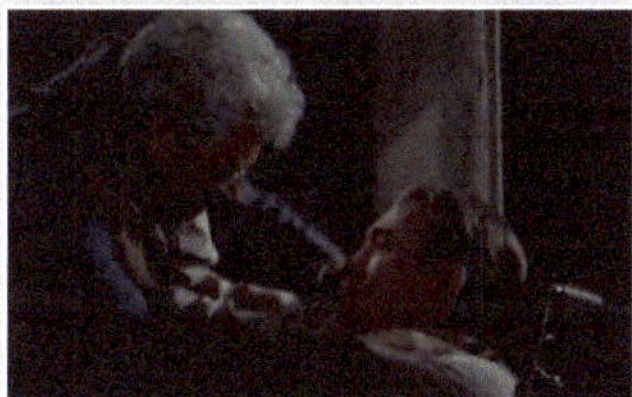
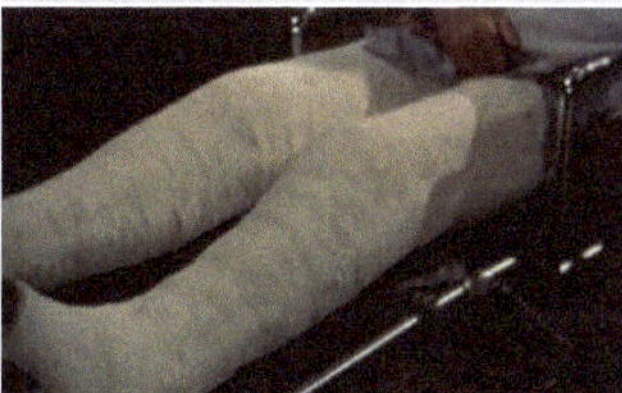
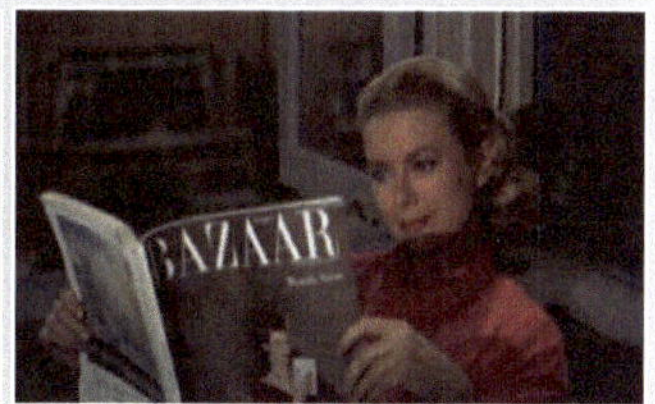

Jeff ruft Thorwald an und lockt ihn aus der Wohnung, damit Lisa und Stella nach Beweisen suchen können. Im Finale kommt es zu einem Kampf, durch den Jeff sich das zweite Bein bricht und Thorwald festgenommen werden kann. Die Antwort, ob Jeff und Lisa heiraten, bleibt am Ende offen.

Das Spiel mit Zuschauererwartungen – „Psycho" (1960)

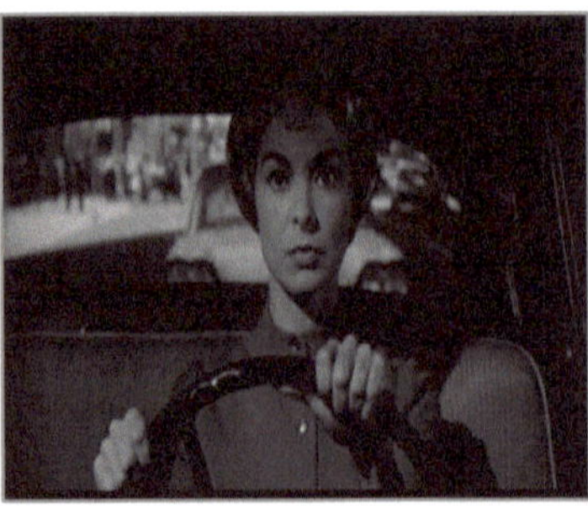

Alfred Hitchcocks Film „Psycho" gehört aus mehreren Gründen zu den Klassikern der Filmgeschichte. Er bricht inhaltlich und formal mit einigen ungeschriebenen Gesetzen des Unterhaltungskinos der damaligen Zeit, er hat die Aufführungspraxis von Filmen im Kino maßgeblich verändert und mit der Duschszene einen Meilenstein des Spannungskinos geschaffen, die auch heute noch unsere Grundängste anzusprechen vermag.

„Psycho" zählt mit nur 800.000 $ Produktionskosten zu den kleinsten Filmproduktionen Hitchcocks und ist wohl auch sein mutigster Film. Mit einem Augenzwinkern wagt er einen Anschlag auf die Sehgewohnheiten des Publikums und auf die ungeschriebenen Gesetze des Unterhaltungskinos. Er verunsichert nicht nur durch den Mord an der bis dahin einzigen Identifikationsfigur Marion Crane in der Mitte des Filmes, er lässt die Zuschauer auch ziemlich ratlos nach einer neuen sympathischen Person suchen und immer, wenn das Publikum glaubt, jemanden gefunden zu haben, folgt eine Überraschung. Auch der handlungsauslösende Diebstahl von 40.000 $ erweist sich schnell als *Red Herring* und damit als ein in die Irre führendes Ablenkungsmanöver. Bemerkenswert ist auch, dass der Film zu gut einem Drittel ohne Sprache auskommt und sich die Handlung hauptsächlich um wenige, lange Dialoge aufbaut.

Wie schon im Film „Das Fenster zum Hof" (1954) ist ein zentrales Thema das Beobachten und Beobachtet werden, symbolisiert durch die eingefrorenen Blicke der ausgestopften Vögel im Motel und durch den voyeuristischen Blick durch ein Loch in der Wand. Nicht nur der Film selbst, auch die von Hitchcock gestartete Werbekampagne zum Kinostart war außergewöhnlich. Da dieser Film durch die Kenntnis seines Endes deutlich an Wirkung verliert und die Strategien der Spannungserzeugung (Suspense und Surprise) nicht mehr funktionieren, schloss Hitchcock mit Publikum und Presse den Pakt, das Ende nicht zu verraten. Und diese Rechnung ging auf. Durch diesen Film veränderte sich auch die bis dahin gängige Vorführpraxis im Kino. Entgegen der Gepflogenheit, die Zuschauer jederzeit die Filmvorführung betreten zu lassen, forderte Hitchcock verbindliche Anfangszeiten, nach deren Beginn der Eintritt verweigert wurde. Unser zeitlich geregeltes Kinoprogramm ist damit auch eine Folge dieses Kriminalfilms.

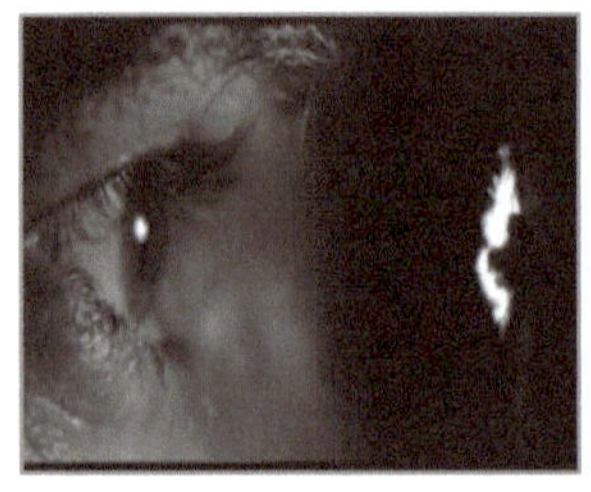

ARBEITSMATERIALIEN

Filmanalyse/visuell:	Anschlussfehler im Film (IB 21 + AB 21)
Filmanalyse/auditiv:	Musik im Film oder Filmmusik? (IB 25.1 + AB 25.3)
Mediengesellschaft:	Filmgenre – Kriminalfilme (IB 34.1 – 34.3 + AB 34.3)
Filmanalyse/visuell:	Die Montage der Aktion (IB 22.1 + AB 22.3 – 22.6) 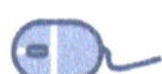

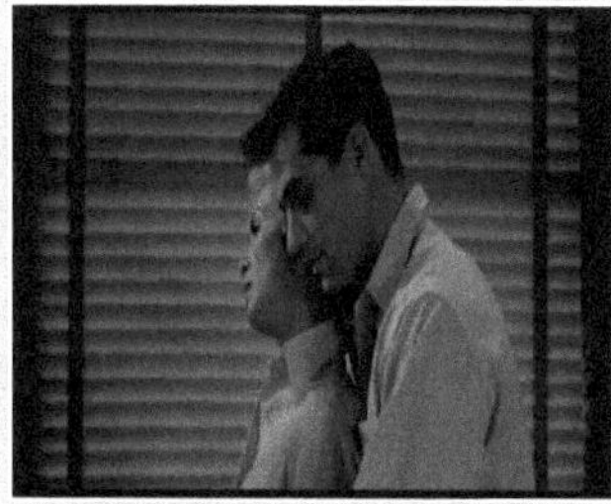
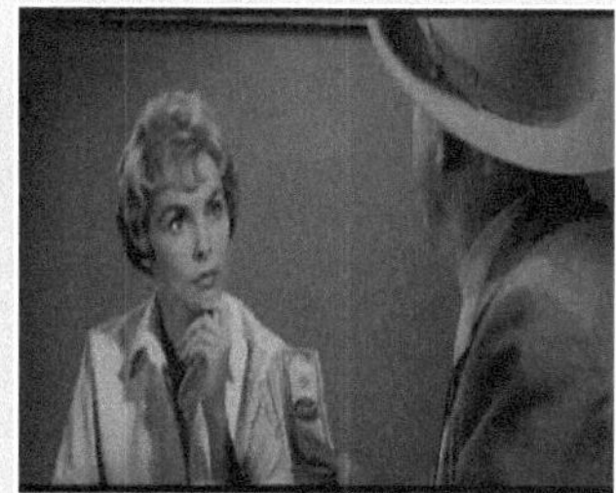
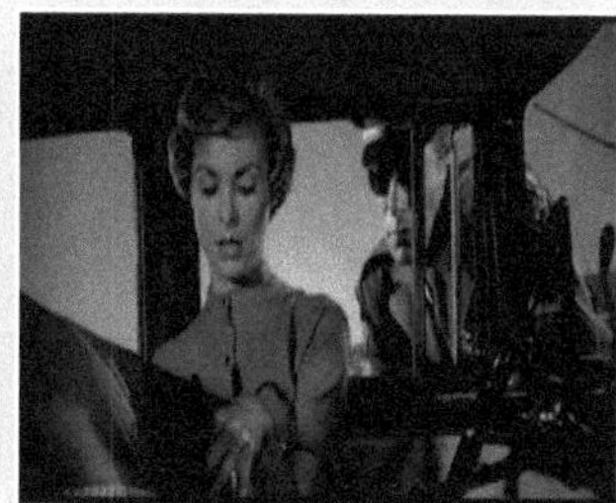

Die Sekretärin Marion Crane kann aus finanziellen Gründen ihren Freund Sam Loomis nicht heiraten, unterschlägt als Sekretärin eines Immobilienmaklers 40.000 $ und flieht in die Stadt ihres Freundes.

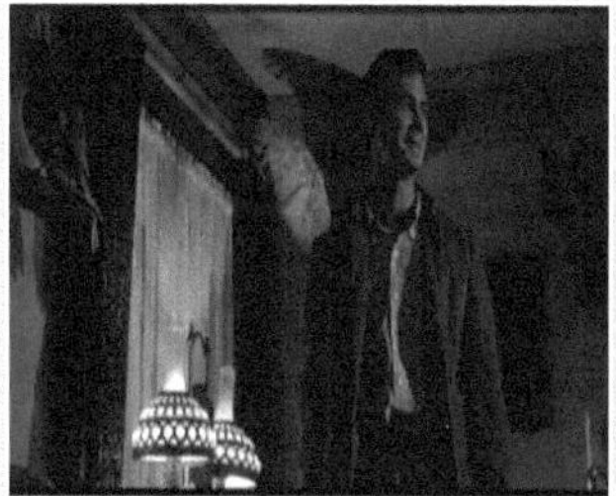
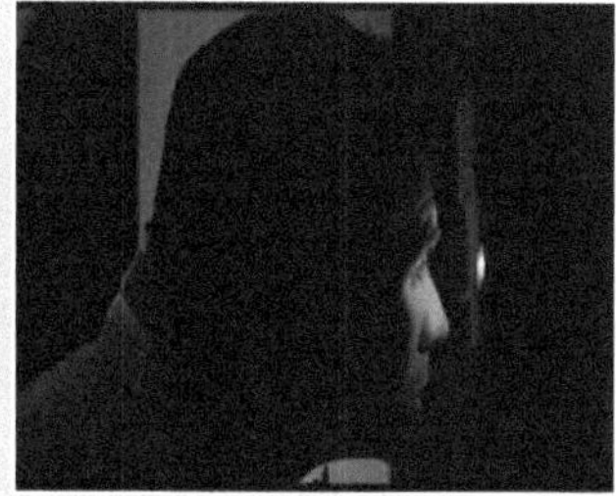
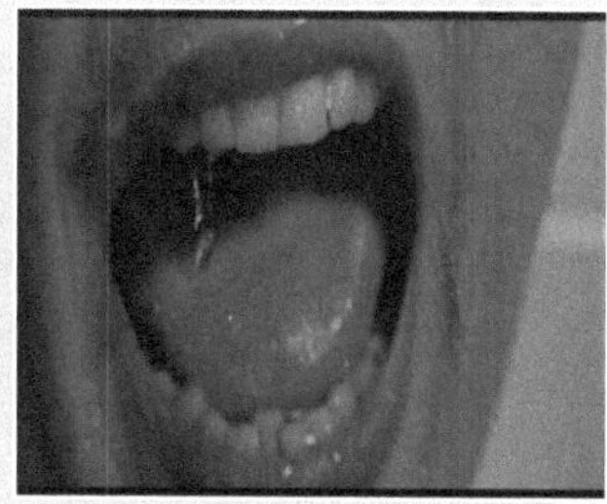

Kurz vor dem Ziel verirrt sie sich und gelangt in das düstere Bates Motel, in dem ihr Norman Bates freundlich, unsicher und schüchtern ein Zimmer vermietet. Er erzählt von seiner Vorliebe, Vögel auszustopfen und von seiner psychisch kranken Mutter im Nebenhaus. Nachdem Norman sie durch ein Loch in der Wand beim Auskleiden beobachtet hat, wird Marion unter der Dusche von einer weiblichen Person erstochen.

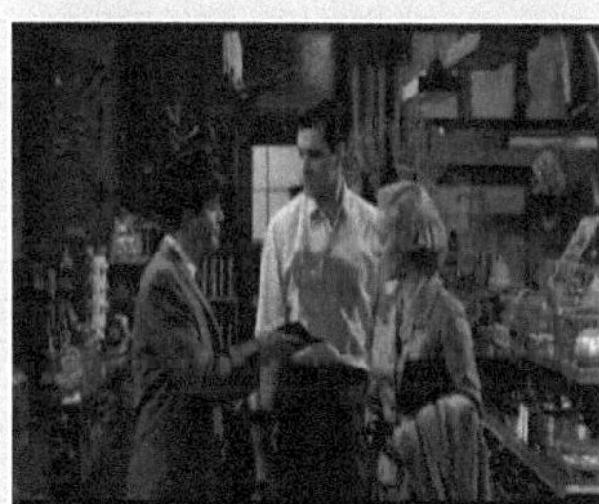
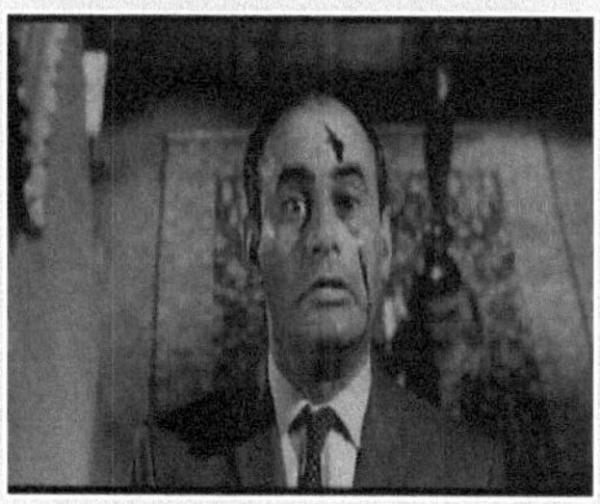
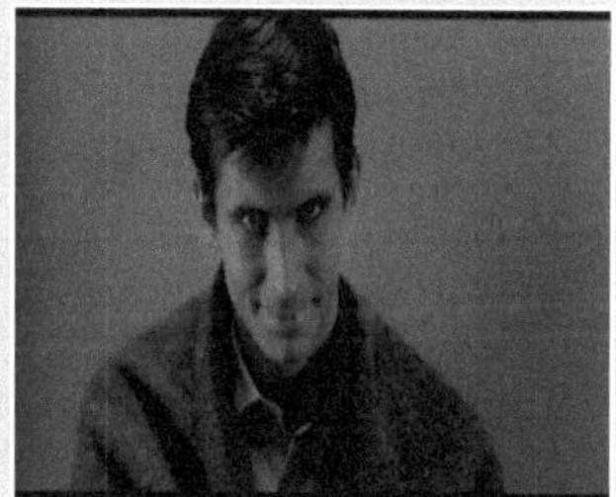

Norman bemerkt mit Schrecken den Mord, beseitigt alle Spuren und lässt die Leiche mitsamt Auto in einem See verschwinden. Marions Schwester Lila und der Detektiv Arbogast suchen inzwischen Marion bei ihrem Freund Sam. Nachdem Arbogast eine Spur in Bates Motel gefunden zu haben glaubt, wird auch er von einer weiblichen Person erstochen. Lila und Sam suchen weiter und können am Ende Norman Bates als Täter mit einer Persönlichkeitsspaltung überführen.

Ein opernhafter Italowestern – „Spiel mir das Lied vom Tod" (1968)

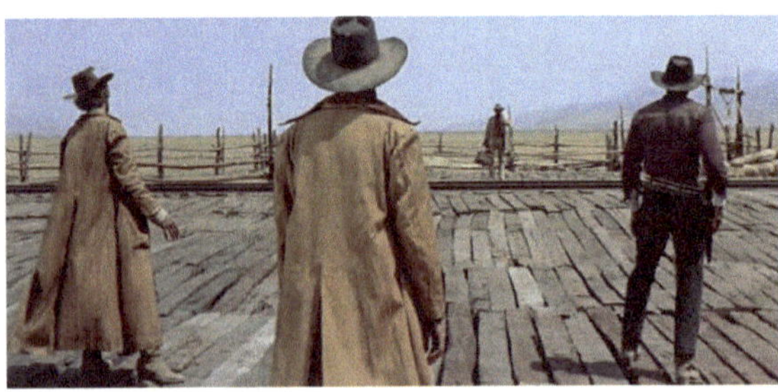

Dieser Film gilt als Höhepunkt des Italo-Westerns, der in den 1960er-Jahren das amerikanische Westerngenre erneuerte und dabei wenig Rücksicht auf die amerikanischen Mythen und heroischen Gesten nahm. Anstelle der bis dahin üblichen aufrichtigen, mutigen und gerechten Westernhelden, setzte dieses Subgenre auf Anti-Helden, die von ihrer persönlichen Rache getrieben werden oder sich der Macht des Geldes unterwerfen.

Neben dem italienischen Regisseur Sergio Corbucci, [12] begründete Sergio Leone mit seiner Dollar-Trilogie das Genre des Italo-Westerns (auch Spaghetti-Western genannt),[13] das mit den klassischen Westernfilmen nur einzelne Genreszenen gemeinsam hatte und mit Clint Eastwoods Darstellung einen neuen, zynischen und moralisch unabhängigen Helden einführte.[14] Nach dem großen Erfolg dieser Filme folgte mit „Spiel mir das Lied vom Tod" der erste Film der sog. Amerika-Trilogie, der zugleich auch den epischen Höhepunkt dieses Subgenres markierte.[15] Während die Figuren Cheyenne noch als typischer Bandit, Frank als gewissenloser Bösewicht, Morton als rücksichtsloser Kapitalist und Harmonika als namenloser Rächer dem klassischen Western entsprechend stilisiert wurden, trat mit Jill McBaine eine selbstbewusste und emanzipierte Frau auf die Bühne des Westerns, die trotz aller bestehender Abhängigkeiten in der Männerwelt ihr Leben selbst in die Hand nimmt und zur Gründermutter einer entstehenden Stadt avancierte. Die Tage des alten Westerns, der auf die Überzeugungskraft rauchender Colts setzte, schienen gezählt zu sein und der Macht des Kapitals zu weichen.

Neben der langsamen Erzählweise ist vor allem der Einsatz des Tones bemerkenswert, der in der langen Exposition ohne zusätzliche Filmmusik und durch eine verstärkte Geräuschkulisse die Situation charakterisiert. Berühmt wurde der Film aber in erster Linie durch die opernhafte Filmmusik von Ennio Morricone, der jede Hauptfigur des Filmes durch musikalische Leitmotive charakterisierte und dessen klagenden Mundharmonikaklänge des namenlosen Rächers den Film in Europa zum Klassiker werden ließ.

ARBEITSMATERIALIEN

Filmanalyse/visuell:	Zeit- und Bildgestaltung im Showdown (IB 10.1 – 10.3 und IB 20.2 – 20.4 + AB 10.3)
	Auf die Einstellung kommt es an (IB 17.1 – 17.2 + AB 17.1 und 17.3)
Filmanalyse/auditiv:	Geräusche im Film (IB 23.1 – 23.2 + AB 23.1 – 23.2)
	Original und Synchronisation (IB 24 + AB 24.1 – 24.2)
Mediengesellschaft:	Filmgenre – Western (IB 37.1 – 37.2 AB 37) 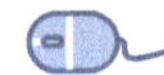
Filmanalyse/auditiv:	Musikalische Leitmotive (IB 25.2 + AB 25.6 – 25.8)

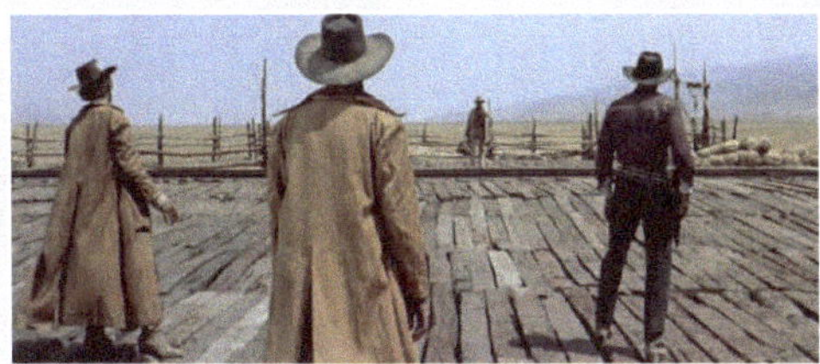
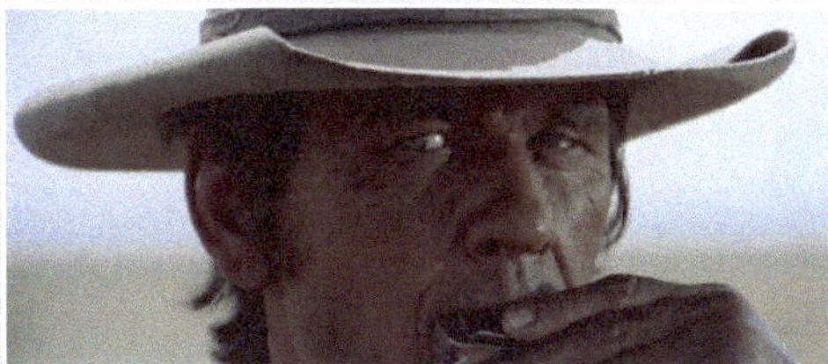

Drei Banditen warten auf die Ankunft eines Zuges, aus dem ein Mann mit einer Mundharmonika steigt und der alle drei nach einem kurzen Wortwechsel in einer schnellen Schussfolge tötet.

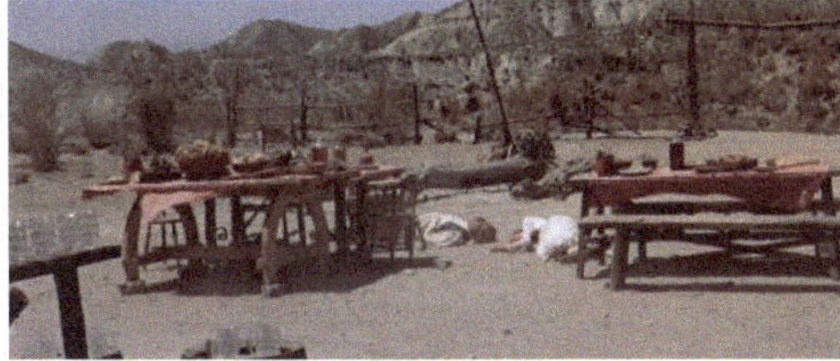
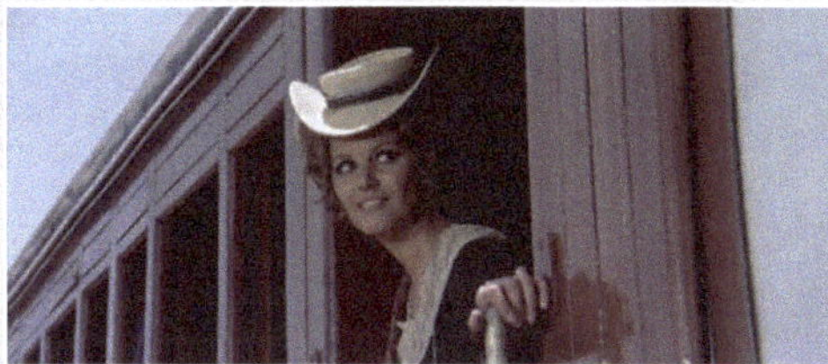

Während der Vorbereitung eines Festes wird der irische Einwanderer Brett McBain mit seinen drei Kindern auf der Farm Sweetwater von dem Banditen Frank und seinen Kumpanen erschossen. Die Vorbereitungen galten seiner neuen Frau Jill, die vom Bahnhof in Flagstone abgeholt werden sollte.

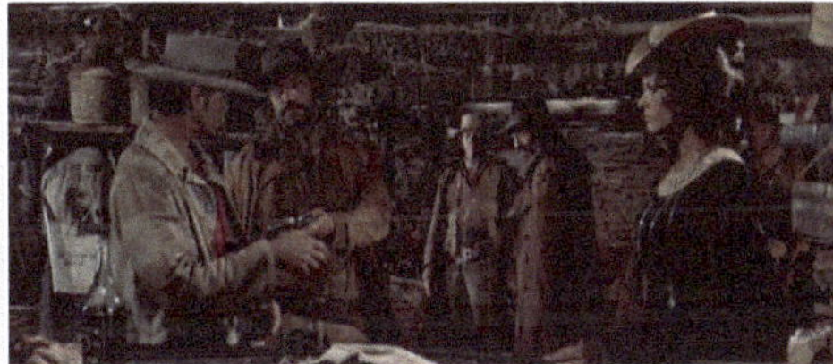
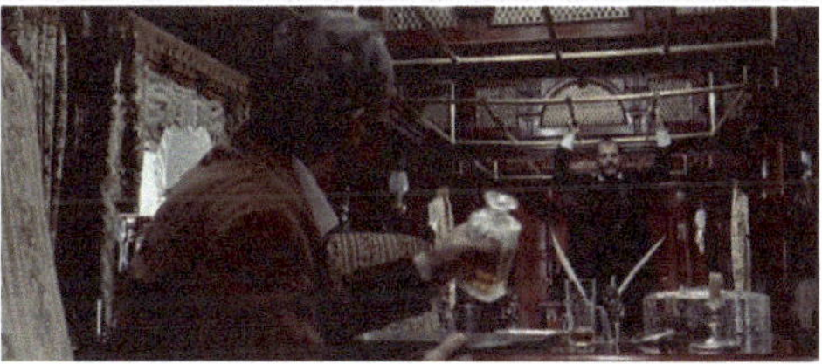

Auf der Fahrt zur Farm trifft Jill den geflohenen Banditen Cheyenne und den mysteriösen Mundharmonika spielenden Namenlosen. Während Jill auf der Farm Sweetwater die vier Leichen ihrer neuen Familie betrauert, findet in einem luxuriösen Eisenbahnwagen ein Gespräch zwischen dem Mörder Frank und dem Eisenbahntycoon Morton statt, der Frank beauftragt hatte, den Farmer McBain einzuschüchtern, da dessen Land an der Bahnstrecke liegt und die einzige Wasserquelle besitzt. Ein Kampf um das wertvolle Land beginnt.

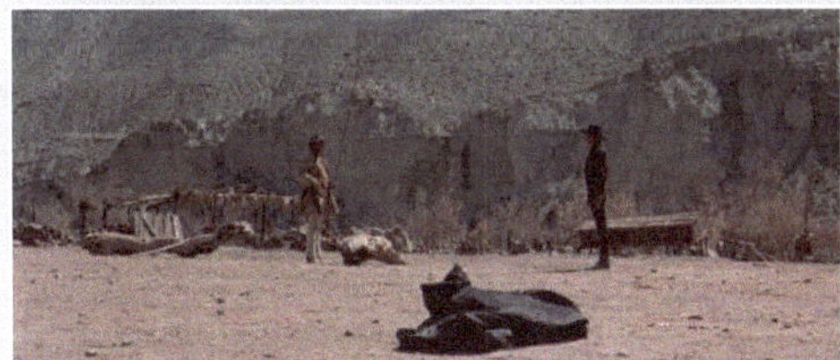
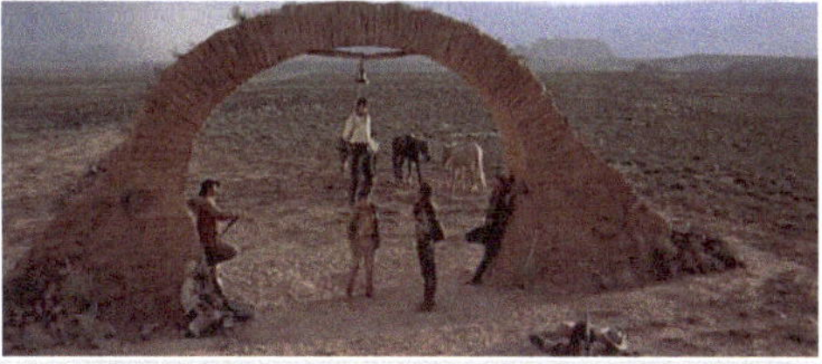

Unabhängig davon verfolgt Mundharmonika eigene Rachepläne gegenüber dem Mörder Frank. Im Showdown am Ende des Filmes wird nicht nur der Mörder zur Strecke gebracht, wir erfahren auch den Grund für Mundharmonikas Mission: Frank hatte dessen Bruder vor Jahren umbringen lassen. Am Ende gelingt es Jill, die Farm Sweetwater zu behalten und in eine Stadt zu verwandeln, während der namenlose Mundharmonika als einsamer Rächer weiterzieht.

Die Reise eines Helden – „Jäger des verlorenen Schatzes" (1981)

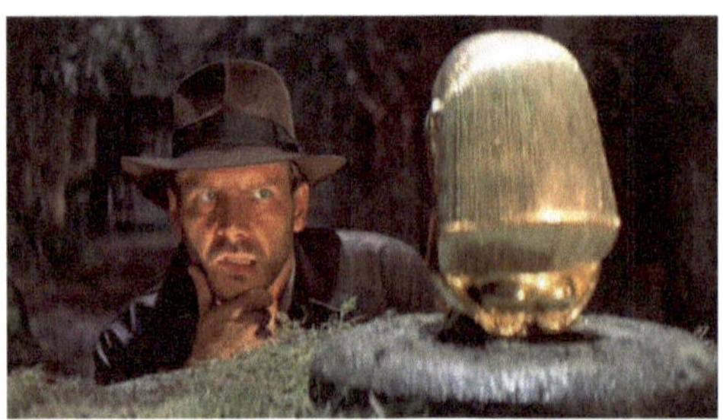

Mit den Indiana-Jones-Filmen gelang dem Erfolgsduo Steven Spielberg (Regie) und George Lucas (Produktion) in den 1980er Jahren ein gewaltiger kommerzieller Erfolg, der eine Wiederbelebung des Abenteuerfilms nach sich zog und die Figur des peitschenschwingende Archäologieprofessors zum festen Bestandteil der Populärkultur werden ließ.

Anfang der 1980er Jahre taten sich die zwei, durch Filme wie „Der weiße Hai" (1975) und „Krieg der Sterne" (1977), berühmt gewordenen Regisseure Steven Spielberg und George Lucas für die Produktion des Abenteuerfilms „Der Jäger des verlorenen Schatzes" zusammen, der als erster von bislang vier Teilen dieser Reihe[16] alle Zutaten eines Hollywood-Blockbuster aufweist. Uns begegnen Schätze mit großer mythischer Kraft, die es unter Gefahren durch Spinnen, Schlangen, Giftpfeilen, rollenden Felsbrocken und explodierenden Autos zu erbeuten gilt. Gibt man dieser Rezeptur noch spektakuläre Stunts und Zweikämpfe an exotischen Orten bei, kreiert mit dem peitschenschwingenden Archäologieprofessor Indiana Jones eine neue Kultfigur des Actionkinos und lässt auch die Liebesgeschichte nicht fehlen, scheint das Popcornkino perfekt.

Dass dieses altbekannte Rezept immer wieder funktioniert und der Zuschauer auch dann Vergnügen empfindet, wenn einzelne Handlungselemente nicht stets logisch aufeinanderfolgen, zeigt sich an seinem kommerziellen Erfolg. So spielte der Film mit 384 Mio. Dollar fast das 20-fache seine Produktionskosten wieder ein und wurde für acht Oscars nominiert.[17] Unbeeinflusst von den meist schlechten Filmkritiken dieser Zeit, war dieser Erfolg Ansporn für viele Produktionsgesellschaften, weitere Filme dieser Prägung auf den Markt zu bringen und damit auch das in den 1930er- und 1940er-Jahren erfolgreiche Filmgenre der Abenteuerfilme wiederzubeleben.[18]

Mit der Figur des Indiana Jones, der mit seinen Attributen der Fedora, Bullenpeitsche und Lederjacke stellenvertretend für das Publikum exotische Abenteuer besteht, hat sich seitdem eine Marke etabliert, die Mediengrenzen überschreitend in vielen Romanen, Comics und Computerspielen wiederzufinden ist.[19]

ARBEITSMATERIALIEN

Filmanalyse/narrativ:	Eine Reise in 12 Stationen (IB 7.1 – 7.3 + AB 7.1 – 7.2)
	Der Filmvorspann (IB 8 + AB 8.1)
	Vergangenheit im Film (IB 10.4 + AB 10.6)
	Archetypen im Film (IB 12.1 – 12.2 + AB 12)
Filmanalyse/auditiv:	Filmmusiktechniken (IB 25.2 + AB 25.4)
Mediengesellschaft:	Filmgenre – Abenteuerfilme (IB 38.1 – 38.2 + AB 38)
Filmanalyse/auditiv:	Funktionen der Filmmusik (IB 25.3 – 25.4 + AB 25.10 – 25.11)

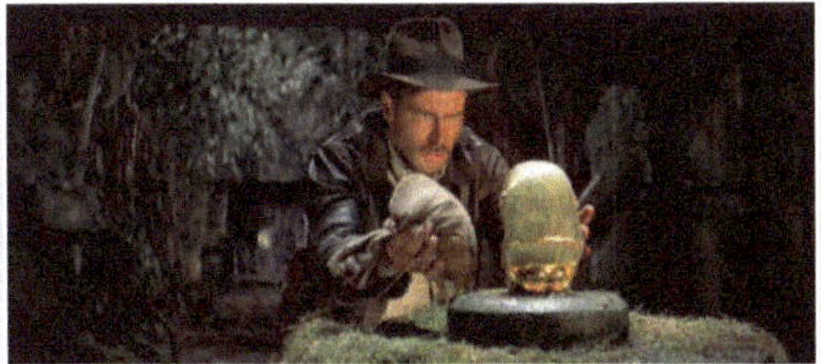

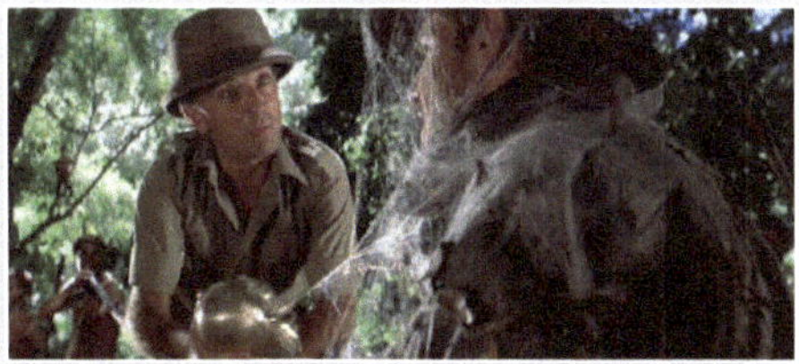

Indiana Jones betritt einen südamerikanischen Tempel und erbeutet, nach der Überwindung spektakulärer Hindernisse, eine Götterstatue. Diese goldene Figur wird ihm von seinem Gegner René Belloq wieder abgenommen und ihm gelingt nur knapp die Flucht in einem Wasserflugzeug.

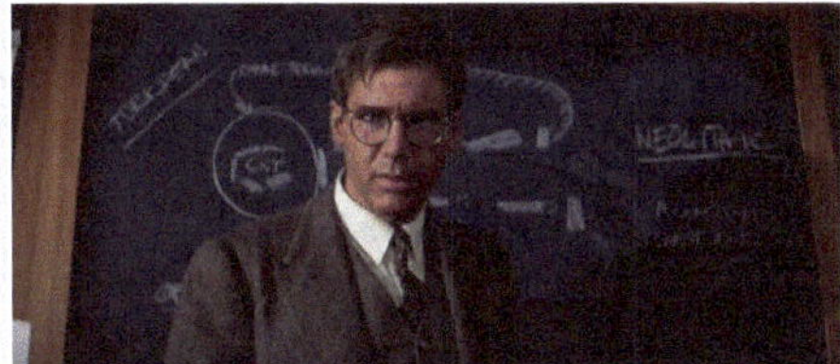

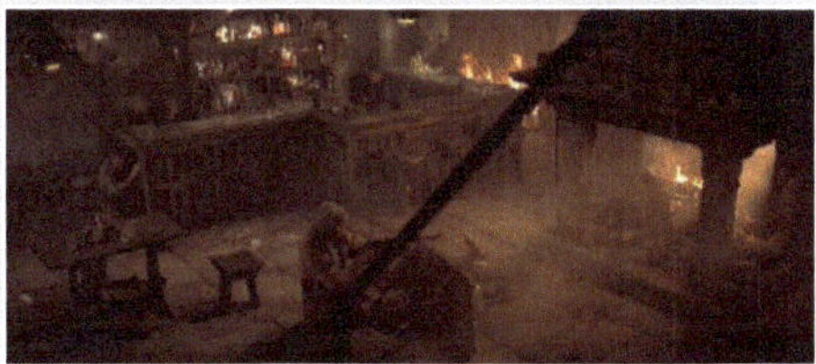

Wieder als Professor der Archäologie an einem College in den USA wird Indiana vom Geheimdienst mit der Bergung der Bundeslade betraut, nach der auch die Nationalsozialisten suchen. Die Jagd beginnt in Nepal mit der Suche nach dem Kopfstück des Stabes des Re, durch dessen Hilfe die genaue Position der Bundeslade ermittelt werden kann. Hier trifft Indiana Marion, die Tochter seines verstorbenen Mentors Prof. Ravenwood. Nach dem Kampf mit den Naziagenten Arnold Toht und seinen Helfern fliehen Indiana und Marion mit dem Amulett nach Kairo.

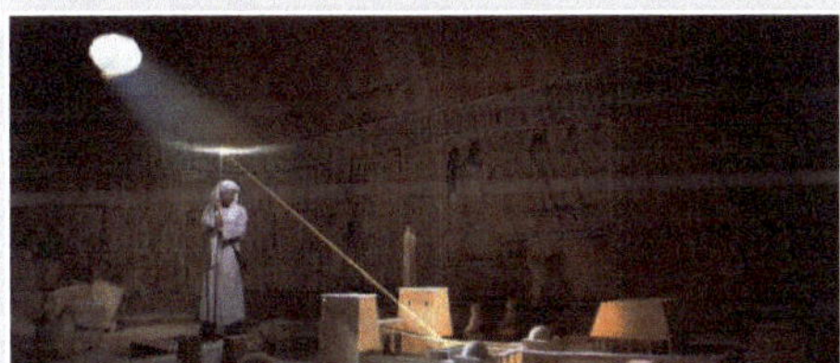

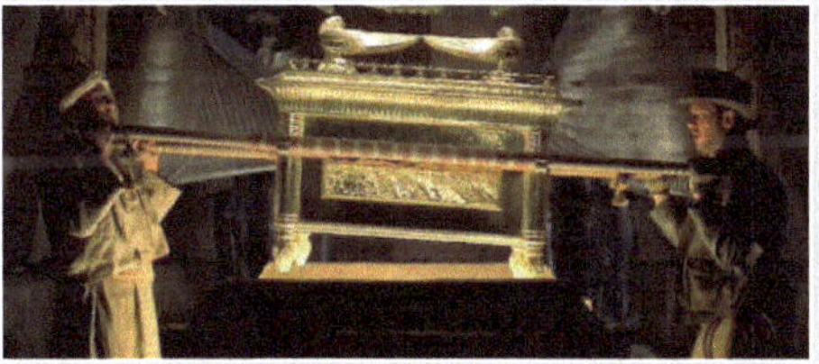

Mit Hilfe des Freundes Sallah gelingen ihnen die Entschlüsselung des Amuletts und der Fund der Bundeslade, welche sie sogleich wieder an die Nazis verlieren. Nach verschiedenen Abenteuern gelangen sie wieder in den Besitz der Lade. Indiana und Marion können mit einem Schiff in Richtung England fliehen.

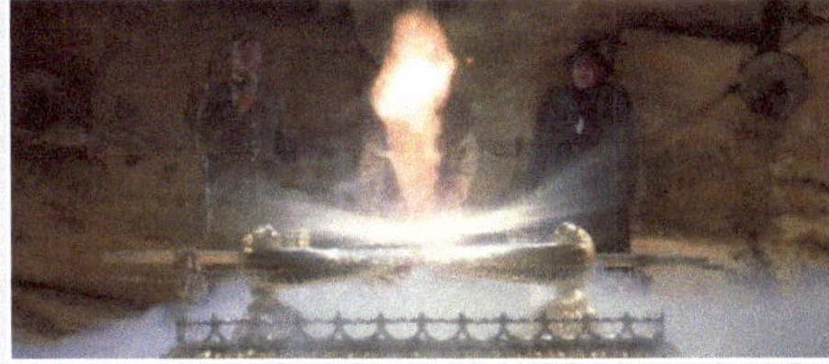

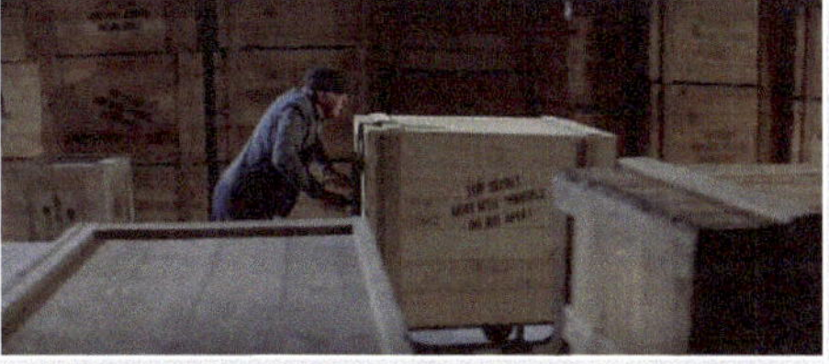

Unterwegs werden sie von einem deutschen U-Boot überfallen, die Lade geht wieder in den Besitz der Nazi über und wird auf einer Insel geöffnet. Die Macht Gottes in Form von Geisterwesen tötet die Nationalsozialisten, nur Indiana und Marion überleben. Die Bundeslade gelangt nach Washington und wird in einer Lagerhalle voller gleichartiger Kisten verborgen.

Formen der Gewalt – „Falling Down – ein ganz normaler Tag“ (1993)

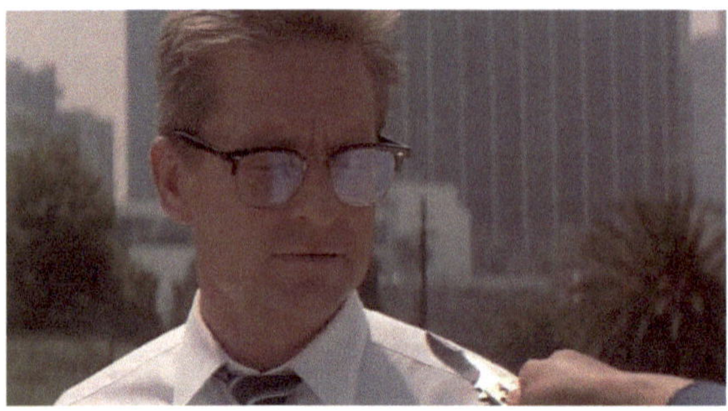

Das Psychodrama an der Grenze zwischen Gesellschaftskritik und Groteske erzählt von der gewaltorientierten Odyssee eines Mannes durch Los Angeles Anfang der 1990er-Jahre, der alles verloren zu haben scheint und seine Umwelt als zunehmend menschenfeindlich und aggressiv empfindet. Bis er Amok läuft und selbst zum Täter wird. Der Film entwirft ein düsteres Bild der urbanen amerikanischen Gesellschaft, in der keine Erlösung in Sicht ist und die als Antwort auf die Isolierung der Menschen nur verschiedene Formen von Gewalt bereitzuhalten scheint.

Seinen Job in einer Rüstungsfirma ist er los, seine Ehe ist geschieden, seine kleine Tochter darf er nicht besuchen und er lebt wieder bei seiner Mutter. Bis vor einem Monat hatte er durch seine Arbeit zur Verteidigung des Landes beigetragen und sich immer an die Normen und Regeln des Mittelstandes gehalten. Jetzt ist er erwerbslos, wirtschaftlich nicht tragbar und sozial isoliert. Dazu noch die Hitze eines Sommertages, ein scheinbar sinnloser Verkehrsstau und das Fass läuft über. Er will nur noch nach Hause und zum Geburtstag seiner Tochter. Ein Zuhause, dass er schon längst verloren hat. Sein Fußmarsch durch Los Angeles wird zur Odyssee und konfrontiert ihn mit der Profitgier und Verachtung eines koreanischen Lebensmittelverkäufers, mit der Gewalt jugendlicher Latinos, der Dreistigkeit und Faulheit eines Obdachlosen, der Unflexibilität von Fast-Food-Verkäufern, dem Hass eines faschistoiden Rassisten und der Ignoranz der Wohlsituierten. Gemäß dem Motto „Mach kaputt, was dich kaputt macht“ dreht William, mit Spitznamen D-Fens (engl. Defence – Verteidigung), den Spieß um und wehrt sich. Ein Auf- und Ausbruch, den wir am Anfang gut nachempfinden können und als Befreiung empfinden, der aber im Laufe des Films immer gewaltorientierter wird und den Protagonisten in eine paranoide Welt abgleiten lässt. Was bleibt ist Ernüchterung über die Gesellschaft.

Als Gegenentwurf dieses Antihelden setzt der Regisseur Joel Schuhmacher den kurz vor der Pensionierung stehenden Sergeant Martin Prendergast, der ebenfalls Schicksalsschläge und Ignoranz zu erdulden hat, dies aber mit Gleichmut erträgt.

ARBEITSMATERIALIEN

Filmanalyse/narrativ:	Der Filmvorspann (IB 8 + AB 8.2)
	Die Exposition (IB 9 + AB 9.2 – 9.3)
	Figurencharakterisierung (IB 11.2 + AB 11.8 – 11.10)
Filmanalyse/visuell:	Kamerabewegungen (IB 19.1 – 19.3 + AB 19.3)
Mediengesellschaft:	Filmgenre – Dramen (IB 36 + AB 36)
Filmanalyse/visuell:	Auf die Einstellung kommt es an (IB 17.1 – 17.2 + AB 17.2) 

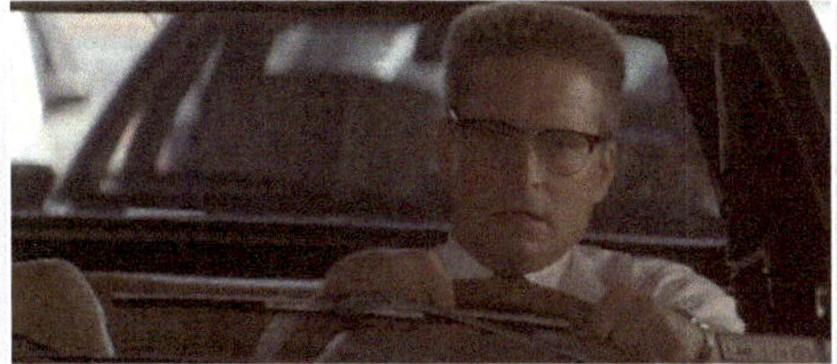
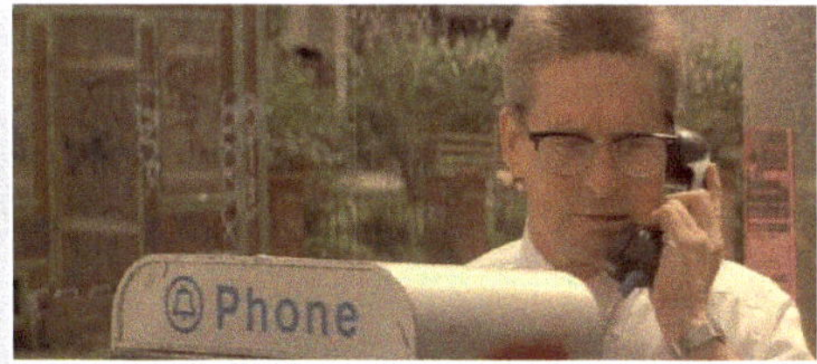

William Foster befindet sich im Stau und empfindet seine Umwelt als immer gestresster und anstrengender. Er bricht aus dieser scheinbar ausweglosen Situation aus, indem er sein Auto stehen lässt und sich auf den Fußmarsch *nach Hause* begibt. Heute hat seine kleine Tochter Adele Geburtstag und William will sie trotz des gerichtlichen Kontaktverbots besuchen.

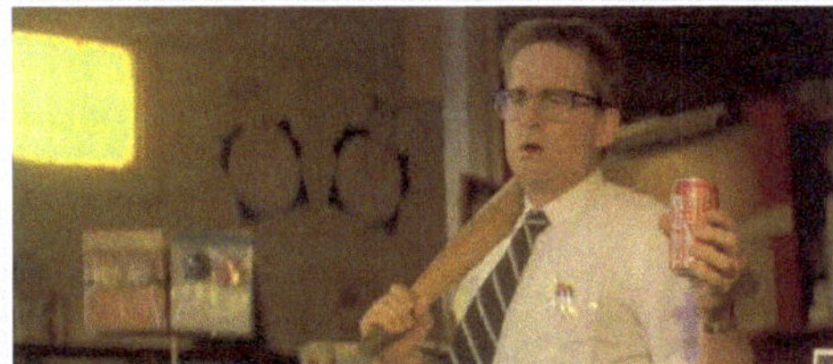
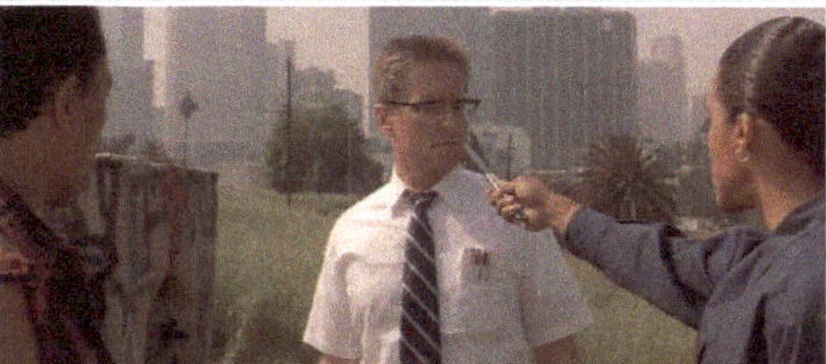

Als ihm das Kleingeld für das Münztelefon ausgeht, betritt er einen Lebensmittelladen und gerät in Streit mit dem koreanischen Besitzer. Die Eskalation der Gewalt endet mit der Zerstörung der Ladeneinrichtung. Sein weiterer Weg bringt ihn in Konfrontation mit einer brutalen Straßengang, einem arbeitsscheuen Bettler,

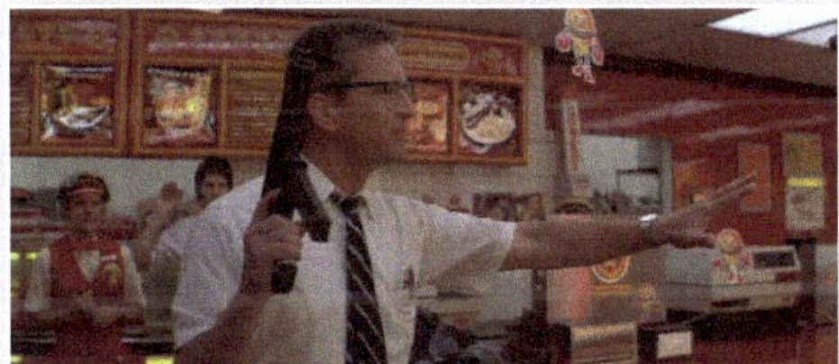
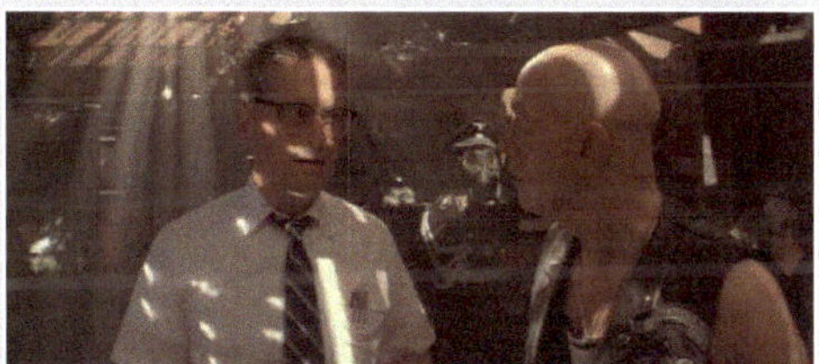

den ignoranten Mitarbeitern eines Fast-Food-Restaurants, einem faschistoiden Rassisten und arroganten Golfspielern.

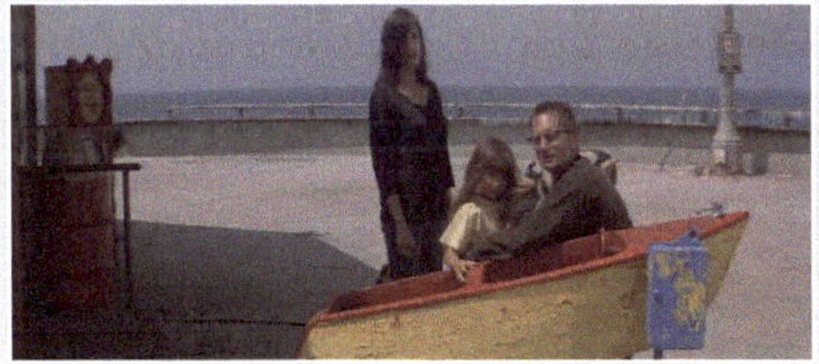
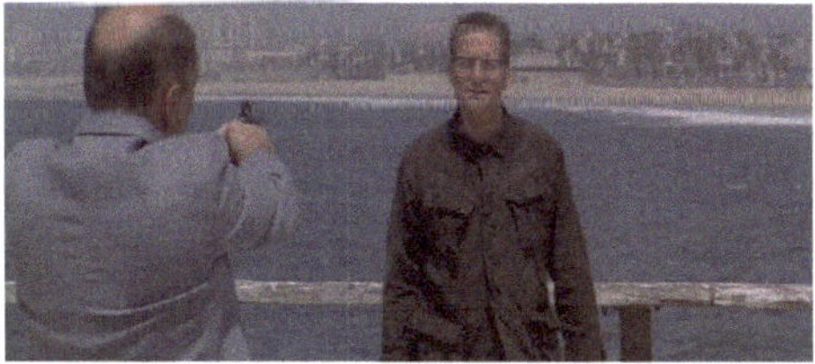

Parallel zu Williams Gewaltmarsch durch Los Angeles wird der letzte Arbeitstag von Sergeant Prendergast erzählt, der die Spur des amoklaufenden William aufnimmt und selbst persönliche Probleme mit seiner Pensionierung und seiner psychisch instabilen Frau zu bewältigen hat. Nachdem William seiner Ex-Ehefrau Elisabeth und der Tochter Adele zum Pier folgt, kommt es zum Showdown und William klärt seine ausweglose Situation durch die Provokation seiner Erschießung. So erhält wenigstens seine Tochter Geld aus Williams Lebensversicherung.

Ein Spiel der Variationen – „Lola rennt" (1998)

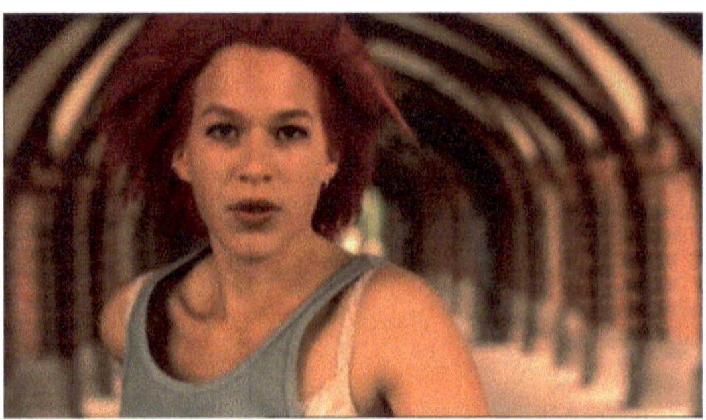

Tom Tykwers „Lola rennt" ist eine rasant erzählte und dramaturgisch wie filmsprachlich außergewöhnlich inszenierte Geschichte, die dem deutschen Film nach langer Zeit wieder internationale Beachtung brachte und auch kommerziell erfolgreich war. Der Film mit drei Versionen ist eine Mischung aus Thriller, Liebes- und Actionfilm und stellt auch philosophische Fragen zu den Themen Schicksal, Zeit und Zufall.

Das Motiv der Spirale

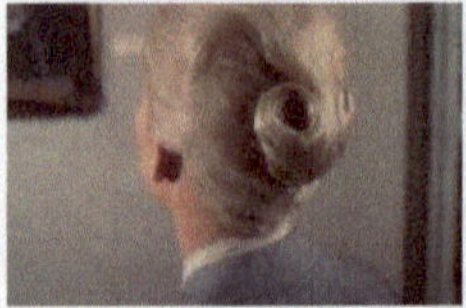

„Vertigo" (1958)

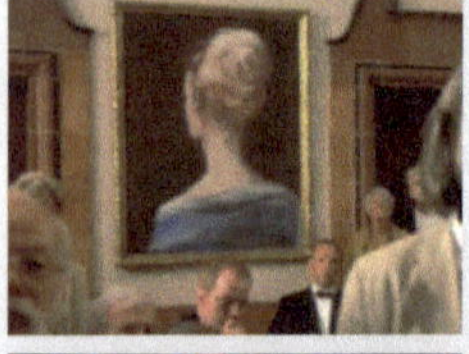

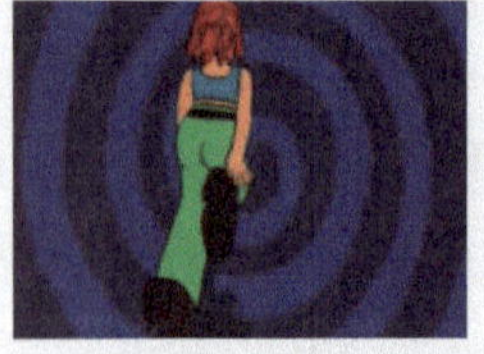

„Lola rennt" (1998)

Schnelle Kamerabewegungen, rasante Bildfolgen, Split-Screen-Techniken, der Wechsel von Realfilm zur Animation und von Farbe zu Schwarzweiß – dieser Film bietet ein Feuerwerk filmischer Gestaltungsmittel und ist damit auch ein aufschlussreiches Beispiel der Intra- und Intermedialität des postmodernen Kinos.[20] Intramedial in diesem Sinne ist der Film durch seine zahlreichen Verweise, wie beispielsweise das Symbol der Spirale, das auf Alfred Hitchcocks Film „Vertigo" (1958) bezogen werden kann oder die schlagartig aneinandergereihten Filmbilder, welche eine Nähe zum Genre der Musikvideos herstellen. Am wohl auffälligsten aber ist der intermediale Bezug zum Computerspiel.[21] Auch im Film haben Lola und Manni mehrere Leben mit mehreren Handlungsoptionen, die Erzählstruktur ist nonlinear und wiederholt sich in dreifache Weise, ohne jeweils wieder komplett an den Ausgangspunkt zurückzuführen. Lola und Manni scheinen aus jedem Durchgang etwas an Wissen mitzunehmen und gerade dadurch große Veränderungen zu bewirken.

Was sehen wir also? Schmetterlingseffekte, bei denen geringfügige Änderungen große Abweichungen verursachen? Abläufe, bei denen wir diese kleinen Veränderungen steuern können? Oder doch nur wiederkehrende Entwicklungen zwischen Zufall und Schicksal? Ist nach dem Spiel gleich vor dem Spiel, wie uns die Voice-Over-Stimme von Hans Paetsch am Filmanfang eröffnet?

Wie Tom Tykwer in einem Interview feststellt, ist „Lola rennt" nicht nur ein Film über die Möglichkeiten des Lebens, sondern auch ein Film über die Möglichkeiten des Kinos, der lustvoll mit filmischen Mitteln jongliert.[22]

ARBEITSMATERIALIEN

Filmanalyse/narrativ:	Der Filmvorspann (IB 8 + AB 8.2)
	Zeit im Film (IB 10.1 – 10.3 + AB 10.4 – 10.5)
Filmanalyse/visuell:	Die Einheiten des Films (IB 13 + AB 13)
	Farbe im Film (IB 16.1 – 16.2 + AB 16.3)
Filmanalyse/narrativ:	Nicht-lineares Erzählen (AB 2.4 – 2.7) 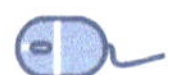

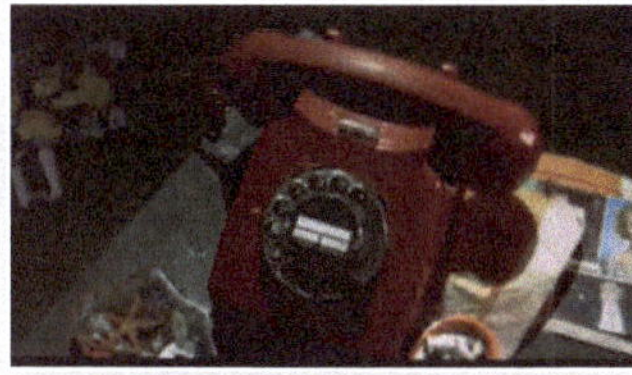
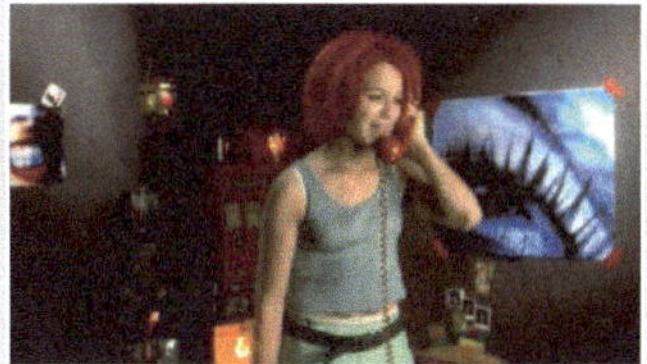
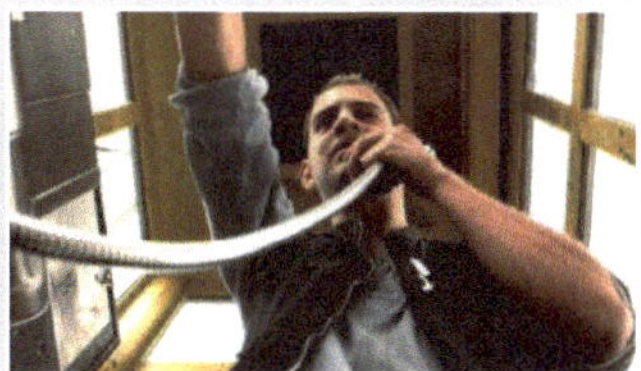

Lola will ihren Freund Manni aus einer schier ausweglosen Situation befreien: Manni hat als illegaler Geldkurier 100.000 DM eingenommen, in einer Plastiktüte in der U-Bahn liegen gelassen und muss nun innerhalb von 20 Minuten diese Summe wiederbeschaffen. Um zu verhindern, dass Manni einen Supermarkt überfällt, hat Lola genau diese Zeitspanne zur Verfügung, um das Geld aufzutreiben. Dieser Konflikt ist die Ausgangsbasis für die nun folgenden drei Varianten des Films, bei denen durch kleine Änderungen sich jeweils ein anderer Handlungsverlauf und ein anderes Ende entwickelt.

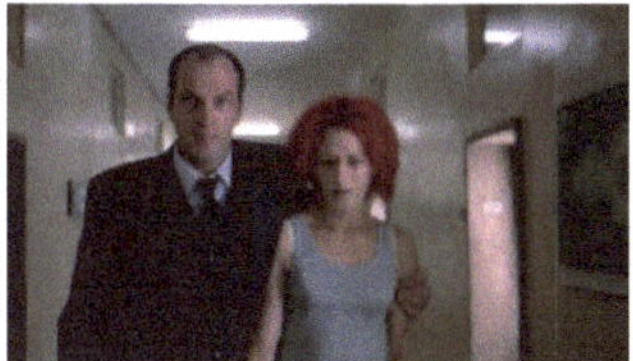
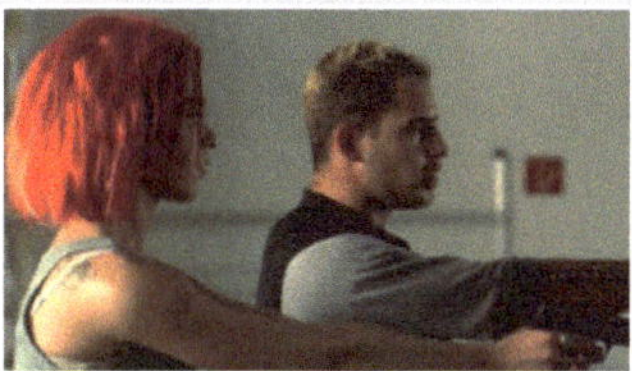
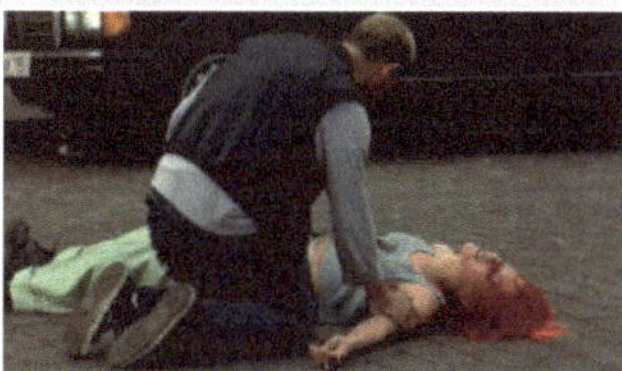

Variante 1: Lola rennt zu ihrem Vater, der als Bankdirektor vielleicht das Geld besorgen könnte. Nach seiner Zurückweisung kommt sie zu spät zu Manni, kann den Überfall des Supermarktes nicht mehr verhindern und wird versehentlich von der Polizei erschossen,

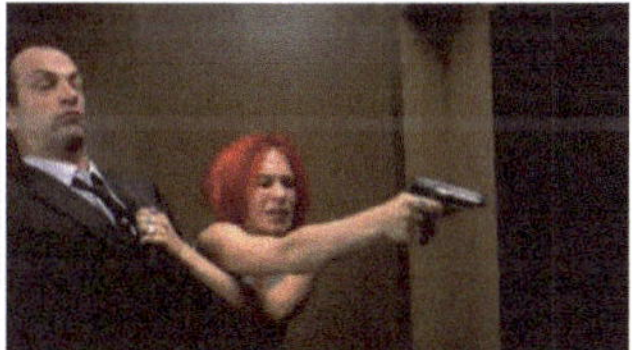
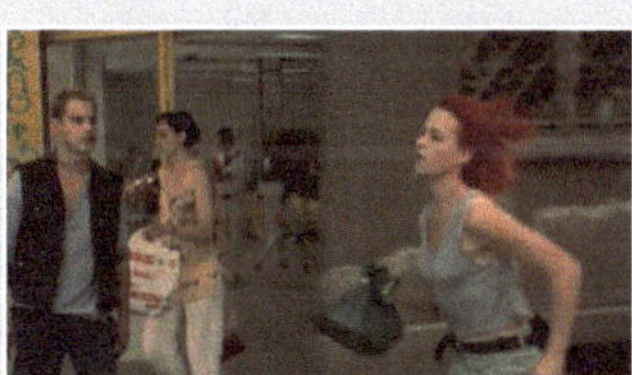
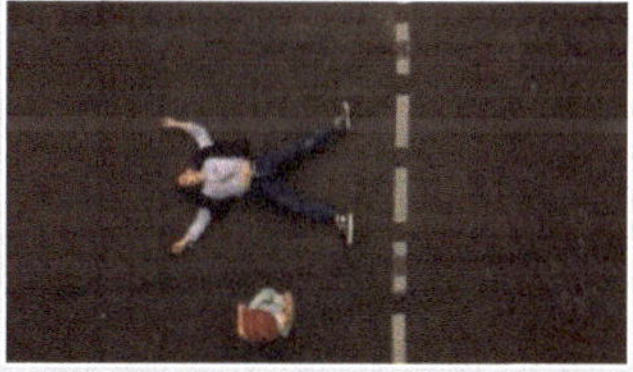

Variante 2: Lola läuft zu ihrem Vater, akzeptiert die Zurückweisung nicht und raubt die Bank aus. Sie kommt rechtzeitig zum Treffpunkt mit Manni, der von einem Krankenwagen überfahren wird.

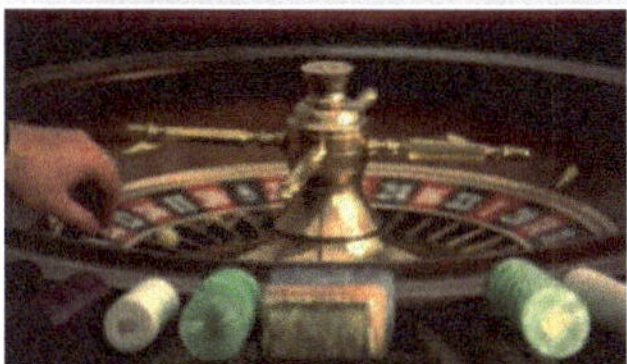
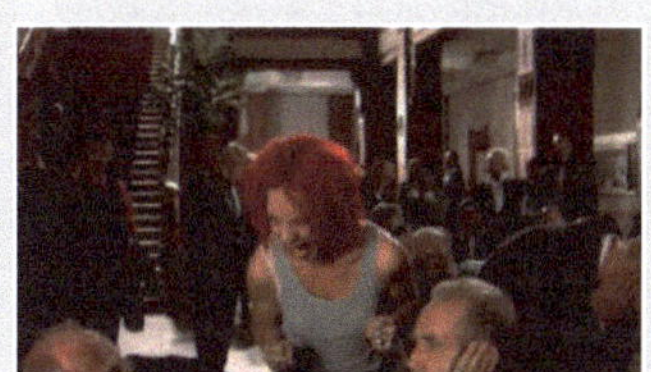
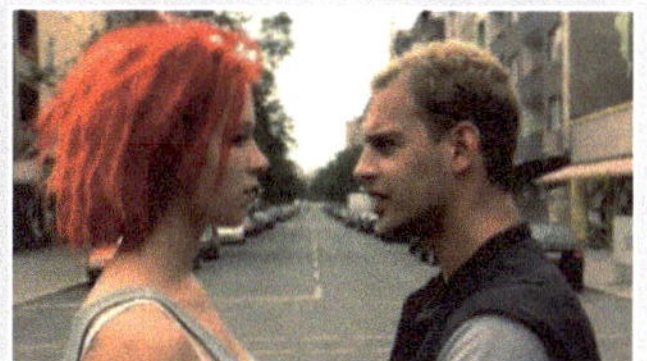

Variante 3: Lola verpasst ihren Vater in der Bank, läuft weiter und entdeckt ein Spielcasino. Sie setzt ihr letztes Geld und gewinnt die notwendige Summe. Manni konnte in der Zwischenzeit das Geld wiederbeschaffen. Die letzte Version bietet uns nicht nur eine Lösung des Konflikts, sondern auch ein Happy End durch das zusätzlich gewonnene Geld.

Vom Comic zum Film – „Persepolis“ (2007)

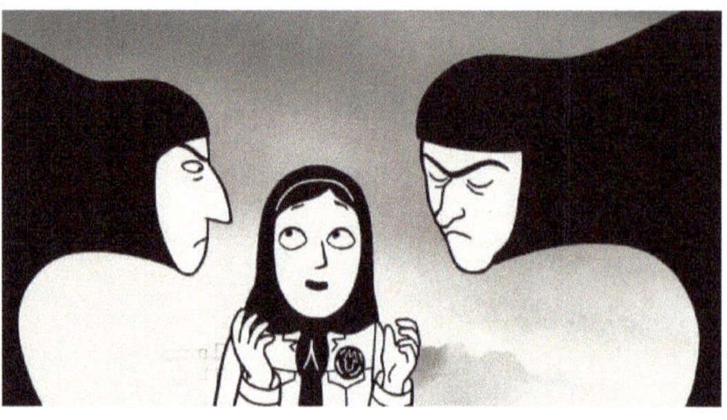

Der Zeichentrickfilm basiert auf den gleichnamigen und mehrfach ausgezeichneten Graphic Novels der Autorin Marjane Satrapi, die in Zusammenarbeit mit Vincent Parannaud auch bei der filmischen Adaption Regie führte. In Form einer Autofiktion wird episodenhaft die Kindheit Marjanes in Teheran, ihre Jugendzeit in Wien und ihre Rückkehr in den Iran sowie ihr Neuanfang in Paris erzählt. Eng verwoben mit subjektiven Erzählungen aus der Geschichte des Irans werden die Themen der Adoleszenz und des Zusammenpralls der östlichen und westlichen Kulturen thematisiert.

Mit dem Titel „Persepolis“, als Name der alten Residenzstadt des antiken Perserreiches im Süden des heutigen Irans, stellen sich sowohl die erfolgreichen Bände der Graphic Novel[23] wie auch der Film in eine zweieinhalbtausend Jahre alte Tradition. Die Autorin und Regisseurin Marjane Satrapie hat diese Form der Erzählung als Autofiktion bezeichnet, in der die Hauptfigur ihren Namen trägt und auch einige Ereignisse ihrer eigenen Kindheit und Jugend durchlebt:

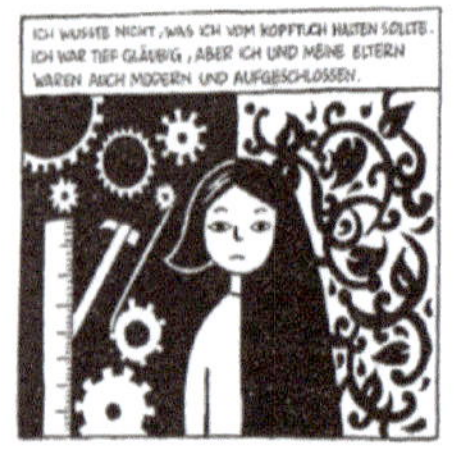

Comicausschnitt aus „Persepolis. Eine Kindheit im Iran“ (2004)

„Ich erzähle weniger von mir, als dass ich die Figur einsetze. Der Film ist nicht autobiografisch und auch kein psychologisches oder politisches Statement. Er ist kein Dokumentarfilm. Realität an sich interessiert mich nicht. Es geht mir um den Eindruck, den Realität hinterlässt, daraus entsteht meine Geschichte.“[24]

Dieses autofiktionale Element wird durch den Einsatz der weiblichen Voice-Over-Stimme unterstrichen. Strukturiert wird die filmische Umsetzung durch eine farbige Rahmenerzählung in der Gegenwart, die uns Marjane als erwachsene Frau zeigt und deren Erinnerungen wir im Pariser Flughafen in Form von schwarzweiß gehaltenen Rückblenden teilen. Bemerkenswert ist neben der inhaltlichen Themenvielfalt auch die filmästhetische Gestaltung, die minimalistisch im holzschnittartigen und naiven Stil ein erstaunlich reiches Spektrum an Grautönen, Perspektiven, Linien und Strukturen eröffnet. Trotz oder vielleicht auch wegen der zahlreichen Auszeichnungen nach der Premiere in Cannes 2007, führte der Film auch zu zahlreichen Kontroversen in der islamischen Welt.

ARBEITSMATERIALIEN

Filmanalyse/narrativ:	Plot und Story (IB 4 + AB 4.3)
	Die Exposition (IB 9)
Mediengesellschaft:	Animationsfilme (IB 39.1 – 39.2 + AB 39.1 – 39.2)
Filmproduktion:	Berufe beim Film (AB 47.1 - 47.3)
Mediengesellschaft:	Kampf der Kulturen – Cultural Clash (IB 26.6 + AB 31.3 – 31.5)

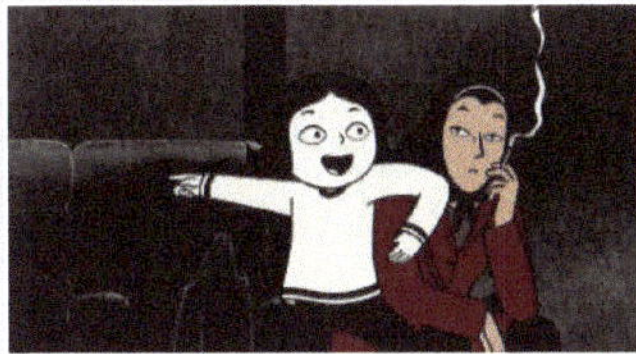
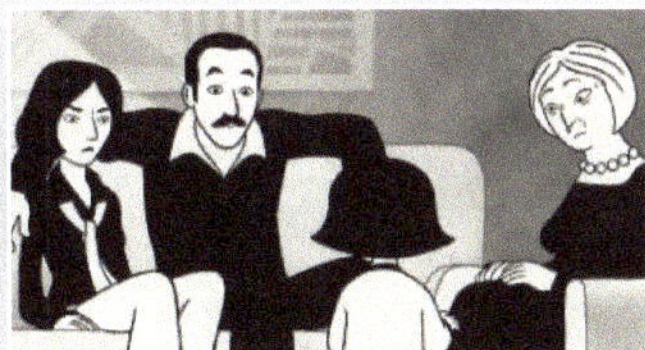
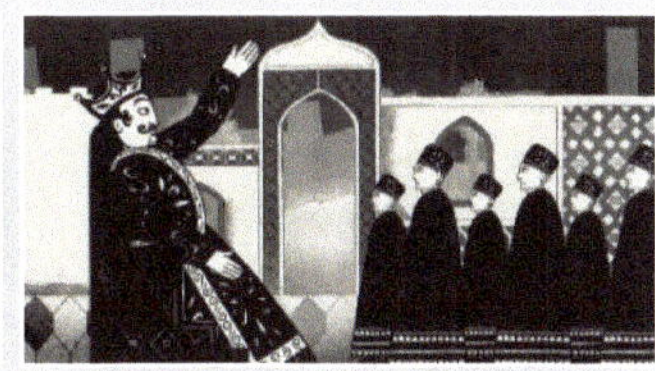

Marjane sitzt am Pariser Flughafen Orly und scheint sich nicht zur Rückkehr in den Iran entschließen zu können. Sie denkt an ihre Kindheit und Jugend zurück: 1978 erlebt sie in ihrer Heimatstadt Teheran die Islamische Revolution und deren gesellschaftliche Umbrüche mit. Durch Erzählungen ihres Vaters und Onkels erfährt sie Ereignisse aus der Geschichte ihres Landes zu Beginn des 20. Jahrhunderts.

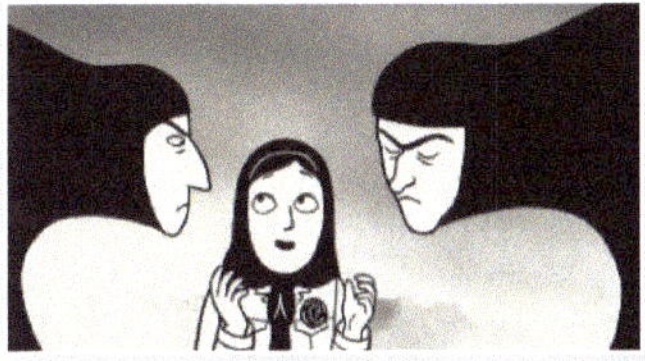
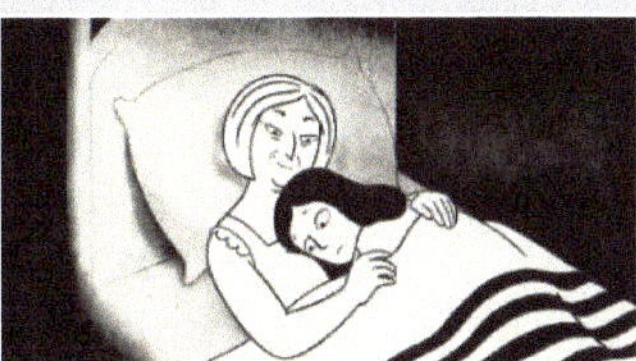
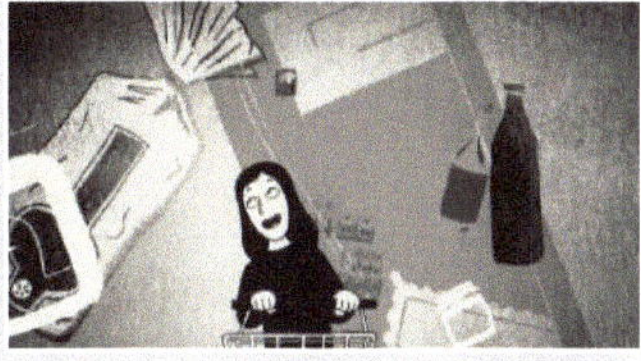

Vier Jahre später interessiert sich Marjane, trotz des staatlichen Verbots, für westliche Mode und Musik. Unterstützt durch ihre geliebte Großmutter gerät sie immer wieder in Konflikt mit den Verordnungen der Islamischen Republik. Sie wird von ihrer Familie auf ein französisches Gymnasium in Wien geschickt und genießt die Vorzüge der westlichen Konsumwelt.

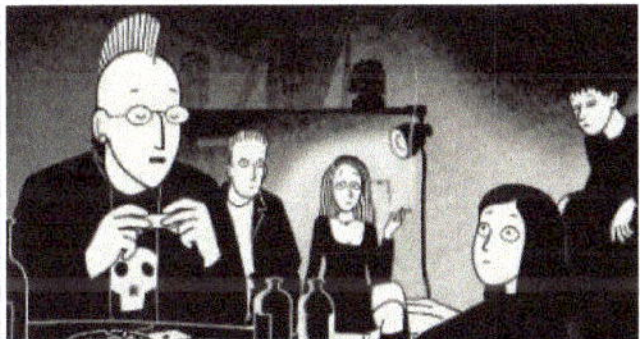
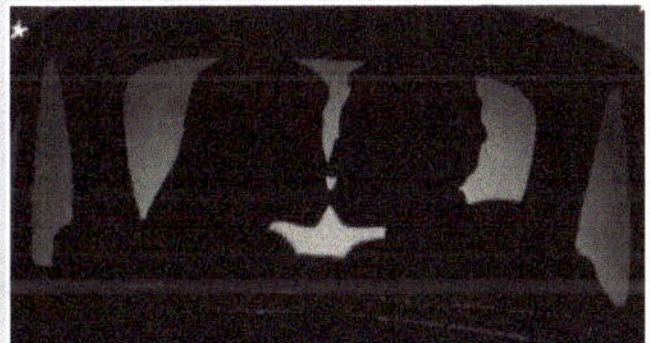
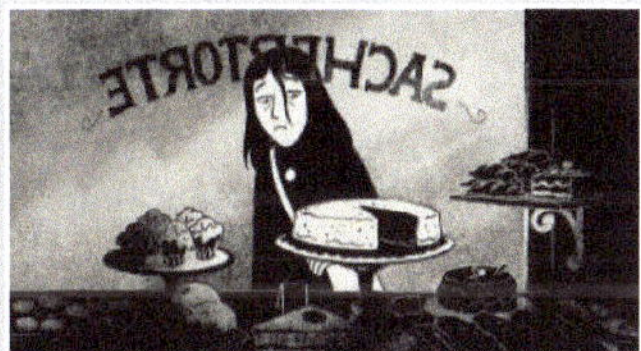

Marjane wächst heran, findet Freunde und verliebt sich. Sie lernt die westliche Kultur kennen und macht Fremdheitserfahrungen. Nach einer Liebesenttäuschung lebt sie zeitweise auf der Straße und erkrankt schwer.

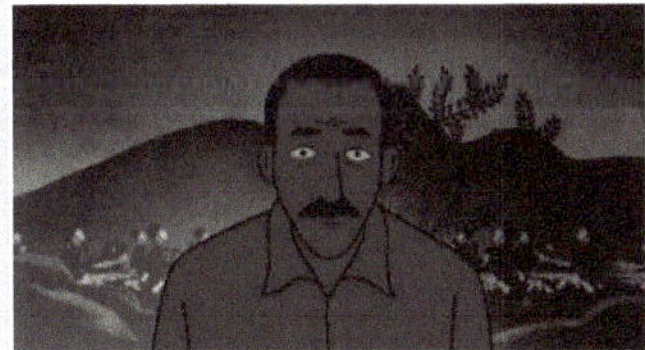
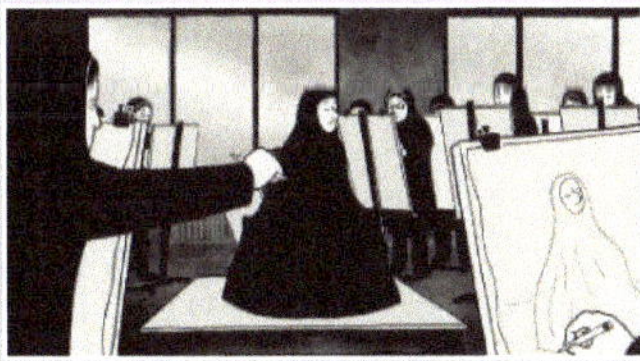
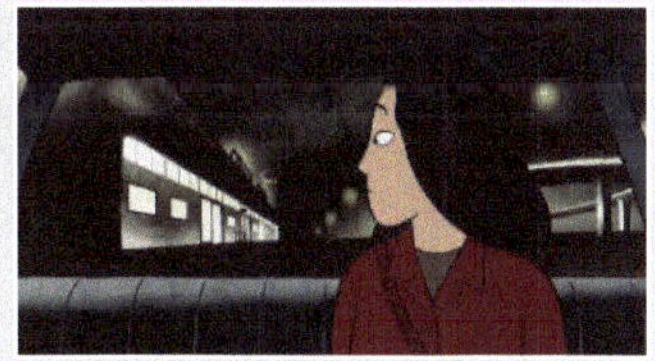

Marjane wird herzlich wieder in Teheran empfangen und erfährt durch ihren Vater von den jüngsten Ereignissen im Land. Sie verfällt in Depressionen, von denen sie sich durch ein Traumgespräch mit Gott und Karl Marx befreien kann. Marjane beginnt ein Kunststudium und heiratet. Die starken Einschränkungen und Vorschriften im Land und ihre unglückliche Ehe bringen sie in eine weitere persönliche Krise. Ermutigt von ihrer Großmutter trennt sie sich von ihrem Ehemann und wagt einen Neuanfang in Paris.

Was wäre wenn...? – „Inglourious Basterds" (2009)

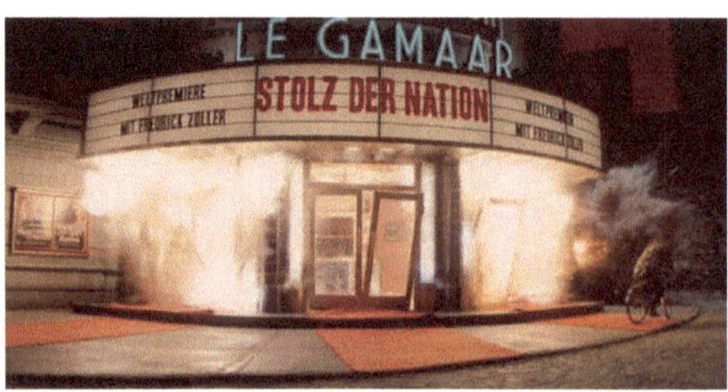

Der kontrafaktische Geschichtsspielfilm handelt Anfang der 40er-Jahre im besetzten Frankreich und stellt eine Genre-Mischung zwischen Western, Geschichts- und Kriegsfilm dar, der auch die Stereotypisierungen medialer Darstellungen des Nationalsozialismus aufgreift, dekonstruiert und satirisch überzeichnet. Quentin Tarantinos Film erscheint damit in mehrfacher Weise kontrovers: er ignoriert nicht nur historische Überlieferungen, indem er Hitler und seinen Führungsstab im und durch das Kino sterben lässt, er stellt auch die medialen Geschichten und Inszenierungspraktiken des Nationalsozialismus im Film in Frage.

Schon im Titel und am Anfang des Filmes wird deutlich, was der Film sein will und wie er gelesen werden kann. Er ist ein Bastard und damit ein Hybrid, verstanden als Kreuzung verschiedener Gattungen und er ist mit der Einleitungsformel „Es war einmal…" auch ein Märchen, das sich um historische Fakten wenig schert. Respektlos und unbekümmert vermischt der Film historische Überlieferungen mit Elementen der Populärkultur und entwirft daraus ein kontrafaktisches Spektakel, in dem nicht nur Hitler und seine Gefolgsleute vernichtet werden, sondern auch die Propaganda und die ständige Bildproduktion über den Nationalsozialismus ad absurdum geführt wird.[25] Liest man dieses Werk als selbstreflexiven Film, erschließen sich neue Bedeutungsfelder, denn

> „nur im Kino ist Hitler unbesiegt, nur im Kino lebt er weiter und nur im Kino kann und muss er daher endgültig mitsamt seiner Propagandaabteilung ausradiert werden. Denn eigentlich geht es in Inglourious Basterds nicht um das Umschreiben von historischer Wirklichkeit, sondern um die Abrechnung mit dem filmischen Medium und der Filmgeschichte."[26]

Tarantinos Film steckt voller Verweise und Zitate, widersetzt sich an vielen Stellen den Konventionen des Mainstreamkinos und stellt damit den immer noch wirksamen Production Code[27] Hollywoods in Frage.

ARBEITSMATERIALIEN

Filmanalyse/narrativ:	Dramaturgie - Das Fünf-Akt-Schema (IB 2.2 + AB 2.3) Der Filmvorspann (IB 8 + AB 8.2) Vergangenheit im Film (IB 10.4 + AB 10.6)
Mediengesellschaft:	Zitate und Verweise zur Filmgeschichte (IB 28.1 – 28.2 + AB 28.8 – 28.10)
Filmproduktion:	Vom Drehbuch über das Storyboard zum Film (IB 45 + AB 45.1 – 45.3)
Filmanalyse/visuell:	Bildgestaltung und Bildkomposition (IB 14.1 + 14.3 – 14.4 + AB 14.4) 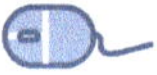

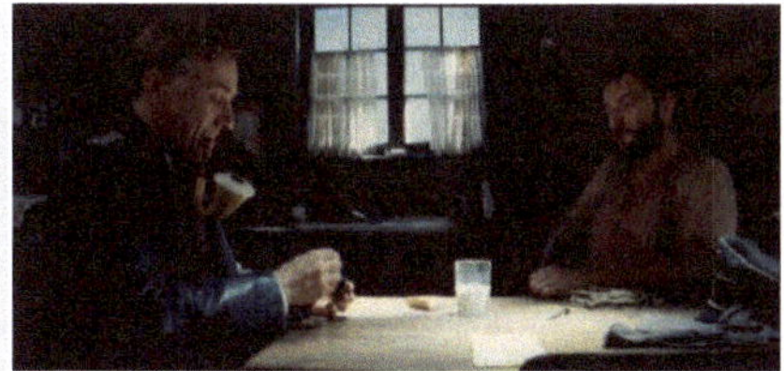

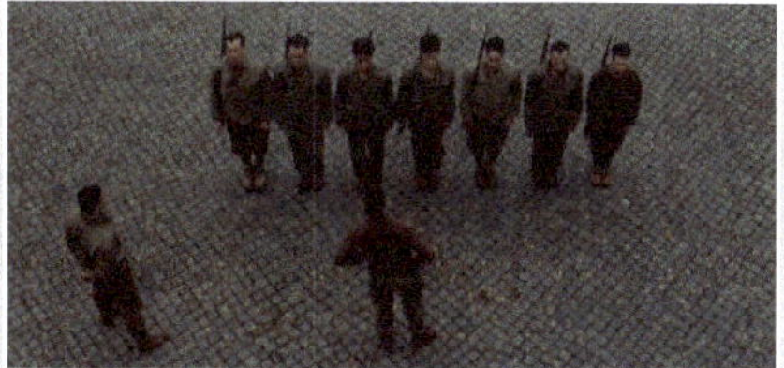

Frankreich 1941: Die jüdische Französin Shoshanna kann nach der Ermordung ihrer Familie durch die Männer des SS-Standartenführers Hans Landa fliehen. Zur gleichen Zeit wird die jüdische US-amerikanische Spezialeinheit, die Inglourious Basterds, durch Leutnant Aldo Raine mit der Aufgabe betraut, als Nazijäger Anschläge hinter den feindlichen Linien zu verüben.

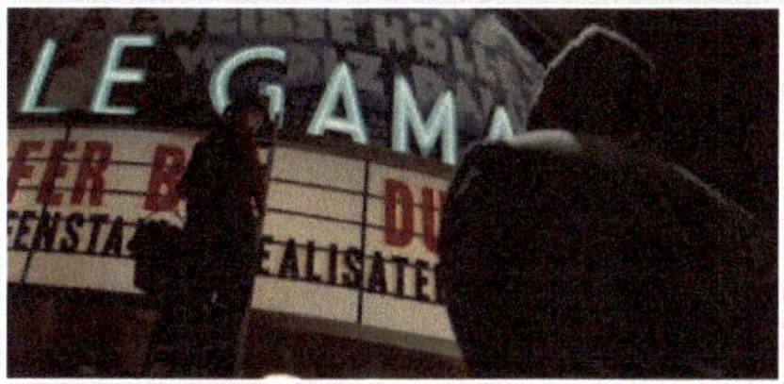

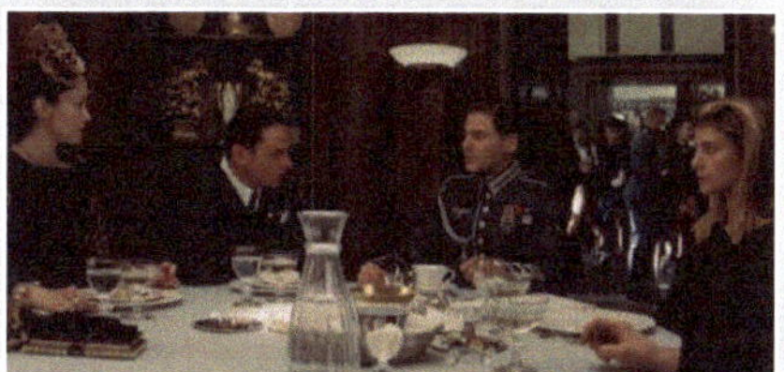

Vier Jahre später kann sich Shoshanna unter dem Namen Emmanuelle Mimieux eine neue Identität als Kinobetreiberin in Paris aufbauen und erweckt das Interesse des deutschen filminteressierten Frederick Zoller, dessen Heldentaten als Scharfschütze im Propagandafilm „Stolz der Nation“ verfilmt werden. Zoller überredet Goebbels, die Premiere unter Anwesenheit Hitlers und dessen Führungsspitze in Shoshannas Kino zu verlegen.

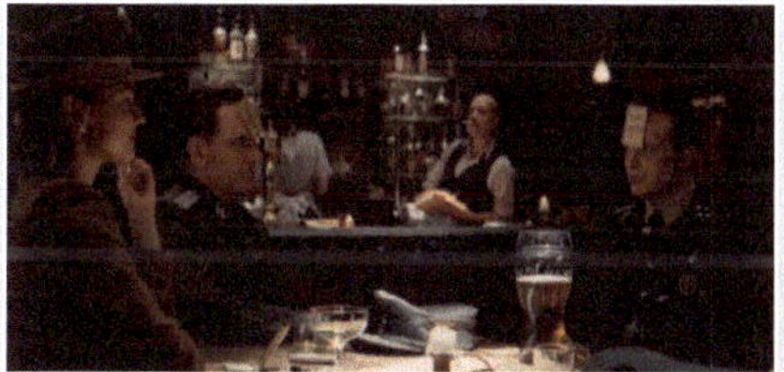

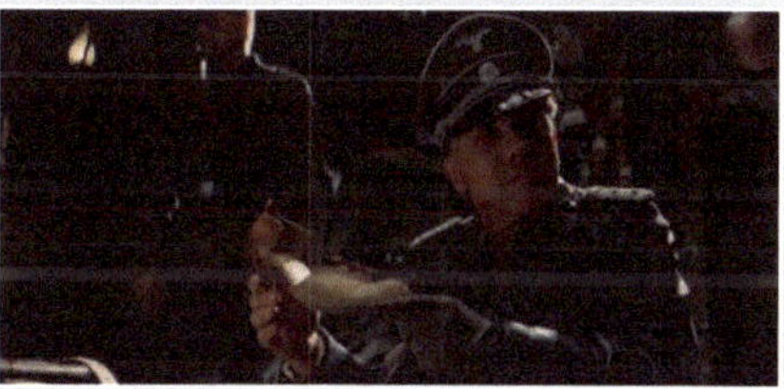

In der Zwischenzeit treffen sich einige Basterds mit der Schauspielerin und Agentin Bridget von Hammersmark in einer Taverne, um ein Hitlerattentat während der Filmpremiere zu planen. Dabei werden sie von einem SS Sturmbannführer enttarnt. Bis auf Bridget und einem deutschen Soldaten werden alle erschossen. Hans Landa schließt aus Indizien, dass Bridget eine feindliche Agentin ist.

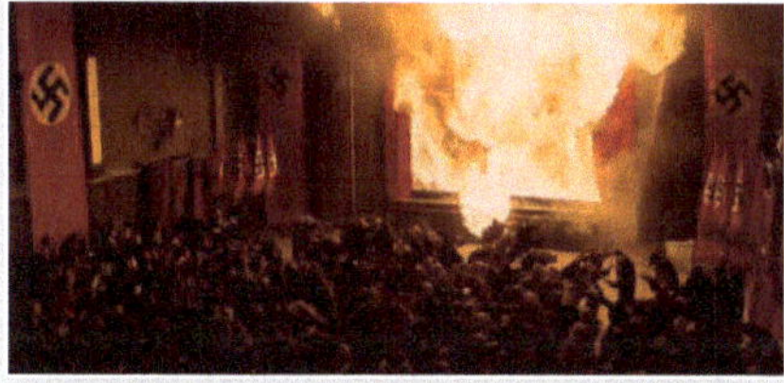

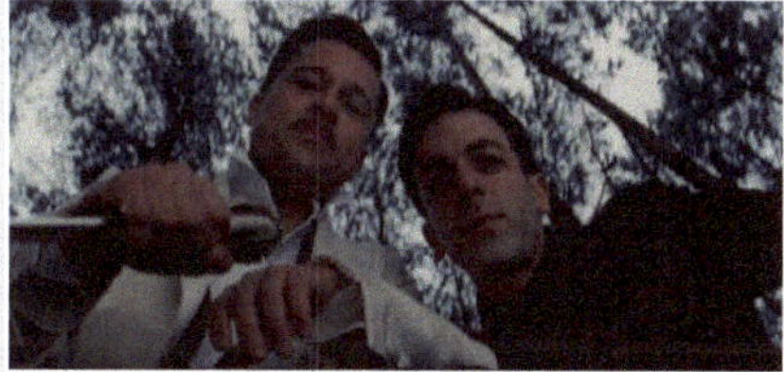

Shoshanna, ihr Freund Marcel und die Basterds treiben die Vorbereitungen des Attentats unabhängig voneinander weiter voran. Während der Filmpremiere wird das Kino in Brand gesetzt und die NS-Führungsspitze von den Basterds erschossen. Unterdessen will Hans Landa zu den Alliierten überlaufen und erpresst von den Basterds eine Amnestie für sich. Am Ende wird er durch das eingeritzte Hakenkreuz auf seiner Stirn dauerhaft als Nazi stigmatisiert.

Elementar – „Sherlock – Sein letzter Schwur“ (2014)

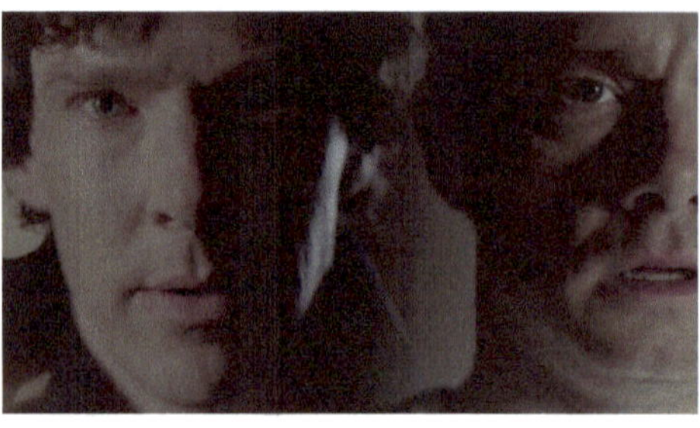

Sherlock Holmes ist die am häufigsten verfilmte fiktive Figur der Literatur und die Anzahl der Filme dürfte gegenwärtig die Zahl der 400 schon überschritten haben. Damit stellt sich die Frage, was macht den Detektiv heute, mehr als 120 Jahre nach der Veröffentlichung der ersten Geschichte von Arthur Conan Doyle, noch so attraktiv und populär, dass jährlich neue Filme ihr Publikum suchen und auch finden? Die Antwort der BBC-Serie ist: durch Modernisierung.

Die Zuschauerzahlen der britischen TV-Serie lesen sich wie eine Erfolgsstory aus dem Bilderbuch. Seit der Ausstrahlung der ersten Episode „Ein Fall von Pink“ im Juli 2010 konnte jede weitere der bislang 13 Episoden in Großbritannien zwischen 8 und 12 Millionen Zuschauer vor die Bildschirme locken, die Kritiker überschütteten die Serie mit Lob und Auszeichnungen und die Hauptdarsteller Benedict Cumberbatch und Martin Freeman wurden zu Weltstars, um die sich große Produktionsfirmen reißen.[28]

Das Erfolgsrezept der Autoren Steven Moffat und Mark Gatiss ist so einfach wie genial: Der Ermittler aus dem viktorianischen England muss im London unserer Zeit nicht nur durch überragenden Scharfsinn brillieren, sondern auch die moderne Technik souverän für seine Fälle nutzen. Mischt man diesem Rezept noch die Zutaten interessanter, temporeicher und teilweise sogar neuer filmästhetischer Elemente bei und gibt einen Schuss soziopathische Charakterzüge zeitgenössischer Großstadtmenschen hinzu, dann steht einem massentauglichem und wohlschmeckendem Gericht nichts mehr im Wege. Ganz so einfach wie diese Rezeptur vermuten lässt, ist es natürlich in der medialen Wirklichkeit der Quotenkämpfe nicht. Was aber sicherlich zum Charme und damit zum Erfolg der Serie beträgt, ist die große Liebe der Autoren zum Originalkanon der 60 Geschichten von Arthur Conan Doyle und deren große Freude am Spiel mit Details und Versatzstücken der Populärkultur aus der mehr als 100-jährigen Geschichte der Sherlock-Holmes-Medien.

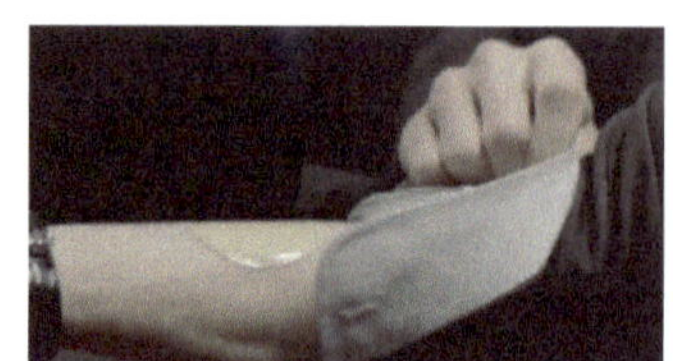

Vom „Drei-Pfeifen-Problem“ zum „Drei-Pflaster-Problem“

ARBEITSMATERIALIEN

Filmanalyse/narrativ:	Formen des seriellen Erzählens (IB 3.1 – 3.2 + AB 3.1 – 3.2) Figurencharakterisierung (IB 11.2 + AB 11.11 – 11.12)
Filmanalyse/visuell:	Bildgestaltung im Web (IB 14.1 – 14.4 + AB 14.3) Die visuelle Gestaltung von Zeit (AB 15.2 – 15.3)
Mediengesellschaft:	Mit Sherlock Holmes durch die Jahrzehnte (IB 31 + AB 31.1 – 31.2)
Filmproduktion:	Werbemittel des Films (AB 48.1 – 48.2) 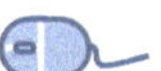

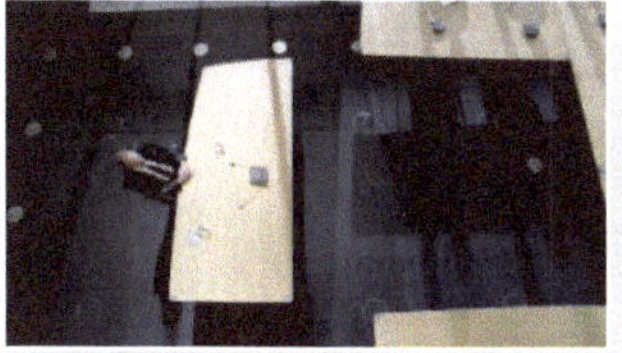
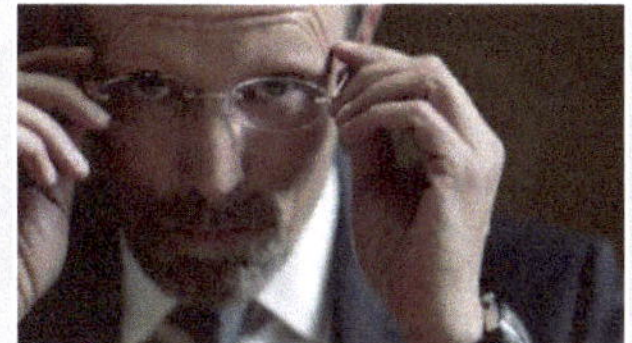
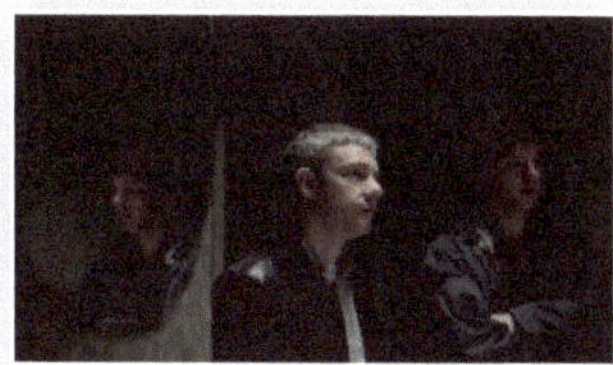

Während Lady Smallwood Hilfe bei Sherlock Holmes gegen den Erpresser Charles Augustus Magnussen sucht, will John einen drogensüchtigen Nachbarn retten und trifft dabei den angeblich undercover arbeitenden Sherlock. John verständigt Sherlocks Bruder Mycroft, der daraufhin die Baker Street nach Drogen durchsuchen lässt. Die Konfrontation der Brüder endet mit Mycrofts Anweisung, alle Ermittlungen gegen Magnussen fallen zulassen, die Sherlock erwartungsgemäß missachtet.

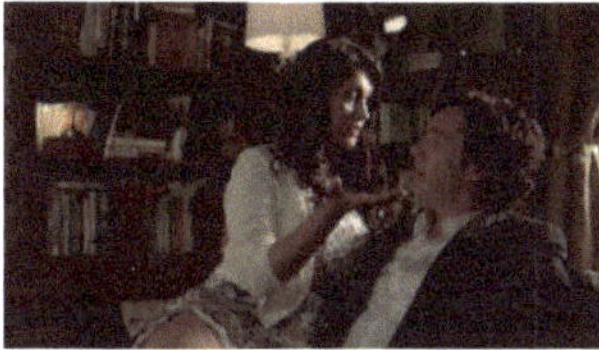
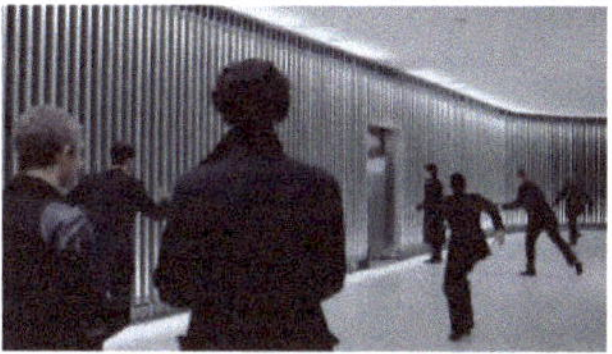
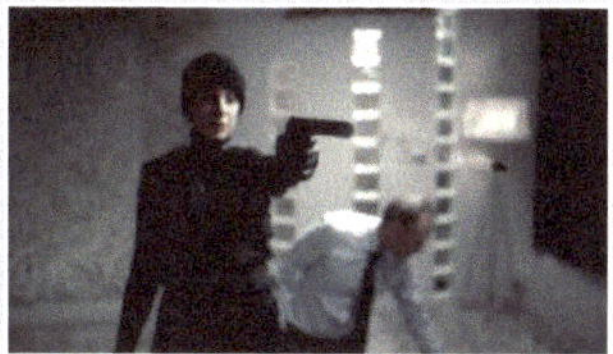

Nachdem John verblüfft feststellt, dass Sherlock mit der gemeinsamen Bekannten Janine eine Beziehung unterhält, taucht Magnussen auf und lehnt jegliche Vermittlungsversuche für Lady Smallwood ab. Um an das belastende Material in Magnussens Penthouse zu gelangen, macht Sherlock Janine, der Sekretärin des Erpressers, einen Heiratsantrag. Wenig später wird sie bewusstlos aufgefunden und Sherlock von einer Täterin, die sich als Johns Ehefrau Mary entpuppt, angeschossen.

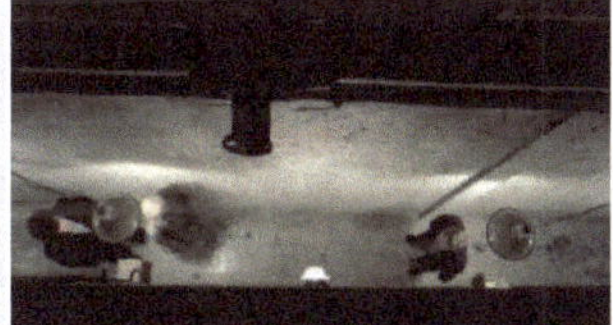
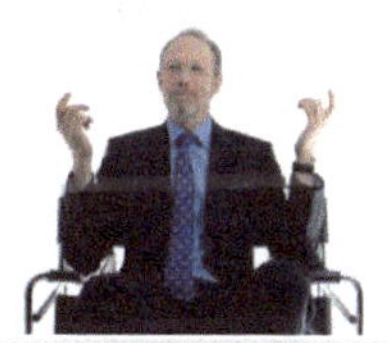
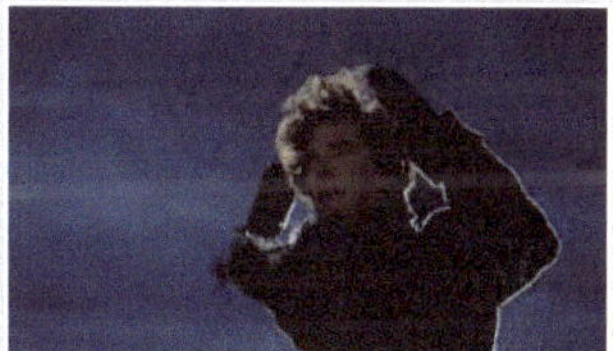

Sherlock überlebt und enthüllt John, die Geheimdiensttätigkeit seiner Ehefrau Mary. Um der Gefahr einer Enthüllung ihres Doppellebens zu entgehen, lässt Sherlock während des Weihnachtsfestes alle außer John betäuben und bietet Magnussen als Tausch gegen das belastende Material die Daten auf Mycrofts Rechner an. Nachdem Magnussen offengelegt hat, dass sich alle Dokumente nur in seinem Gedächtnispalast befinden, wird er von Sherlock erschossen.

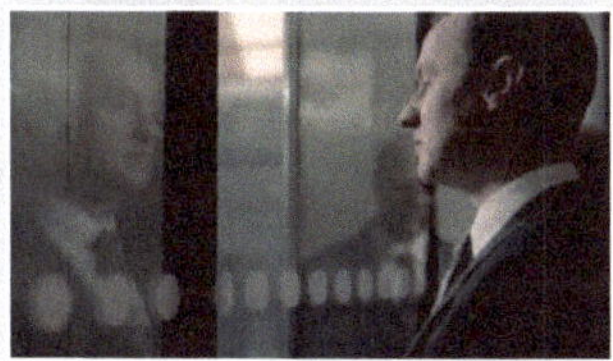
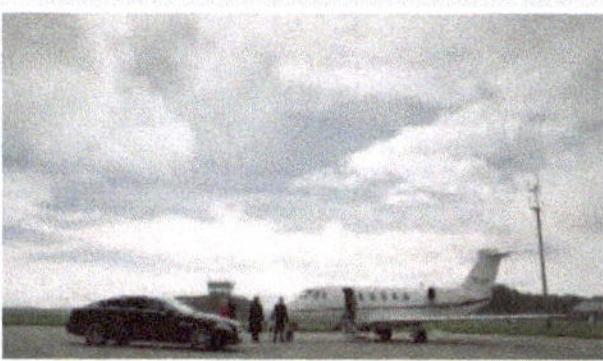
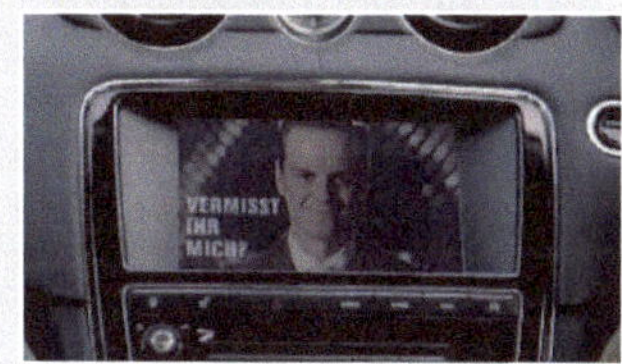

Zur Strafe schickt Mycroft Sherlock im Auftrag der Regierung nach Osteuropa und beordert ihn schon vier Minuten später zurück, da landesweit auf allen Bildschirmen das Gesicht des totgeglaubten Erzfeindes aus früheren Folgen, Jim Moriarty, mit den Worten „Vermisst ihr mich?" auftaucht.

Vom Zeigen zum Erzählen – deskriptive und narrative Filme

Eine grundlegende Unterscheidung, die im Wesentlichen auf alle Medien angewandt werden kann, ist die zwischen deskriptiven und narrativen Darstellungen. **Deskriptive Filme**, wie die Aktualitätenfilme der Brüder Lumière, zeigen Zustände oder Ereignisse beschreibend. **Narrative Filme** erzählen dagegen eine Geschichte. So weist der Film „Die Reise zum Mond" von Georges Méliès eine narrative Struktur auf, weil er das Gezeigte in Zusammenhänge stellt und kausale Beziehungen stiftet. Aus dem deskriptiven Zeigen von bewegten Bildern entstand langsam ein Erzählen mit bewegten Bildern.

Die Brüder Lumière zeigten in den meisten ihrer Kurzfilme Alltägliches in der Tradition der Fotografie. Wie in einem Spiegel des Lebens sehen wir Arbeiter eine Fabrik verlassen oder einen Zug einfahren. Die Faszination dieser Aktualitätenfilme lag in der deskriptiven Wiedergabe von Bewegung und nicht in der Erzählung einer Geschichte.

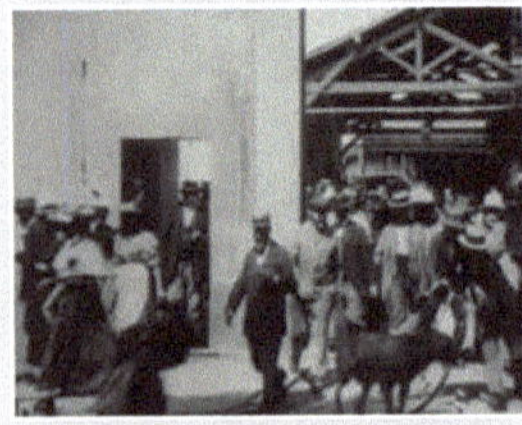

„Arbeiter verlassen die Lumière-Werke" (1895)

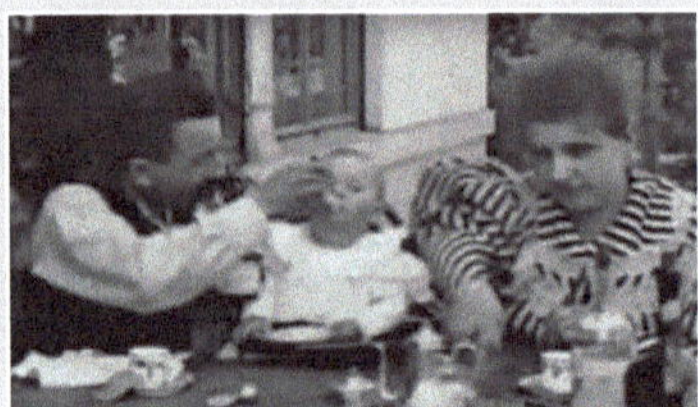

„Babys Frühstück" (1895)

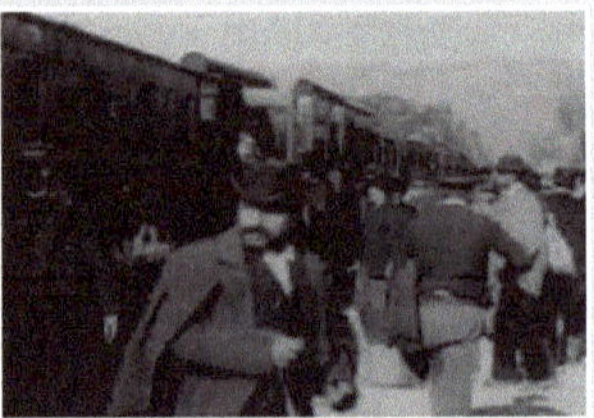

„Die Ankunft eines Zuges" (1895)

Georges Méliès dagegen erzählte in seinen Filmen Geschichten, indem er Situationen und Handlungen in einer kausalen Verknüpfung mit einem Anfang, einem Höhepunkt und einem Ende vorstellte. Er organisierte seine Kameraführung und die räumliche Anordnung seiner Figuren und Kulissen ganz in der Tradition des Theaters. Wie durch einen Guckkasten blicken wir auf die Darstellungen der Bühne.

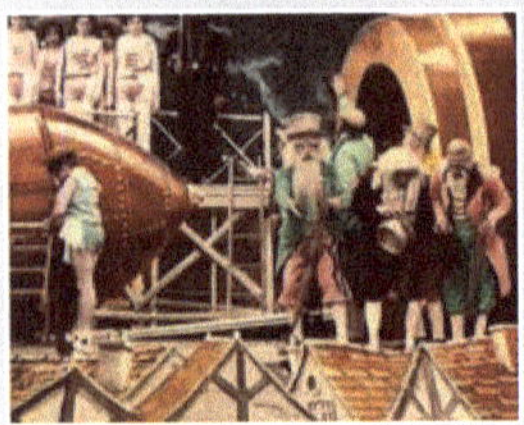

„Die Reise zum Mond" (1902)

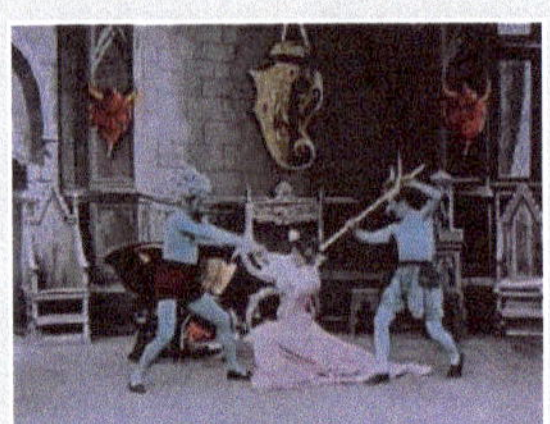

„Der infernalische Kessel" (1903)

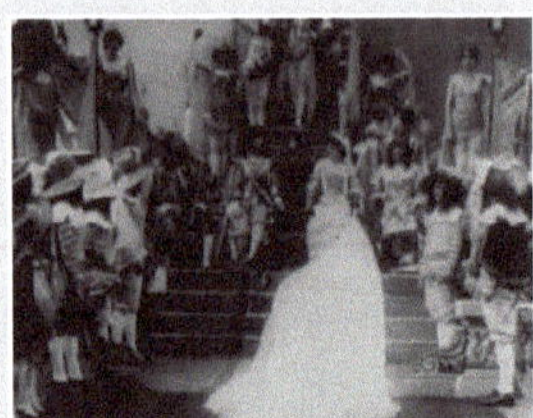

„Aschenputtel" (1899)

Filme sind selten ausschließlich deskriptiv oder narrativ, sondern bedienen sich oft beider Strategien. So findet man in vielen Spiel- und Dokumentarfilmen sowohl längere Filmsequenzen mit deskriptiven wie auch mit narrativen Elementen. Diese Unterscheidung kann aber verdeutlichen, in welchem Bereich Filmemacher ihren Schwerpunkt setzen.

Deskriptive und narrative Darstellungsform

Auf dieser Seite sehen Sie Bilder aus den Filmen „Die Ankunft eines Zuges auf dem Bahnhof in La Ciotat“ (1895) der Brüder Lumière und „Die Reise zum Mond“ (1902) von Georges Méliès. Was unterscheidet die deskriptive und narrative Form dieser Kurzfilme? Beschreiben Sie kurz welche Auswirkungen diese unterschiedlichen Darstellungsformen auf die Filmproduktion haben.

Ein Zug fährt auf einem Bahnhof ein, hält an und Passagiere steigen aus und ein.

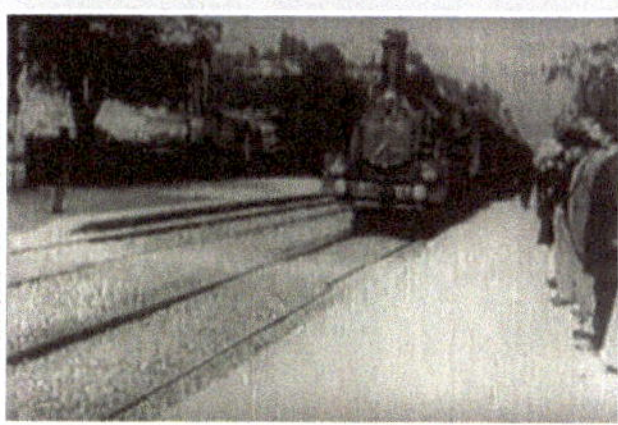
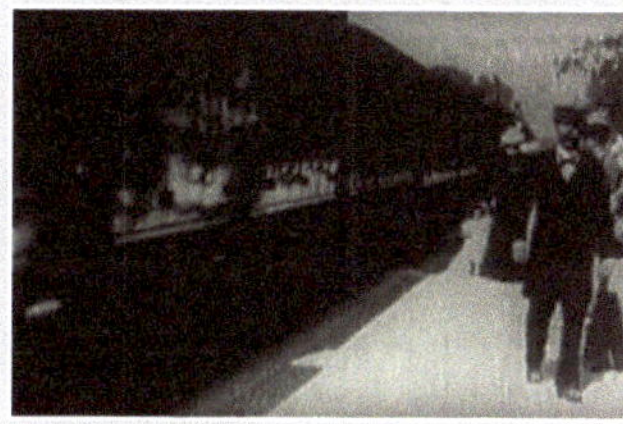
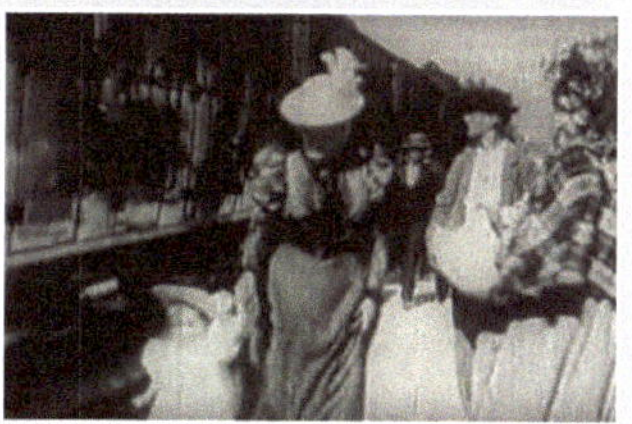

....

....

....

....

Wissenschaftler lassen sich mit einer Rakete auf den Mond schießen, werden von Mondbewohnern gefangen genommen, können fliehen und werden auf der Erde gefeiert.

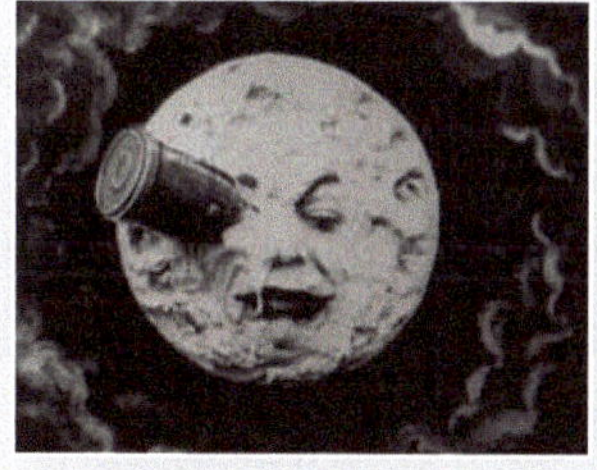
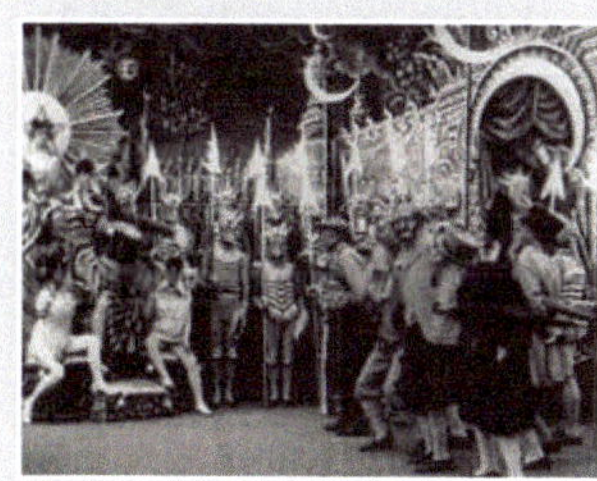
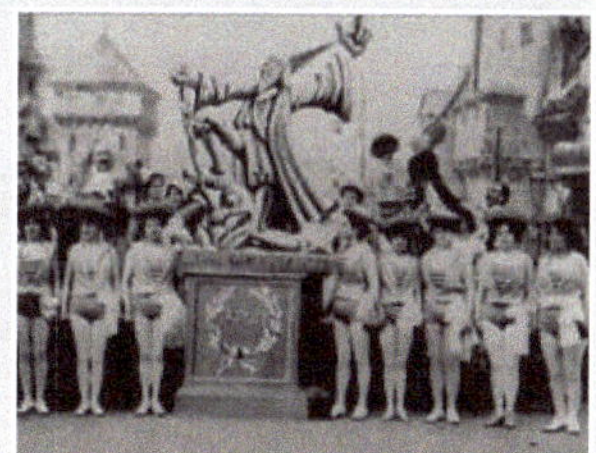

....

....

....

....

Zeigen und Erzählen in „Citizen Kane"

Der Film erzählt retrospektiv die Lebensgeschichte des Charles Foster Kane und zeigt in Form einer Nachrichtensendung seine biografische Entwicklung in Verbindung mit historischen Ereignissen dieser Zeit. Narratives Erzählen und deskriptives Zeigen werden damit auch dramaturgisch verbunden, um kommende Ereignisse des Films vorzubereiten. Schauen Sie sich diese Charakterisierung von Charles Foster Kane von der Filmminute 0:03:00 bis 0:13:00 an und beurteilen Sie, welches Bild von dieser Person gezeichnet wird. Welche Funktion übernimmt dieser Teil am Anfang des Filmes? Informieren Sie sich dazu auch über das Nachrichtenformat „The March of Time", das in den englischsprachigen Kinos zwischen 1935 und 1951 gezeigt wurde.

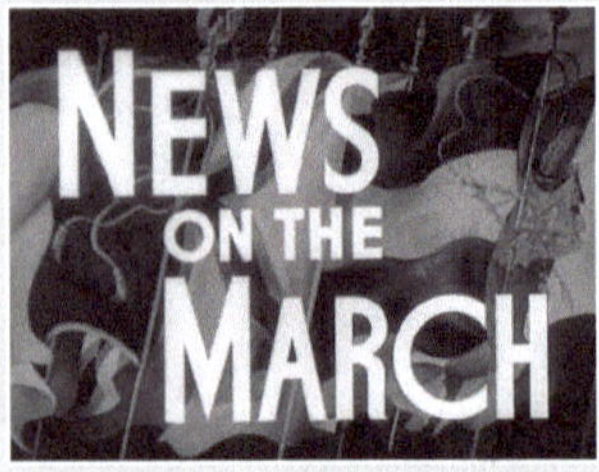

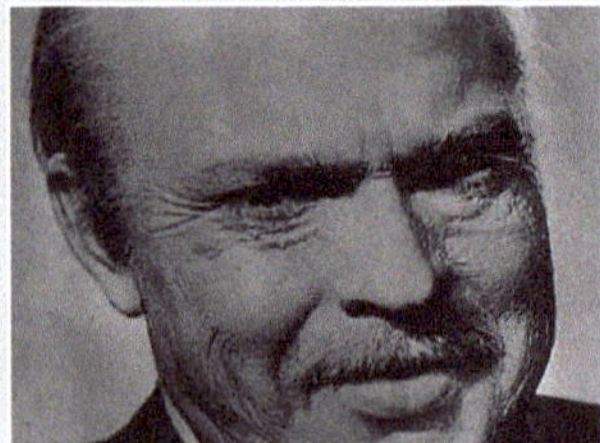

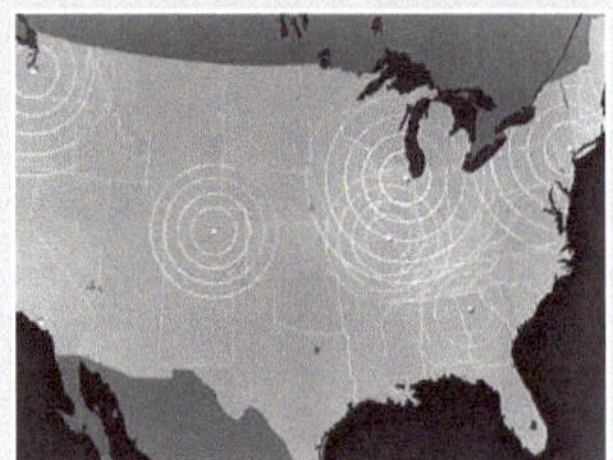

....

....

....

....

....

....

....

....

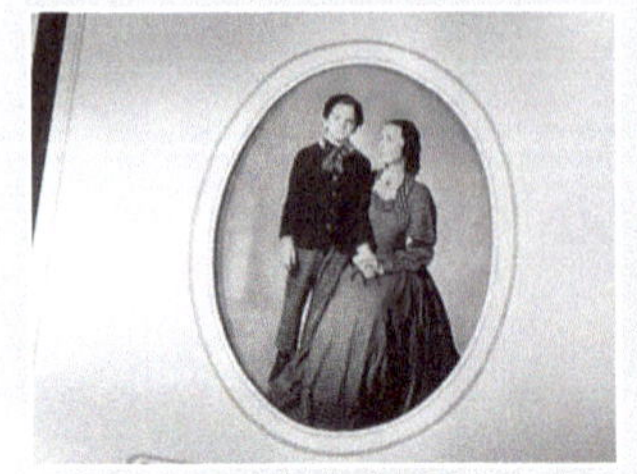

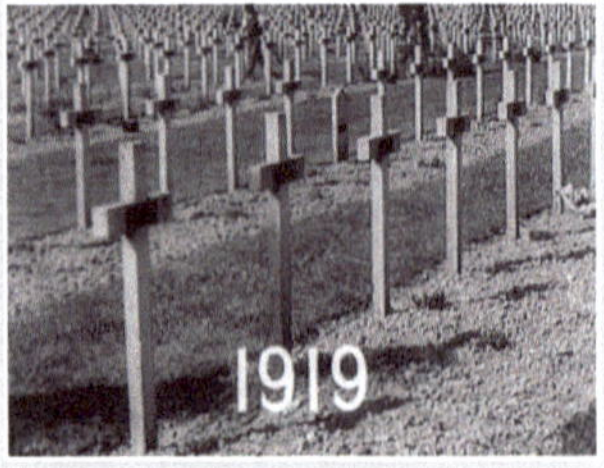

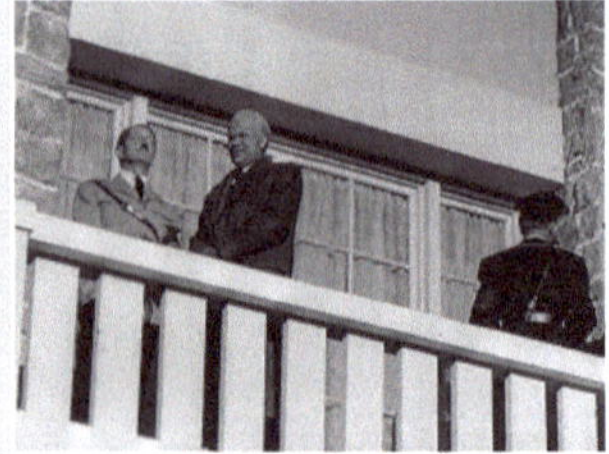

Dramaturgie

Das Drei-Akt-Schema

Die Dramaturgie beschreibt das Kompositionsprinzip einer Geschichte und damit das System des Handlungsaufbaus. Nach dem Drehbuchautor Syd Field (1987, S. 11-15) besteht eine geschlossene Filmdramaturgie aus drei Akten, die den Film in Anfang (Exposition), Mitte (Konfrontation) und Schluss (Auflösung) strukturiert. Die Akte werden jeweils durch einen Plot Point (P 1 und P 2) getrennt, der als Wendepunkt die Handlung in eine neue Richtung lenkt.

Auch wenn nicht alle Geschichten dieser Drei-Akt-Struktur folgen, können Sie diese „kanonische Geschichtenform“ (Bordwell 1985, S. 35) nutzen, um das dramaturgische Grundschema vieler populärer Filme zu erkennen und für Ihre Eigenproduktion zu nutzen.

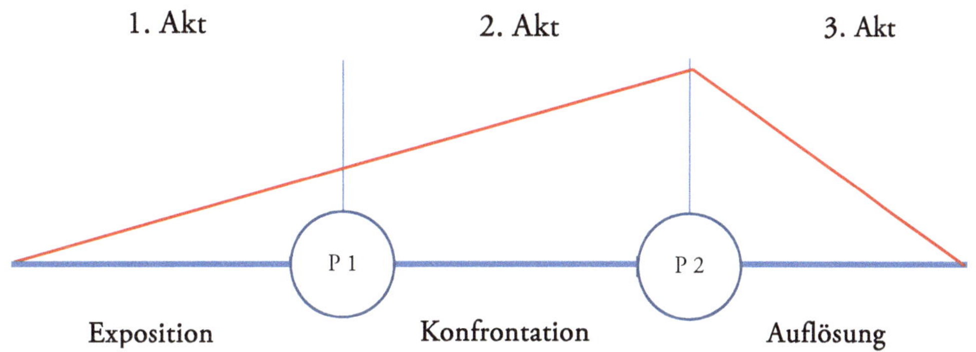

Exposition

Der 1. Akt beinhaltet die **Exposition**, in der die Figuren, Handlungsmomente und Motivationen vorgestellt werden.
In diesem Teil muss der Zuschauer erfahren, *wer* die Hauptfiguren sind, *wovon* die Geschichte handelt und *wie* die Situation beschaffen ist.
Am Ende des ersten Aktes passiert etwas, was die Handlung in Gang bringt und in eine neue Richtung lenkt (P 1 – Plot Point 1).

Konfrontation

Der 2. Akt umfasst mit der **Konfrontation** den größten Teil der Geschichte.
Hier etabliert sich mit dem Konflikt die Basis jeder dramatischen Handlung.
Die Hauptfigur beginnt, sich den zentralen Problemen zu stellen und sie zu bewältigen, was ihr allerdings zuerst verwehrt wird.
Der zweite Plot Point am Ende des 2. Aktes bringt auch hier wieder einen Wendepunkt, der das Finale im letzten Akt vorbereitet.

Auflösung

Im 3. Akt kommt es zur **Auflösung** der Story und zum Finale der Handlung. Die Ereignisse spitzen sich zu und eskalieren.
Der erste und der dritte Akt hängen dramaturgisch zusammen und bilden den Rahmen für die Filmhandlung.

Das Drei-Akt-Schema in „Die Reise zum Mond“

Schauen Sie sich den 14-minütigen Film „Die Reise zum Mond“ an und beschreiben Sie die Struktur des Drei-Akt-Schemas. Was geschieht in der Exposition, Konfrontation und in der Auflösung?

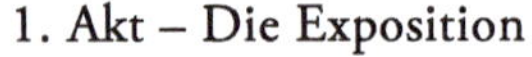

1. Akt – Die Exposition

....

....

....

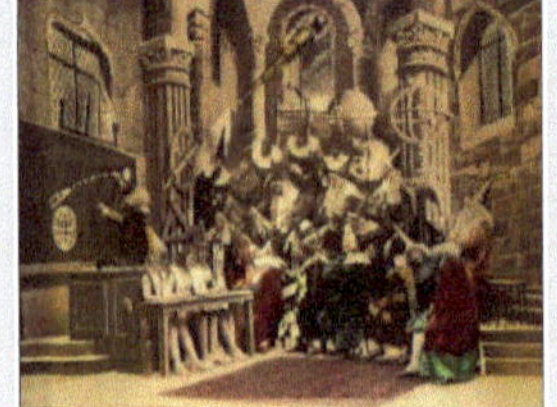
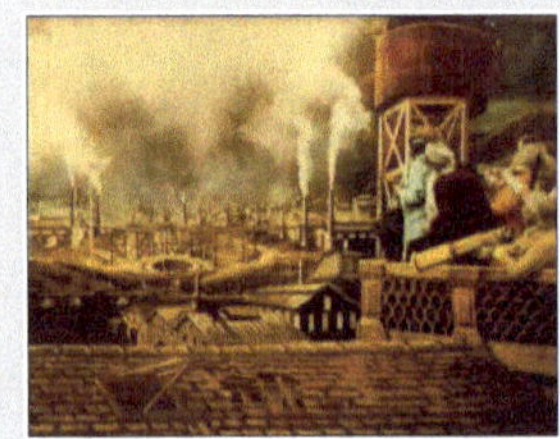
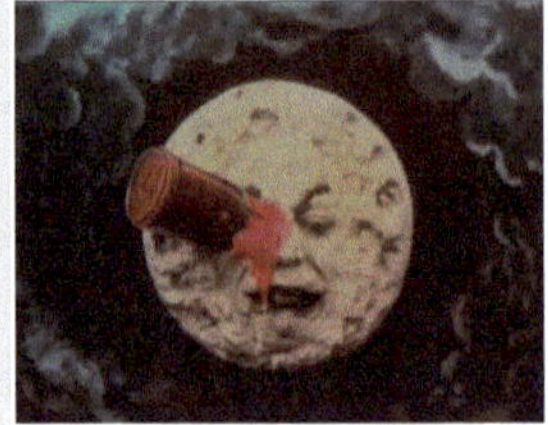

2. Akt – Die Konfrontation

....

....

....

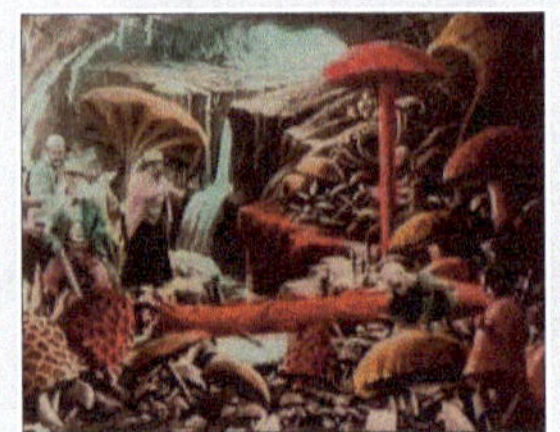
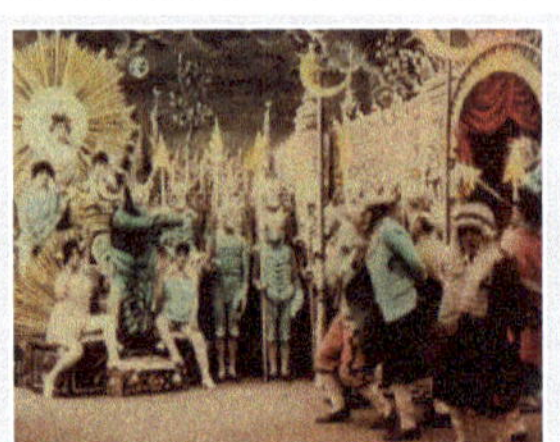
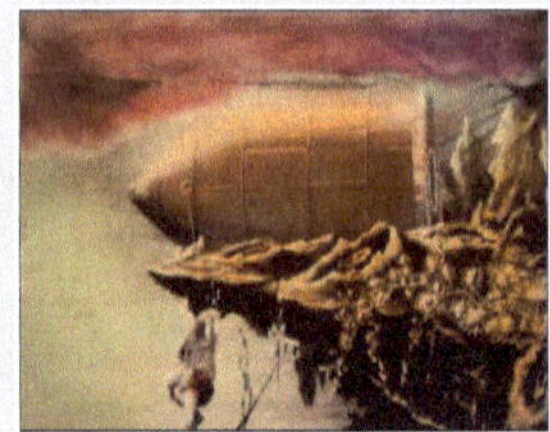

3. Akt – Die Auflösung

....

....

....

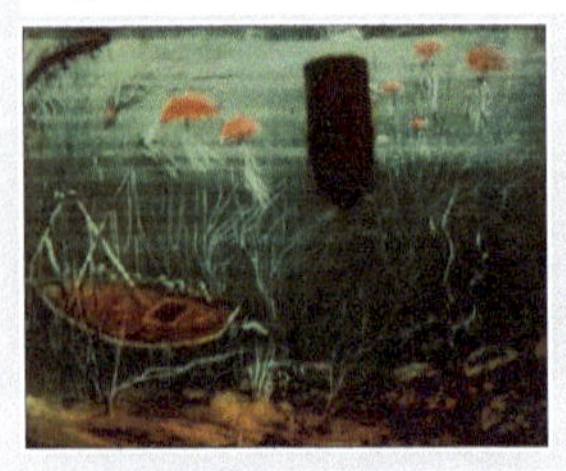
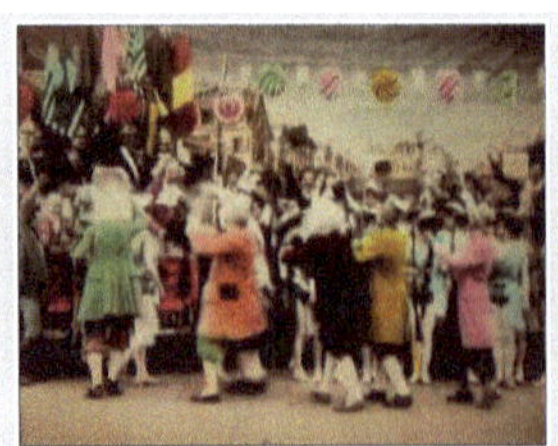
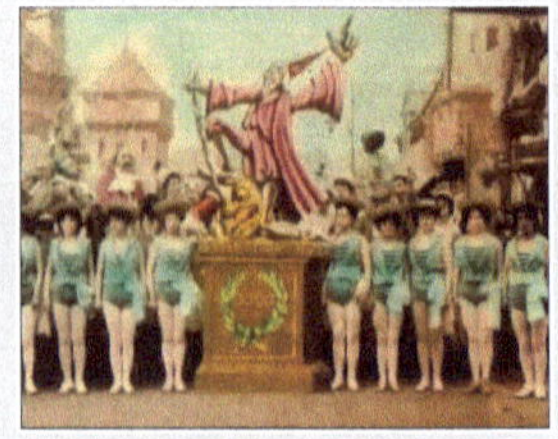

Das Drei-Akt-Schema erkennen und nutzen

Beschreiben Sie den Film „Die Spur des Falken“ mit der Struktur des Drei-Akt-Schemas. Gliedern Sie die Handlung in Anfang (Exposition), Mitte (Konfrontation) und Ende (Auflösung). Diese Übung kann Ihnen helfen, eigene Geschichten zu entwickeln und später in Form eines Drehbuchs und Storyboards weiter auszuarbeiten.

1. Akt - Exposition	Wer ist die Hauptfigur? Welche Nebenfiguren spielen eine Rolle? An welchem Ort und zu welcher Zeit spielt die Geschichte? Wie ist die aktuelle Situation?	
	Was ist das unerwartete Ereignis, welches die Hauptfigur zum Handeln zwingt (Plot Point 1)?	
2. Akt - Konfrontation	Wie setzt sich die Hauptfigur mit ihren Problemen/Aufgaben auseinander und welche Lösungen strebt sie an?	
	Worin besteht der unerwartete Wendepunkt (Plot Point 2), der das Finale im letzten Akt vorbereitet? Hat die Hauptfigur eine wichtige Entscheidung zu treffen und gelangt sie zu einer besonderen Erkenntnis?	
3. Akt - Auflösung	Wie wird der Konflikt aufgelöst und der Schluss des Filmes eingeleitet?	
	Hat sich die Situation nach der Lösung des Konflikts verändert? Gibt es ein offenes Ende, bei dem einzelne Fragen nicht beantwortet werden?	

Das Fünf-Akt-Schema

Die Dramaturgie beschreibt das Kompositionsprinzip einer Geschichte und damit das System des Handlungsaufbaus. Neben dem Drei-Akt-Schema lässt sich der Aufbau einer Geschichte auch in fünf Akte einteilen. Im Jahr 1863 schrieb der Schriftsteller Gustav Freytag das Werk „Die Technik des Dramas“, eng angelehnt an der Tragödientheorie Aristoteles‘. Darin geht er von einem pyramidalen Aufbau in fünf Akten aus.

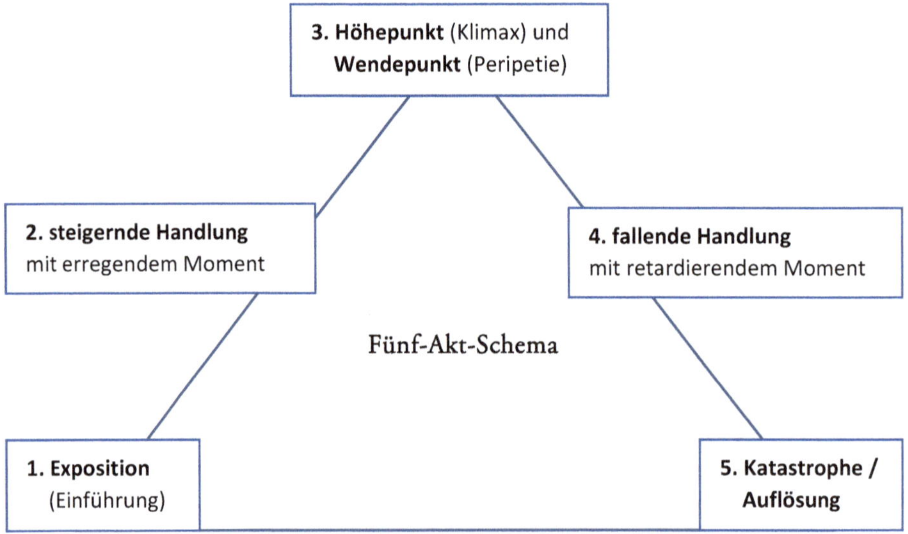

Der **1. Akt** beinhaltet die Exposition, in der die Figuren, Handlungsmomente und Motivationen vorgestellt werden. In diesem Teil muss der Zuschauer erfahren wer die Hauptfiguren sind, wovon die Geschichte handelt und wie die Situation beschaffen ist.

Im **2. Akt** werden die Handlungsfäden verknüpft, unterschiedliche Interessen stoßen aufeinander und ein bedeutendes Ereignis bringt Verwicklungen mit sich. Die Handlung beschleunigt sich.

Im **3. Akt** erreicht die Entwicklung ihren Höhepunkt (Klimax) und der Wendepunkt (Peripetie) wird eingeleitet. In der Tragödie führt dies unweigerlich zur Niederlage und in einer Komödie zur positiven Lösung des Konflikts.

Der **4. Akt** kennzeichnet sich durch einen fallenden Handlungsverlauf, in dem die Spannung nochmals gesteigert und durch ein retardierendes Moment verzögert wird. Der Protagonist scheint in der Tragödie noch gerettet werden zu können. In der Komödie stellen sich nochmals Hindernisse in den Weg.

Der **5. Akt** dient der Auflösung. Hier endet der Konflikt in einer Katastrophe (Tragödie) oder im Happy End (Komödie).

Das Fünf-Akt-Schema in „Inglourious Basterds"

Viele Hollywood-Produktionen folgen dem Fünf-Akt-Schema. Eine besondere Vorliebe für diese Struktur hat der Regisseur Quentin Tarantino, der in seinem Film „Inglourious Basterds" die jeweiligen Akte als Kapitel mit Zwischentiteln kennzeichnet. Beschreiben Sie mit wenigen Worten, wie sich die Geschichte in der Dramaturgie der fünf Akte entfaltet. Diese Übung kann Ihnen helfen, den Handlungsaufbau vieler Filme zu verstehen und eigene Ideen dramaturgisch umzusetzen.

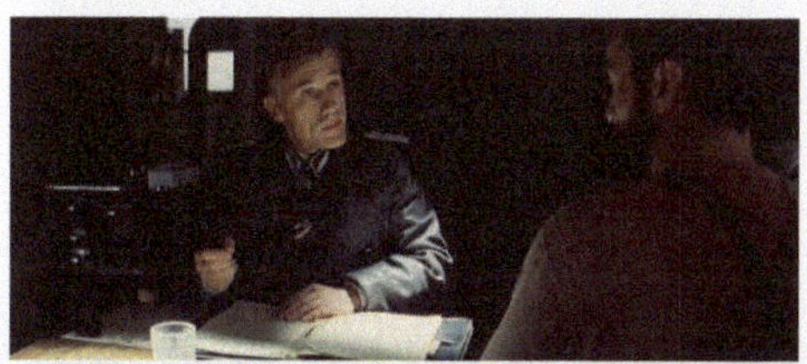

1. Akt - 1. Kapitel „Es war einmal ...im von Nazis besetzten Frankreich"

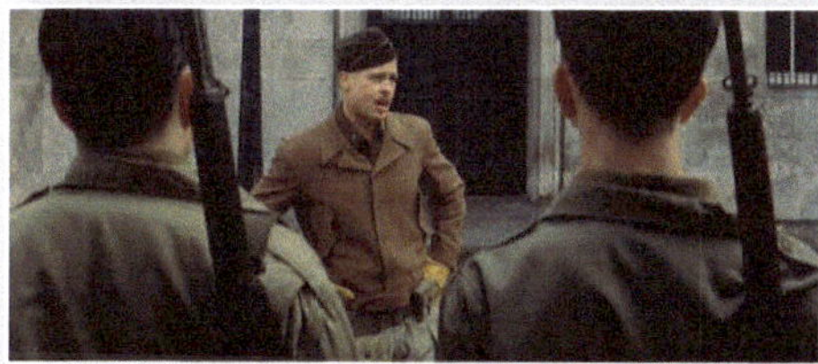

2. Akt - 2. Kapitel „Inglourious Basterds" (TC 0:19:10)

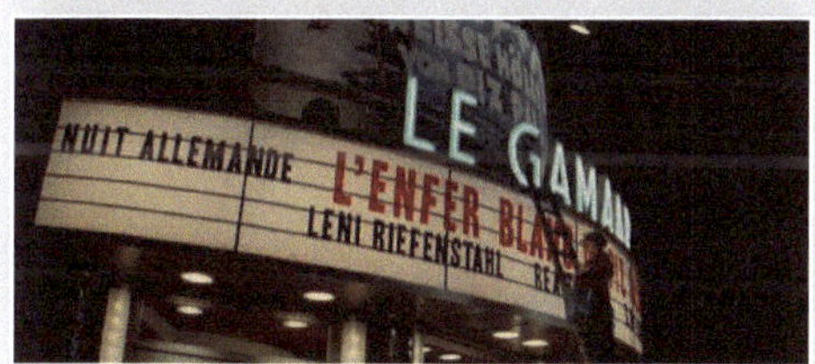

3. Akt - 3. Kapitel „Deutscher Abend in Paris" (TC 0:34:57)

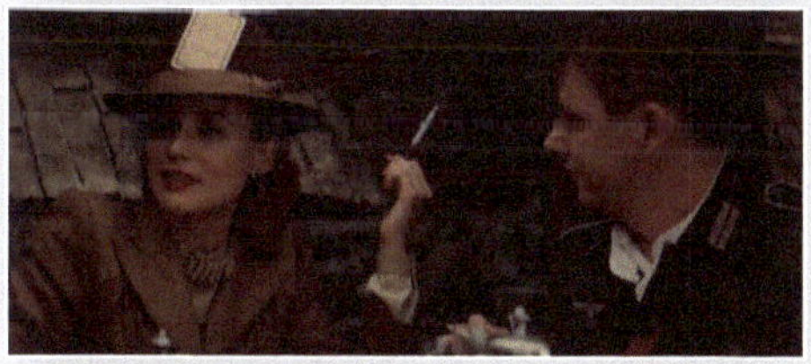

4. Akt - 4. Kapitel „Operation Kino" (TC 0:59:56)

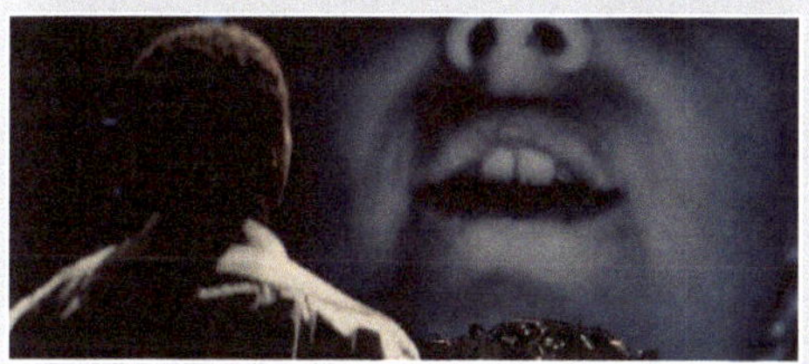

5. Akt - 5. Kapitel „Die Rache des Riesengesichts" (TC 1:41:05)

Formen des seriellen Erzählens – das Prinzip der Serie

Serielle Erzählformen, die ihre Geschichten noch nicht zu einem kausal-logischen Ganzen gefügt haben und auf Fortsetzung angelegt sind, finden sich in allen Massenmedien und haben eine lange Tradition. Besonders Fernsehproduktionen haben in der Form des seriellen Erzählens ein Format gefunden, das Publikum längerfristig an einzelne Sendeplätze zu binden. In einem weiten Verständnis handelt es sich bei Fernsehserien um „eine mehrteilige Abfolge abgegrenzter, aber miteinander verbundener (fiktionaler) Fernsehfilme. Durch die Verknüpfung der einzelnen Episoden auf formaler, inhaltlicher und struktureller Ebene entsteht eine kontinuierliche Erzählung mit offener Narrationsstruktur.“ [29]

Neben den Voraussetzungen der **Mehrteiligkeit**, **Verknüpfung** und **offenen Narrationsstruktur** lassen sich Serien noch weiter in Episodenserien (series) und Fortsetzungsserien (serials) ausdifferenzieren.

Episodenserien (engl. episodic series)

weisen eine in sich abgeschlossene Handlung je Folge auf, bei der der ursprüngliche Anfangszustand durch ein Ereignis gestört und im weiteren Verlauf als Happy End wieder in Ordnung gebracht wird. Ein festes Figurenensemble erlebt in jeder Episode ein neues Abenteuer und befindet sich am Ende wieder in der Ausgangssituation.

Episodenserien im engen Sinne

Die einzelnen Folgen sind inhaltlich nur sehr gering miteinander verknüpft und meist nur durch das Thema und die Figuren miteinander verbunden. Da sich die Charaktere und auch die Erzählung kaum weiterentwickeln, können die einzelnen Folgen in beliebiger Reihenfolge rezipiert werden.

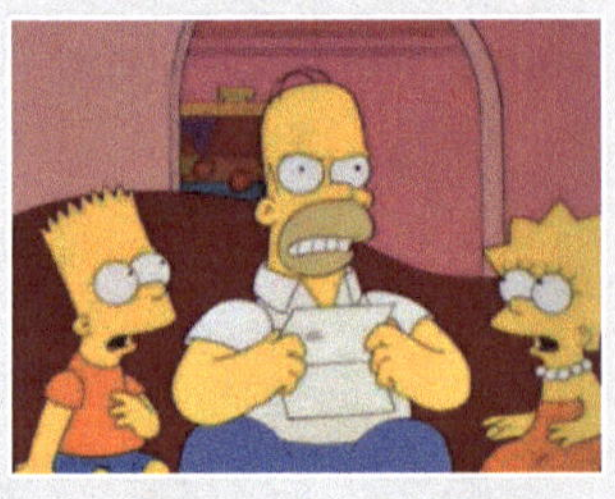

Egal welche Katastrophen Homer Simpson in einer der über 600 Episoden erleidet oder verursacht, in der nächsten Folge ist alles wieder beim Alten.

Episodenserien im weiten Sinne

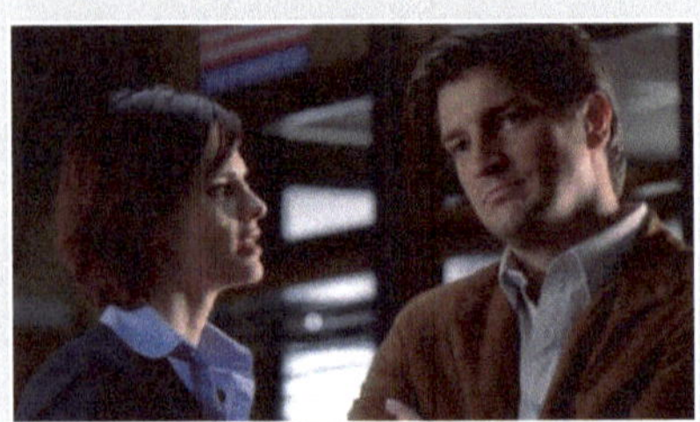

Die inhaltliche Verknüpfung der Folgen ist stärker und die Charaktere entwickeln sich weiter. Häufig findet sich, neben der abgeschlossenen Episodenhandlung, auch ein mehrere Folgen verbindender Rahmenplot. Einzelne Folgen können zwar auch in unabhängiger Reihenfolge rezipiert werden, zum Verständnis des Rahmenplots ist allerdings die Einhaltung der Staffel- und Episodenzählung notwendig.

So werden in der Fernsehserie „Castle“ (2009 – 2016) nicht nur einzelne Kriminalfälle gelöst, es wird durch die sich wandelnde Beziehung der beiden Hauptfiguren Richard Castle und Kate Beckett auch ein folgenübergreifender Rahmenplot geboten.

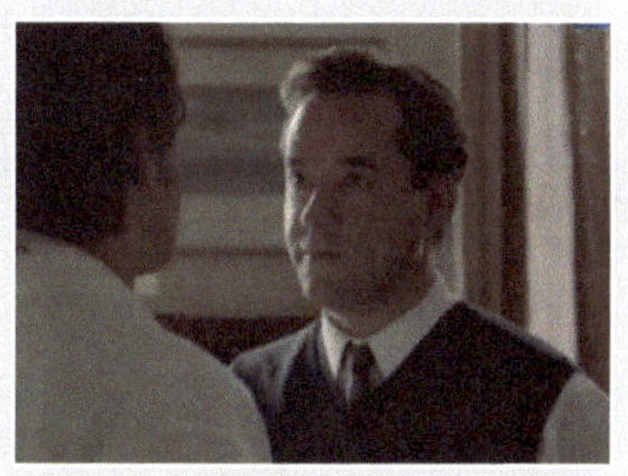

Mehrteiler (engl. miniseries)
bestehen aus einer endlichen Zahl von Folgen (meist 2-13) und erzählen eine Geschichte von Anfang bis Ende. Mehrteiler können als zu umfangreiche Einzelfilme verstanden werden, die wegen ihrer zu langen Erzählzeit in mehrere Episoden geteilt wurden. Für das Verständnis der Erzählung ist, wie hier im Zweiteiler „Der Turm" (2012), die Rezeption in der vorgesehenen Reihenfolge notwendig.

Fortsetzungsserien (engl. continuous serial)

weisen eine offene Handlungsstruktur in jeder Folge auf. Häufig überschneiden sich mehrere parallel laufende Handlungsstränge, die erst in späteren Folgen fortgeführt und beendet werden. Fortsetzungsserien verknüpfen ihre einzelnen Folgen häufig durch einen Cliffhanger, der die Handlung kurz vor dem Spannungshöhepunkt abbrechen lässt. Fortsetzungsserien können auf einen Abschluss oder gänzlich offen angelegt sein.

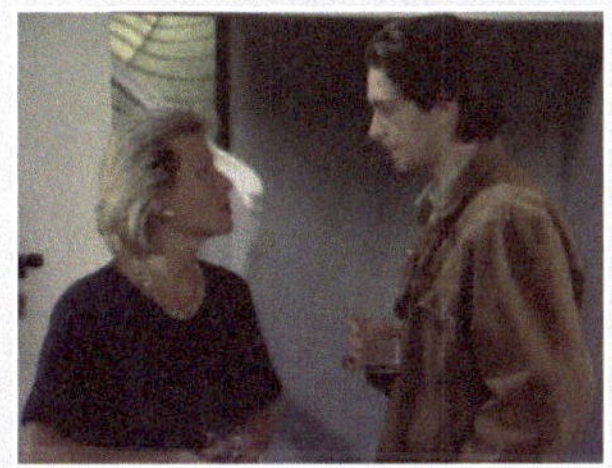

Serien wie „Gute Zeiten, schlechte Zeiten" (seit 1992) sind in die Zukunft hinein offen gestaltet und nicht auf ein Ende hin ausgerichtet.

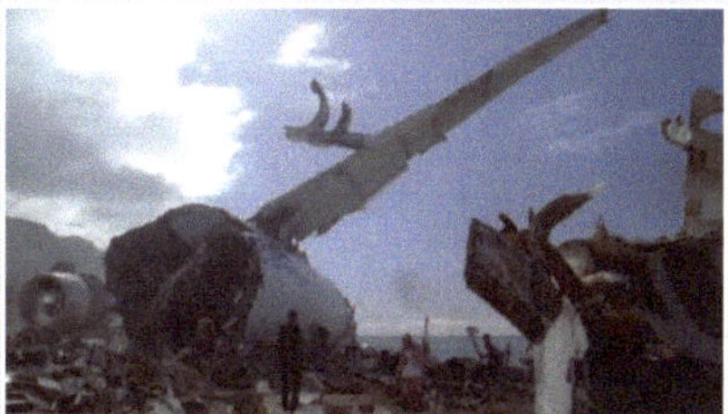

Die Mystery-Serie „Lost" (2004 – 2010) wurde mit einer durchgängigen Handlung über sechs Staffeln und 121 Folgen hinweg konzipiert, die in einem Finale bzw. Epilog enden.

Reihen

bedienen sich ebenfalls des Serienprinzips mit abgeschlossenen Handlungen je Folge. Allerdings haben die Folgen untereinander meist nur noch die gleichbleibende Eingangssequenz und ein übergeordnetes Rahmenkonzept gemeinsam. Die Reihe Tatort (seit 1970) lässt gegenwärtig etwa 20 Ermittler bzw. Ermittlerteams an unterschiedlichen Orten Verbrechen aufklären.

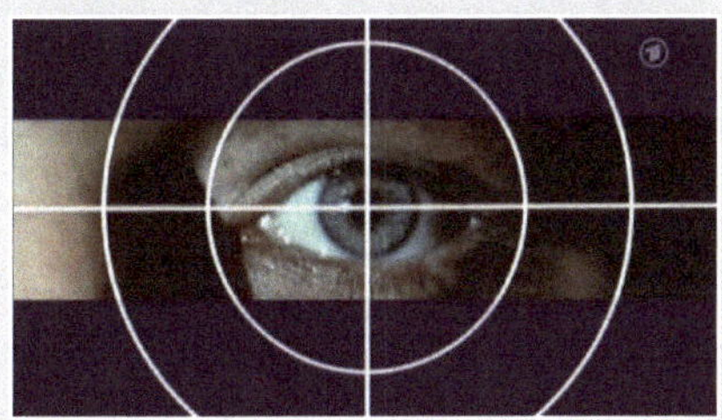

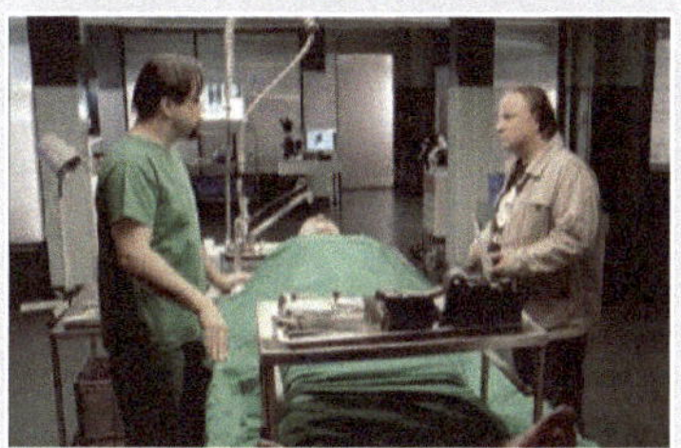

Tatort „Herrenabend" (2011) mit den Ermittlern Karl-Friedrich Boerne und Frank Thiel in Münster.

Episode oder Fortsetzung?

Fernsehserien sind häufig Hybridformen, die die Vorteile von Episoden- und Fortsetzungsserien in sich zu vereinen suchen und damit auch einen Wechsel des seriellen Erzählens vollziehen.[30]

Schauen Sie sich die von Annekatrin Bock veröffentlichte Grafik zum Serialitätsgrad[31] an und ordnen Sie die drei Episoden der dritten Staffel der Serie „Sherlock" in dieses Koordinatensystem ein. Wo stellen Sie einen Wechsel des seriellen Erzählens fest und was könnte die Filmemacher dazu veranlasst haben? Was stellt Ihrer Meinung nach die Drehbuchautoren vor größere Herausforderungen – die Konzeption von Episoden- oder Fortsetzungsserien?

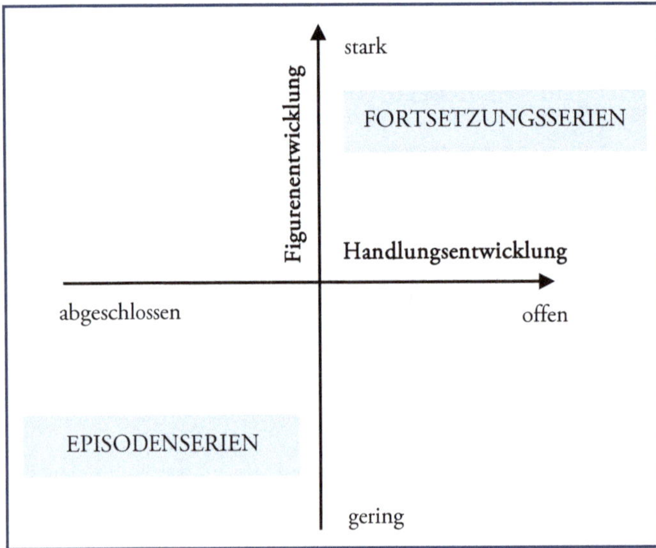

Episodenserien weisen eine eher abgeschlossene Handlung je Folge auf und lassen eine geringe bis stärkere Charakterentwicklung der Figuren zu.

Fortsetzungsserien bieten eine eher offene Handlungsentwicklung, sind häufig durch Cliffhanger miteinander verbunden und lassen starke Möglichkeiten der Charakterentwicklung ihrer Figuren zu.

Quelle: Eigene Darstellung; orientiert an Bock (2013), S. 38.

„Der leere Sarg" 1

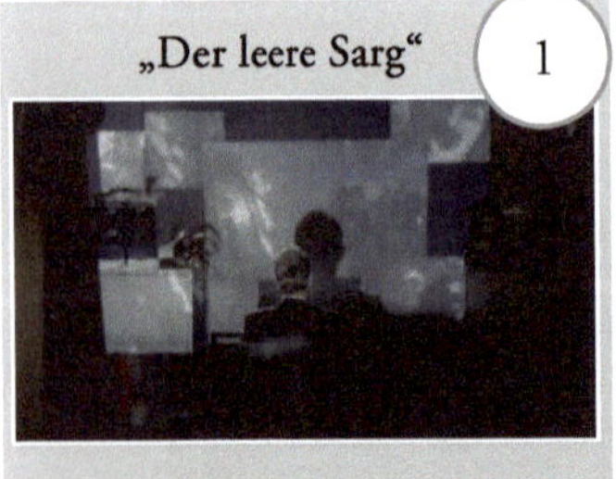

Nach der Auflösung des Cliffhangers der vorherigen Episode wird ein Terroranschlag verhindert. Die Folge endet mit einem Cliffhanger, der in der übernächsten Episode aufgelöst wird.

„Im Zeichen der Drei" 2

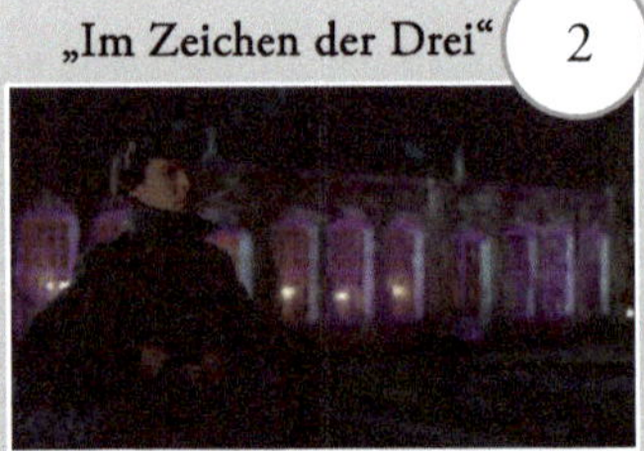

Sherlock tritt als Trauzeuge von John und Mary auf, kann einen Mord verhindern und den Täter überführen. Die Folge endet als abgeschlossene Episode ohne Cliffhanger.

„Der letzte Schwur" 3

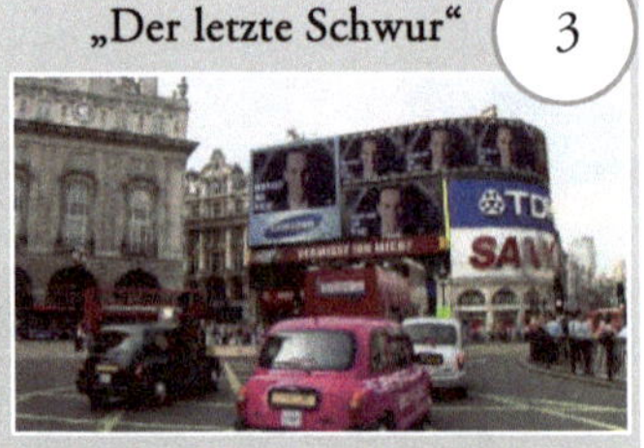

Um die Identität von Mary zu schützen, erschießt Sherlock Charles Augustus Magnussen. Die Folge endet mit einem Cliffhanger, der sich auf Konflikte mit Moriarty aus früheren Episoden bezieht.

Welche Art des seriellen Erzählens ist im aktuellen Fernsehprogramm häufiger vertreten: Episoden- oder Fortsetzungsserien? Überprüfen Sie Ihre Einschätzung stichprobenhaft am Fernsehprogramm zweier beliebiger Wochentage. Lassen sich Unterschiede zwischen den öffentlich-rechtlichen Fernsehanstalten (z.B. ARD, ZDF und die Dritten Programme) und dem Fernsehprogramm der Privatsender (z.B. RTL, ProSieben, Kabel eins) feststellen?
Welche Art des seriellen Erzählens bevorzugen Sie selbst und was macht, Ihrer Meinung nach, den Reiz einer Episoden- oder Fortsetzungsserie aus? Notieren Sie dazu Ihre Lieblingsserien und diskutieren Sie die Ergebnisse untereinander.

....

....

....

....

....

....

....

....

....

....

....

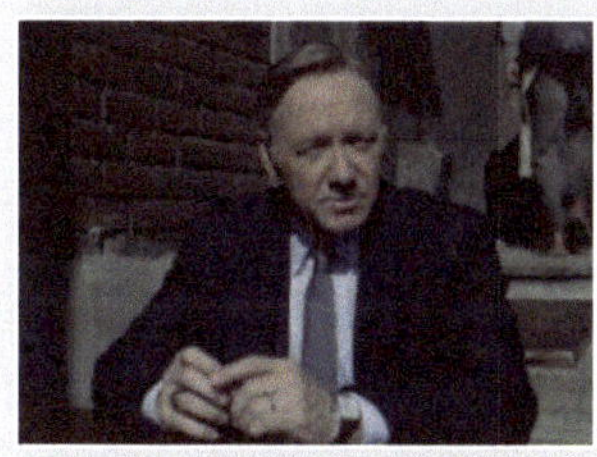

House of Cards
(ab 2013)

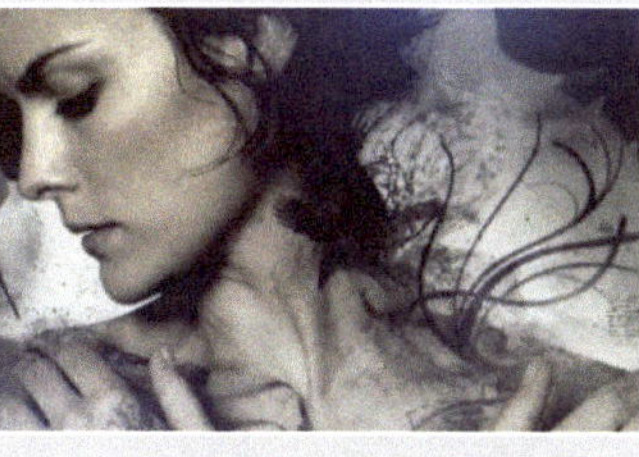

Blindspot
(ab 2015)

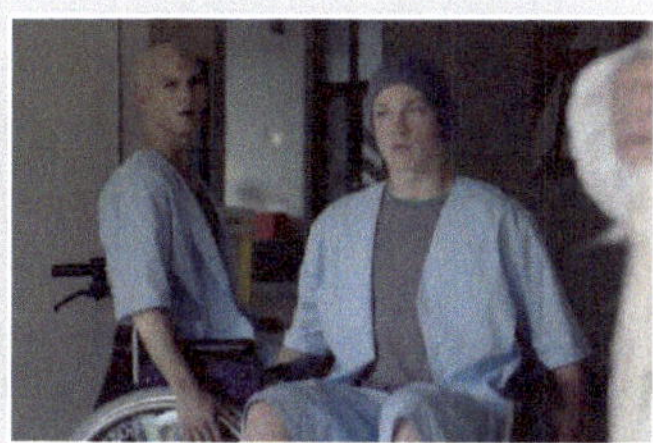

Club der roten Bänder
(ab 2015)

Plot und Story – ein entscheidender Unterschied

Als grundlegende Unterscheidung, die auch für die Analyse von Filmtexten von Bedeutung ist, wird zwischen Plot und Story differenziert. Als **Plot** werden die Elemente bezeichnet, die tatsächlich im Film vorkommen und auch nichtdiegetische Teile wie Credits oder die nicht-diegetische Filmmusik einschließen. Die davon zu unterscheidende **Story** des Filmes beschreibt dagegen das, was der Zuschauer mit seinem Wissen aus dem Plot rekonstruiert.[32] Die Story eines Filmes ist damit immer umfassender als das, was der Zuschauer durch den Handlungsverlauf des Plots mitgeteilt bekommt.

PLOT

Die Ereignisse der erzählten Geschichte wie sie im Film auftauchen, einschließlich der Credits und der Filmmusik.

Alle visuellen, auditiven und narrativen Elemente, die im Film gezeigt werden

STORY

Ergänzungen und Rekonstruktionen durch den Zuschauer von Ereignissen, die kausal und zeitlich verbunden aufeinander folgen.

Plot und Story bilden eine Schnittmenge, d.h. es gibt Informationen, die sowohl Teil des Plots wie auch der Story sind. In diese Schnittmenge gehören die Teile, die im Film zu sehen und zu hören sind. Zu den Elementen, die zur Story gehören, aber nicht Teil des Plots sind, zählen die Elemente, die wir als Zuschauer aufgrund unseres Wissens ergänzen. Die extradiegetische Filmmusik oder der Titel-Vorspann sind dagegen Teil des Plots aber nicht der Story.[33] Der **Plot** eines Filmes besteht demnach aus dem, *was* gezeigt wird (Inhalt), *wie* dieser Inhalt präsentiert wird (z.B. durch Bildkomposition, Licht, Farbe usw.) und deren Verkettung mit Hilfe der Montage, durch die Bedeutung entsteht, welche im Gezeigten selbst nicht enthalten ist (z.B. durch Montageformen).[34] Der Zuschauer ist während der Rezeption eines Filmes ständig damit beschäftigt, das Gezeigte mit Bedeutung aufzufüllen und in eine zeitliche und kausale Ordnung zu bringen, damit aus dem Plot eine Story rekonstruiert werden kann.

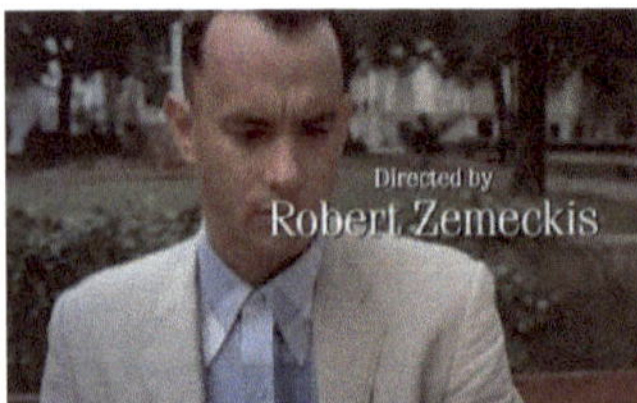

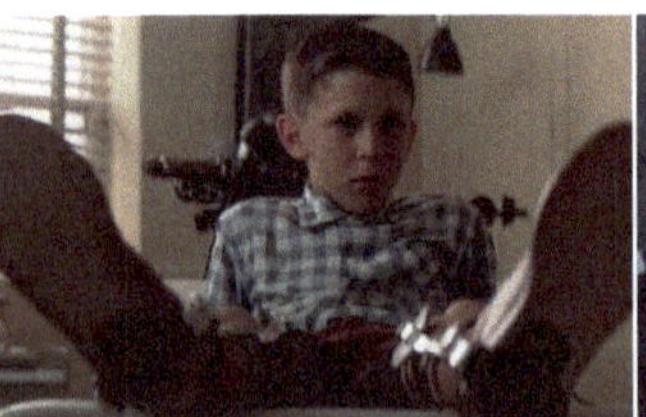
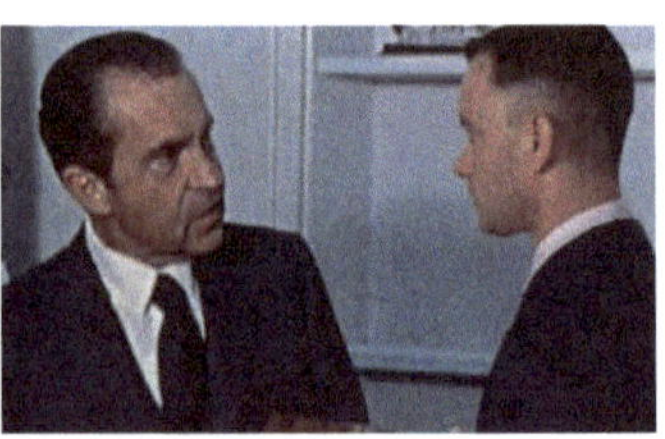

Im Plot von „Forrest Gump“ (1994) wird die Geschichte retrospektiv (Flashback) erzählt, d.h. zeitlich vorher stattgefundene Ereignisse werden im Nachhinein gezeigt. Der Zuschauer konstruiert daraus eine Story, die kausal und zeitlich verbunden ist und Hintergrundwissen (z.B. historische Ereignisse und Personen) mit einschließt.

Der Plot in „Citizen Kane"

Das Leben von Charles Foster Kane wird nicht, wie damals im Film üblich, in einer linearen Erzählweise dargestellt, sondern durch rückblickende Erinnerungen verschiedener Personen. Der Zuschauer muss so die Informationen wie Puzzleteile selbst zu einem Bild zusammensetzen. Zeichnen Sie im Diagramm die biographischen Zeiträume des Charles Foster Kane ein, die von den jeweiligen Personen dargestellt werden. Warum wird Orson Welles für den Plot seines Films keine chronologische Erzählweise gewählt haben?

	Intro	News On The March	Walter P. Thatcher	Mr. Bernstein	Mr. Leland	Susan Alexander	Butler Raymond	Ende: Auflösung
Kindheit								
Jugend								
Medien-imperium								
1. Ehe								
Gouverneur								
2. Ehe								
Ende der 2. Ehe								
Tod								

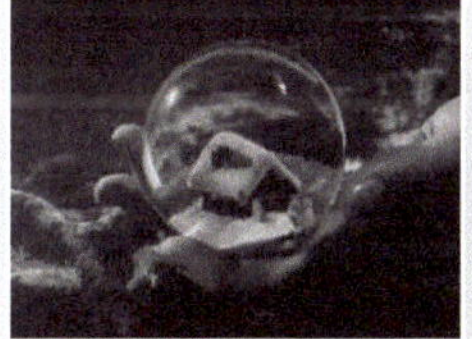

1. Kanes Tod 2. Nachruf Wochenschau

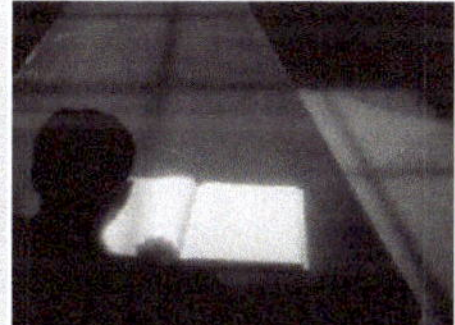

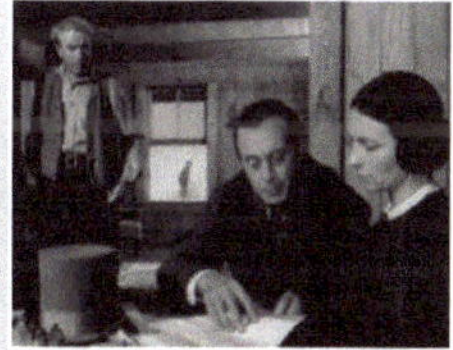

3. Thatchers Tagebuch: Kindheit und Jugend

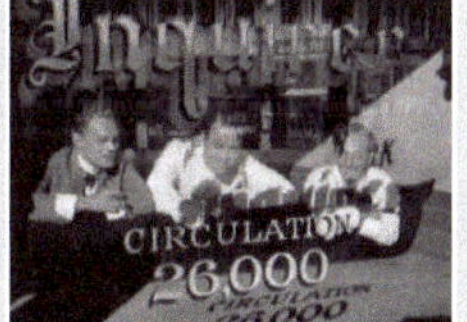

4. Mr. Bernstein: der New York Inquirer

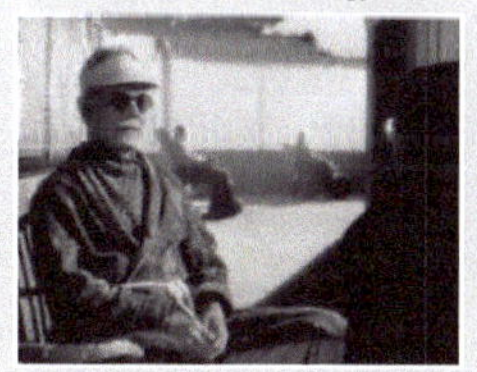

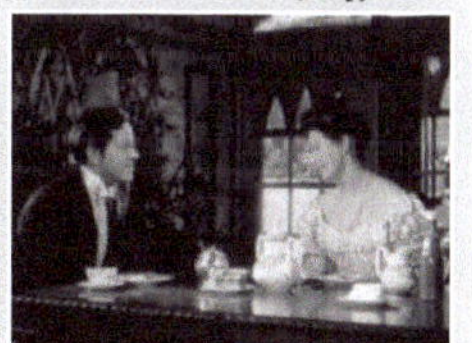

5. Mr. Leland: die erste Ehe, Kanes Niederlage

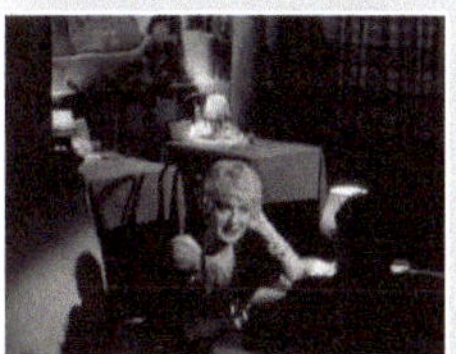

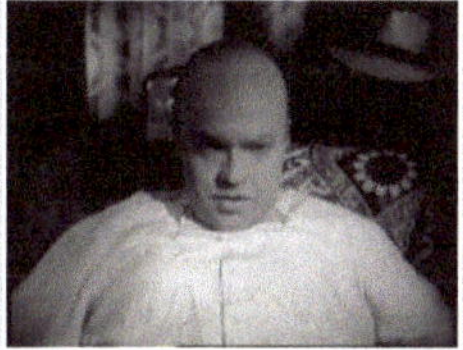

6. Susan: Karriere als Sängerin, zweiten Ehe

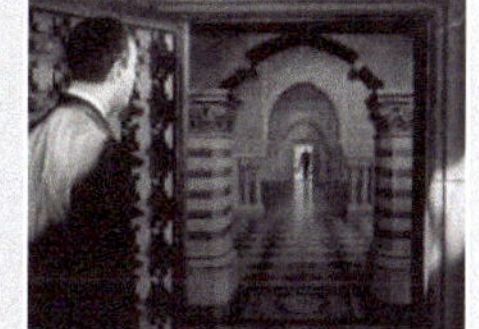

7. Raymond: Susan verlässt Kane

Die Story in „Citizen Kane“

Konstruieren Sie aus dem Plot des Filmes eine Story, indem Sie die Ereignisse der aufgezeigten Filmstills in eine chronologische Ordnung bringen. Tragen Sie die blau unterlegten Buchstaben dieser Reihenfolge entsprechend in das Lösungswort ein und Sie erhalten einen von Alfred Hitchcock geprägten Begriff zur Spannungserzeugung.

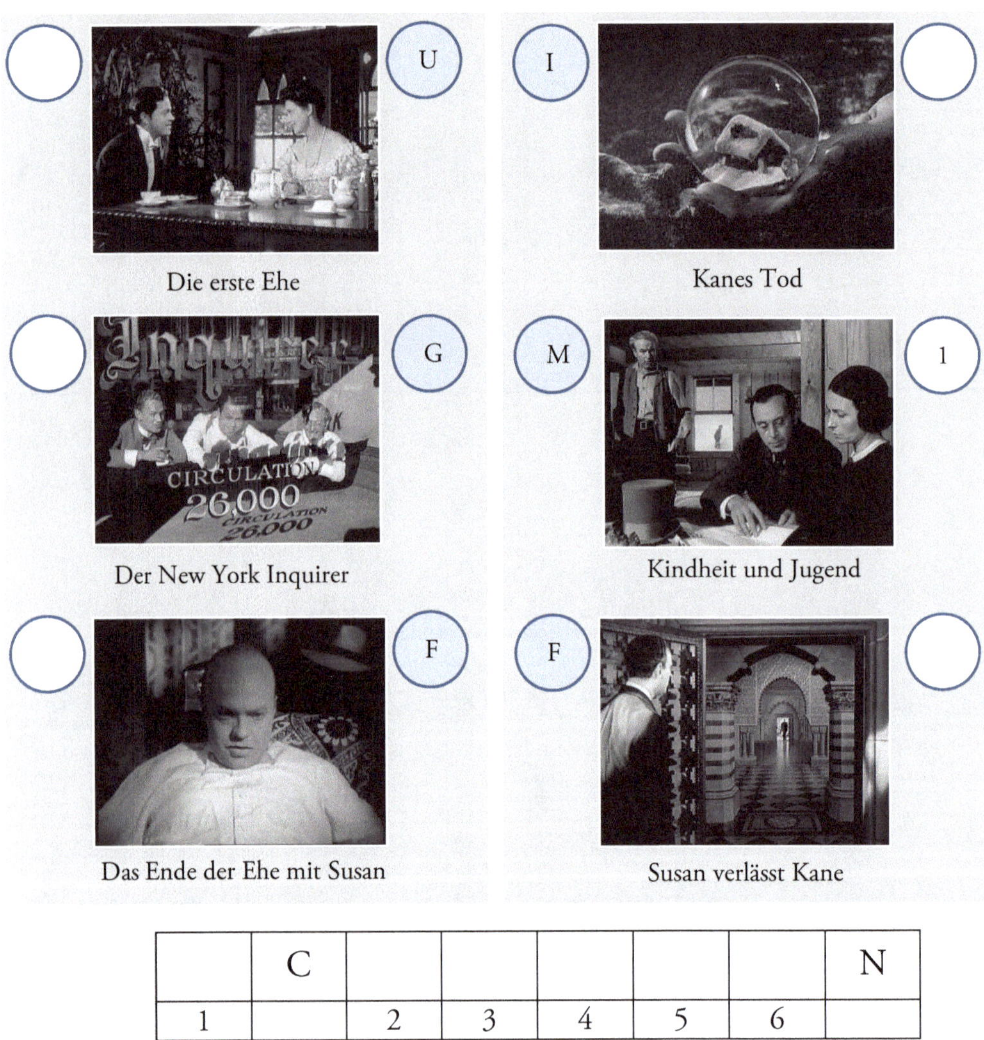

Die erste Ehe

Kanes Tod

Der New York Inquirer

Kindheit und Jugend

Das Ende der Ehe mit Susan

Susan verlässt Kane

	C						N
1		2	3	4	5	6	

Ein … bezeichnet ein mehr oder weniger beliebiges Objekt, welches die Handlung motiviert und vorantreibt. Meist ist es austauschbar und hat eine eher symbolische Funktion. Charles Foster Kanes Schlitten mit dem Namen Rosebud übernimmt hier diese Funktion und steht für das verlorene Glück der Kindheit mit einem Verlust an Zuneigung, Geborgenheit und Liebe.

Plot und Story in „Persepolis“

Der Plot des Filmes ist nicht identisch mit der Story, die der Zuschauer aus den Informationen der Handlung erschließt. Ordnen Sie die abgebildeten Stills Ihrem Verständnis der Story entsprechend chronologisch nach der Reihenfolge der dargestellten Zeit und nummerieren Sie die Szenen. Tragen Sie die Buchstaben in den blauen Kreisen Ihrer Nummerierungen entsprechend im Lösungswort ein.

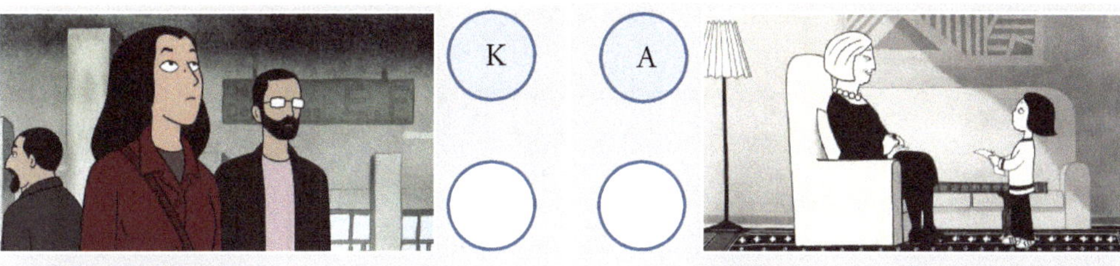

K

Auf dem Flughafen Orly

A

Marjanes Kindheit in Teheran

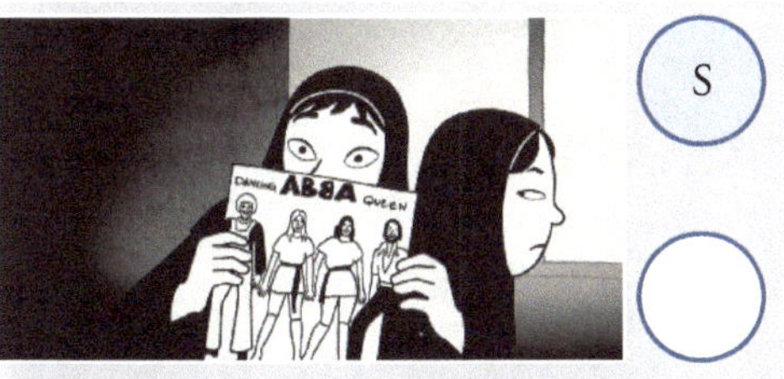

S

Marjane interessiert sich für westliche Musik

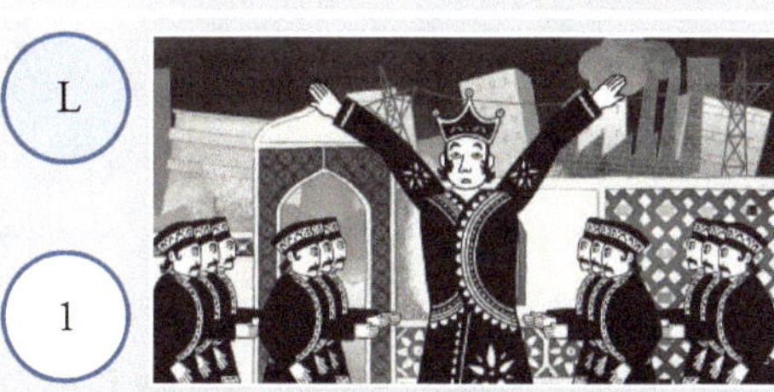

L

1

Marjanes Vater erzählt von Reza Schah Pahlavi

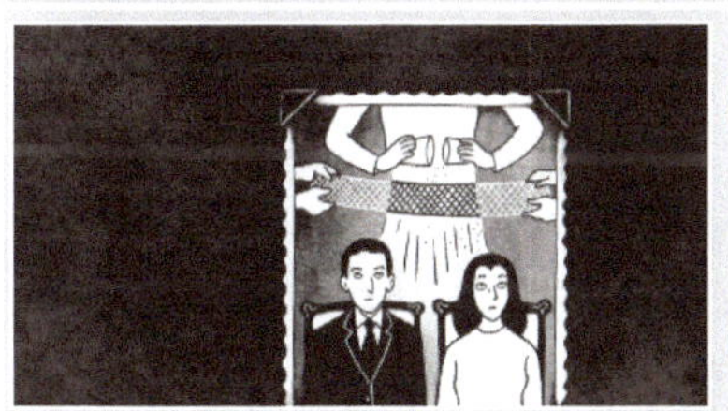

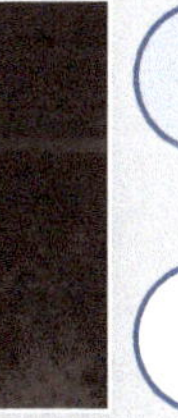

A

Sie kehrt nach Teheran zurück und heiratet

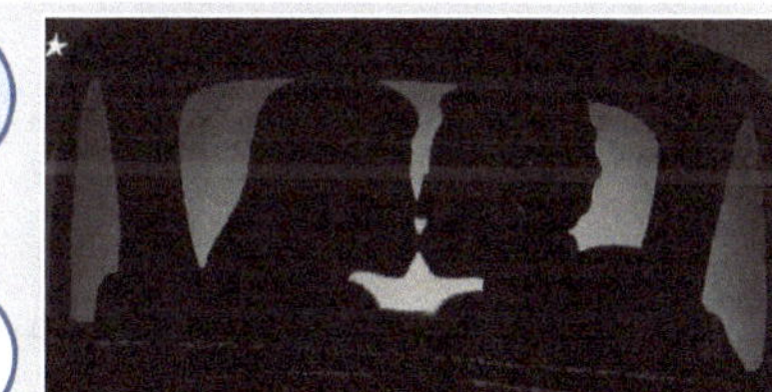

B

Marjane verliebt sich in Markus

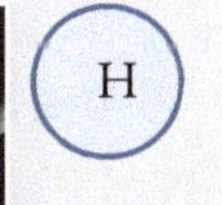

H

Marjane besucht das Gymnasium in Wien

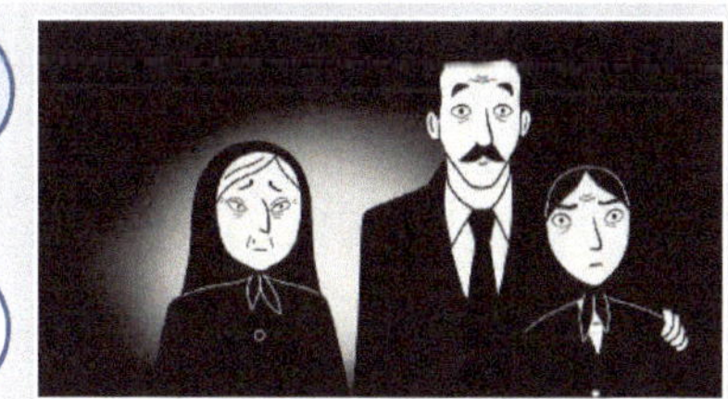

C

Marjane lässt sich scheiden und reist nach Paris

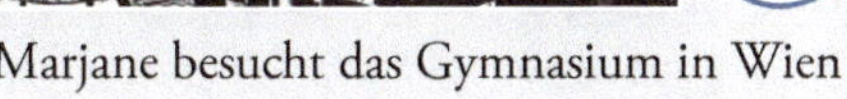

Die Ordnung der Zeit in Persepolis ist gekennzeichnet durch zahlreiche									
F									S
	1	2	3	4	5	6	7	8	

Sprachliche Erzählinstanzen

Die Zwischentitel

Geschriebene Worte, die in Form von Texttafeln zwischen die Einstellungen eines Filmes montiert werden, nennt man Zwischentitel. Komplizierte Handlungsverläufe, Dialoge und auch ein Wechsel von Ort und Zeit des Geschehens wurden im Stummfilm durch diese Texttafeln visualisiert. Sie erklärten auch was Regisseure und Drehbuchautoren im Bild nicht ausdrücken konnten und gaben Hinweise zu den Gefühlen und Gedanken der Figuren. Bis man lernte, diese Texte auf die wesentlichen Aussagen zu beschränken, waren diese Einblendungen oft sehr lang. Bis in die 1920er-Jahre wurde das Schreiben von Zwischentiteln zu einer eigenen Kunst und literarische Texttafeln wurden in dieser Zeit für Komödien und Dramen die Norm. Welche Bedeutung diesem Bereich zugemessen wurde, lässt sich auch daran erkennen, dass Verfasser von Zwischentiteln oft besser bezahlt wurden als die Drehbuchautoren.[35] Einige Filmregisseure wie Alfred Hitchcock begannen ihre Filmkarriere als Autoren solcher Texte.

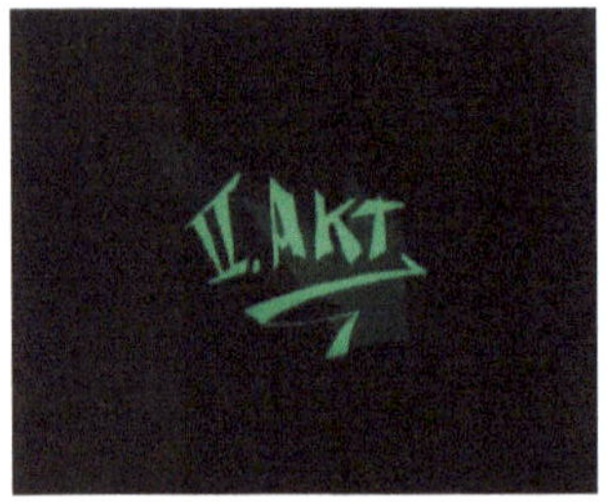

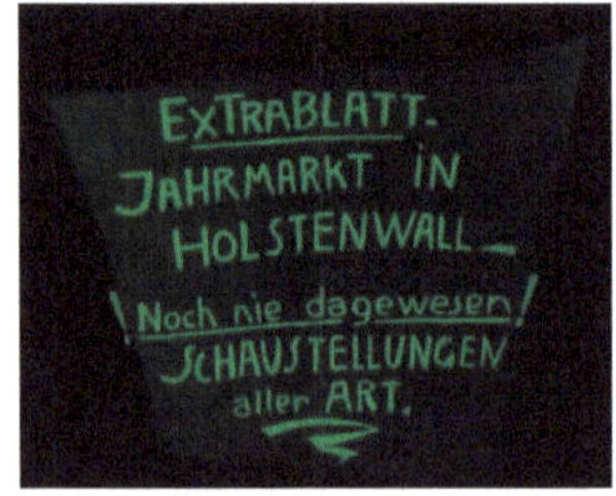

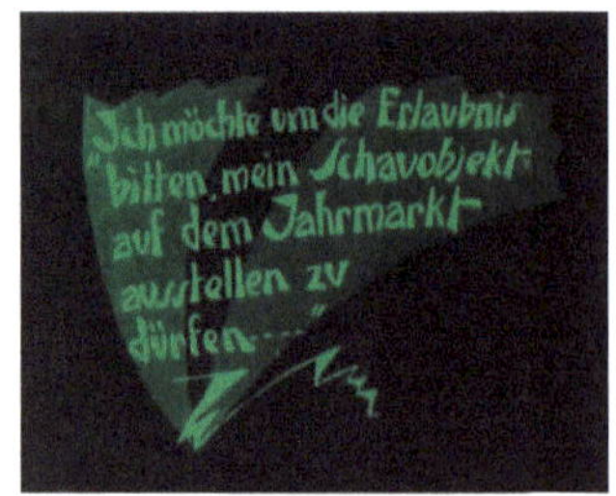

Zwischentitel können verschiedene Funktionen im Film übernehmen. Sie können, wie im Film „Das Cabinet des Dr. Caligari“, die Geschichte in Akte oder Kapitel strukturieren, die folgende Handlung erklären oder die Rede der Figuren in Form von Monologen oder Dialogen wiedergeben.

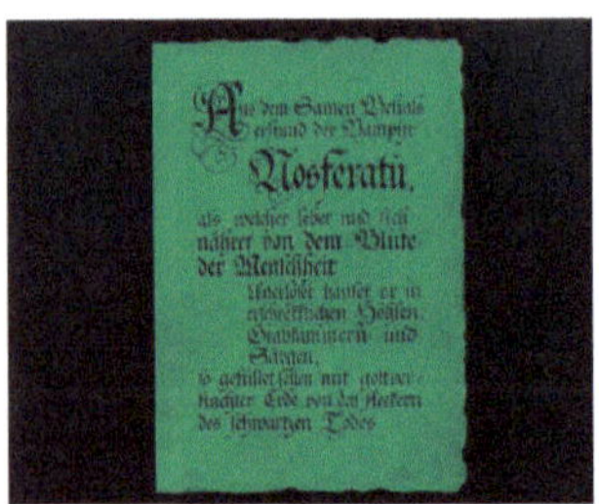

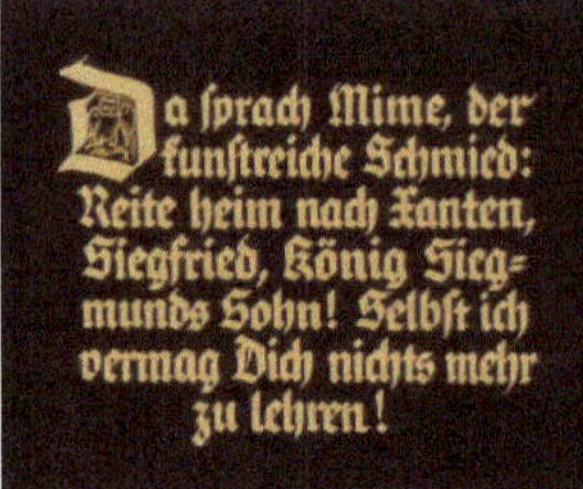

Die grafische Gestaltung war meist am Stil des Filmes orientiert. So setzt sich der expressionistische Stil der Filme „Nosferatu“ (1922) und „Nibelungen“ (1924) im Design der Zwischentitel fort.

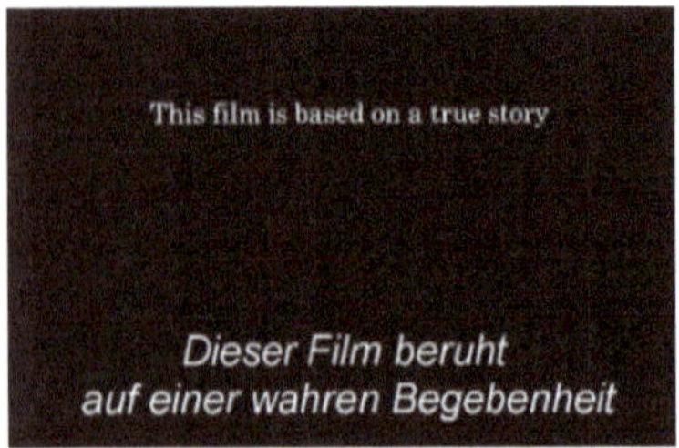

Auch wenn die große Zeit der Zwischentitel mit Beginn des Tonfilms zu Ende ging, werden auch heute noch Texttafeln verwendet. Neben der Funktion, Akte oder Kapitel voneinander zu trennen, können sie auch als Authentizitätsverweis zur Beglaubigung des Gezeigten dienen.

Zwischentitel verfassen und gestalten

Schauen Sie sich die folgenden Filmausschnitte aus „Das Cabinet des Dr. Caligari“ an und erstellen Sie selbst Texttafeln für die Zwischenräume. Überlegen Sie, welche Funktion die Zwischentitel an dieser Stelle übernehmen sollen. Dienen sie zur Erklärung der folgenden Handlung, sollen sie Gefühle oder Gedanken der Figuren transportieren oder eine gesprochene Rede in Form eines Monologs oder Dialogs wiedergeben? Versuchen Sie, die grafische Gestaltung der Schrift, der Hintergründe und Farben dem Stil des Filmes anzupassen.

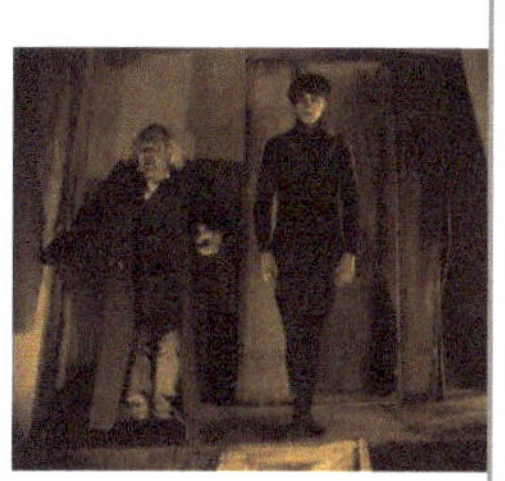

TC 0:20:03

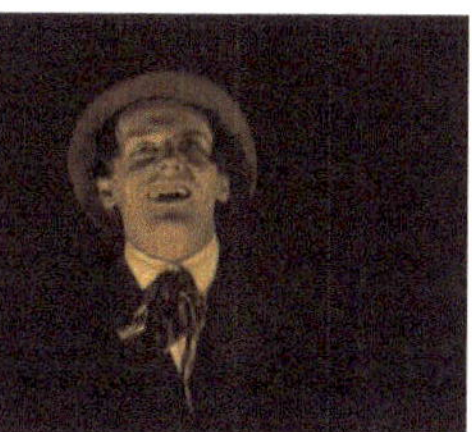

TC 0:20:46

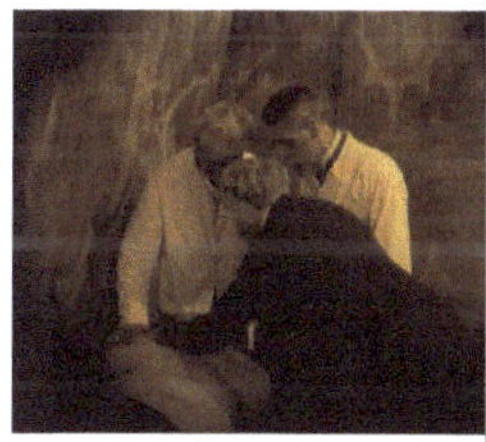

TC 1:12:50

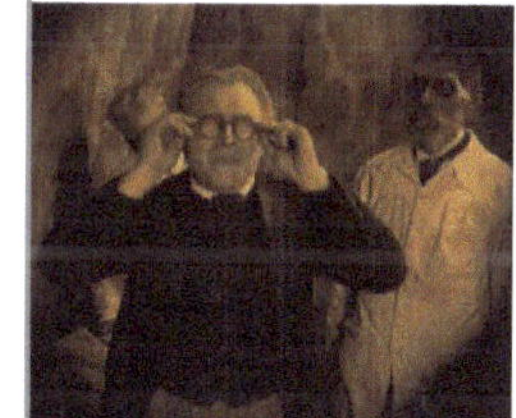

TC 1:13:29

Diskussion: **Zwischentitel – Notlösung oder Kunstgriff?**

Schon während der Stummfilmzeit waren sich Filmemacher über die Wirkung der Zwischentitel uneinig. Einige sahen dadurch den natürlichen Lauf des Filmes unterbrochen und verzichteten auf dieses Element. So kommt Friedrich Wilhelm Murnau im Film „Der letzte Mann“ (1924) ganz ohne Zwischentitel aus und die Kommunikation wird ausschließlich durch die Mimik und Gestik der Schauspieler vermittelt. Andere Regisseure sahen in den Texttafeln ein unverzichtbares Ausdrucksmittel des Stummfilms, ohne deren Informationen komplexere Handlungsverläufe nicht darstellbar seien.

Wie wirken diese Texteinblendungen heute auf Sie? Sind sie störend, notwendig oder gar ein eigenständiges Element künstlerischer Gestaltung? Welche Möglichkeiten des Einsatzes von Zwischentiteln sehen Sie für eigene Filmproduktionen?

Voice-Over-Kommentare

sind Erzählstimmen, die über die Bilder des Filmes gelegt werden. Durch diese Stimme können objektive und/oder subjektive Perspektiven vermittelt werden. Erzählerstimmen können selbst als Figur Teil der Handlung sein, oder überhaupt nicht als Person in Erscheinung treten. In beiden Fällen leitet dieser Erzähler das Publikum durch das Geschehen und es wird deutlich, dass es sich um eine mittelbare Darstellung der Geschichte handelt, die auch Reflexionen und Kommentare enthalten kann. Voice-Over-Stimmen waren bis in den 1950er-Jahren häufig im Spielfilm (z.B. im Film Noir) anzutreffen und sind heute seltener geworden. Die im Folgenden aufgezeigten unterschiedlichen Wirkungen sind als Tendenzen zu verstehen, es können natürlich auch auktoriale Erzähler eine subjektivierende Wirkung erzeugen und Ich-Erzähler zur Distanzierung beitragen.

Voice-Over durch Erzähler, die nicht Teil der Handlung sind (auktoriale Erzähler) = externe Erzählperspektive	**Voice-Over durch Figuren, die selbst Teil der Handlung sind (Ich-Erzähler) = interne Erzählperspektive**
• führen in die Hintergründe der Handlung ein, die sonst aufwendig in Szene gesetzt werden müssten (Kontextualisierung) • interpretieren eine Geschichte • liefern ironische Kommentare • der Vermittlungsvorgang erfolgt aus einer Außenperspektive	• geben Informationen über die individuelle Lebensgeschichte und liefern Einblicke in die Gefühls- und Gedankenwelt der Figur • können der Rechtfertigung und Erklärung dienen • der Vermittlungsvorgang erfolgt aus einer Binnenperspektive
wirken eher distanzierend und perspektivierend	wirken eher subjektivierend[36]
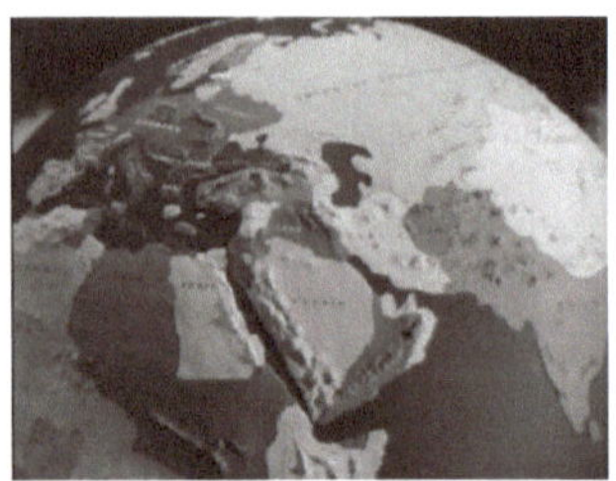	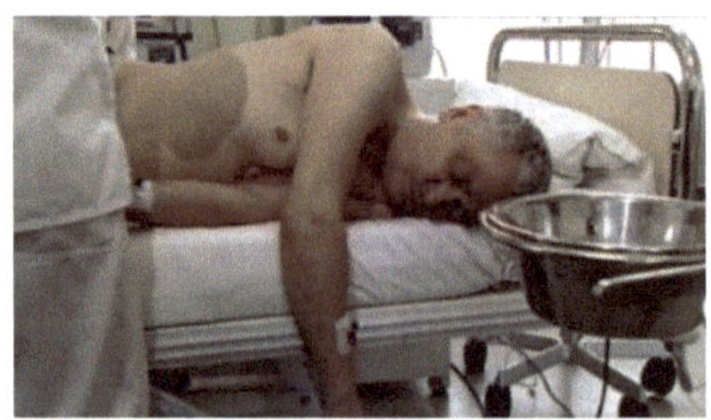
Voice-Over-Stimme zu Beginn des Filmes „Casablanca“ (1942):	Voice-Over-Stimme zu Beginn des Filmes „Alles auf Zucker!“ (2004):
„Bei Ausbruch des 2. Weltkrieges wandten sich viele Augen im eingeschlossenen Europa hoffnungsvoll oder verzweifelt der Freiheit Amerikas zu. Lissabon wurde der große Auswanderungshafen.“	*„...Hallo, hier bin ick. Ein Mann in seinem besten Alter. Schade drum. Er hätte noch viele Menschen glücklich machen können.“*

Voice-Over-Kommentar in „Der große Diktator“

Betrachten Sie die folgenden Filmausschnitte und benennen Sie die Art der Erzählstimme, ihre Funktion und Wirkung. Warum hat Charlie Chaplin auf diese Erzählinstanz zurückgegriffen und warum sind zwei verschiedene Voice-Over-Stimmen zu hören?

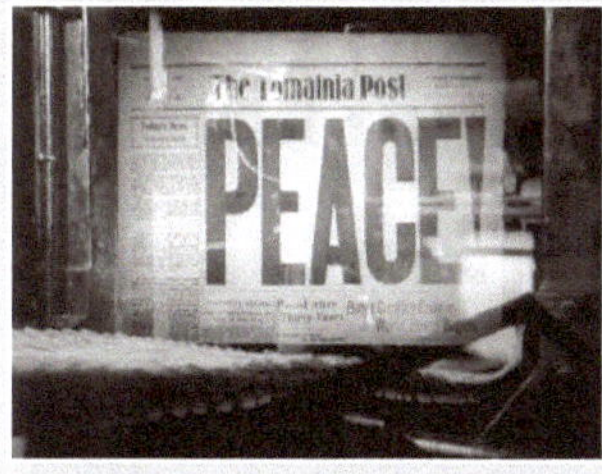

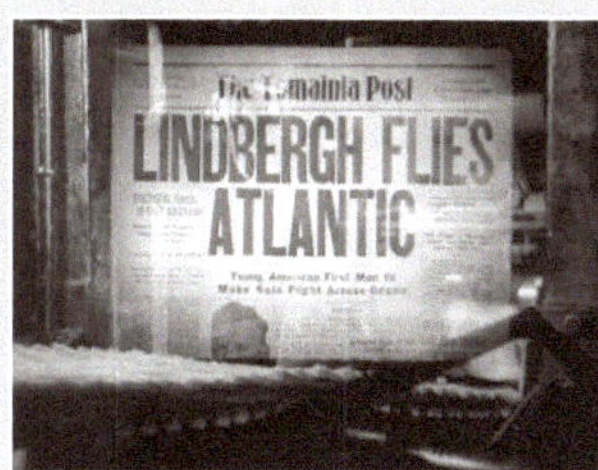

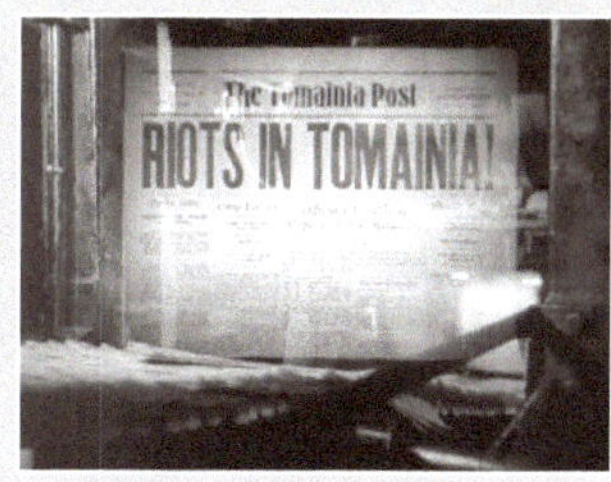

Voice-Over-Stimme 1 (TC 0:15:53 – 0:16:10):
„Frieden!“ „Dempsey schlägt Willard!“ „Lindbergh fliegt über den Atlantik!“ „Wirtschaftskrise!“ „Unruhen in Tomanien!“

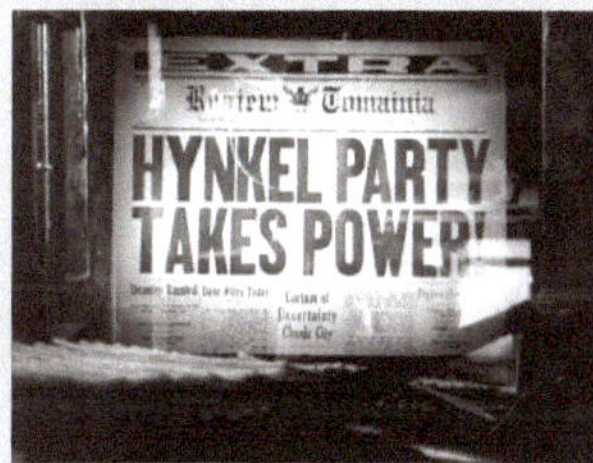

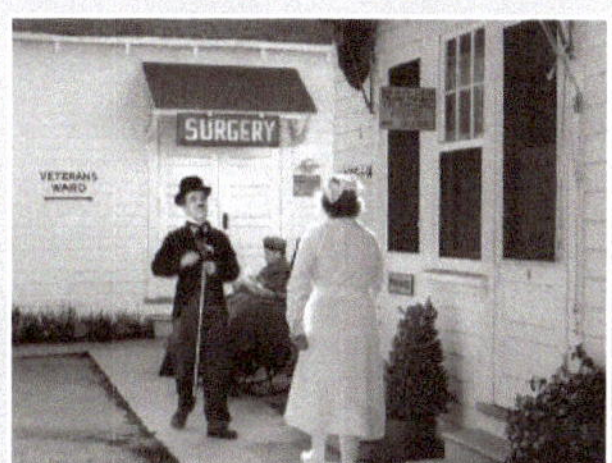

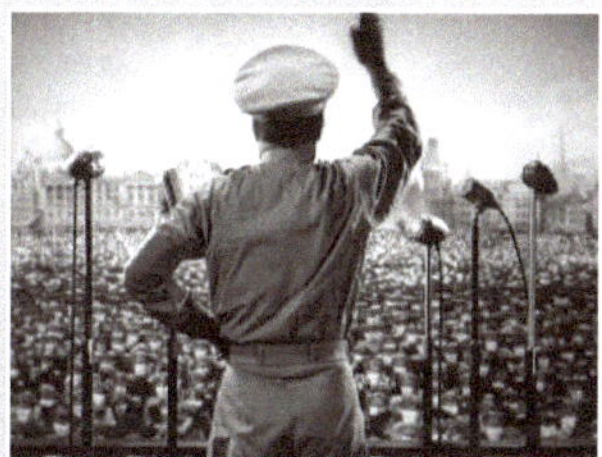

Voice-Over-Stimme 2 (TC 0:16:11 – 0:16:34):
„Die Hynkel-Partei hatte inzwischen die Macht ergriffen. Das konnte aber unser kleiner jüdischer Friseur nicht wissen, denn er hatte sein Gedächtnis verloren, weswegen er viele Jahre im Lazarett zubringen musste. Der Diktator Hynkel regierte mit eiserner Faust. Unter dem Zeichen des Doppelkreuzes wurde in Tomanien die Freiheit abgeschafft. Auch die Redefreiheit. Man hörte nur noch die Stimme von Anton Hynkel.“

....

....

....

....

....

....

Rahmenerzählung und Binnenstory

Eine Rahmenerzählung bettet die Geschichte in eine Situation (Rahmen), in der die Haupterzählung vorgetragen wird (Binnenerzählung). Binnenerzählungen werden meist als Rückblende (Flashback) geschildert und die sie umgebende Rahmenhandlung kann das Erzählte beglaubigen, aber auch destabilisieren oder in Frage stellen.

Rahmenerzählung

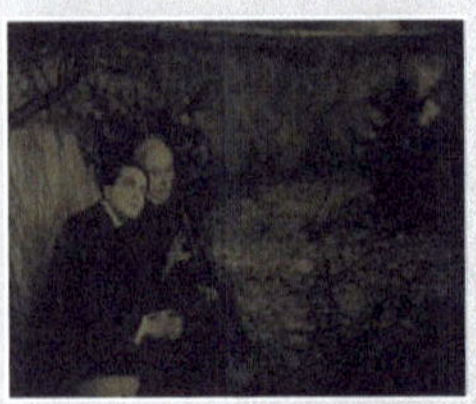

Franzis sitzt auf einer Parkbank und beginnt, nachdem seine Braut Jane vorbei ging, einem Nachbarn seine Lebensgeschichte zu erzählen.

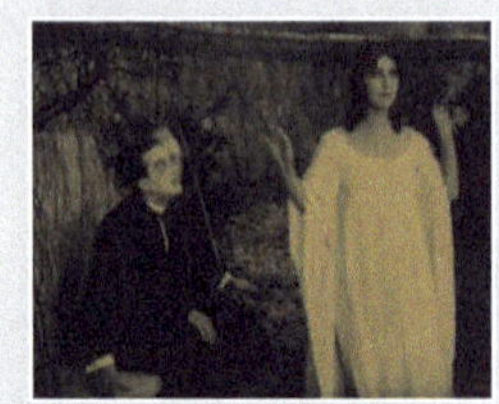

Binnenstory

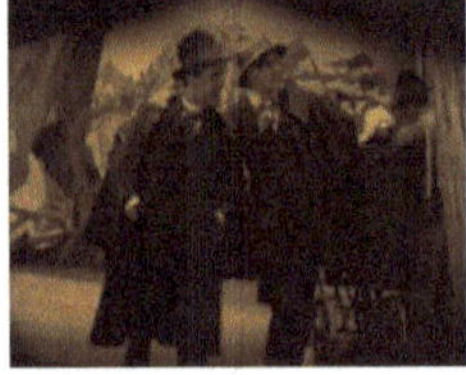

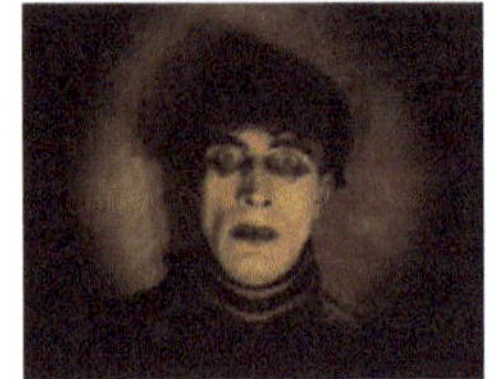

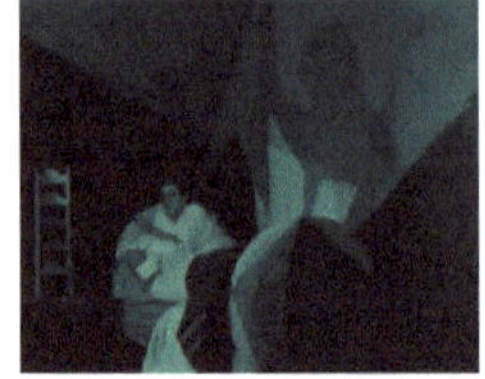

Franzis und Alan besuchen auf einem Jahrmarkt die Vorstellung des Dr. Caligari mit dessen Schlafwandler Cesare. Dieser prophezeit Alan, dass er nur noch bis zum Morgengrauen zu leben habe. In der Nacht wird Alan ermordet.

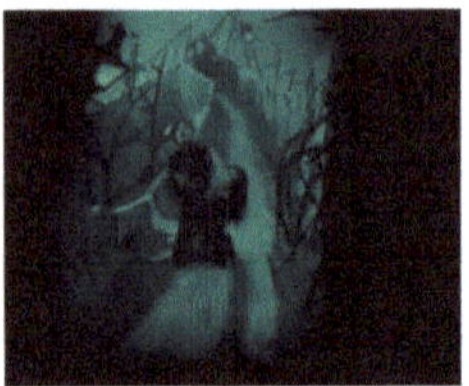

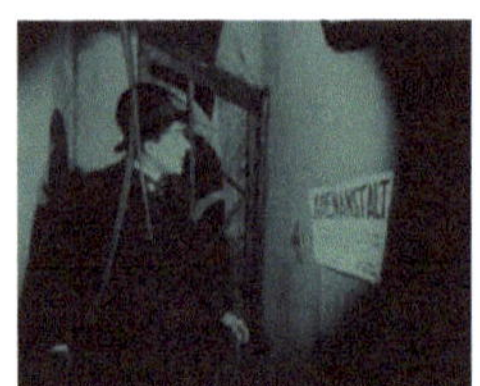

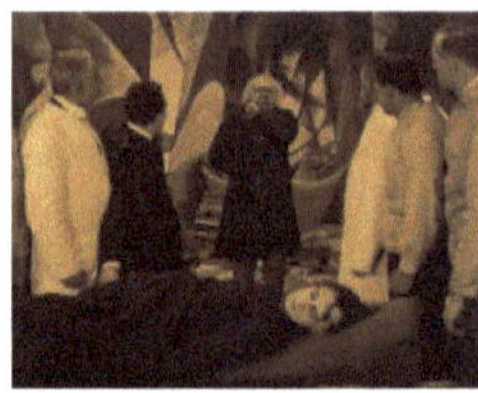

Franzis verdächtigt Cesare und Dr. Caligari. Als die Entführung von Jane verhindert wird, flieht Dr. Caligari in ein Irrenhaus. Franzis entdeckt, dass er der Leiter der Anstalt und offensichtlich selbst dem Wahn verfallen ist.

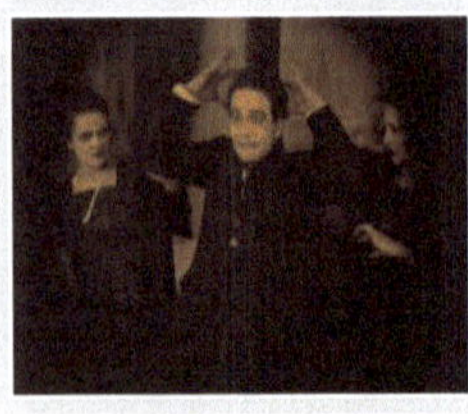

Franzis ist selbst ein Patient der Irrenanstalt und Dr. Caligari erscheint als fürsorglicher Arzt, der Heilung verspricht.

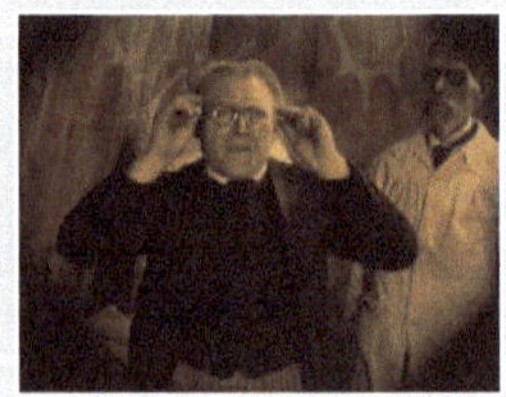

Welche Funktion übernimmt in diesem Film die Rahmenhandlung? Wird die Binnenstory der Erzählung beglaubigt, destabilisiert oder in Frage gestellt? Nennen Sie weitere Filme mit einer Rahmenhandlung und bestimmen Sie deren jeweilige Funktion für die Binnenstory.

Rahmenhandlung in „Das Cabinet des Dr. Caligari"

Carl Mayer und Hans Janowitz hatten im Drehbuch für diesen Film eine andere Rahmenhandlung vorgesehen. Lesen Sie sich den Drehbuchauszug[37] der ursprünglichen Rahmenhandlung aus dem Jahr 1919 auf dieser Seite durch und vergleichen Sie sie mit der Rahmenhandlung des Filmes auf der vorherigen Seite. Verändern die verschiedenen Rahmenhandlungen Ihre Interpretation der Binnenstory oder bleibt sie davon unbeeinflusst? Beglaubigen oder relativieren die verschiedenen Rahmungen die erzählte Geschichte?

I. AKT

1. BILD: Große vornehme Terrasse eines Landhauses:
(VOM PARK AUS AUFGENOMMEN)
Abendstimmung. Francis mit einer Dame am Arm, Jane mit einem Herrn, ihnen folgen noch zwei Herren und drei Damen, treten in heiterer Stimmung auf die Terrasse, wo ein Tisch mit dampfender Bowle vorbereitet ist. Man setzt sich, in bereitstehenden Korbstühlen und spricht angeregt.

2. BILD: Die Terrasse:
(NÄHERE EINSTELLUNG, VOM HAUSE AUS AUFGENOMMEN)
Aussicht auf den herrlichen, alten, in Abendstimmung daliegenden Park. Schräg dahinter zieht sich die Landstraße. Heitere Stimmung. Plötzlich wirft Francis einen Blick auf die Straße hinaus, in der zwei Zigeunerwagen mit daneben trabendem Volk langsam vorbeiziehen. Francis setzt sein zum Prosit erhobenes Glas ab und starrt, in sich versunken, ins Weite hinaus, während seine Gattin still verständnisinnig an ihn herantritt und ihm liebevoll das Haar zurückstreicht. Die Gäste verwundert und beunruhigt, wenden sich mit Fragen an die Beiden.
TITEL: Ja, meine Freunde, Ihr kennt jene grauenvolle Geschichte von Holstenwall nicht, deren Jane und ich eben, als jene Zigeuner vorbei zogen, in Wehmut gedachten.

3. BILD: Die Terrasse
Einige der Gäste sind an Francis herangetreten und bitten ihn zu erzählen. Francis lehnt – traurig den Kopf schüttelnd – ab. Aber auch die übrigen Anwesenden drängen sich nunmehr an Francis, damit er erzählt. Francis blickt Jane an, dann die Gäste. Jane blickt traurig vor sich hin und nickt still. Indem Francis nun langsam sich überwindend, Janes Hand an sich zieht, und in seinem Arm legt, beginnt er verloren in den Abend blickend, zu erzählen.

LANGSAMES ABBLENDEN UND AUFBLENDEN IN DEN TEXT:
TITEL: Ja, meine Freunde, es sind jetzt bereits über 20 Jahre her ...
ich lebte damals als Privatlehrer in Holstenwall, einer idyllischen alten Kleinstadt...
ABBLENDEN UND AUFBLENDEN IN BILD 4.

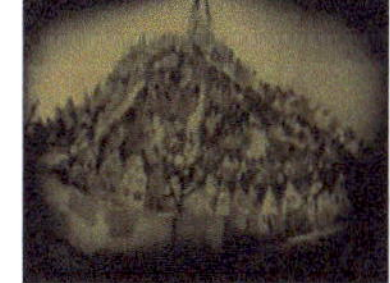

IV. AKT

22. BILD: Budenplatz bereits abgebaut:
NAHAUFNAHME: Auf der Stelle, wo die Bude Calligaris stand, erhebt sich ein Holzpfahl mit einer großen Tafel: Die Inschrift lautet:

> Hier stand das Cabinett des Dr. Calligaris. Ruhe seinen Opfern – Ruhe ihm!
> Die Stadt Holstenwall.

Francis mit Jane stehen innig umschlungen in Gedanken versunken vor der Tafel.

Eine Reise in 12 Stationen – die Heldenreise als dramaturgisches Konzept

Ein mit Ansätzen der klassischen Dramaturgie kombinierbares Modell hat der amerikanische Dramaturg Christopher Vogler in seinem Buch „Die Odyssee des Drehbuchschreibers" vorgelegt. Dabei orientierte er sich am amerikanischen Mythenforscher Joseph Campbell, der in seinem Buch „Der Heros in tausend Gestalten" Erzählmuster von Märchen, Sagen und Mythen untersuchte und die These entwickelte, dass alle großen Geschichten der Menschheit letztlich einem Schema folgen, das aus der Reise eines Helden in zwölf Stationen besteht. Christopher Vogler nahm dieses Modell als Ausgangspunkt und entwickelte daraus eine Anweisung für Drehbuchautoren. Viele Geschichten funktionieren nach dem dramaturgischen Konzept dieser Heldenreise, und besonders die Filmgenres der Abenteuer-, Science-Fiction- und Fantasyfilme greifen bevorzugt auf dieses Erzählschema zurück.

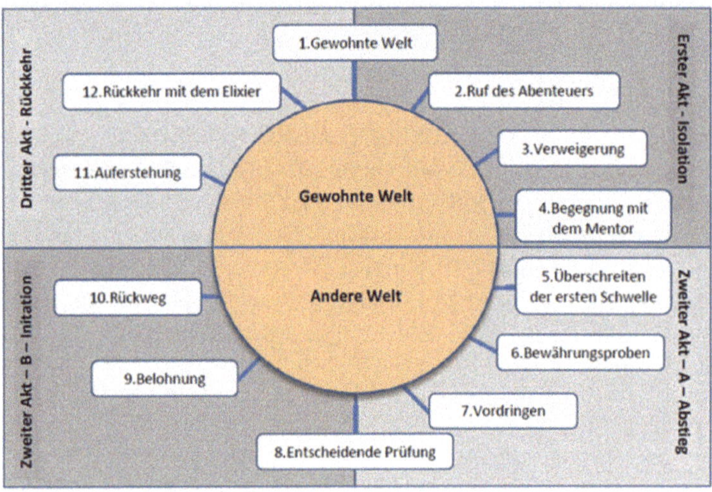

Nachdem wir den Helden in seiner gewohnten Welt kennengelernt haben (1), geschieht etwas Unerwartetes, auf das er zu reagieren hat und das seine gewohnte Ordnung in Frage stellt (2). Nach einer ersten Verweigerung (3) folgt er mit Unterstützung eines Mentors dem Ruf zum Abenteuer (4) und überschreitet seine erste Schwelle, hinter der es kein Zurück mehr gibt (5). Jetzt ist er bereit, allen Konsequenzen ins Auge zu blicken und sich den Herausforderungen zu stellen. Das eigentliche Abenteuer besteht dann in den folgenden Bewährungsproben, in denen er auf Verbündete und Feinde trifft (6-7). Die Konfrontation und Überwindung des Gegners gerät zur entscheidenden Prüfung (8), aus der er mit einer Belohnung (z.B. einem Elixier oder Schatz) heraustritt (9). Auf dem Rückweg in seine gewohnte Welt (10) kommt es zur Auferstehung (11), in der er nochmals geprüft wird und aus der er persönlich gereift und verändert aus dem Abenteuer hervorgeht (12).

Viele Filme wie „Königreich der Himmel" (2005) und „Ratatouille" (2007) weisen die Struktur einer Heldenreise auf. Fallen Ihnen spontan noch weitere Filme mit diesem Handlungsmuster ein?

„Harry Potter und der Stein der Weisen“ (2001) als Heldenreise

1. Die gewohnte Welt: Die gewohnte Lebenswelt des Helden zeigt seinen Hintergrund und stellt ihn dem Publikum vor.

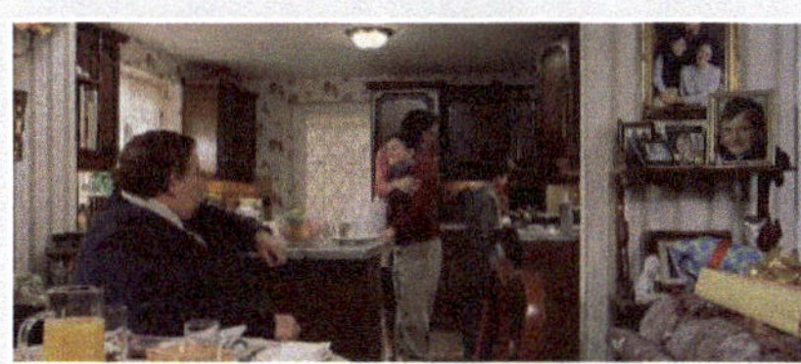

Harry wohnt als Waisenkind bei den spießigen Dursleys und wird von ihnen schikaniert.

2. Der Ruf des Abenteuers: Damit sich eine Geschichte entwickeln kann, muss etwas Unerwartetes geschehen, das die gewohnte Welt in Frage stellt und den Helden zum Handeln zwingt.

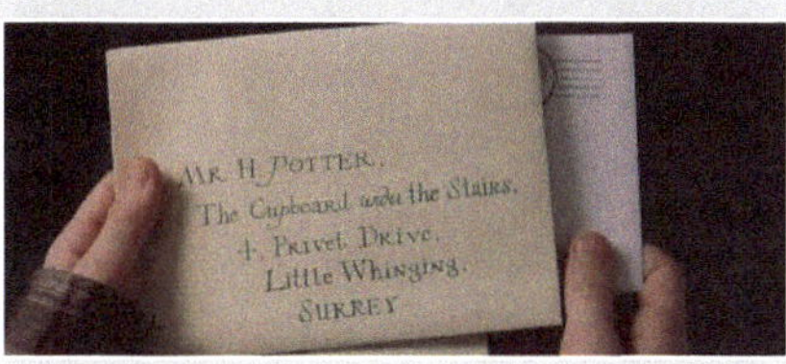

Der Ruf zum Abenteuer erfolgt durch das Eintreffen der Briefe aus der Schule für Zauberei.

3. Die Weigerung: Auf den Ruf zum Abenteuer reagiert der Held gewöhnlich zuerst mit Ablehnung. Er zögert und schreckt vor der

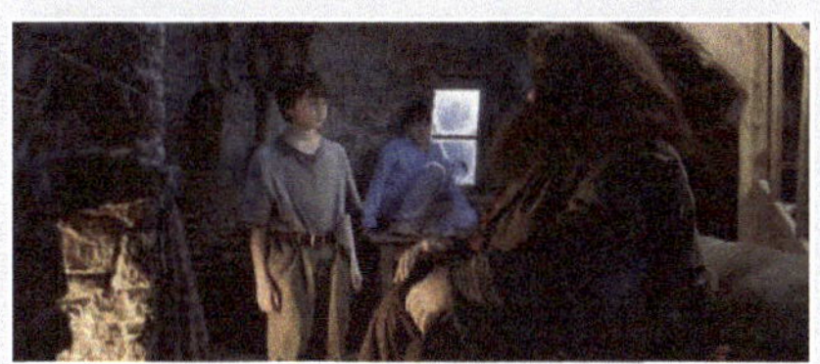

Nachdem Hagrid ihm eröffnet hat, dass er ein Zauberer ist, reagiert er zunächst ungläubig und abweisend.

4. Die Begegnung mit dem Mentor: Der Mentor bereitet den Helden auf die neuen Herausforderungen vor und motiviert ihn.

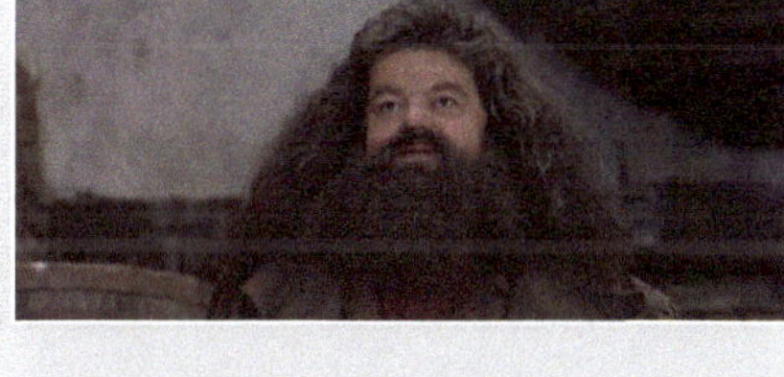

Hagrid und Prof. Dumbledore sind Mentoren, die Harry dazu bringen, sich seinen Aufgaben zu stellen.

5. Das Überschreiten der ersten Schwelle: Der Held ist nun zum Abenteuer bereit und überschreitet die Grenze zwischen der gewohnten und der anderen Welt.

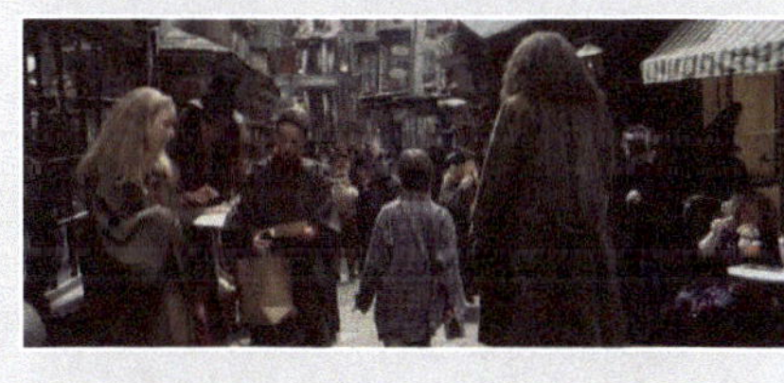

Mit Hagrid besucht Harry die Winkelgasse. Er verlässt die Welt der Muggel und betritt die Welt der Zauberei.

6. Die Bewährungsproben: Der Held trifft Verbündete und macht sich Feinde. In einer fremden Umgebung lernt er neue Regeln und erwirbt Fähigkeiten, die über den Erfolg seiner Mission entscheiden.

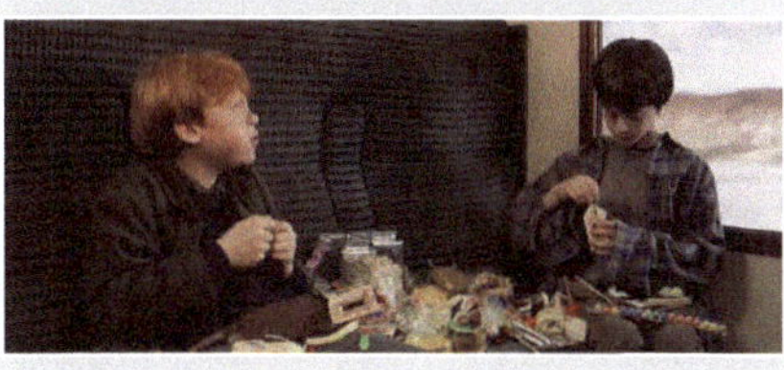

Im Zug lernt Harry seine Gefährten Ron und Hermine kennen, trifft in Draco Malfoy auf einen Widersacher und lernt die Zauberwelt kennen.

7. Das Vordringen zur tiefsten Höhle: Nach einer Phase des Lernens ist der Held nun vorbereitet und kann den Kampf mit seinem Widersacher aufnehmen.

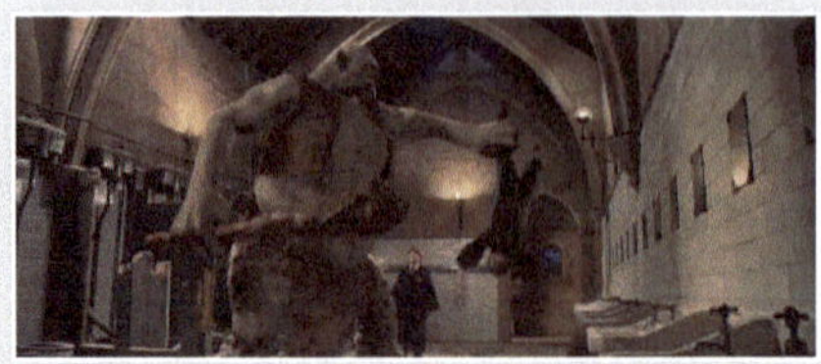

Harry, Ron und Hermine sammeln erste Fähigkeiten beim Kampf gegen den Troll.

8. Die entscheidende Prüfung: Der Held muss sich seinem Widersacher stellen und nun alles anwenden, was er gelernt hat. Es kommt zu einem Kampf auf Leben und Tod.

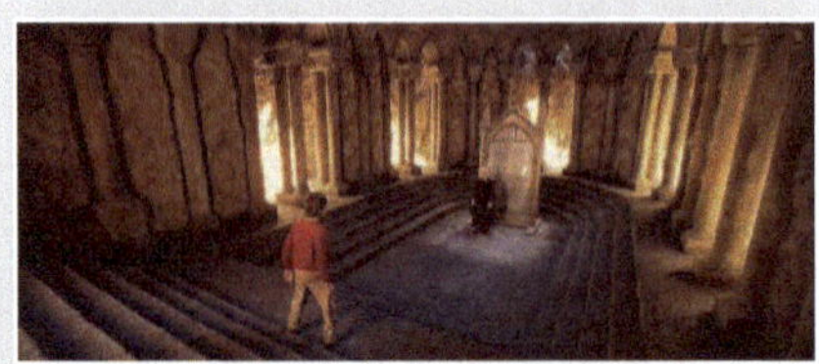

Harry kämpft mit Lord Voldemort um den Stein der Weisen.

9. Die Belohnung: Der erfolgreiche Held erhält eine Belohnung von meist symbolischer Bedeutung, die seinen Sieg dokumentiert und die Macht des Feindes bricht.

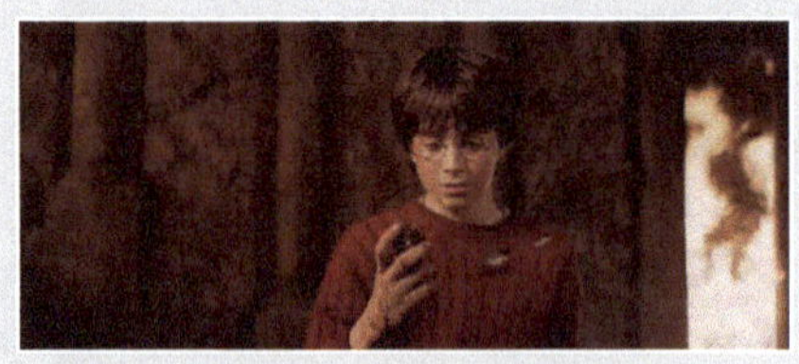

Harry erhält den Stein der Weisen, bannt vorerst die Macht Voldemorts und wendet die Gefahr für die gesamte Zauberwelt ab.

10. Der Rückweg: Der Held ist gereift und kann seine Rückkehr in die gewohnte Welt antreten. Häufig stellen sich ihm nochmals Gegner in den Weg.

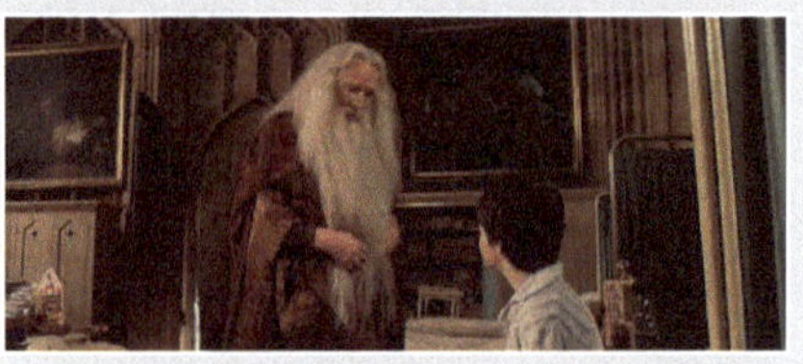

Harry wacht im Krankenzimmer auf und erfährt, dass der Stein vernichtet wurde.

11. Die Auferstehung: Bevor der Held in seine gewohnte Welt zurückkehren darf, muss er oft noch eine letzte Prüfung bestehen und beweisen, dass er über sein altes Ich hinausgewachsen ist.

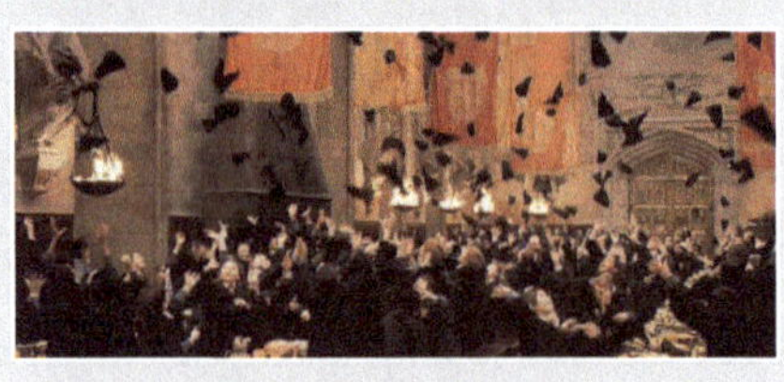

Er kann mit seinen Freunden die entscheidenden Siegpunkte für das Haus Gryffindor erringen. Sein Selbstvertrauen steigt.

12. Die Rückkehr mit dem Elixier: Der Held kommt gereift in seine gewohnte Welt zurück und kann in seiner Heimat für bessere Zustände sorgen.

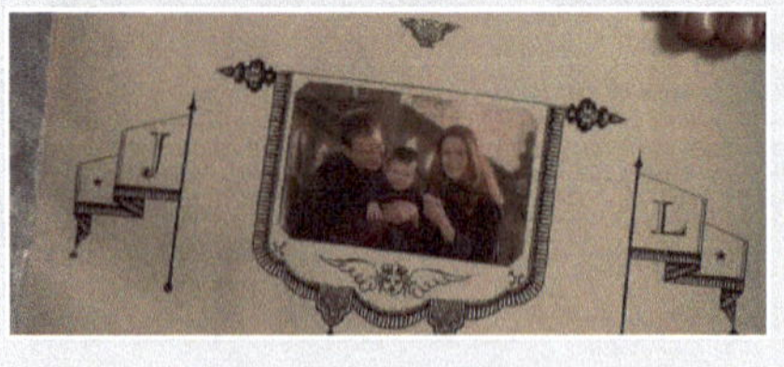

Harry kehrt zu den Dursley zurück. Durch das Fotoalbum seiner Eltern findet er zu seiner Identität und kann den Schikanen der Dursleys besser begegnen.

Stationen der Heldenreise erkennen in „Indiana Jones"

Auf dieser und der nächsten Seite sind die Stationen des Helden Indiana Jones durcheinandergeraten. Ordnen Sie die Etappen seiner Reise den jeweiligen Stationen der Heldenreise zu.

4 BEGEGNUNG MIT DEM MENTOR

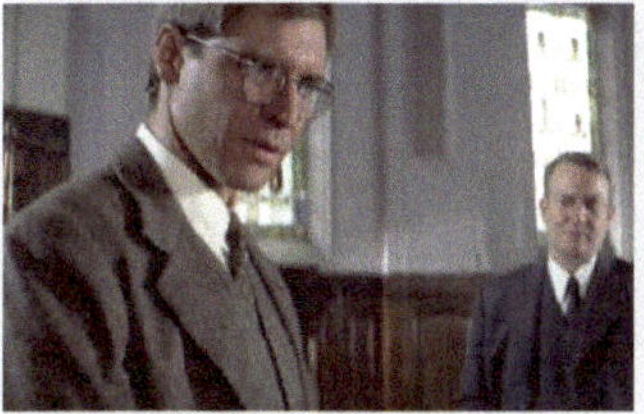

Die kurze Erwähnung seines Lehrers Ravenwood stellt eine Beziehung zu seinem ehemaligen Mentor her.

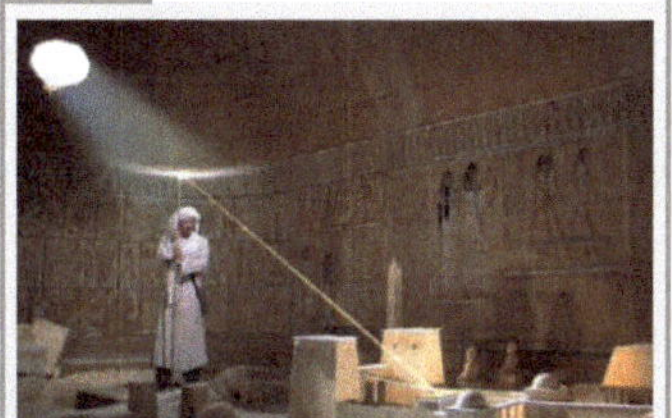

Indiana findet die richtige Stelle der verborgenen Bundeslade und gräbt sie aus.

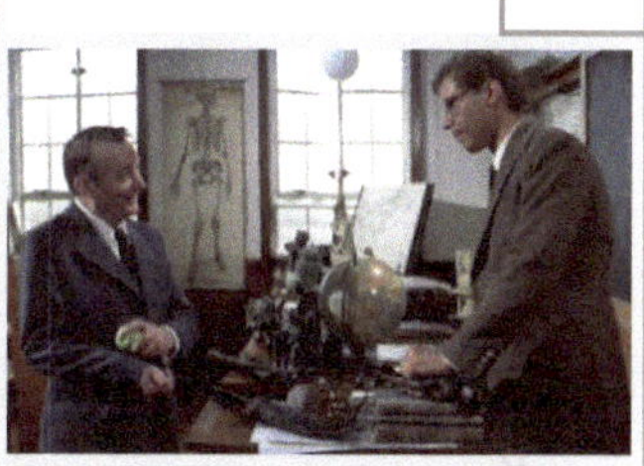

Indiana Jones wird uns als Professor der Archäologie an einem amerikanischen College vorgestellt.

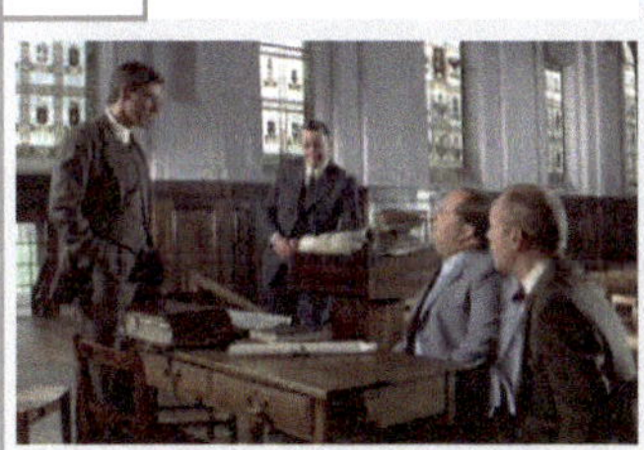

Zwei Vertreter des Geheimdienstes wollen mit Indianas Hilfe die Bundeslade vor den Nationalsozialisten finden.

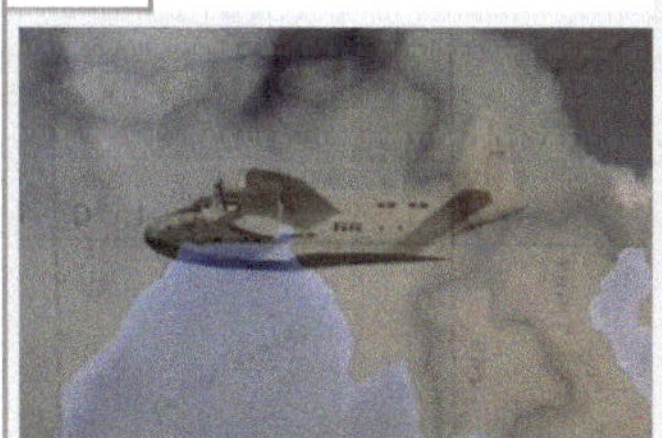

Indiana reist von San Francisco nach Nepal.

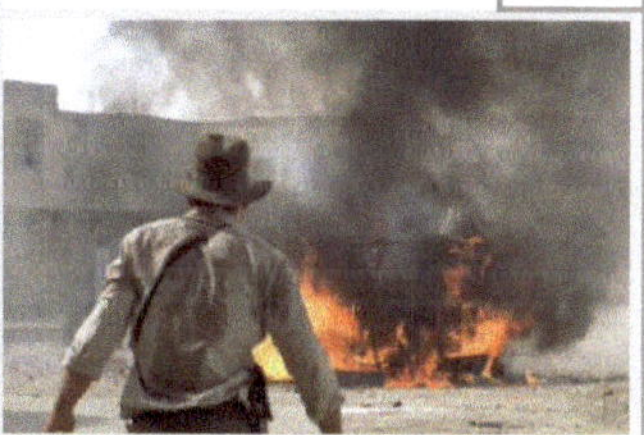

Nach zahlreichen Kämpfen scheint er seine Freundin Marion verloren zu haben.

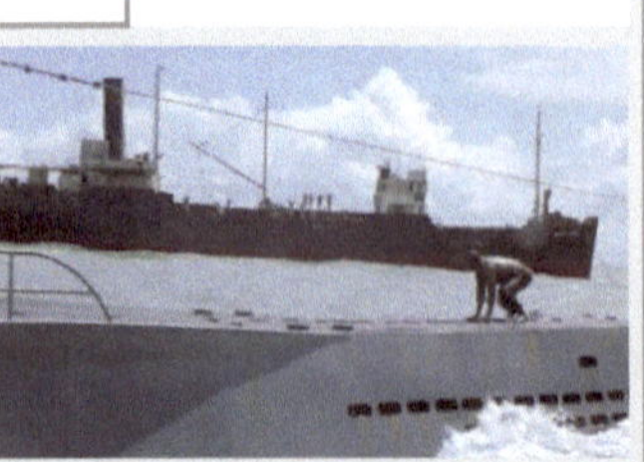

Bevor Indiana zurückkehren kann, muss er noch einen U-Boot-Überfall mit dem Verlust der Lade durch seinen Feind Belloq erdulden.

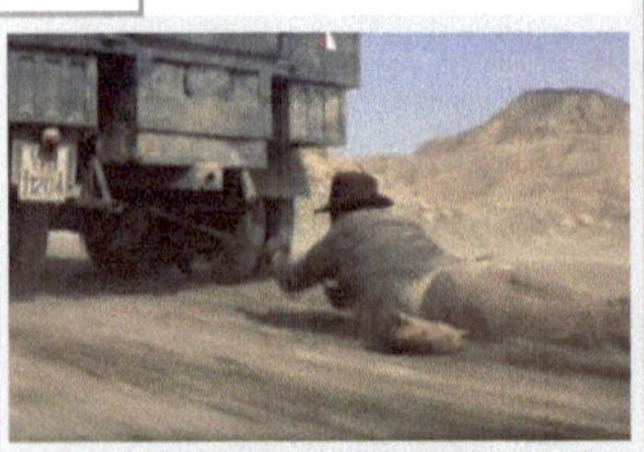

Die Bundeslade wurde von Belloq und den Nazis gestohlen und Indiana jagt sie ihnen wieder ab.

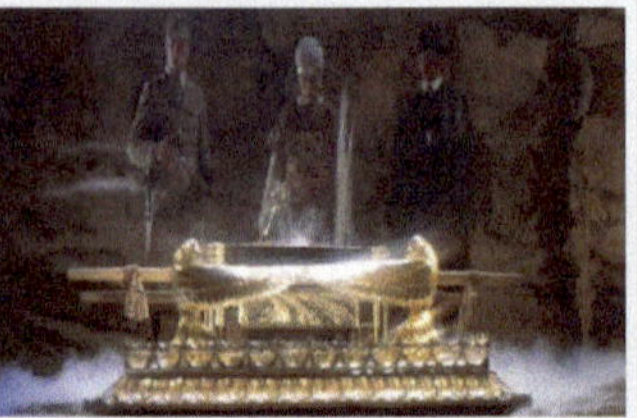

Indiana siegt im finalen Kampf und die Gegner werden durch die Kraft der Bundeslade vernichtet.

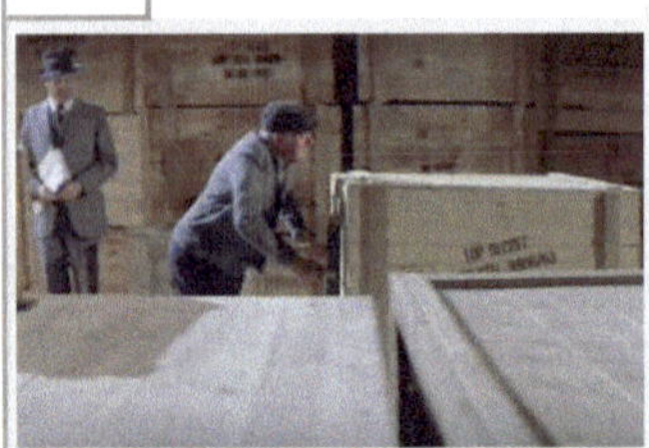

Indiana kehrt mit Marion nach San Francisco zurück und die Lade verschwindet in einem riesigen Depot.

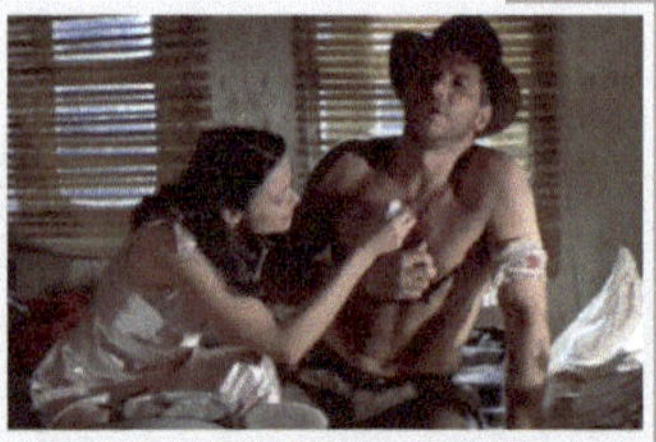

Nach der Rückeroberung der Lade gewinnt Indiana die Liebe Marions und kann nun den Rückweg antreten.

Nicht alle Stationen der Heldenreise muss der Protagonist durchlaufen. Manche Etappen kommen nur sehr kurz, gar nicht oder auch wiederholt vor. Erkennen Sie auf welche Station Steven Spielberg und George Lucas verzichtet haben?

Der Filmvorspann (Credit)

Neben der Aufzählung der wichtigsten Personen, kann ein Filmvorspann schon auf das Thema, die Atmosphäre und das Filmgenre einstimmen und unterschiedliche dramaturgische Funktionen übernehmen.[38] Grundlegend kann der Filmvorspann in verschiedene Kategorien eingeteilt werden, bei deren Analyse die gleichen Kriterien zu beachten sind wie bei einem kompletten Film, aber der wichtige Aspekt der Typographie ergänzt wird.[39]

1. Prolog (Pre Credit Sequence)
Manche Filme beginnen mit einer Vorgeschichte, die oft weiter zurückliegende Ereignisse darstellt und häufig für den weiteren Verlauf der Handlung keine Rolle mehr spielt. Besonders Kriminal- und Abenteuerfilme charakterisieren dadurch ihre Helden und erklären damit die Ursache und Motivation der folgenden Handlungen.

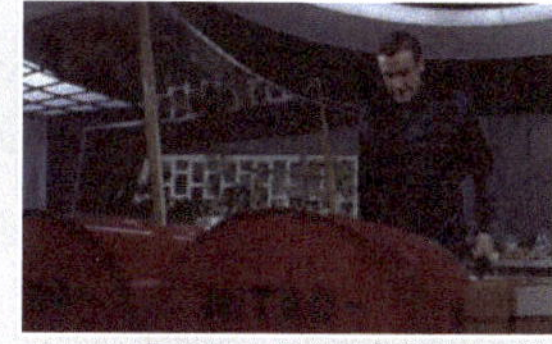

James Bond in „ Goldfinger“ (1964)

2. Der Titel-Vorspann
Der Text erscheint auf einem neutralen oder graphisch gestalteten Hintergrund.

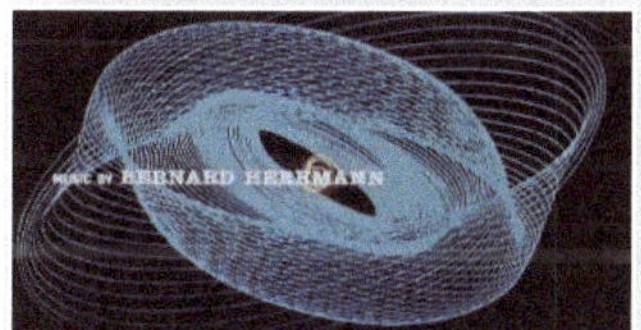

„Vertigo“ (1958)

3. Der Zeichentrick-Vorspann
Trickelemente sind losgelöst vom Film oder liefern bereits Handlungshinweise.

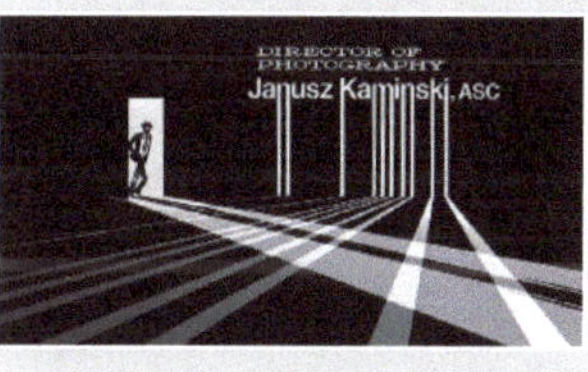

„Catch Me If You Can“ (2002)

4. Der Einführungs-Vorspann
Während wir den Text sehen, beginnt bereits die Handlung des Films.

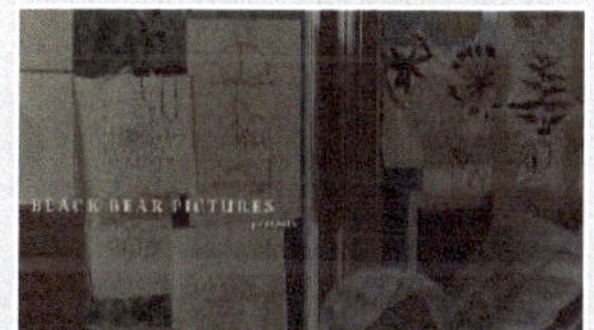

„The Imitation Game“ (2014)

5. Der Marken-Vorspann
gehört zur Corporate Identity und hat oft selbst Kultstatus erlangt.

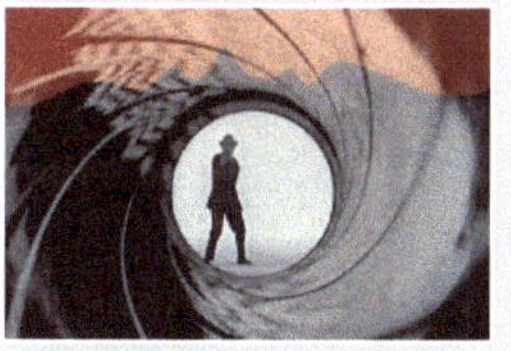

„James Bond“ (1964)

6. Der Clip-Vorspann
erzählt eine kurze, vom Film unabhängige und formal auf den Film abgestimmte Geschichte.

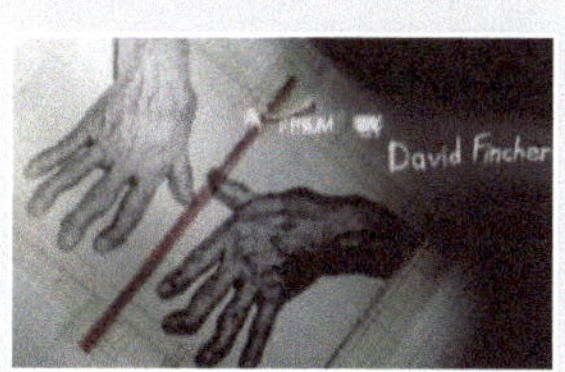

„Sieben“ (1995)

7. Der Raum-Zeit-Vorspann
liefert Handlungshinweise und nimmt Filminhalte vorweg.

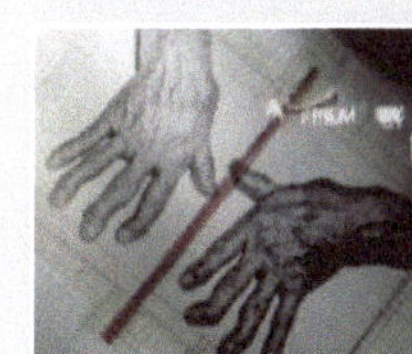

„Forrest Gump“ (1994)

Der Filmvorspann in „Indiana Jones – Jäger des verlorenen Schatzes“

Auf dem Infoblatt 8 werden verschiedene Varianten des Filmvorspanns vorgestellt. Manche Filme wie die Indiana-Jones-Reihe kombinieren diese verschiedenen Möglichkeiten. Schauen Sie sich den Filmvorspann des Filmes „Jäger des verlorenen Schatzes“ bis zur Minute 12:40 an und bestimmen Sie, welche Kategorien Steven Spielberg in diesem langen Vorspann kombiniert hat. Welche Hinweise zur Hauptfigur, Handlungszeit und zum Filmgenre entdecken Sie?

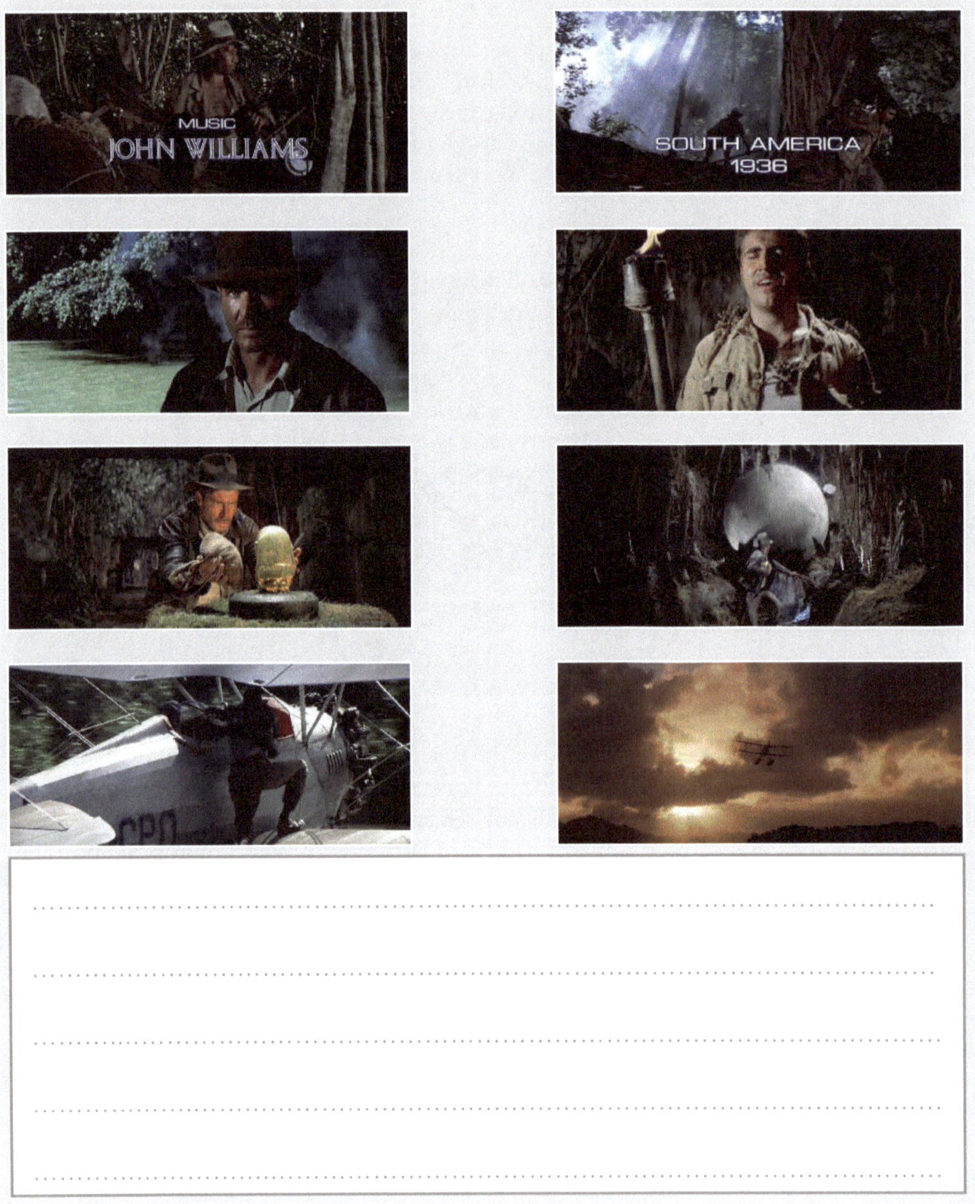

....

....

....

....

....

Arbeitsblatt 8.2

Kategorien des Filmvorspanns erkennen

Benennen Sie die Art des jeweiligen Filmvorspannes der Filme „Falling Down – ein ganz normaler Tag“ (1993), „Inglourious Basterds“ (2009), „Lola rennt“ (1998), „Das Cabinet des Dr. Caligari“ (1922) und „Fahrraddiebe“ (1948). Handelt es sich um einen Prolog, Titel-, Zeichentrick-, Einführungs-, Clip -, Marken- oder Raum-Zeit-Vorspann oder gar um eine Kombination?

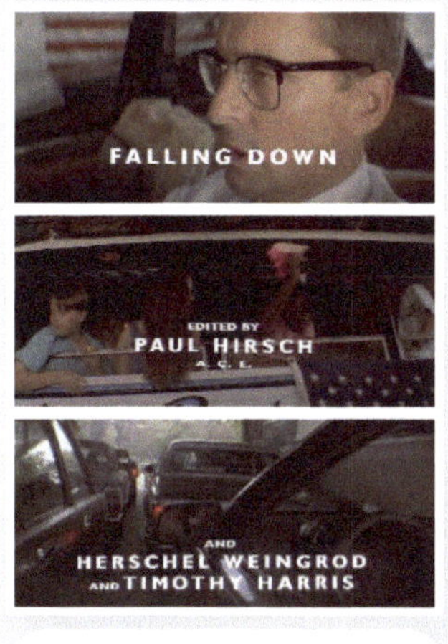

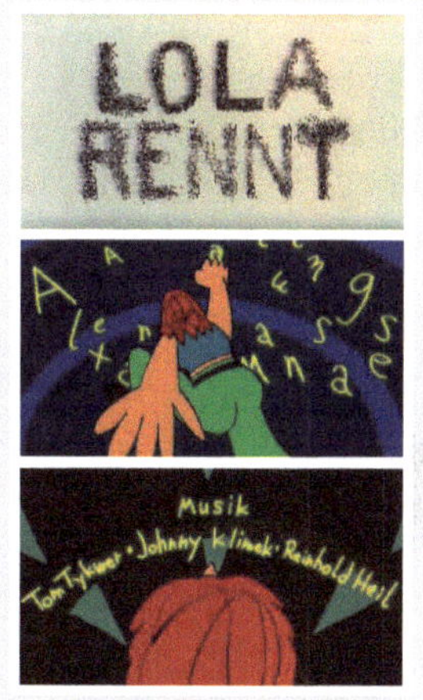

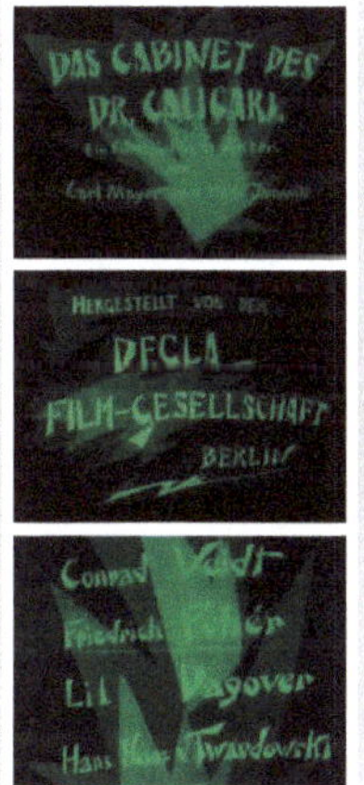

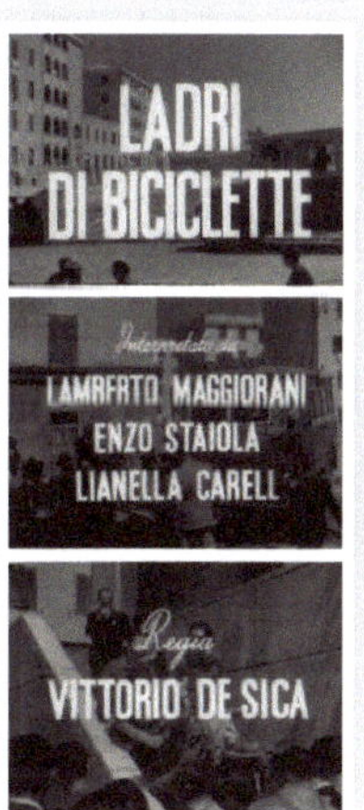

Ein wichtiges Element ist die Typographie der Schrift, die uns meist schon Hinweise auf die ästhetische Gestaltung des Films und manchmal sogar auf das Filmgenre liefert. Erkennen Sie, welcher Film Bezüge zum Westerngenre aufweist und welcher sich dem Musikclip zugehörig fühlt?

Die Exposition - deduktiv und induktiv

Filmanfänge gehören zu den informationsdichtesten Teilen eines Films. In diesen ersten Minuten wird den Zuschauern der Ort und die Zeit der Handlung vorgestellt, die zentralen Figuren werden eingeführt und das Thema und das Filmgenre wird meist ebenso erkennbar wie der Stil und die Grundstimmung des Films. Die Exposition hat damit die wichtige Aufgabe, die Handlung in einen Kontext einzubetten und teilweise auch schon Hinweise auf den Ausgang der Geschichte zu liefern. Nach der Exposition sollten Sie die fünf W-Fragen nach dem **WO, WANN, WER, WAS** und **WIE** beantworten können.

Diese Einführung kann aus zwei Perspektiven erfolgen. Die meisten Filme gehen **deduktiv** vor. Das heißt, sie führen den Zuschauer durch einen Blick von außen in die Handlung ein und informieren über die Rahmenbedingungen. Die Figuren werden dabei in ihrer Umgebung vorgestellt. Die **induktive** Exposition geht den umgekehrten Weg. Sie beginnt mit Nahbetrachtungen und Details, deren Kontexte erst nach und nach erkennbar werden. Verallgemeinernd kann man sagen:

Eine deduktive Exposition geht vom Allgemeinen zum Detail.
Eine induktive Exposition vom Detail zum Allgemeinen.

Wo und **wann** spielt die Geschichte (Land, Region, Jahr oder Jahreszeit)? **Wer** spielt eine Rolle (Haupt- und Nebenfiguren)?

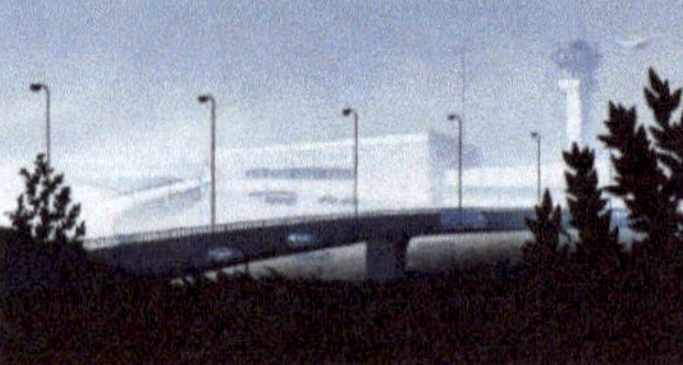

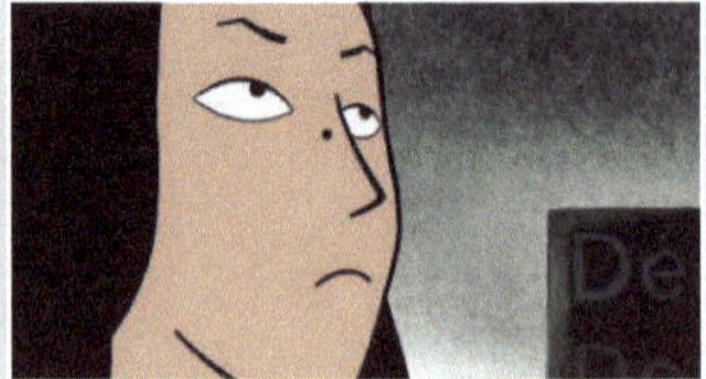

....

....

Was machen die Personen (Tätigkeiten, Gefühle)? **Wie** ist die Atmosphäre des Films (fröhlich, bedrückend usw.)?

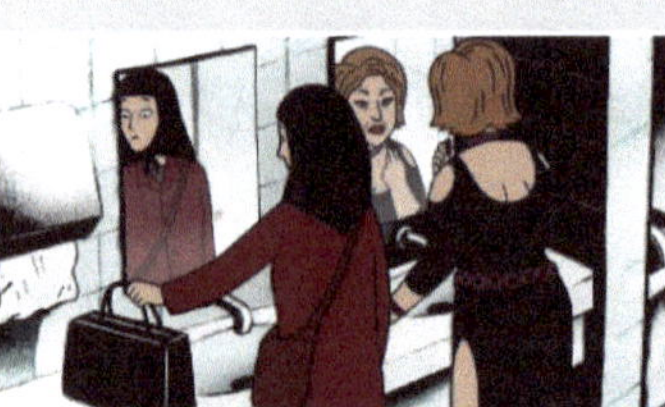

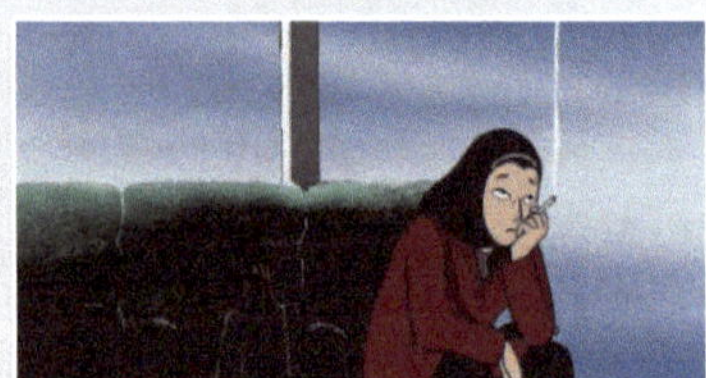

....

....

Deduktive Exposition ☐ Induktive Exposition ☐

Beantworten Sie die fünf W-Fragen aus dem Filmanfang von „Persepolis“ und entscheiden Sie, ob wir es hier mit einer deduktiven oder induktiven Exposition zu tun haben.

Die Exposition in „Falling Down – ein ganz normaler Tag"

Schauen Sie sich die Filmstills auf dieser Seite und wenn möglich auch die Expositionen der Filme „Das Fenster zum Hof" (bis TC 0:03:50) und „Falling Down – Ein ganz normaler Tag" (bis TC 0:04:45) an und entscheiden Sie, welcher Film uns mit den Mitteln der deduktiven und welcher Film uns mit der induktiven Exposition in die Handlung einführt. Notieren Sie auch die Unterschiede, die Ihre Entscheidung beeinflusst haben.

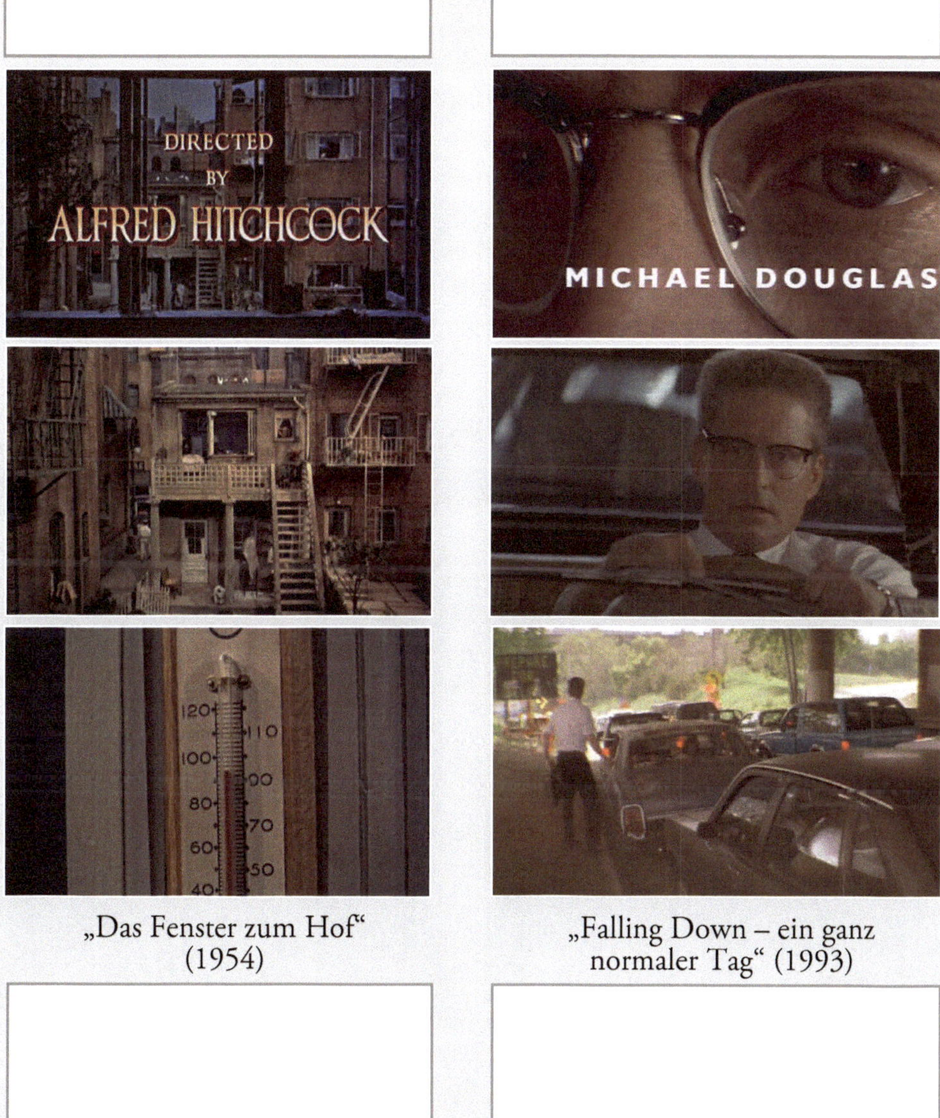

„Das Fenster zum Hof" (1954)

„Falling Down – ein ganz normaler Tag" (1993)

Die Exposition - „Falling Down – ein ganz normaler Tag"

In der Exposition des Filmes „Falling Down – ein ganz normaler Tag" (1993) werden uns viele Details gezeigt, die erst nach und nach eine Kontextualisierung erfahren. Uns wird nicht nur Hauptfigur William Foster vorgestellt, wir übernehmen auch seine subjektive Wahrnehmung der unmittelbaren Umwelt. Schauen Sie sich die Exposition (TC bis 0:04:31) und die Stills auf dieser Seite an und charakterisieren Sie William Foster und seine subjektive Sicht auf die Umgebung. Warum scheint er sich mit jeder Sekunde unwohler zu fühlen? Kreisen Sie die Elemente auf den Bildern ein, die Ihnen Hinweise gegeben haben und hören Sie auch ganz genau auf die Musik und die Geräusche.

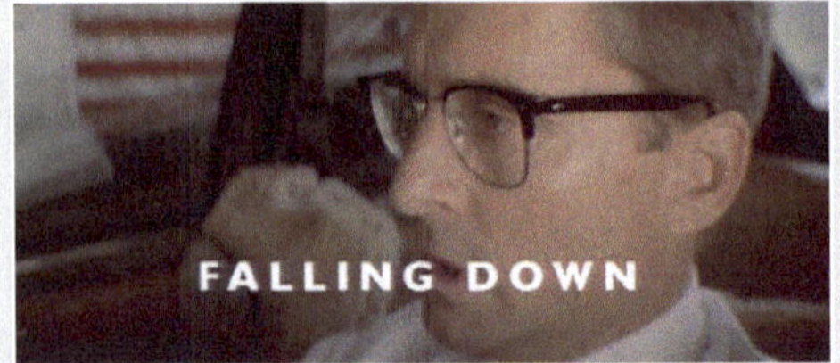

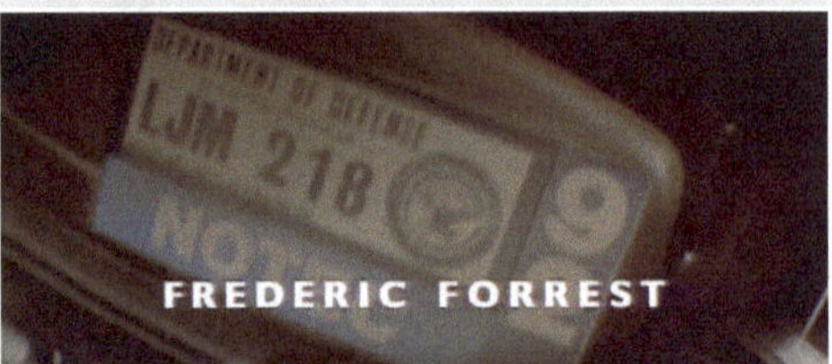

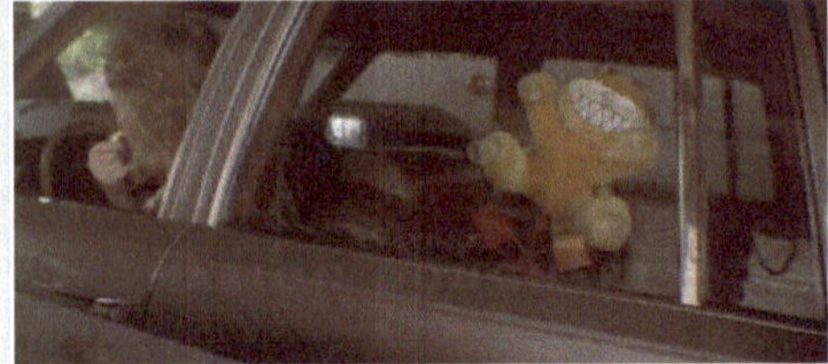

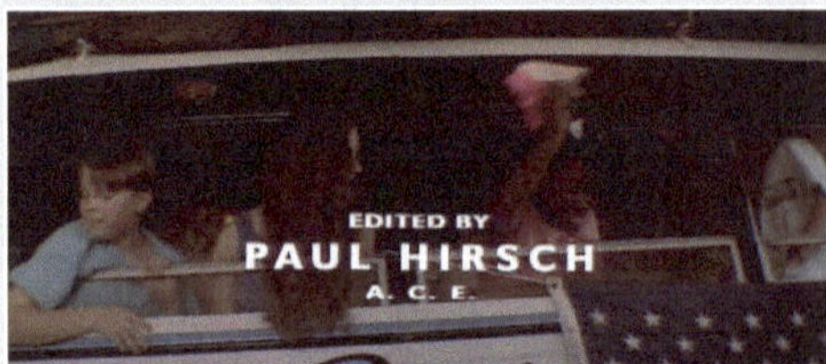

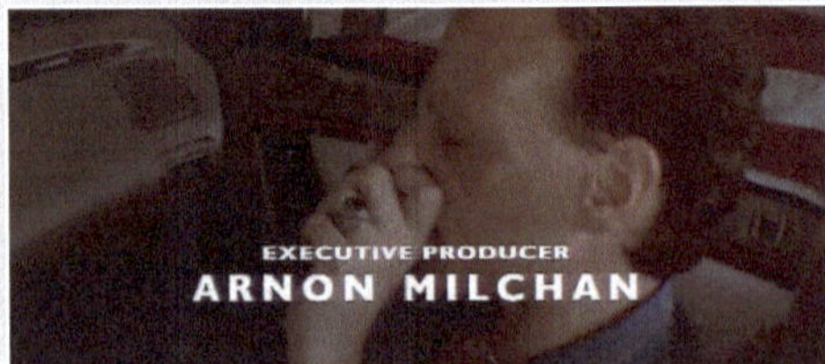

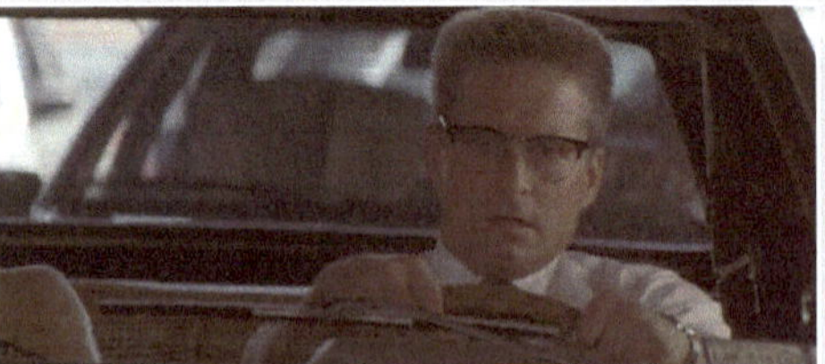

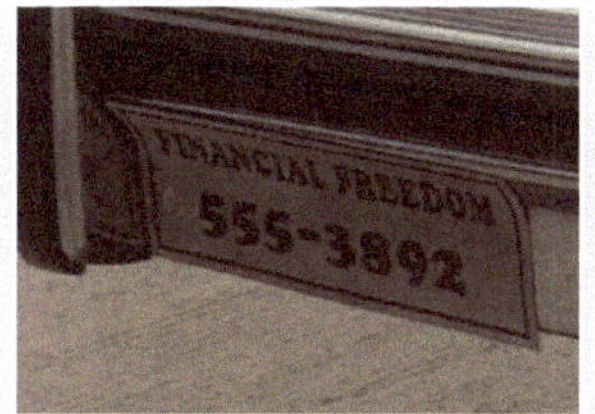
FINANCIAL FREEDOM
555-3892

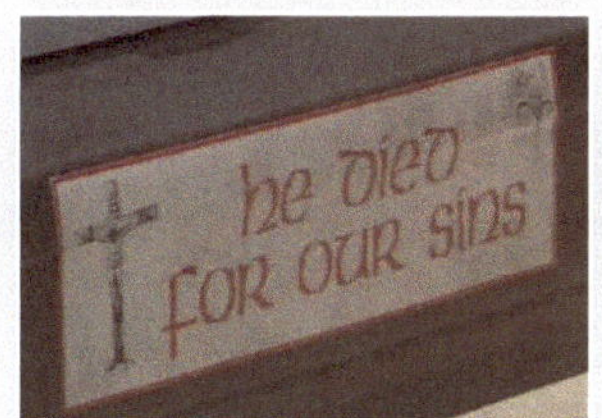
he died
FOR OUR SINS

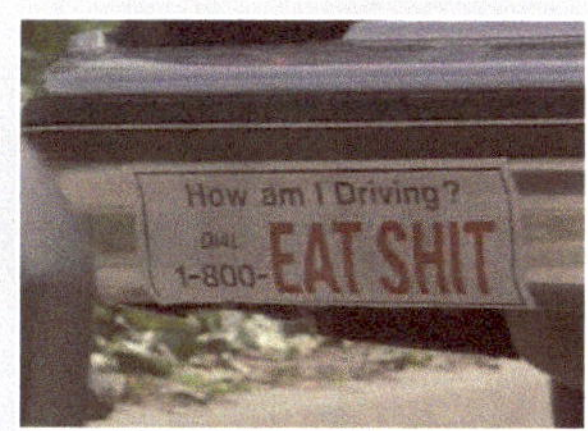
How am I Driving?
1-800-EAT SHIT

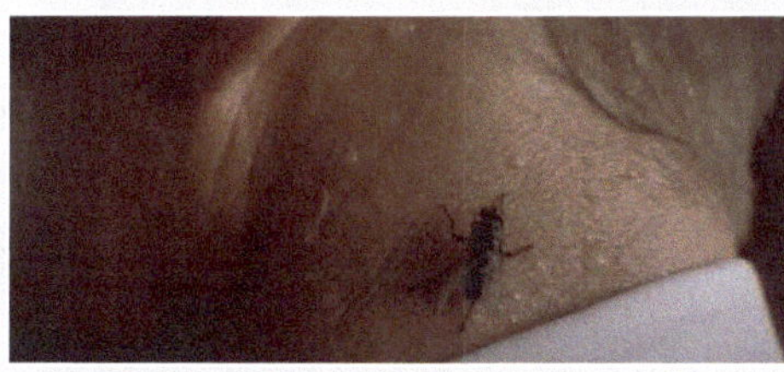

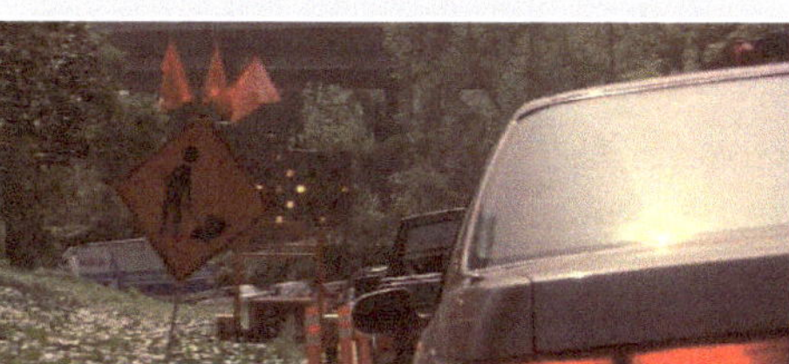

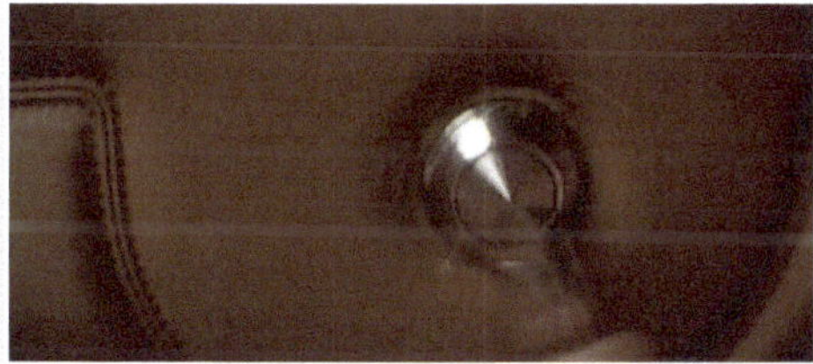

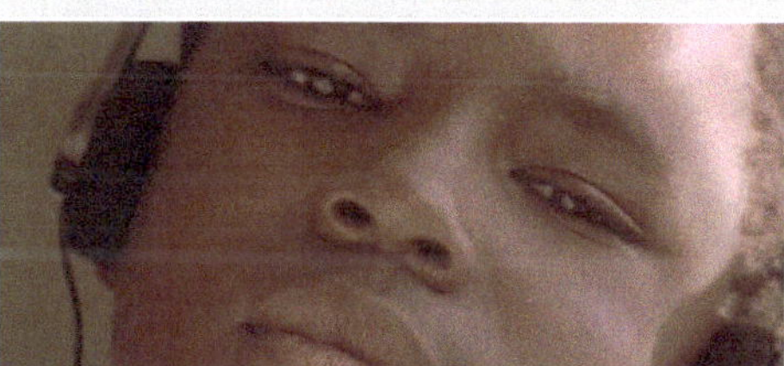

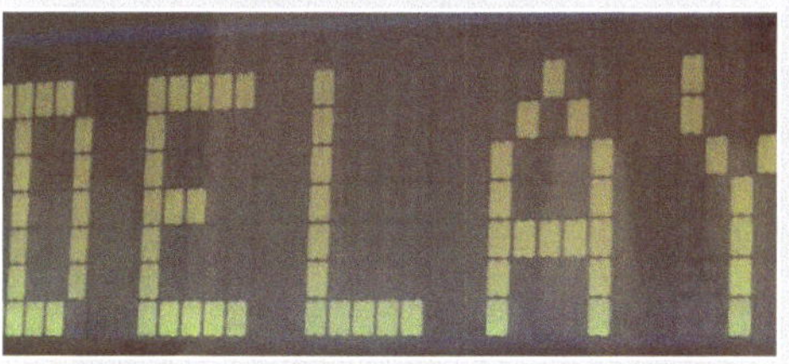
DELAY

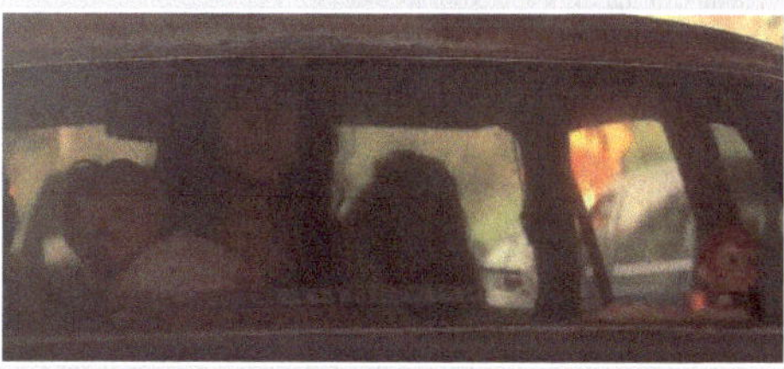

Zeit im Film

Ein wesentlicher Bestandteil des Erzählens ist die Gestaltung der Zeit, welche wir in unserer Alltagserfahrung linear wahrnehmen, d.h. von der Vergangenheit über die Gegenwart in Richtung Zukunft. Filme und andere Medien können von dieser erfahrbaren Zeitstruktur abweichen. Zunächst wird zur Erfassung der Zeitstruktur eines Filmes zwischen **erzählter Zeit** und **Erzählzeit** unterschieden. Da nur in Ausnahmefällen Filme in Echtzeit erzählen, ist eine weitere Unterscheidung zwischen **Dauer, zeitlicher Ordnung** und **Frequenz** hilfreich.

Erzählte Zeit und Erzählzeit

Die erzählte Zeit beschreibt den Zeitrahmen der Handlung, d.h. die Zeitspanne, von der der Film erzählt (Zeitraum der Geschichte). Unter Erzählzeit versteht man die Zeit, die für die Darstellung dieser Handlung im Film gebraucht wird (Dauer des Films – die normale Spielfilmlänge dauert meist zwischen 90 und 120 Minuten).

Zeitdauer

Das Verhältnis zwischen erzählter Zeit und Erzählzeit bestimmt auch das Erzähltempo eines Filmes. Dabei werden die drei Varianten der *Deckungsgleichheit*, der *Zeitraffung* und *Zeitdehnung* unterschieden.

Deckungsgleichheit – zeitdeckendes Erzählen in Echtzeit

Deckungsgleich sind Filme, deren erzählte Zeit und Erzählzeit identisch sind. Der Zeitraum der Geschichte entspricht dann der Dauer des Films. Dramaturgisch ist diese Variante durch die Einheit von Zeit, Ort und Figuren definiert, in der die Zuschauer der Handlung in Echtzeit folgen und in der ohne Zeitsprünge erzählt wird.

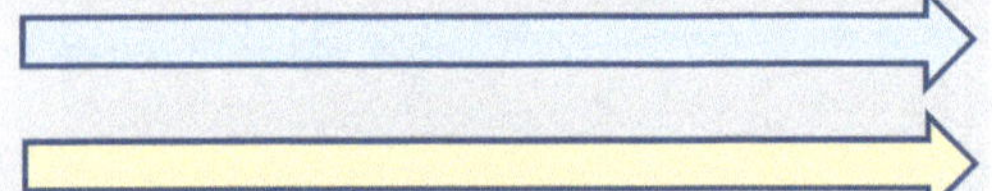

Zeitraum der Geschichte = **erzählte Zeit**

Dauer des Films = **Erzählzeit**

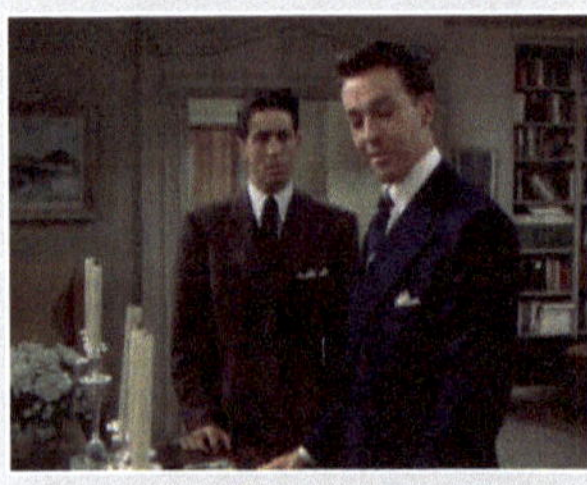

Der Kriminalfilm „Cocktail für eine Leiche“ (1948) und der Western „12 Uhr mittags“ (1952) zeigen uns eine Handlung von 80 bzw. 85 Minuten, die mit der Filmdauer identisch ist.

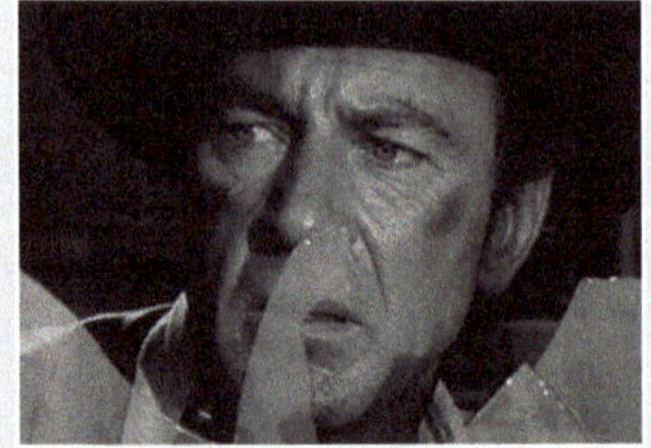

In den Anfängen der Filmgeschichte war diese Form der zeitlichen Struktur die Regel. Filme wie „Die Ankunft eines Zuges auf dem Bahnhof in La Ciotat“ (1895) von den Brüdern Lumière zeigten die Ereignisse in Echtzeit. Erst die Möglichkeiten der Montage ab den 1910er-Jahren ließen das filmische Erzählen auf der Ebene der Zeitstruktur komplexer werden.[40]

Zeitraffung – schnelles Erzähltempo durch verkürztes Erzählen

Bei einer Raffung ist der Zeitraum der Geschichte (erzählte Zeit) länger als die Dauer des Films (Erzählzeit). Bei dieser Variante der Zeitgestaltung können nicht alle Geschehnisse der Geschichte gezeigt werden, d.h. es muss elliptisch (mit Auslassungen) erzählt werden. Die Zuschauer müssen diese Auslassungen mir ihrem Welt- und Medienwissen füllen.[41]

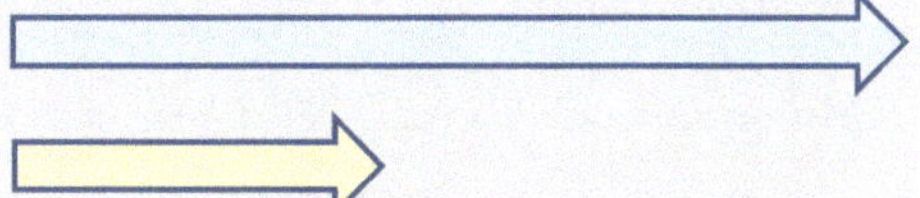

Zeitraum der Geschichte = **erzählte Zeit**

Dauer des Films = **Erzählzeit**

Die meisten Filme arbeiten mit Zeitraffungen und erzählen die Geschichte eines längeren Zeitraumes, als der Film zum Erzählen braucht.

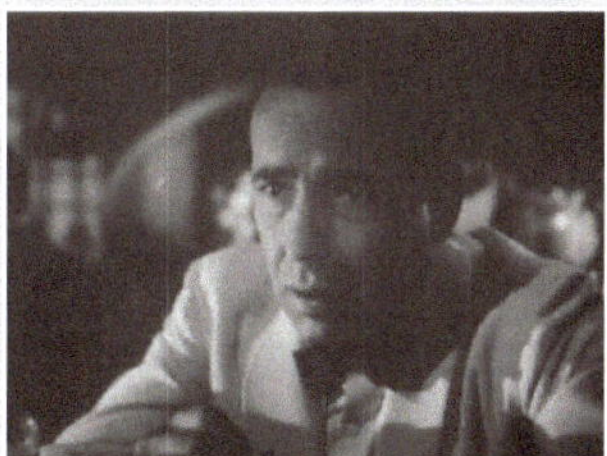

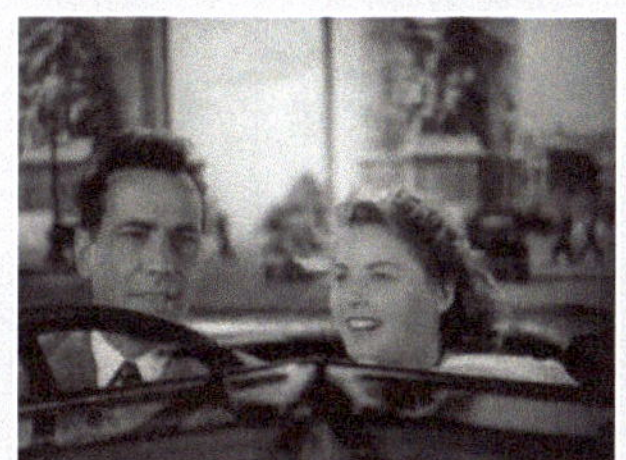

In „Casablanca“ (1942) sehen wir eine Rückblende, in der sich Rick an die Vergangenheit mit Ilsa in Paris erinnert. Der Flashback lässt den Zeitraum der Geschichte größer werden als die Dauer des Films.

Zeitdehnung – langsames Erzähltempo

In dieser Variante ist die erzählte Zeit kürzer als die Erzählzeit. Eine Dehnung der Zeit wird häufig bei dramatischen, besonders spannungsgeladenen Szenen verwendet. Mit der Technik der Zeitlupe (Slow Motion) und der Verwendung von Mehrfacheinstellungen aus verschiedenen Blickwinkeln kann das Geschehen auf unnatürliche Weise verlängert werden.

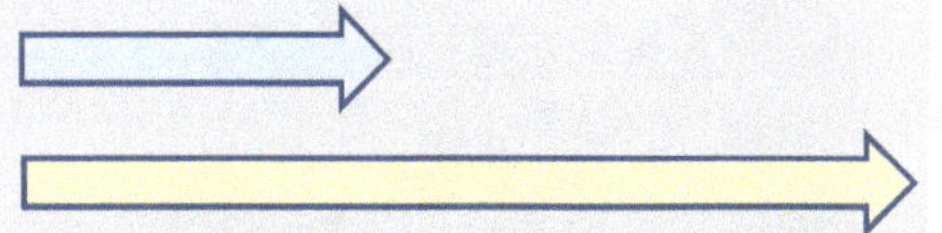

Zeitraum der Geschichte = **erzählte Zeit**

Dauer des Films = **Erzählzeit**

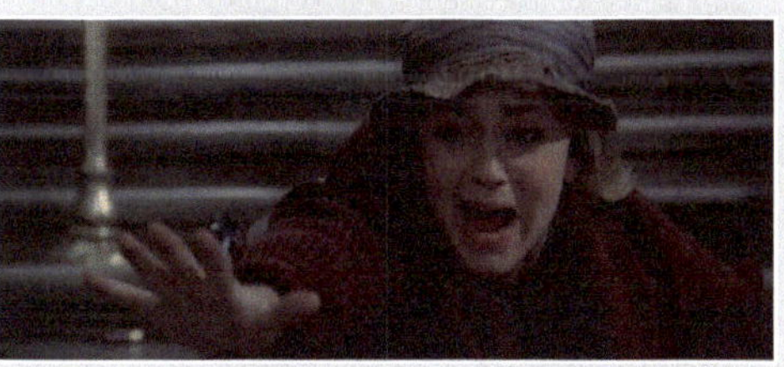

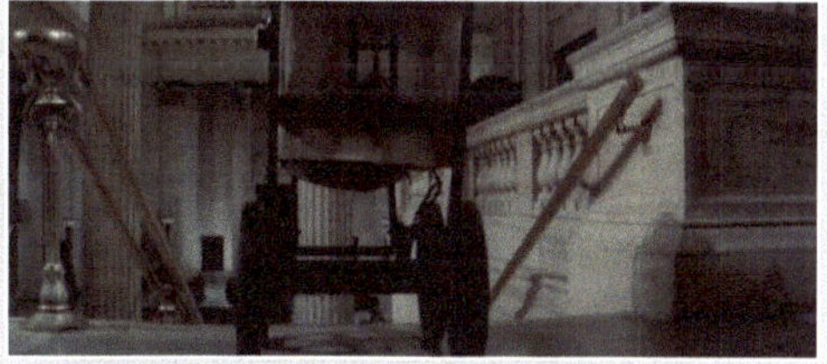

Im Film „The Untouchables – Die Unbestechlichen“ (1987) sehen wir einen Schusswechsel im Bahnhof. Während die ersten Minuten zeitdeckend erzählt werden, erfolgt während der Schießerei durch den Einsatz von Zeitlupe und durch die Montage verschiedener Einstellungen eine Zeitdehnung. Die Dehnung der Sequenz des herabrollenden Kinderwagens lässt beim Zuschauer intensive Spannung entstehen und verweist zugleich als Zitat auf den Film „Panzerkreuzer Potemkin“ (1925), der in der Treppenszene ebenfalls eine Zeitdehnung aufweist.

Zeitdauer - Szenen einer Ehe in „Citizen Kane"

Orson Welles zeigt uns anhand von sechs Frühstücksszenen im *Schuss-Gegenschussverfahren* die Entwicklung Kanes erster Ehe mit Emily Norton. Das sich verändernde Verhältnis der beiden wird in zwei Filmminuten (TC 0:51:10 – 0:53:11) dargestellt. Wie lässt sich die Zeit auf der Ebene der Dauer beschreiben? Durch welche filmischen Elemente gelingt es Orson Welles, die fortschreitende Zeit und den Wandel der Beziehung zu verdeutlichen? Wie ändert sich die Filmmusik?

Zeitdauer:

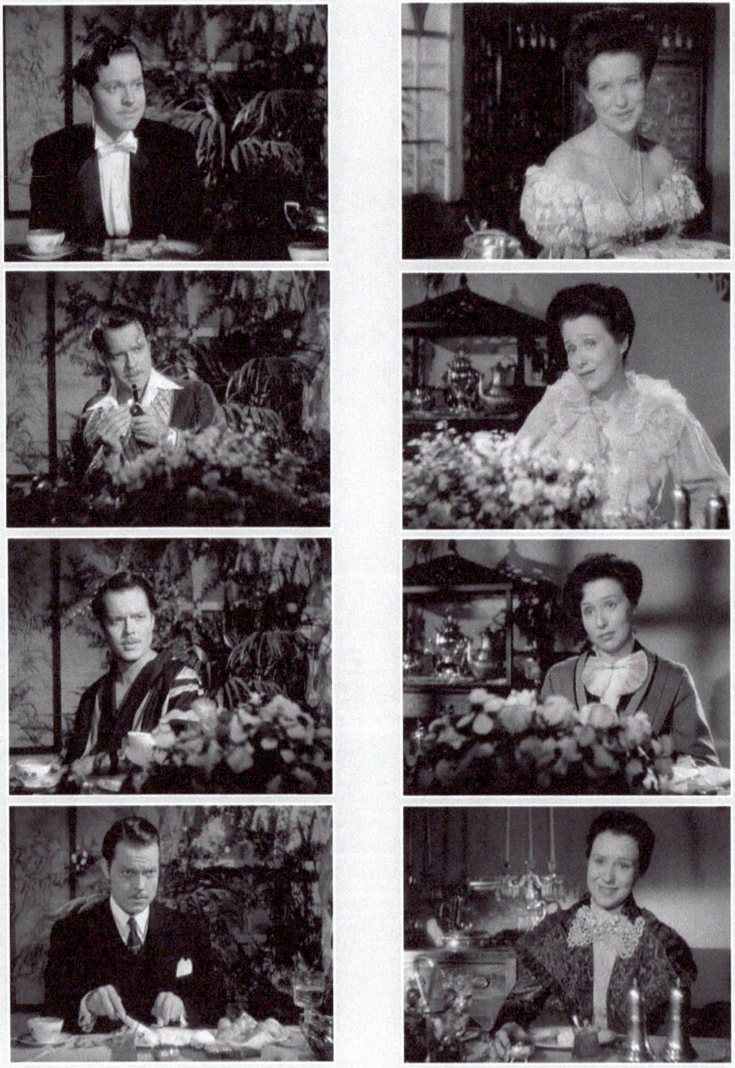

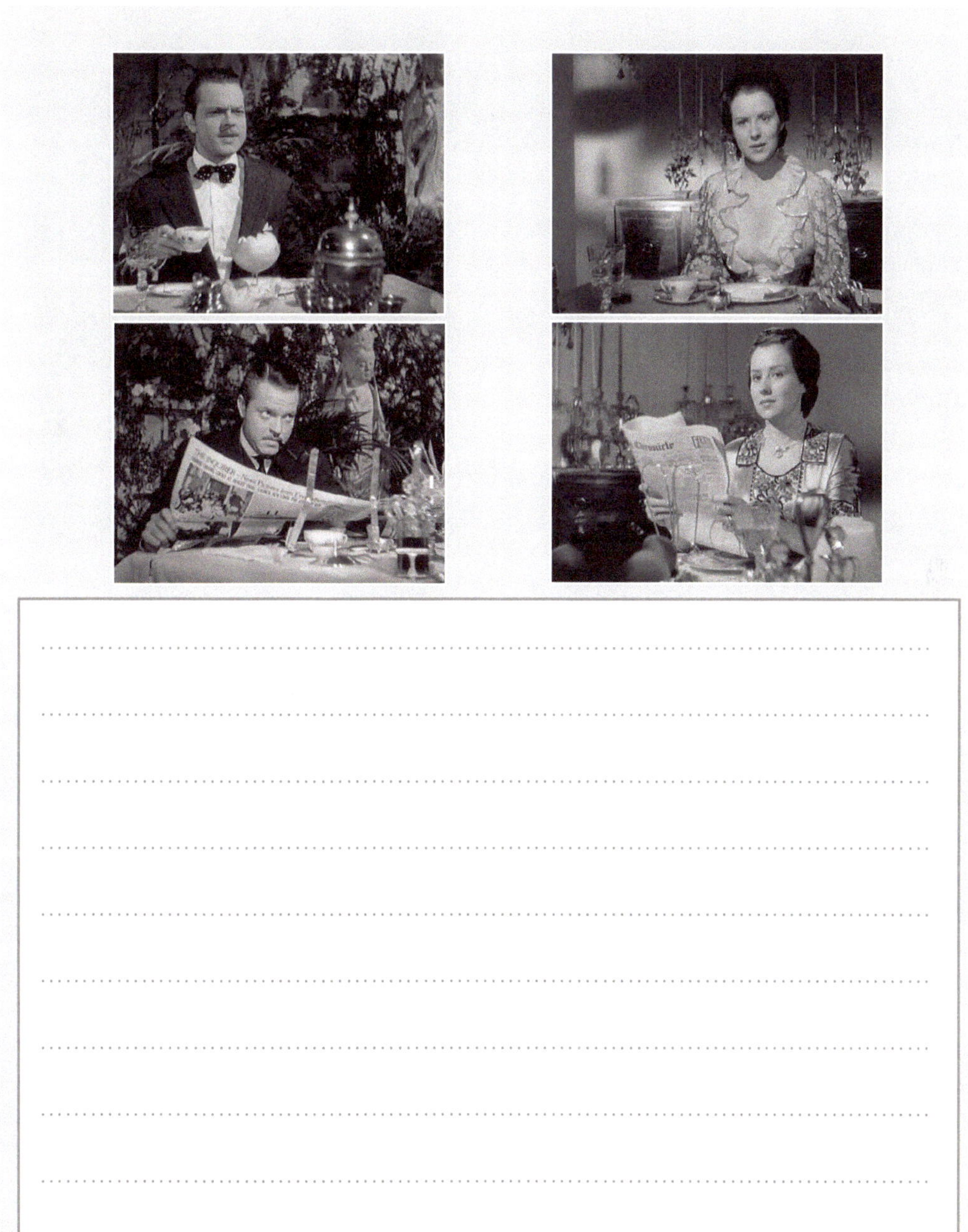

Die Ordnung der Zeit – Zeitebenen

Jede zu erzählende Geschichte muss zeitlich geordnet werden. Der Handlungsverlauf eines Filmes (Plot) kann der Chronologie der erzählten Geschichte (Story) entsprechen oder von ihr abweichen. Im Wesentlichen lassen sich vier Möglichkeiten unterscheiden:

Die Chronologie der Ereignisse der erzählten Geschichte (Story) ist identisch mit dem Handlungsverlauf im Film (Plot): A – B – C (**chronologisch**)

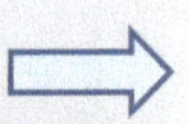

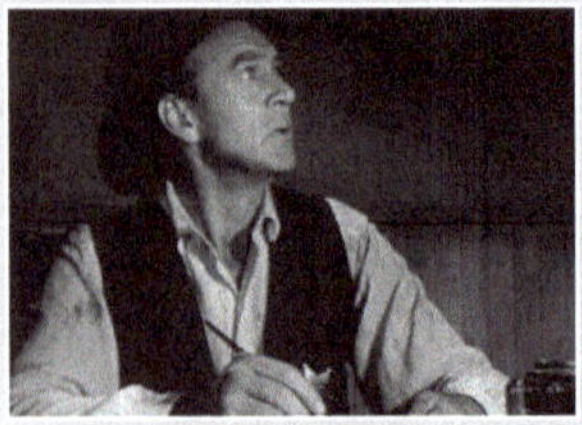

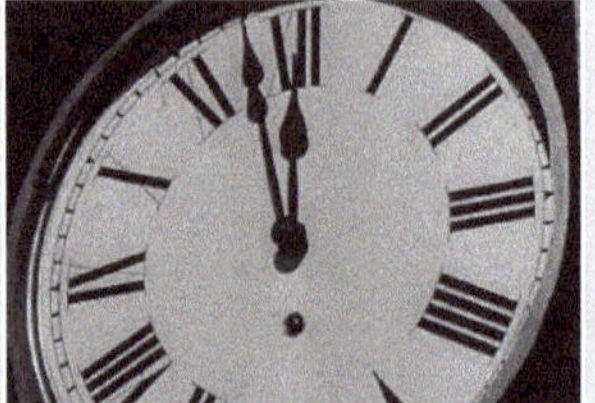

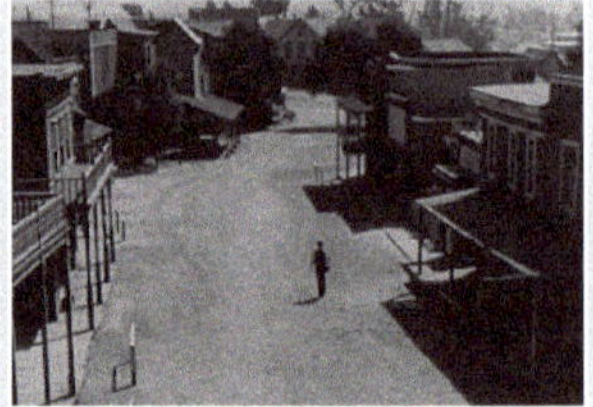

Der Western „Zwölf Uhr mittags“ (1952) erzählt deckungsgleich in chronologischer Abfolge.

Der Handlungsverlauf der Geschichte weicht von der Chronologie der Ereignisse ab:

zurückliegende Geschehnisse werden später erzählt: B – A – C (**Flashback**)

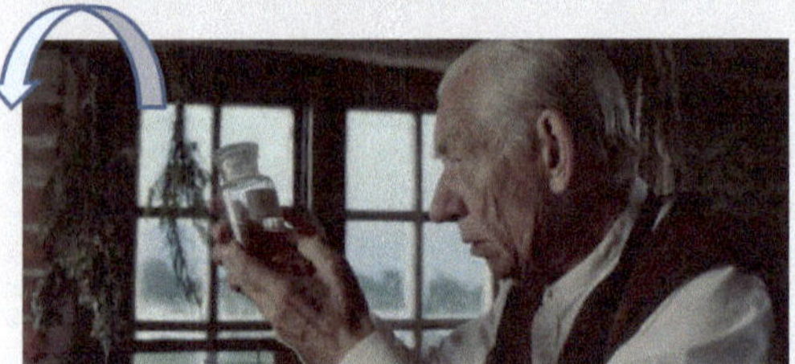

Sherlock Holmes erinnert sich an die Vergangenheit in „Mr. Holmes“ (2015)

zukünftige Geschehnisse werden früher erzählt: C – A – B (**Flashforward**).

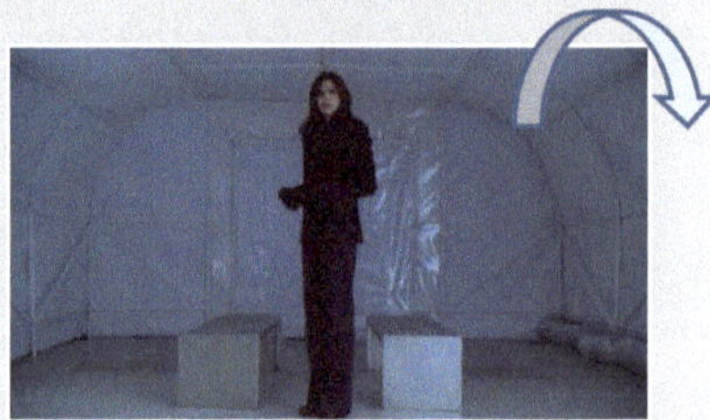

Einige Folgen der TV-Serie „Castle“ (2011) beginnen mit einem Vorausblick noch kommender Ereignisse.

4. Filme können auch Ereignisse, die gleichzeitig stattfinden, sukzessive durch eine Parallelmontage erzählen oder simultan durch Split Screen zeigen (**parallel**).

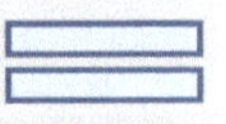

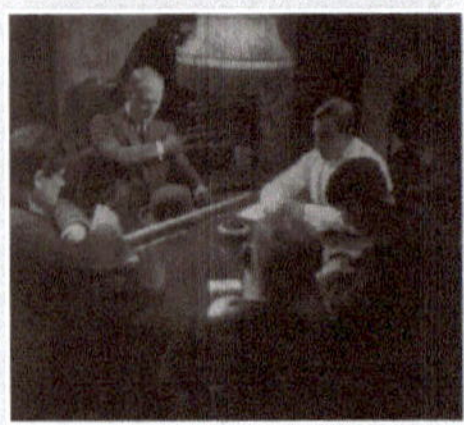

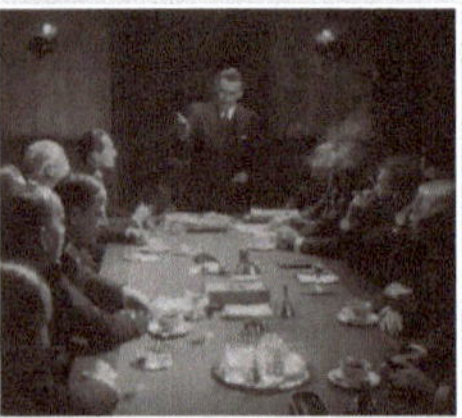

Parallelmontage zwischen Verbrecher und Polizei in „M – Eine Stadt sucht einen Mörder“ (1931)

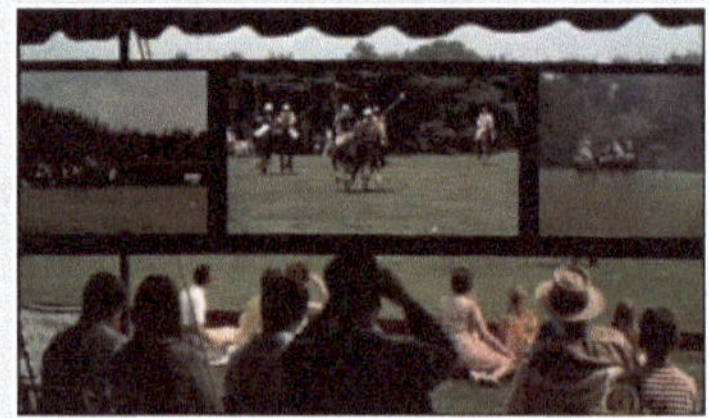

Split Screen in „Thomas Crown ist nicht zu fassen“ (1968)

Zeit- und Bildgestaltung im Showdown von „Spiel mir das Lied vom Tod“

Der Showdown dieses Filmes weist eine interessante Zeit- und Bildgestaltung auf. Sehen Sie sich den Filmausschnitt (TC 2:17:02 – 2:22:44) und die Auswahl der Filmstills auf dieser Seite an. Benennen Sie die jeweilige Zeitdauer (deckungsgleich, zeitdehnend oder zeitraffend) und die Zeitordnung (chronologisch, flashback, flashforward, parallel) der Erzählung. Tragen Sie auch die jeweiligen Kamerapositionen bezogen auf Frank (blau) und Mundharmonika (grau) ein und nutzen Sie dafür die Informationsblätter 20.1 und 20.2. Entdecken Sie einen Achsensprung, bei der die Kamera die gedachte Handlungslinie überschreitet?

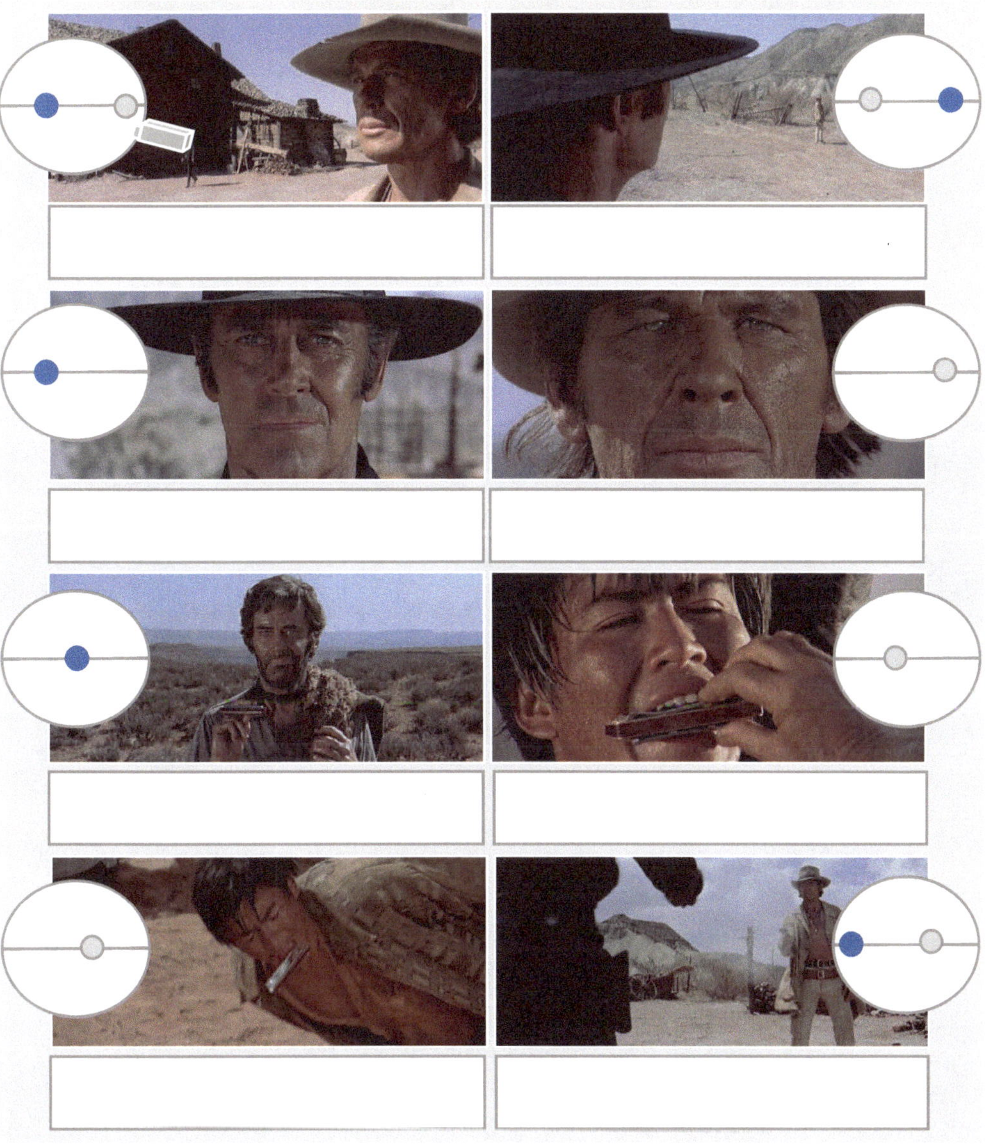

Zeit im Film - Zeitordnung und Zeitdauer in „Lola rennt"

In der komplexen Zeitstruktur dieses Films sehen wir nach der Ausgangssituation drei Episoden mit jeweils 20 Minuten Erzählzeit und erzählter Zeit. Ordnen Sie die Begriffe der Zeitordnung (Flashforward, Flashback, deckungsgleich) und der Zeitdauer (zeitraffend, zeitdehnend) den Filmausschnitten zu. Wenn Sie die farblich markierten Buchstaben in das Lösungswort der nächsten Seite übertragen, erhalten Sie den Namen eines wichtigen deutschen Kulturpreises.

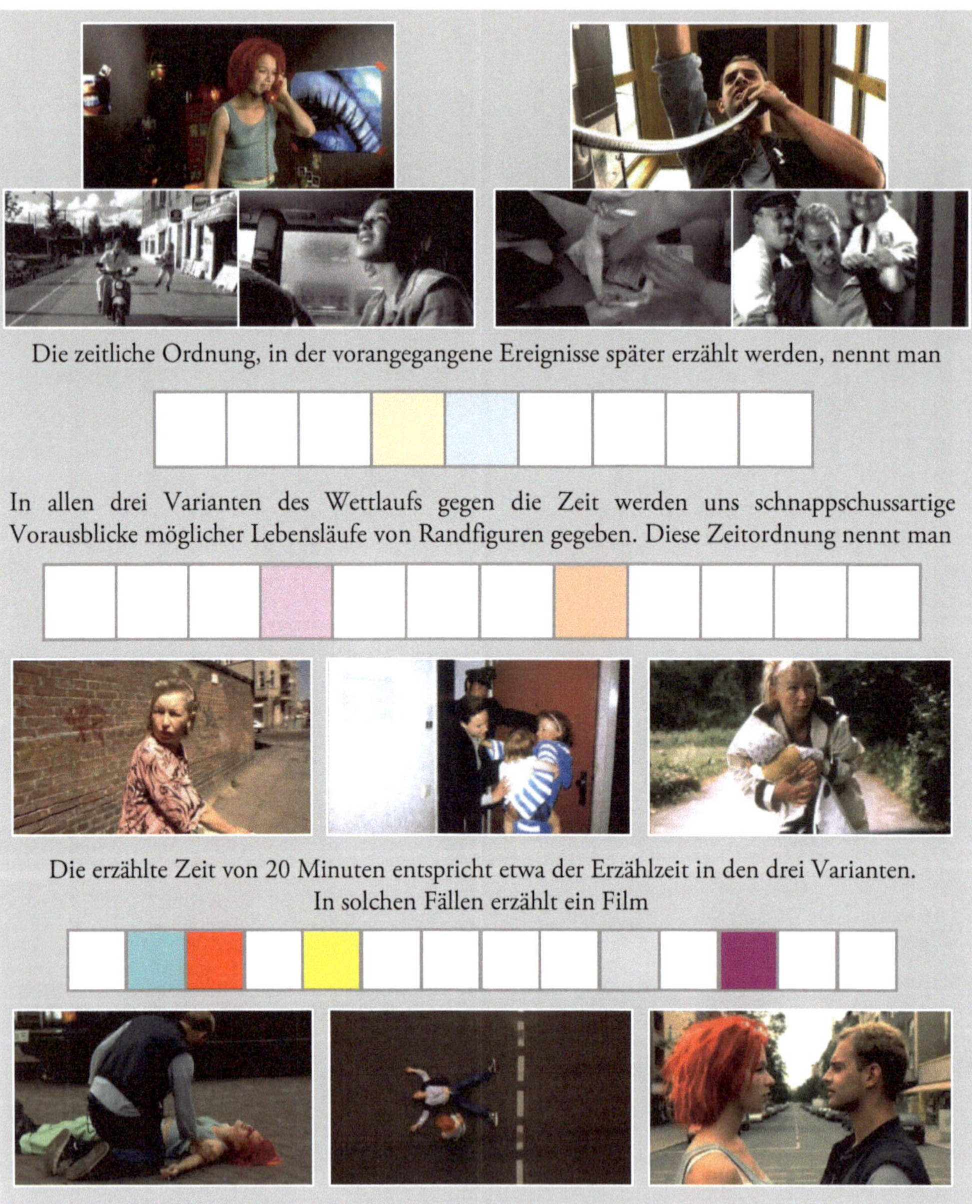

Die zeitliche Ordnung, in der vorangegangene Ereignisse später erzählt werden, nennt man

In allen drei Varianten des Wettlaufs gegen die Zeit werden uns schnappschussartige Vorausblicke möglicher Lebensläufe von Randfiguren gegeben. Diese Zeitordnung nennt man

Die erzählte Zeit von 20 Minuten entspricht etwa der Erzählzeit in den drei Varianten.
In solchen Fällen erzählt ein Film

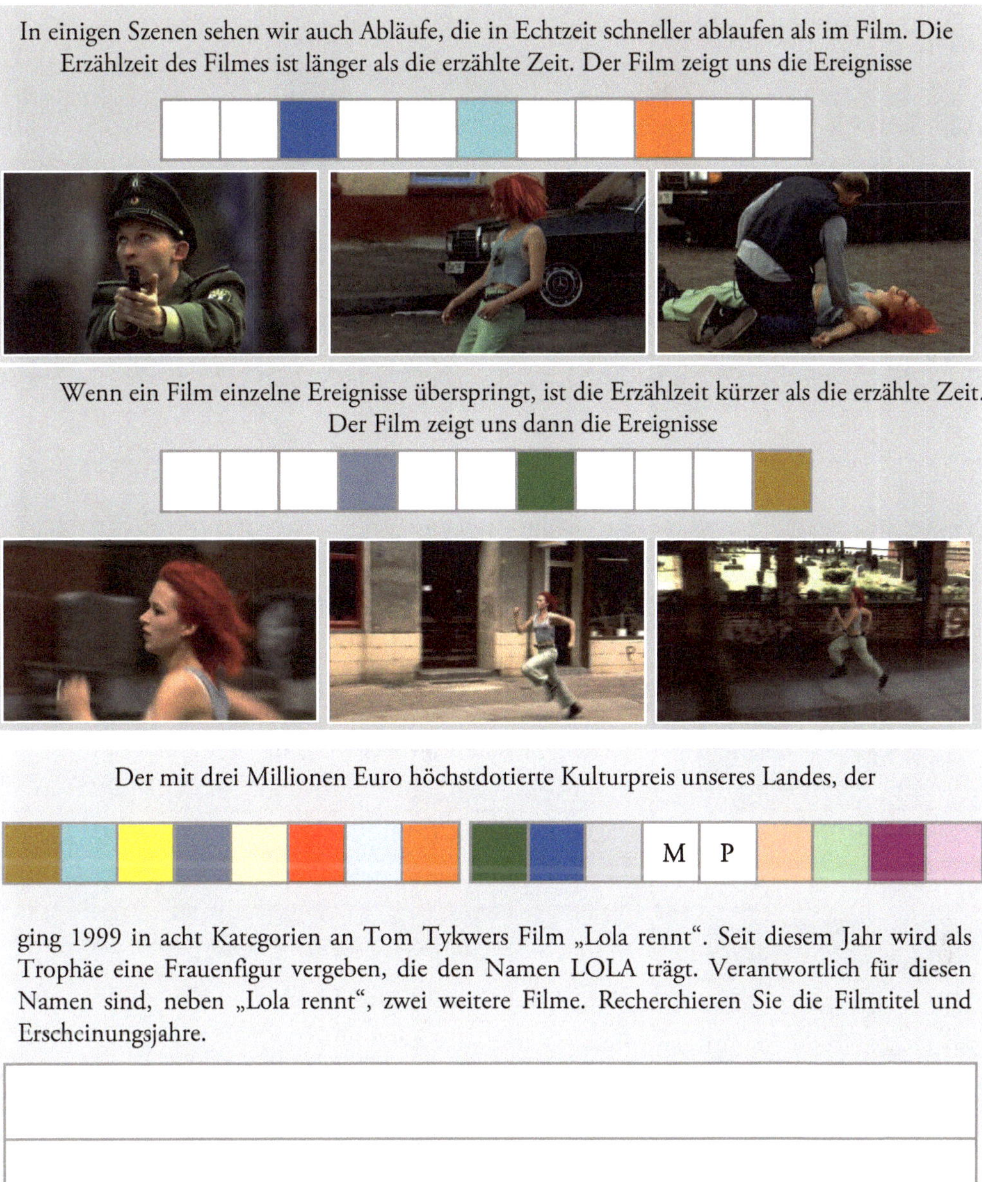

In einigen Szenen sehen wir auch Abläufe, die in Echtzeit schneller ablaufen als im Film. Die Erzählzeit des Filmes ist länger als die erzählte Zeit. Der Film zeigt uns die Ereignisse

Wenn ein Film einzelne Ereignisse überspringt, ist die Erzählzeit kürzer als die erzählte Zeit. Der Film zeigt uns dann die Ereignisse

Der mit drei Millionen Euro höchstdotierte Kulturpreis unseres Landes, der

ging 1999 in acht Kategorien an Tom Tykwers Film „Lola rennt". Seit diesem Jahr wird als Trophäe eine Frauenfigur vergeben, die den Namen LOLA trägt. Verantwortlich für diesen Namen sind, neben „Lola rennt", zwei weitere Filme. Recherchieren Sie die Filmtitel und Erscheinungsjahre.

Das Auswahlverfahren der LOLA findet in den drei Stufen der Vorauswahl, Nominierung und Wahl der Preisträger statt. Ausgezeichnet werden deutschsprachige Spiel-, Dokumentar- und Kinderfilme in verschiedenen Kategorien (z.B. beste darstellerische Leistung, Regie, Kamera, Schnitt, Szenenbild, Filmmusik, Drehbuch und Maskenbild). Stellen Sie selbst eine Nominierungsliste für ihre deutschsprachigen Filmfavoriten zusammen und begründen Sie kurz, in welchen Kategorien diese Filme Sie besonders beeindruckt haben.

Vergangenheit im Film

Filme, die etwas Vergangenes darstellen oder aufgrund ihrer Entstehungszeit selbst historisch sind, werden in der Literatur sehr unterschiedlich benannt. Bei Spielfilmen finden sich Bezeichnungen wie Historienfilm, historischer Spielfilm oder Geschichtsfilm, ohne dass aus diesen Begriffen ersichtlich wird, für welche Fragestellungen sie als Quelle oder Darstellungen betrachtet werden können. Deshalb sollte zwischen der *dargestellten Zeit im Film* (Zeit der Handlung), der *Filmentstehungszeit* (Produktionsjahr) und der *Rezeptionszeit* (Zeitpunkt der Filmbetrachtung) unterschieden und bei einer Differenz von mindestens 20 Jahren[42] zwischen **historischen Filmen**, **historischen Geschichtsfilmen** und **Geschichtsfilmen** unterteilt werden. Durch diese zeitliche Differenzierung lässt sich leichter entscheiden, zu welchen Fragen uns Filme als Quelle oder Darstellung[43] Auskunft geben können.

Historische Filme
dargestellte Zeit im Film = Filmentstehungszeit ≠ Rezeptionszeit

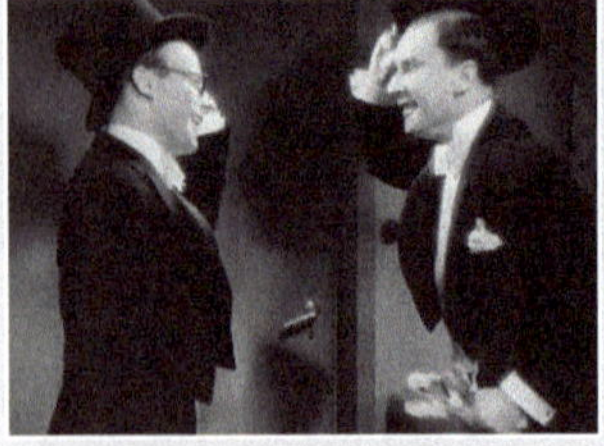

„Die Drei von der Tankstelle"

Dargestellte Zeit: 1930

Entstehungszeit: 1930

Rezeptionszeit: mehr als 20 Jahre

Historische Geschichtsfilme
dargestellte Zeit im Film ≠ Filmentstehungszeit ≠ Rezeptionszeit

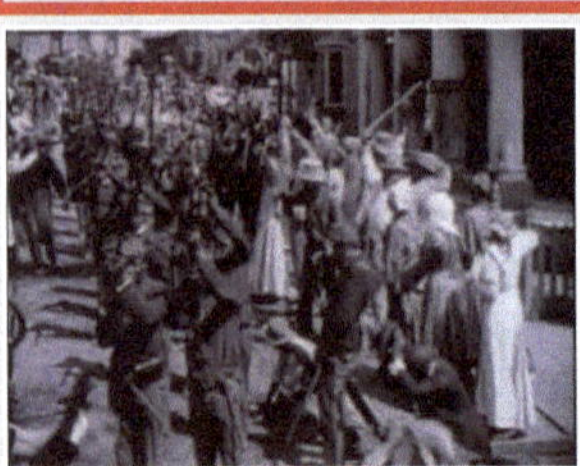

„Die Geburt einer Nation"

Dargestellte Zeit: 1861-65

Entstehungszeit: 1915

Rezeptionszeit: mehr als 20 Jahre

Geschichtsfilme
dargestellte Zeit im Film ≠ Filmentstehungszeit = Rezeptionszeit

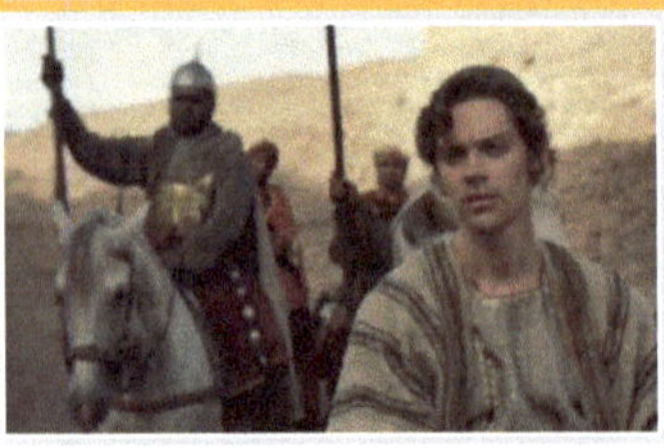

„Der Medicus"

Dargestellte Zeit: 11. Jahrhundert

Entstehungszeit: 2013

Rezeptionszeit: weniger als 20 Jahre

Historische Filme, historische Geschichtsfilme oder Geschichtsfilme?

Ermitteln Sie für diese Filme die unterschiedlichen Jahresangaben der *dargestellten Zeit*, der *Filmentstehungszeit* und der *Rezeptionszeit*. Welche **historischen Filme** können uns als mentalitätsgeschichtliche Quelle der Filmentstehungszeit Informationen liefern? Welche **historischen Geschichtsfilme** oder **Geschichtsfilme** geben uns Auskunft darüber, wie in der jeweiligen Filmentstehungszeit die Vergangenheit beurteilt wurde?

„Panzerkreuzer Potemkin“

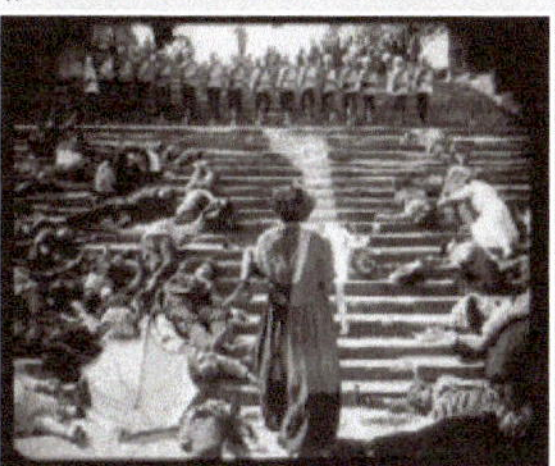

Dargestellte Zeit:

Entstehungszeit:

Differenz zur Gegenwart:

„M – eine Stadt sucht ihren Mörder“

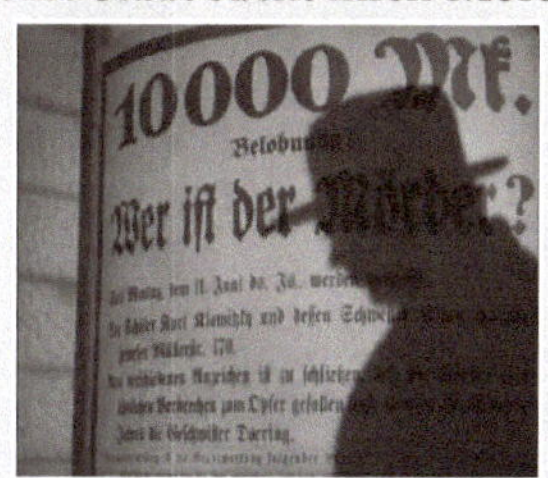

Dargestellte Zeit:

Entstehungszeit:

Differenz zur Gegenwart:

„Jäger des verlorenen Schatzes“

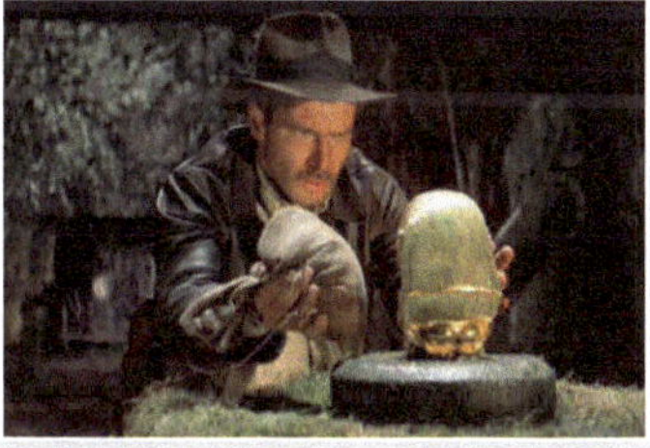

Dargestellte Zeit:

Entstehungszeit:

Differenz zur Gegenwart:

„Inglourious Basterds“

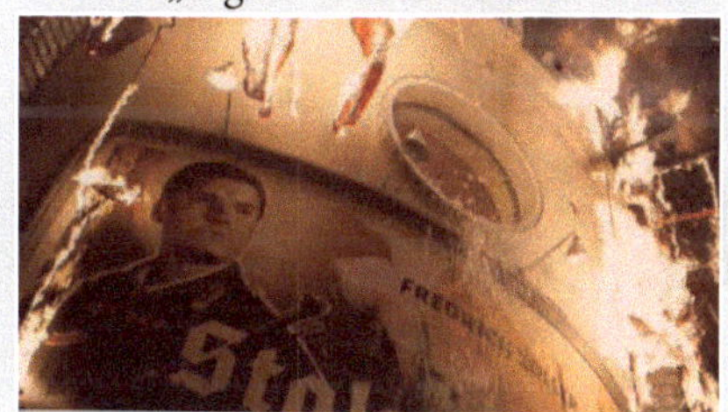

Dargestellte Zeit:

Entstehungszeit:

Differenz zur Gegenwart:

Diskussion: Jeder Film, der die Vergangenheit darstellt, ist zwangsläufig eine Konstruktion, die von den Diskursen der jeweiligen Filmentstehungszeit geprägt und dessen Interpretation von der jeweiligen Rezeptionszeit beeinflusst wird. Diskutieren Sie in der Gruppe, ob es möglich ist, Vergangenheit „authentisch“ darzustellen und welche Faktoren Ihre Wertung der Glaubwürdigkeit des Gezeigten beeinflussen.

Figuren im Film[44]

Eine zentrale Rolle in jedem Film spielen die Figuren mit ihren Charakteren, Handlungen, Emotionen und Entwicklungen. Dabei muss es sich nicht zwangsläufig um Menschen handeln, auch Tiere oder Gegenstände können als Figuren auftreten. Ein wichtiger analytischer Zugriff gilt deshalb den Figuren, denn ohne Handelnde gäbe es keine erzählbare Geschichte.
Auf der ersten Ebene kann sich die Frage gestellt werden, ob einzelne Figuren des Filmes oder ein Figurenensemble betrachtet werden soll. Fällt die Entscheidung, sich speziellen Figuren zuzuwenden, hilft eine Unterscheidung zwischen Charakter und Typus **(Figurenkonzeption)** und eine Betrachtung, mit welchen Mitteln die Figuren im Film dargestellt werden **(Figurencharakterisierung)**. Sollen Figurengruppen und ihre Beziehungen zueinander im Blickfeld stehen, kann zwischen Haupt- und Nebenfiguren unterschieden werden **(Figurenkonstellationen)**.

Figurenkonzeptionen

Die wichtige Unterscheidung zwischen Charakter und Typus stammt aus der Dramentheorie. Als Charakter bezeichnet man eine Figur, wenn sie individuelle Eigenschaften besitzt und komplex oder auch widersprüchlich ist. Charaktere können den Zuschauer überraschen und ihre Handlungen und Reaktionen sind nicht immer vorhersehbar. Als Typus wird eine Figur ohne diese individuelle Prägung bezeichnet. Diese Figuren lassen sich häufig mit nur einem Satz beschreiben und können vom Zuschauer leicht wiedererkannt werden.

In Fortsetzungsfilmen (Sequel) können auch Figuren, die zu Beginn eher als Typus angelegt waren, immer mehr die Rolle eines Charakters entwickeln.

„Harry Potter und der Stein der Weisen“ (2001)

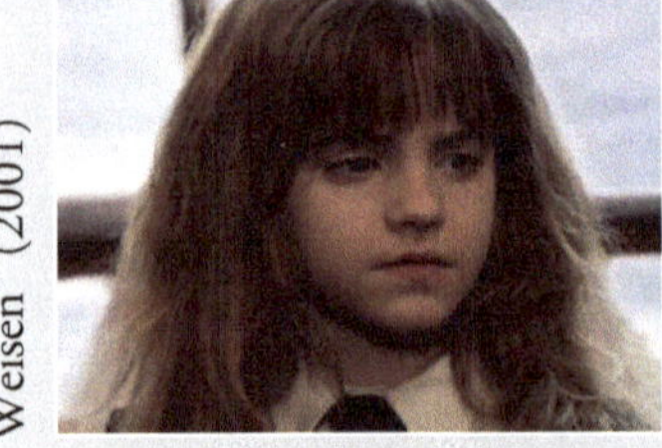
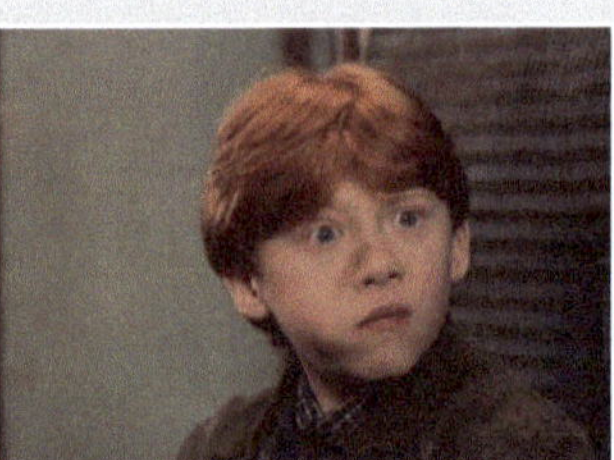
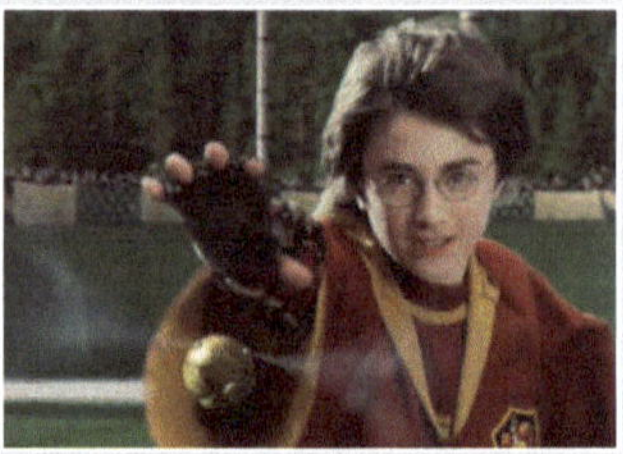

Hermine, Ron und Harry sind Charaktere, die sich im Film weiterentwickeln, die individuelle Eigenschaften besitzen, welche auch widersprüchlich sein können.

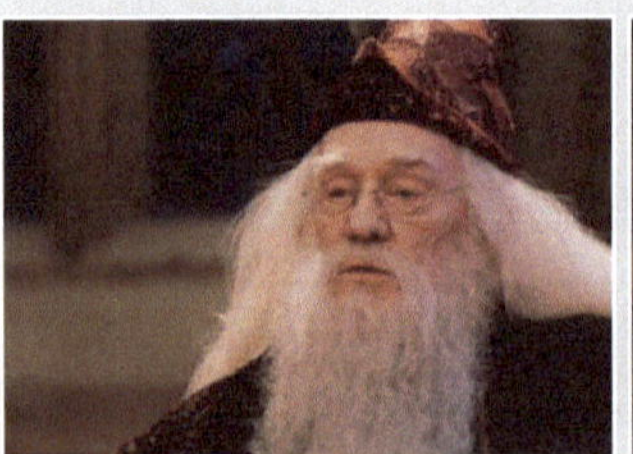
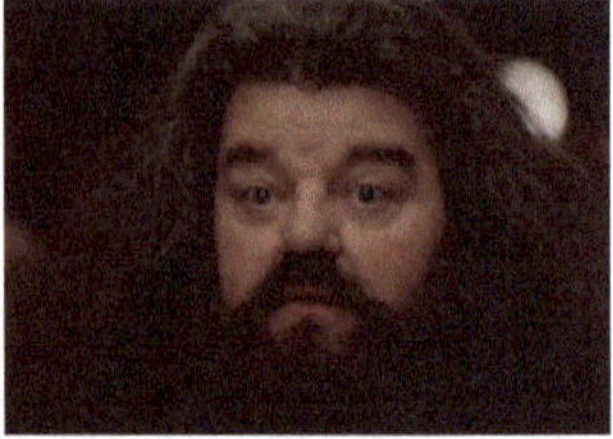

Mr. Dursley, Dumbledore und Hagrid entsprechen eher einem Typus und lassen sich in einem Satz beschreiben.

Figurenkonzeption - Charakter oder Typus im Film „Münchhausen"

Teilen Sie die Filmfiguren auf dieser Seite ein in Charaktere und Typen. Welche Figuren durchlaufen eine Entwicklung und welche Figuren verkörpern einen Stand, Beruf oder werden auf ihre Funktion in der Gesellschaft reduziert?

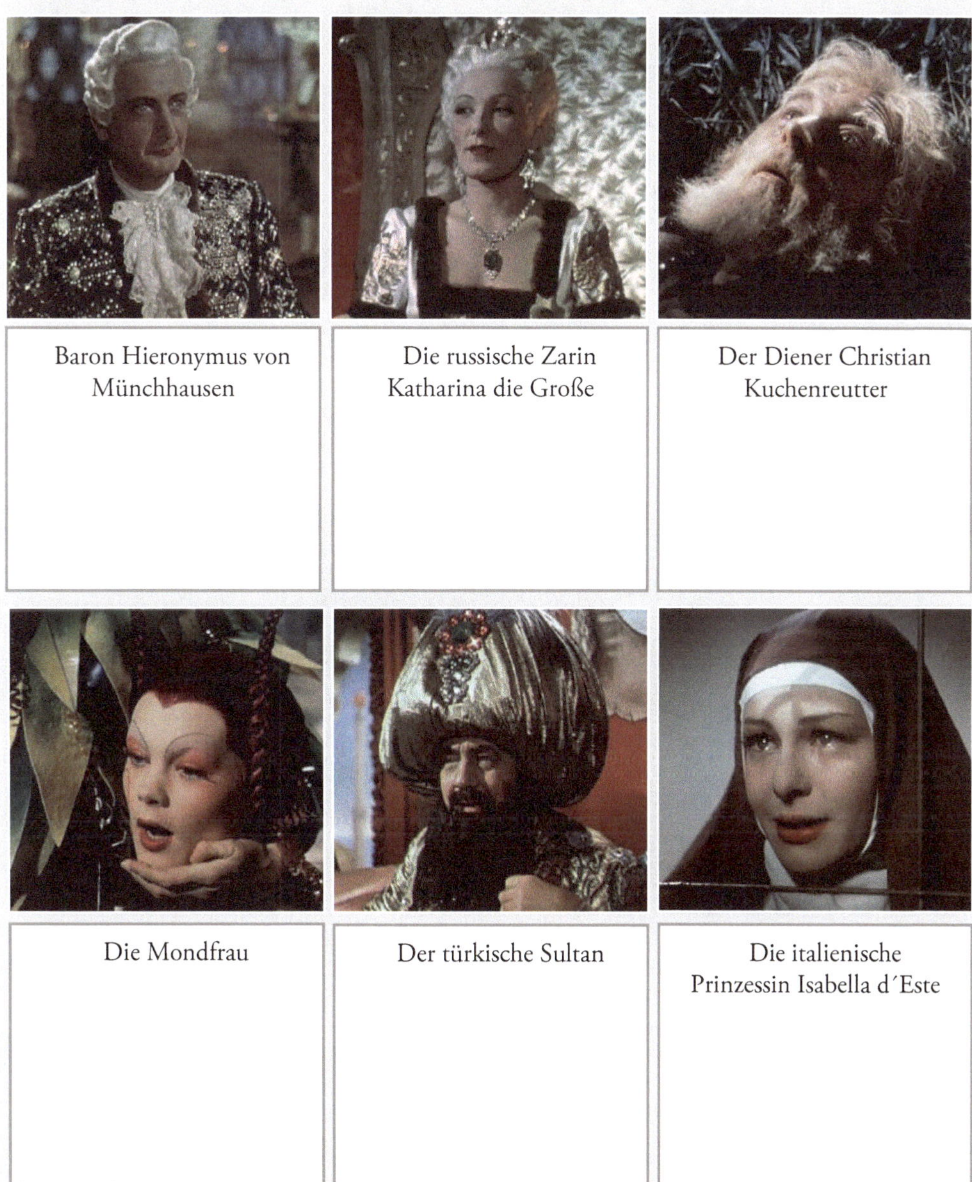

Figurencharakterisierung

Damit der Handlungsverlauf eines Filmes nachvollziehbar wird, benötigen Zuschauer viele Informationen über die Filmfiguren, über deren Eigenschaften, Motivationen, Ängste, Stärken und Schwächen. Diese Informationen können auf unterschiedliche Art und Weise vermittelt werden:
Eine **figurale** Charakterisierung liegt vor, wenn die Figur selbst Informationen über sich liefert oder der Zuschauer durch andere Figuren etwas über die Person erfährt. Von **visuellen** Charakterisierungen spricht man, wenn durch das optische Erscheinungsbild und die Art und Weise, wie Figuren ins Bild gesetzt werden, Informationen über die Eigenschaften und Empfindungen der Person vermittelt werden. Auch die **auditive** Ebene durch die Stimmqualität, das sprachliche Verhalten einer Figur und ihre Darstellung durch Atmo-Töne und Filmmusik trägt wesentlich zur Charakterisierung bei.
Eine Unterscheidung zwischen **mimetischen** und **diegetischen** Figurenmerkmalen bezieht sich auf die Maske, Friseur, Kleidung, Mimik, Gestik, Beleuchtung und Farbe einer Figur (mimetisch) sowie auf deren Darstellung durch die Kamerahandlungen wie Perspektive, Bewegung, Einstellungsgrößen und der Montage einzelner Einstellungen (diegetisch). Werden Informationen zur Figur von einem Erzähler geliefert, spricht man dagegen von einer **auktorialen** Charakterisierung.

Figural - Forrest Gump sitzt auf einer Bank und erzählt seine Lebensgeschichte.	**Visuell** – Forrest Gumps Kleidung charakterisiert ihn als eher konservativ und schüchtern.

„Forrest Gump" (1994)

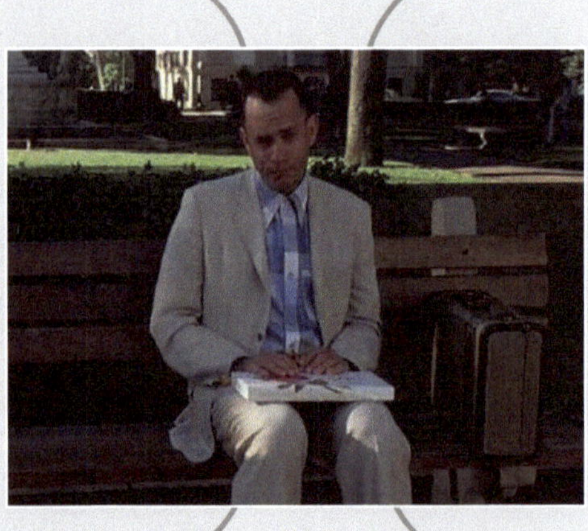

Auditiv – seine sprachliche Akzentuierung und Wortwahl charakterisieren ihn als unterdurchschnittlich intelligent.	**Mimetisch** – die Mimik und Gestik von Forrest kennzeichnen ihn auch als gutmütig und hilfsbereit.

Diegetisch – durch Einstellungsgrößen, Kamerabewegungen, Kameraperspektiven, Beleuchtung und auch den Möglichkeiten der Montage wird Forrest sympathisch und positiv dargestellt.

Figurencharakterisierung in der Exposition in „Das Fenster zum Hof"

In der deduktiven Exposition des Filmes „Das Fenster zum Hof" (1954) werden mit dominant visuellen aber auch sprachlichen Mitteln die Hauptfigur und die Nebenfiguren vorgestellt. Schauen Sie sich den Filmanfang (TC 0:00:30 – 0:04:08) und die Filmstills auf dieser und der nächsten Seite an. Welche Informationen werden Ihnen über die Figuren geliefert und wie charakterisieren Sie sie? Kreisen Sie die Elemente auf den Bildern ein, die Ihnen Hinweise gegeben haben.

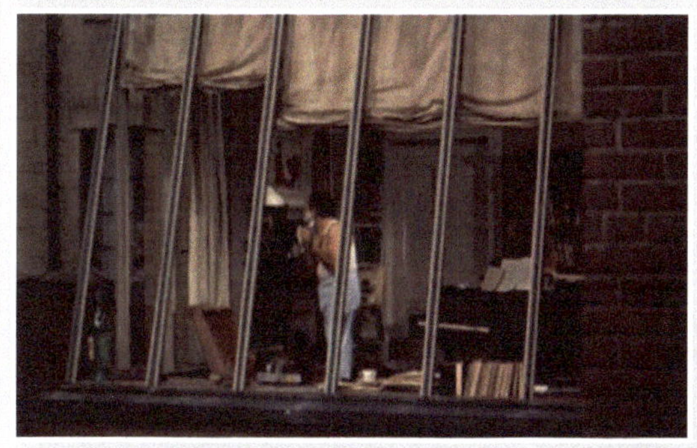

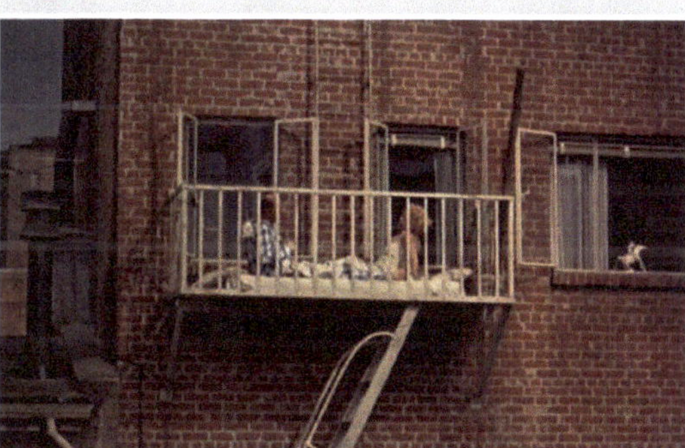

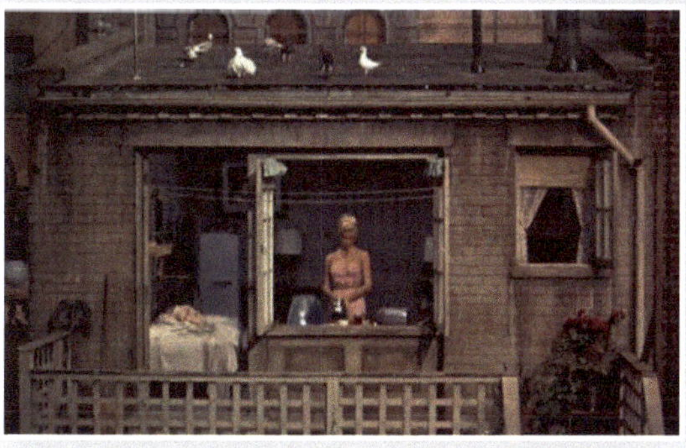

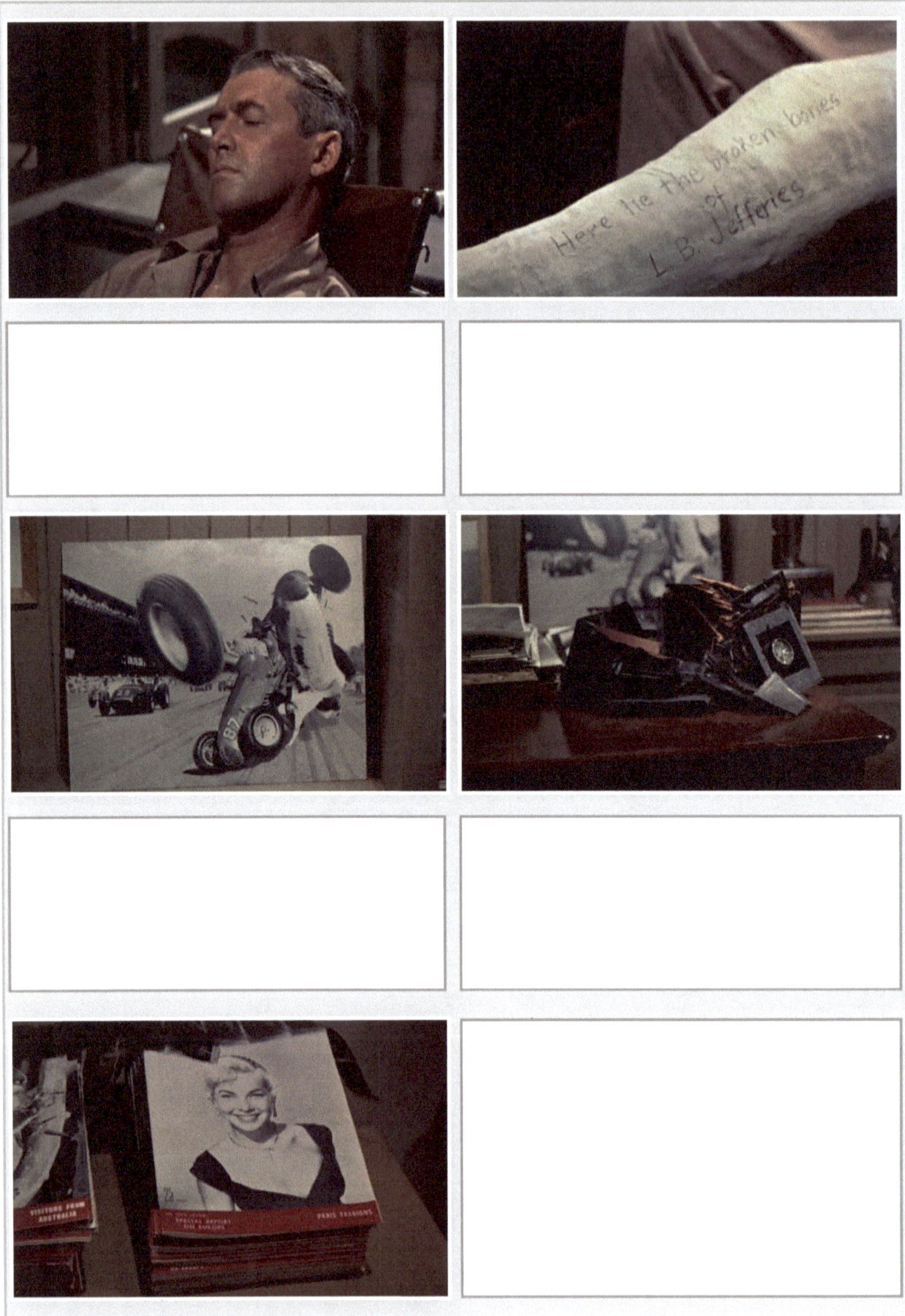
Here lie the broken bones
of
L. B. Jefferies

Figurencharakterisierung in „Falling Down – ein ganz normaler Tag"

Im Film werden meist alle Möglichkeiten der Figurencharakterisierung kombiniert. Sehen Sie sich die ausgewählten Szenen von „Falling Down – ein ganz normaler Tag" an und benennen Sie die unterschiedlichen Arten der Figurencharakterisierung. Eine Art taucht hier zweimal auf und eine Form ist nicht enthalten.
Übertragen Sie die Buchstaben der farbig unterlegten Felder auf die nächste Seite und Sie erhalten ein Lösungswort zum Thema „Formen der Gewalt".

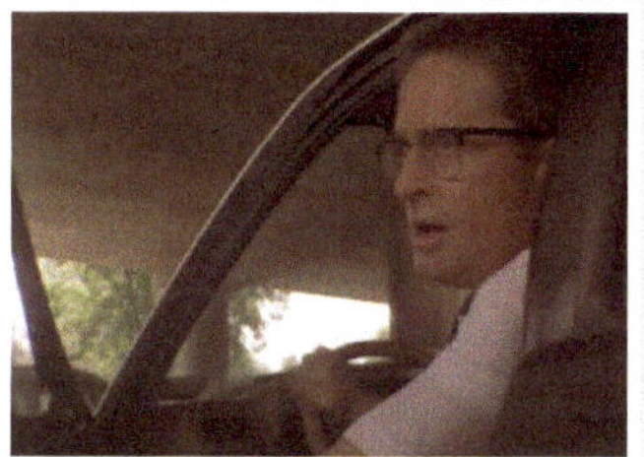

In der Exposition wird der Stress, unter dem William Foster steht, visuell und akustisch auf vielfältige Weise dargestellt. Die Szene kulminiert in einer unsteten Kamerabewegung, kombiniert mit schnellen Schnitten und einem Wechsel der Einstellungsgrößen.

(TC 0:03:44 – 0:04:06)

Ein Afro-Amerikaner, der sieben Jahre lang Kunde bei einer Bank war und dem ein Kleinkredit mit der Begründung, er sei wirtschaftlich nicht tragbar, verwehrt wurde, demonstriert vor einer Filiale. William beobachtet diese Szene, fühlt sich in einer ähnlichen Situation und empfindet Mitgefühl. Dazu hören wir eine bedrohlich wirkende Musik.

(TC 0:47:30 – 0:49:56)

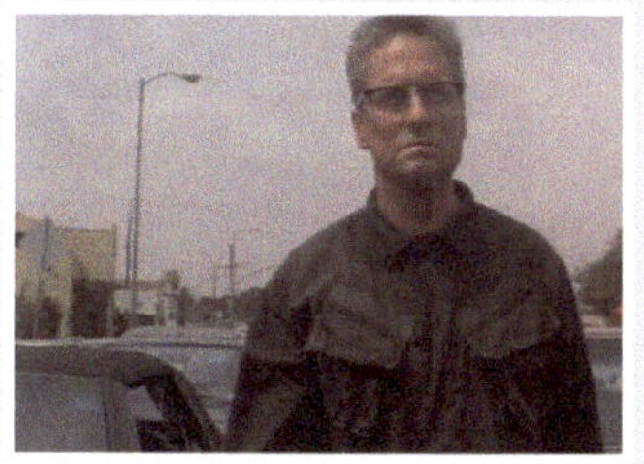

Ein faschistoider Verkäufer entlädt seine Hasstiraden gegen Homosexuelle und Farbige – Ansichten, die William keineswegs teilt. Nach der gewaltorientierten Auflösung der Szene hat er eine persönliche Grenze überschritten und sein äußeres Erscheinungsbild ändert sich. Er tauscht sein weißes Hemd gegen eine Militärjacke.

(TC 1:06:52 – 1:08:43)

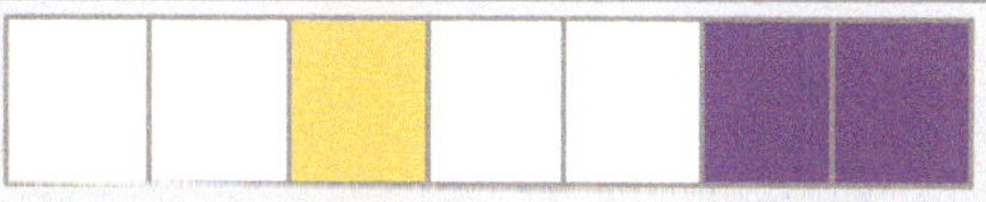

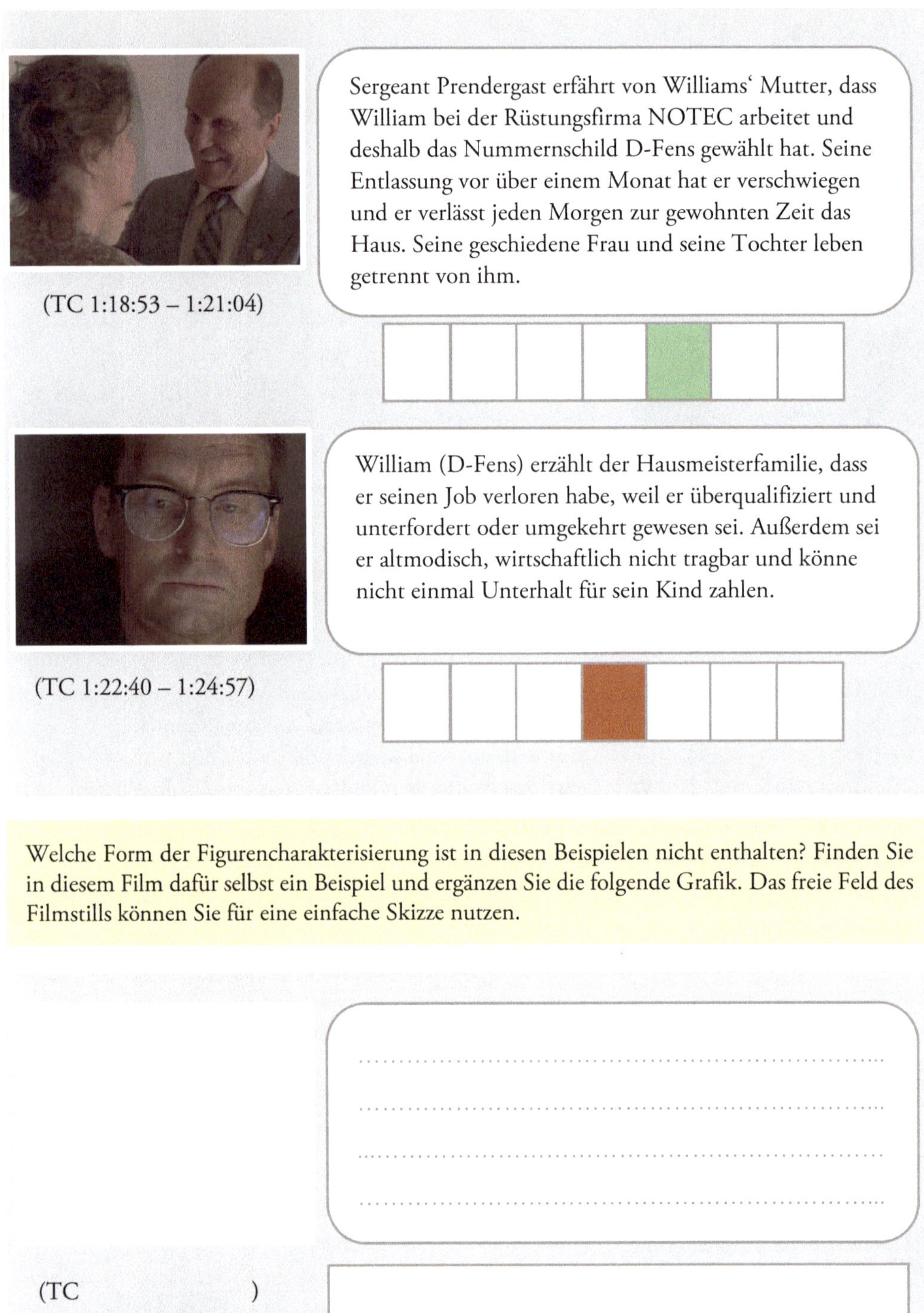

Sergeant Prendergast erfährt von Williams' Mutter, dass William bei der Rüstungsfirma NOTEC arbeitet und deshalb das Nummernschild D-Fens gewählt hat. Seine Entlassung vor über einem Monat hat er verschwiegen und er verlässt jeden Morgen zur gewohnten Zeit das Haus. Seine geschiedene Frau und seine Tochter leben getrennt von ihm.

(TC 1:18:53 – 1:21:04)

William (D-Fens) erzählt der Hausmeisterfamilie, dass er seinen Job verloren habe, weil er überqualifiziert und unterfordert oder umgekehrt gewesen sei. Außerdem sei er altmodisch, wirtschaftlich nicht tragbar und könne nicht einmal Unterhalt für sein Kind zahlen.

(TC 1:22:40 – 1:24:57)

Welche Form der Figurencharakterisierung ist in diesen Beispielen nicht enthalten? Finden Sie in diesem Film dafür selbst ein Beispiel und ergänzen Sie die folgende Grafik. Das freie Feld des Filmstills können Sie für eine einfache Skizze nutzen.

....

....

....

....

(TC)

Formen der Gewalt

„Falling Down – ein ganz normaler Tag“ thematisiert unterschiedliche Formen der Gewalt. Die Wissenschaft unterscheidet zwischen Gewalt, die direkt von Menschen ausgeübt wird und Gewalt, die aus den gesellschaftlichen Bedingungen resultiert und die damit ohne einen einzelnen Täter auskommt.

Wenn Sie die Buchstaben aus den farbigen Feldern der beiden vorangegangenen Seiten übertragen, erhalten Sie als Lösungswort die Bezeichnung für Gewalt, die aus den gesellschaftlichen Bedingungen resultiert. Diskutieren Sie in der Gruppe, in welchen anderen Szenen noch unterschiedliche Formen der Gewalt dargestellt werden und welche Art im Film überwiegt.

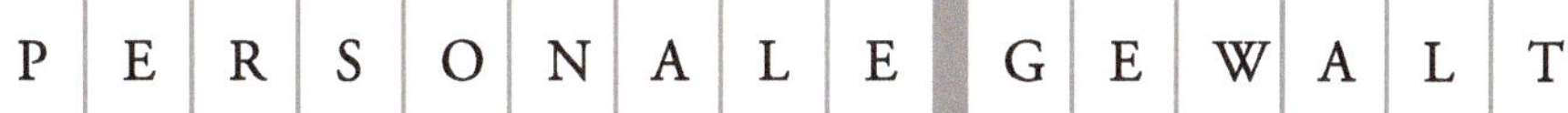

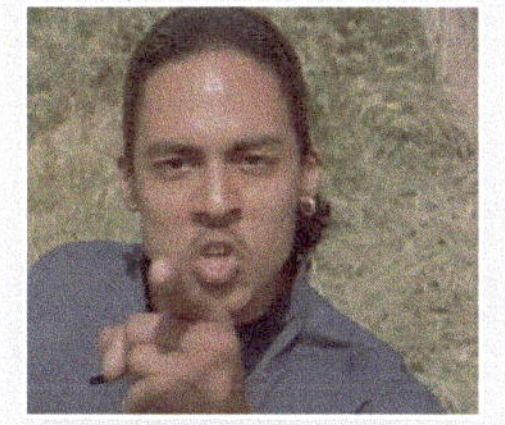

Physische Gewalt durch die Bedrohung mit einem Messer

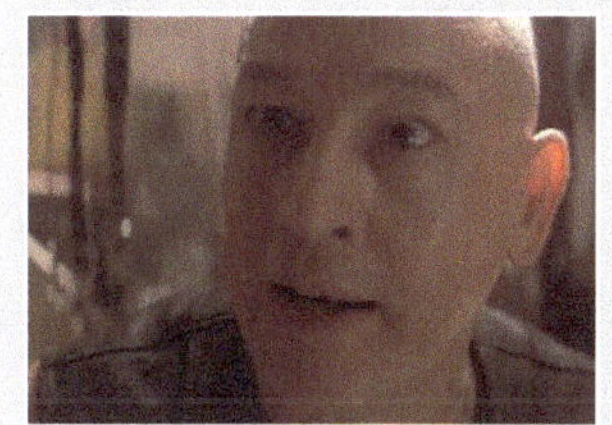

Psychische Gewalt durch Diskriminierung und Menschenverachtung

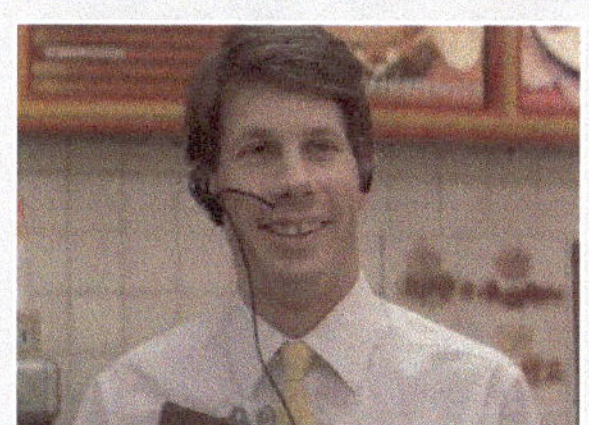

Psychische Gewalt durch die Unflexibilität eines Restaurantmitarbeiters

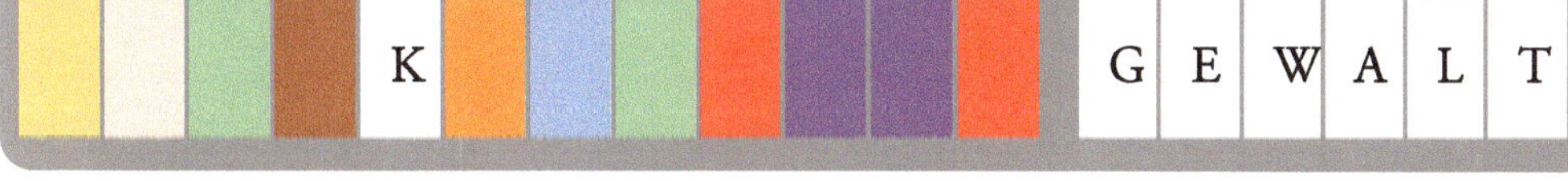

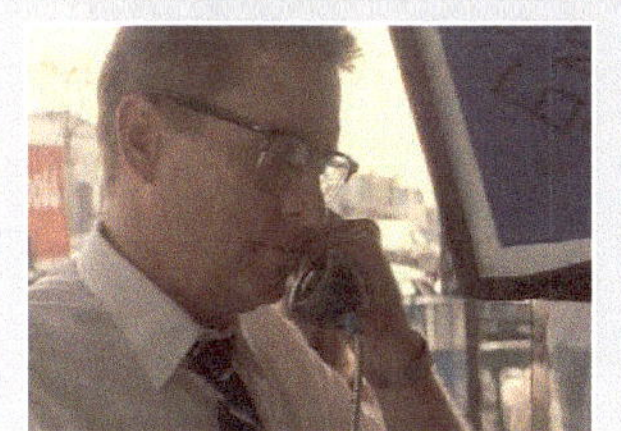

ein richterliches Urteil verbietet William den Kontakt zu seiner Tochter

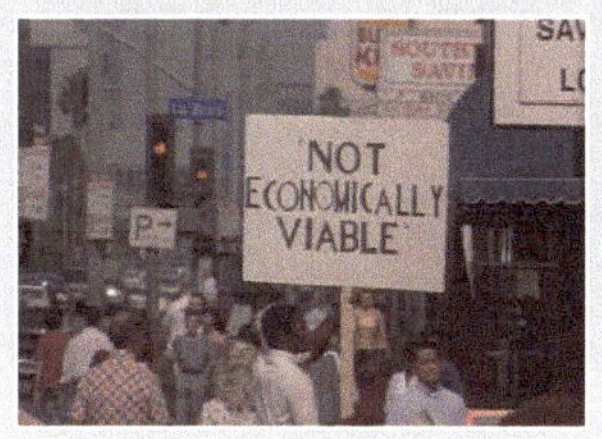

Menschen werden als wirtschaftlich nicht tragbar beurteilt

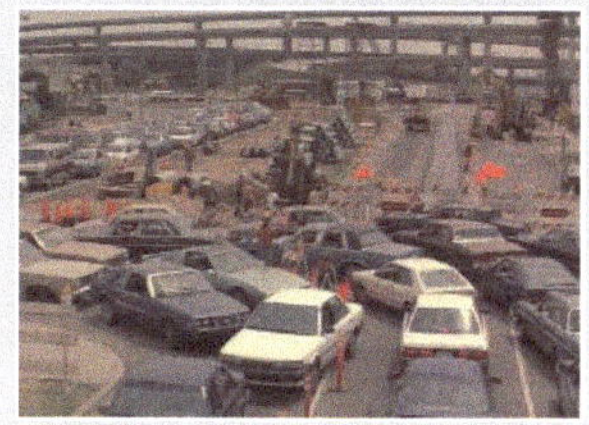

Eine Straße wird aus ökonomischen Gründen, ohne Notwendigkeit repariert

Figurencharakterisierung in „Sherlock – sein letzter Schwur"

Charles Augustus Magnussen trägt in der von Sir Arthur Conan Doyle 1904 veröffentlichten Kurzgeschichte den Namen Charles Augustus Milverton und wird von Sherlock Holmes mit einem Reptil verglichen:

> „…Empfinden Sie ein Grausen und Schaudern, Watson, wenn Sie im Zoo vor den Reptilien stehen und diese schlüpfrigen, gleitenden, giftigen Wesen mit ihren tödlichen Augen und bösen platten Gesichtern betrachten? Nun, so ergeht es mir bei Milverton. Ich hatte in meiner Karriere schon mit fünfzig Mördern zu tun, aber selbst der Schlimmste von ihnen hat mir keinen solchen Widerwillen eingeflößt wie dieser Kerl."[45]

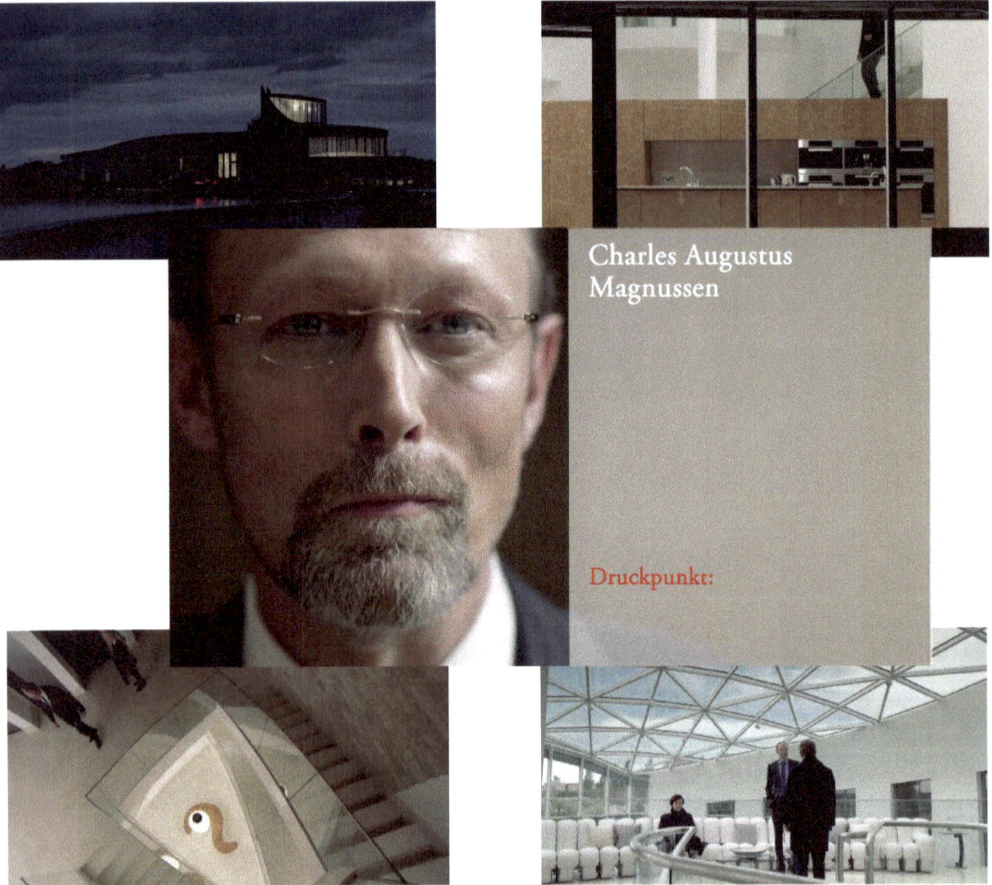

Das Produktionsteam der Serie hat diesen über 100 Jahre alten Text in die Gegenwart versetzt und daraus eine Figurencharakterisierung entworfen, die sich auch durch die Szenenbilder des Anwesens Appledore erschließt. Schauen Sie sich das häusliche Umfeld von Charles Augustus Magnussen an und charakterisieren Sie den Erpresser in der gleichen Weise, wie dieser im Film seine Mitmenschen kategorisiert.

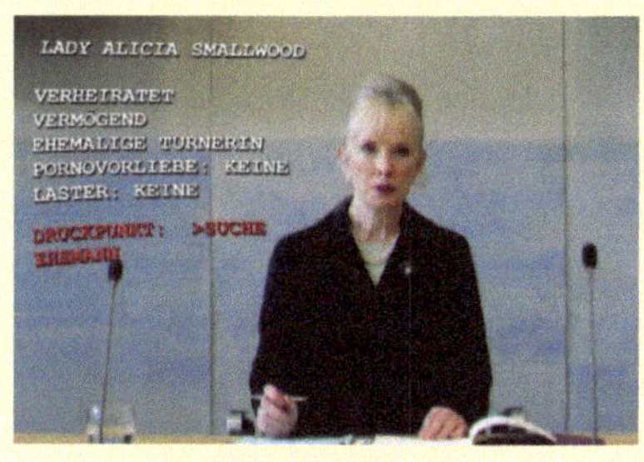

Charles Augustus Magnussen speichert für ihn wichtige Informationen über andere Menschen in seinem Gedächtnispalast ab, um sie zu seinem Vorteil nutzen zu können. Wie schätzt der Erpresser Sherlock, John und Mycroft ein und wie charakterisieren Sie selbst diese Figuren?

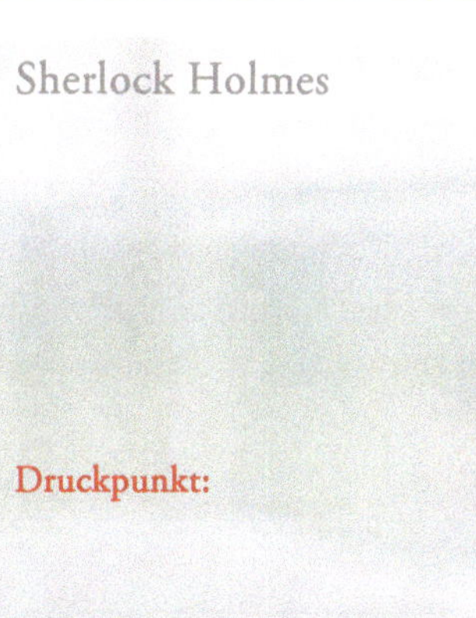

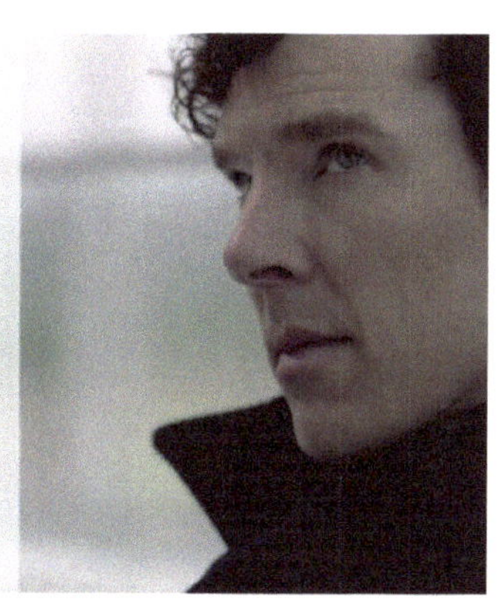

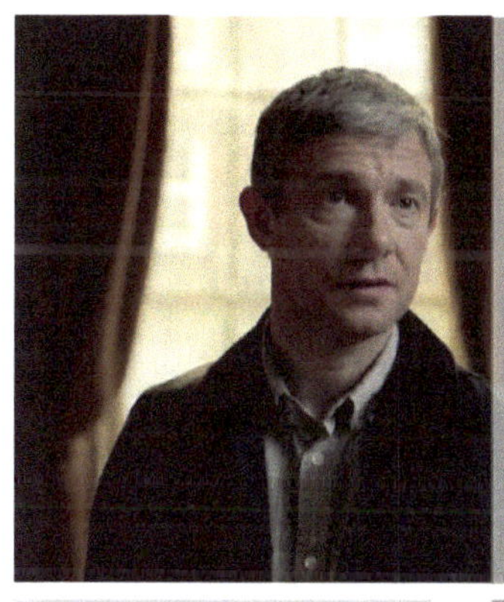

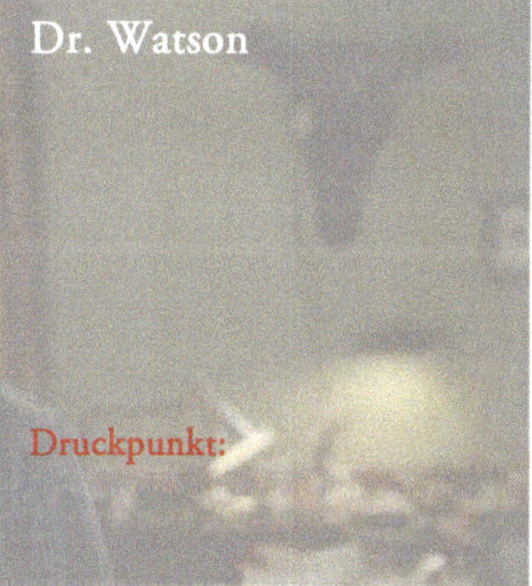

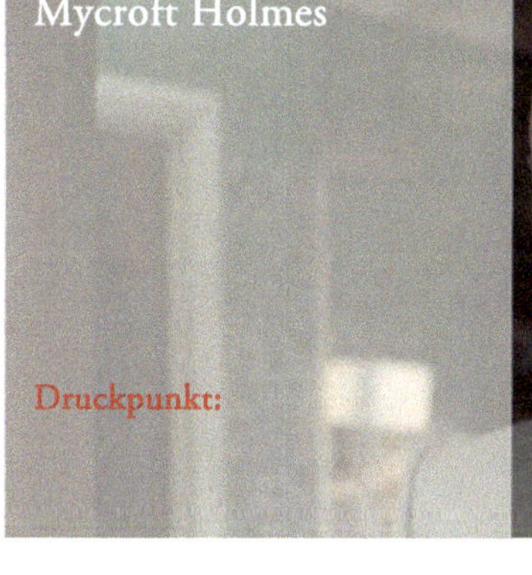

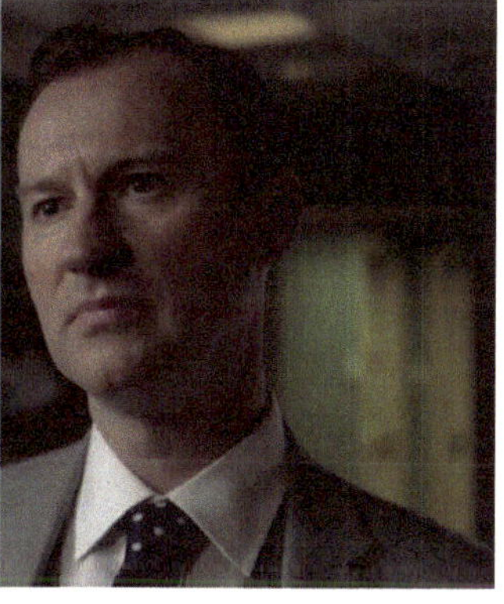

Figurenkonstellationen

Beziehen sich Figurenkonzeptionen und -charakterisierungen auf einzelne Figuren, so wendet sich der Bereich der Figurenkonstellation einem Figurenensemble zu. Auf der ersten Ebene lassen sich **Haupt-** und **Nebenfiguren** unterscheiden. Eine zentrale Rolle als Hauptfigur spielt dabei der **Protagonist**, der als Schlüsselfigur die Handlung zusammenhält und im Wahrnehmungszentrum des ganzen Filmes steht. Protagonisten können auch als Figurenensemble auftreten. Oft handelt es sich dabei um Paare wie Sherlock Holmes und Dr. Watson oder um Dreierkonstellationen wie in den Harry-Potter-Filmen. Auch Helden müssen sie nicht zwangsläufig sein. So sind im Film Noir die Protagonisten häufig widersprüchliche Anti-Helden (z.B. Sam Spade in „Die Spur des Falken").

Um eine interessante Geschichte zu konstruieren, benötigen die Hauptfiguren natürlich auch einen Gegenspieler, der die Ziele der Hauptfiguren zu verhindern sucht. Auch wenn diese **Antagonisten** nicht zwangsläufig in jedem Film auftauchen müssen, gilt: Je interessanter und faszinierender der Antagonist gestaltet wird, desto spannender und interessanter der Film. Während der Protagonist eine Figur sein muss, kann sich eine antagonistische Kraft auch in unpersönlichen Naturgewalten ausdrücken.

Hauptfiguren

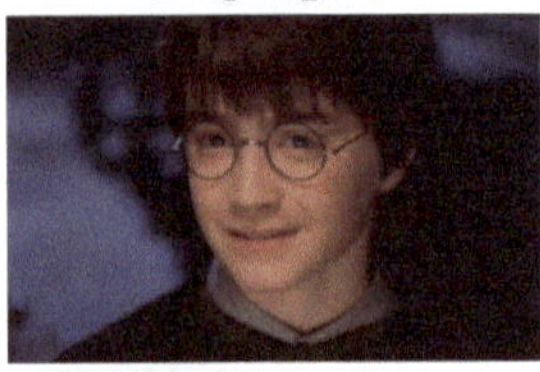

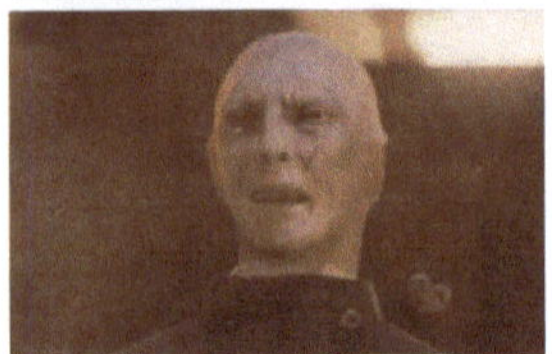

Protagonist Harry Potter und **Antagonist** Lord Voldemort

Nebenfiguren

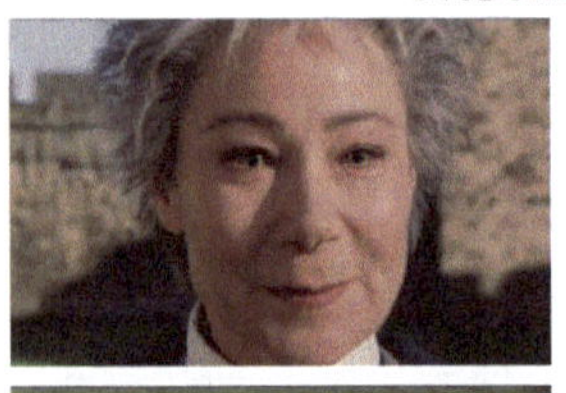

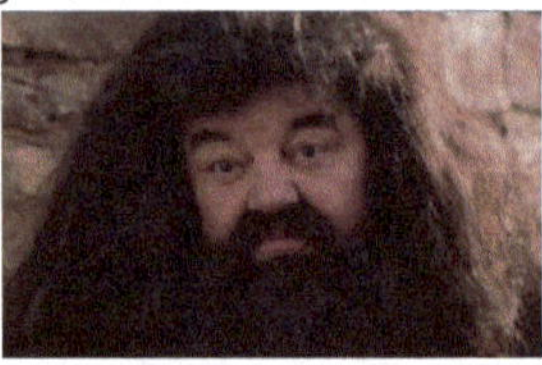

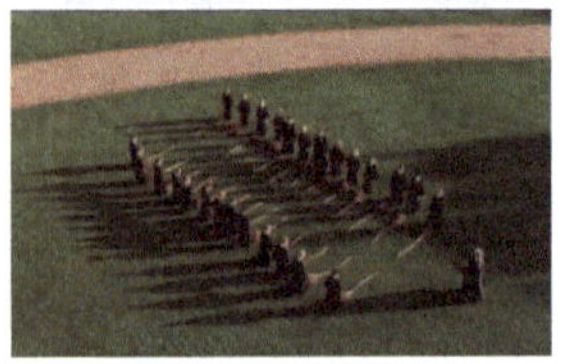

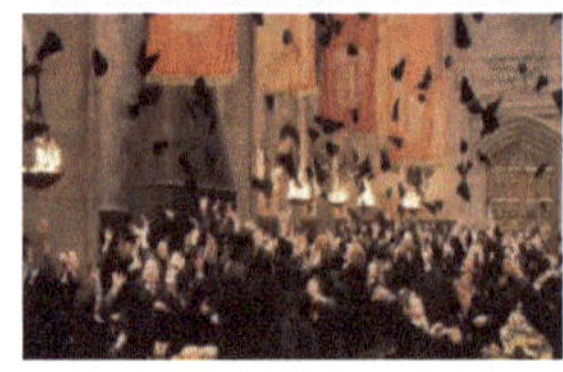

Episodenfigur Madame Hooch, **Hilfsfigur** Hagrid und **Figuranten** und **Statisten**

Die Funktion der **Nebenfiguren** im Film besteht darin, die Hauptfiguren und ihre Bedeutungen näher zu definieren, das Thema und Umfeld der Hauptfiguren zu charakterisieren und dem Plot Leben einzuhauchen. Nach Wichtigkeit ihrer Rolle wird zwischen **Episoden-** und **Hilfsfiguren**, **Figuranten** und **Statisten** unterschieden. Episodenfiguren tauchen nur in einzelnen Szenen auf und Hilfsfiguren übernehmen gegenüber der Hauptfigur eine Unterstützungsfunktion.

Bei Figuranten handelt es sich um Figuren, die keinen oder nur wenig Text sprechen (z.B. Hauspersonal) und Statisten füllen den Hintergrund und greifen nicht in die Handlung direkt ein. Nebenfiguren können in Fortsetzungsfilmen oder Serien auch ein Eigenleben entwickeln und, wie Scrat in den Ice-Age-Filmen, zu eigenen Charakteren werden.

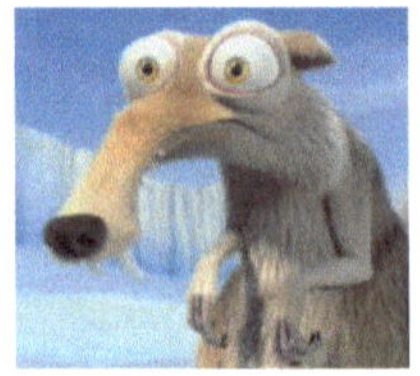

Figuren im Film – ein Überblick

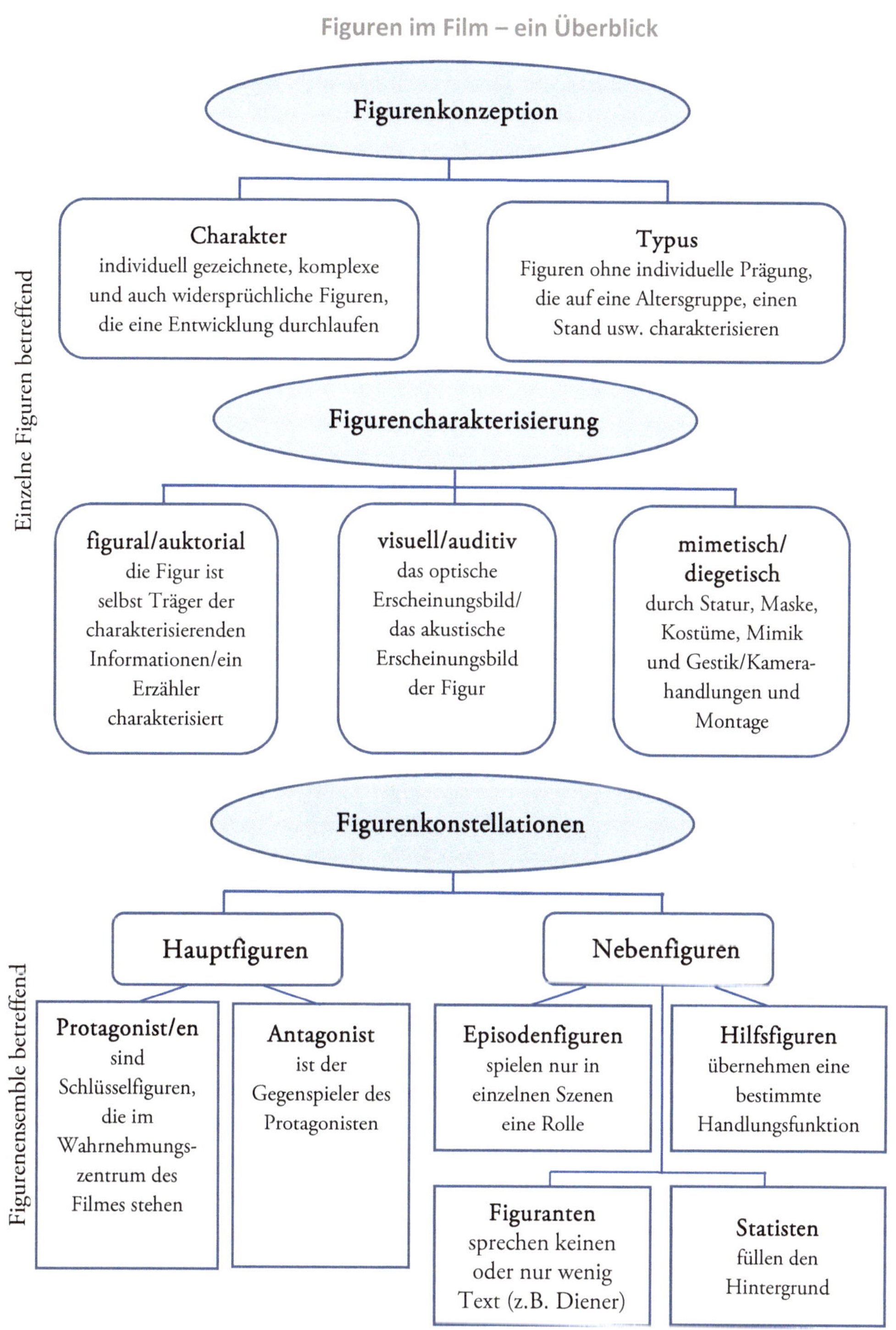

Figurenkonstellationen und -konzeptionen in „Die Spur des Falken"

Bis auf die Szene am Anfang, in der Miles Archer erschossen wird, folgen wir immer Sam Spade und einer sehr überschaubaren Anzahl von Figuren. In welchem Verhältnis stehen die auf dieser Seite abgebildeten Figuren zu dem Detektiv Sam? Handelt es sich um Antagonisten, Episoden- und Hilfsfiguren oder Figuranten? Welche Figurenkonzeption liegt den Personen zugrunde? Werden sie uns als Charaktere oder Typen vorgestellt?

Effie Perine

Mrs. Wonderly

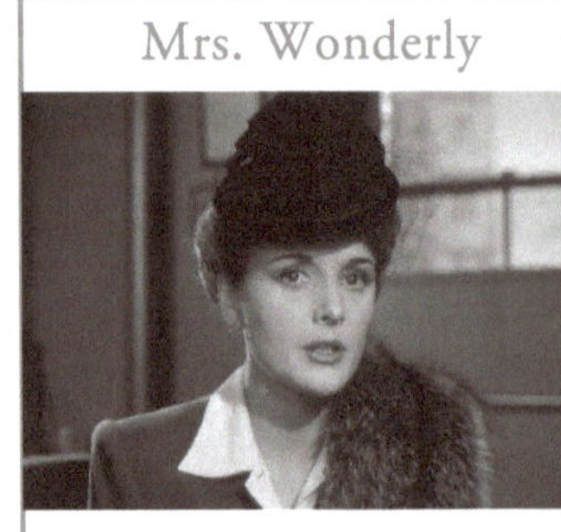

Sam Spade

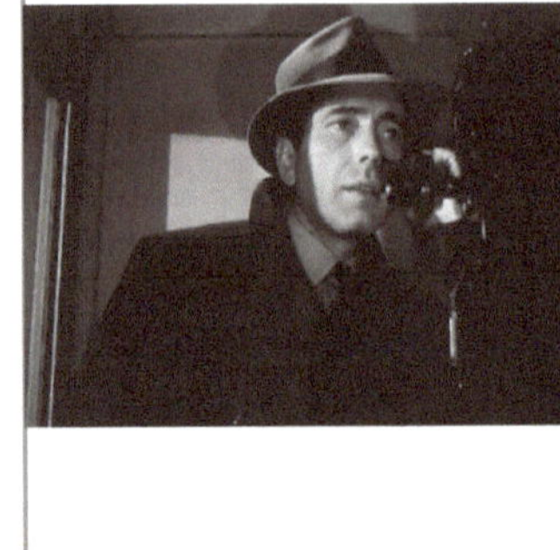

Mr. Gutman

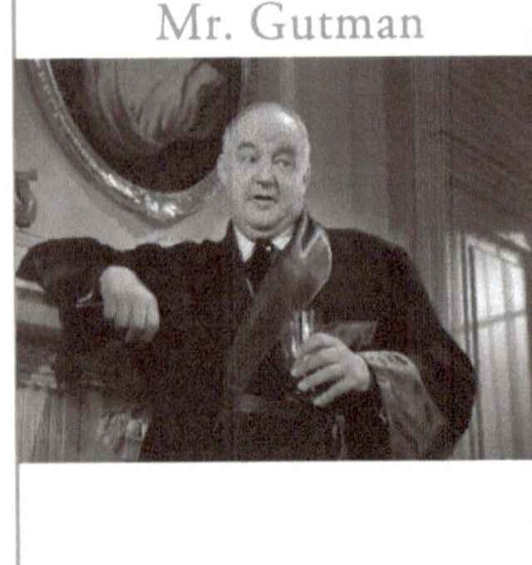

Joel Cairo

Figurenkonstellationen in „Das Fenster zum Hof"

Der Film von Alfred Hitchcock widmet sich nicht nur der Frage, ob Jefferies indirekt einen Mord beobachtet hat. Wir fragen uns auch, ob seine Freundin Lisa es schaffen wird, ihn von einer Heirat zu überzeugen und damit sein abenteuerliches Leben aufzugeben. Bevor Jeff zu einer Entscheidung kommt, entfalten sich vor seinen Augen eher ernüchternde Zukunftsvisionen auf der Bühne des Lebens im Hinterhof. Wir sehen mit ihm einige Möglichkeiten des menschlichen Zusammenlebens: von der ersten Verliebtheit und einer scheinbar grenzenlosen Leidenschaft kurz nach der Hochzeit, über das Scheitern einer Ehe mit der Aussicht eines Neuanfangs bis hin zur schier ausweglosen Situation einer unerträglich gewordenen Ehe. Auch das Thema Einsamkeit mit der verzweifelten Suche nach einer romantischen Liebe wird uns durch eine Figur aufgezeigt.
Für welche Möglichkeiten des Zusammenlebens stehen welche Figuren bzw. Paare und welche Zukunftsszenarien zeigt uns der Film im Laufe der weiteren Handlung? Benennen Sie die Filmstills und charakterisieren Sie kurz, was Sie im Laufe des Films über deren Stand der Beziehungen und Gefühle erfahren konnten.

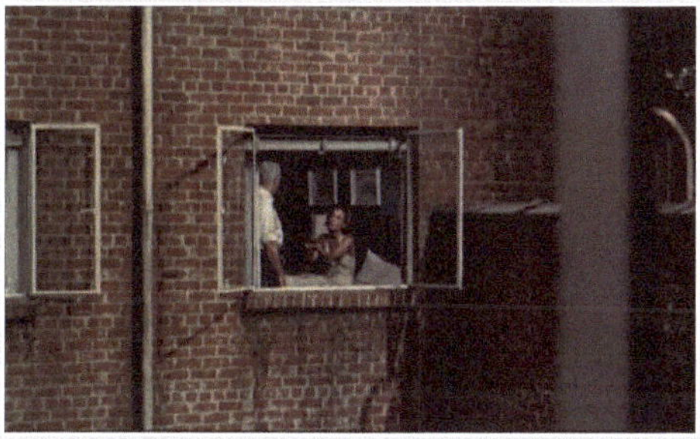

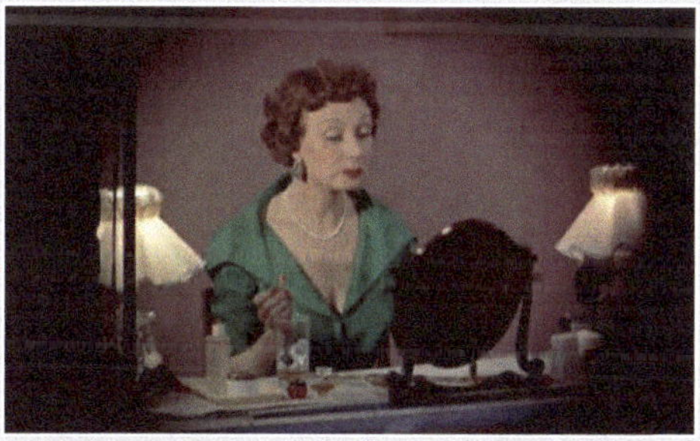

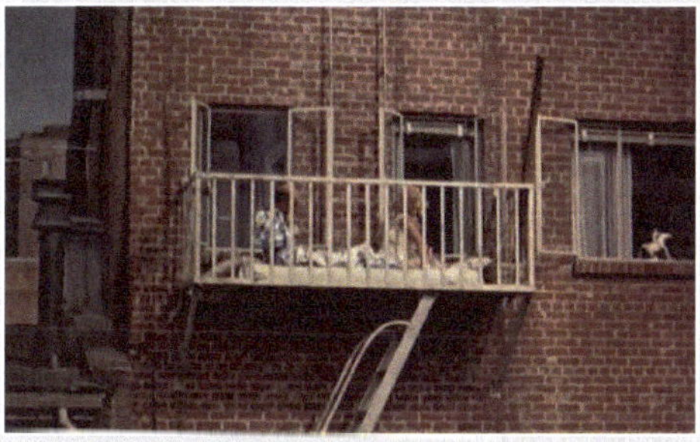

....
....
....
....
....

....
....
....
....
....

....
....
....
....
....

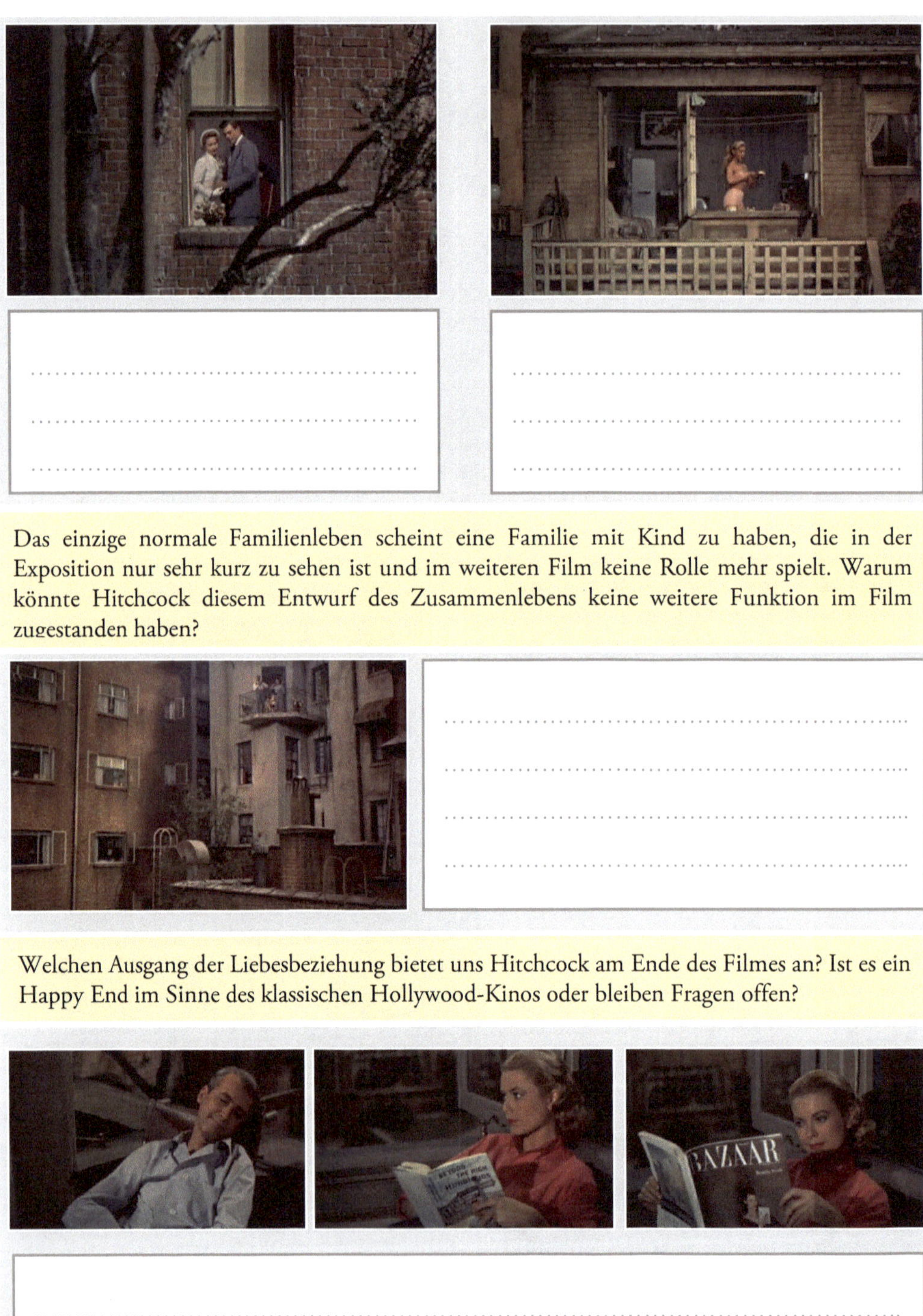

Das einzige normale Familienleben scheint eine Familie mit Kind zu haben, die in der Exposition nur sehr kurz zu sehen ist und im weiteren Film keine Rolle mehr spielt. Warum könnte Hitchcock diesem Entwurf des Zusammenlebens keine weitere Funktion im Film zugestanden haben?

Welchen Ausgang der Liebesbeziehung bietet uns Hitchcock am Ende des Filmes an? Ist es ein Happy End im Sinne des klassischen Hollywood-Kinos oder bleiben Fragen offen?

Archetypen im Film – Von Helden, Tricksern und Gestaltenwandlern

Entscheidend für eine funktionierende Dramaturgie sind natürlich die handelnden Figuren, die im populären Film oft als archetypische Figuren konkrete Funktionen übernehmen. Nach dem Psychologen Carl Gustav Jung sind diese Archetypen stets wiederkehrende Figuren, die immer in der gleichen Beziehung zueinander stehen. Sie bilden einen Bestandteil der universellen Sprache des Geschichtenerzählens. Die Idee des Archetypus ist ein wichtiges Werkzeug, wenn es darum geht, die Funktion einer Figur innerhalb einer Geschichte zu begreifen und selbst Figuren für eine Geschichte zu entwickeln. Nach Christopher Vogler lassen sich sieben Archetypen unterscheiden, die an verschiedenen Stellen der Heldenreise mehrfach oder auch gar nicht auftauchen können. Sie können ebenso ihren Charakter im Laufe der Geschichte ändern oder die Aufgaben mehrerer Archetypen übernehmen.[46]

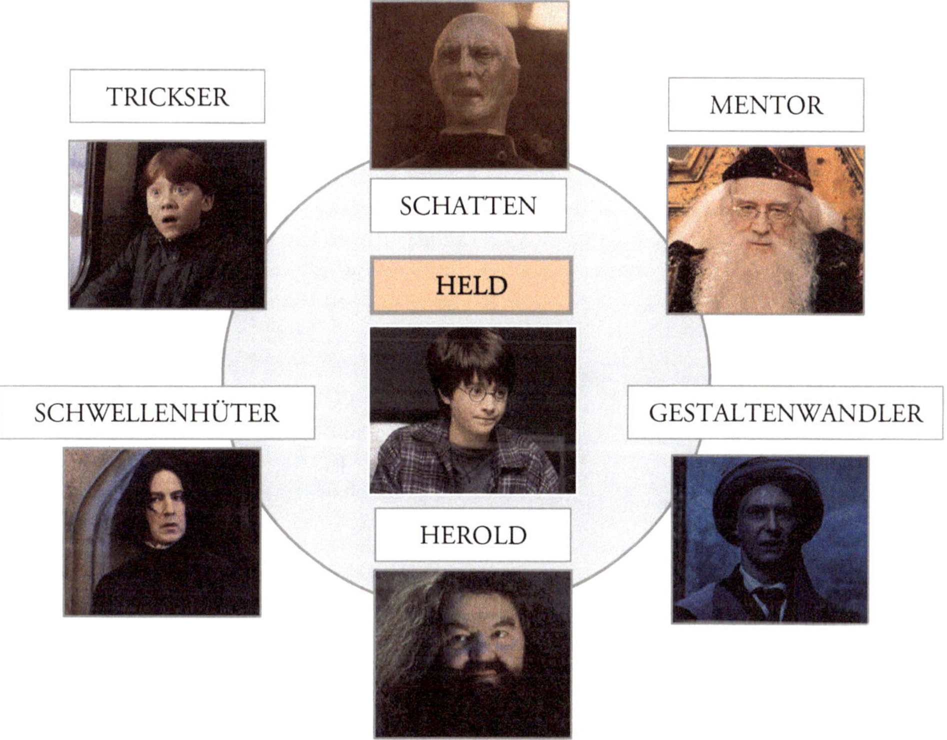

Der Held steht im Mittelpunkt der Geschichte und bietet dem Publikum einen Zugang zum Geschehen. Damit wir bereit sind, die Welt mit seinen Augen zu sehen und seine Abenteuer mitzuerleben, muss er eine unverwechselbare Kombination von Wesensmerkmalen und Eigenschaften besitzen, mit denen wir uns identifizieren können.

Harry Potter zeichnet sich durch seine gute Intuition und seinen Mut aus. Er handelt überwiegend selbstlos und bescheiden. Sein hitziges Gemüt bringt ihn dabei immer wieder in Schwierigkeiten, die er nur mit Hilfe seiner Freunde Hermine und Ron überwinden kann.

Der Schatten ist der Gegenspieler (Antagonist) des Helden und steht für die Kräfte der Nachtseite. Er fordert den Helden heraus, lässt einen Konflikt entstehen und verwickelt den Helden meist in lebensbedrohliche Situationen.

Lord Voldemort strebt nach der Überwindung des Todes und bedroht als schwarzer Magier die Zauberwelt. Der an Harry gerichtete Todesfluch fiel auf ihn zurück und ließ ihn zum stärksten Feind des Helden werden.

Der Mentor verfügt über Kenntnisse oder Mittel, die dem Helden nicht zur Verfügung stehen. Diese positiv besetzte Figur unterstützt den Helden. Er lehrt ihn und überreicht Gaben, die der Held für die Bewältigung seiner Aufgaben braucht.

Professor Albus Dumbledore getraut sich, neben Harry als Einziger, Voldemort beim Namen zu nennen und unterstützt den Helden durch Ratschläge und auch durch sein Vertrauen. Er ist humorvoll und weise.

Der Gestaltenwandler ist eine rätselhafte Figur, die im Laufe der Geschichte immer wieder andere Züge annimmt und die häufig ein falsches Spiel spielt. Diese wechselhaften Charakterzüge können als Katalysator die Geschichte beschleunigen und notwendige Veränderungen anregen.

Professor Quirinus Quirrell ist in Harrys erstem Schuljahr der Lehrer im Fach Verteidigung gegen die dunklen Künste und gibt sich ängstlich und unsicher. Am Ende wird ersichtlich, dass er als Wirt von Lord Voldemorts fungiert und Harry zu töten versuchte.

Der Herold ist der Überbringer von Botschaften. Durch ihn erfährt der Held von seinen Aufgaben und bevorstehenden Veränderungen. Meist tritt er am Anfang und Ende einer Geschichte auf und kann auch der dunklen Seite dienen.

Rubeus Hagrid ist ein Halbriese und überbringt Harry die Botschaft, dass er ein Zauberer sei. Ihn verbindet eine tiefe Freundschaft mit Harry, Ron und Hermine.

Der Trickser ist ein Schelm und bereichert die Geschichte durch Späße, die für Entspannung sorgen. Als komischer Begleiter ist er ein Verbündeter des Helden.

Ron Weasly ist der beste Freund Harrys. Mit seiner Angst vor Spinnen und seiner Ungeschicktheit sorgt er häufig für Erheiterung.

Der Schwellenhüter steht an der Grenze zwischen der gewohnten Welt des Helden und der unbekannten Welt des Schattens. Als Gefolge des Schattens hemmt er die Aktionen des Helden, lässt sich aber auch austricksen und kann im Laufe der Geschichte zu einem Verbündeten werden.

Severus Snape ist der Hauslehrer von Slytherin. Er stellt sich immer wieder Harry bei der Verfolgung seiner Aufgaben in den Weg und behindert ihn. Im Laufe der Geschichten nimmt er auch die Rolle des Gestaltenwandlers ein.

Archetypen im Film „Jäger des verlorenen Schatzes“

Verbinden Sie die Figuren rechts mit ihrer Funktion als Archetyp auf der linken Seite. Sie können diese Vorlage auch für die Erstellung eines Memorys nutzen und für Figuren anderer Filme anwenden, die auf diese Archetypen zurückgreifen.

Figur		Archetyp
Belloq	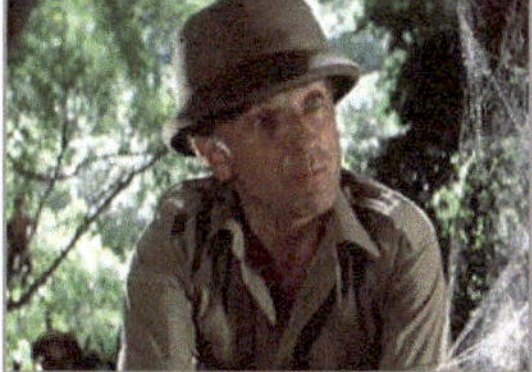	**Gestaltenwandler** Diese rätselhafte Figur nimmt im Laufe der Geschichte immer wieder andere Züge an und spielt häufig ein falsches Spiel.
Major Toht	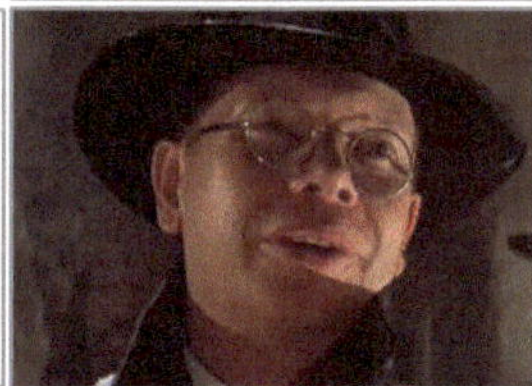	**Schatten** Der Gegenspieler (Antagonist) fordert den Helden heraus und verwickelt ihn meist in lebensbedrohliche Situationen.
Äffchen	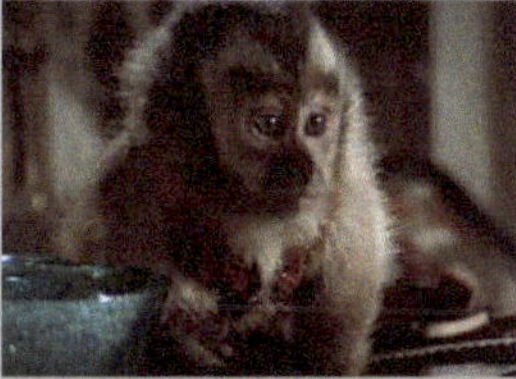	**Mentor** Diese positive Figur lehrt den Helden und überreicht Gaben, die dieser für die Bewältigung seiner Aufgaben braucht.
Marcus Brody	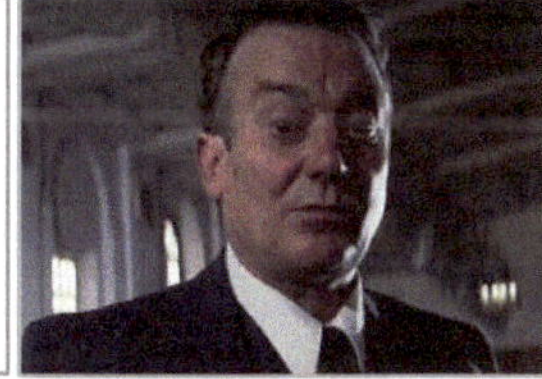	**Schwellenhüter** Als Gefolge des Schattens hemmt er die Aktionen des Helden, lässt sich aber auch austricksen.
Indiana	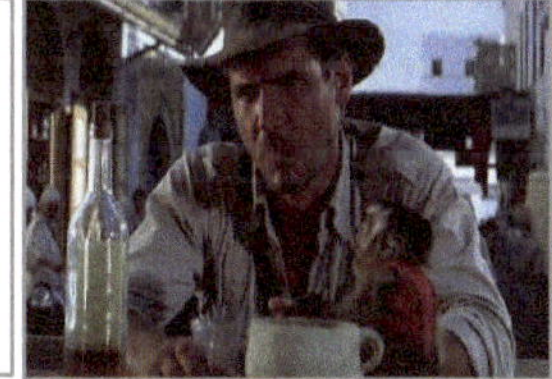	**Herold** Als Überbringer von Botschaften erfährt der Held durch ihn von seinen Aufgaben. Meist tritt er am Anfang und Ende auf.
Ravenwood	wird im Film als verstorbener Lehrer von Indiana Jones vorgestellt, der das Amulett fand.	**Held** Die aktivste Figur steht für Entwicklungen und Lernprozesse und bringt die Geschichte voran.

Welcher Archetyp fehlt auf dieser Seite?

Die Einheiten des Films

Der Sprache ähnlich setzt sich der Film aus unterschiedlichen Einheiten zusammen, die wie aus einzelnen Buchstaben Wörter ergeben, aus mehreren Wörtern einen Satz, aus mehreren Sätzen ein Kapitel und letztendlich aus mehreren Kapiteln eine ganze Erzählung bilden. Mit dem Prinzip des Schnittes und der Montage werden diese Elemente zerlegt und in einen Zusammenhang gebracht. Dieser Arbeitsprozess der Postproduktion ist mit der Arbeit des Drehbuchautors verwandt, d.h. die Geschichte des Autors wird mit dem vorhandenen Filmmaterial dramaturgisch verändert erzählt. Der Aufwand der Filmcutter wird oftmals unterschätzt.

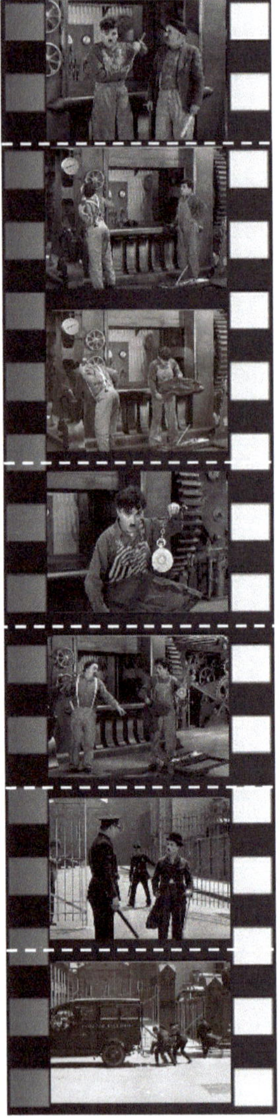

Das Einzelbild (engl. frame): Wie der einzelne Buchstabe der Schrift ist das Einzelbild die kleinste Einheit eines Films. Wir sehen 24 Frames in der Sekunde.

Die Einstellung (engl. shot): kann mit einem Wort verglichen werden. Sie zeigt Einzelbilder zwischen zwei Schnitten, d.h. wir sehen einen Filmausschnitt, der ohne Unterbrechung aufgenommen wurde. Oftmals werden von einer Einstellung mehrere Varianten gedreht, diese werden dann Takes genannt.

Die Szene: Wie die Wörter in ihrer Reihenfolge einen Satz ergeben, so spielt die Szene durch mehrere Einstellungen an einem Handlungsort. Ursprünglich bezeichnete man mit dem Begriff der Szene, die Situation im Theater, wenn sich die Personenkonstellation auf der Bühne ändert. Im Film stellt eine szenische Einheit einen Zusammenhang von Zeit, Ort und Figuren dar.

Die Sequenz: Hängen mehrere Szenen inhaltlich zusammen, spricht man von Sequenzen. Einem Buchkapitel ähnlich müssen Sequenzen nicht kontinuierlich an einem Ort und in einer Zeit spielen. Stattdessen stehen sie in einem gedanklichen Zusammenhang.

Filmische Einheiten in „Lola rennt“

Welche filmischen Einheiten erkennen Sie in diesen Filmausschnitten? Ordnen Sie den Filmstills die Begriffe EINSTELLUNG, SZENE und SEQUENZ zu. Wenn Sie die nummerierten Buchstaben in das Lösungsfeld eintragen, erhalten Sie einen filmischen Begriff, der das Tempo eines Filmes bestimmt. Hinweis: Nicht alle nummerierten Felder müssen ausgefüllt werden.

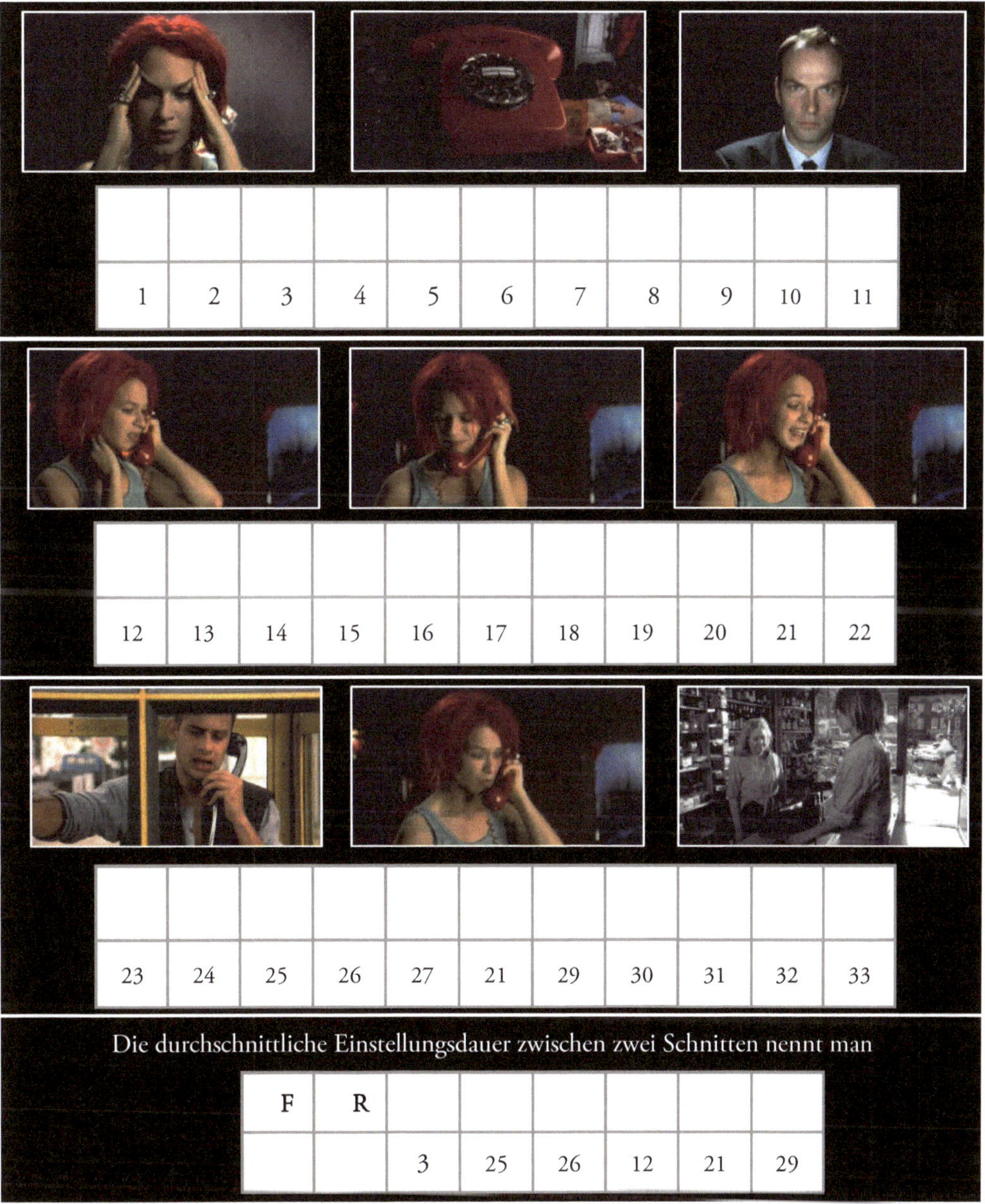

Die Bildgestaltung

Jedes statische Bild weist Gliederungs- und Gestaltungsmerkmale auf, die den Zuschauer in seiner Wahrnehmung lenken sollen. Diese Merkmale wurden aus der Malerei über die Fotografie auch auf den Film übertragen.[47] Sie werden durch eine Vielzahl von Codes geprägt, deren Aufzählung den Rahmen sprengen würde, denn dazu zählen auch die Gestaltung durch Licht, Farbe, Perspektive, Einstellungsgröße u.v.m. Als wesentliche Aspekte der Bildgestaltung werden deshalb die beiden Bereiche der **Bildbegrenzungen** und **Bildkompositionen** beschrieben.[48]

Bildbegrenzungen

Jedes Bild wird durch seinen Rahmen bestimmt, der das Abgebildete von den visuellen Erscheinungen der Wirklichkeit isoliert. Was in der Realität häufig als ungeordnet und zufällig erscheint, erhält durch den Rahmen eine innere Ordnung.[49] Mit der Auswahl des Gezeigten ist natürlich auch immer eine Ausgrenzung des Nichtgezeigten verbunden. Dieser Off-Screenraum ist auch Bestandteil des Filmbildes und kann mehr oder weniger bedeutungsvoll für die Interpretation des Filmes sein. Maßgeblich dafür ist die offene oder geschlossene Form des Filmbildes, die wiederum eng mit den Bewegungselementen innerhalb des Bildes zusammenhängt.

Von einer offenen Form spricht man, wenn das Filmbild nur einen Ausschnitt einer viel größeren Wirklichkeit einzufangen scheint und der Handlungsraum offen für neue Elemente gestaltet ist. Als geschlossen gilt die Form dann, wenn das Filmbild in allen Aspekten bewusst gestaltet, durchkomponiert und konzentriert erscheint. Alle handlungsrelevanten Personen und visuellen Elemente werden in einem deutlichen Verhältnis zueinander erfasst.[50]

Offene Form in „M – eine Stadt sucht einen Mörder" (1931)

Kader als das im Bildformat eingeschlossene Bildfeld

Kadrierung als Begrenzung des abgebildeten Geschehens durch einen Ausschnitt

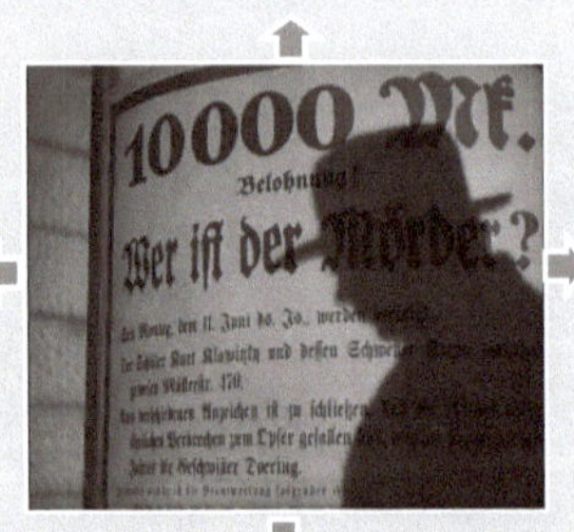

Off-Screenraum als der außerhalb des Gezeigten liegende, aber mitgedachte Bereich

Die **offene Form** betont die Ausschnitthaftigkeit des Gezeigten

Geschlossene Form in „Barry Lyndon" (1975)

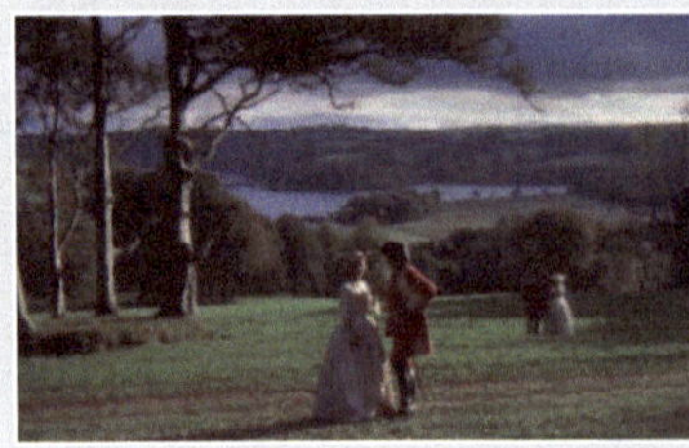

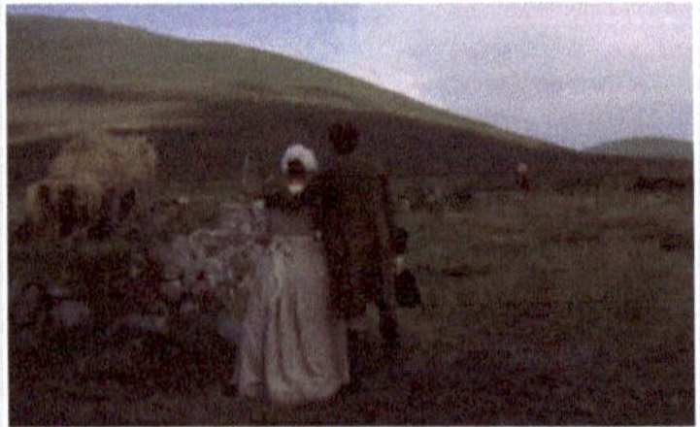

Die Nicht-Sichtbarkeit im Film – Off-Screen-Räume

Nicht immer ist nur der dargestellte Bereich in Bild und Ton für die Rezeption und Interpretation eines Filmes von Bedeutung.[51] Mit dem filmischen Begriff **Off-Screen** wird der imaginäre, außerhalb des Bildfeldes existierende Raum bezeichnet, der zur Einheit der Szene gehört. Das innere Bild einer Szene, dass der Zuschauer entwirft, entsteht aus Interpretationen, Hypothesen und Schlussfolgerungen, die über die Grenzen des Dargestellten hinausreichen. Off-Screen-Räume sind damit die Teile einer Szene, die im aktuellen Bild nicht zu sehen sind, von denen der Zuschauer aber weiß, dass sie da sind.[52] Besonders häufig werden solche nicht-sichtbaren Elemente für Assoziationen der Zuschauer bei der Spannungserzeugung genutzt.
Off-Screen basiert auf drei elementaren Eigenschaften des Filmbildes, die, in Abhängigkeit von der Filmerfahrung des Publikums, die Rezeption der Szenen wesentlich mitbestimmen.

Zum Ersten wird diese Interpretation davon geleitet, dass wir um die **Ausschnitthaftigkeit** des Filmbildes wissen. Wir denken also über die Grenzen des Bildes hinaus, da wir wissen, dass das Abgebildete nicht vollständig ist, sondern uns nur partielle Ausschnitte des Geschehens zeigen.

Zum Zweiten wirkt in die Rezeption auch unser Alltagswissen der **Objektumgebungen** mit hinein. Sehen wir einen Innenhof mit spielenden Kindern verorten wir das Geschehen der Handlung in den urbanen Raum einer Großstadt und nicht in den ländlichen Bereich. Objekten wohnt damit die Kraft inne, auf ihr gewohntes Umfeld und auf ihre gewohnte Nutzung hinzuweisen. In diesem Sinne interpretieren wir jedes Filmbild auch durch das Vorhandensein unseres Weltwissens, das uns in die Lage versetzt, den Horizont des Umgebungsraums aufzufüllen.[53]

Zum Dritten wird unsere Wahrnehmung von der **kontextuellen Bindung** innerhalb einer Sequenz von Bildern beeinflusst. Vorangegangene visuelle und auditive Elemente wirken damit auch in die Interpretation des aktuell Gezeigten mit hinein. Dabei muss es sich nicht zwangsläufig um unmittelbar davor Gezeigtes handeln, sondern kann sich auch auf „ältere“ Elemente beziehen.

Off – Screen - Räume

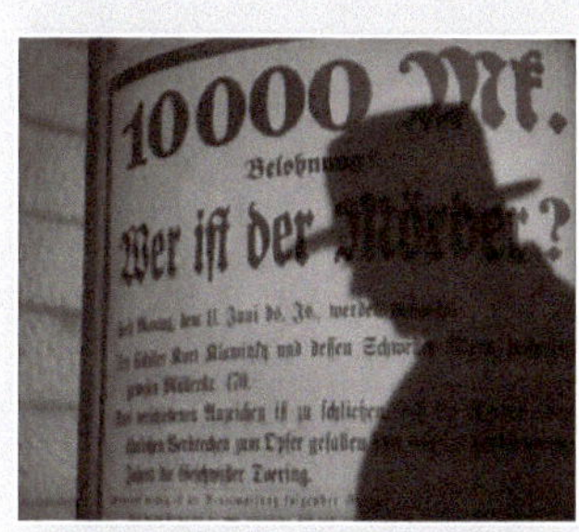

Ausschnitthaftigkeit

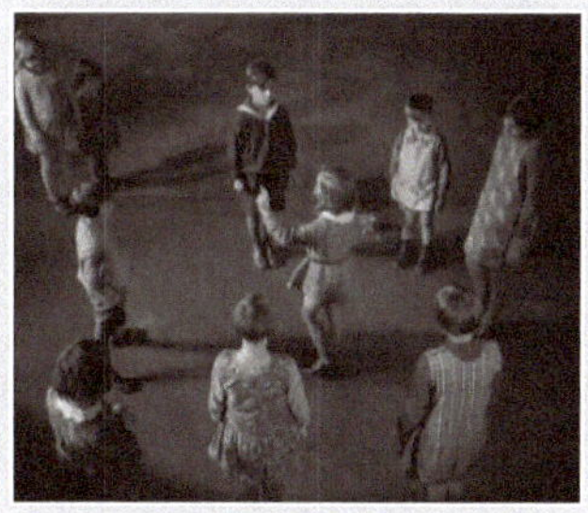

Objektumgebung

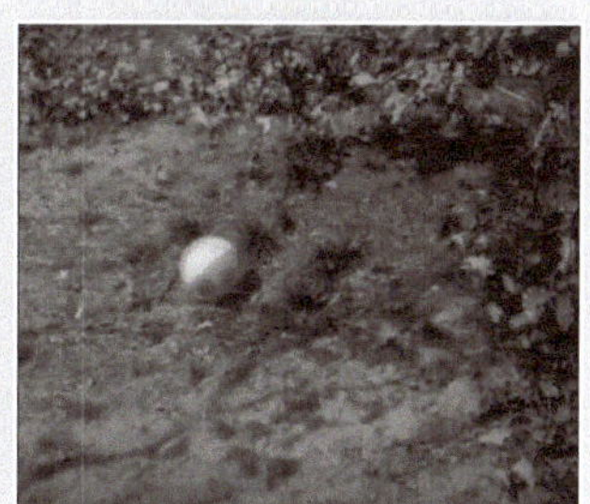

Kontexte

Off-Screen in „M – eine Stadt sucht einen Mörder"

Fritz Lang setzt in diesem Film alle drei Elemente des Nicht-Sichtbaren sehr bewusst ein, um beim Zuschauer wirkungsvolle innere Bilder entstehen zu lassen. Sehr dicht ist diese Wirkung in der Exposition des Filmes (TC 0:02:00 – 0:09:10). Schauen Sie sich diesen Filmanfang und die Filmstills auf dieser Seite an. Durch welche Elemente des Off-Screen-Raumes erzielt der Film seine emotionale Wirkung? Beachten Sie auch den Einsatz des Tons in diesen Szenen. Warum sind manche Bilder ohne Ton?

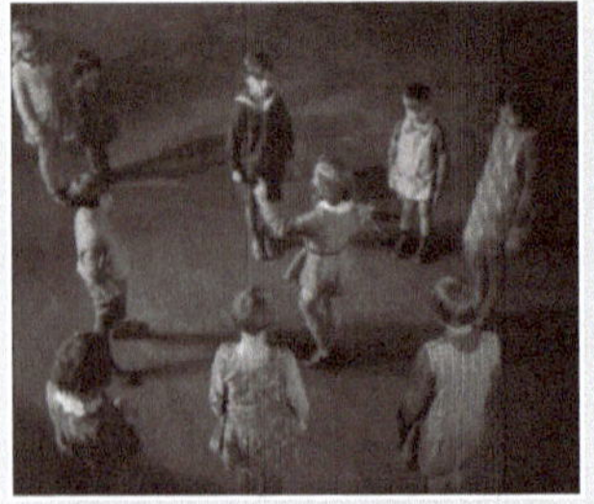
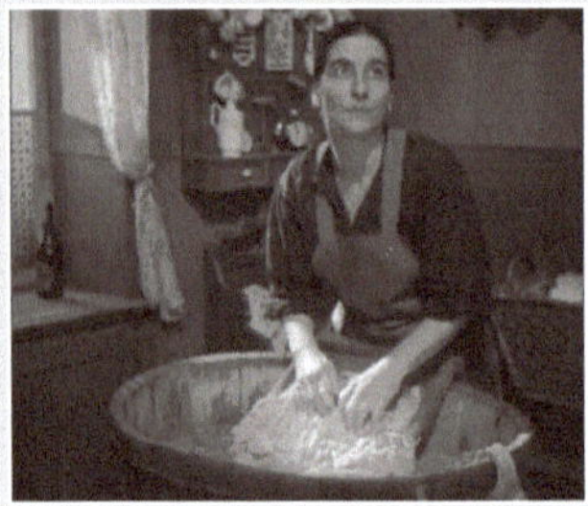
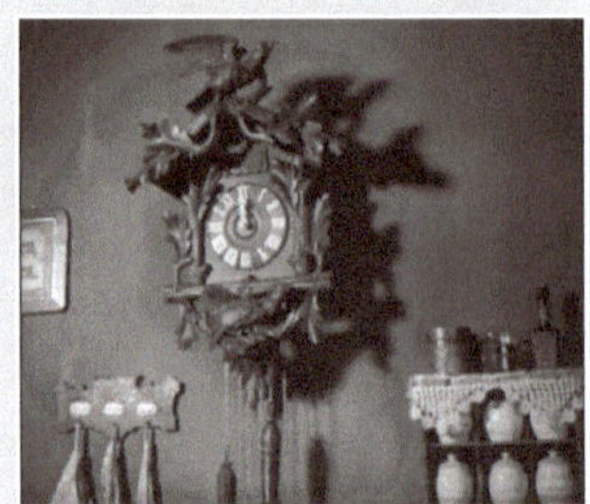

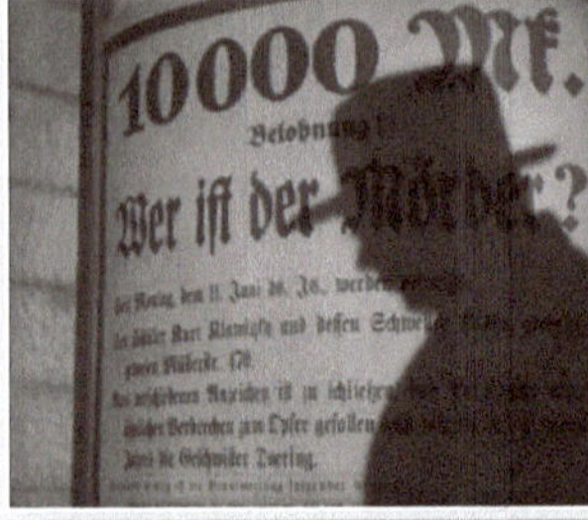

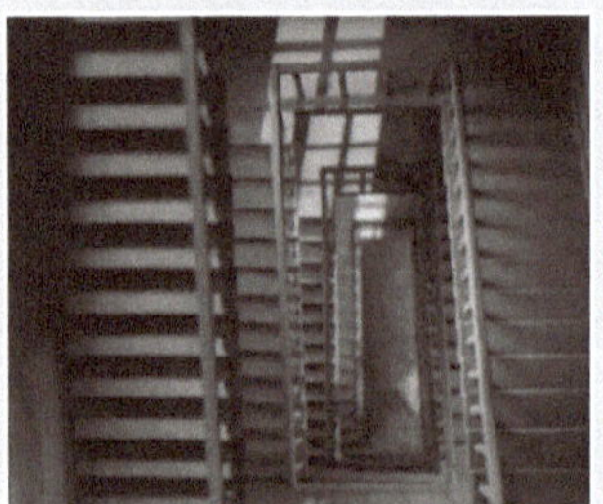
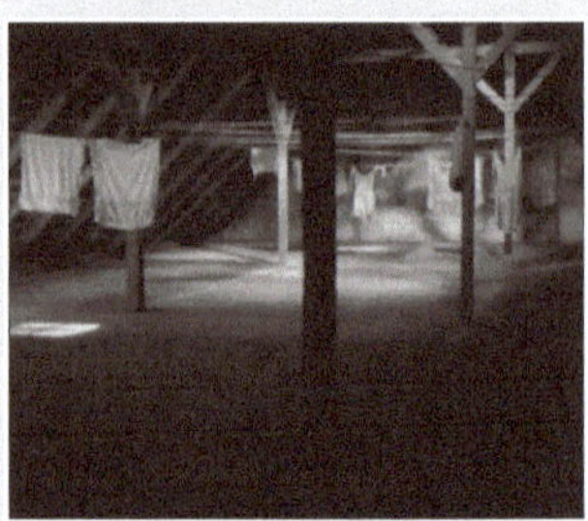

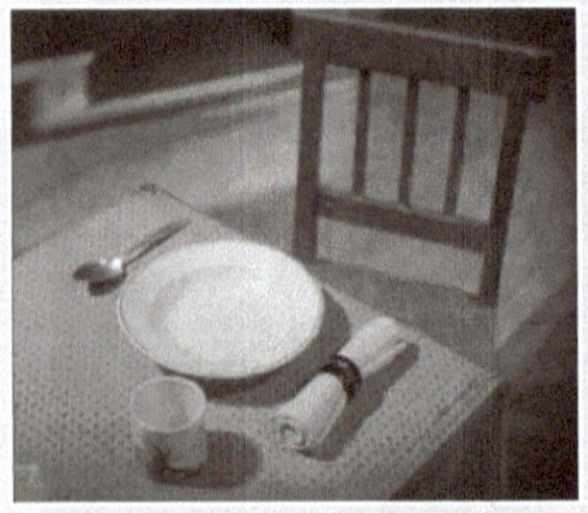
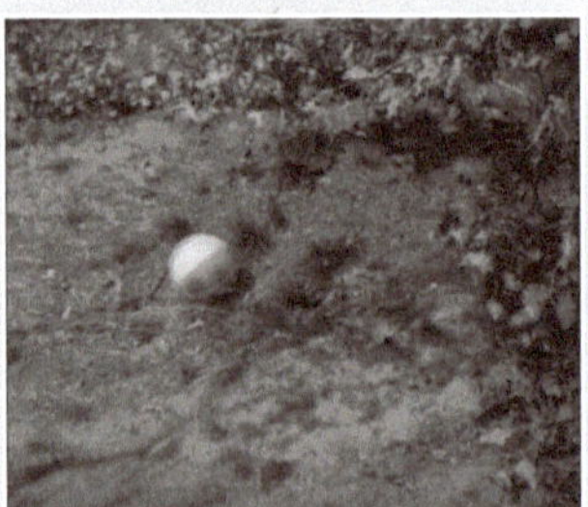
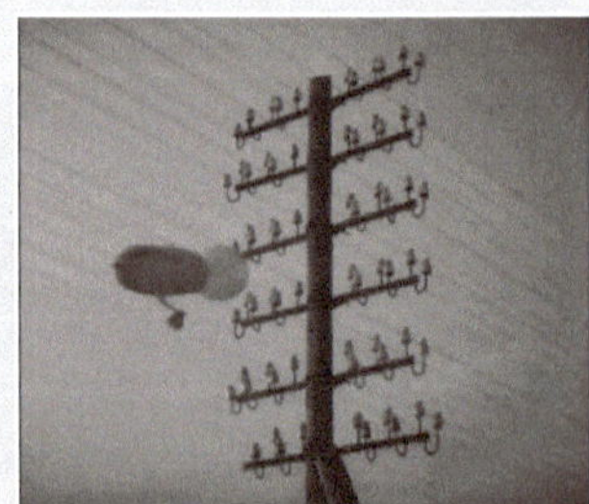

Die Bildkomposition

Bilder im Film werden absichtsvoll gestaltet und in Abhängigkeit davon, was wie zu sehen sein soll, komponiert. Zentrale Fragen, die vor dem Dreh gestellt werden, sind: Welche Objekte oder Personen sollen gesehen werden und auf welche Dinge soll der Zuschauer besonders achten? Zentral für die visuelle Gestaltung sind deshalb die **Blicklenkung**, die sogenannte **Drittelregelung**, die **Bildebenen** und die **Bildschärfe.**

Die Blicklenkung

Ebenso wie beim Foto oder Gemälde wird unser Blick auch im Film stark von geometrischen Grundformen beeinflusst. So nehmen wir diagonale Linien, die von unten links nach oben rechts führen, als aufsteigend wahr. In Abhängigkeit von unserer Leserichtung, betrachten wir Bilder meist von oben links nach unten rechts. Wichtige Personen, denen eine größere Aufmerksamkeit gewidmet werden soll, finden sich deshalb oft links im Bild. Diese Prinzipien gelten auch für Bewegungen. Sehen wir Personen von links nach rechts laufen, empfinden wir dies eher als Vorwärtsbewegung und Ankommen. Bewegungen in die andere Richtung von rechts nach links dagegen interpretieren wir eher als Zurückkommen.[54]

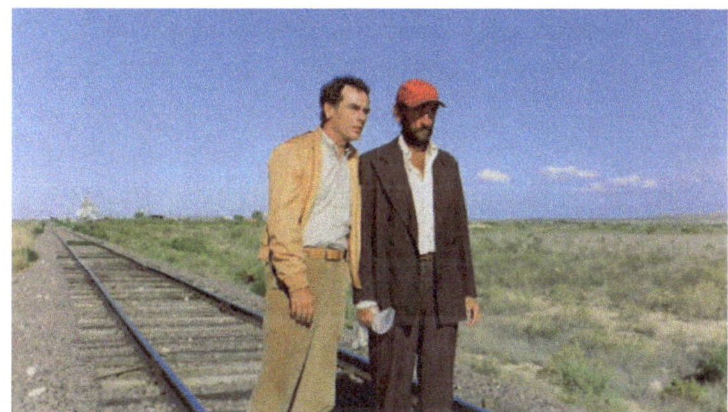

Blinklenkung im Film „Paris, Texas" (1984)

Die leicht diagonal laufenden Bahnschienen führen unseren Blick zu Walt und Travis im Film „Paris, Texas" (1984) von Wim Wenders und lassen uns, auch beeinflusst von der Blickrichtung der Figuren, eine weitere Bewegungsrichtung nach rechts vermuten.

Der goldene Schnitt

Wichtig sind auch die Anordnungen der Personen und Objekte im Filmbild. Der sogenannte goldene Schnitt gehört zu den ältesten Gestaltungsprinzipien, nach denen schon in der Antike Gebäude errichtet wurden. Wenn die Höhe und Breite eines Bildes jeweils 100% ergeben, teilt der goldene Schnitt das Bild jeweils bei 62% in der Höhe und Breite. Diese Einteilung kann rechts oder links, oben oder unten erfolgen.

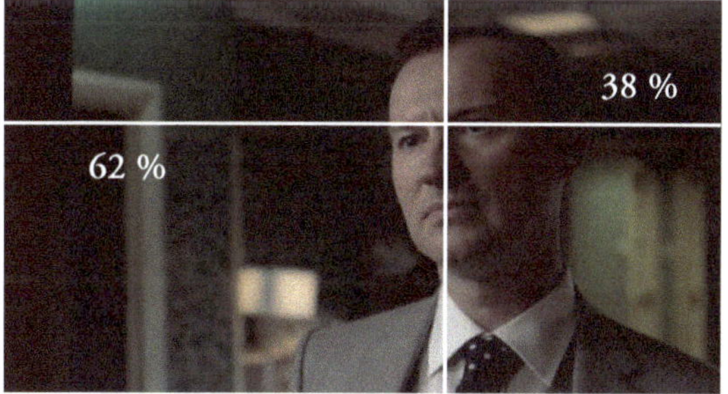

Der goldene Schnitt „Sherlock – Sein letzter Schwur" (2014)

Die Drittelregelung

Auch mit der Vereinfachung des Goldenen Schnittes, der sogenannten Drittel-Regel, kann für die menschliche Wahrnehmung eine als harmonisch empfundene Positionierung gefunden werden. Dazu wird das Bild durch zwei senkrechte und zwei waagerechte Linien in neun gleichgroße Felder, eingeteilt. Die dadurch entstandenen vier Schnittpunkte markieren häufig die wichtigsten Bereiche des Filmbildes.

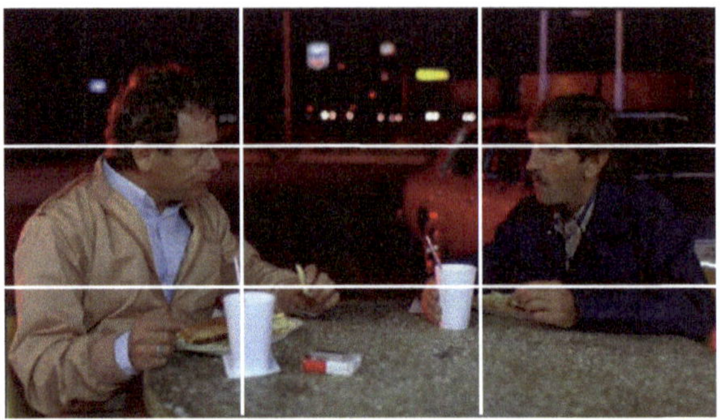

Die Drittelregelung in „Paris, Texas" (1984) legt den Fokus auf die Augen und Hände der Brüder Walt und Travis.

Die Bildebenen

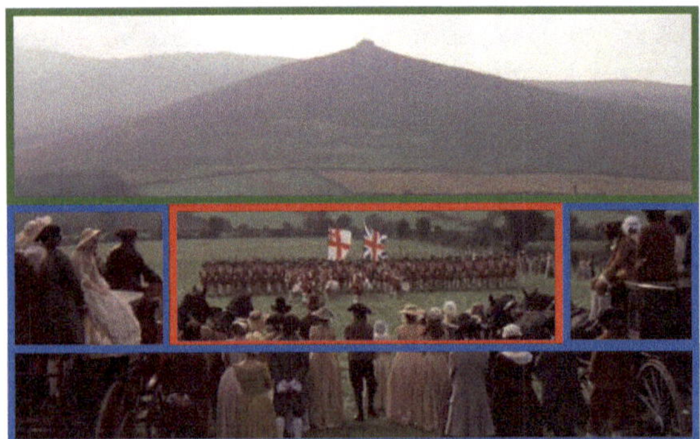

Bildebenen in „Barry Lyndon" (1975)
Vordergrund, Mittelgrund, Hintergrund

Ein weiteres wichtiges Element der Bildgestaltung sind die **Bildebenen** des Vorder-, Mittel- und Hintergrunds und die daraus resultierenden Entfernungen und Proportionen. Je näher und damit auch größer ein Objekt oder eine Person im Bild zu sehen ist, desto bedeutsamer erscheinen sie uns. Räumliche Eindrücke entstehen dann, wenn sich die drei Bildebenen stark voneinander unterscheiden und die Tiefe des Bildes deutlich wird.

Die Bildschärfe

Die Tiefenwirkung hängt auch ganz wesentlich von der **Tiefenschärfe** eines Bildes ab. So lenkt die Veränderung des Schärfepunktes unsere Aufmerksamkeit von der Biene an der Fensterscheibe auf den Jungen im Hintergrund.

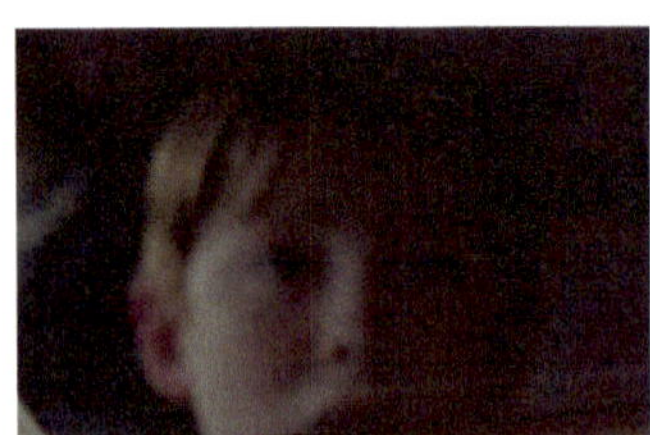

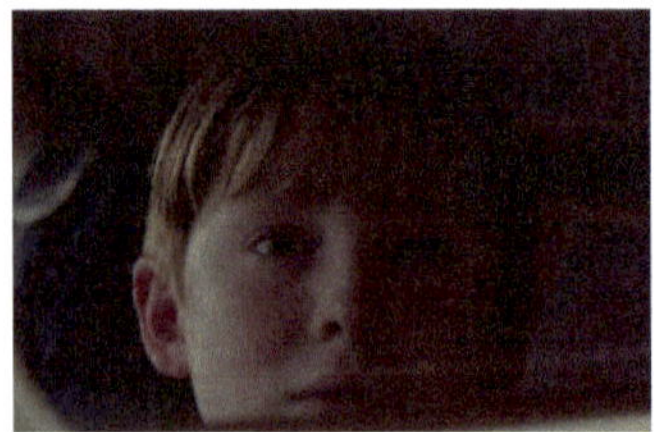

Die Biene oder der Junge? Unterschiedliche Schärfepunkte in „Mr. Holmes" (2015)

Bildebenen und Bildschärfe in „Citizen Kane"

Innovativ war der Film „Citizen Kane" auch durch einen dominanten Einsatz des Weitwinkelobjektivs und der daraus resultierenden Tiefenschärfe. Mit dieser Scharfstellung des Bildraumes bis in den Hintergrund hinein konnte die Handlung ohne die bis dahin üblichen Schnitte innerhalb einer Plansequenz gefilmt werden. Unsere Augen übernehmen in diesen Fällen die Montage und der Zuschauer kann selbst entscheiden, auf welchen Teilen des Bildes sein Blick verweilt.

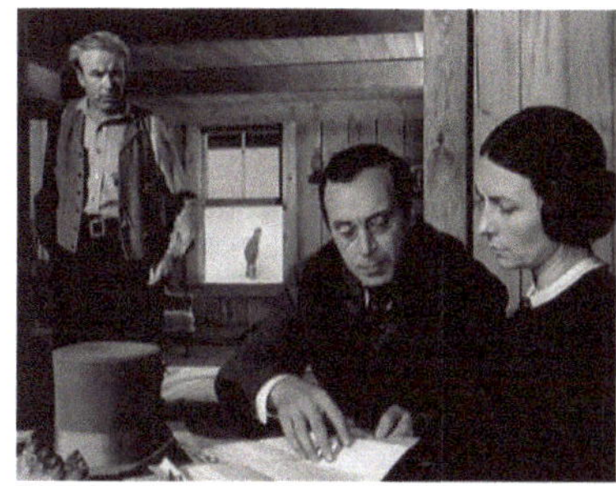

Mr. Thatcher lässt die Mutter einen Vertrag unterschreiben, der die weitere Erziehung des jungen Citizen Kane regelt. Was sagt die Position des Vaters im Bildraum über seinen Standpunkt dazu aus? Was sehen Sie im Hintergrund und welche Bedeutung messen Sie dem Fenster bei?

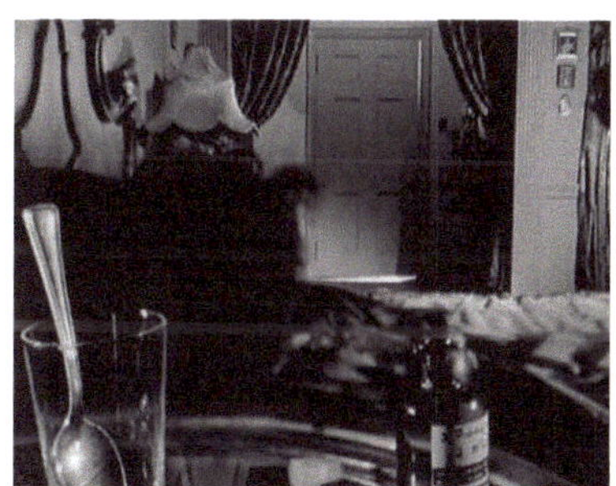

Kanes zweite Ehefrau Susan wacht auch durch das heftige Klopfen an der Tür nicht auf. Welche Bildelemente erscheinen Ihnen aufgrund ihrer Position und Größe als besonders bedeutungsvoll und welche Hinweise auf den weiteren Handlungsverlauf werden Ihnen dadurch geliefert?

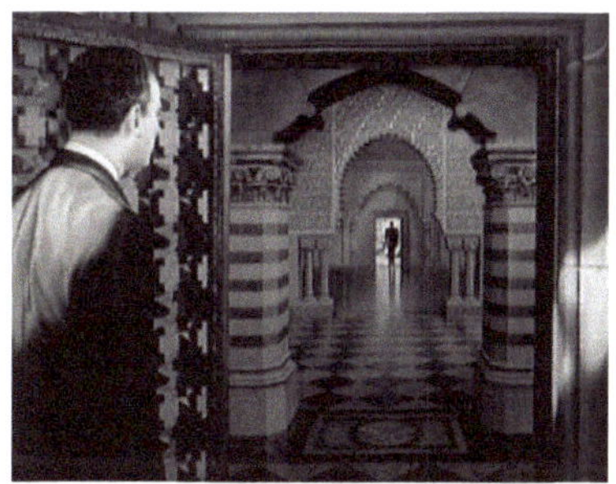

Susan hat gerade Kane verlassen und Charles bleibt allein in seinem riesigen Anwesen Xanadu zurück. Sein Butler Raymond beobachtet die Szene. Wie interpretieren Sie diese Einstellung?

Wie wären solche komplexen Szenen im klassischen Hollywoodfilm ohne den Einsatz großer Tiefenschärfe dargestellt wurden? Skizzieren Sie zu einem der Filmausschnitte die Auflösung der Szene ohne den Einsatz der Tiefenschärfe in Form eines Storyboards. Als Vorlagen können Sie auch das Arbeitsblatt 45.3 nutzen.

Bildgestaltung im Web

Die Art und Weise wie auf den Bildern der ersten Folge der Sherlock-Reihe „Ein Fall von Pink" (2010) SMS-Nachrichten oder auch Sherlocks Gedanken visualisiert wurden, war neu und wurde inzwischen von einigen anderen Filmen übernommen. Die Grafikdesign-Firma Peter Anderson Studio wählte als Schriftart UNDERGROUND P22, die 1916 für die Londoner Untergrundbahn entworfen wurde. [55]

Schauen Sie sich die Filmstills mit den graphischen Elementen aus den Folgen „Ein Fall von Pink" und „Sein letzter Schwur" an und übernehmen Sie selbst für die Bilder in der Mitte die Rolle eines Grafikdesigners. Was können Sie ergänzen?

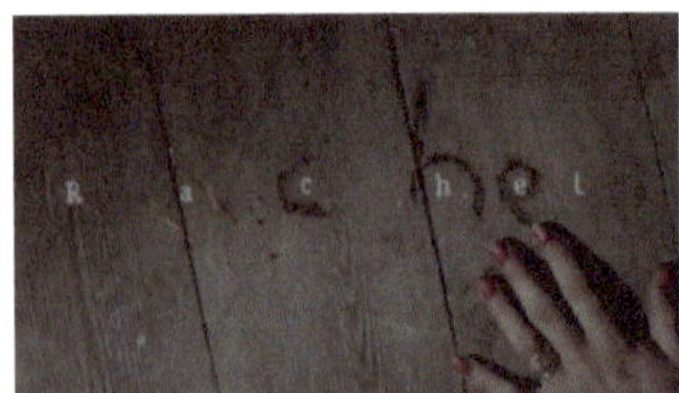

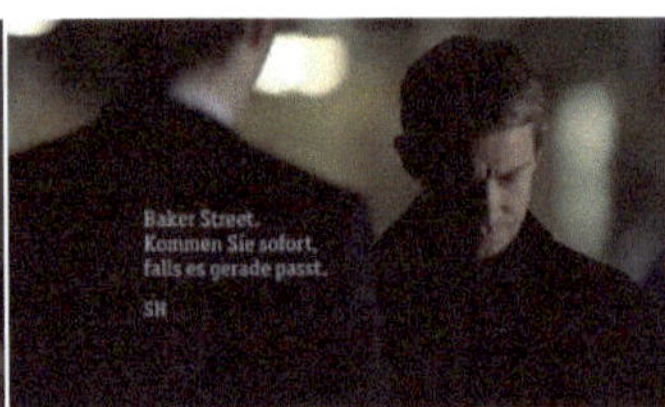

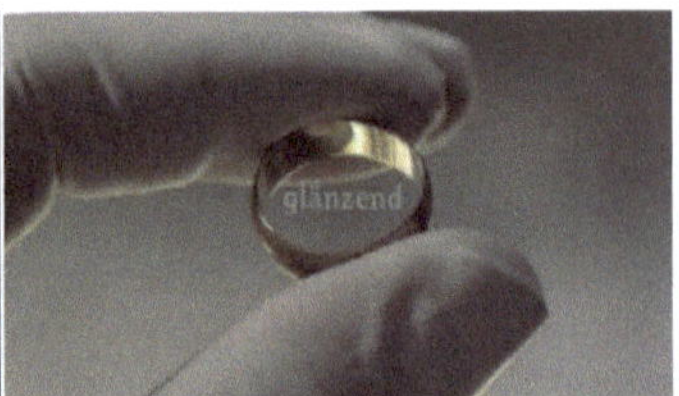

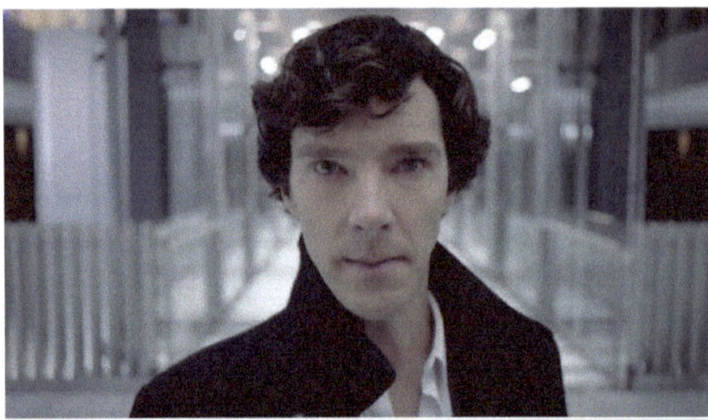

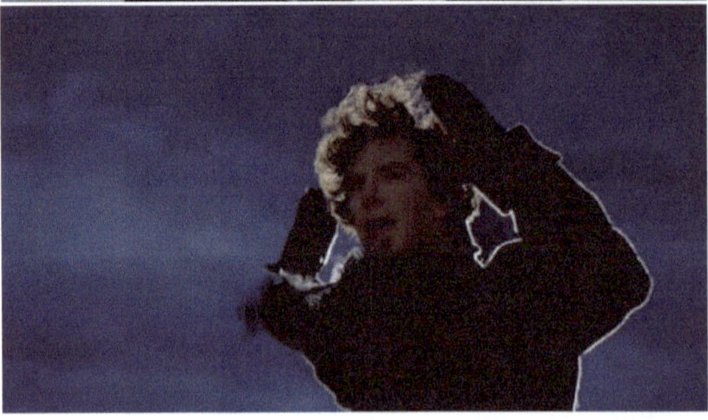

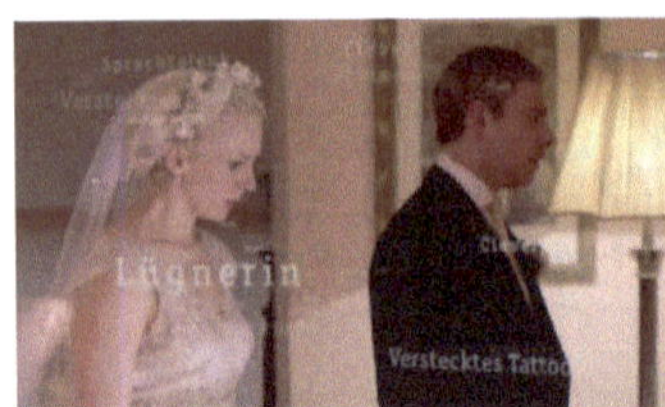

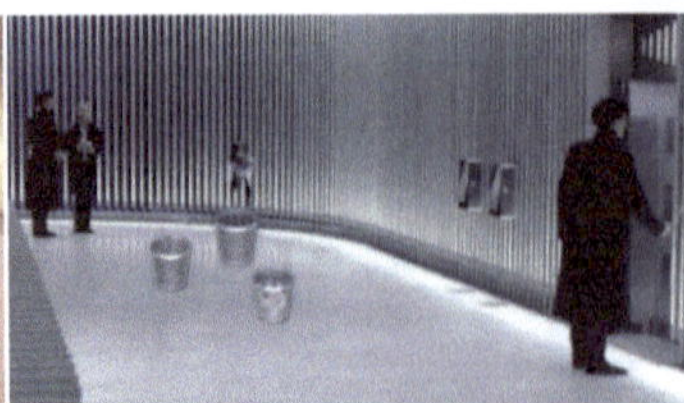

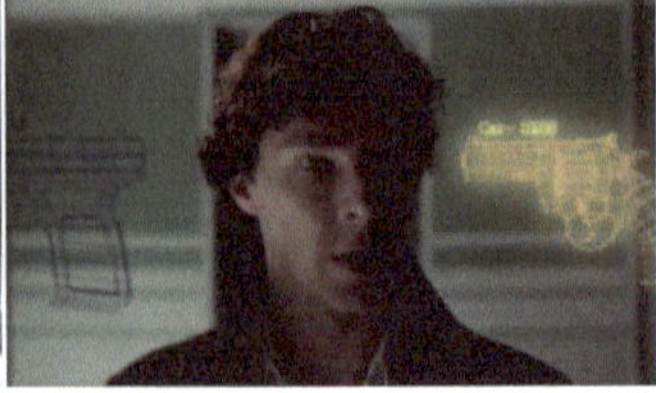

Licht und Schatten – Beleuchtung im Film

Von existenzieller Bedeutung für das Medium Film war von Anfang an das Licht. Zu Beginn der Filmgeschichte 1895 waren die Kameraleute noch ausschließlich auf Sonnenlicht angewiesen und ab 1910 verlagerte sich daher u.a. aufgrund der besseren natürlichen Lichtverhältnisse die amerikanische Filmindustrie von der Ostküste nach Los Angeles. Auch der internationale Erfolg des deutschen expressionistischen Films liegt nicht zuletzt in der hervorragend umgesetzten Lichtinszenierung begründet, die von der Hell-Dunkel-Malerei (Rembrandtlicht) beeinflusst wurde.[56]

Licht führt unseren Blick und lenkt die Aufmerksamkeit auf bestimmte Objekte oder Personen im Film, welche durch die Lichtsetzungen charakterisiert, moduliert und strukturiert werden. Lichtinszenierungen schaffen Atmosphären, die die jeweiligen Szenen freundlich, bedrohlich, natürlich oder künstlich erscheinen lassen.

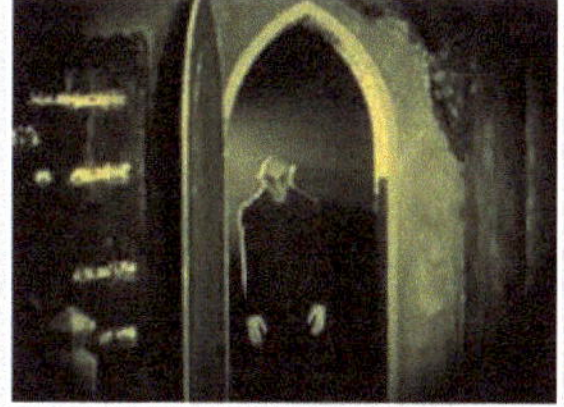
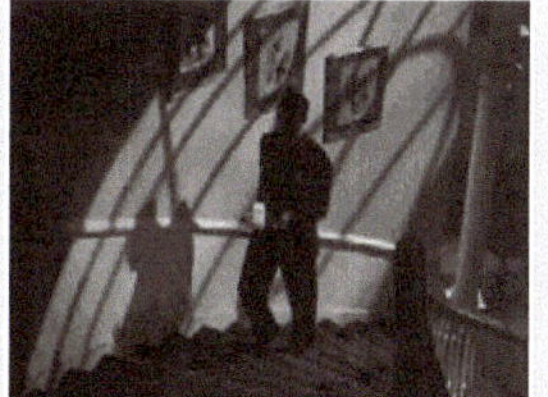
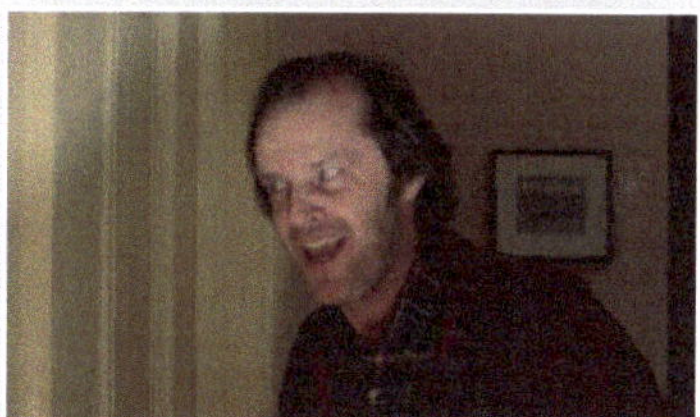

Bedrohliche Stimmungen in „Nosferatu“ (1920), „Verdacht“ (1941) und in „Shining“ (1980)

Als Standardbeleuchtung hat sich eine Dreipunkt-Ausleuchtung etabliert, die aus den Lichtquellen des Haupt-, Seiten- und Hintergrundlichts besteht.
Das leistungsstärkste Hauptlicht prägt die gesamte Szene, das Seitenlicht reduziert die daraus entstehenden Objektschatten und das Hintergrundlicht übernimmt die Funktion, Personen oder Objekte vom Hintergrund zu trennen und einen räumlichen Eindruck entstehen zu lassen.

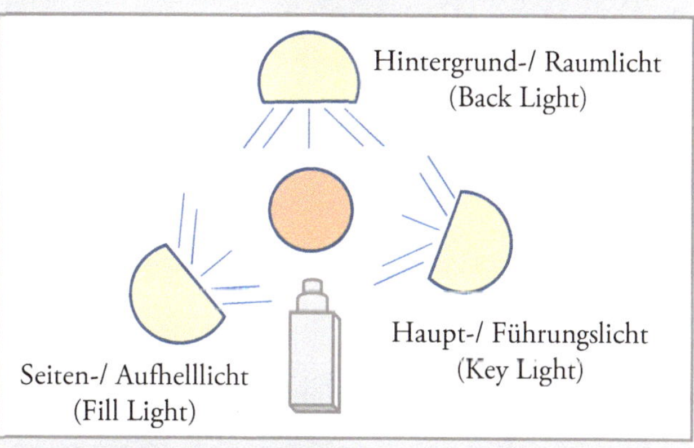

Eigene Darstellung, orientiert an Kamp & Rüsel (1998), S. 33.

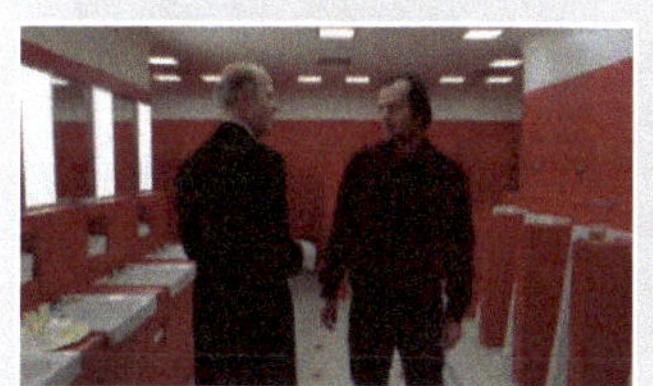
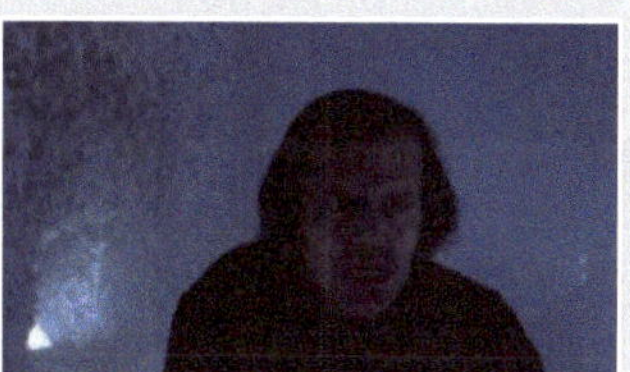
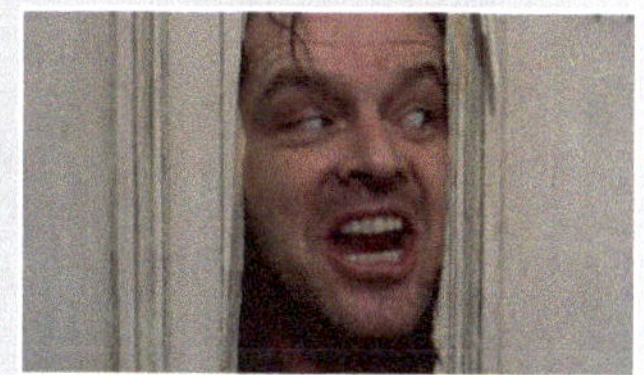

Standardbeleuchtung, Gegenlicht und gleichmäßige Ausleuchtung in „Shining“ (1980)

Beleuchtungsstile

Bei der Lichtgestaltung im Film kann grundsätzlich zwischen drei Beleuchtungsstilen unterschieden werden: dem **Normalstil**, der das natürlich vorhandene Licht betont, dem **Low-Key-Stil**, der die Schatten einer Szene hervorhebt und dem **High-Key-Stil**, bei dem die hellen Tonwerte dominieren.

Normalstil

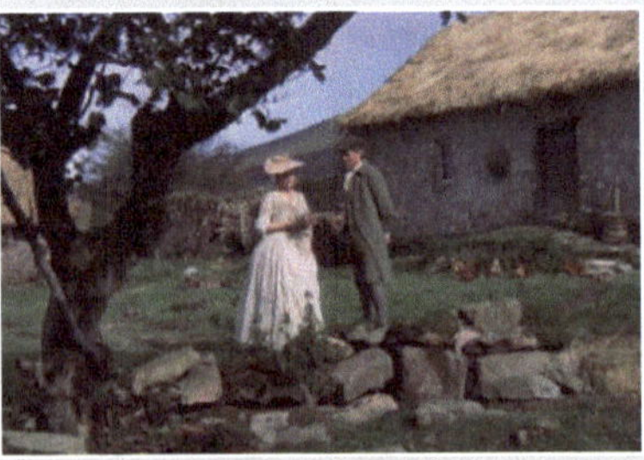
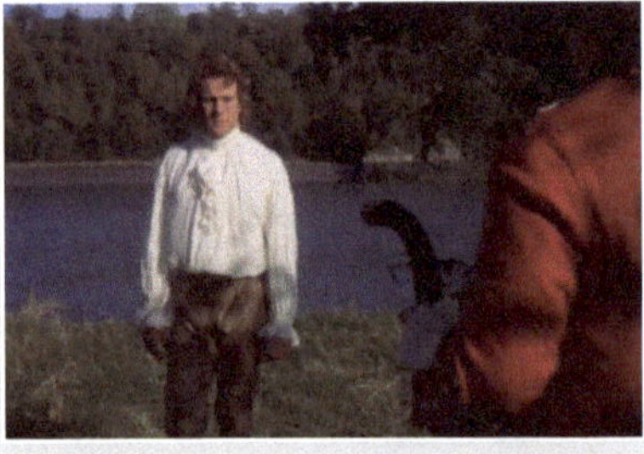

„Barry Lyndon" (1975)

Die Lichtgestaltung orientiert sich an unseren Sehgewohnheiten und soll einen möglichst realistischen Eindruck vermitteln. Die Hell- und Dunkel-Verteilung erscheint ausgewogen und die Personen und Objekte werfen einen natürlich erscheinenden Schatten.

Low-Key-Stil

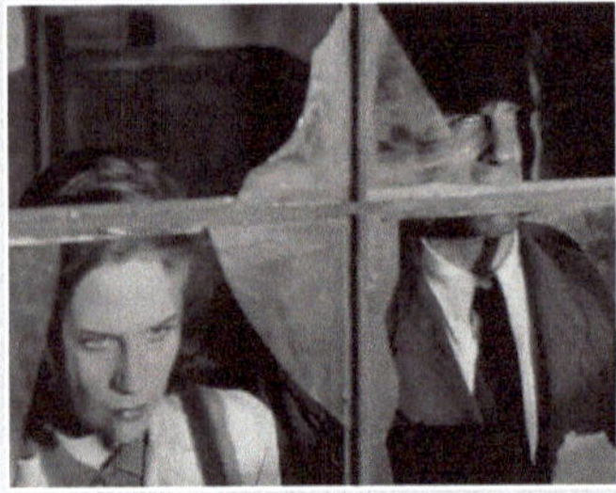
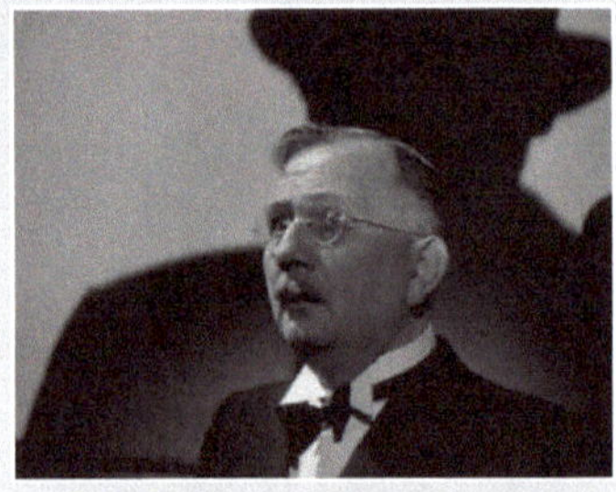

„Die Mörder sind unter uns" (1946)

Das Hauptlicht der Szene erscheint schwach, die Szene ist ungleichmäßig ausgeleuchtet und die Schatten wirken übermäßig stark. Der Low-Key-Stil wird häufig in Horror-, Science-Fiction- und Kriminalfilmen angewendet und war auch stilprägend für den Film Noir.

High-Key-Stil

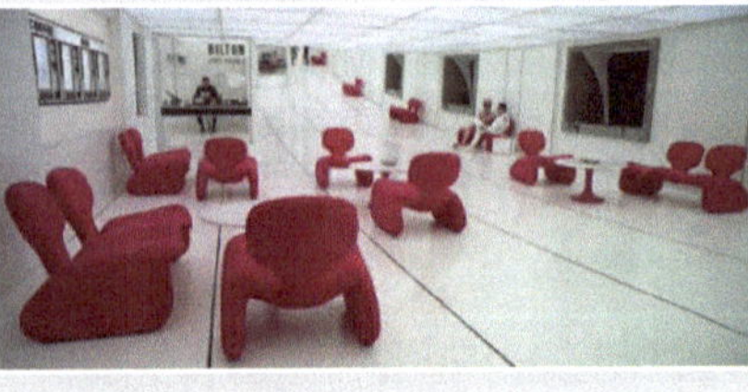
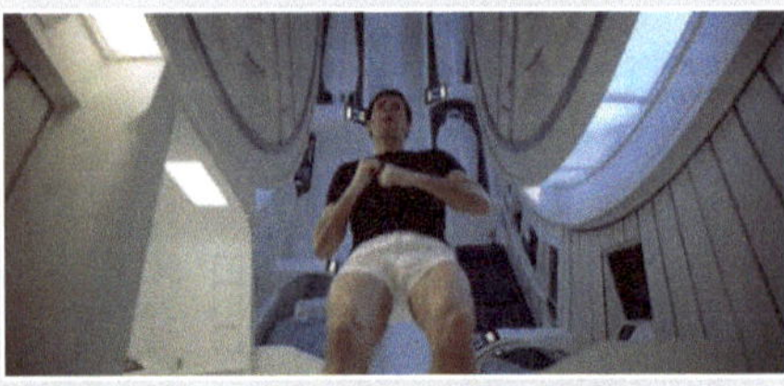

„2001 – Odyssee im Weltraum" (1968)

Haupt-, Hintergrund- und Seitenlicht leuchten die Szene sehr gleichmäßig mit der Betonung auf helle Tonwerte aus. Es sind kaum Schattenlinien sichtbar. Diese Ausleuchtung verbreitet häufig eine optimistische, fröhliche Grundstimmung, die oft in den Screwball Comedies der 1940er Verwendung fand. Später diente der High-Key-Stil auch als Stilmittel der Entfremdung und Bedrohung.

Beleuchtungsstil in „Citizen Kane“

Welchen Beleuchtungsstil hat Orson Welles für die abgebildeten Filmszenen gewählt? Wo setzt die Lichtführung besondere Akzente und welche Wirkungsabsicht könnte damit jeweils verbunden gewesen sein?

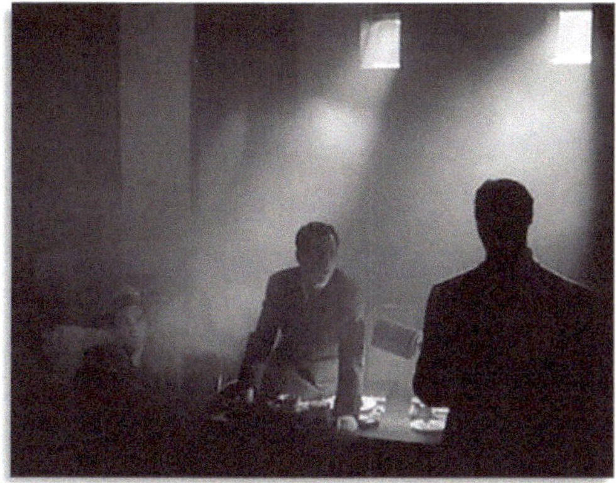

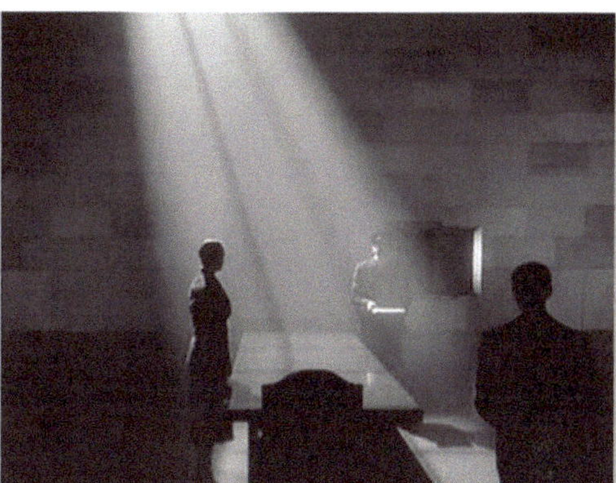

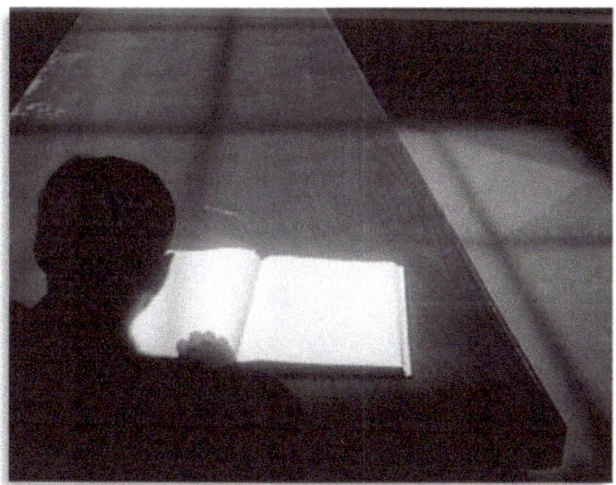

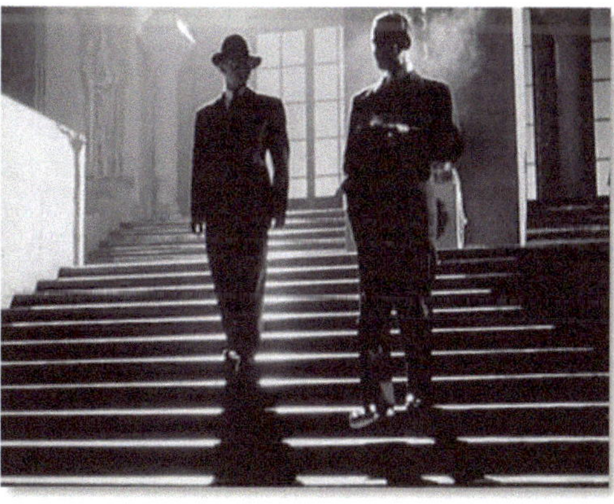

Die visuelle Gestaltung von Zeit

Im Film „Sherlock – Sein letzter Schwur" sehen wir in einer Schlüsselszene in ca. sechs Minuten (Erzählzeit) Vorgänge, die in der Realität in Sekunden ablaufen (erzählte Zeit). Diese extreme Zeitdehnung dient zur Erklärung der folgenden Ereignisse und beinhaltet sowohl Vorausblicke in Form von Flashforwards wie auch Erinnerungen an die Vergangenheit als Flashbacks. Diese komplexe Zeitstruktur wird durch verschiedene visuelle und auch auditive Gestaltungsmittel kenntlich gemacht. Sehen Sie sich die Auswahl der Filmstills und auch den Filmausschnitt (TC 0:33:45 – 0:37:55) an und benennen Sie, durch welche Elemente die unterschiedlichen Zeitebenen dem Zuschauer vermittelt werden (z.B. durch Beleuchtung (IB 15) und Kamerabewegungen (IB 19)). Achten Sie auch auf akustische Signale, die einen Wechsel der Zeitebenen ankündigen.

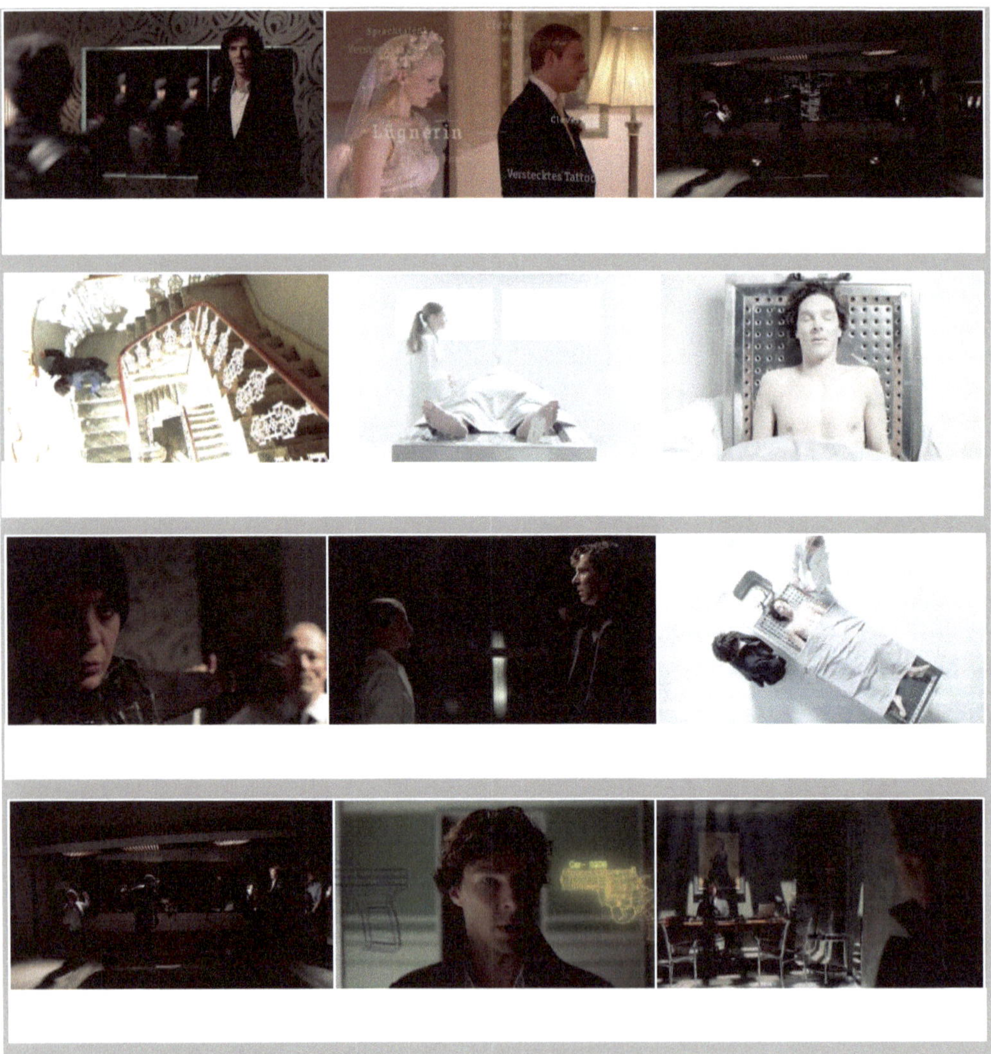

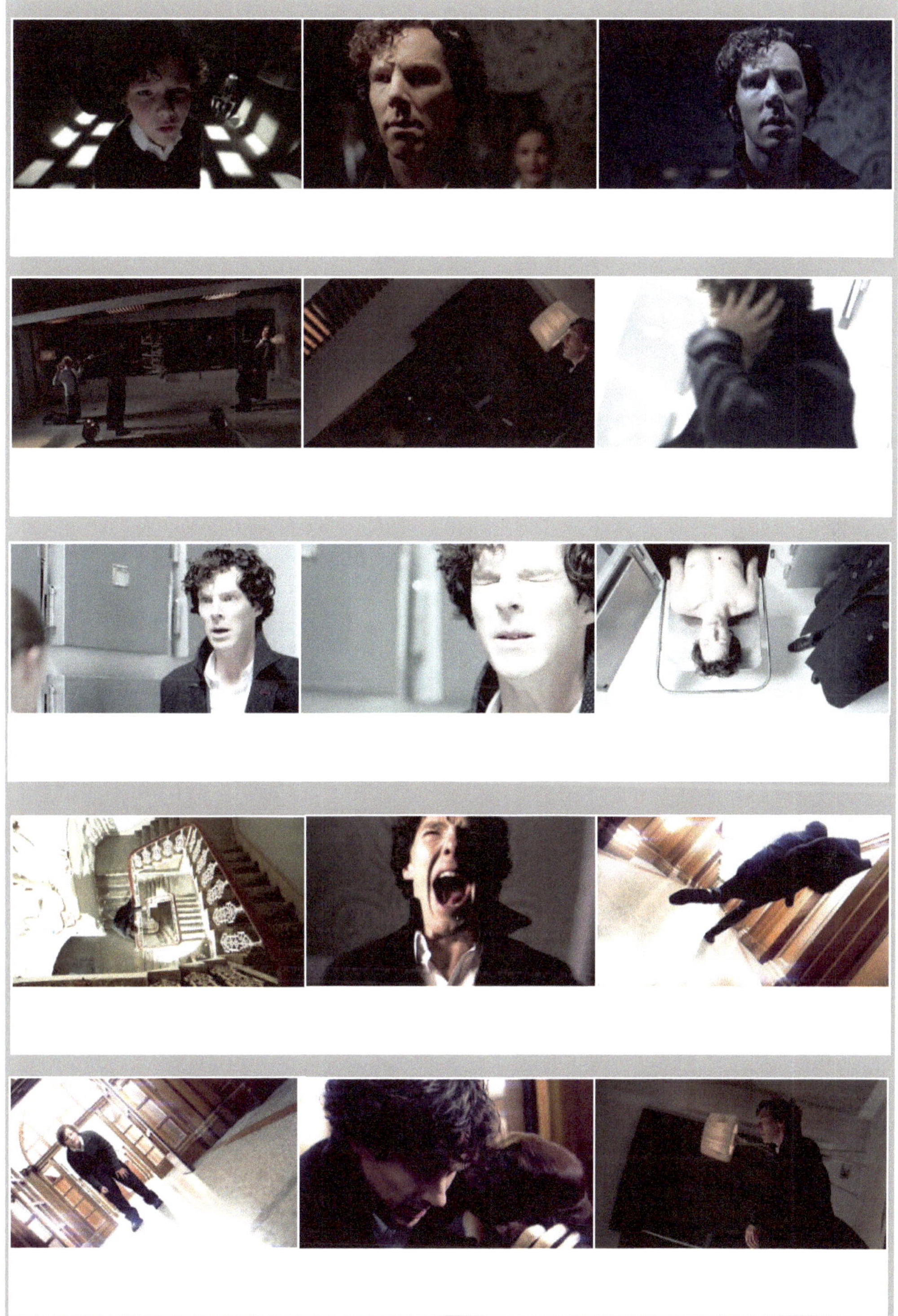

Farbe im Film

Auch wenn wir uns an Stummfilme meist als Schwarzweiß-Filme erinnern, gibt es Farbe im Film schon seit Beginn der Filmgeschichte. Diese ersten Filme nach 1895 wurden per Hand koloriert, d.h. auf jedem einzelnen Bild wurde Aquarellfarbe mit einem Pinsel aufgetragen. Ab den 1910er-Jahren setzte sich immer mehr die Technik der Viragierung durch, bei der Filmsequenzen monochrom eingefärbt wurden.[57] Die große Zeit des uns heute bekannten Farbfilms begann mit den Dreifarbenverfahren Technicolor und Agfacolor in den 1930er-Jahren.

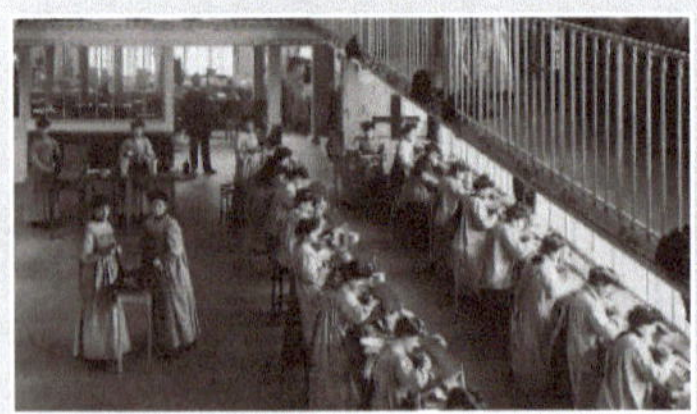

Die Handkolorierung

Der enorme Arbeitsaufwand erfolgte ab 1897 in Kolorierungsateliers. Bis zu 400 meist weibliche Mitarbeiterinnen bemalten mit einem Pinsel die ca. 1.000 Einzelbilder für einen einminütigen Filmstreifen.

Die Viragierung (Tonung) war eine preisgünstige Alternative zur Handkolorierung und wurde in den 1910er-Jahren beliebt. Diese monochrome Einfärbung der Filmbilder erlaubte eine dramaturgische Farbsprache, durch die das Publikum den Wechsel von Ort und Zeit der Handlung wie auch unterschiedliche Stimmungen leicht nachvollziehen konnte. Einer der Ersten, der dieses Verfahren dramaturgisch nutzte, war David Wark Griffith in seinem dreistündigen Epos „Die Geburt einer Nation“ (1915). Die Farbe Sepia illustrierte Handlungen in Innenräumen, Rot stand für spannungsreiche Szenen und Blau für Außenaufnahmen.

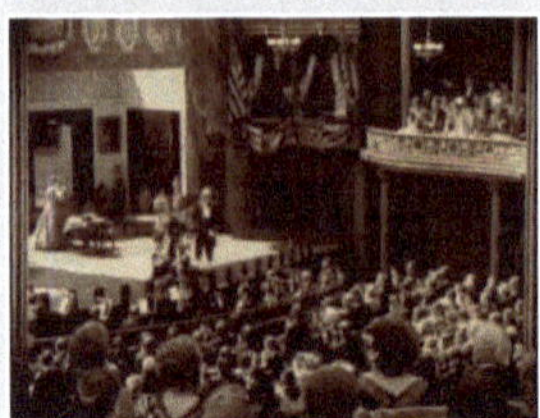

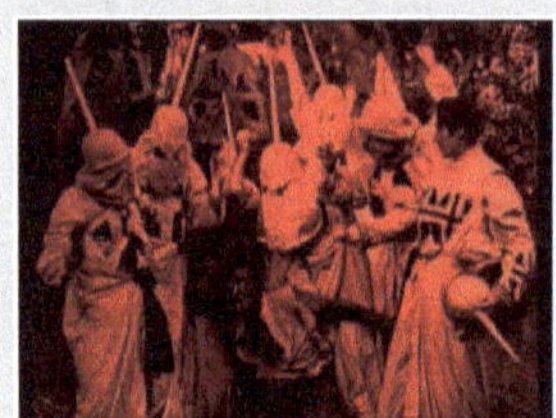

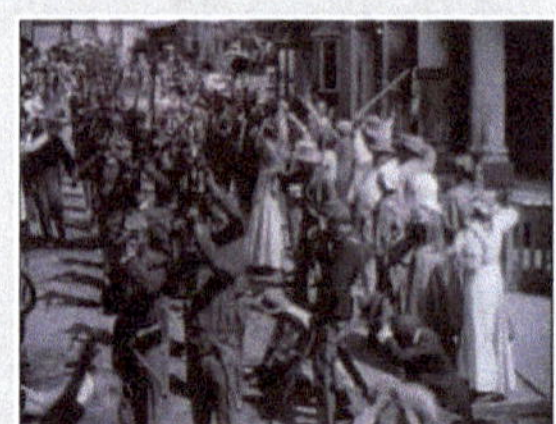

Die Dreischichtfarbenfilme in Technicolor entstanden in den USA ab 1936 und machten mit ihren knalligen Farben Filme wie „Vom Winde verweht“ zu Kassenknüllern. Ab 1939 zog auch die deutsche Filmindustrie mit dem Agfacolor-Verfahren nach und begann mit den Dreharbeiten zum ersten deutschen abendfüllenden Farbfilm „Frauen sind doch die besseren Diplomaten“, der 1941 in die Kinos kam.

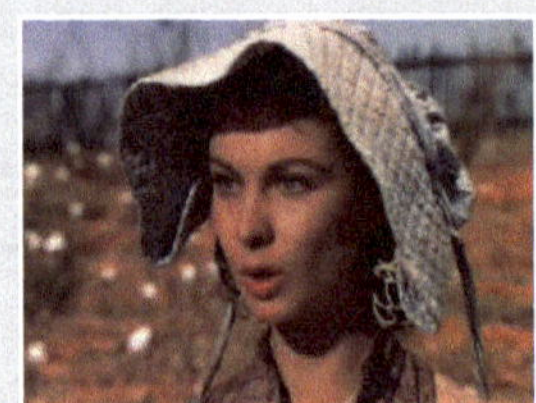

Technicolor in „Vom Winde verweht“ (1939)

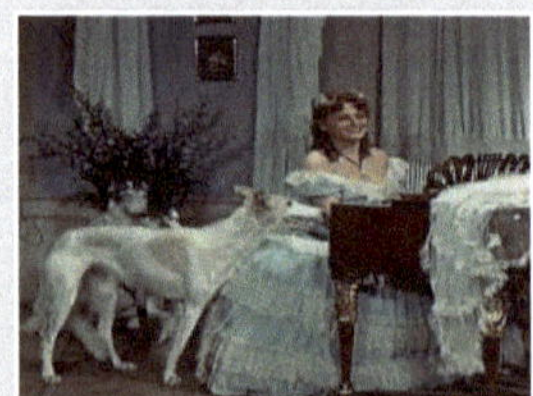

Agfacolor in „Frauen sind doch die besseren Diplomaten“ (1941)

Schwarzweiß oder Farbe – eine Frage des Geschmacks?

Unsere Vorstellung vom Stummfilm als Schwarzweißfilm existiert nur deshalb, weil farbiges Filmmaterial kurzlebiger ist, schneller hart und brüchig wird und deshalb die Zeiten weniger überdauert hat. Filme aus der Frühzeit des Kinos waren aber schon von Beginn an durch die Verfahren der Handkolorierung und Viragierung häufig farbig.[58]

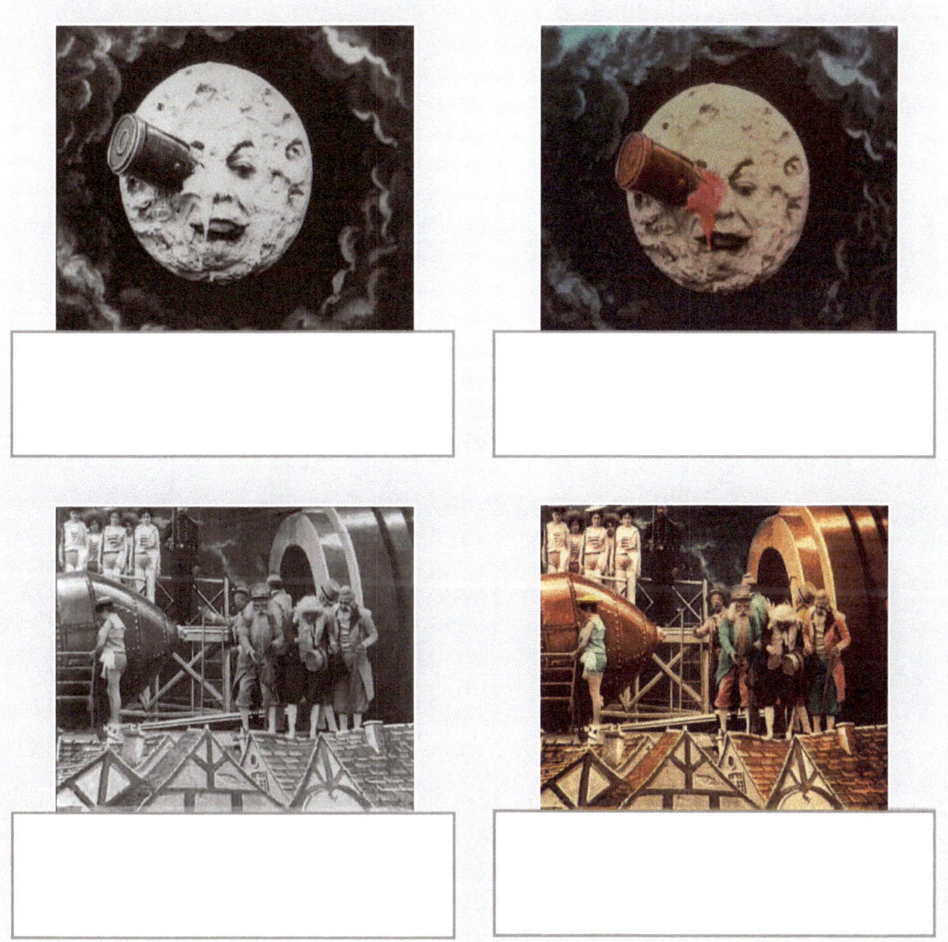

Georges Méliès ließ die meisten seiner Filme handkolorieren und, „Die Reise zum Mond" ist sowohl in Schwarzweiß als auch in Farbe erhalten. Schauen Sie sich die Filmstills auf dieser Seiten an und vergleichen Sie die unterschiedlichen Wirkungen. Wo liegen Ihrer Meinung nach die Vor- und Nachteile von Filmaufnahmen in Schwarzweiß und Farbe? In welchen Fällen würden Sie auch Schwarzweißfilme drehen?

Die Viragierung als dramaturgisches Mittel – „Das Cabinet des Dr. Caligari

Dieser Stummfilm von 1920 setzt ganz gezielt und mit dramaturgischen Funktionen unterschiedliche Farben ein, die mit dem Verfahren der Viragierung durch die monochrome Einfärbung des Filmmaterials hergestellt wurden. Schauen Sie sich die auf dieser Seite abgebildeten Filmstills an und benennen Sie die jeweilige Funktion der Einfärbung. Nutzen Sie dazu auch das Informationsblatt 16.1.

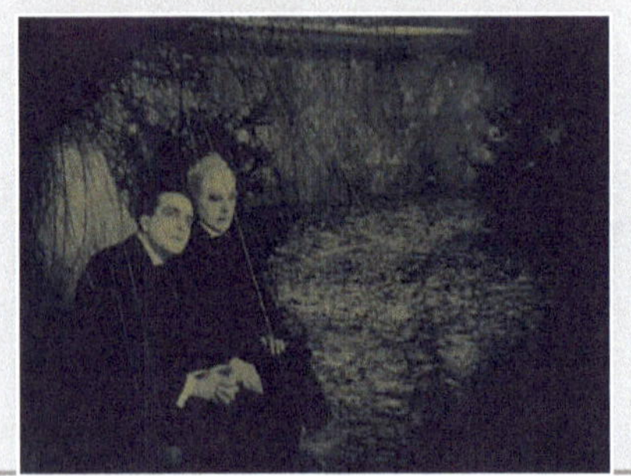

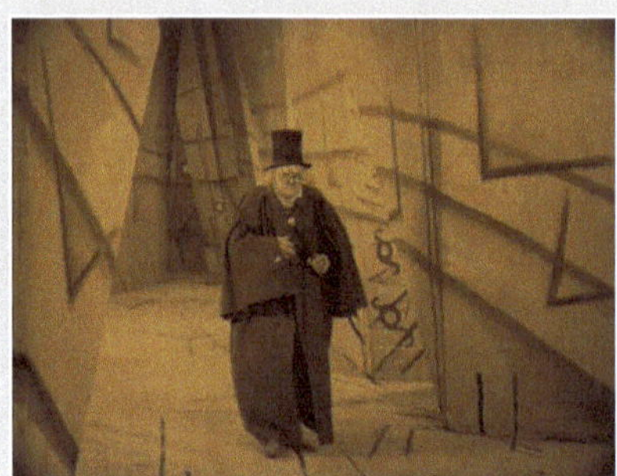

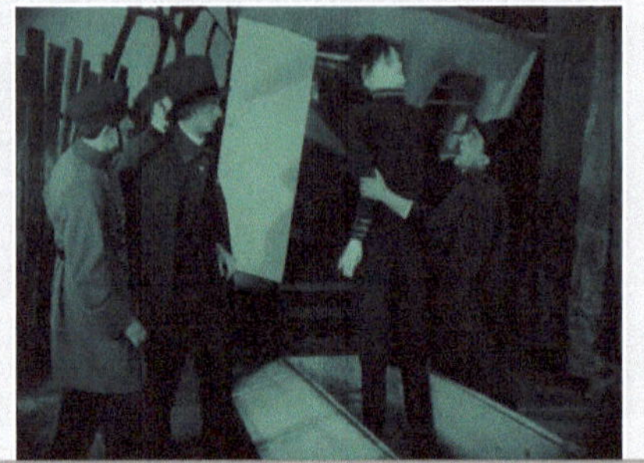

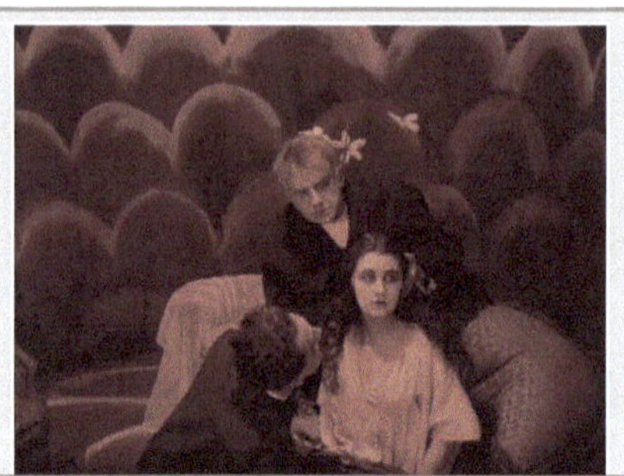

Wie wirken diese Viragierungen auf Sie? Erscheinen Ihnen diese Formen der visuellen Gestaltung veraltet oder können damit auch heute noch im Zeitalter der digitalen Technik reizvolle und dramaturgisch unterstützende Effekte erzielt werden? Mit welcher Aussageabsicht würden Sie Viragierungen (z.B. durch den Einsatz von Filter) in einem Film einsetzen?

Die Funktionen von Farben

Farbbilder können aufgrund ihrer Ähnlichkeit zur Realität den Eindruck einer naturalistischen Wiedergabe des Films verstärken. Farben können aber auch symbolische Funktionen übernehmen oder als dramaturgisches Element eingesetzt werden und damit als abstrakte Zeichen Teil der künstlerischen Gestaltung sein. Farben im Film erzeugen Stimmungen und lenken die Interpretation einer Einstellung in eine bestimmte Richtung. Die psychologische Wirkung von Farben kann sich auf **Assoziationen** beziehen, die wir mit bestimmten Vorstellungen verbinden. Sie können aber auch **Gefühle** hervorrufen, die vom subjektiven Empfinden des Rezipienten geprägt sind. Assoziationen und Gefühle, die Farben beim Betrachter erzeugen, sind sowohl kulturell bedingt als auch individuell verschieden. [59]

Farben	**Assoziationen und Gefühle**
ROT	Blut, Leben, Feuer, Zerstörung, Tod, Macht, Krieg, Aggression, Liebe,
GELB	Zitrone – Frische; Lebensfreude – Optimismus; Hass, Eifersucht, hell, klar
GRÜN	Wachstum, als Gesichtsfarbe Krankheit, Frieden, Signalfarbe für erlaubt
BLAU	Wasser, Himmel, Kälte, Melancholie, Treue, Beständigkeit, passiv,
WEISS	Unschuld, Reinheit, Medizin, in China Trauer
SCHWARZ	Asche, Tod, Trauer, Macht

Ergänzen Sie die Tabelle mit Ihren eigenen Assoziationen und Empfindungen beim Betrachten der Bilder!

Die körperliche und geistige Verfassung der Hauptfigur wird im Film „Amadeus“ (1984) auch durch die immer dunkleren Farben der Kleidung symbolisiert.

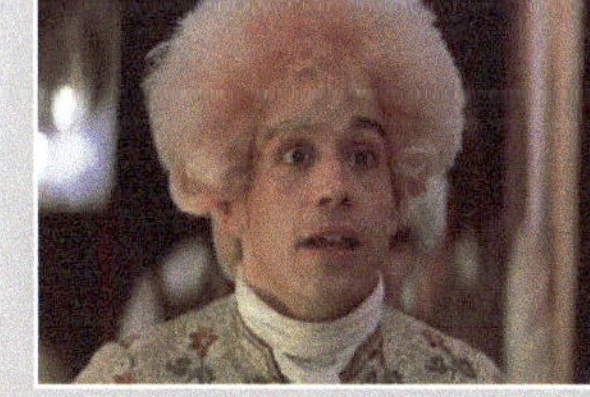

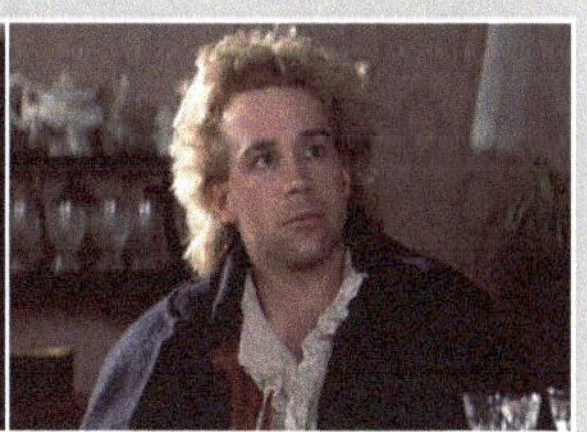

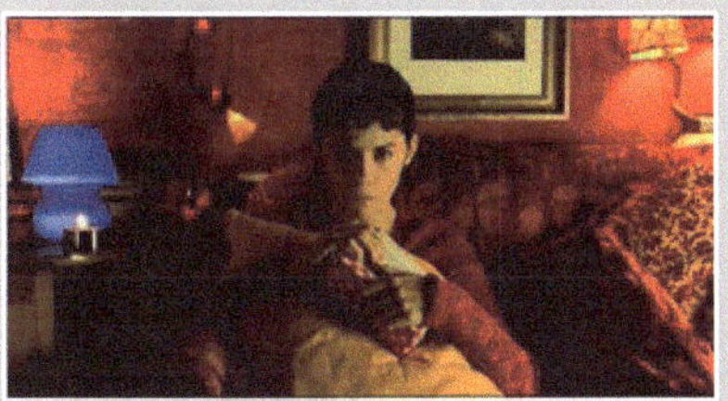

Das rötliche Licht, die rote Ausstattung und Kleidung der Hauptfigur stehen im starken Kontrast zur blauen Lampe. Im Film „Die fabelhafte Welt der Amélie“ (2001) scheint die Protagonistin zwischen zwei widersprüchlichen Empfindungen gefangen zu sein.

Funktionen von Farben in „Lola rennt"

Welche Assoziationen und Gefühle verbinden Sie mit den jeweiligen Objekten der Filmstills? Da die Wirkung von Farben sowohl kulturell wie auch individuell sehr verschieden sein kann, vergleichen Sie die Ergebnisse in der Gruppe untereinander. Wie die Tabelle auf dem Infoblatt 16.2 zeigt, lassen sich Farben positiv wie auch negativ interpretieren. Welcher Tendenz wir den Vorzug geben, hängt immer auch vom Kontext der Filmhandlung ab.

Die Farben der Kleidung und der Wohnungseinrichtung

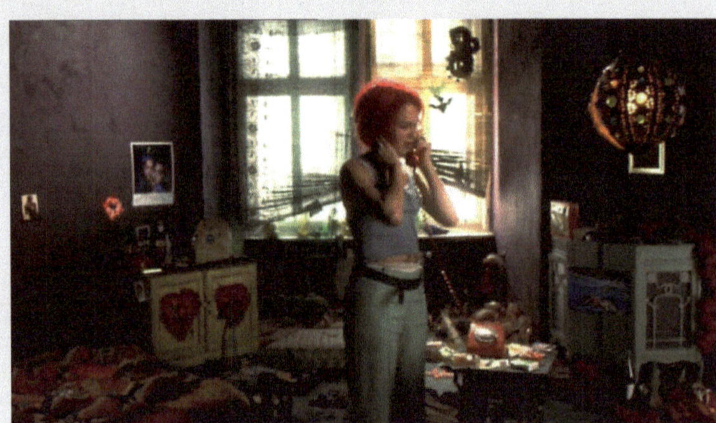

Die Farben der Geldtüten

Version 1

Version 2

Version 3

Auf die Einstellung kommt es an – Nähe und Distanz

Während die Einstellung (engl. shot) als kleinste filmische Einheit ein „kontinuierlich belichtetes, ungeschnittenes Stück Film“[60] beschreibt und damit den Zeitraum zwischen zwei Schnitten markiert, wird mit dem Begriff der Einstellungsgröße der **Bildausschnitt** definiert, den die Zuschauer im Bild zu sehen bekommen. Einstellungsgrößen regeln die Nähe und Distanz des Betrachters zum dargestellten Geschehen. Die Größe der Einstellung definiert sich an der Größe des abgebildeten Menschen im Verhältnis zur Bildgrenze. Einstellungsgrößen sind sowohl Kategorien der Filmproduktion wie auch der Wahrnehmung. Auch wenn die Bezeichnungen dieser Größen nicht verbindlich festgelegt ist und die Übergänge fließend sind, haben sich zur Differenzierung acht Kategorien bewährt, die hier mit Filmstills aus Quentin Tarantinos Film „Django Unchained“ (2012) vorgestellt werden.

Panorama (auch: weite Totale)
Landschaften werden so weiträumig dargestellt, dass die Figuren extrem klein oder gar nicht sichtbar sind. Die Umgebung rückt in den Vordergrund und soll den Zuschauern einen Überblick über den filmischen Handlungsraum gewähren. Oft wird diese Einstellung für die Eröffnung einer Szene eingesetzt.

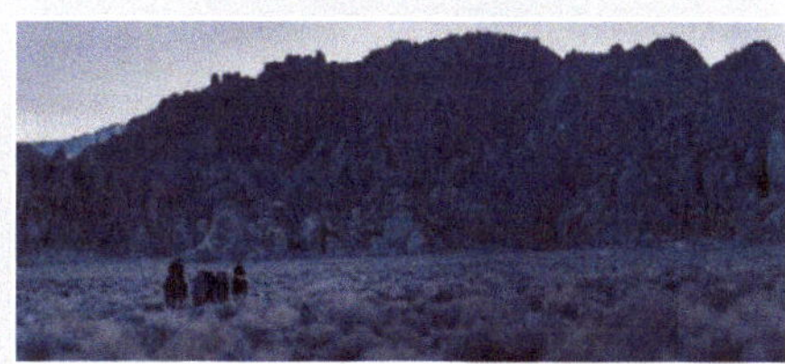

Totale (engl. long shot)
Die Totale zeigt Figuren und Objekte größer als in der Panoramaeinstellung, sie bleiben aber dem Umfeld untergeordnet und werden Teil des Raumes. Mit dieser Einstellung werden Elemente des Handlungsortes sichtbar, die dem Zuschauer helfen, dem kommenden Geschehen zu folgen.

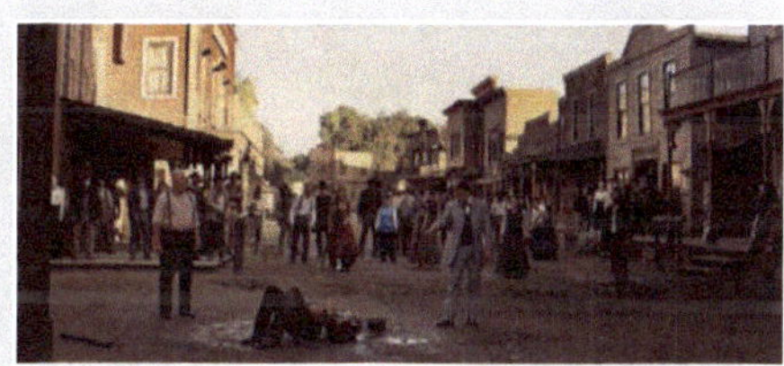

Halbtotale (engl. medium shot)
Die Figuren oder Objekte stehen im Zentrum und werden in Gänze gezeigt. Sie füllen weitestgehend den Bildraum, der Handlungsraum bleibt aber noch sichtbar. Wichtig ist die Halbtotale zur Sichtbarmachung der Körpersprache. Im Vergleich zum größeren Bildausschnitt der Totalen lenkt die Halbtotale den Blick auf die wichtigsten Objekte des Bildes und auf die situationsbezogene Handlungsebene.

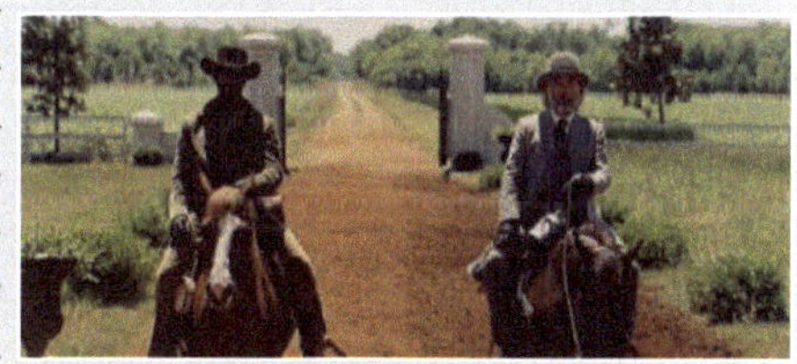

Amerikanische (engl. knee shot)
Etabliert hat sich diese Einstellung durch das Westerngenre und der Notwendigkeit, im Showdown zu zeigen, wer zuerst die Waffe zieht. Dieser Bildausschnitt zeigt deshalb die Figuren in ihrem räumlichen Umfeld vom Kopf bis zum Oberschenkel.

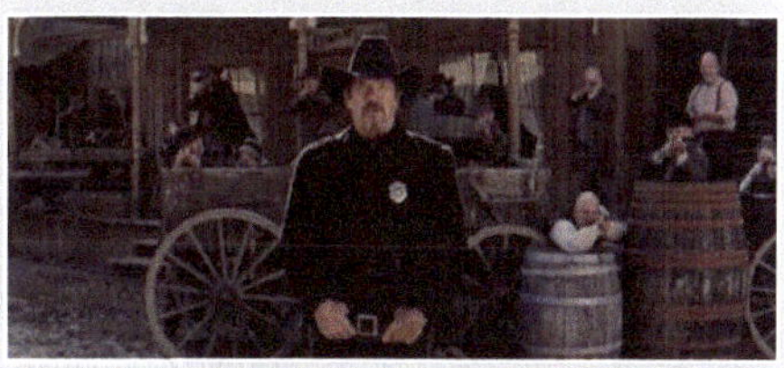

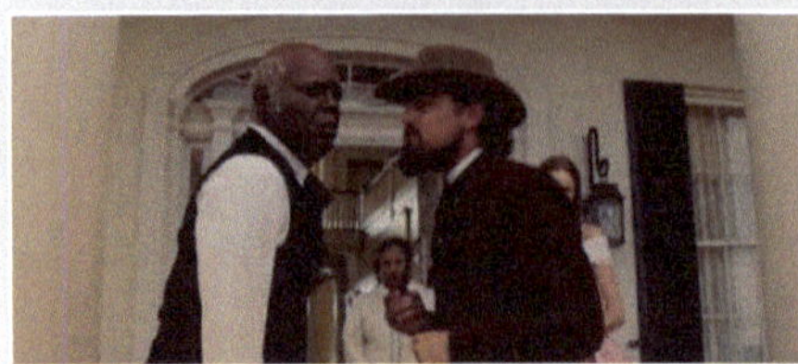

Halbnah (engl. semi-close)
Die Figuren werden etwa von der Hüfte aufwärts gezeigt. Da die Körpersprache in Mimik und Gestik sehr gut sichtbar ist, wird dieser Bildausschnitt häufig für die Darstellung von Dialogen genutzt. Die Umgebung ist noch sichtbar, verliert gegenüber den Akteuren aber deutlich an Bedeutung.

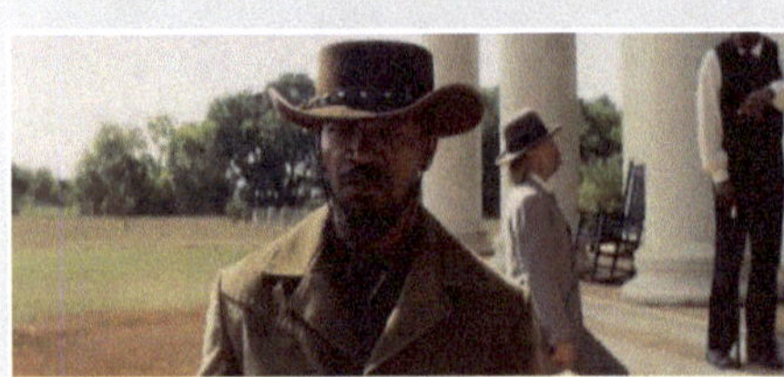

Nah (engl. medium close-up)
In dieser Einstellung werden Personen in der Größe eines Brustbildes abgebildet, der Kopf und die mimische Ebene der Handlung dominieren. Meist werden Dialog- oder Aktionssituationen mit der Nahen oder Halbnahen Einstellung gestaltet.

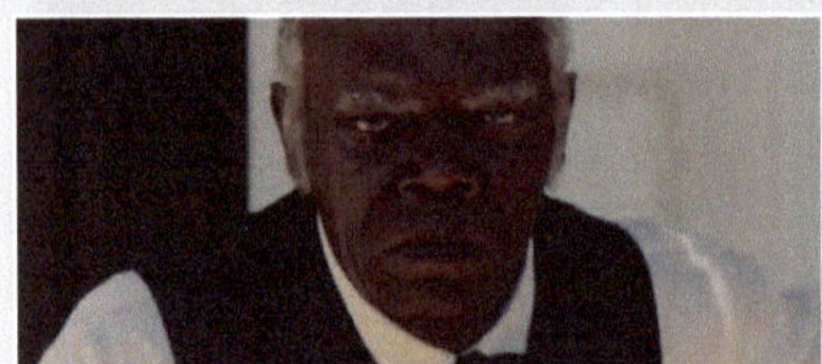

Groß (engl. close-up):
In der Großeinstellung sind der Kopf und auch ein Teil der Schultern noch sichtbar.
Eine Großaufnahme lässt jede Regung auf dem Gesicht der Figuren deutlich werden und wirkt stark emotionalisierend.

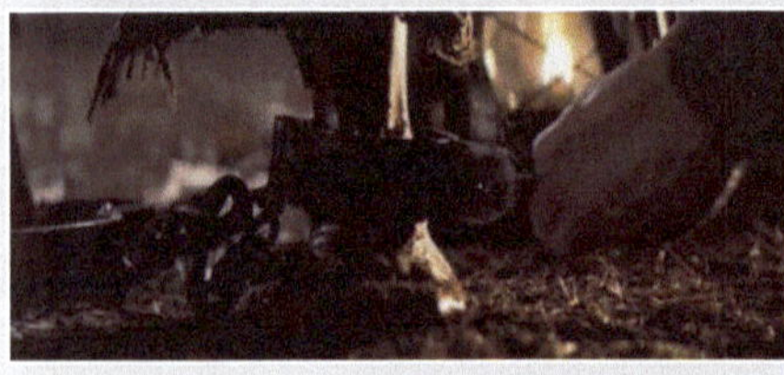

Detail (engl. big close-up):
Dieser kleinste Ausschnitt wird gewählt, wenn die räumliche Umgebung und Orientierung keine Rolle mehr spielt und das Augenmerk auf Details gelenkt werden soll. Detailaufnahmen besitzen eine große emotionale Kraft und können stark anziehend wie auch abstoßend wirken.

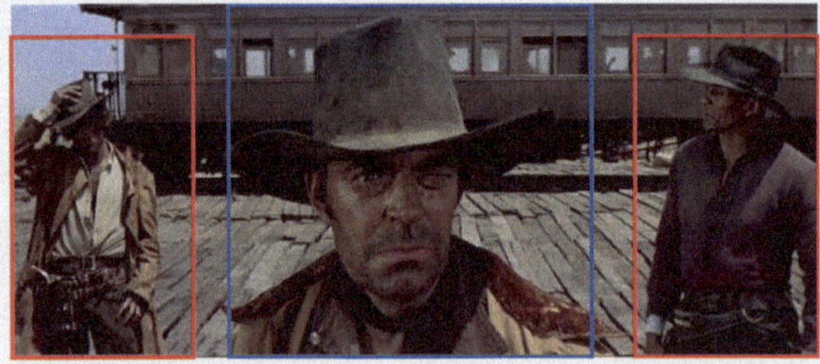

„Spiel mir das Lied vom Tod" (1968)

Die Festlegung von Einstellungsgrößen ist nicht immer eindeutig, da sie davon abhängt, wie Personen oder Objekte im Filmraum angeordnet sind. Der Bandit in der Mitte wird uns in der Einstellung Groß (close-up) präsentiert, während wir die beiden anderen Figuren am Rand in der Amerikanischen Einstellung sehen.

Einstellungsgrößen in „Spiel mir das Lied vom Tod"

Benennen Sie die Einstellungsgrößen der hier abgebildeten Filmstills und übertragen Sie die farbig markierten Buchstaben in das Lösungswort.

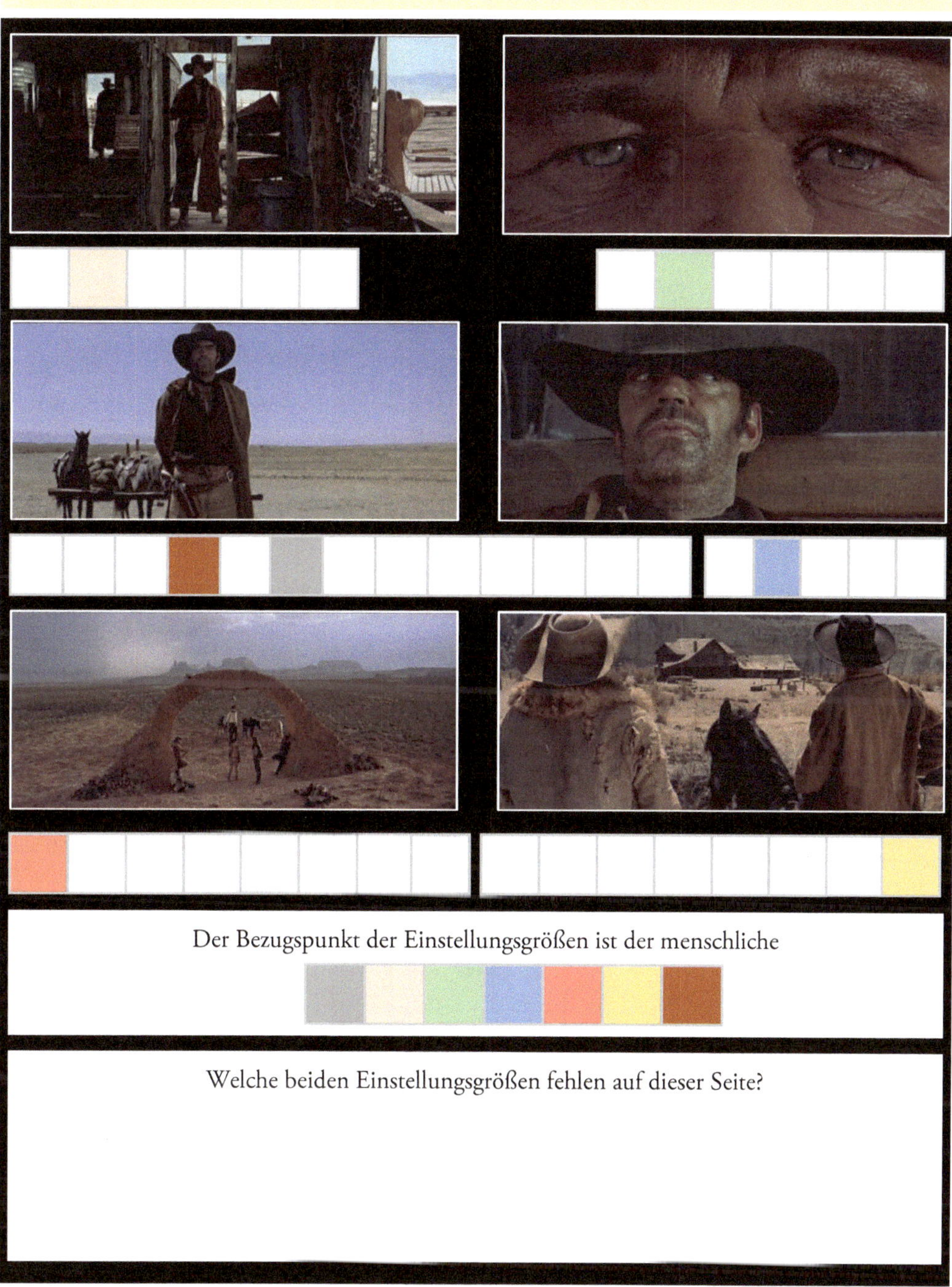

Der Bezugspunkt der Einstellungsgrößen ist der menschliche

Welche beiden Einstellungsgrößen fehlen auf dieser Seite?

Die Five-Shot-Regel – mit Einstellungsgrößen eine Bilderstory erzählen[61]

Mit einer Abfolge unterschiedlicher Einstellungsgrößen lässt sich mit wenig Aufwand eine Bilderstory erzählen. Dabei müssen die Bilder so angeordnet sein, dass sie für den Betrachter einen Zusammenhang ergeben und die Fragen nach dem WO, WER, WAS und WIE beantworten. Die Five-Shot-Regel beantwortet diese Fragen in fünf verschiedenen Einstellungsgrößen.[62] Überlegen Sie sich dazu im Vorfeld ein Thema oder eine Grundaussage. Fotografieren Sie anschließend mit einem Fotoapparat oder mit Ihrem Handy eine Abfolge von **fünf verschiedenen Einstellungsgrößen im Querformat.** In welcher Reihenfolge erzielen die Bilder Ihrer Meinung nach die größere Wirkung? Deduktiv vom Allgemeinen zum Besonderen oder induktiv vom Detail zum Allgemeinen (siehe Infoblatt 9)? Sie können auch die Vorlage auf dieser Seite nutzen und kurze Skizzen in Form eines Storyboards entwerfen.

TOTALE, HALBTOTALE
WO spielt die Szene?

HALBTOTALE, AMERIKANISCHE

HALBNAH, NAH
WAS passiert?

GROSSAUFNAHME, DETAIL
WIE passiert es?

BEAUTY SHOT
Ein attraktives Bild, bei dem alle Einstellungsgrößen verwendet werden können.

Kameraperspektiven – der Winkel bestimmt die Wirkung

Im Gegensatz zu den Einstellungsgrößen, die den Bildgrößenausschnitt definieren, wird mit der Kameraperspektive der Blickwinkel beschrieben, der das Geschehen filmt. Diese Position bestimmt damit die Sicht auf den Handlungsraum und ermöglicht auch Bewertungen. Der Wahl der Kameraperspektive können sowohl dramaturgische wie auch technische Überlegungen zugrunde liegen.

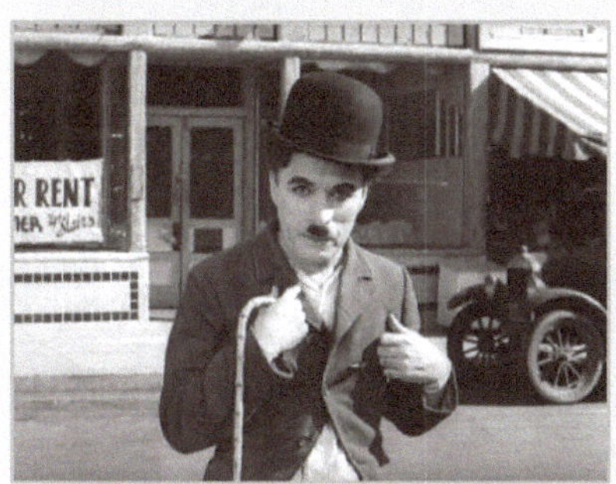

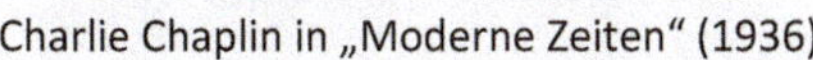

Charlie Chaplin in „Moderne Zeiten" (1936)

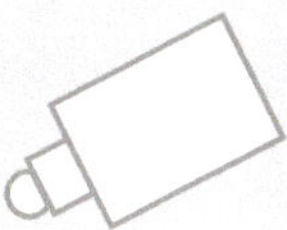

Vogelperspektive / Aufsicht (high-angle-shot)

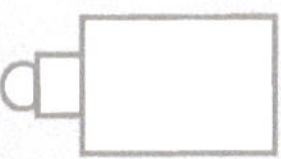

Normalsicht / Augenhöhe (eye-level-angle)

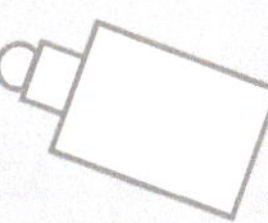

Froschperspektive / Untersicht (low-angle-shot)

Aufsicht / Die Vogelperspektive (engl. high-angle shot)

Durch eine erhöhte vertikale Kameraperspektive blickt der Zuschauer von oben auf das Geschehen. Eine extreme Variante der Aufsicht ist die Vogelperspektive. Die Aufsicht kann eingesetzt werden, um die Unterlegenheit einer Figur darzustellen, eine Szene mit vielen Personen zu etablieren oder um die Umgebung der Akteure vorzustellen.

Normalsicht (engl. eye-level-angle)

Die gebräuchlichste Perspektive ist die Normalsicht, die das Geschehen auf Augenhöhe der Figuren einfängt und unserer gewohnten Wahrnehmung weitestgehend entspricht.

Untersicht / Die Froschperspektive (engl. low-angle shot)

In der Untersicht befindet sich der Kamerastandpunkt auf einer niedrigen, vertikalen Position und die Kamera blickt von unten nach oben. Diese Sicht kann eingesetzt werden, um beim Betrachter Ehrfurcht gegenüber dem Objekt zu erwecken oder auch nicht erwünschte Vordergründe auszublenden. Figuren, die in einer starken Untersicht, der Froschperspektive, gefilmt werden, charakterisieren wir meist als mächtig und dominant.

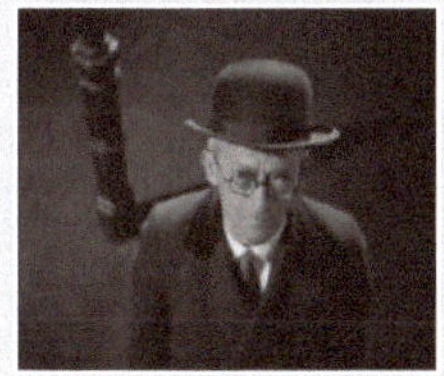

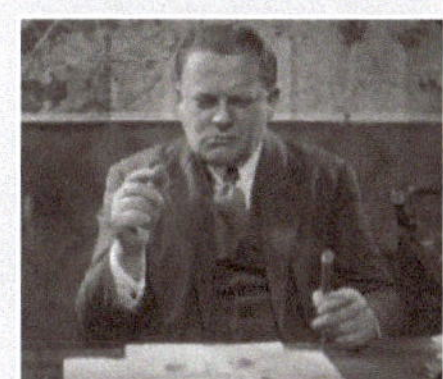

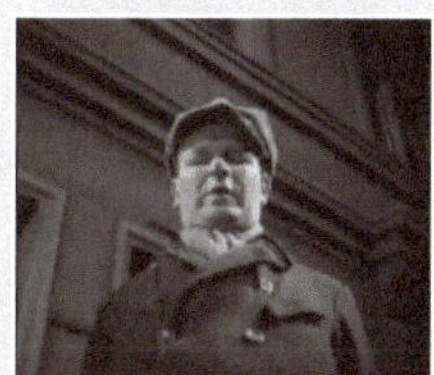

Aufsicht, Normalsicht und Untersicht in „M – eine Stadt sucht einen Mörder" (1931)

Die Wirkung von Kameraperspektiven in „Triumph des Willens"

Im Film „Triumph des Willens" wurden zum ersten Mal Großaufnahmen Adolf Hitlers dem nationalen und internationalen Publikum präsentiert. Für diese Aufnahmen wählten die Kameramänner im Team Leni Riefenstahls bevorzugt eine Perspektive. Bennen Sie diesen Kamerastandpunkt und reflektieren Sie, welche Wirkungsabsicht damit verbunden war. Wie wirkt diese Perspektive auf Sie heute?

Am Ende des Filmes sehen wir die Abschlussrede des 6. Reichsparteitags durch Adolf Hitler in der Luitpoldhalle. Zwischen den Großaufnahmen des Führers sind auch immer wieder Darstellungen seines engsten Führungsstabes eingeschnitten. Welche Kameraperspektive wurde dafür gewählt und was könnten die Gründe für diesen Perspektivwechsel gewesen sein?

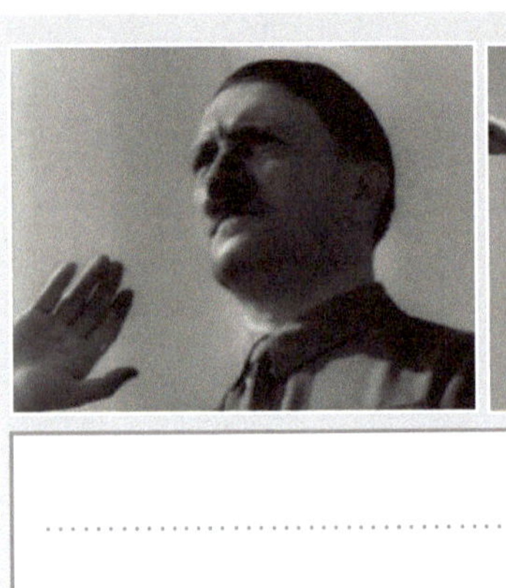

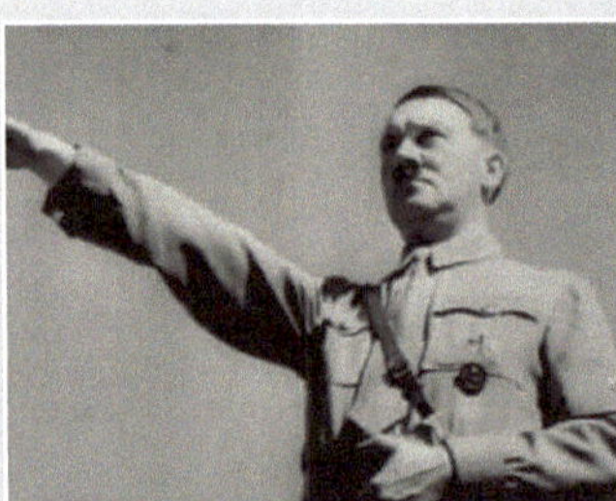

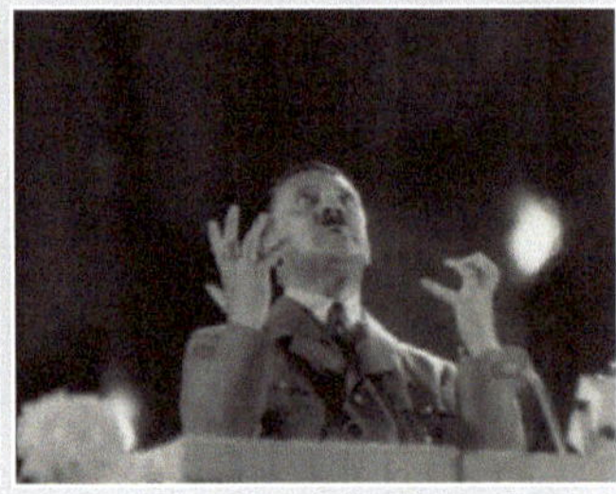

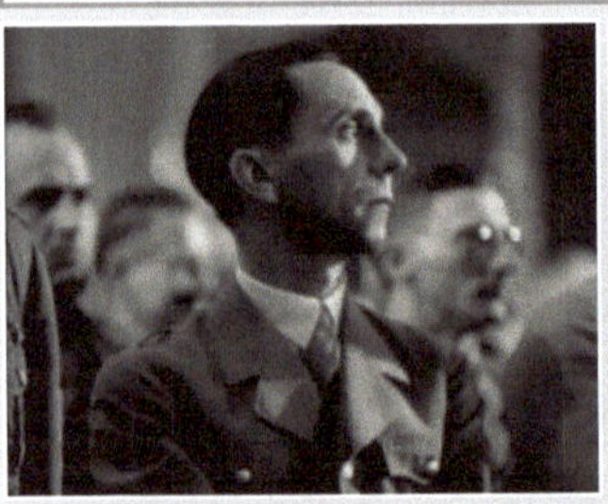

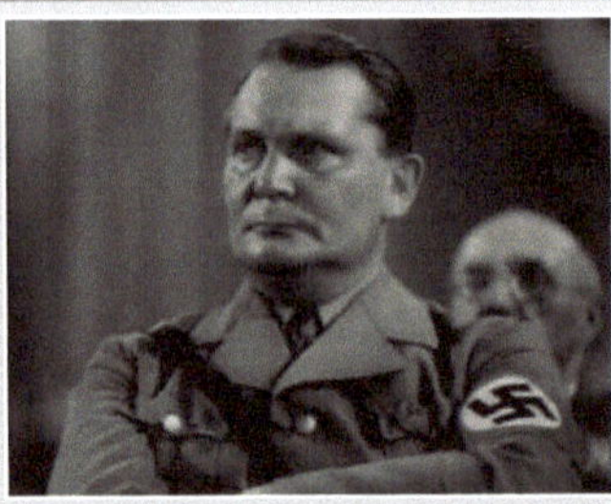

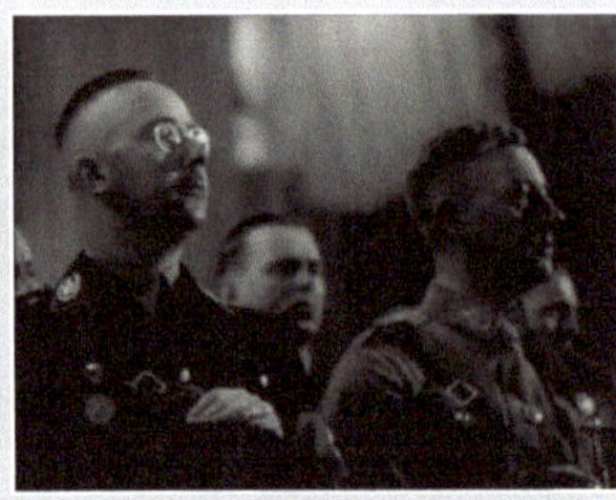

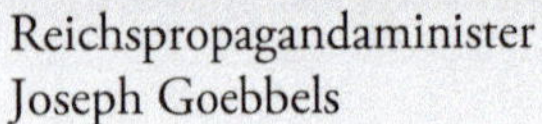

Reichspropagandaminister Joseph Goebbels

Oberbefehlshaber der Luftwaffe Hermann Göring

SS-Reichsführer Heinrich Himmler (links)

Kamerabewegungen – Schwenken, Fahren, Zoomen

Bei Kamerabewegungen unterscheidet man zwischen **Schwenks**, **Fahrten**, **Zooms** und dem Einsatz der **Handkamera**. Schwenks (horizontal und vertikal) sind Bewegungen um die eigene Achse, bei denen der Standpunkt der Kamera erhalten bleibt. Im Gegensatz dazu verändert sich der Kamerastandpunkt durch die Bewegung der **Fahrt**, die auf Schienen, einem Dolly oder Kran ausgeführt werden kann. **Kamerazooms** ahmen mit Hilfe wechselnder Brennweiten eine Bewegung nach. Durch den gleitenden Übergang verändert sich die Einstellungsgröße, ohne dass die Kamera dabei den Standort wechselt.

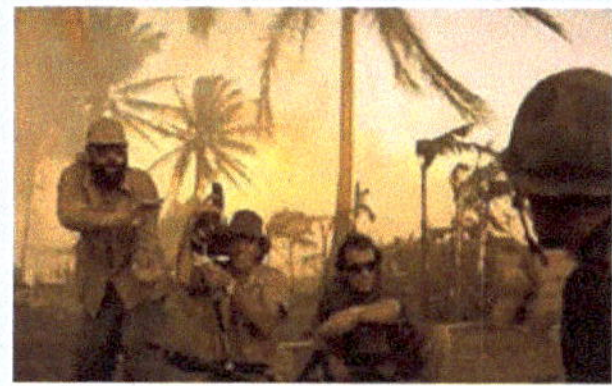

Eine weitere Möglichkeit der Kamerabewegungen sind Aufnahmen mit der **Handkamera**, die während des Filmens meist auf der Schulter transportiert wird.
Der Regisseur Francis Ford Coppola (links) lässt den Angriff eines vietnamesischen Dorfes im Film „Apocalypse Now" (1979) mit einer Handkamera drehen.

Kameraschwenk

Die Kamera steht fest auf einer Stelle und bewegt sich während des Filmens um die eigene Achse. Diese Bewegung kann in horizontaler und vertikaler Richtung ausgeführt werden oder als Kombination beider Bewegungen auch diagonal durch den Raum führen. Meist wird der Kameraschwenk durch die Verwendung eines Schwenk-Stativs realisiert.
Schwenkbewegungen können beispielsweise dazu genutzt werden, einer Figur durch den filmischen Raum zu folgen, den Blick des Publikums zu leiten, einen neuen Handlungsort zu etablieren oder ganz allgemein einen Überblick zu liefern.

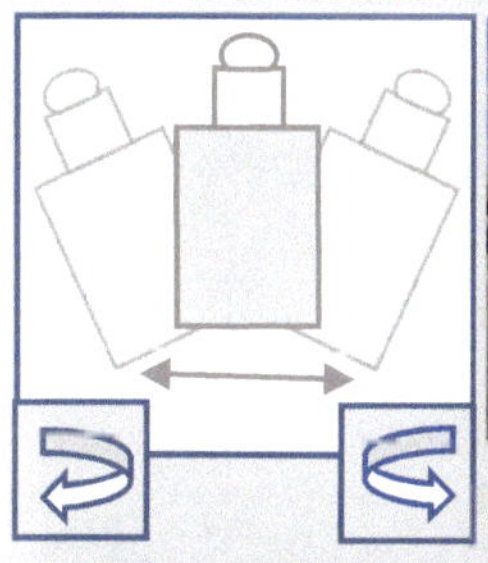

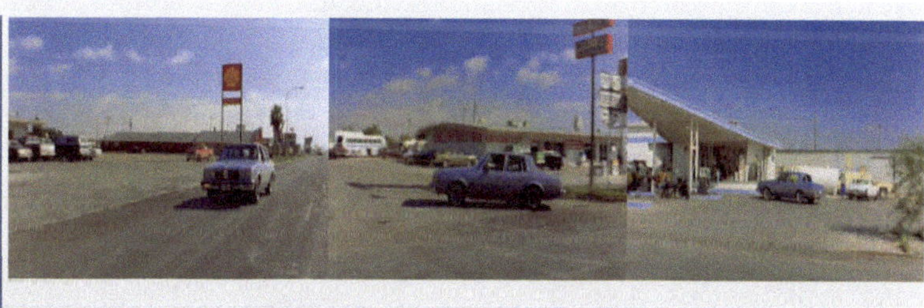

Horizontaler Linksschwenk der Kamera im Film „Paris, Texas" (1984)

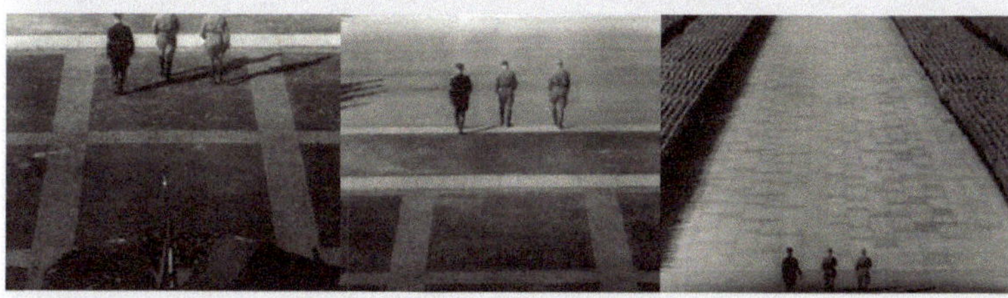

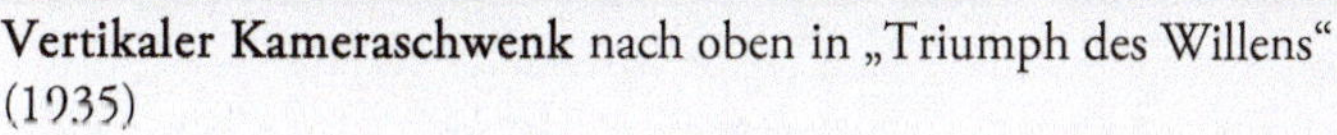

Vertikaler Kameraschwenk nach oben in „Triumph des Willens" (1935)

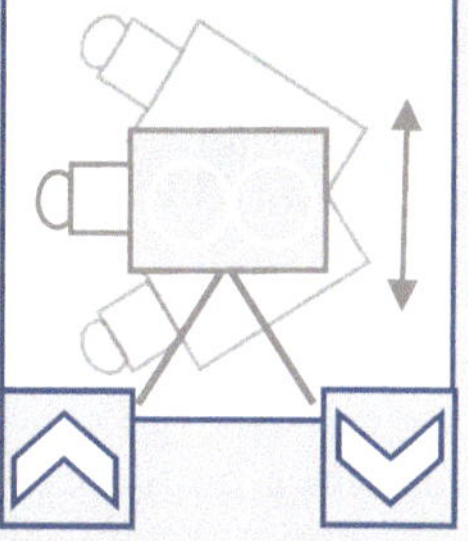

Kamerafahrten

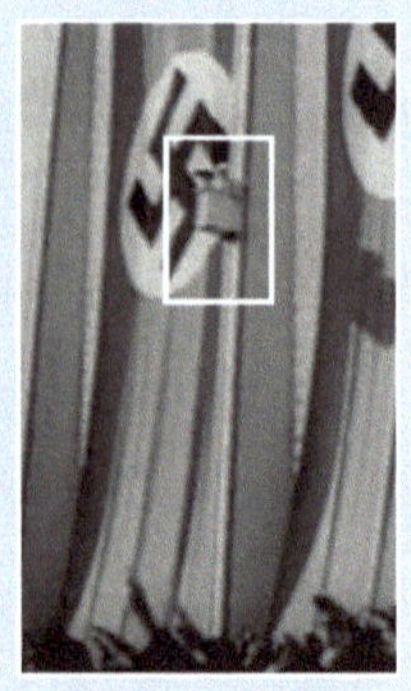

Während der Schwenk der Bewegung des Kopfes ähnelt, lässt sich die Kamerafahrt mit der Bewegung des ganzen Körpers vergleichen, da die Kamera ihren eigenen Standort verlässt.[63] In Abhängigkeit zum dargestellten Motiv wird zwischen **Hin-, Rück-, Parallel-, Vorbei- und Kreisfahrten** unterschieden. Wichtig für die Analyse und den Einsatz von Kamerafahrten sind die beabsichtigte Wirkung und die dramaturgische Funktion. Der 38m hohe Fahnenstangenfahrstuhl in der Luitpold-Arena ermöglichte eine vertikale Parallelfahrt (Aufzugfahrt) zur Aufnahme der Massenaufmärsche im Film „Triumph des Willens“.

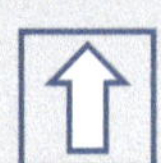

Die **Hinfahrt** beschreibt eine Bewegung zu einem Motiv hin und damit in die Tiefe des Bildraumes. Sie kann die Einstellungsgrößen von der Totalen zur Großaufnahme verändern, einzelne Figuren aus der Umgebung herausgreifen und näher vorstellen.

Bei der **Rückfahrt** bewegt sich die Kamera vom dargestellten Motiv weg. Sie kann der Überführung einer Detail- oder Großaufnahme in eine Totale oder Panoramaeinstellung dienen. Rückfahrten werden häufig in Schlusseinstellungen verwendet und dienen dazu, dass sich der Zuschauer langsam vom Geschehen verabschieden kann. Sie können aber auch dann zum Einsatz kommen, wenn durch Veränderungen der Einstellungsgrößen mehr Informationen zur Kontextualisierung der Handlung vermitteln werden sollen. Kamerarückfahrten öffnen den Bildraum und können dadurch eine distanzierende Wirkung zum Geschehen und zu den Figuren bewirken.

Eine Kombination von Hin- und Rückfahrt ist auch durch eine **Vorbeifahrt** möglich, in der sich einem Motiv zunächst genähert und anschließend entfernt wird.

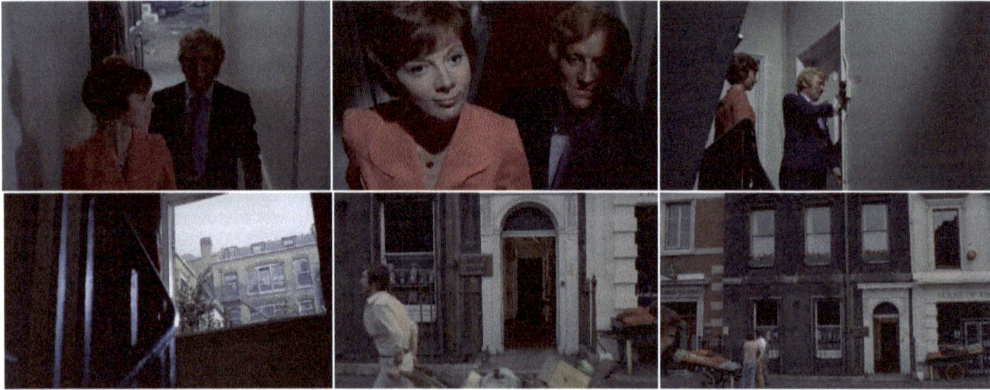

Ein eindrucksvolles Beispiel für eine Kamerarückfahrt, kombiniert mit einem Kameraschwenk, sehen wir in Alfred Hitchcocks Film „Frenzy“ (1972). In einer langen Einstellung ohne Schnitte (Plansequenz) begleiten wir den Krawattenmörder mit dem Opfer in seine Wohnung. Die lange Rückfahrt ohne Schnitte lässt uns Zeit, die Tat vor unserem inneren Auge ablaufen zu lassen.

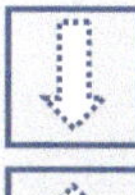
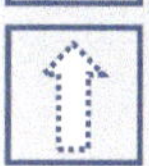

Bewegt sich die Kamera in die vertikale Richtung spricht man von einer **Vertikalfahrt**. Diese Fahrt wird meist mit einem Kran ausgeführt und kann nach unten oder oben erfolgen. Häufig wird diese Bewegung am Anfang oder Ende eines Films ausgeführt, um die Zuschauer gezielt in die Handlung einzuführen (nach unten) oder sie daraus zu entlassen (nach oben).

Bei der **Parallelfahrt** verändert sich der Standpunkt der Kamera auf der vertikalen oder horizontalen Ebene parallel zu einem sich bewegenden Objekt und die Einstellungsgröße bleibt konstant. Parallelfahrten können sehr dynamisch wirken und die Handlung im Filmraum kontextualisieren.

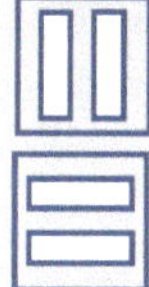
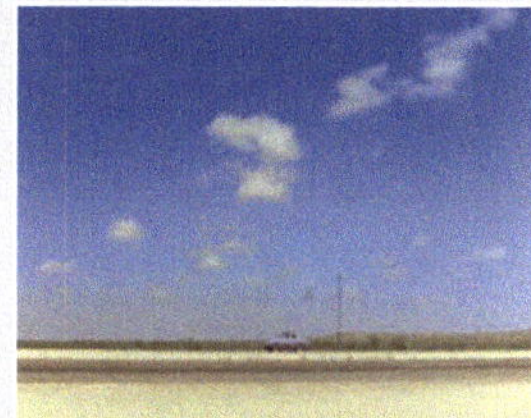
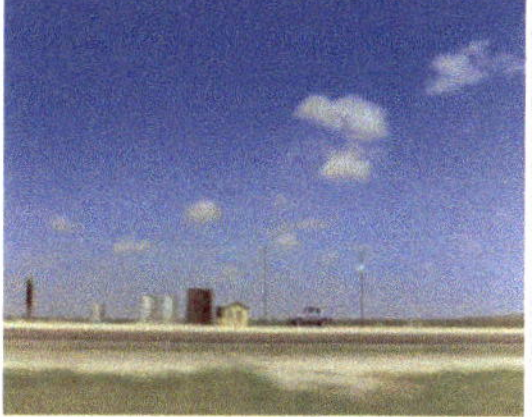
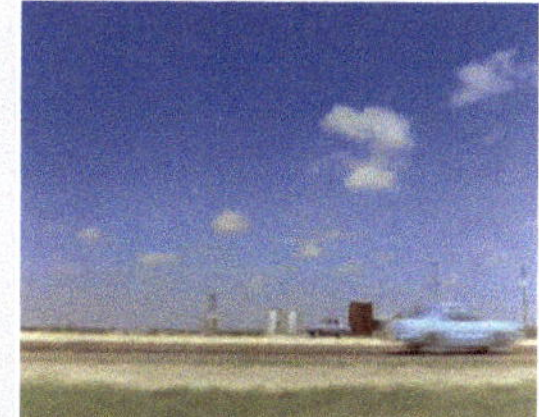

Horizontale Parallelfahrt im Film „Paris, Texas“ (1984)

Fährt die Kamera in einem Viertel- oder Halbkreis oder kompletten Kreis um das abzubildende Motiv, sehen wir eine **Kreisfahrt**.

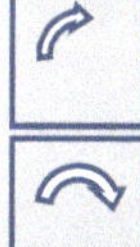

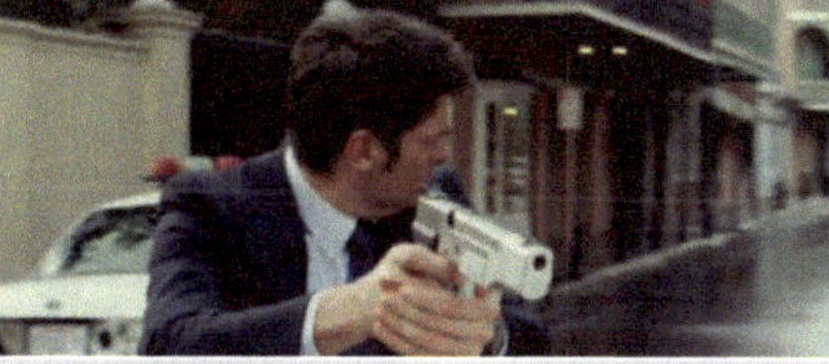
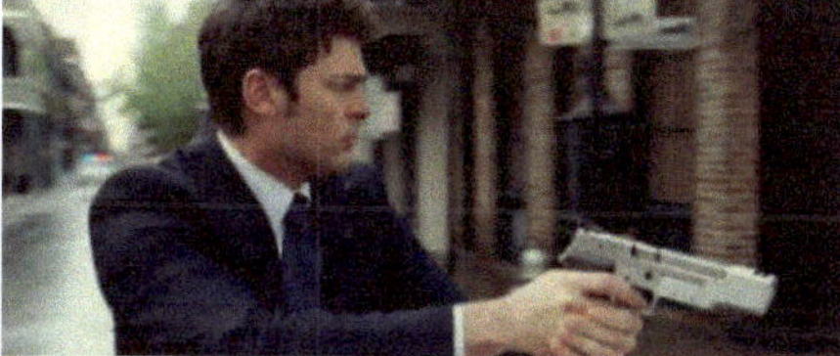
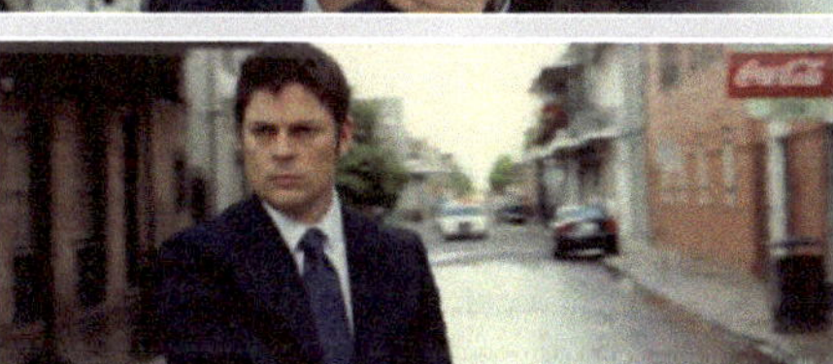
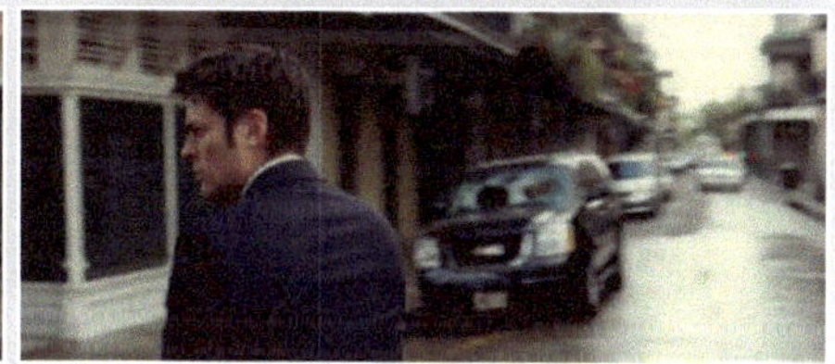

Kreisfahrt im Film „R.E.D. – Älter, Härter, Besser“ (2010)

Beim **Zoomen** ändert sich nur die Größe der abgebildeten Motive, die Perspektive und der Kamerastandpunkt bleiben erhalten. Durch die Veränderung der Brennweite des Objektivs erscheint ein Motiv näher herangeholt (zoom-in) oder weiter entfernt (zoom-out).

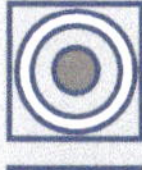
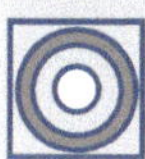
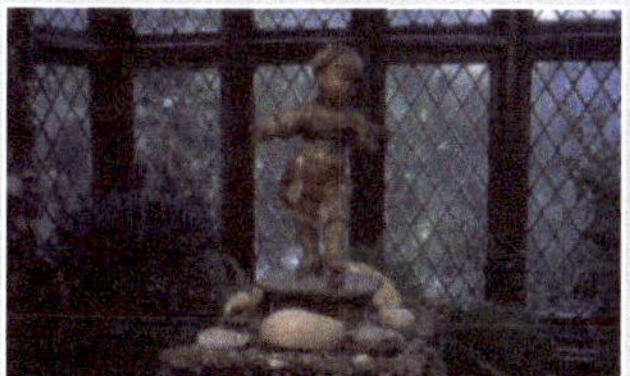
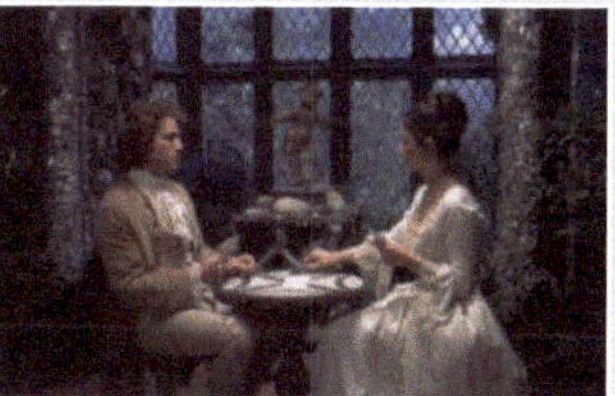

Zoom-out in „Barry Lyndon“ (1975)

Kamerabewegungen in „Triumph des Willens"

Den Film „Triumph des Willens" wollte die Regisseurin Leni Riefenstahl interessanter und bewegter gestalten als die statisch wirkenden Wochenschauen dieser Zeit. Neben den Möglichkeiten des Schnitts und der Montage nutzte sie dafür auch Kamerabewegungen in einer damals neuartigen Weise.

Benennen Sie die verschiedenen Kamerabewegungen der folgenden Filmausschnitte. Welche Absichten könnten mit der Wahl dieser Kamerafahrten und Schwenks verbunden gewesen sein und wie wirkt diese Art der Filmgestaltung auf Sie? Erscheint Ihnen das Dargestellte dadurch belebter, dynamischer und interessanter? Oder könnten die gleichen Wirkungen durch Aufnahmen mehrerer Kameras in verschiedenen Positionen und durch die Möglichkeiten der Montage erreicht werden?

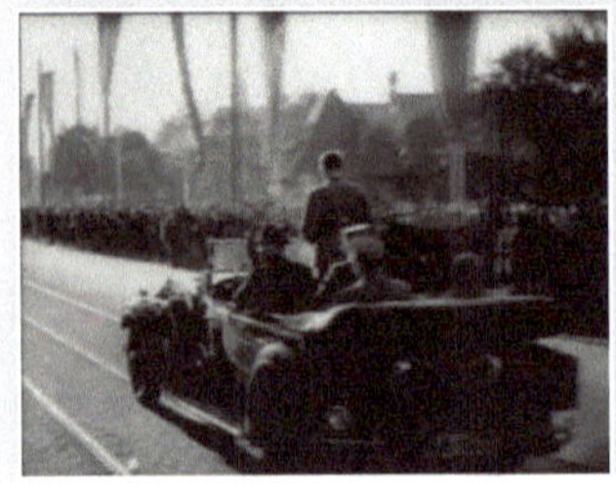
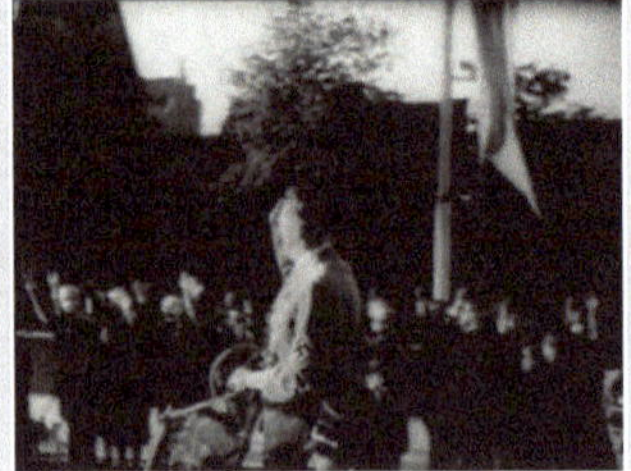
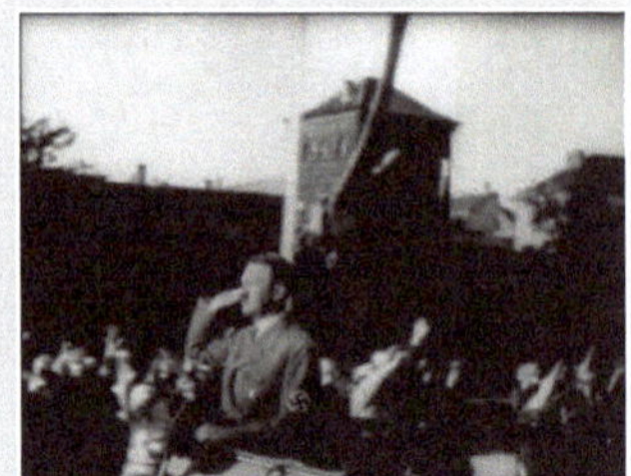

TC 0:09:17 – 0:09:27

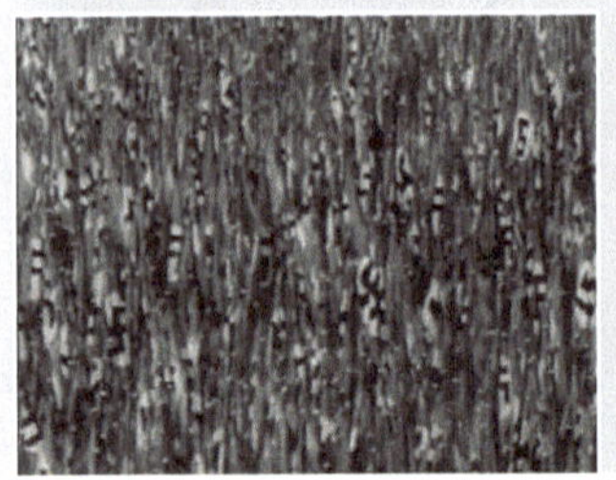
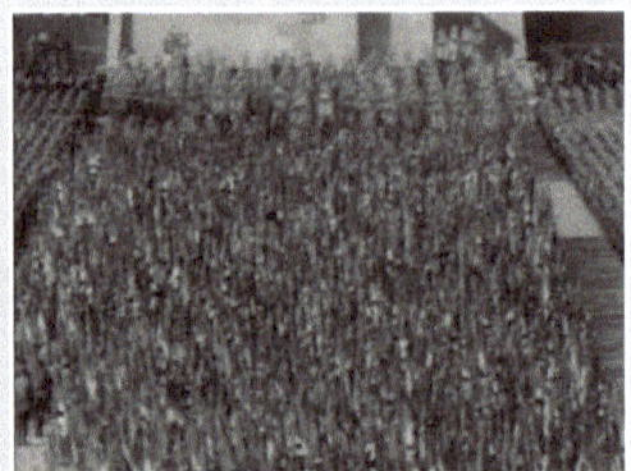
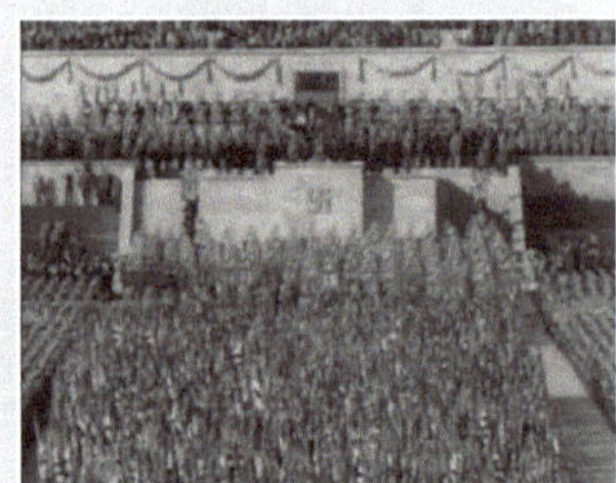

TC 1:07:55 – 1:08: 20

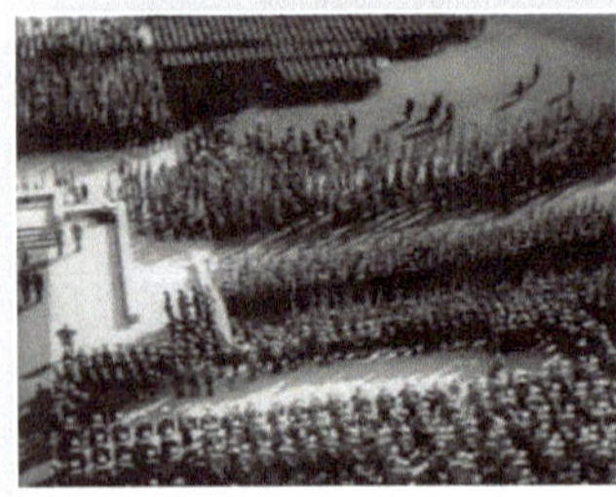
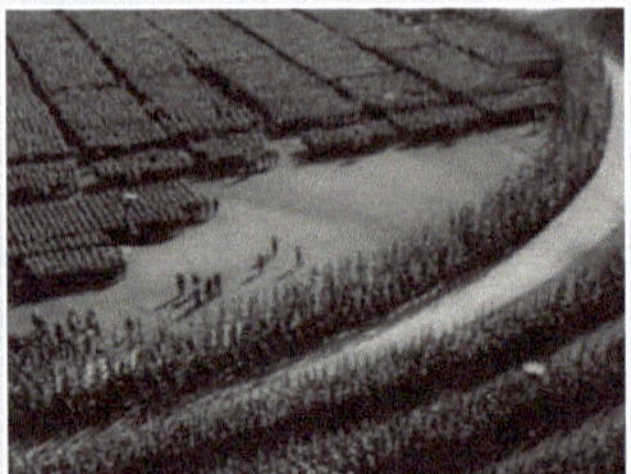
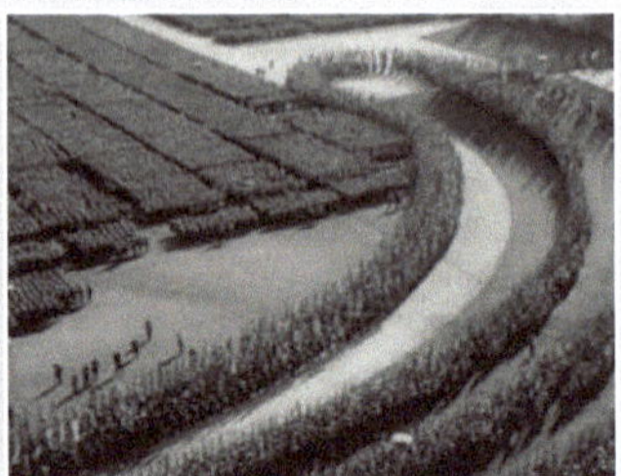

TC 1:08:35 – 1:08:45

Kamerabewegungen in „Falling Down – ein ganz normaler Tag“

Schauen Sie sich den Filmausschnitt von 0:16:53 – 0:20:51 an und tragen Sie die Symbole der verschiedenen Kamerabewegungen in die weißen Felder ein. Wie gelingt es dem Kameramann durch den Einsatz verschiedener Bewegungsarten, die Bedrohung zu visualisieren? Hinweis: Kamerabewegungen können auch kombiniert auftreten.

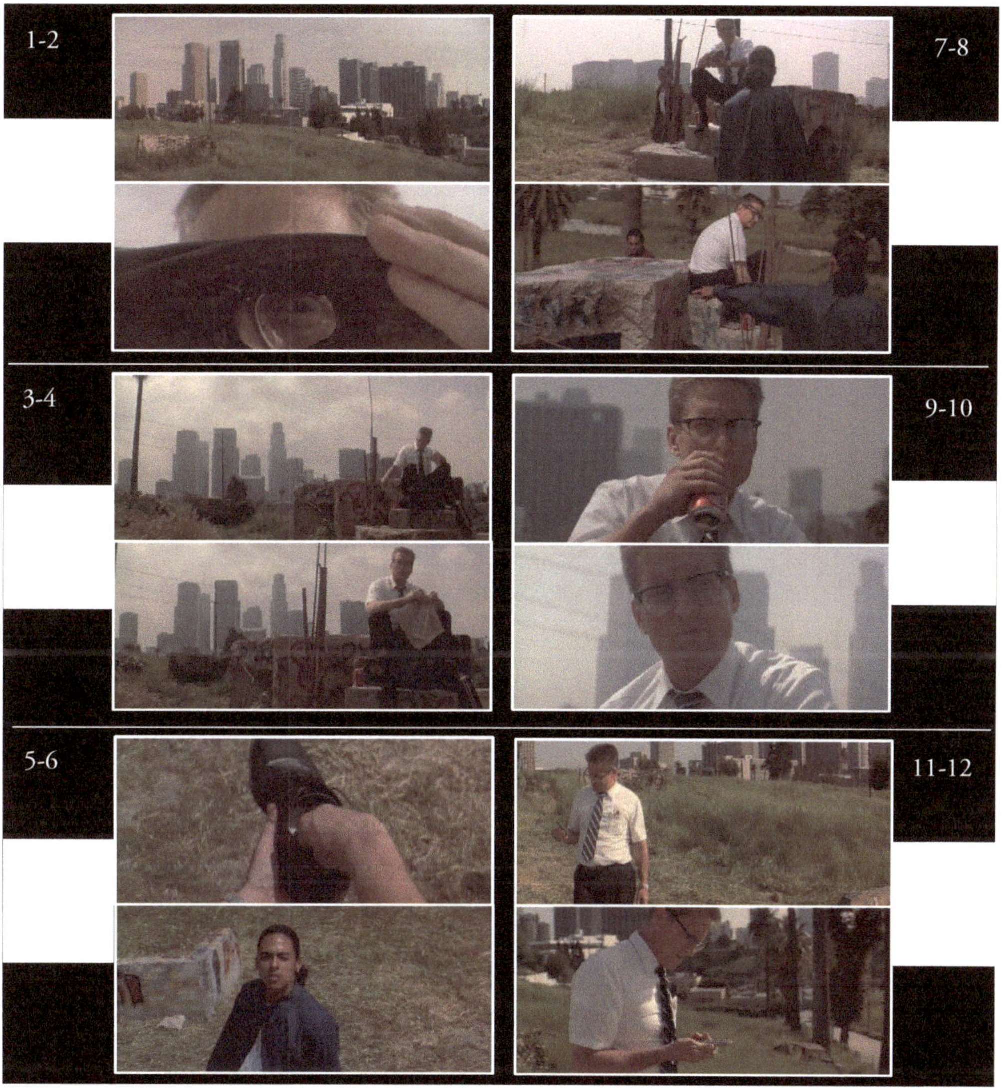

1-2

7-8

3-4

9-10

5-6

11-12

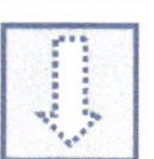
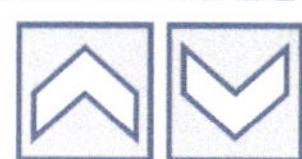

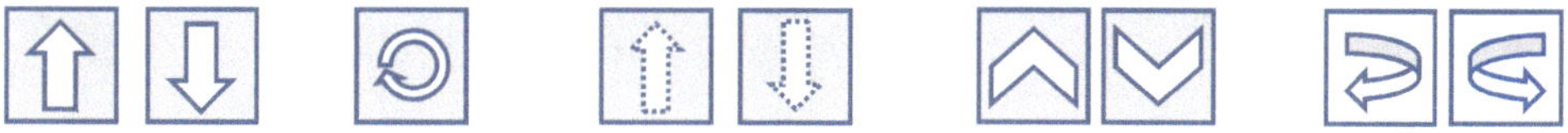

Hin-/Rückfahrt Kreisfahrt Vertikalfahrt Vertikaler/horizontaler Schwenk

Stimmige Übergänge – Continuity Style

In der Zeit des klassischen Hollywood-Kinos der 1920er-Jahre prägten sich Regeln zur Regulierung der Raumabbildung im Film aus, die den Zuschauern die Orientierung erleichtern sollten. Das Prinzip der Kontinuität (engl. continuity) bezieht sich auf den Anschluss, mit dem in der Filmkunst der stimmige Übergang zwischen zwei Einstellungen erreicht wird. Dieser Anschluss soll sicherstellen, dass die Details einer Einstellung zur Nächsten passen. Die Übergänge sollen dem Publikum möglichst verborgen bleiben, damit sie sich ganz auf die Handlung konzentrieren können. Um den Eindruck einer zeitlichen und räumlichen Kontinuität zu erzeugen, müssen Bewegungsrichtungen von Personen und Objekten, Bildaufteilungen, Lichtinszenierungen und Kamerabewegungen aufeinander abgestimmt und im Dienste eine logischen Erzählung kombiniert werden.[64] Nicht stimmige Details nennt man Anschlussfehler (siehe IB 21). Zur Schaffung dieser möglichst perfekt erscheinenden Filmillusion haben sich im Hollywood-Kino folgende Regeln des Continuity-Systems etabliert:

- Die Vermeidung von Jump Cuts (die 30-Grad-Regel)
- Verbot des Achsensprungs (die 180-Grad-Regel)
- Montagekonzept des unsichtbaren Schnittes (visuelle und dialogische Szenen)

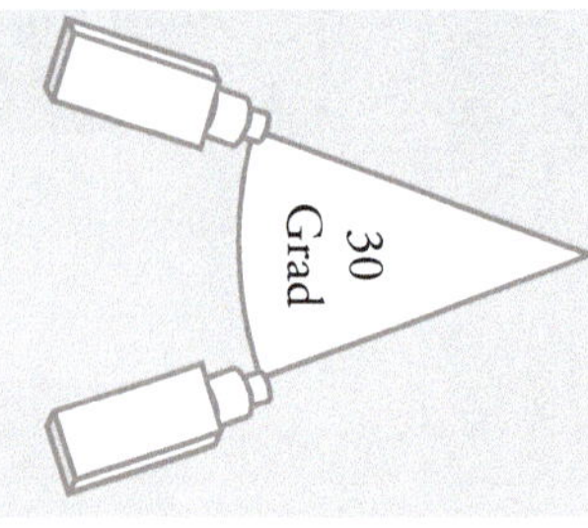

Die 30-Grad-Regel

Innerhalb des Continuity-Systems muss es eine für die Filmwahrnehmung prägnante Differenz zwischen den Einstellungen von mindestens 30 Grad geben, damit die Veränderungen nicht als Fehler, sondern als tatsächliche Sprünge wahrgenommen werden. Ist diese Differenz geringer, entsteht der Eindruck eines unangenehmen Bildruckelns. Um einen flüssigen Erzählstil zu gewährleisten, sollten deshalb folgende Regeln beachtet werden:

- Die Kamerapositionen zwischen zwei Nachbareinstellungen bei gleichem Motiv und identischem Raum sollten einen Unterschied von mindestens 30 Grad aufweisen.
- Bleibt die Kamera auf der Achse, muss sich der Blickwinkel der Optiken ebenfalls um 30 Grad unterscheiden.
- Findet eine Veränderung der Kameradistanz statt, sollte der Heran- oder Wegsprung ausreichend groß sein (eventuell muss eine Einstellungsgröße übersprungen werden).[65]

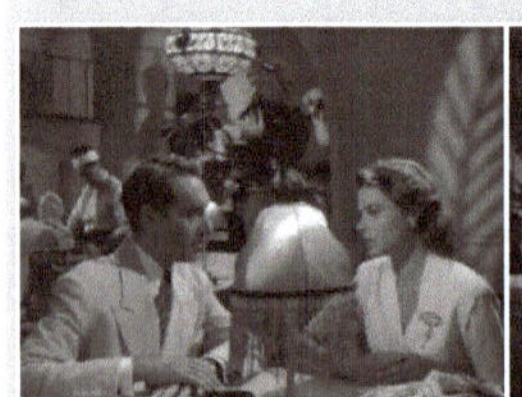
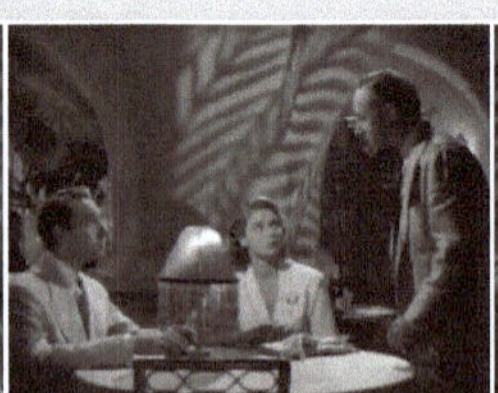
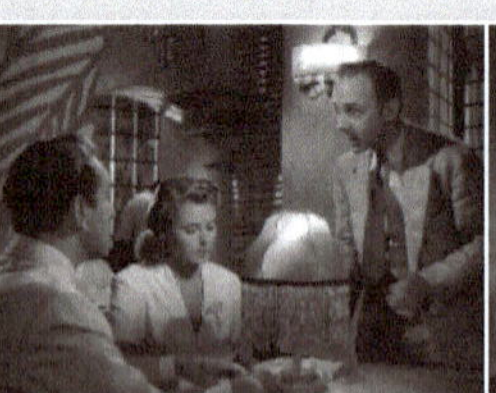
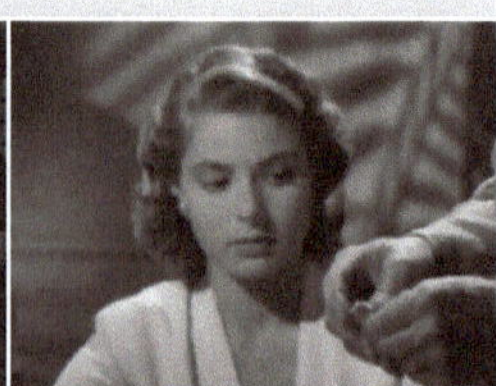

Filmische Auflösung im Film „Casablanca" (1942)

180-Grad-Regel

Um die Konstanz der Bewegungsrichtungen aufrechtzuerhalten, wird zwischen den Figuren einer Szene eine Handlungslinie (auch Handlungsachse) angenommen, die von den Kameras nicht überschritten werden darf, d.h. die Kamera darf bei wechselnden Standorten immer nur auf einer Seite der Handlungsachse positioniert werden. Aufeinanderfolgende Einstellungen, die diese Regel berücksichtigen, bieten dem Zuschauer trotz wechselnder Perspektiven und Einstellungsgrößen eine ausreichend räumliche Orientierung. Der Handlungsraum wird dabei wie eine Bühne betrachtet und alle Aufnahmen erfolgen innerhalb eines 180-Grad-Kreises.

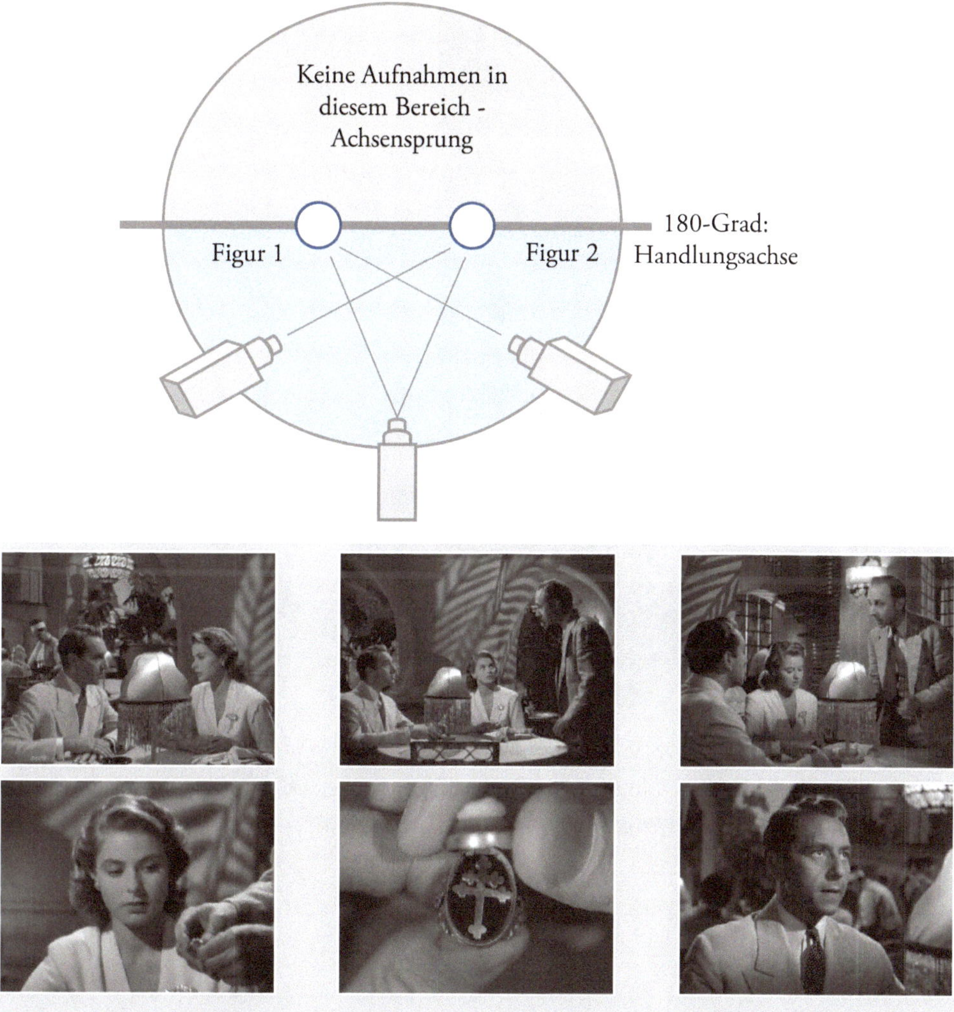

Der erste Filmstill dieses Ausschnittes aus dem Film „Casablanca" (1942) zeigt die horizontal verlaufende Handlungsachse zwischen Victor László und Ilsa Lund. Alle weiteren Einstellungen sind gemäß der 180-Grad-Regel angeordnet und folgen den Blick- und Bewegungsrichtungen der Figuren.

Ein Bruch der Kontinuität – der Achsensprung

Auch wenn das Continuity-System streng an der 180-Grad-Regel festhält, gab und gibt es natürlich auch Filmemacher, die sich diesem Gebot widersetzen und einen sogenannten Achsensprung vollziehen. Dabei überspringt die Kamera die gedachte Handlungsachse und das Links-rechts-Verhältnis der Objekte oder Personen wechselt.[66]

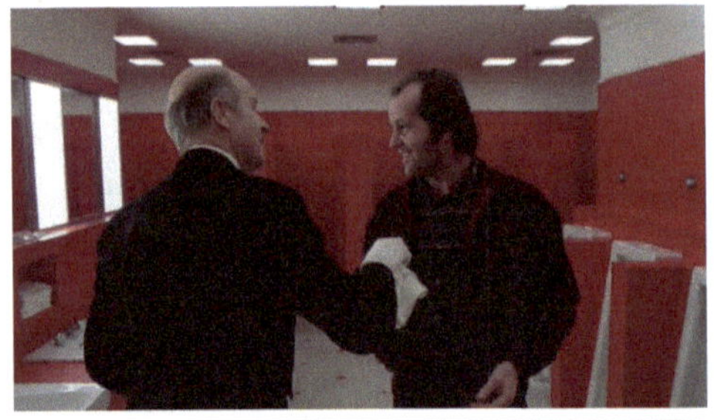

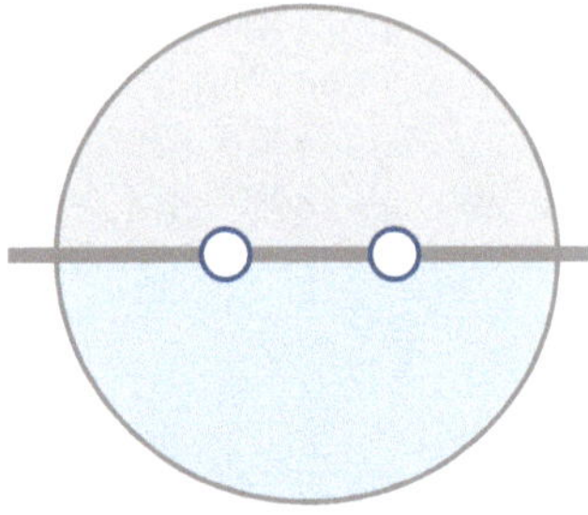

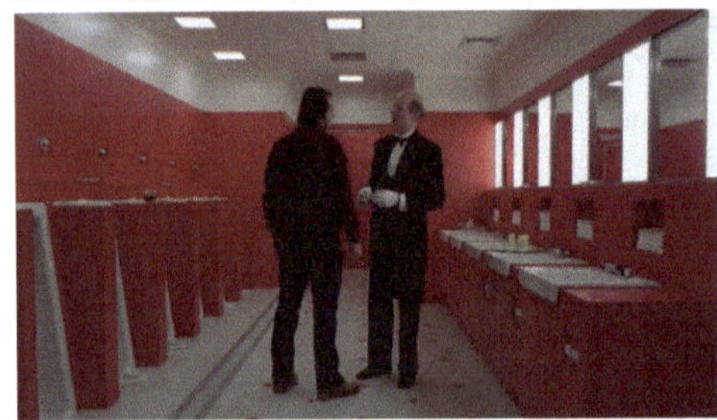

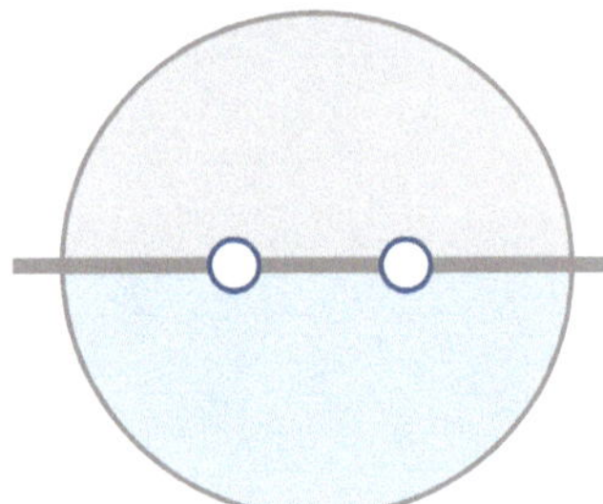

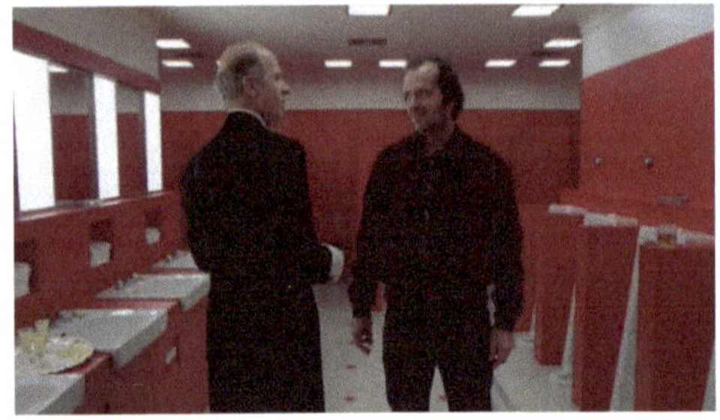

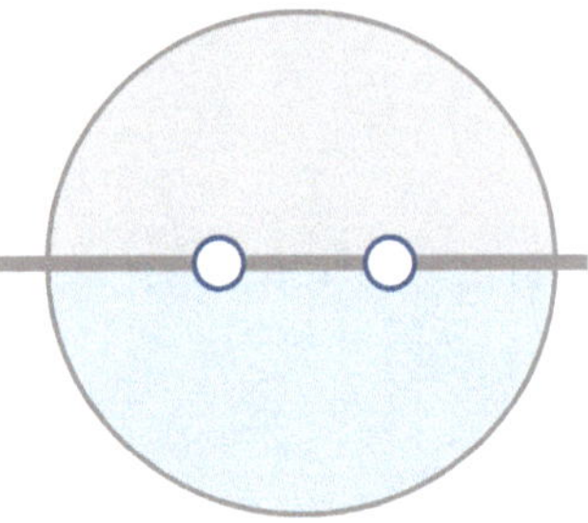

Stanley Kubrick setzte im Film „Shining" (1980) ganz bewusst einen Achsensprung ein. Betrachten Sie die Filmstills auf dieser Seite und zeichnen Sie Kamerapositionen in die Grafiken ein. Wie wirkt dieser Achsensprung auf Sie und welche Wirkungsabsicht könnte mit dem Bruch der Regel verbunden sein?
Konstruieren Sie eine Szene, in der Sie einen Achsensprung ganz bewusst als Element der Filmgestaltung einsetzen und skizzieren Sie die Sequenz in Form eines Storyboards, ergänzt durch Angaben zu den Kamerapositionen.

Grundlagen der Montage – auf die Kombination kommt es an

Ein wesentliches und filmeigenes Element ist die Montage, die aus dem gedrehten Rohmaterial einzelne Aufnahmen so kombiniert, dass eine Geschichte entsteht. Um die verschiedenen Montageformen in ein systematisches Schema zu integrieren, wird im Folgenden die grundsätzliche Unterteilung in unsichtbare und deutlich wahrnehmbare Schnitte vorgenommen.[67]

Beim unsichtbaren Schnitt sollen alle Aspekte, die auf die Künstlichkeit der Filmwelt verweisen, möglichst unbemerkt bleiben. Die Aufmerksamkeit der Zuschauer soll sich ganz auf den Inhalt und auf die Figuren konzentrieren. Bleibt die Kontinuität des Geschehens durch den logischen Zusammenhang von Zeit und Raum erhalten, werden auch harte Schnitte kaum wahrgenommen. Sie werden damit wahrnehmungsunauffällig und sozusagen „unsichtbar".

Visuelle Szenen

Zur Orientierung der Zuschauer beginnt ein Film oder eine Szene häufig mit einem **Establishing Shot** (dt. Eröffnungsszene). Dazu wird meist eine Totale (siehe IB 17.1 -17.2) verwendet, die der räumlichen und zeitlichen Verortung der Handlung dient. Dieser Einstellung folgt der **Master Shot**, der in einer Totalen oder Halbtotalen gefilmt wird und Personen oder Objekte räumlich situiert. Die weitere Auflösung der Szene in einzelne Schritte muss dabei die im Master Shot etablierte räumliche Orientierung beibehalten. Bei dem darauffolgenden **Cut In** verkleinern sich die Bildausschnitte durch einen Wechsel auf die Amerikanische oder Halbnahe Einstellung, da ab jetzt Mimik und Gestik der Kommunikation im Vordergrund stehen. Dialoge werden an dieser Stelle ebenfalls in Schnitte aufgelöst. Damit dem Zuschauer vermittelt werden kann, dass sich der Handlungsschauplatz nicht geändert hat, erfolgt ein **Cut Back**, d.h. wieder ein Wechsel in eine Halbtotale wie beim Cut In oder in eine Totale wie beim Master Shot. Jetzt bietet sich die Gelegenheit für eine Positionsänderung der Figuren im Filmraum und/oder zur Beendigung einer Szene.[68]

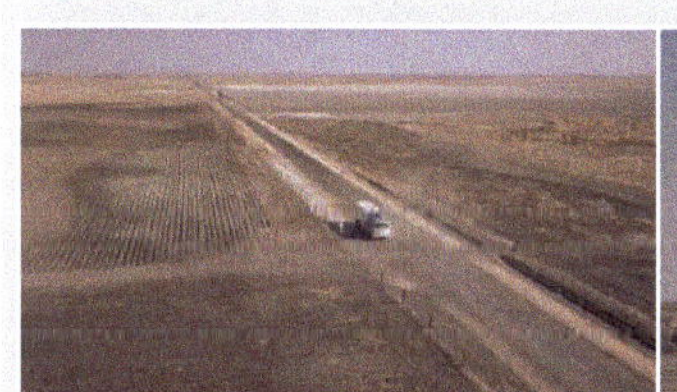

1. **Establishing Shot** in der Panoramaeinstellung

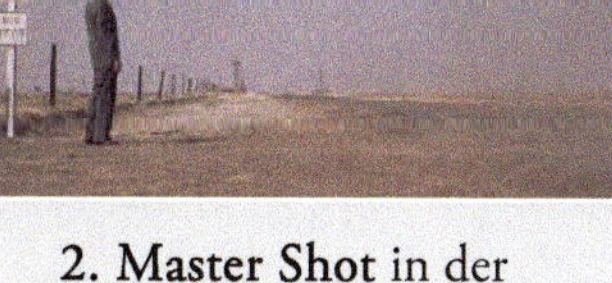

2. **Master Shot** in der Totalen

3. **Cut In** in der Amerikanischen Einstellung

4. **Cut Back** in der Totalen

Der Beginn dieser Szene im Film „Der unsichtbare Dritte" (1959) von Alfred Hitchcock ist im klassischen Hollywood-Stil des unsichtbaren Schnittes montiert und fängt mit einem Establishing Shot an. Die folgenden Einstellungswechsel zwischen Master Shot, Cut In und Cut Back finden im Anschluss mehrfach statt und werden der Blickrichtung des Protagonisten Thornhill (Cary Grant) entsprechend der 180-Grad-Regel organisiert.

Dialogische Szenen

Während visuelle Szenen eine kontinuierliche Erzählung im Raum-Zeit-Gefüge des Filmes darstellen, widmen sich dialogische Szenen der Kommunikation zwischen mindestens zwei Gesprächspartnern und werden nach dem Prinzip der 180-Grad-Regel filmisch aufgelöst. Auch hier erfolgt zu Beginn ein Master Shot, der einen Überblick über den Raum und die Positionen der Figuren liefert und die Blickrichtungen der Personen sichtbar werden lässt, welche in den folgenden Einstellungen beibehalten werden müssen. Aus der Vielzahl der Möglichkeiten, eine Dialogszene filmisch aufzulösen, werden hier drei Varianten näher vorgestellt.[69]

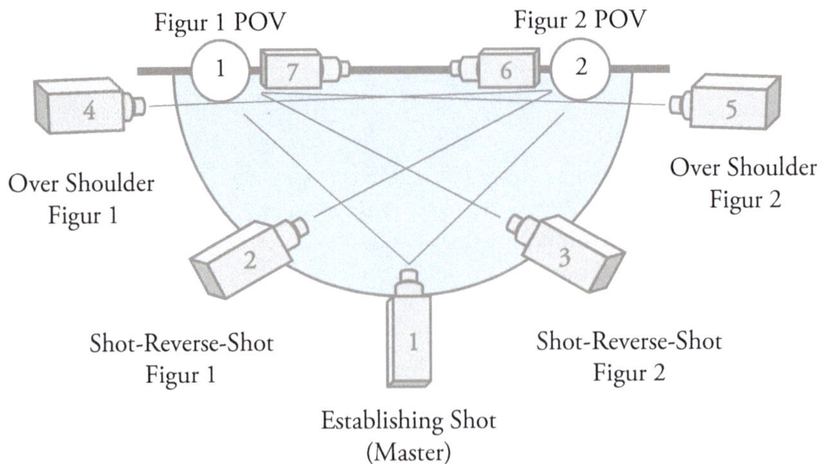

Im Schuss-Gegenschuss-Verfahren (Shot-Reverse-Shot)

erfolgt im Anschluss an den Master Shot ein Cut In, der die Einstellungsgröße der Totalen oder Halbtotalen in eine Amerikanische oder Halbnahe verkleinert. Diese Art der Annäherung bietet dem Zuschauer die Möglichkeit, nach einer ersten räumlichen Orientierung, sich ganz auf den Inhalt des Gespräches in Sprache, Mimik und Gestik zu konzentrieren. Im Schuss-Gegenschuss-Verfahren ist immer ein Gesprächspartner in einer Halbnahen oder Nahen Einstellung im Bild, der die Blickrichtung seinen Dialogpartner präsent hält und damit die filmische Kontinuität wahrt.

Dialog zwischen Marion Crane und Norman Bates in „Psycho" (1960)

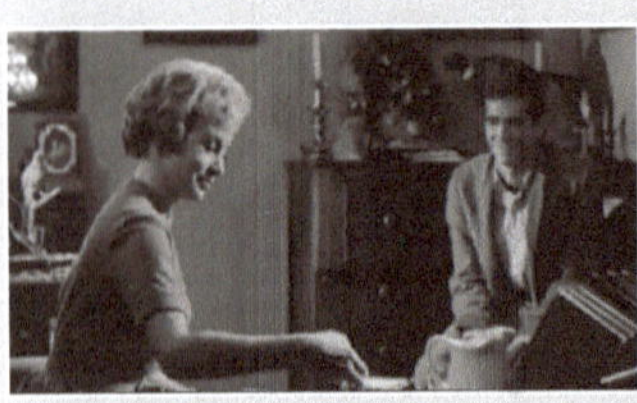

Master Shot
(Kamera 1)

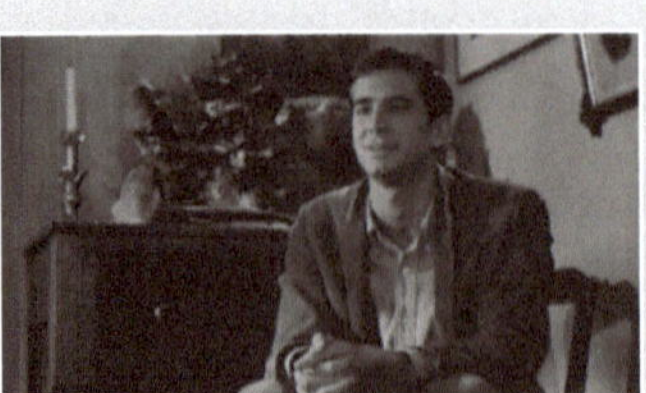

Schuss
(Reverse-Shot)
Figur 2 mit Kamera 2

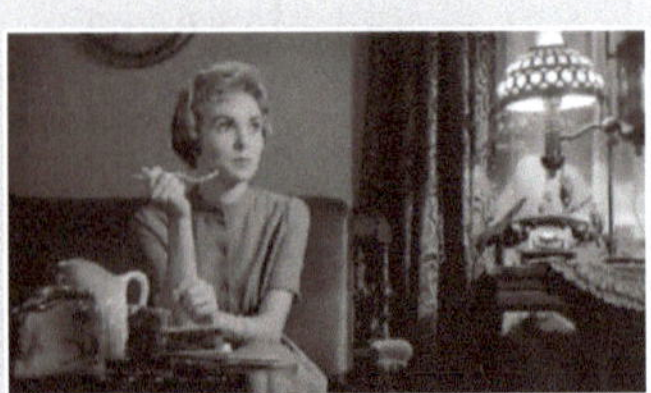

Gegenschuss
(Shot-Reverse-Shot)
Figur 1 mit Kamera 3

Das Over-Shoulder-Shot-Verfahren

zeigt die Schulter oder einen Teil des Kopfes eines Gesprächspartners innerhalb einer dialogischen Szene im Schuss-Gegenschuss-Verfahren. Damit der Zuschauer die Aktionen (des Sprechenden) und die Reaktionen (des Zuhörenden) nachvollziehen kann, müssen auch die Blickachsen im richtigen Verhältnis zueinander beibehalten werden.

„Spiel mir das Lied vom Tod"

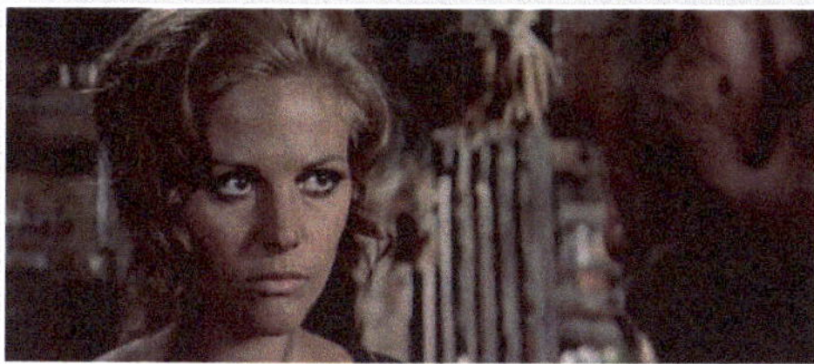

Over-Shoulder-Shot von Cheyenne mit Blick auf Jill durch Kamera 5

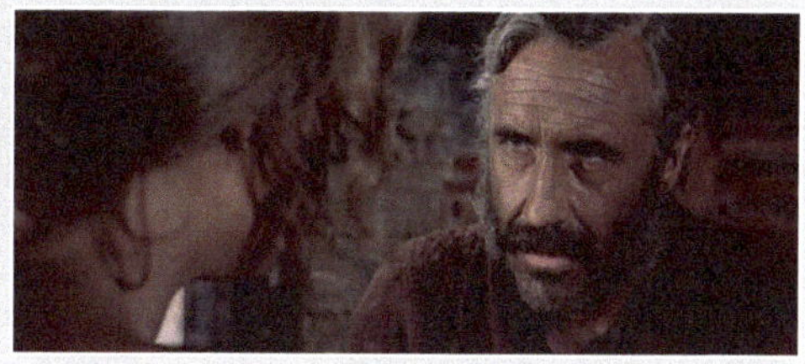

Over-Shoulder-Shot von Jill mit Blick auf Cheyenne durch Kamera 4

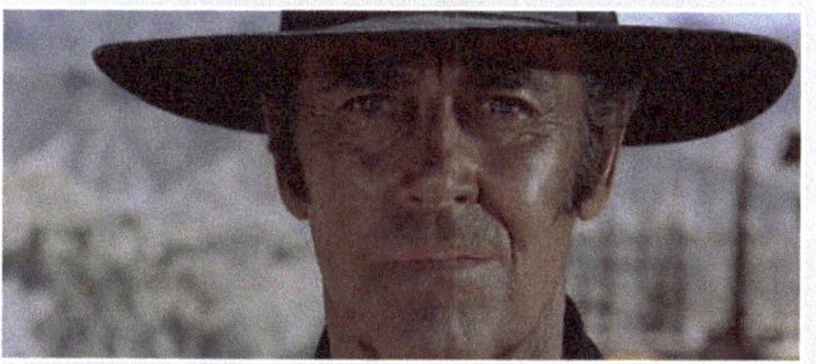

Die Kamera nimmt die Position von Harmonika mit Blick auf Frank ein – Point Of View-Shot (POV) durch Kamera 7

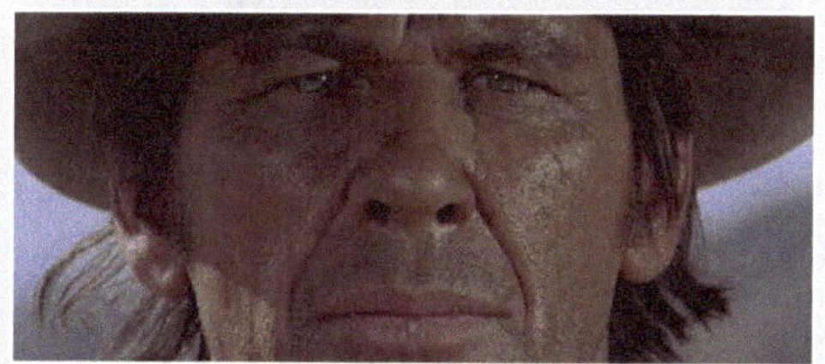

Die Kamera nimmt die Position von Frank mit Blick auf Harmonika ein – Point Of View-Shot (POV) durch Kamera 6

Der wirklich (fast) unsichtbare Schnitt

Während die Grundregeln des Continuity-Systems die reibungsfreie und damit als selbstverständlich empfundene Vermittlung des Inhalts unterstützen, können Schnitte auch wirklich fast unsichtbar bleiben. Ein Beispiel dafür gestaltete Alfred Hitchcock in seinem ersten Farbfilm „Cocktail für eine Leiche" (1948). Damals konnten jeweils nur zehn Minuten pro Filmrolle gedreht werden, sodass Schnitte unumgänglich waren. Um den Erzählfluss dennoch nicht zu unterbrechen, wurde der Schnitt durch eine nahe Einstellung auf gleich ausgeleuchtete Objekte kaschiert. So endet hier eine Einstellung mit der Großaufnahme einer Jacke und die Nächste beginnt wieder mit der gleichen Einstellung. Der Schnitt an dieser Stelle wird damit tatsächlich kaum wahrnehmbar.

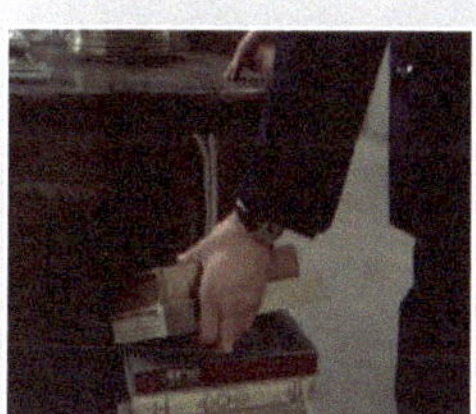
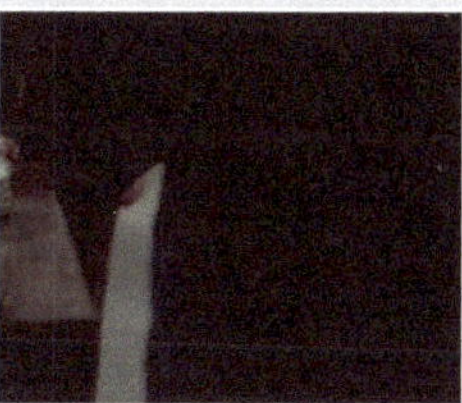

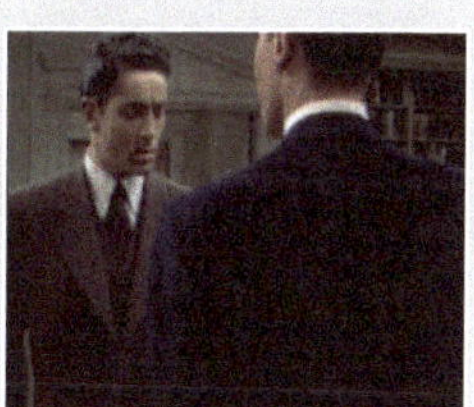

Filmische Auflösung in „Die Spur des Falken“ (1941)

Die Anfangsszene von „Die Spur des Falken“ stellt sich völlig in den Dienst eines kontinuierlichen Erzählflusses und zeigt uns im Schuss-Gegenschuss-Verfahren eine klassische Dialogszene. Zeichnen Sie die jeweiligen Figuren und Kamerapositionen in den Grafiken ein. Wurde die 30-Grad-Regel innerhalb der 180-Grad-Regel eingehalten?

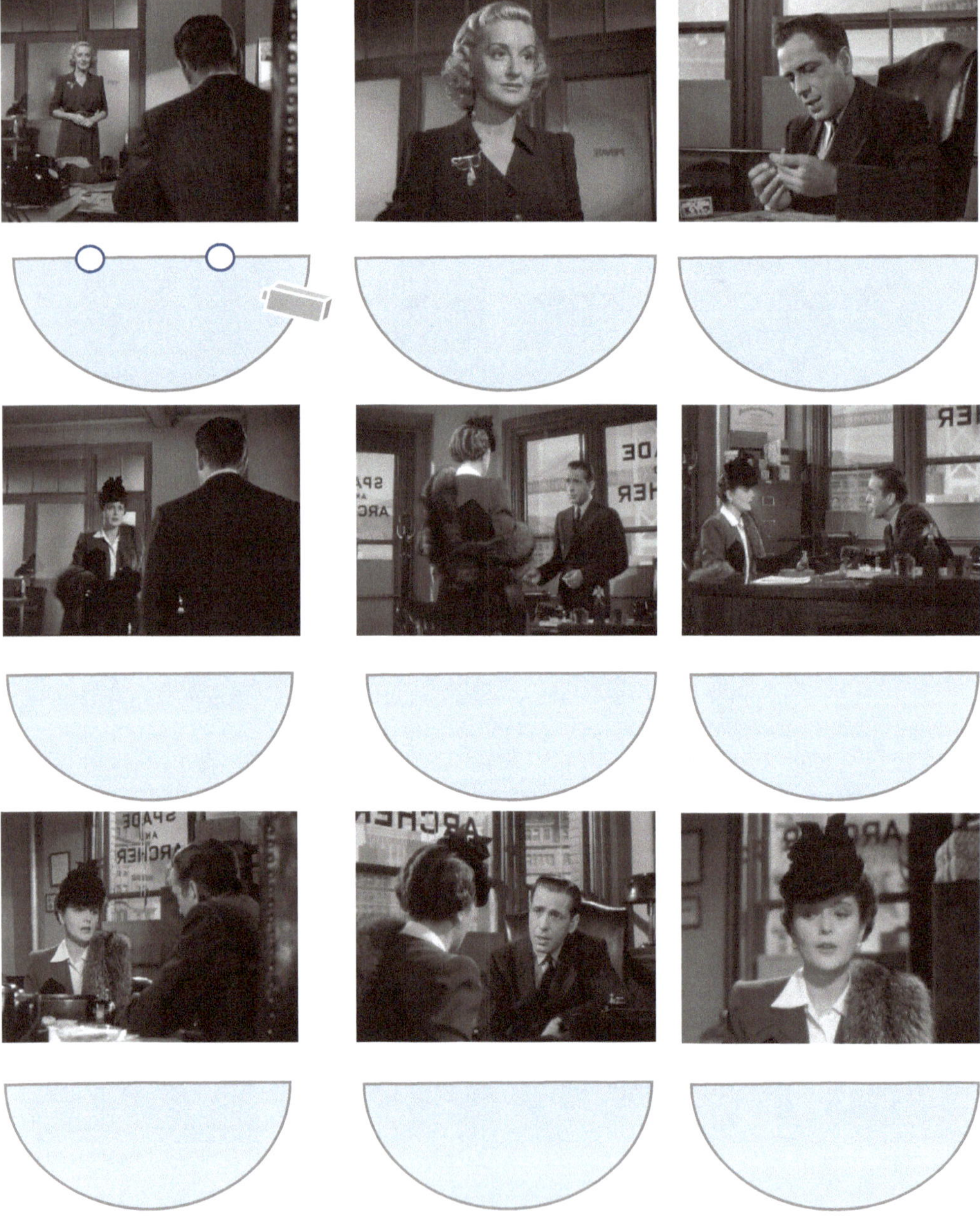

Anschlussfehler im Film – der Teufel steckt im Detail

Die häufigsten Filmfehler (engl. goofs) sind Anschlussfehler, die dadurch entstehen, dass die Szenen nicht in der Reihenfolge aufgenommen werden, wie sie nach der Montage im Film sichtbar sind. Oft handelt es sich dabei um kleine Details, die nicht in einem kausalen Zusammenhang zu einer vorangegangenen Einstellung stehen. Solche Unstimmigkeiten können sich auf Kostüme, Frisuren oder Requisiten beziehen und die Kontinuität der Handlungsabläufe stören oder auch vom Zuschauer unbemerkt bleiben. Der zur Regieabteilung gehörende Beruf des Continuity achtet während der Dreharbeiten auf die Vermeidung solcher Fehler.[70]

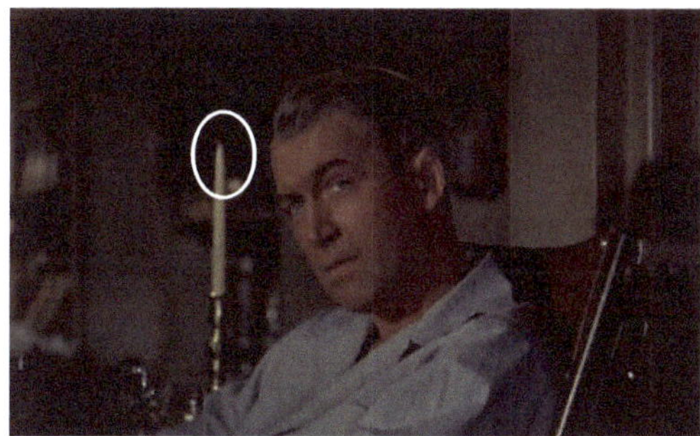

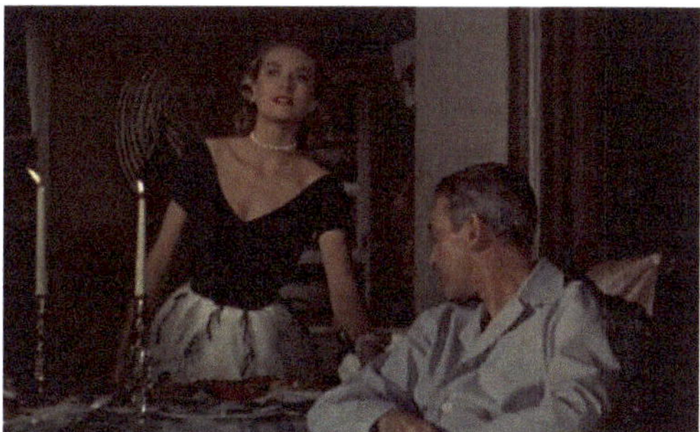

Im Film „Das Fenster zum Hof" (1954) beobachtet Jeff sehr aufmerksam seine Nachbarn, während seine Freundin Lisa in der Küche das Essen vorbereitet. Obwohl keiner von beiden die Kerzen angezündet hat, brennen sie.

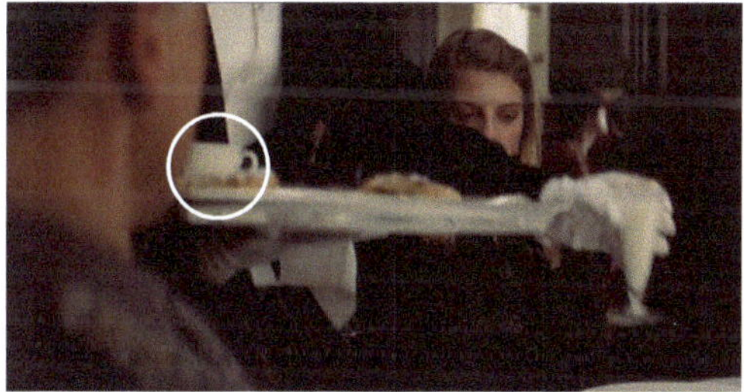

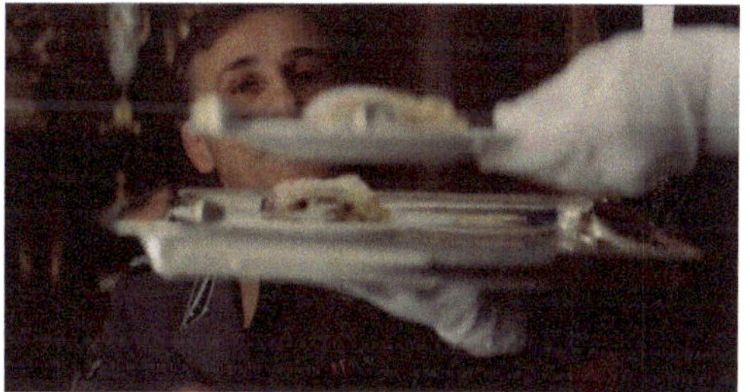

In „Inglourious Basterds" sehen wir einen Kellner mit einer Kaffeetasse auf einem Tablett, die in der nächsten Einstellung schon serviert wurde. Auch wenn wir annehmen, dass zwischen zwei Einstellungen etwas Zeit vergangen ist, sollten keine kompletten Bewegungen ausgelassen werden.

Neben Anschlussfehlern können sich natürlich noch weitere Unstimmigkeiten in den Film einschleichen. So hält sich im Film „Der unsichtbare Dritte" (1959) der kleine Junge links im Bild schon Sekunden bevor die Pistole einen Schuss abgibt die Ohren zu.

Filmfehler in „Psycho“

Neben Anschlussfehlern können sich auch logische Fehler in einen Film einschleichen, die die Glaubwürdigkeit oder das Verständnis der Handlung mehr oder weniger stören.
Stellen Sie sich vor, Sie haben die Funktion eines Continuities und sollen die folgenden Szenen nach Fehlern untersuchen. Welche Unstimmigkeiten fallen Ihnen auf?

Marion zerreißt einen Zettel, auf dem sie ihre Ausgaben ausgerechnet hat und wirft die Papierschnipsel in die Toilette. Nach ihrem Tod in der Dusche macht Norman Bates das Badezimmer sauber und lässt die Leiche verschwinden. Marions Freund Sam und ihre Schwester Lila finden später im Badezimmer ein Stück Papier mit der Handschrift Marions.

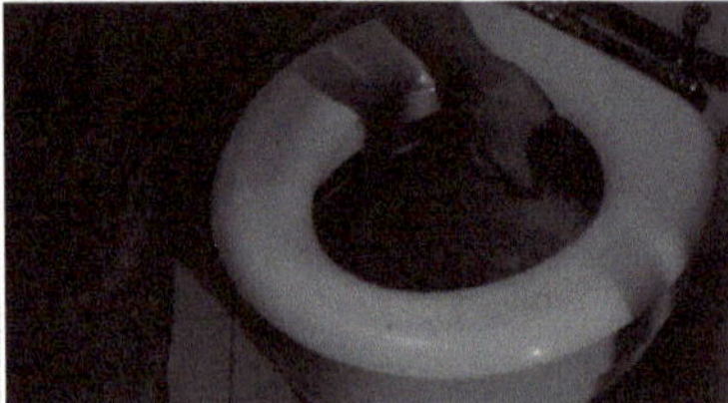

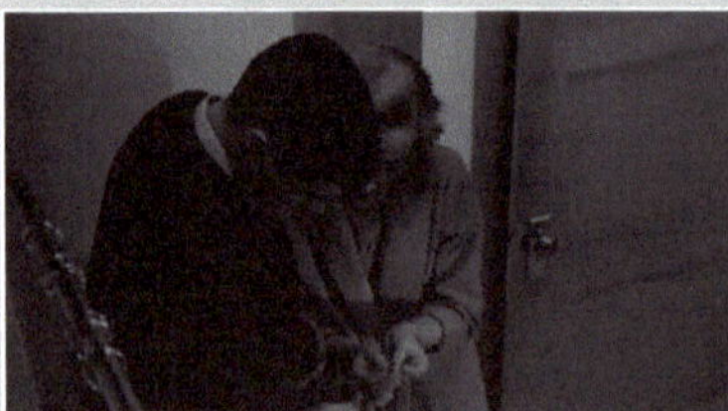

....

....

....

....

Marions Schwester Lila geht am Ende des Filmes in den Keller und sieht von hinten eine Figur auf einem Stuhl sitzen. Nach einer Berührung an der Schulter, dreht sich die mumifizierte Leiche in Richtung Kamera.

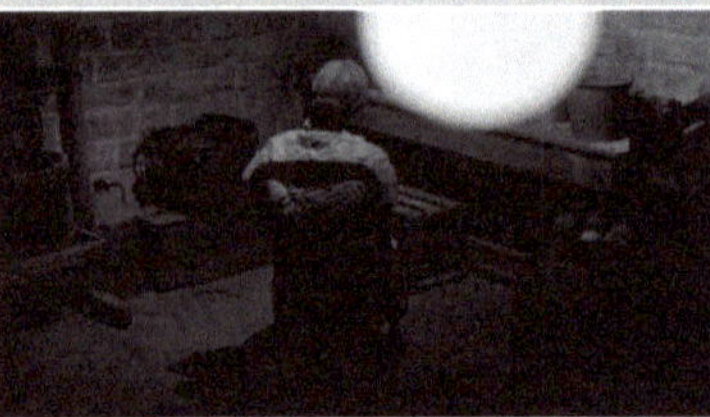

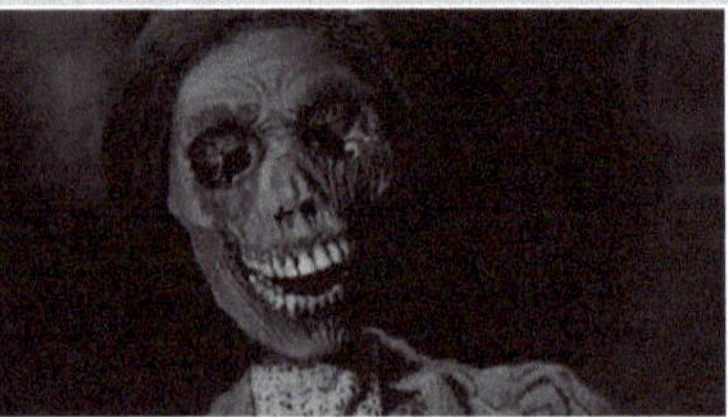

....

....

....

....

Die Analyse des Auditiven – der Sound im Film

Einen wichtigen Beitrag zur Erzeugung des Wirklichkeitseindrucks leistet die Tonebene. Auch wenn Ton und Bild meist als Einheit wahrgenommen werden, ist der akustische Teil ebenso das Ergebnis bewusster Gestaltung wie die visuelle Ebene. Der Einfluss des Tones auf das Rezeptionserlebnis wird häufig unterschätzt und bei der Filmanalyse vernachlässigt. Dabei hat der Filmsound als Zusammenspiel von **Geräuschen, Sprache** und **Musik** wichtige Funktionen. Er schafft einen Zusammenhalt im Film, liefert eine Orientierung in Zeit und Raum und kann auch als eigenständige Bedeutungsebene Assoziationen über das Bild hinaus liefern. Als erstes Analysemerkmal des Filmsounds kann die Quelle des Tons lokalisiert werden, bei der zwischen OFF und ON unterschieden wird.

Geräusche: „Die drei Tage des Condor" (1975)

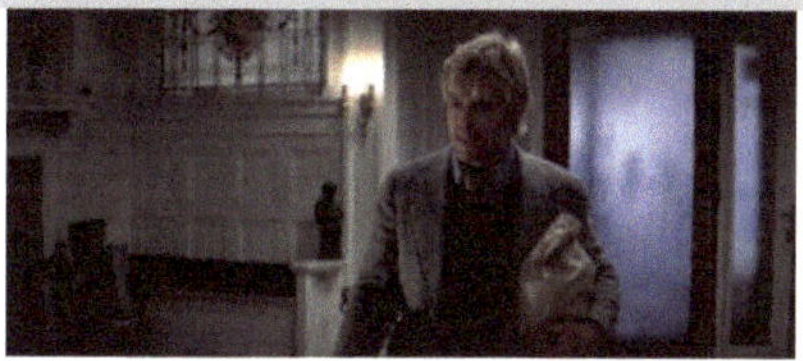

OFF-Ton: Während der Protagonist erkennt, dass seine Kollegen gerade ermordet wurden, hören wir im Hintergrund das Rattern eines Druckers, der im Bild nicht gezeigt wird.

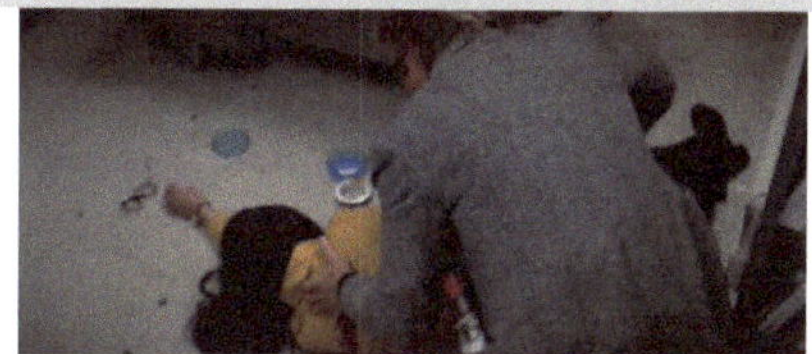

ON-Ton: Der Protagonist betritt den Drucker-raum, die Quelle des Geräusches wird sichtbar und der Ton wird lauter.[71]

Sprache: „Die fabelhafte Welt der Amélie" (2001)

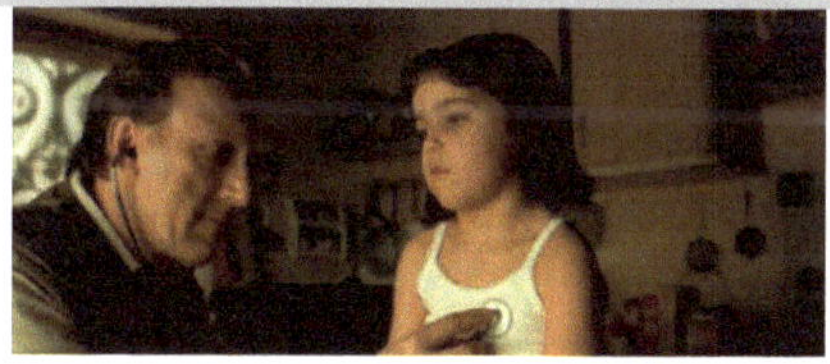

OFF-Ton: Ein auktorialer Erzähler schildert uns die Gefühle und Gedanken von Amélie.

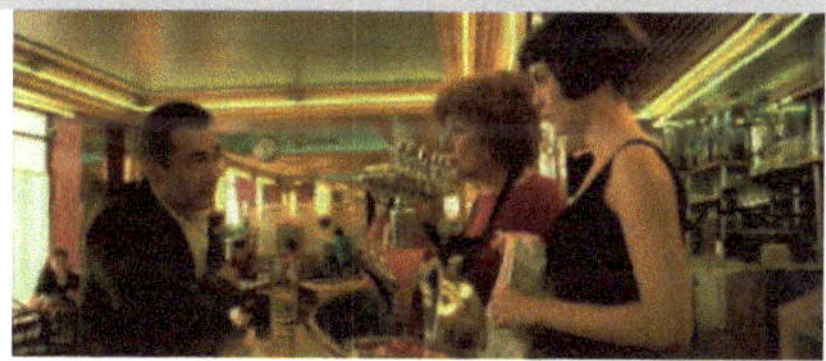

ON-Ton: Wir hören Dialoge, die auch die Figuren im Film wahrnehmen können.

Musik: „Pirates of the Caribbean – Am Ende der Welt" (2007)

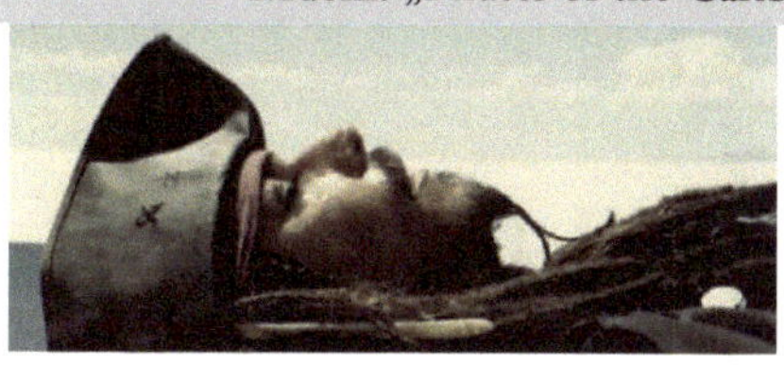

OFF-Ton: Wir hören die Filmmusik von Hans Zimmer, die Jack Sparrow nicht wahrnehmen kann.

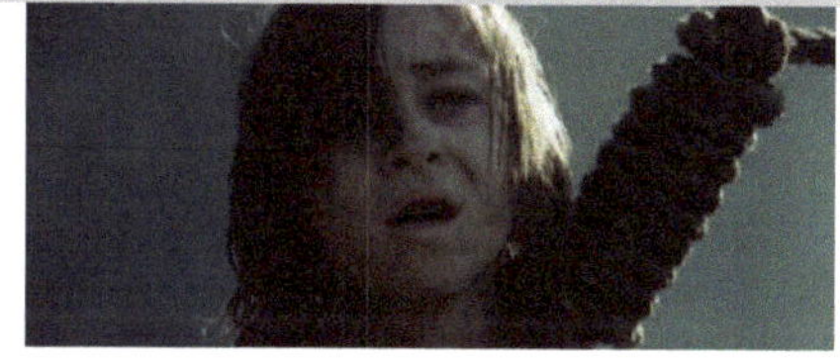

ON-Ton: Die zum Tode Verurteilten singen am Anfang des Filmes.

Geräusche im Film

Die Geräusche im Film werden als atmosphärischer Ton oder kurz Atmo bezeichnet. Zur Atmo gehören alle Tonaufzeichnungen von Umweltgeräuschen (Straßenverkehr, Vogelgezwitscher, Windgeräusche usw.). Sie können beim Drehen aufgezeichnet werden oder aus Soundbibliotheken stammen, die eine Vielzahl von Tönen bereithalten. Oft erfolgt eine komplette Nachvertonung im Rahmen der Postproduktion und wird von sogenannten Foley artists (Geräuschemacher) vorgenommen, die dazu eine Vielzahl von Requisiten verwenden.[72] Geräusche werden vom Zuschauer eher unbewusst wahrgenommen und tragen wesentlich dazu bei, ob Szenen eines Filmes als realistisch und atmosphärisch stimmig beurteilt werden. Wie wichtig Geräusche im Film sind, wird deutlich, wenn wir uns das Geschehen auf der Leinwand ohne diese Tonebene vorstellen.

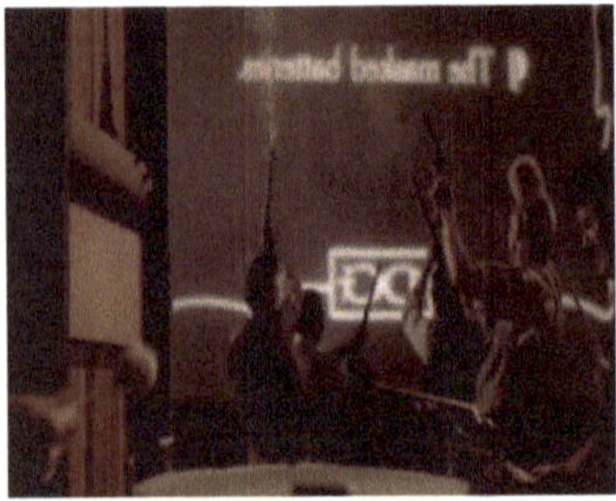

Geräuschemacher hinter der Leinwand in „Nickelodeon"

Geräusche im Film dienen der akustischen Stimmigkeit der Filmbilder und verstärken die Tiefenwirkung zweidimensionaler Bilder. Diese Verstärkungen können auch mit einer Überbetonung von Geräuschen verbunden sein, die in der Realität so nicht wahrgenommen werden können. Solche akustischen Stereotypisierungen sind beispielsweise Überbetonungen von Faustschlägen in Kampfszenen.[73] Klangbilder können darüber hinaus auch zusätzliche Bedeutungsinhalte den Filmbildern hinzufügen. So kann das Anschlagen einer Amsel in einer ruhigen Gartenszene auf eine drohende Gefahr hinweisen.

Geräusche werden meist in der Postproduktion synthetisch erzeugt. Dazu bedienen sich die Foley artists zahlreicher Hilfsmittel, die nur selten mit dem Objekt identisch sind, das sie lautmalerisch illustrieren sollen. Versetzen Sie sich in die Rolle eines Foley artists und erzeugen Sie selbst Geräusche. Die folgende Tabelle kann Ihnen als Ideenpool dienen. Vielleicht finden Sie ganz andere Materialien, mit denen sich interessante Töne und Effekte erzeugen lassen?

Geräuschkiste
FEUER: zusammengedrücktes Zellophan oder Alufolie
HAGEL: Reis oder Erbsen in eine Blechdose rieseln lassen
DONNER: Murmeln in einen Luftballon füllen, aufblasen und schütteln
WIND: mit einer Kleiderbürste kreisend über Stoff fahren oder in eine Flasche pusten
PFERDEGETRAPPEL:

Arbeitsblatt 23.1

Geräusche im Film „Spiel mir das Lied vom Tod“

„Spiel mir das Lied vom Tod“ ist mit über zwölf Minuten ein sehr langer Vorspann ohne Filmmusik. Dafür sind die Atmotöne sehr wichtig und häufig akustisch verstärkt zu hören. Sehen Sie sich den gesamten Vorspann bis zur Filmminute 12:20 an und hören Sie anschließend ganz bewusst auf die Geräusche der Filmausschnitte 1 und 2. Tragen Sie unter den Filmstills ein, was Sie jeweils an Geräuschen wahrnehmen und in welchem Verhältnis diese zur visuellen Ebene des Filmes stehen. Ist die jeweilige Quelle des Geräusches sichtbar (ON-Ton) oder nicht (OFF-Ton)?

Filmausschnitt 1: TC 0:00:10 – 0:00:35

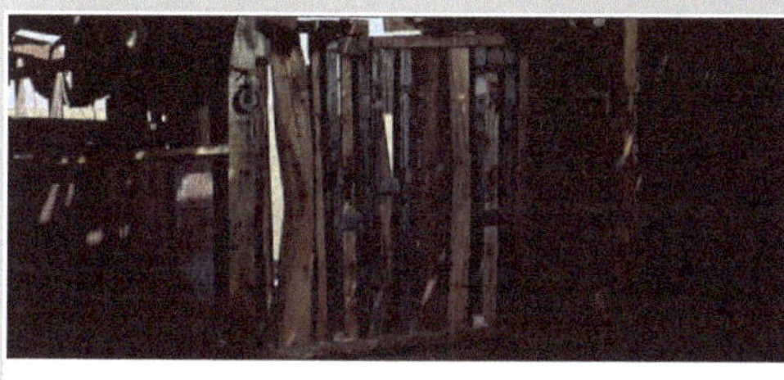

1:

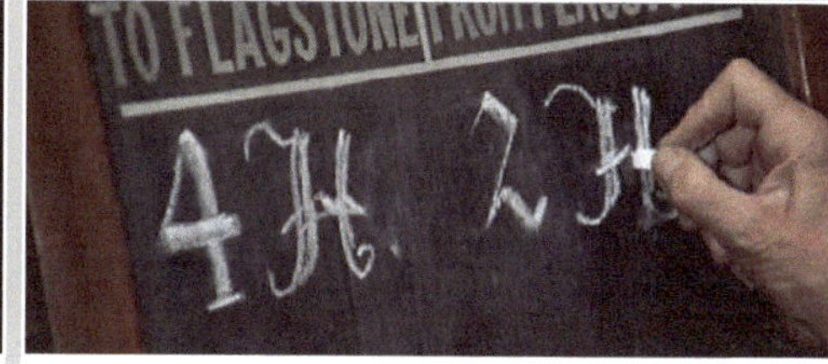

2:

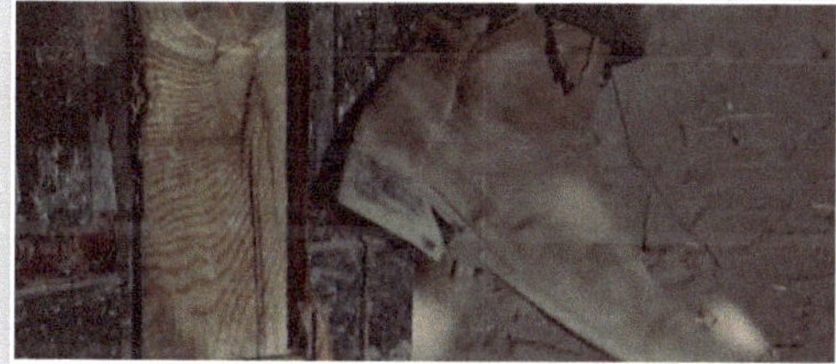

3:

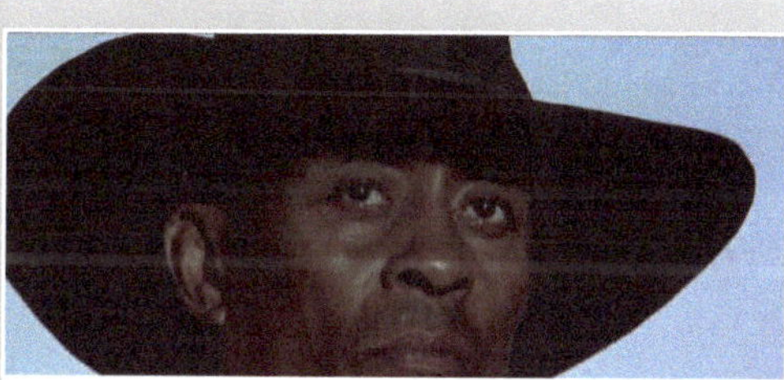

4:

Filmausschnitt 1: TC 0:03:30 – 0:04:31

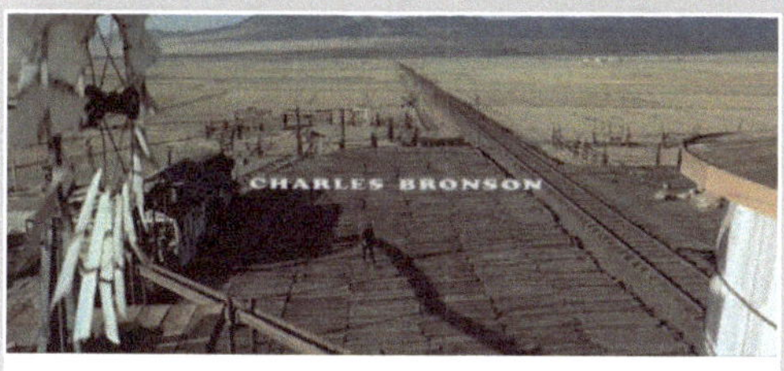

5:

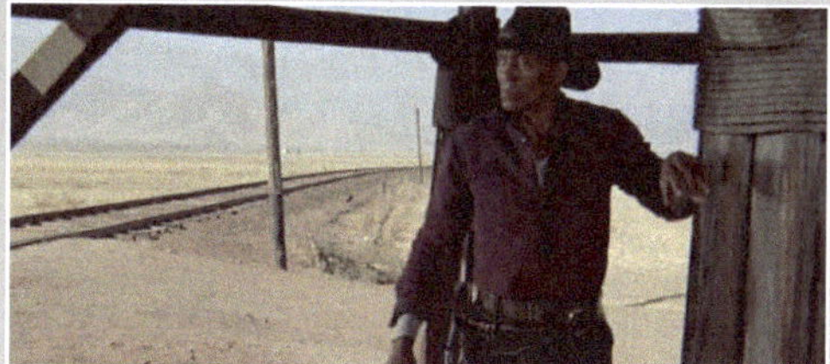

6:

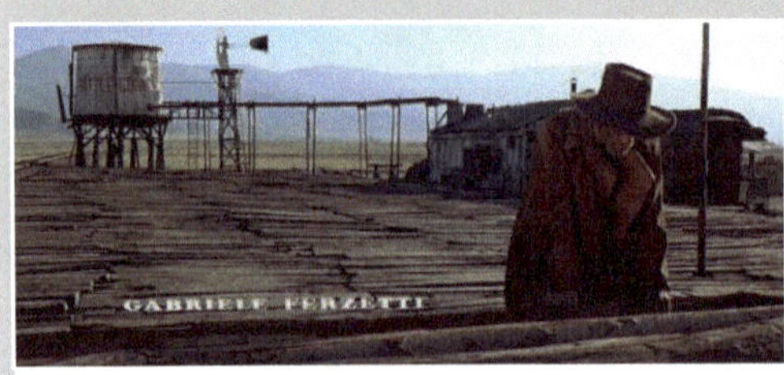

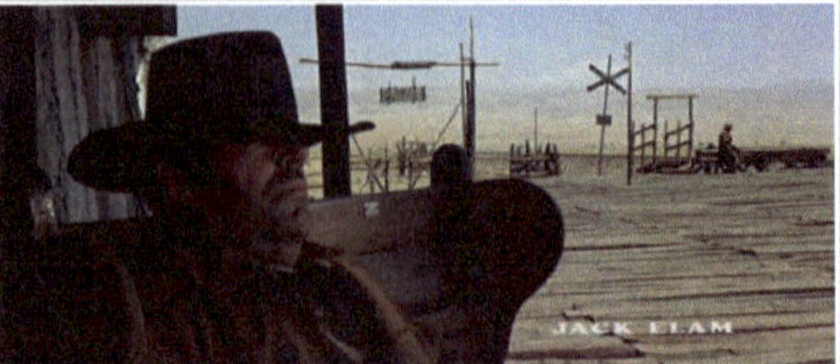

7:

8:

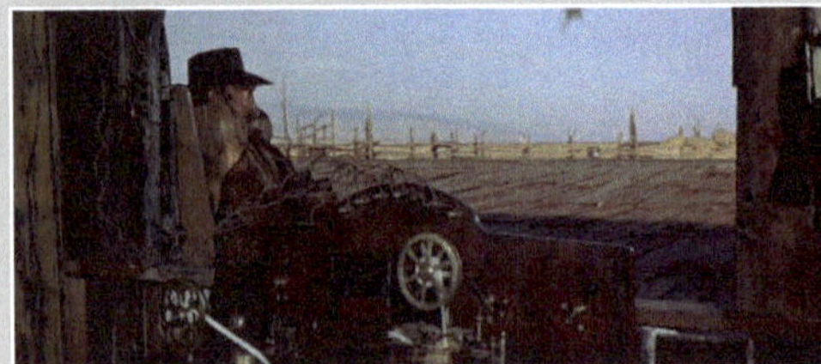

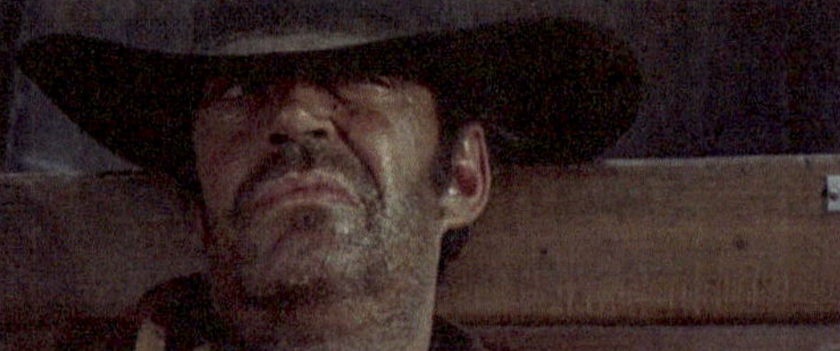

9:

10:

Diese beiden Ausschnitte dauern insgesamt nur etwas über eine Minute und zeigen, wie komplex der Atmoton im Film gestaltet sein kann. Erkennen Sie Geräusche, die wie eine akustische Klammer die unterschiedlichen Einstellungen verbinden? Wie wirkt dieser Vorspann ohne die übliche Filmmusik und wie tragen die Töne zur Charakterisierung der Figuren und der Situation bei?

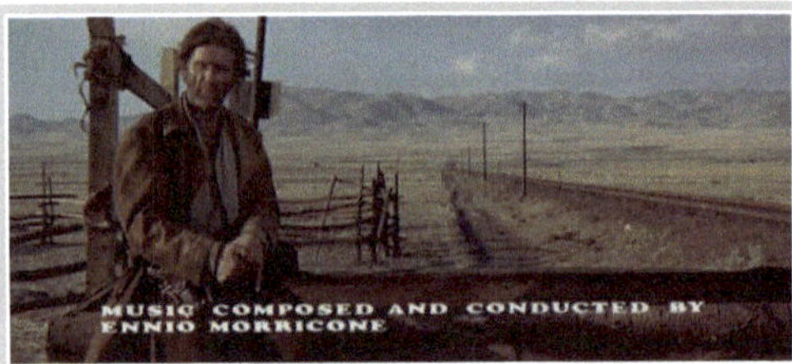

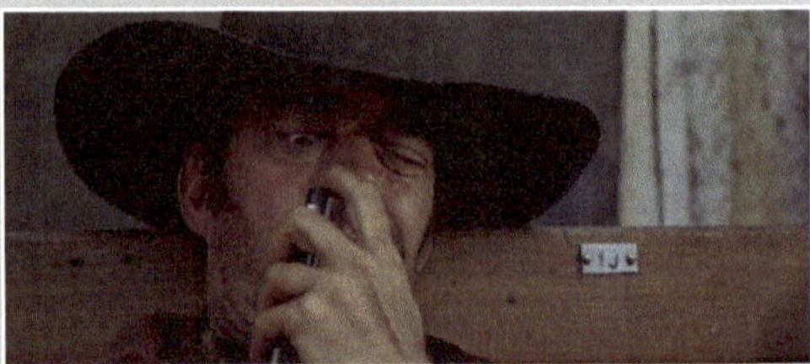

Aufführungspraxis Stummfilm – Filmerklärer und Geräuschmacher

Filmerklärer, auch Filmrezitatoren genannt, spielten eine entscheidende Rolle für die Wahrnehmung und Interpretation der Stummfilme durch das Publikum. Sie machten durch ihre Kommentare die Inhalte der Filme den Zuschauer verständlicher, sie reicherten das Gesehene auch durch Schauspieleinlagen an oder gaben Anekdoten zum Besten, die die Erlebnisqualität der sonst dominant visuellen Kinovorführung erheblich steigerten. Wie durch die musikalische Begleitung und die Geräuschemacher entstand durch die Filmerklärer ein Live-Erlebnis, welches dem stummen Gebärdenspiel der Schauspieler Leben einhauchte und zusätzliche Informationen zum Geschehen lieferte. Filmerklärer, Musiker und Geräuschemacher illustrierten, kommentierten und emotionalisierten das Gesehene auf der Leinwand.

Der II. Akt zwischen den Filmminuten 14:30 und 20:57

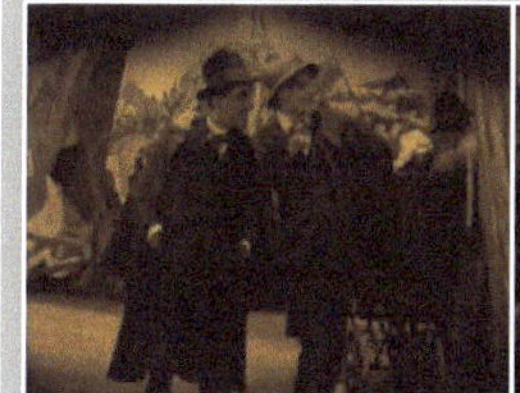

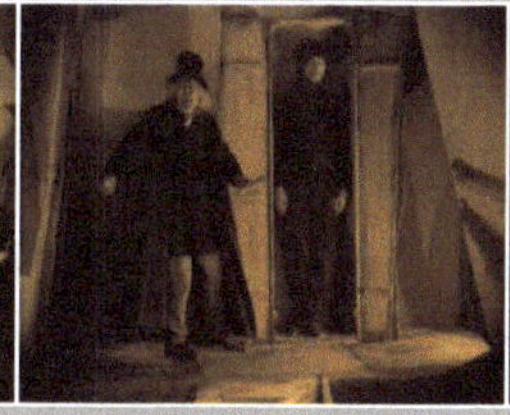

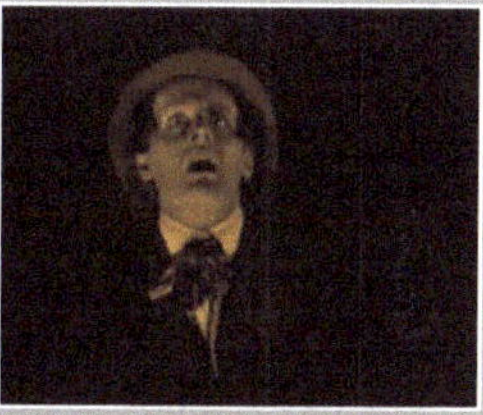

Franzis und Alan auf dem Jahrmarkt.

Dr. Caligari ruft das Publikum zur Vorführung.

Dr. Caligari erweckt Cesare.

Alan erfährt, dass er nur noch bis zum Morgengrauen zu leben habe.

Schauen Sie sich diese Filmsequenz an und versetzen Sie sich in die Rollen des Geräuschemachers und des Filmerklärers. Wie könnte das Geschehen auf der Leinwand begleitet, interpretiert oder ergänzt werden? Erstellen Sie in Gruppenarbeit unterschiedliche Skripte für die Geräusche und die Darbietung der Filmerklärer. Beachten Sie dabei auch die Möglichkeiten unterschiedlicher Sprach- und Tonartikulationen. Proben Sie Ihre Präsentation und stellen Sie die Filmsequenz mit Geräuscheffekten und der Darstellung von Filmerklärern vor.

Diskussion: **Filmwahrnehmung des Publikums im Wandel der Zeit**

Diskutieren Sie, ob sich die Vorführung der Filmerklärer zwischen 1920 und heute wesentlich geändert haben würde. Bedenken Sie dabei, dass sich in dieser Zeitspanne die Schrift- und die Bildlesefähigkeit des Publikums aufgrund veränderter medialer Erfahrungen weiterentwickelt haben.

Sprache im Film

Demokratie Schtonk! Liberty Schtonk! – die Kunstsprache Grammelot

Als der Film „The Jazz Singer" 1927 die Ära des Tonfilms einleitete, gab es etliche kritische Stimmen. Auch Charlie Chaplin wandte sich gegen das neue Tonfilm-Fieber und sagte 1929 zu einem Reporter:

> „Tonfilm? Schreiben Sie, dass ich ihn verachte! Er kommt und zerstört der Welt älteste Kunst, die Kunst der Pantomime. Er zerreißt das große, schöne Schweigen…"[74]

Seine kritische Haltung kommt in seinem ersten Dialogfilm „Der große Diktator" durch den Einsatz von Grammelot, einer fiktionalen Pseudosprache, zum Ausdruck. An vielen Stellen des Films entfaltet sich eine eigene Rhetorik, indem sinnfreie Wörter mit Anteilen der englischen und deutschen Sprache versetzt und mit einer übertriebenen Mimik und Gestik kombiniert werden.

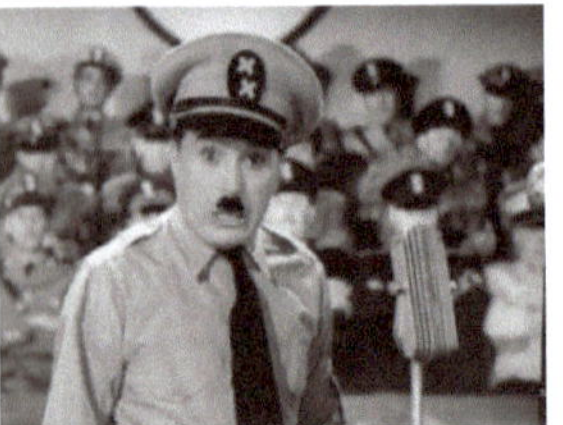

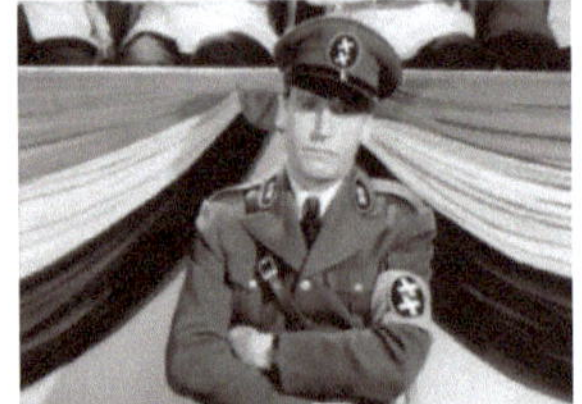

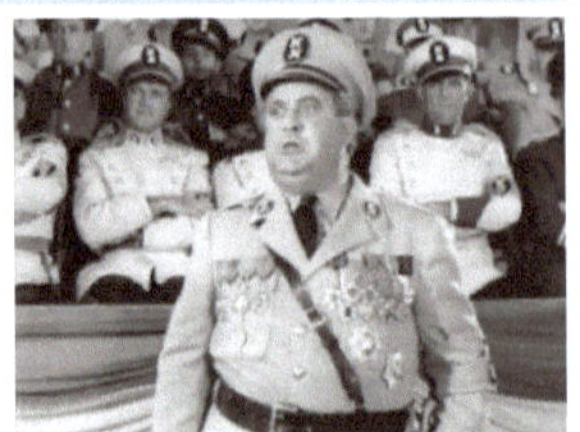

Liberty Schtonk!	Österreich
Demokratie Schtonk!	Dr. Joseph Goebbels
Tomanien	Benito Mussolini
Bakterien	Herman Göring
Osterlich	Salzburg
Benzino Napoloni	Demokratie wird abgeschafft!
Feldmarschall Hering	Freiheit wird abgeschafft!
Dr. Gorbitsch	Italien
Brezelberg	Germanien

Was bedeuten die satirisch verfremdeten Eigennamen? Verbinden Sie die passenden Entsprechungen! Schauen Sie sich die Rede Anton Hynkels aufmerksam an (TC 0:16:33 – 0:22:50).

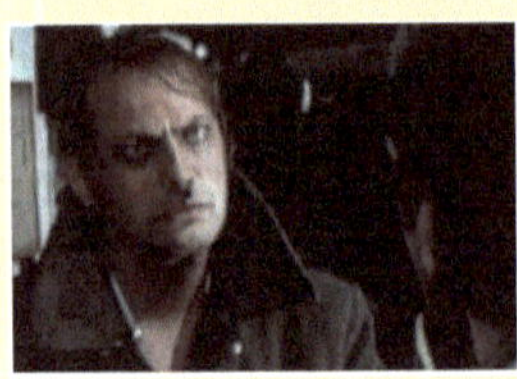

Entdecken Sie vier deutsche Wörter, die Chaplin in seine Pseudosprache integriert hat? Wie beurteilen Sie Charlie Chaplins Meinung zum Tonfilm? Eine Hommage an die Pseudosprache Grammelot ist auch der Filmtitel „Schtonk!" aus dem Jahr 1992. Dieser Satirefilm behandelt die Veröffentlichung der gefälschten Hitlertagebücher durch die Zeitschrift Stern im Jahre 1983.

Tonbrücken als Mittel der Beschleunigung und Assoziation

Tonbrücken sind Überlappungen des Tons zwischen zwei Szenen, die die Bilder durch die auditive Ebene miteinander verbinden. Fritz Lang nutzte in seinem ersten Tonfilm 1931 den Einsatz des Tones ganz bewusst zur dramaturgischen Gestaltung der Story und nicht lediglich zur Illustrierung des Gezeigten wie viele andere Filme dieser Zeit.

> *„Damals kam ich zu der Erkenntnis, daß man Ton als dramaturgisches Element nicht nur verwenden kann, sondern dies unbedingt tun sollte. In „M" zum Beispiel, wenn die Stille von Straßen (...) plötzlich durch schrille Polizeipfiffe zerrissen wurde, oder das unmelodische, immer wiederkehrende Pfeifen des Kindermörders der Griegschen „Peer Gynt"-Melodie in der Halle des Bergkönigs, das seinen Triebgefühlen wortlos Ausdruck gab. Ich glaube auch, daß ich in „M" zum ersten Mal den Ton, respektive einen Dialog-Satz vom Schluß einer Szene auf den Anfang der nächsten überlappen ließ, was nicht nur das Tempo des Films beschleunigte, sondern auch die dramaturgisch notwendige Gedanken-Assoziation zweier aufeinanderfolgender Szenen verstärkte."*[75]

Besonders deutlich wird die Rolle des Tones bei der Betonung gleichzeitig ablaufender Handlungen in der Parallelmontage zwischen dem Schränker und dem Kommissar der Mordkommission. Der begonnene Satz und sogar die Geste wird in der nächsten Einstellung zu Ende geführt. Mit dieser Tonbrücke wird das Erzähltempo beschleunigt und dem Zuschauer eine Assoziation der situativen Gleichartigkeit zwischen der Verbrecherwelt und der Polizei angeboten.

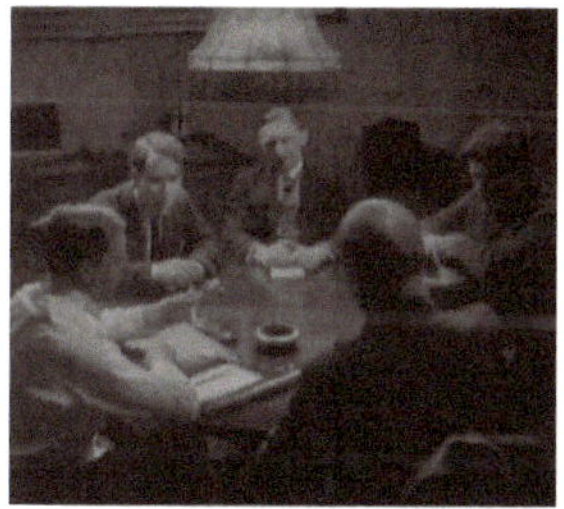
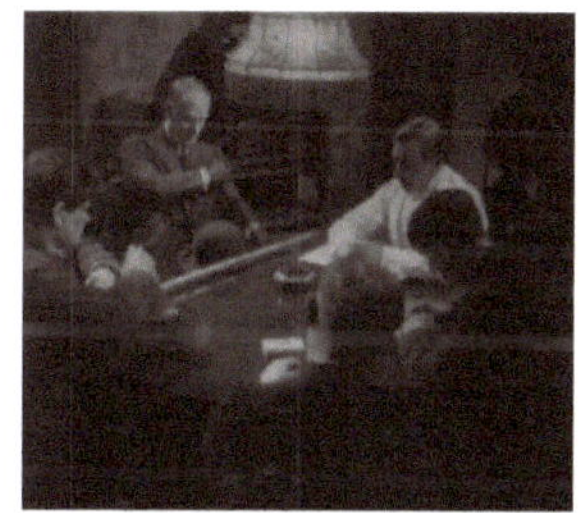
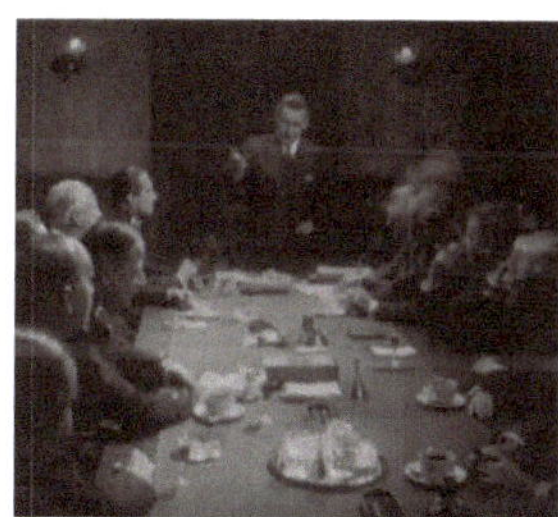

„... Wir üben unseren Beruf aus, weil wir existieren müssen, aber diese Bestie hat kein Recht zu existieren, die muss weg, die muss ausgerottet werden, vertilgt, ohne Gnade und Barmherzigkeit. Meine Herren, unsere Mitglieder müssen wieder in Ruhe ihren Geschäften nachgehen können, ohne durch die überhandnehmende Nervosität der Kriminalpolizei andauernd gestört zu werden. Ich bitte,

sich dazu zu äußern, meine Herren." (TC 0:34:25 – 0:35:00)

Welche Funktion übernimmt in dieser Szene die Tonbrücke, die die Monologe des Schränkers und des Kommissars in zwei bildlich getrennten Einstellungen zeigen? Welche Wirkung könnte Fritz Lang damit beim Zuschauer bezweckt haben? Lassen sich daraus Aussagen über die gesellschaftlichen Verhältnisse am Ende der Weimarer Republik in der Hauptstadt Berlin ableiten? Entwerfen Sie selbst eine Szene, in der die auditive Klammer zwischen zwei Szenen eine dramaturgische Funktion erfüllt. Sie können dazu eine Szene in Form eines Drehbuchausschnittes verfassen oder ein Storyboard zeichnen (IB 45 und AB 45.3).

Filmsynchronisationen – zwischen Entsprechung und Verfremdung

Nach der Etablierung des Tonfilmes zwischen 1929 und 1934 entstand eine Vielzahl von Mehrsprachenfilmen, die von Beginn an in unterschiedliche Sprachen gedreht wurden und deren Schauspielbesetzung, in Abhängigkeit der Fremdsprachenkenntnisse der Künstler, variieren konnte. In Ermangelung eines guten Synchronisationsverfahrens war dieser Mehraufwand beim Filmdreh durchaus lukrativ, da so die Filme auf dem internationalen Markt verwertet werden konnten. Erst nach dem Zweiten Weltkrieg, als die technischen Voraussetzungen einer Nachsynchronisation zufriedenstellend gelöst waren, ging man dazu über, ausländische Filme zu synchronisieren, um die geringen Fremdsprachenkenntnisse der Bevölkerung auszugleichen. In der Folge entstanden in beiden Teilen Deutschlands große Synchronstudios, in denen bis heute nahezu alle fremdsprachigen Filme synchronisiert werden. Viele andere europäische Staaten verzichten auf dieses kostenintensive Verfahren und vertreiben Filme im Originalton mit Untertitel oder einer Voice-Over-Stimme.

Mehrsprachenfilme

„Amphitryon – Aus den Wolken kommt das Glück“ (1935) wurde in einer deutschen und französischen Version gedreht. Einstellung für Einstellung wurde vom Regisseur Reinhold Schünzel nahezu gleich inszeniert, an denselben Sets und mit denselben Komparsen. Nur die Sprechrollen wurden anders besetzt. Aber nicht nur die Besetzungen in beiden Filmversionen wichen voneinander ab. Auch soziale, kulturelle und gesellschaftliche Eigenheiten des jeweiligen Landes flossen in die Filmproduktion mit ein. So transportiert die deutsche Version ein etwas anderes Frauenbild als ihre französische Entsprechung.

Mehrsprachenfilme und die spätere Praxis der Synchronisationen sind deshalb häufig nicht nur Übertragungen in eine andere Sprache. Sie weisen oft auch Bearbeitungen und Veränderungen auf, die dem jeweiligen Zeitgeist geschuldet sind und auch länderspezifische Unterschiede beinhalten. Diese Veränderungen können sowohl die Monologe und Dialoge der Filmfiguren betreffen wie auch Elemente des Atmotons. Auch eine andere Filmmusik in der Synchronfassung kann einem Film einen gänzlich anderen Charakter verleihen.

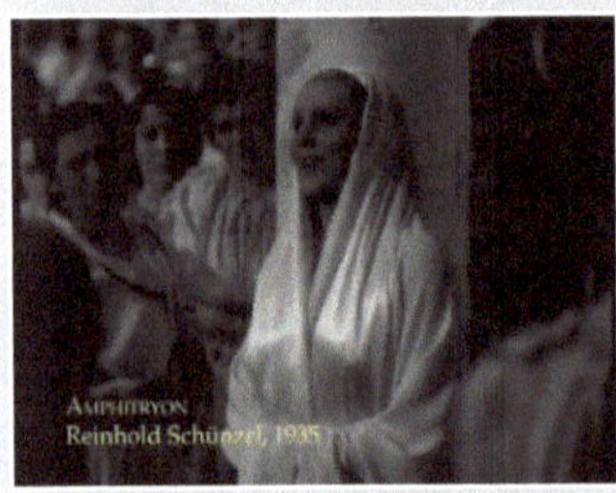

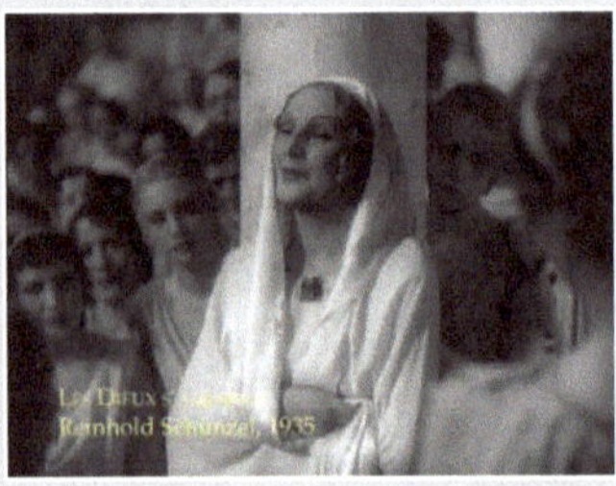

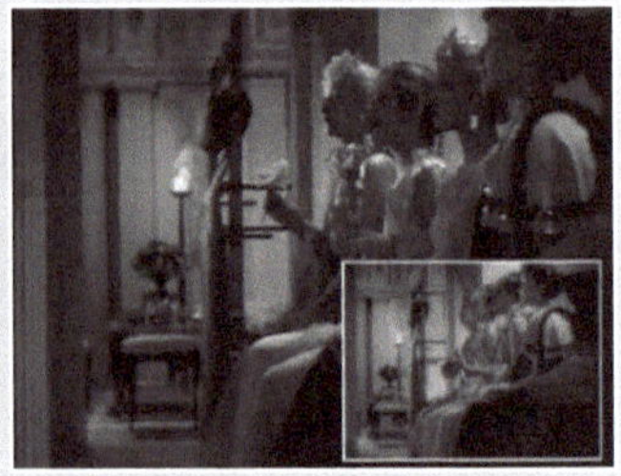

Die Komödie „Amphitryon – Aus den Wolken kommt das Glück“ von 1935 wurde als Mehrsprachenfilm in deutscher und französischer Sprache gedreht. Die Einstellungen, das Set und die Komparsen blieben gleich, die Sprechrollen übernahmen andere Schauspieler, die in einigen Szenen auch abgeänderte Monologe oder Dialoge sprachen.

Original und Synchronisation in „Spiel mir das Lied vom Tod"

Während sich die französische und spanische Synchronisationen ziemlich genau am Originaltext Sergio Leones halten, weist die deutsche Synchronfassung deutliche Abweichungen auf. Beauftragt von Paramount, beinhaltete die Bearbeitung durch die Berliner Synchron auch eine Neuinterpretation einiger Figuren des Filmes. Dabei wurde der Filmtitel von „Once Upon a Time in the West", der einen Verweis auf das Genre Märchen beinhaltet, in „Spiel mir das Lied vom Tod" mit einem Bezug zum Genre Kriminalfilm abgeändert. Diese deutsche Übersetzung ist in keiner Textzeile des Originals enthalten.
Im Showdown am Ende des Filmes erfahren wir in einer Rückblende (Flashback) den Grund, warum der namenlose Harmonika den Schurken Frank verfolgt. Auf der linken Seite sehen Sie den Originaltext der englischen Fassung und auf der rechten Seite die deutsche Synchronisation. Was könnte das Studio Berliner Synchron veranlasst haben, den Filmtitel und diese Textstelle zu verändern?

„Keep your loving brother happy!"

„Spiel mir das Lied vom Tod!"

....

....

....

....

Die Berliner Synchron hat auch einige Hauptfiguren des Filmes anders interpretiert. Vergleichen Sie die folgenden Dialoge des Originalfilmes mit der deutschen Synchronisation (TC 2:27:00 – 2:27:54). Welche Veränderungen stellen Sie fest? Ändert sich Ihre Vorstellung von den Filmfiguren Jill, Cheyenne und Harmonika? Bekommt das Filmende in der deutschen Version eine andere Wendung?

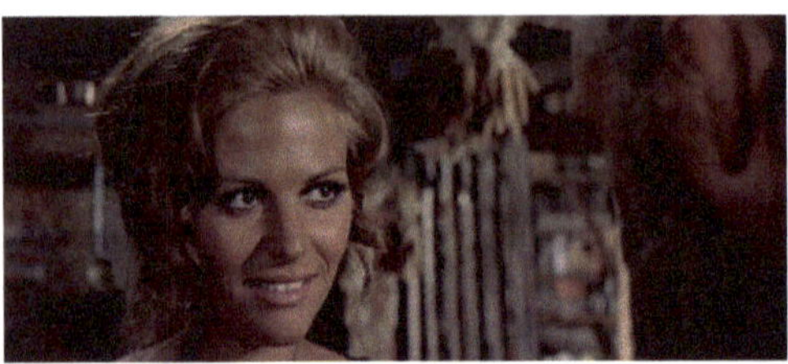

Jill: Hey, you'e sort of a handsome man.

Cheyenne: But I am not the right man. And neither is he (Harmonica).

Jill: Maybe not and it doesn't matter.

Cheyenne: You don't understand, Jill. People like that have something inside. Something to do with death. If that fella lives, he'll come in through that door, pick up his gear and say adiós. It would be nice to see this town grow. (TC 2:24:44 – 2:25:45)

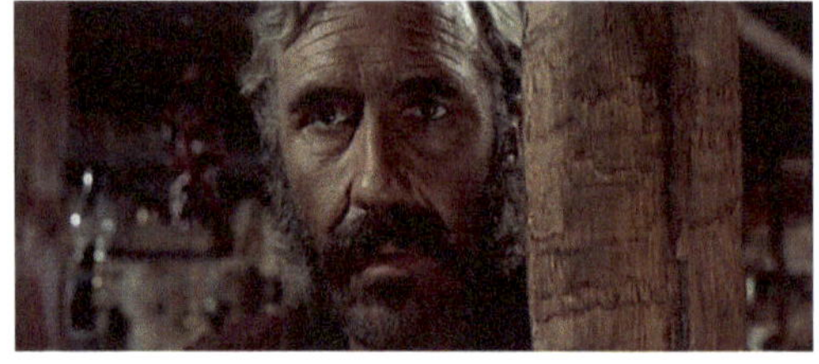

Jill: Hey, Cheyenne und müde?

Cheyenne: Wir werden alle mal müde. Er (Harmonika) nicht.

Jill: Ja, vielleicht, aber das ist ja auch egal.

Cheyenne: Das versteht eine Frau nicht, Jill. Männer wie er können nicht anders. Die leben mit dem Tod. Und wenn er jetzt hier reinkommt, dann nimmt er seine Sachen vom Nagel, verschwindet und dreht sich nicht einmal um. Ich bleibe hier, wenn du das willst.

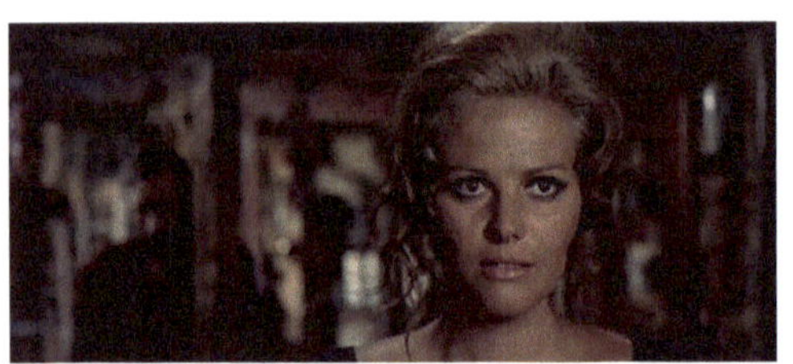

Jill: I hope you will come back some day.

Harmonika: Some day.

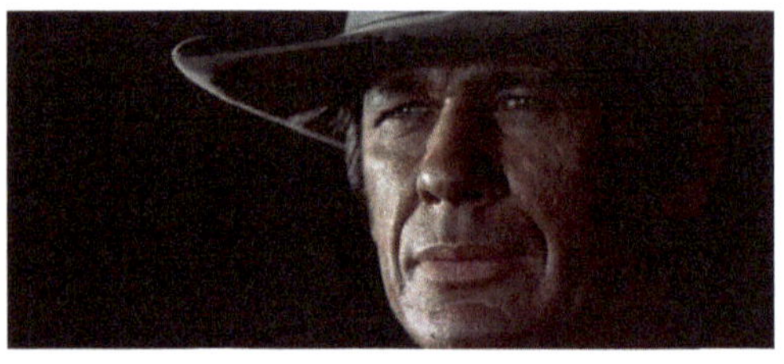

Jill: Sweatwater wartet auf dich.

Harmonika: Irgendeiner wartet immer.[76]

....

....

....

....

Filmmusik

ist die Musik, die die Bilder eines Films begleitet. Sie kann aus bereits existierenden musikalischen Werken arrangiert oder eigens für den Film komponiert werden (engl. scores). Charakteristisch für Filmmusik ist eine inhaltliche und funktionale Verbindung zwischen Bild und Musik, die die Stimmungs- und Gefühlsebene eines Filmes unterstützen soll. Große Filmproduktionen bleiben häufig aufgrund der intensiven Wirkung der Filmmusik im Gedächtnis des Publikums und begründen so auch deren kommerziellen Erfolg. Manche Filmmusiken sind im Laufe der Zeit selbst zu Klassikern geworden, wobei dies nicht nur die eigens für den Film geschriebenen Scores betrifft, sondern auch schon bestehende Werke der Musikgeschichte wurden so einem Millionenpublikum bekannt.

Schon die ersten Stummfilmaufführungen fanden mit Klavier- oder Orchestermusik statt. Um die Wirkung des Filmes zu verstärken und unerwünschte Nebengeräusche des Publikums und des Projektors zu übertönen, wurde dabei zunächst auf ein vorhandenes Repertoire zurückgegriffen und später durch eigens für den Film komponierte Werke ergänzt. Als der Stummfilm 1927 mit dem Film „The Jazzsinger“ durch den Tonfilm abgelöst wurde, zog dies zwei Konsequenzen für die Filmmusik nach sich: Zum Ersten entstand das neue Genre der Filmmusicals (dt. Tonfilmoperetten), die Tanz- und Gesangseinlagen in die Handlung der Filme integrierten und zum Zweiten wurde der Einsatz von Filmmusik in vielen Filmen auf den Vor- und Nachspann beschränkt, da die Filme nun über Geräusche und Sprache verfügten und eine musikalische Begleitung in Gänze nicht mehr notwendig erschien.[77]

Der erste Film, der Musik durchgängig einsetzte, war der Film „King Kong und die weiße Frau“ im Jahr 1933, dessen Kompositionen von Max Steiner wesentlich zur Spannungserzeugung einzelner Szenen beitrugen.[78] In dessen Folge entstanden in den Filmstudios große Musikabteilungen, in denen Sinfonieorchester meist im romantischen Stil des 19. Jahrhunderts Filme musikalisch begleiteten. So wurden Geigen zur Erzeugung romantischer Stimmungen, tiefe Streicher für eine bedrohliche Atmosphäre, Blechbläser für Kampfszenen und Holzbläser für melancholische Emotionen eingesetzt.[79] Musikalische Stereotypisierungen, die sich auch heute noch in vielen Filmproduktionen finden lassen.

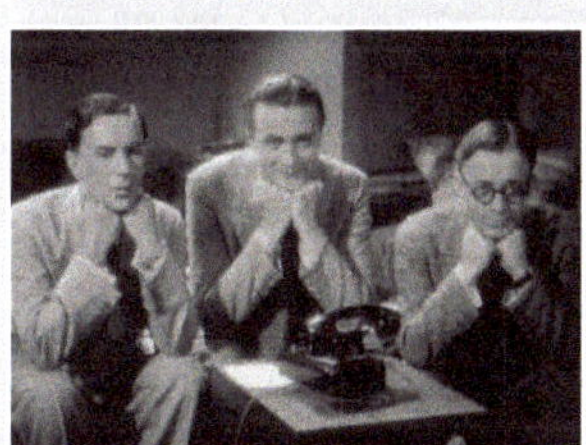

Tonfilmoperette
„Die Drei von der Tankstelle“
(1930)

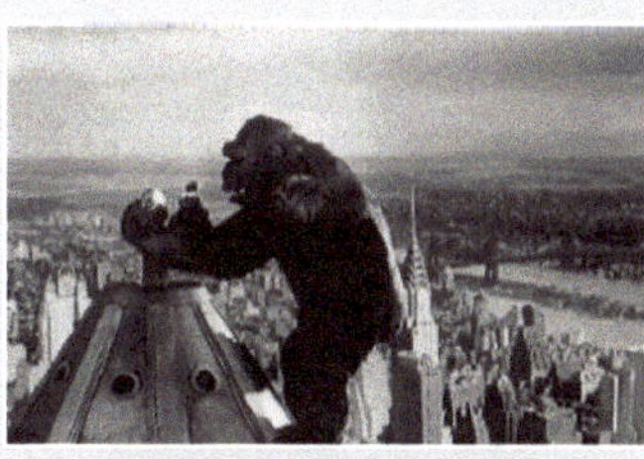

Der erste Film mit durchgängiger Filmmusik
„King Kong und die weiße Frau“
(1933)

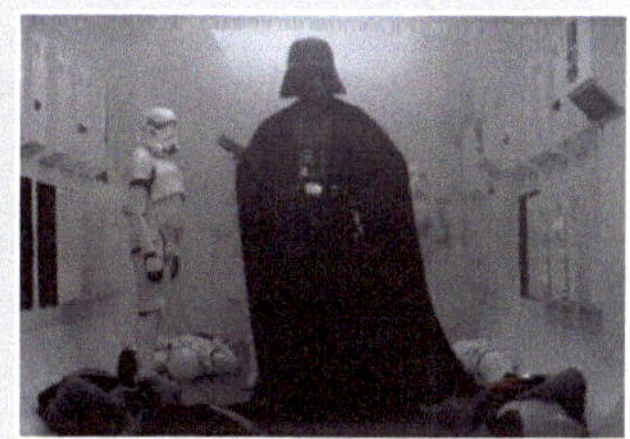

Filmscore von John Williams
„Star Wars. Krieg der Sterne“
(1977)

Aufführungspraxis Stummfilm – Musik zum Film

Der Stummfilm war in seiner Aufführungspraxis nie wirklich stumm. Zu den Geräuschen des Filmprojektors kamen die Stimmen der Zuschauer, der Filmrezitatoren und die Klänge der Musiker mischten sich mit denen der Geräuschemacher hinter der Leinwand. In den Anfängen des Films übernahmen hauptsächlich Pianisten die musikalische Begleitung. Später wurde die Tonvielfalt durch ganze Orchester, die Kinoorgel und Grammophonaufnahmen erweitert. Bis zur Einführung des Tonfilms 1927 hatte Film damit auch häufig den Charakter einer Live-Darbietung.

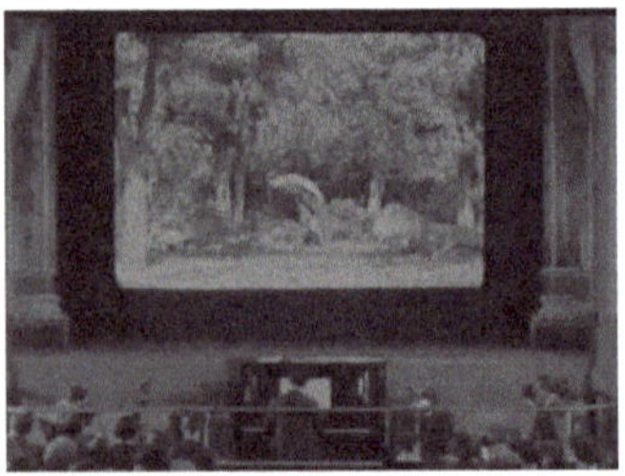

Filmorchester vor einer Leinwand in „Sherlock Jr." (1924) von und mit Buster Keaton.

Die ersten Filmvorführungen der Brüder Skladanowsky am 1. November 1895 im Berliner Wintergarten wurden von einem Orchester begleitet und auch die Präsentation der Kurzfilme durch die Brüder Lumière acht Wochen später in Paris fand mit der Darbietung eines Pianisten statt. Musik war damit von Beginn an ein zentrales Element des Filmes und seiner Rezeption. Die Wahl der Musikstücke blieb in der Frühphase des Stummfilms den Kinobesitzern oder Musikern überlassen. Die Erlebnisqualität des Films hing deshalb ganz wesentlich vom Geschmack und von der Kunstfertigkeit der Musiker ab, die nach eigenem Ermessen meist klassische Stücke oder improvisierte Melodien den Filmbildern anpassten oder auf musikalische Stereotype zurückgriffen. So wurden beispielsweise Action-Szenen häufig mit Teilen aus Gioacchino Rossinis „William Tell" begleitet und für romantische Liebesszenen auf Auszüge aus Richard Wagners „Tristan und Isolde" zurückgegriffen.

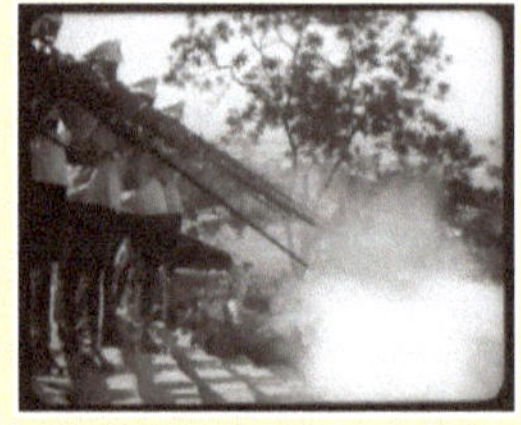

Viele Stummfilme wurden schon kurz nach der Uraufführung mit verschiedenen musikalischen Begleitungen dem Publikum präsentiert. Ein sehr anschauliches Beispiel liefert der Film **„Panzerkreuzer Potemkin"**. Nachdem er zuerst mit bereits vorhandenen Musikstücken klassischer Komponisten wie Beethoven und Tschaikowski aufgeführt wurde, schrieb Edmund Meisel 1926 eine eigene Filmmusik (Score) für diesen Revolutionsfilm.

Dem Wunsch des Regisseurs Sergej Eisenstein, dass jede Generation eine eigene Filmmusik um Film komponieren solle, kam im Jahr 2004 die britische Popgruppe Pet Shop Boys mit dem Soundtrack „Battleship Potemkin" nach.

Schauen Sie sich den IV. Akt „Die Treppe von Odessa" (TC 0:42:02 – 0:52:54) mit verschiedenen Filmmusiken an und diskutieren Sie, ob und wenn ja, wie die Wirkung dieser Szene variiert.

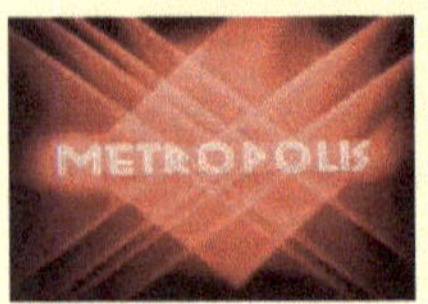

Auch der Film **„Metropolis"** (1927) erfuhr in einer Neufassung durch den Komponisten Giorgio Moroder 1984 eine Wiederbelebung. Vergleichen Sie die Wirkungen der Szene, in der Freder zum ersten Mal die Maschinenhalle betritt, in beiden musikalischen Versionen (Fritz Lang „Metropolis" TC 0:13:37 – 0:18:55 und „Giorgio Moroder presents Metropolis" TC 0:08:15 – 0:12:24).

Musik im Film oder Filmmusik? – diegetische und nicht-diegetische Musik

Diegetische Musik wird von Objekten oder Personen in der erzählten Welt des Films erzeugt und ist von den Akteuren im Film selbst wahrnehmbar. Die meisten Filme arbeiten allerdings mit **nicht-diegetischer Filmmusik**, die wie ein Klangteppich die Handlung begleitet und außerhalb der filmischen Welt liegt.

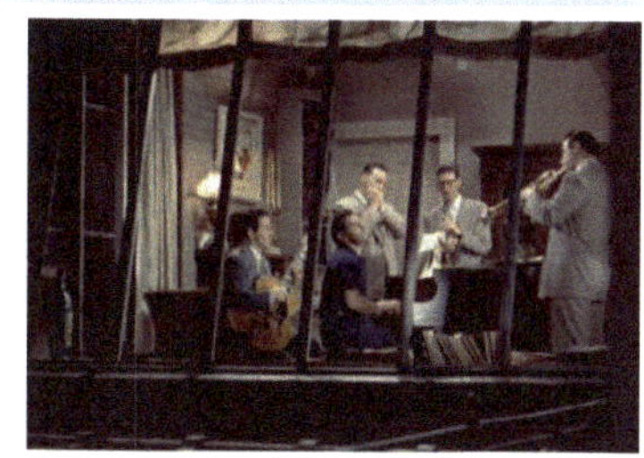

Diegetische Musik im Film „Das Fenster zum Hof“

Dieser Hitchcock-Film arbeitet überwiegend mit diegetischer Musik, d.h. wir hören fast ausschließlich die Musik, die auch der Protagonist Jeff hört und deren Quelle im Film sichtbar wird oder zugeordnet werden kann. Dabei kann es sich um Radiomusik aus einem offenen Fenster oder um die Kompositionen eines Klavierspielers im Nachbarhaus handeln.

Diegetische Musik im Film als dramaturgisches Element

Die Frau im Erdgeschoss, die von Jeff „einsames Herz“ (Miss Lonely Hearts) genannt wird, legt eine große Anzahl Schlaftabletten bereit und scheint Selbstmord begehen zu wollen. Wie beeinflusst die diegetische Musik des Komponisten mit seinen Musikern in der Studiowohnung ihr Fühlen und Handeln? Schauen Sie sich die drei Filmausschnitte TC 1:26:18 – 1:26:44, 1:34:33 – 1:35:04 und 1:45:55 – 1: 46:12 an und notieren Sie Ihre Eindrücke unter den Filmstills.

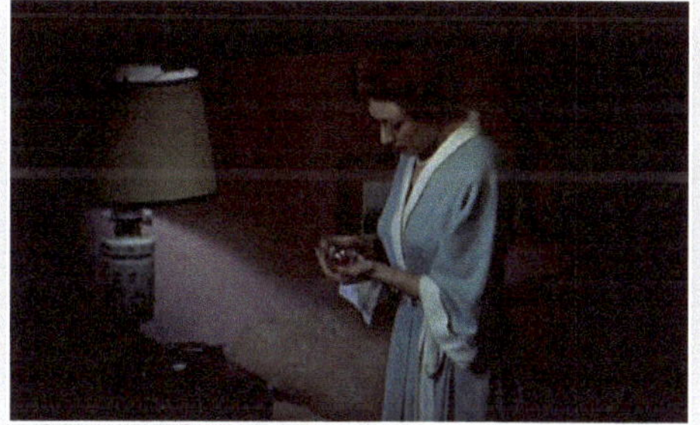

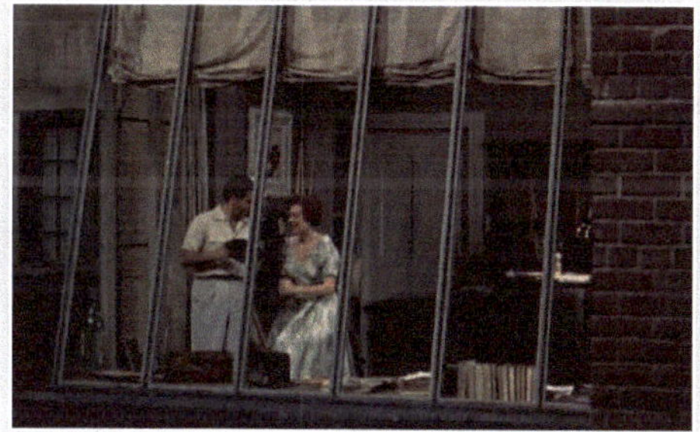

....

....

....

....

....

....

Nicht-diegetische Musik am Filmanfang
Während im Film „Das Fenster zum Hof“ die Namen der Filmcrew eingeblendet werden (Opening Credit), hören nicht-diegetische Filmmusik. Der Vorhang hebt sich langsam und gibt uns den Blick in einen Innenhof im New Yorker Stadtteil Chelsea frei. Der Komponist Franz Waxman, der auch weitere Musiken für Hitchcocks Filme schrieb, hat für diese Exposition ein Jazz-Motiv gewählt.
Schauen Sie sich den Anfang bis zur dritten Minute an und achten Sie auf die Filmmusik. Wie gelingt es dem Komponisten, mit dieser Musik die Atmosphäre im Chelsea der 1950er-Jahre zu beschreiben? Welches innere Bild entsteht bei Ihnen für diesen Teil New Yorks und für das Lebensgefühl der Zeit?

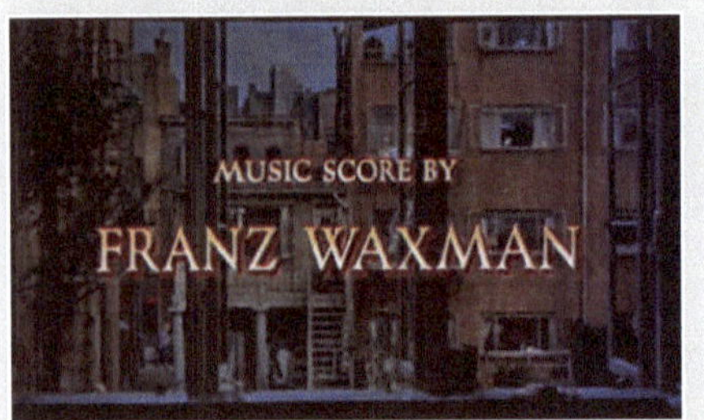

Einen ganz anderen Musikstil hat Hitchcock für den Filmanfang in „Psycho“ gewählt. Schauen und hören Sie sich auch diesen Filmbeginn an. Achten Sie dabei auf Änderungen zwischen dem Vorspann (Credit) mit Nennung der am Film beteiligten Personen und den Beginn der Exposition (bis TC 0:02:35), die uns nach Phönix (Arizona) an einem Freitag, den 11. Dezember um 14.40 Uhr führt.
In welche Stimmung versetzt Sie diese nicht-diegetische Filmmusik? Welche Erwartungen und Empfindungen werden bei Ihnen geweckt?

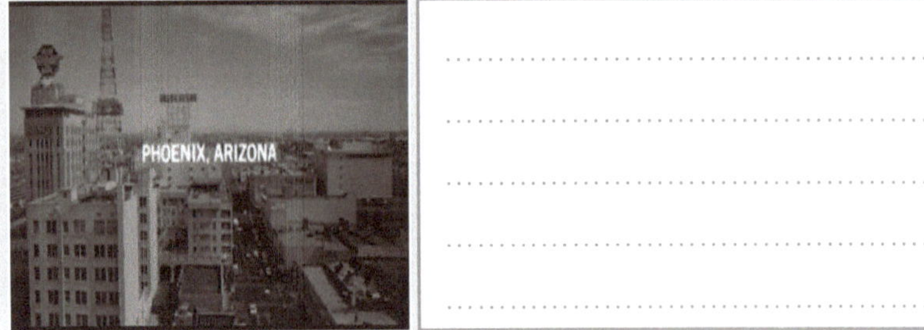

Filmmusiktechniken

Im Laufe der Musikgeschichte hat sich ein reiches Repertoire an Kompositionstechniken herausgebildet, von denen sich die **deskriptive Technik**, die **Mood-Technik** und die **Leitmotivtechnik** als besonders geeignet für den Film erwiesen haben.[80]

Die deskriptive Technik dient der Illustration und Ergänzung des Filmbildes durch die Stilisierung von Geräuschen und der Unterstreichung von Bewegungen.

Die Mood-Technik unterlegt Szenen mit passenden Stimmungsbildern, die entsprechend der Gesamtstimmung (engl. mood) komponiert werden.

Die Leitmotivtechnik ordnet Personen oder Situationen ein bestimmtes musikalisches Motiv oder Thema zu, das im Verlauf eines Films wiederholt auftritt.

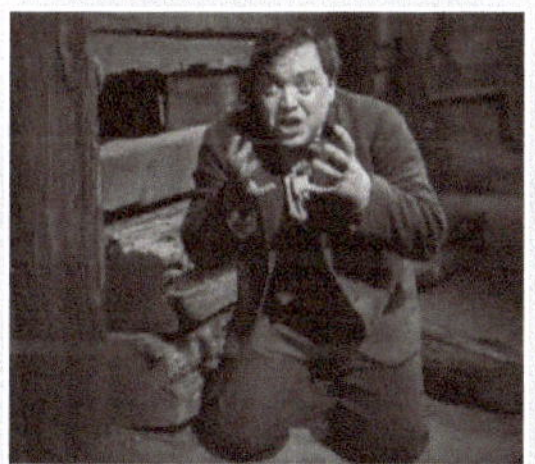

Die gepfiffene Melodie aus Edvard Griegs Peer-Gynt-Suite Nr. 1 charakterisiert mehrmals die Seelenzustände des Mörders im Film „M – eine Stadt sucht einen Mörder" (1931)

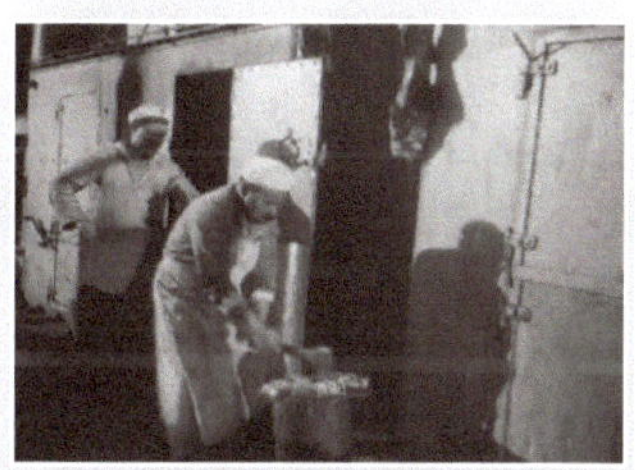

Die Filmmusik von Edmund Meisel (1926) stilisiert das Geräusch des Metzgerbeils mit Paukenschlägen im Film „Panzerkreuzer Potemkin" (1925)

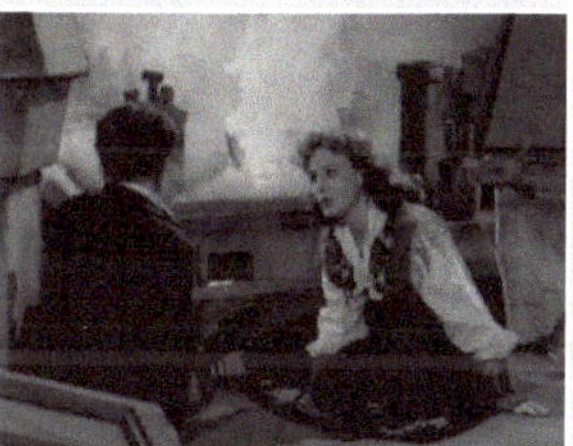

Wir hören Orchestermusik mit dominierenden Geigen in einer stimmungsvollen Szene des Filmes „Der große Diktator" (1940)

Welche Kompositionstechnik entspricht welchem Filmbeispiel? Verbinden Sie die grau unterlegten Filmbeispiele mit den passenden Kompositionstechniken.
Zu den weltweit bekanntesten Filmkomponisten zählen John Williams, Bernard Herrmann und Hans Zimmer. Recherchieren Sie, welche berühmten Filmmusiken sie geschrieben haben.

Filmmusiktechniken in „Indiana Jones – Jäger des verlorenen Schatzes"

Am Ende des Prologs in Filmminute 11:44 ändert sich die Kompositionstechnik und wir hören zum ersten Mal das musikalische Thema des Helden Indiana Jones. Im weiteren Verlauf des Filmes werden alle drei wesentlichen Kompositionstechniken angewendet. Schauen und hören Sie sich die unten vorgeschlagenen Filmsequenzen an und unterscheiden Sie zwischen *deskriptiv*, *Mood* und *Leitmotiv*.

Wenn Sie die Buchstaben in den farbigen Feldern in das Lösungswort am Ende der Seite übertragen, erhalten Sie einen Hinweis, für welche Filme der Komponist John Williams ebenfalls die Filmscores komponierte. **Tipp:** Die Anzahl der Lösungskästchen muss nicht mit der Buchstabenanzahl der Benennung übereinstimmen, es können am Ende auch Felder frei bleiben.

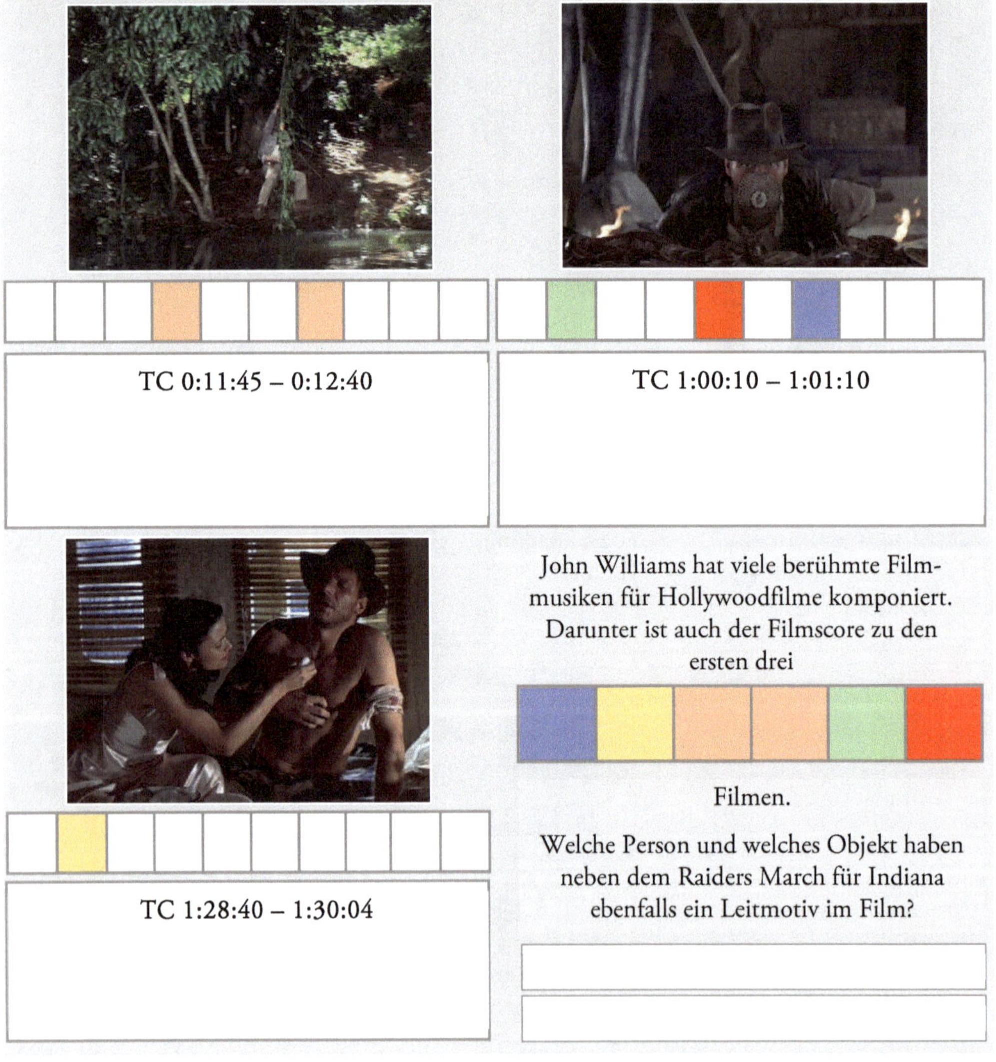

Leitmotivtechnik in „M – eine Stadt sucht einen Mörder"

Leitmotive sind charakteristische Melodien oder Melodieteile, die Personen, Handlungsorte oder Situationen wiederholt zugeordnet werden und eine symbolische Funktionen übernehmen. Sie werden zur Charakterisierung und Wiedererkennung der Figuren eingesetzt oder auch um Gefühle, Gedanken und Stimmung in unterschiedlicher Weise zu verdeutlichen.
Leitmotive können in drei unterschiedlichen Arten im Film Verwendung finden: Sie können als **Motivzitat** wiederholt in unveränderter Form auftauchen, als **idée fixe** in Abhängigkeit zur Filmhandlung variieren oder in Form **voll entwickelter Leitmotivtechnik** komplett ausgebildete musikalische Sätze enthalten.[81]

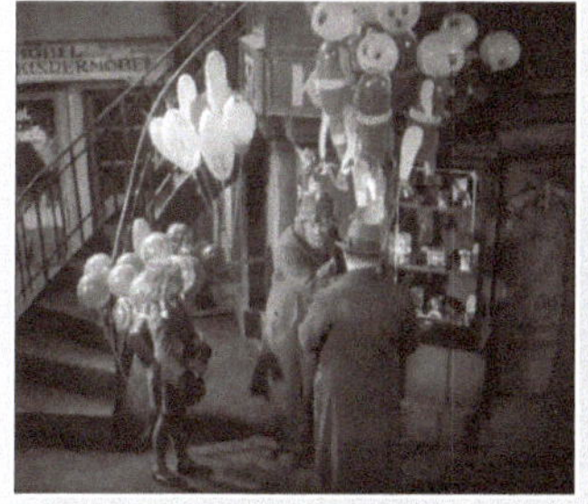

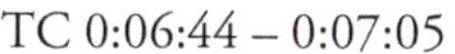

TC 0:06:44 – 0:07:05

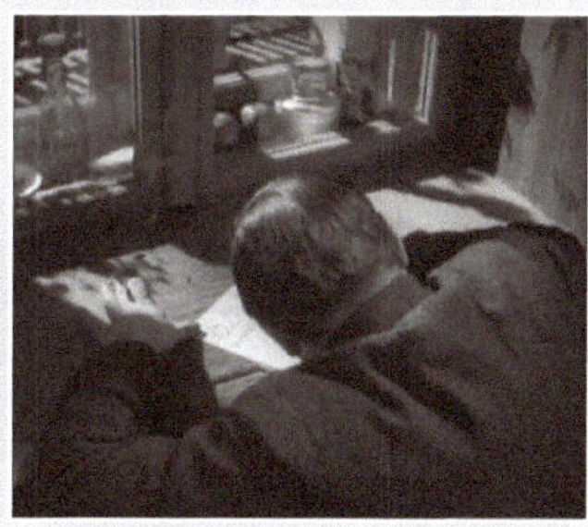

TC 0:09:51 – 0:10:205

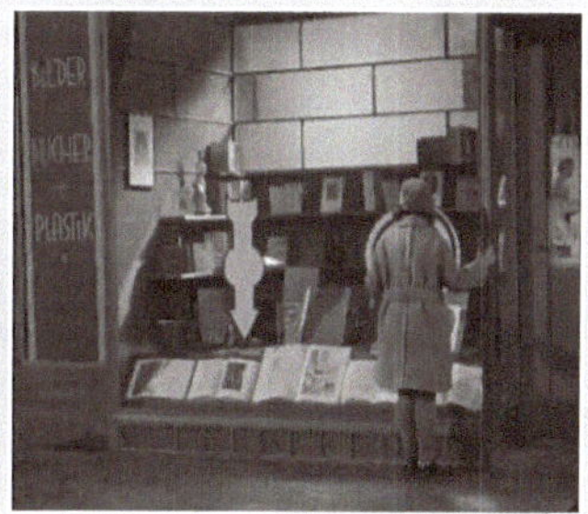

TC 0:51:12 – 0:52:40

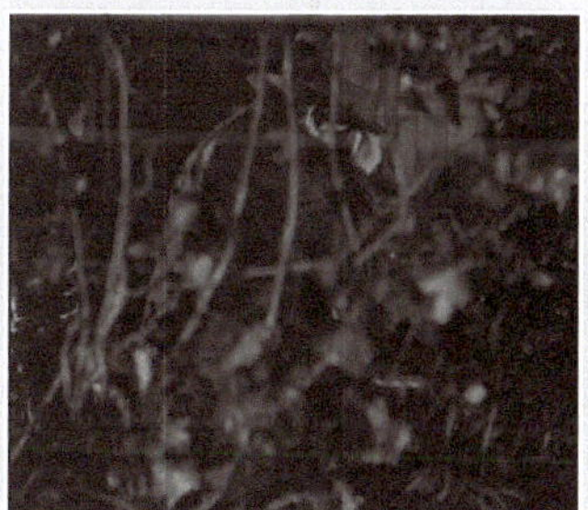

TC 0:54:13 – 0:54:36

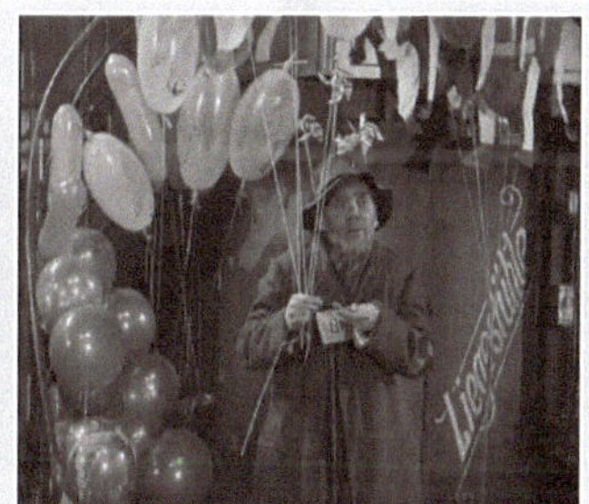

TC 0:55:39 – 0:57:19

In diesem Film verdeutlicht Fritz Lang mit dem gepfiffenen Leitmotiv aus Edvard Griegs Peer-Gynt-Suite Nr. 1 die seelische Verfassung des Triebtäters Heinz Beckert. Fünf Mal kündigt dieses Leitmotiv eine neue Bedrohung auf unterschiedliche Weise an. Schauen Sie sich die Filmausschnitte an und finden Sie Unterschiede. Welche Seelenzustände des Täters werden mit den Melodien zum Ausdruck gebracht?
Mit welcher Art der Leitmotivtechnik haben wir es hier zu tun: Motivzitat, idée fixe oder eine voll entwickelte Leitmotivtechnik?

Original und Synchronisation – Filmmusik in „Die Spur des Falken“

Die deutsche Synchronfassung hat nicht nur die gesprochene Sprache des Filmes verändert, sondern auch eine andere Filmmusik hinzugefügt. In der Originalversion von 1941 hören wir eine für die 1940er-Jahre typische Musik von Adolph Deutsch. Einen gänzlich anderen Musikstil liefert uns die Synchronisation von 1962 mit beschwingten Jazz-Motiven.

Schauen und hören Sie sich den Filmausschnitt von der Filmminute 0:05:58 bis 0:10:10 in der deutschen und englischen Version an und achten Sie auf die unterschiedlichen Filmmusiken. Wie beurteilen Sie die jeweilige Wirkung? Sehen wir jeweils einen anderen Film, wenn die Filmmusik sich gänzlich unterscheidet? Welche Musik passt Ihrer Meinung nach besser zu dieser Szene? Was könnte das Synchronstudio damals veranlasst haben, den Film mit einer neuen Musik zu unterlegen?

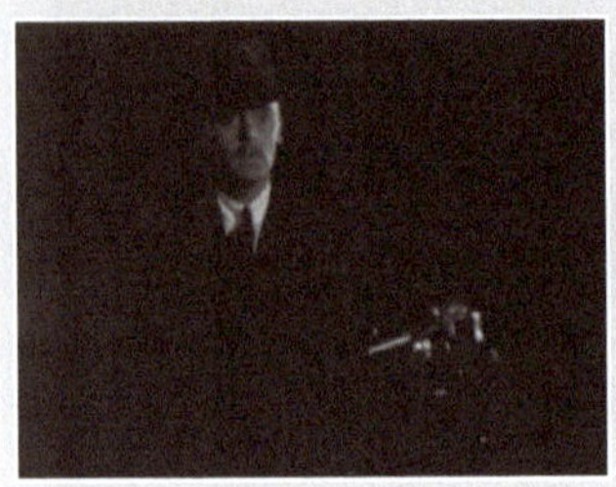
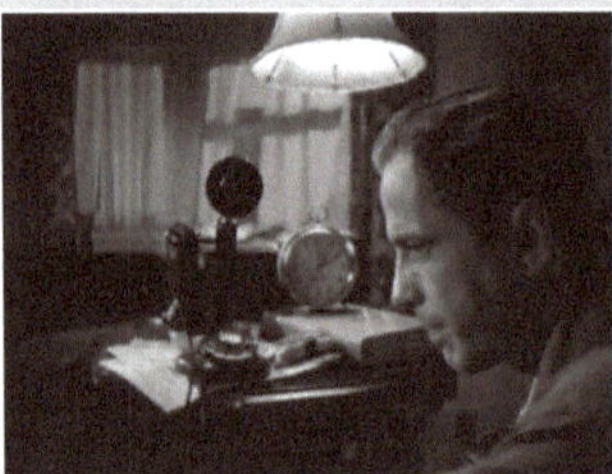
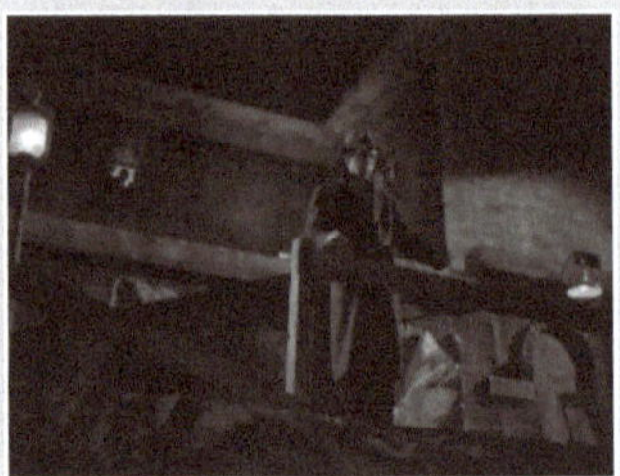

....

....

....

....

....

....

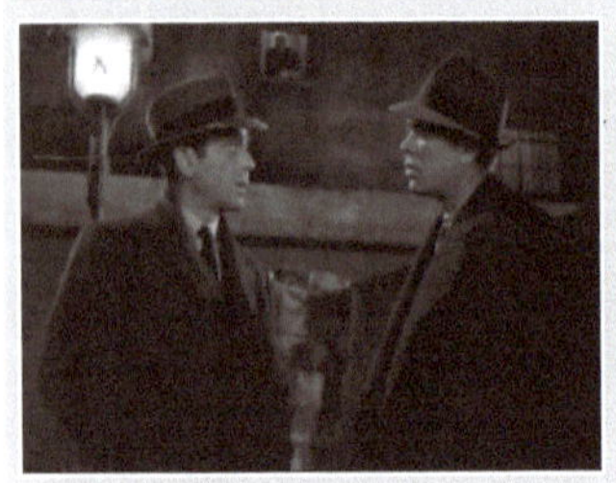
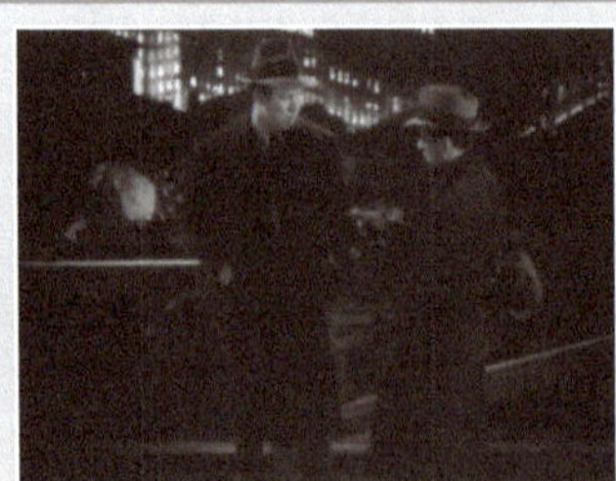
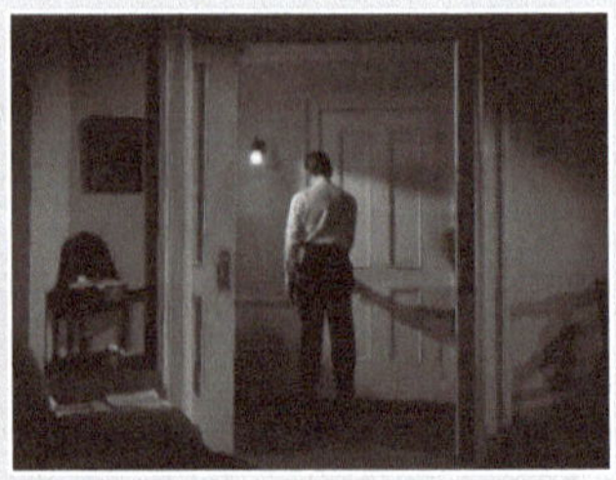

Film im Wandel der Zeit – ein Kurzüberblick[82]

Die Anfänge der Filmindustrie (1895 – 1914)

Die Brüder Louis und Auguste Lumière entwickelten den Cinématographe als Kombination von Kamera, Kopiergerät und Filmprojektor und veranstalteten am 28.12.1895 in Paris die erste öffentlich-kommerzielle Kinovorstellung. Diese ersten dokumentarischen Kurzfilme wie *„Die Ankunft eines Zuges auf dem Bahnhof in La Ciotat"* (1895) und *„Arbeiter verlassen die Lumière-Werke"* (1895) zeigten ungeschnittene und von einer unbeweglichen Kamera aufgenommene realistische Alltagsszenen. Georges Méliès setzte dieser dokumentarähnlichen Reproduktion der Wirklichkeit eine Welt des Zaubers und der Imagination entgegen, entdeckte die Möglichkeiten des Filmtricks und begründete den narrativen Spielfilm. Mit dem Aufkommen von abendfüllenden Langfilmen entstanden die ersten aufwendig gestalteten Lichtspieltheater und Kinopaläste, die auch vermehrt ein bürgerliches Publikum anzogen. Der sich daraus entwickelnde Starkult um Schauspieler diente als Erfolgsgarant, um die hohen Produktionskosten kalkulierbarer zu machen. Zur Produktionsoptimierung setzten sich spezifische Erzählmuster von Filmgenres durch, die aufgrund dramaturgischer oder filmästhetischer Merkmale als spezifische Wahrnehmungsschemata für die Zuschauer fungierten. Nationale Schwerpunkte im Bereich der Filmgenres waren mit *„Der große Eisenbahnraub"* (1903) der Western in den USA, mit *„Cabiria"* (1914) der Monumentalfilm in Italien und mit *„Die Suffragette"* (1913) das Melodram in Deutschland.

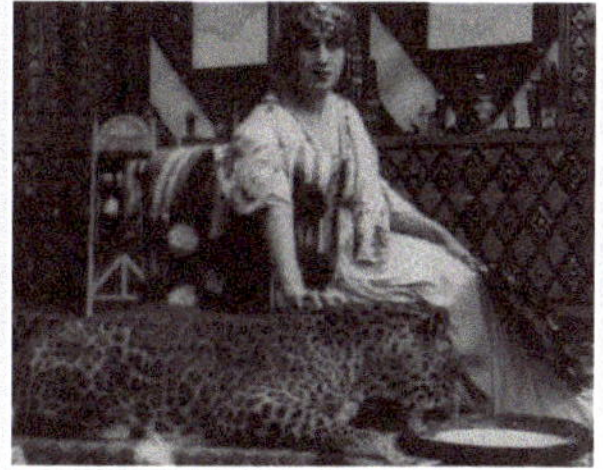

„Cabiria" (1914)

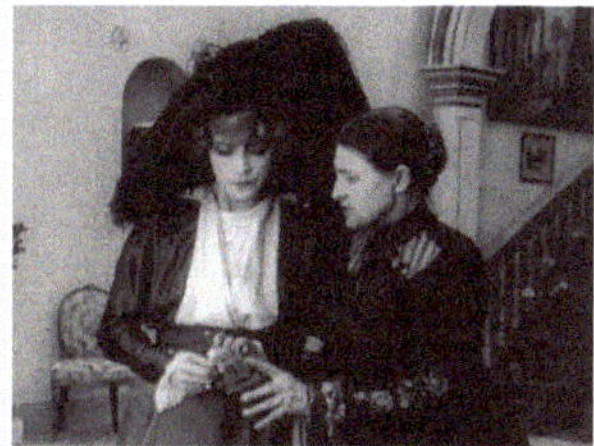

„Die Suffragette" (1913)

Vom Ersten Weltkrieg bis zum Ende der Weimarer Republik (1914 – 1933)

Während sich die bis dahin bedeutenden Filmindustrien Westeuropas durch den Ersten Weltkrieg im Niedergang befanden, konnte sich die US-amerikanische Filmbranche ungehindert weiterentwickeln. Der Erste Weltkrieg wurde zum modernen Medienkrieg, indem Filme nicht nur das aktuelle Geschehen dokumentierten, sondern zum Medium der Wahrnehmung, Sinndeutung und Beeinflussung avancierten und durch Auftragsfilme wie *„Die Schlacht an der Somme"* (1916) in den Dienst politischer und ideologischer Interessen gestellt wurden.[83] Der Stummfilm erreichte mit einer Vielfalt neuer Filmgenres seinen ästhetischen Höhepunkt und durch Filme wie die *„Die Geburt einer Nation"* (1915) von David Wark Griffith wurden neue Möglichkeiten der Filmsprache aufgezeigt. Durch die Monopolisierung der Filmwirtschaft in den USA entstanden aus einer Vielzahl kleinerer

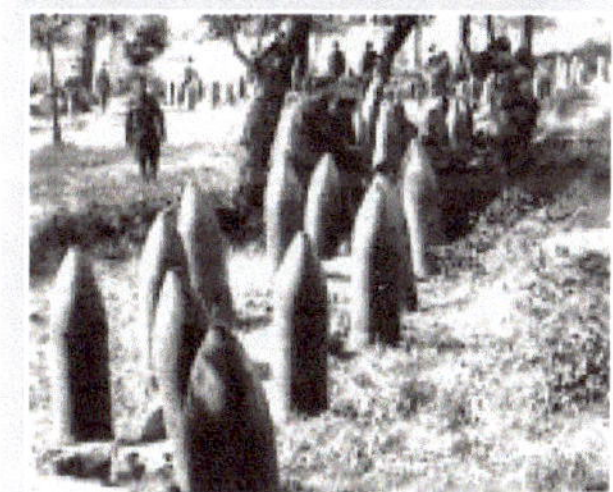

„Die Schlacht an der Somme" (1916)

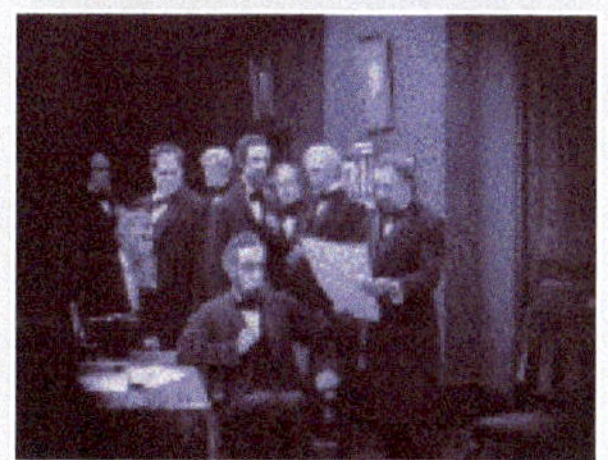

„Die Geburt eine Nation" (1915)

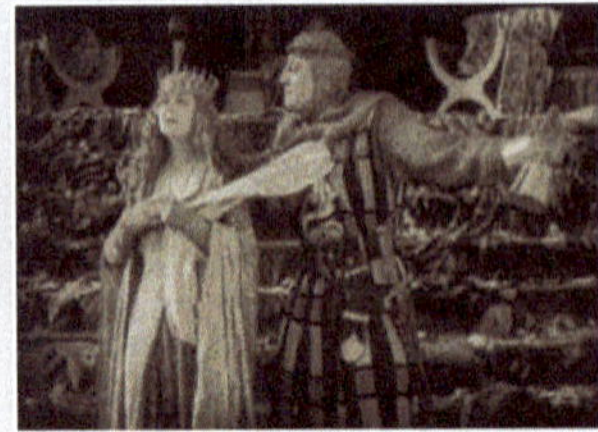
„Robin Hood" (1922)

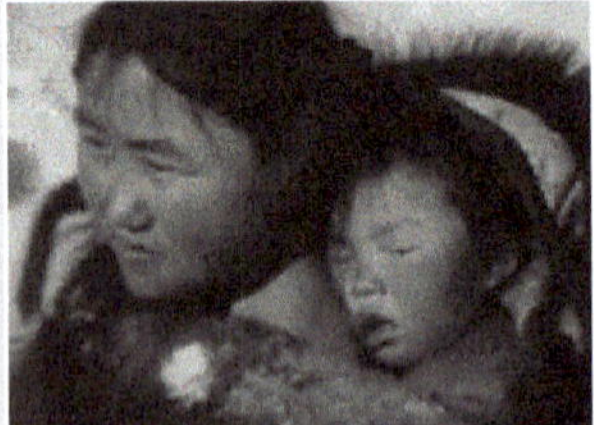
„Nanuk, der Eskimo" (1922)

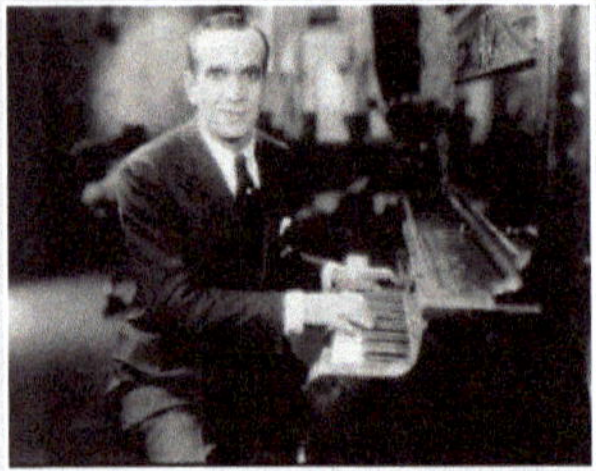
„Der Jazzsänger" (1927)

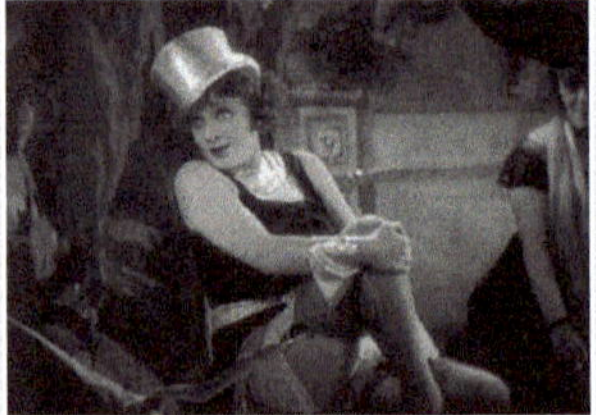
„Der blaue Engel" (1930)

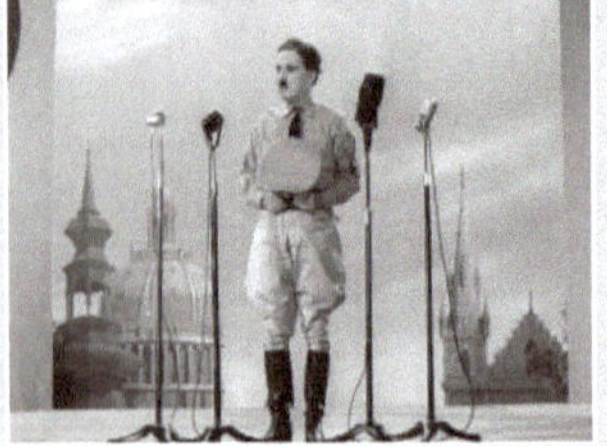
„Der große Diktator" (1940)

Firmen die sogenannten Major Studios (die Big Five: Paramount, Metro-Goldwyn-Meyer, Warner Bros., 20th Century-Fox und RKO). Dieses Studiosystem war maßgeblich verantwortlich für den wirtschaftlichen Erfolg in der klassischen Zeit des Hollywoodfilms von den 1920er- bis in die 1950er-Jahre. Es wurden bevorzugt Western („*Das eiserne Pferd*", 1924), Abenteuerfilme („*Robin Hood*", 1922) und Slapstick- Komödien („*Sherlock, jr.*", 1924) produziert. Robert Flaherty legte mit seinem Film „*Nanuk, der Eskimo*" (1922) den ersten ethnografischen Dokumentarfilm in Spielfilmlänge vor. Die Einführung des Tons mit dem 1927 erschienenen Film „*Der Jazzsänger*" brachte fundamentale Umwälzungen für die gesamte Filmindustrie mit sich und beeinflusste neben der Filmproduktion auch die Dramaturgie und Gestaltung sowie die Aufführungspraxis nachhaltig.

Nach dem anfänglichen Niedergang der deutschen Filmindustrie durch den Ersten Weltkrieg entstand, durch den Boykott ausländischer Filme bedingt, aber auch ein erhöhter Bedarf an Eigenproduktionen. Als Antwort auf die ausländische Filmkonkurrenz und Propaganda wurde 1917 die Universum Film AG (Ufa) in Babelsberg gegründet. Einen wichtigen Beitrag zur internationalen Filmgeschichte leisteten die expressionistischen Filme der 1920er-Jahre mit Filmen wie „*Das Cabinet des Dr. Caligari*"(1920), „*Nosferatu – eine Symphonie des Grauens*" (1922) und „*Der blaue Engel*" (1930). Film wurde zur Kunst und zeigte sich in verschiedenen Stilrichtungen: So suchten bspw. Filme der Neuen Sachlichkeit und proletarische Filme einen Ausweg aus der Metaphorik des Expressionismus und wandten sich in Filmen wie „*Die freudlose Gasse*" (1925), „*Die Dreigroschenoper*" (1931) und „*Kuhle Wampe oder: Wem gehört die Welt?*" (1932) sozialkritischen und realistischen Themen zu.

Filmkultur zur Zeit des Nationalsozialismus (1933 – 1945)

Ab 1933 setzte eine Emigrationswelle von zumeist jüdischen Filmschaffenden aus Europa ein, die vor allem der Filmindustrie Hollywoods zugutekam. Während die amerikanische Wirtschaft durch die Auswirkungen der großen Depression in den 1930er-Jahren einen Tiefpunkt verzeichnete, erreichte das klassische Hollywoodkino seinen Zenit. Filme, die ein Bild von Glück und Hoffnung zeichneten und ein Happy End boten, versprachen eine Ablenkung vom schwierig gewordenen Alltag. Mit der Standardisierung von Filmproduktionsprozessen setzte das Studiosystem Hollywoods stärker auf die Verlässlichkeit eingeführter Filmgenres und Stars. Besonders erfolgreich waren in dieser Zeit der Western und das Filmmusical. Neben diesem Genrefilmen legten Regisseure wie Charlie Chaplin mit „*Der große Diktator*" (1940), John Ford mit „*Ringo*" (1939) und Orson Welles mit *„Citizen Kane"* (1940) auch künstlerisch herausragende Werke vor. Wie der Erste Weltkrieg stellte auch die Machtübernahme der Nationalsozialisten eine entscheidende Zäsur in der deutschen Filmgeschichte dar, welche zur Verstaatlichung der Filmindustrie mit einer zunehmenden politischen Kontrolle führte. Nach der Gründung der Filmkammer 1933 durch Joseph Goebbels wurden alle filmbezogenen Berufe organisatorisch gebündelt und kontrolliert. Die für die Ausübung des Berufes notwendige Mitgliedschaft in der Filmkammer führte zum Ausschluss zahlreicher Filmschaffender und trieb sie ins Exil. Außer einigen Propagandafilmen wie *„Jud Süß"* (1940) und *„Triumph des Willens"* (1935) dominierten in dieser Zeit vor allem seichte Unterhaltungsfilme im Genre der Filmkomödie wie *„Glückskinder"* (1936) und Operettenfilme wie *„Amphitryon – Aus den Wolken kommt das Glück"* (1935).

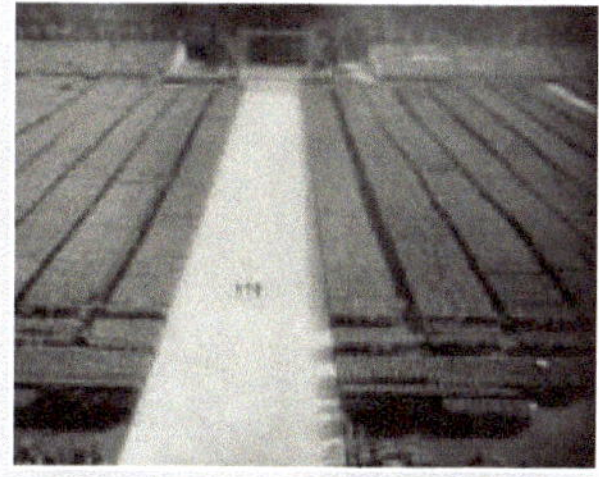

„Triumph des Willens" (1935)

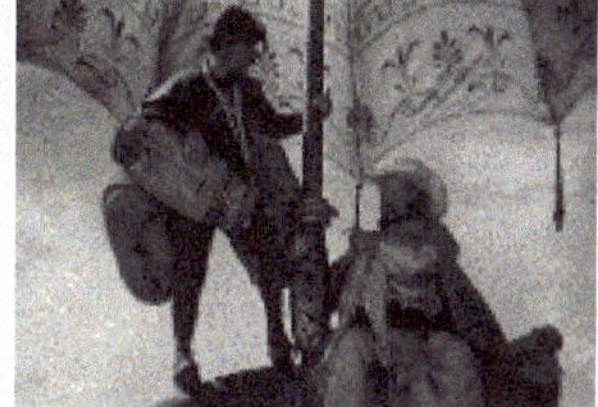

„Amphitryon" (1935)

Der Weltfilm nach dem Zweiten Weltkrieg (1945 – 1960)

In den USA entstanden zwischen 1940 und 1960 rund 300 Detektiv- und Gangsterfilme in Schwarzweiß, die sich durch eine pessimistische und gesellschaftskritische Grundstimmung auszeichneten und später als Film noir bezeichnet wurden. Die Wurzeln dieser Schwarzen Serie lagen im deutschen expressionistischen Stummfilm. Durch den Einfluss des Kalten Krieges und des Sputnik-Schocks boomte das Filmgenre der Science-Fiction-Filme, welches Invasions- und Zukunftsängste der Gesellschaft aufgriff und widerspiegelte. Auch das Filmgenre des Thrillers bediente sich realer Publikumsängste und fand seinen Höhepunkt in Filmen wie *„Das Fenster zum Hof"* (1954) und *„Psycho"* (1960) von Alfred Hitchcock.

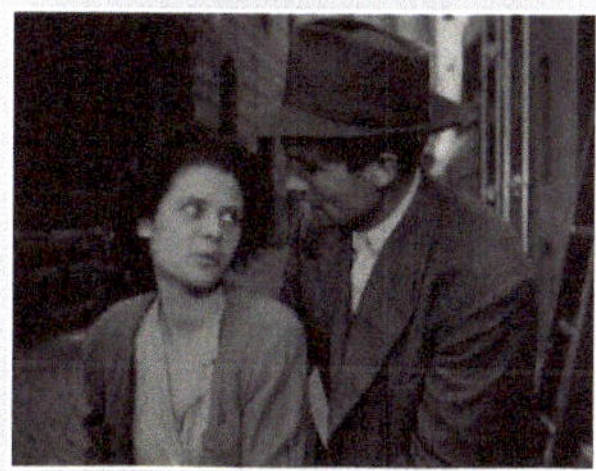

„Fahrraddiebe" (1948)

Mit der national zeitversetzten Einführung des Fernsehens entstand eine starke Konkurrenz, auf die die Filmindustrie mit der Entwicklung verschiedener technischer Neuerungen reagierte. So führen z.B. die Breitwandformate Cinemascope und VistaVision zu einer Renaissance historischer Sujets durch Monumentalfilme wie *„Die zehn Gebote"* (1956) und *„Ben Hur"* (1959).

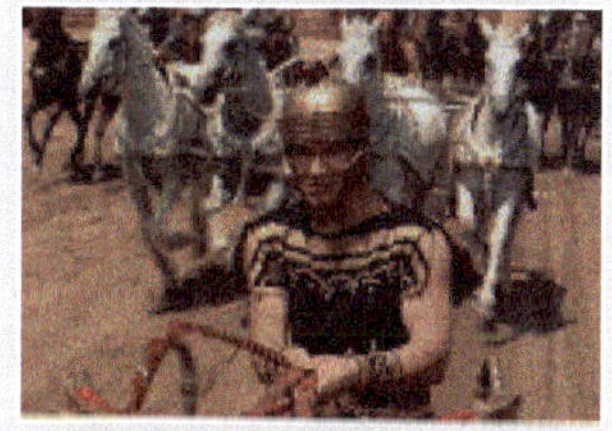

„Ben Hur" (1959)

In Italien formierte sich mit dem Neorealismus eine neue Generation von Filmemachern, die sich in Filmen wie *„Fahrraddiebe"* (1948) vom klassischen Hollywood-Genre-Kino abwandten und sich der Wiedergabe von Alltagsrealitäten verschrieben. In Frankreich entstand Ende der 50er-Jahre mit der Nouvelle Vague eine Bewegung junger Cinéasten, die sich ebenfalls gegen die Bildsprache des kommerziellen Kinos wandten und mit Filmen wie *„Sie küssten und sie schlugen ihn"* (1959) und *„Außer Atem"* (1960) neue Akzente durch einen persönlichen und subjektiven Stil der Autorenfilmer setzten.

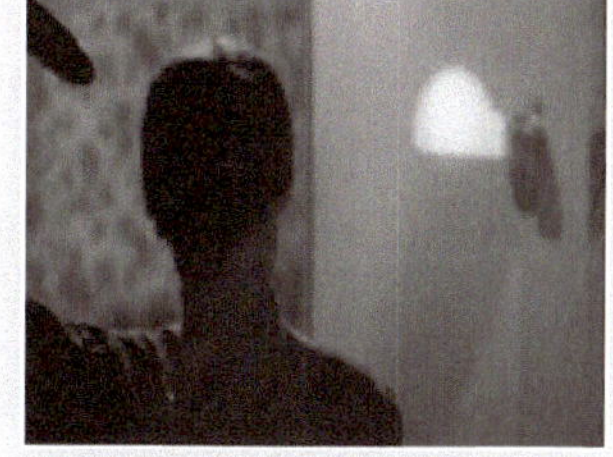

„Psycho" (1960)

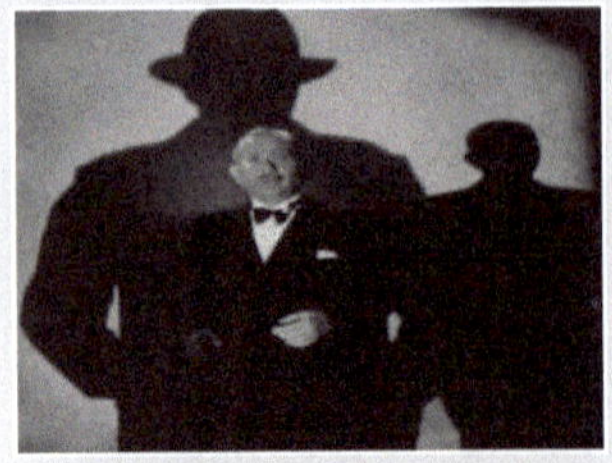
„Die Mörder sind unter uns" (1948)

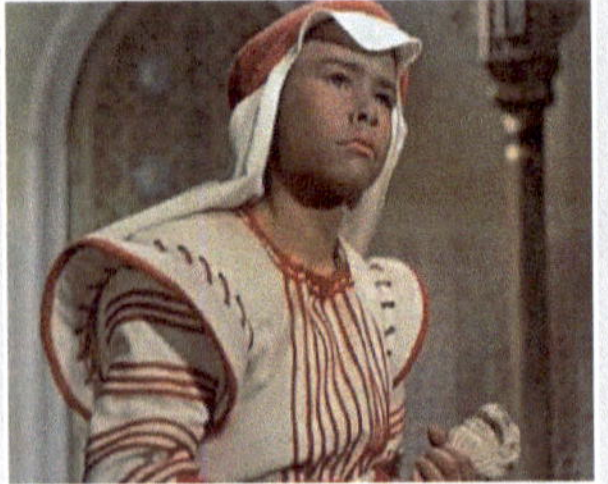
„Die Geschichte vom kleinen Muck" (1953)

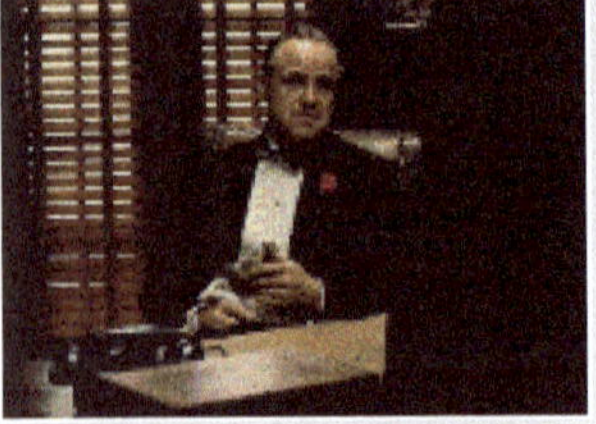
„Der Pate" (1972)

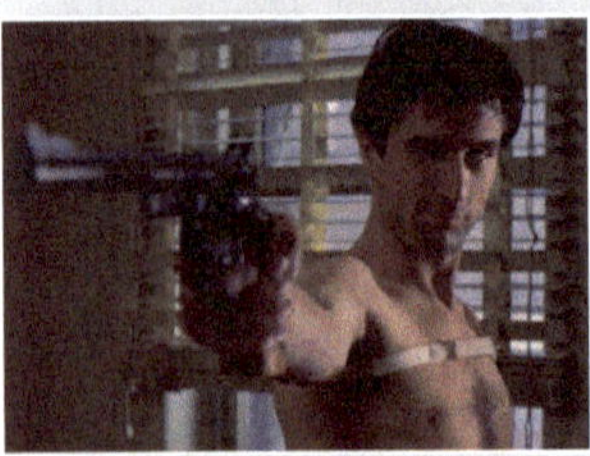
„Taxi Driver" (1976)

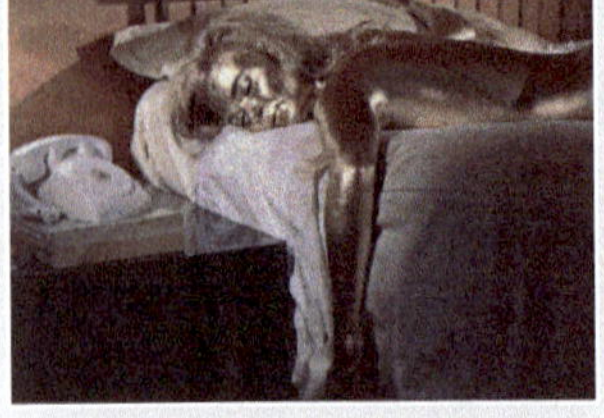
„Goldfinger" (1964)

Kurz nach dem Zweiten Weltkrieg setzten sich die sogenannten „Trümmerfilme" kritisch mit der nationalen Vergangenheit und der aktuellen Situation im Nachkriegsdeutschland auseinander. Darüber hinaus wurde in den 1950er-Jahren die deutsche Filmkultur im Wesentlichen geprägt von Schlager- und Heimatfilmen, welche als Flucht in illusionäre Wirklichkeitsidyllen eine kritische Auseinandersetzung mit der nationalen Vergangenheit vermieden und traditionelle Welterklärungsmodelle bevorzugten. Dieser Trend führte zu einer sinkenden internationalen Bedeutung deutscher Filmproduktionen, auch wenn einige Filme wie z.B. *„Die Sünderin"* (1951) und *„Die Brücke"* (1959) positiv zu erwähnen sind.

1946 wurde in der sowjetisch besetzten Zone die staatliche Produktionsfirma „Deutsche Film Aktien Gesellschaft" (Defa) gegründet, welche bis 1990 die einzig offizielle Filmproduktionsfirma in Ost-Deutschland blieb und viele Bereiche der Filmindustrie in sich vereinte. Die ostdeutsche Filmindustrie konnte zunächst von der Infrastruktur der Ufa-Filmstudios profitieren und mit dem Film *„Die Mörder sind unter uns"* (1946) den ersten Nachkriegsfilm auf den Markt bringen.
Einige Defa-Filme wie *„Ehe im Schatten"* (1947) und „Sterne" (1959) bemühten sich um eine kritische Auseinandersetzung mit der deutschen Vergangenheit, in anderen wie *„Ernst Thälmann – Sohn einer Klasse"* (1953) wurden aber auch die ideologischen Einflussnahmen der Partei auf den Film deutlich. Eine besondere Bedeutung erlangten die vielen Kinderfilmproduktionen dieser Zeit mit Filmen wie *„Das kalte Herz"* (1950) und *„Die Geschichte vom kleinen Muck"* (1953).

Konkurrenz und Erneuerung (1960 – 1980)

Der Wertewandel der westlichen Kulturen in den 1960er-Jahren und die zunehmende internationale Verbreitung des Konkurrenzmediums Fernsehen führte zu einer Erneuerung des narrativen Spielfilms mit einer Vielzahl neuer Themen und Darstellungsformen in Serienfilmen und einer beginnenden Ausdifferenzierung in weitere Subgenres. Es zeichnete sich eine ästhetische Erneuerungsbewegung der amerikanischen Filmkultur ab, die mit Blick auf die Regisseure Martin Scorsese, Francis Ford Coppola und Steven Spielberg als New Hollywood bezeichnet wurde. Charakteristisch für Filme wie *„Der Pate"* (1972), *„Taxi Driver"* (1976) und *„Apocalypse Now"* (1979) war eine gesellschaftskritische Grundhaltung, inhaltliche und filmästhetische Experimente mit widersprüchlichen Außenseitern als Protagonisten und der Verzicht auf ein Happy End. Die relativ kurze Periode des New Hollywood zwischen 1967 und Ende der 1970er-Jahre verzichtete damit auf einfache Welterklärungsmodelle und zählte zu den künstlerisch bedeutendsten Phasen der amerikanischen Filmkultur mit einer weitreichenden Wirkung auf den internationalen Film. Mit Filmen aus der Spätphase des italienischen Neorealismus wie *„Rocco und seine Brüder"* (1960) und Italowestern wie „*Django*“ (1966) und „*Spiel mir das Lied vom Tod*“ (1968) konnte der italienische Film dem Weltkino enorme Impulse geben. Durch die kostengünstige Verlagerung von Filmproduktionen der USA nach Großbritannien entstanden in dieser Phase zahlreiche britische Filme mit großem internationalem Einfluss.

Wie schon bei den Heimatfilmen eingeführt, setzten sich in den 1960er-Jahren vor allem Serienfilme wie die zahlreichen Edgar-Wallace-Filme und Karl-May-Adaptionen im Kinoprogramm durch, welche durch ihr überschaubares Figureninventar, ihre einfachen Handlungsschemata und ihre klare Trennung zwischen Gut und Böse ein Stammpublikum an sich binden konnten.

Die durch den bundesdeutschen Serienfilm voranschreitende Standardisierung und Kommerzialisierung machte eine Erneuerungsbewegung des deutschen Kinos notwendig, welche im Oberhausener Manifest 1962 ihren Ausdruck fand. Darin wurde dem populären Genrekino eine Absage erteilt und ein neuer Anfang propagiert. Vertreter dieses „Jungen Deutschen Films“ waren vor allem Regisseure wie Werner Herzog („*Aguirre – Der Zorn Gottes*“, 1972), Volker Schlöndorff („*Die Blechtrommel*“, 1979), Rainer Maria Fassbinder („*Angst essen Seele auf*“, 1974) und Wim Wenders („*Im Lauf der Zeit*“, 1976).

Als Antwort auf die Karl-May-Filme der Bundesrepublik produzierte die Defa-Gruppe „Roter Kreis“ in der DDR Indianerfilme, welche eine andere, der sozialistischen Ideologie entsprechende Sicht auf die Geschichte des amerikanischen Westens im 19. Jahrhundert vorlegte. Im Gegensatz zum US-amerikanischen Western und zum bundesdeutschen Karl-May-Film stellten die Indianerfilme wie „*Die Söhne der großen Bärin*“ (1966) die amerikanische Besiedlungsgeschichte aus Sicht der Ureinwohner dar.

Neben diesen beim Publikum beliebten Serienfilmen entstanden auch zahlreiche Literaturverfilmungen wie der Film „*Jakob der Lügner*“ (1974), welcher als einziger Film eine Oscar-Nominierung in der Kategorie „Bester ausländischer Film“ erhielt. Filme wie „*Karbid und Sauerampfer*“ (1963) näherten sich auf humorvolle Art und Weise den Alltagsschwierigkeiten in der russischen Besatzungszone. Filme wie „*Spur der Steine*“ (1966) setzten sich sehr kritisch mit den Modernisierungsprozessen und den damit verbundenen strukturellen und ideologischen Problemen der Zeit auseinander und wurden schließlich aufgrund antisozialistischer Tendenzen aus dem Kinoprogramm genommen.

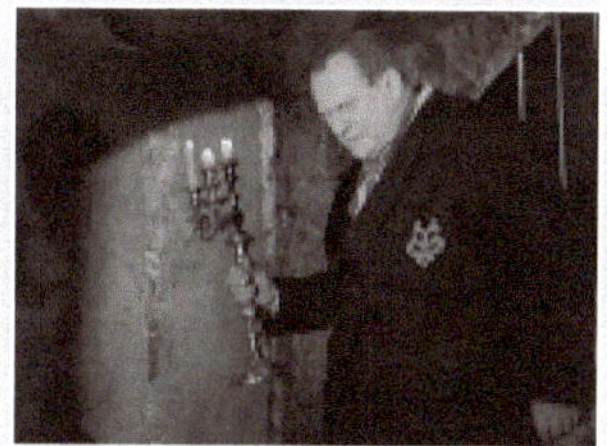

Edgar-Wallace-Film „Der grüne Bogenschütze“ (1961)

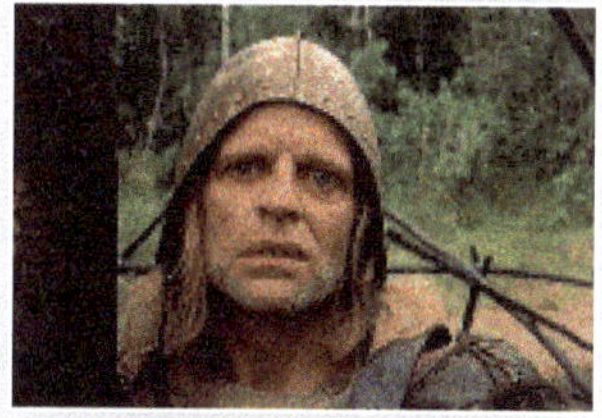

„Aguirre – Der Zorn Gottes“ (1972)

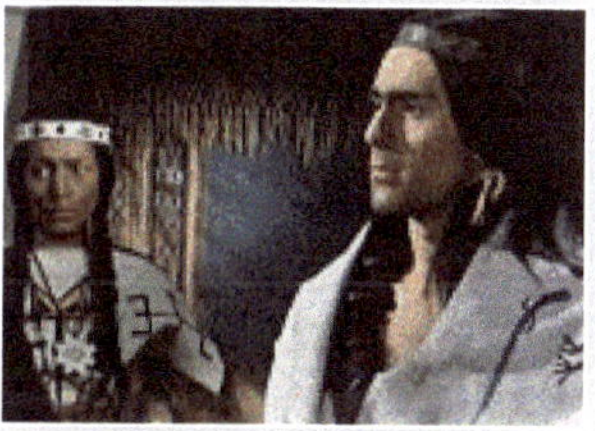

„Die Söhne der großen Bärin“ (1966)

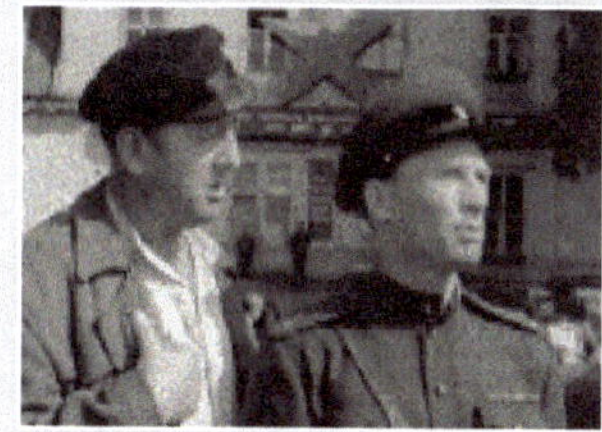

„Karbid und Sauerampfer“ (1963)

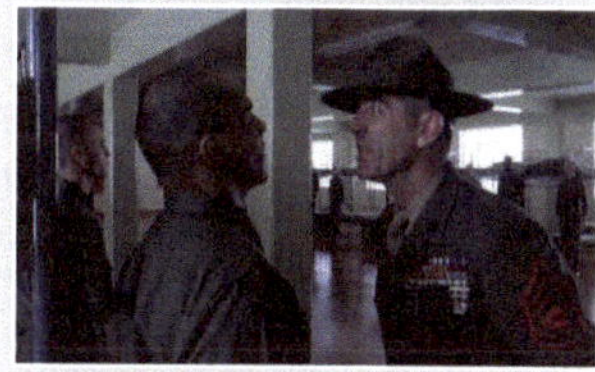

„Full Metal Jacket“ (1987)

Genrewandel und Diversifikation (1980 – 1995)

Die 1980er-Jahre waren vom Genrewandel geprägt, der sich u.a. in der Ausdifferenzierung (Genre-Diversifikation) und Wieder-

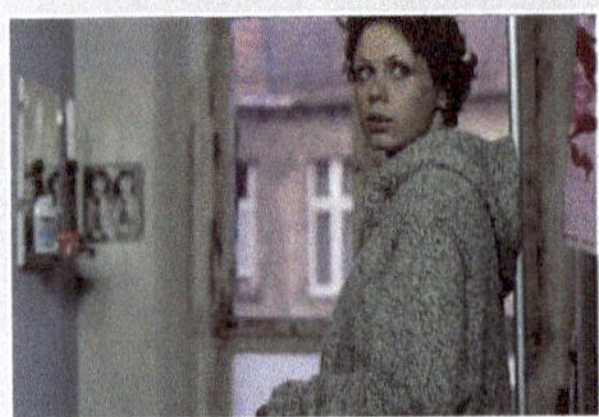
„Solo Sunny" (1980)

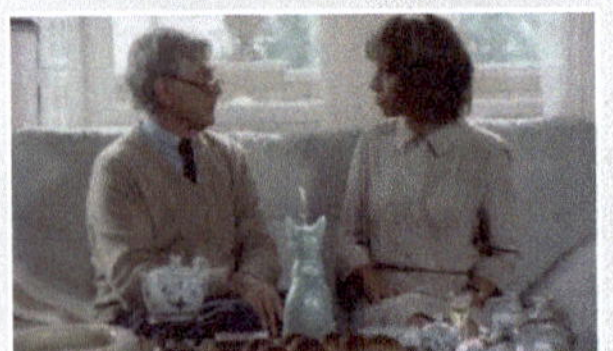
„Ödipussi" (1988)

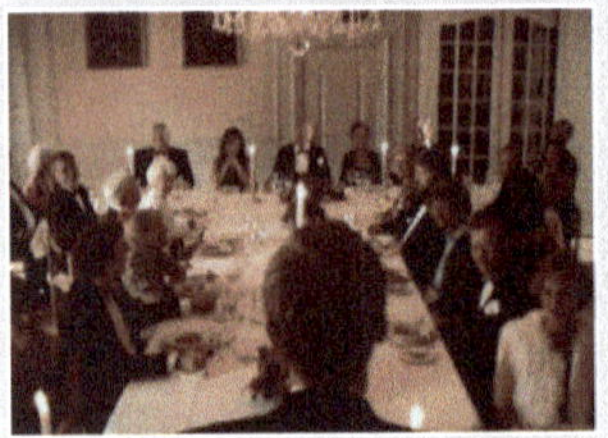
„Das Fest" (1998)

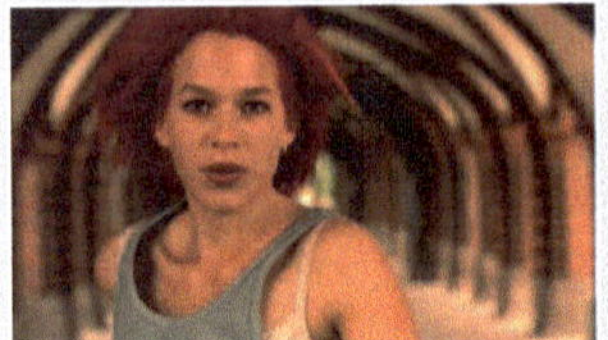
„Lola rennt" (1998)

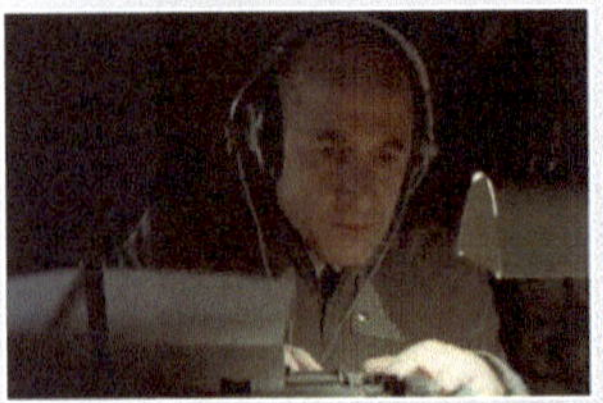
„Das Leben der Anderen" (2006)

belebung (Genre-Revival) traditioneller Filmgenres ausdrückte. So setzte sich das Subgenre der Vietnamfilme wie beispielsweise in *„Full Metal Jacket"* (1987) mit den Kriegstraumata der Amerikaner auseinander, Superheldenfilme wie *„Superman"* (1978) boten ein optimistisches Bild der Überlegenheit an und der klassische Abenteuerfilm der 1930er-Jahre erfuhr durch die erfolgreiche Indiana-Jones-Reihe eine Wiederbelebung. Durch die Konkurrenz des Privatfernsehens gingen in den 1980er-Jahren die Kinobesucherzahlen deutlich zurück. Der Publikumsgeschmack in Richtung seichter Unterhaltung ließ den Neuen Deutschen Film aussterben. Bis Mitte der 1990er-Jahre erzielten vor allem Filme wie *„Otto – Der Film"* (1985), *„Ödipussi"* (1988) und *„Der bewegte Mann"* (1994) die größten Gewinne. Neben den zahlreichen erfolgreichen Kinderfilmen der Defa wurden in der DDR bis zur Wiedervereinigung Deutschlands 1990 mit Filmen wie *„Solo Sunny"* (1980) und *„Der Baulöwe"* (1980) auch unterschwellig gesellschaftskritische Akzente gesetzt.

Digitalisierung und Globalisierung (1995 – heute)

Seit den 1990er-Jahren blieb auch die Filmkultur von den Auswirkungen der Digitalisierung und Globalisierung nicht unberührt. Der Film *„Matrix"* (1999) kann hier exemplarisch für eine ganze Reihe von Werken stehen, die sich mit der schwierigen Grenzziehung zwischen Simulation und Realität beschäftigten und in denen die digitalen Möglichkeiten der Computersimulationen selbst ein wesentlicher Bestandteil der Filmgestaltung ist. In den 90er-Jahren gab es auch zahlreiche Alternativen zur hochtechnisierten und globalisierten Filmkultur. Deren bekannteste dürfte die Dogma-95-Bewegung sein, welche mit Filmen wie *„Das Fest"* (1998) ein höheres Maß an Authentizität der Filmgestaltung anstrebte. Kennzeichnend für den Beginn des neuen Jahrtausends sind Großproduktionen, die, mit einem enormen Budget ausgestattet, auf Mehrteiligkeit angelegt sind. Ein besonders Comeback kann dabei das Filmgenre der phantastischen Filme durch Reihen wie „Harry Potter" und „Herr der Ringe" feiern. Cultural-Clash-Filme wie *„Lost in Translation"* (2003) und *„Persepolis"* (2007) sind in dieser Rubrik als filmische Aufarbeitung der Globalisierung aufzufassen, in denen unterschiedliche Kulturen gegeneinandergehalten wurden. Ab Mitte der 1990er-Jahre konnte der deutsche Film mit Werken wie *„Lola rennt"* (1998) und *„Das Leben der Anderen"* (2006) vereinzelt internationale Erfolge feiern.

Es wird abzuwarten sein, ob mit der Gründung der „Digital Cinema Initiative" (DCI) durch die Major Studios Hollywoods, mit der die Standards zur Normierung und Durchsetzung für das digitale Kino aufgestellt wurden, zu ebensolchen weitreichenden Veränderungen des Films und dessen Rezeption führen wird, wie zuvor schon die Zäsuren durch die Einführung des Tons und der Farbe im Film.

Der Begriff des Filmklassikers wird sehr unterschiedlich gebraucht. Er kann zum einen Filme bezeichnen, die aufgrund ihres Produktionsjahres schon älter sind, sich zum anderen aber auch auf Werke beziehen, die innovativ für den Inhalt und die Form weiterer Filme waren. Welche Filme bezeichnen Sie als Klassiker und was hat jeweils Ihr Urteil beeinflusst?

Wenn wir durch die Fernsehkanäle zappen, können wir Filme häufig schon nach wenigen Sekunden einordnen: Schauen Sie sich die Filmstills auf dieser Seite an und benennen Sie spontan das Filmgenre und die ungefähre Entstehungszeit des Filmes. Überprüfen Sie anschließend Ihre Ergebnisse mit einer Recherche im Internet und ordnen Sie die Filme den unterschiedlichen Phasen der Filmgeschichte zu. Diese Übung kann Ihnen helfen, eine grobe Orientierung in der Geschichte des Films zu erlangen.

Jurassic Park

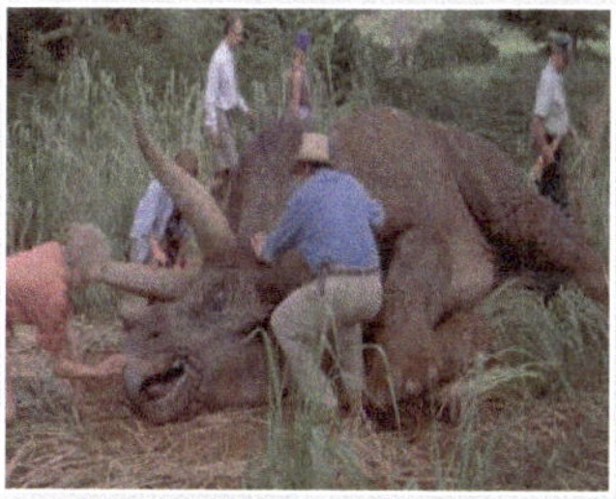

Die Unbestechlichen

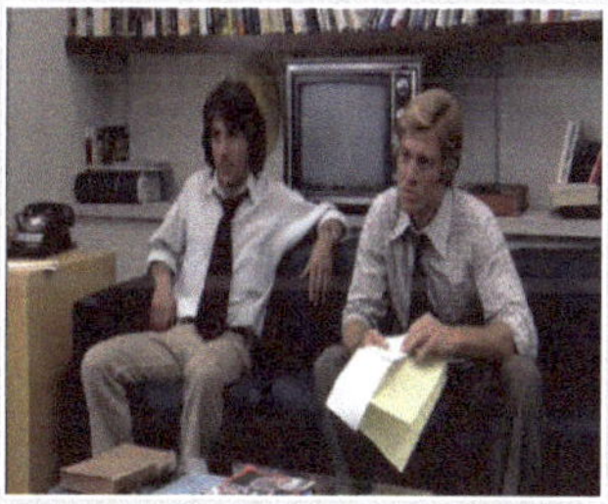

Die Geschichte vom kleinen Muck

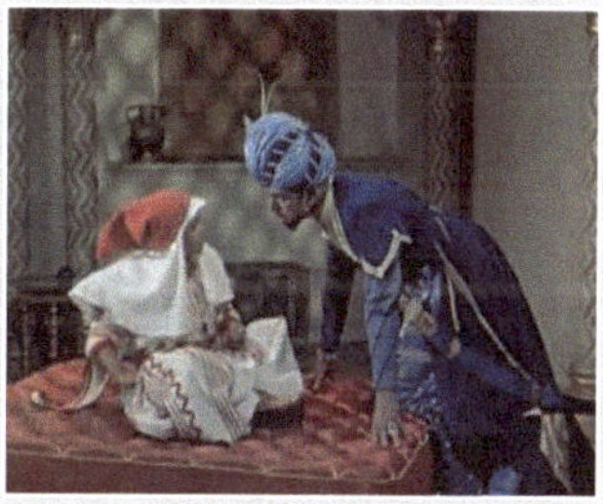

Der schwarze Abt

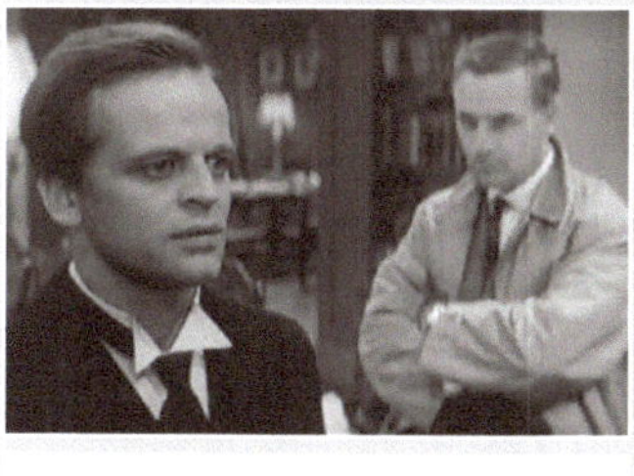

Nibelungen

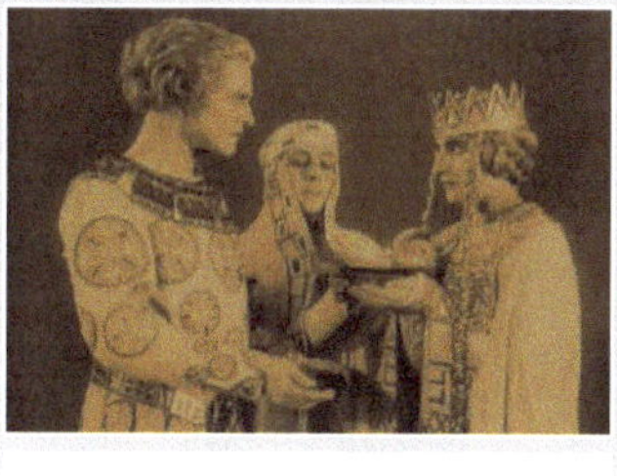

Die Feuerzangenbowle

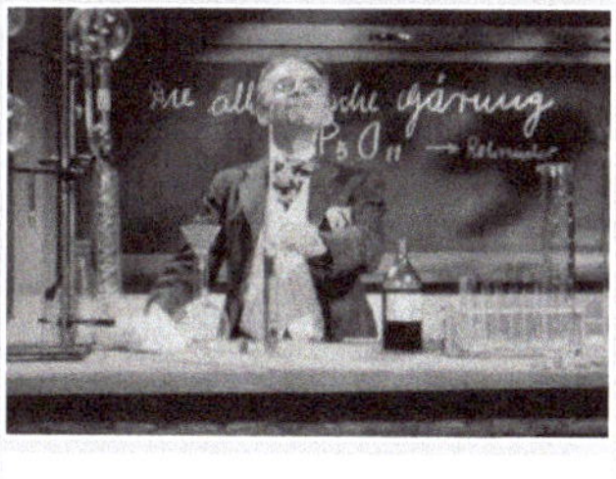

Die Welt ist aus den Fugen – der deutsche expressionistische Film

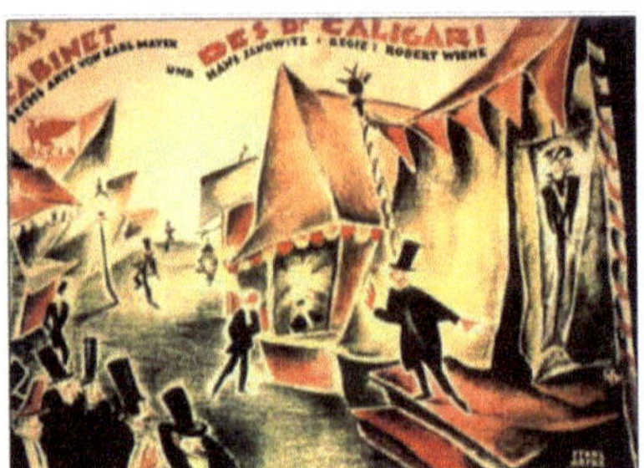

Von den expressionistischen Künsten beeinflusst, entstand nach dem Ersten Weltkrieg eine Reihe von deutschen Filmen, die bis heute als bedeutendster Beitrag zur internationalen Filmgeschichte angesehen werden. Durch das Zusammenspiel der Künste konnte sich Film als Gesamtkunstwerk etablieren und zum Medium der Avantgarde werden. Mit der Abkehr von naturalistischen und realistischen Darstellungen hin zu abstrakten Formen und starken Schatten nahmen expressionistische Filme Einfluss auf das Genre der Horror- und Science-Fiction-Filme und die Werke des Film noir.

Auch wenn sich Filmpioniere wie Max und Emil Skladanowsky oder Oskar Messter schon zu Beginn des Films um die künstlerischen und kommerziellen Möglichkeiten des Mediums bemühten, konnte sich bis Anfang des 20. Jahrhunderts noch keine nennenswerte Filmindustrie in Deutschland etablieren. Das Kinoprogramm war geprägt von der Dominanz ausländischer Filme oder deren Nachahmungen. Diese Situation änderte sich durch die Isolation des Kaiserreiches während des Ersten Weltkrieges und dem Erkennen um die propagandistischen Möglichkeiten des Mediums. Nicht zufällig erfolgte deshalb die Gründung der Ufa (Universum Film AG) im Kriegsjahr 1917 unter Beteiligung der Deutschen Bank und der Großindustrie.

Obwohl sich Anfang der 1920er-Jahre der Wandel von einer anfänglichen Jahrmarktsattraktion in eine Darbietungsform in seriösen Lichtspielhäusern vollzogen hatte, haftete dem Film immer noch der Makel des Gewöhnlichen an und das noch junge Medium galt nicht als gleichberechtigte Kunstform wie Literatur, Theater oder Malerei. Was lag da näher, als den schon etablierten Kunststil des Expressionismus im Film zu integrieren und dadurch das Medium gesellschaftlich und kulturell aufzuwerten? Schon in den 1910er-Jahren hatten Malergruppen wie „Der Blaue Reiter“ und die „Brücke“ eine Abkehr vom Naturalismus und Realismus als Protest gegen die bestehende Ordnung proklamiert und Werke vorgelegt, in denen die Formen immer abstrakter wurden. Der Erste Weltkrieg muss wie eine Erfüllung aller expressionistischen Prophezeiungen auf die Menschen gewirkt haben. Eine aus den Fugen geratene, „zersprungene“ Welt, die sich in den expressionistischen Stummfilmen in grotesk verzerrten Kulissen und in einer kontrastreichen Beleuchtung widerspiegelte. Als Meilenstein des expressionistischen Films gilt Robert Wienes „Das Cabinet des Dr. Caligari“ aus dem Jahre 1920, nach dessen sensationellem Erfolg viele weitere Stummfilme dieser Art folgten und die durch ihren Bruch mit ästhetischen Konventionen den Film als Gesamtkunstwerk etablierten und gesellschaftsfähig machten. Dabei ist der Expressionismus eher eine Weltanschauung als eine stilistische und inhaltlich einheitlich zu beschreibenden Strömung. Die Gemeinsamkeiten der Werke liegen in der abstrakten, symbolreichen Bildgestaltung mit einer kontrastreichen Beleuchtung, die tiefere Bedeutungsebenen offenlegen und häufig auf Innenwelten einer kranken Psyche oder einer ausweglosen Welt verweisen.

Bedeutende Filme des deutschen Expressionismus

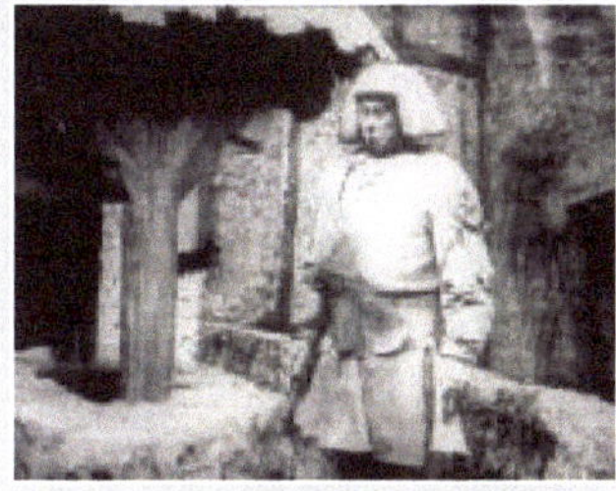

„Der Golem, wie er in die Welt kam“ (1920)

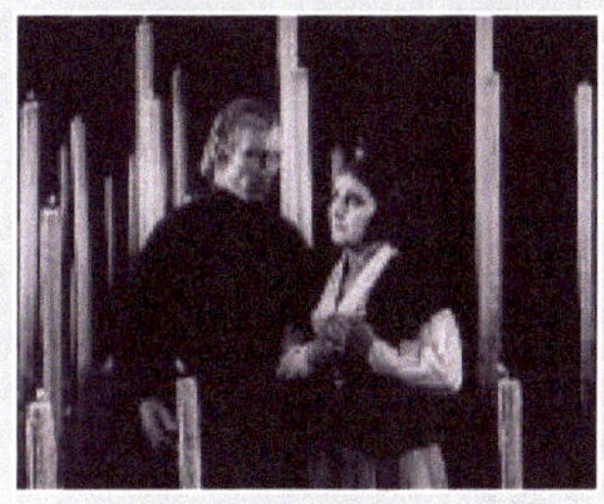

„Der müde Tod“ (1921)

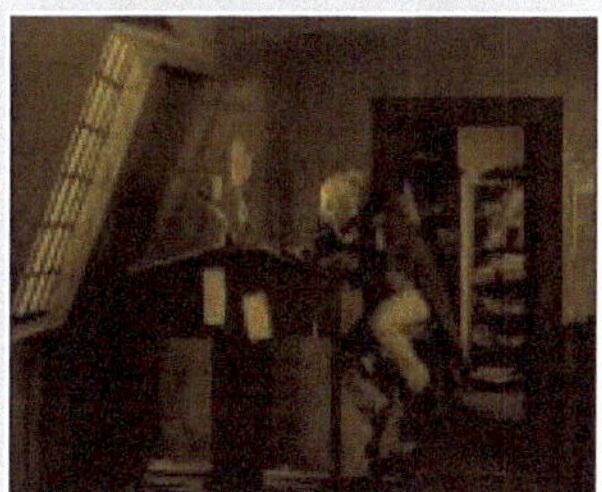

„Nosferatu“ (1922)

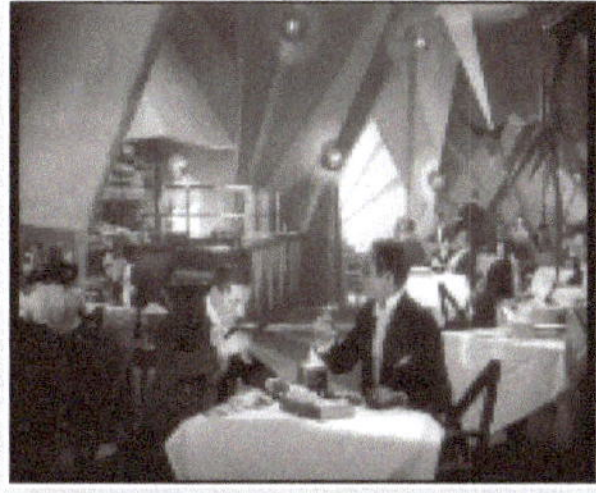

„Dr. Mabuse, der Spieler“ (1922)

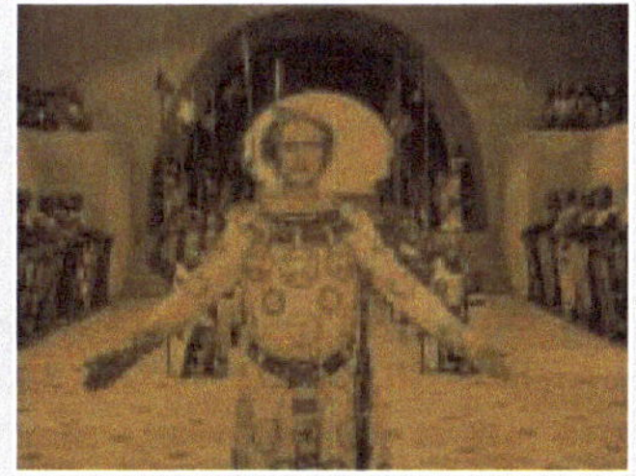

„Nibelungen“ (1924)

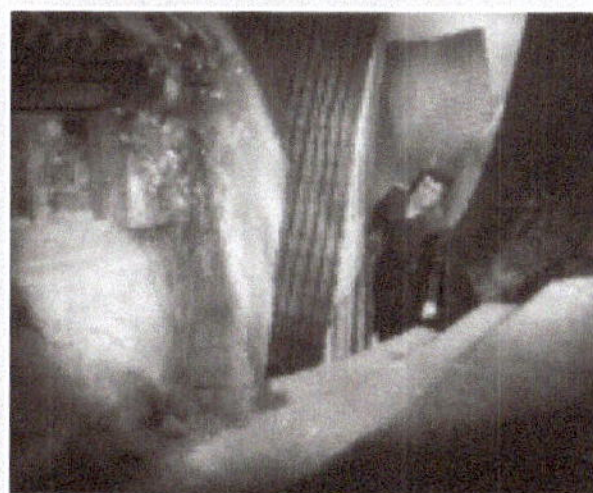

„Faust – eine deutsche Volkssage“ (1926)

Einfluss des expressionistischen Films auf das Kino

Filme des deutschen Expressionismus waren stilprägend für die Welt des Films und beeinflussten das Genrekino Hollywoods nachhaltig. Besonders der Film noir, die Horror-und Science-Fiction-Filme und die Psychothriller sind von diesen Vorbildern der 1920er-Jahre stark beeinflusst. Einen wesentlichen Beitrag leisteten dabei auch die zahlreichen Filmschaffenden, die Ende der 1920er- und in den 1930er-Jahren in die USA emigrierten. Auch aktuellere Kinofilme greifen immer wieder auf Elemente des expressionistischen Films zurück oder liefern Remakes bzw. Pastiches der Klassiker.

Film noir

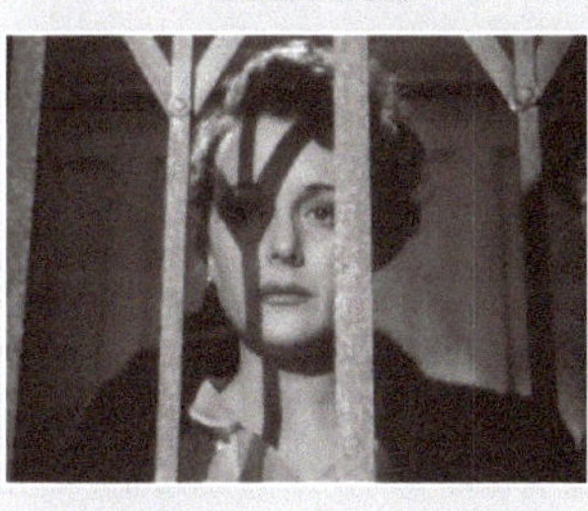

„Die Spur des Falken“ (1941)

Horrorfilme

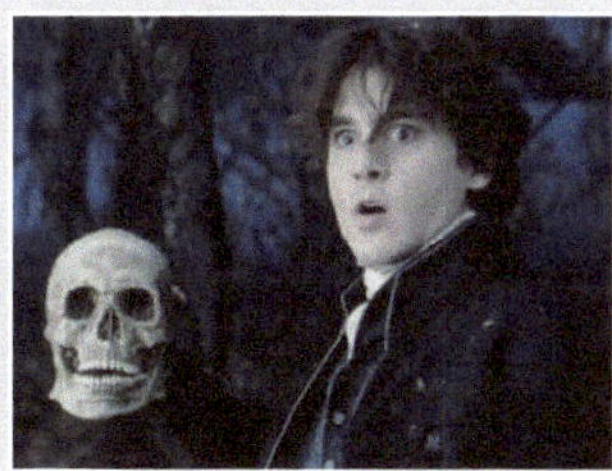

„Sleepy Hollow“ (1999)

Psychothriller

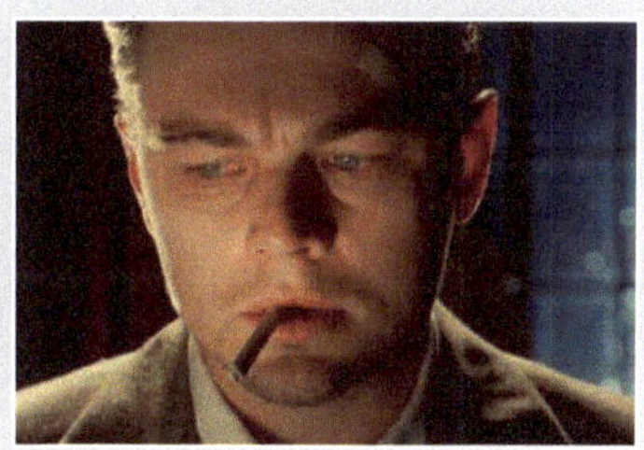

„Shutter Island“ (2010)

Zwischen Eskapismus und Propaganda – Film im Nationalsozialismus

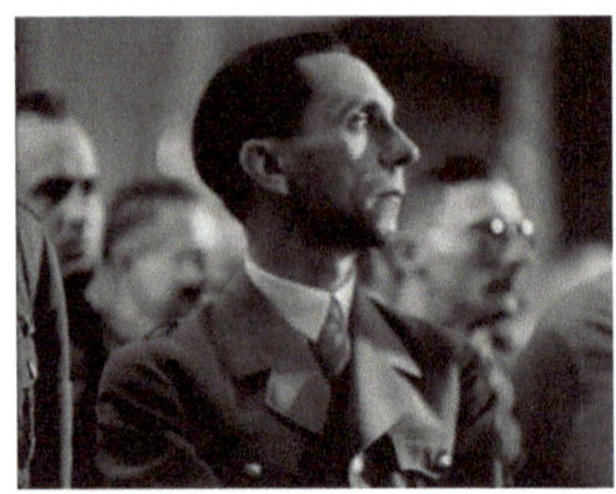

Die Machtübernahme Hitlers am 30. Januar 1933 war auch gleichzeitig eine Zäsur in der Geschichte des deutschen Films. Joseph Goebbels, Reichsminister für Volksaufklärung und Propaganda, rief im gleichen Jahr die Filmkammer ins Leben, deren Mitgliedschaft Voraussetzung für die Tätigkeit in der Filmbranche wurde und zur Verstaatlichung und Gleichschaltung der kompletten Filmindustrie führte.

Neben der Verstaatlichung der kompletten Filmindustrie und dem Berufsverbot für viele Filmschaffende war die Zeit zwischen 1933 und 1945 von der ideologischen Gleichschaltung der Filmproduktion mit einer Konzentration auf scheinbar unpolitische Unterhaltungsfilme geprägt.[84] In diesen 12 Jahren wurden ca. 1.000 Spielfilme produziert und etwa 10% davon waren Propagandafilme, die nationalsozialistisches Gedankengut verbreiten sollten und Themen wie den Führerkult, die Blut-und-Boden-Gemeinschaft mit dem Anspruch auf neuen Lebensraum, den Antisemitismus sowie die Kriegs- und Opferbereitschaft behandelten.[85] Als einer der ersten Propagandaspielfilme richtet sich „Hitlerjunge Quex" (1933) vorrangig an die Jugend. Er zeichnet den Wandel des Druckerlehrlings Heini Völker zum überzeugten Hitlerjungen ab, dessen Schicksal mit seinem Heldentod besiegelt wird.

Einer der berüchtigtsten antisemitischen Produktionen legte der Regisseur Veit Harlan 1940 mit dem Film „Jud Süß" vor. Die in das 18. Jahrhundert verlegte Handlung über die historische Figur Joseph Süß Oppenheimer rief, ohne Rücksicht auf historische Quellen, zur Diffamierung und Massenvernichtung der Juden auf. Eine weitere Gruppe bilden die sogenannten „Durchhaltefilme", die nach der Niederlage von Stalingrad 1943 den Durchhaltewillen der Bevölkerung stärken sollten. Beispielhaft für diese Art der Propagandafilme ist das Historiendrama „Kolberg", für dessen Dreh in den Jahren 1943/44 tausende Wehrmachtsoldaten von der Front abgestellt wurden und der mit 8,8 Millionen Reichsmark der teuerste Film dieser Epoche war.

Die Mehrzahl der Produktionen dieser Zeit waren Unterhaltungsfilme, die dem Publikum Möglichkeiten des Eskapismus boten und Trost, Zerstreuung und Vergessen versprachen. Damit übernahmen auch diese Filme der leichten Muse eine politische und ideologische Dimension. Neben diesen unpolitisch erscheinenden Unterhaltungsfilmen und den Propagandafilmen entstanden auch einige wenige Produktionen, die sich dieser Einteilung entzogen. Einer dieser Ausnahmefilme ist „Große Freiheit Nr. 7" (1944) mit Hans Albers in der Hauptrolle. Dieser Filmklassiker zeigte ohne Sentimentalität den Zerfall von Bindungen und fiel kurz nach der Premiere der Zensur zum Opfer.[86]

Wie wichtig der regelmäßige Gang ins Kino in dieser Zeit politischer und wirtschaftlicher Instabilität für die Bevölkerung war, lässt sich durch einen Blick auf die Publikumszahlen veranschaulichen. Lagen die Besucherzahlen im Weimarer Kino des Jahres 1932 noch bei 238 Millionen, so vervierfachte sich die Zahl der verkauften Filmtickets bis zum Ende des Zweiten Weltkrieges auf über eine Milliarde.[87] Eine beachtliche Zahl, wenn man die 120 Millionen Kinobesucher des Jahres 2014 dazu ins Verhältnis setzt.[88]

Propagandafilme

Das Medium Film spielte eine zentrale Rolle bei der Verbreitung nationalsozialistischen Gedankenguts und behandelte Themen wie Führerkult, die Blut-und-Boden-Gemeinschaft mit dem Anspruch auf neuen Lebensraum, Antisemitismus und Kriegs- und Opferbereitschaft.

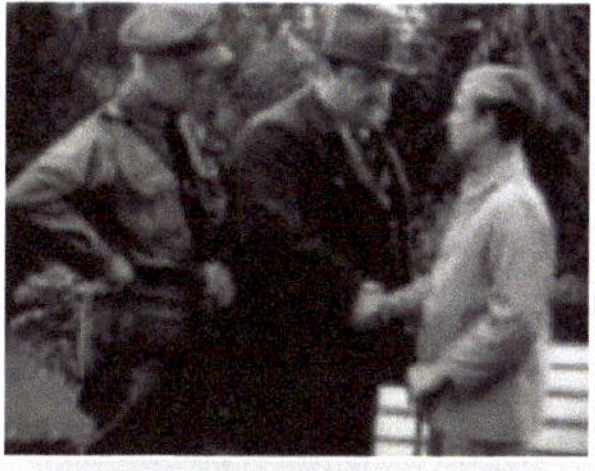

Opferbereitschaft in „Hitlerjunge Quex" (1933)

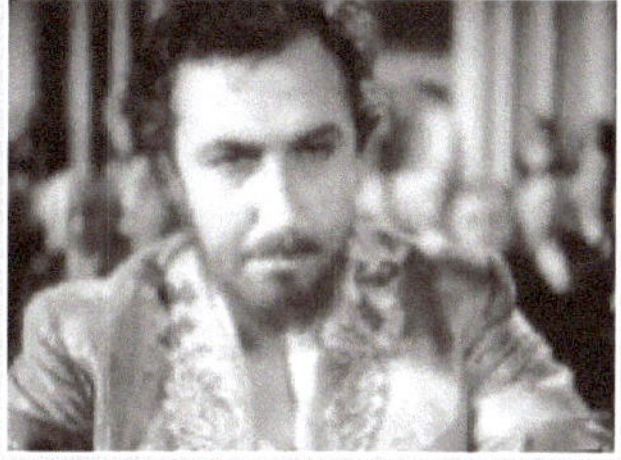

Antisemitismus in „Jüd Süß" (1940)

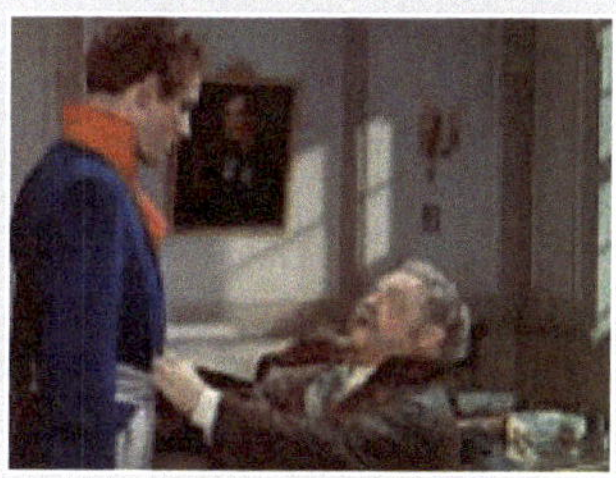

Durchhaltewillen in „Kolberg" (1945)

Unterhaltungsfilme

Ungefähr 90% aller Produktionen dieser Zeit waren Unterhaltungsfilme und fast die Hälfte davon Komödien. Nicht vergessen werden darf auch der große Einfluss amerikanischer Unterhaltungsfilme, die vor allem bis 1939 zum Kinoprogramm gehörten und an denen sich auch die deutsche Filmindustrie orientierte. Dem Starsystem Hollywoods entsprechend wurden Filmstars wie Willy Fritsch, Hans Albers und Heinz Rühmann gezielt zu Publikumsmagneten und Identifikationsfiguren aufgebaut.

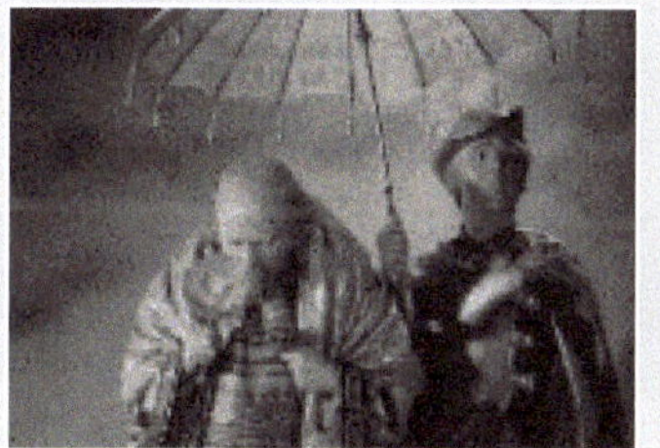

Willy Fritsch und Paul Kemp in „Amphitryon" (1935)

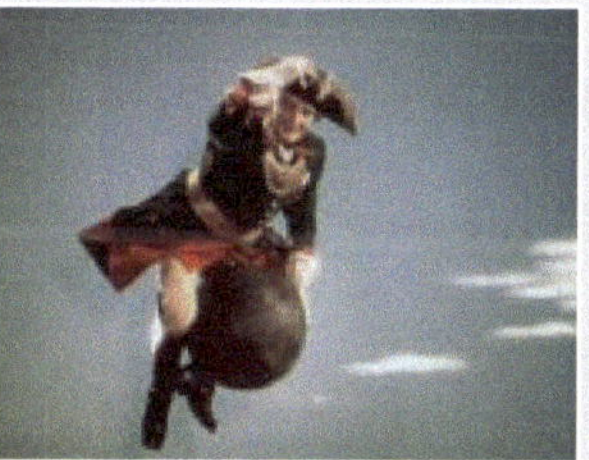

Hans Albers in „Münchhausen" (1943)

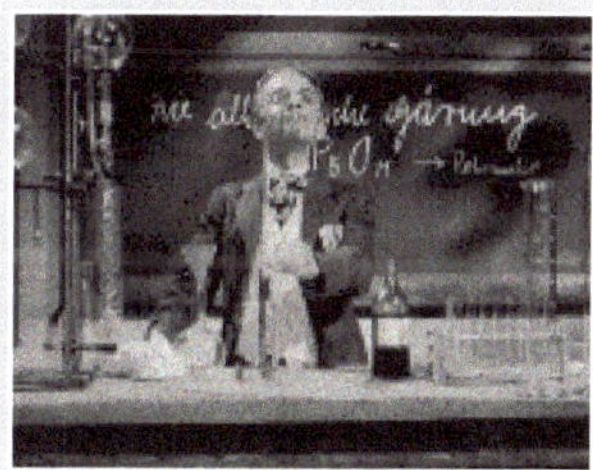

Heinz Rühmann in „Die Feuerzangenbowle" (1944)

Ausnahmefilme

Neben diesen beiden Gruppen der Propaganda- und Unterhaltungsfilme entstanden auch vereinzelt Produktionen, die sich dieser Einteilung entziehen. Einer dieser Ausnahmefilme ist „Große Freiheit Nr. 7" (1944) mit Hans Albers in der Hauptrolle, der melancholisch den Zerfall von Bindungen aufzeigt und Bezüge zum poetischen Realismus aufweist.

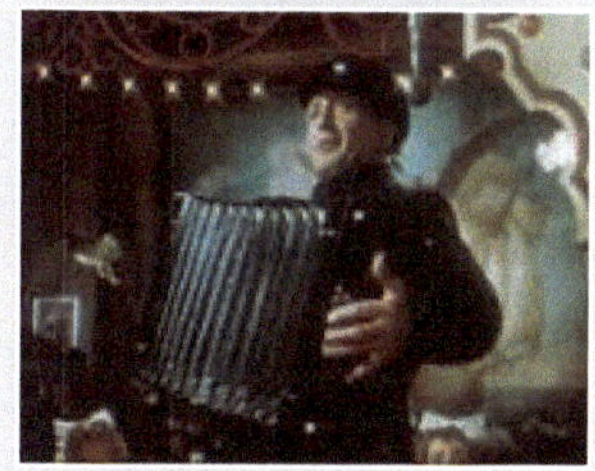

Hans Albers in „Große Freiheit Nr. 7" (1944)

Film als Waffe - Agitation oder Propaganda?

Agitation (lat. agitare = aufregen, aufwiegeln) und Propaganda (lat. propagare = ausbreiten, verbreiten) wird in der kommunistischen Theorie streng voneinander abgegrenzt. Lenin definierte den Unterschied in seinem Aufsatz „Was tun?" im Jahre 1902 folgendermaßen:

> „Unter Propaganda würden wir die revolutionäre Beleuchtung der gesamten gegenwärtigen Ordnung oder ihrer Teilerscheinungen verstehen, unabhängig davon, ob dies in einer für einzelne oder für die breite Masse zugänglichen Form geschieht. Unter Agitation im strengen Sinn des Wortes würden wir die an die Masse gerichtete Aufforderung zu bestimmten konkreten Aktionen verstehen, die Förderung eines unmittelbaren revolutionären Eingreifens des Proletariats in das öffentliche Leben."[89]

Der Begriff Agitation wird meist für linkspolitische Positionen angewandt und Propaganda im Hinblick nationalsozialistischer und faschistischer Ideologien verwendet. Außerdem findet sich auch eine Unterscheidung in der Zielrichtung der Kommunikation. Während sich Agitation meist *gegen* Missstände richtet, bezieht Propaganda *für* etwas Position. Eine klare Unterscheidung zwischen Agitation und Propaganda lässt sich allerdings meist nicht ziehen und die Grenzen sind fließend.

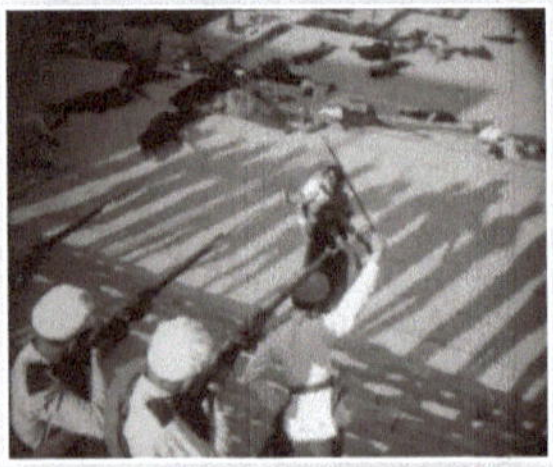

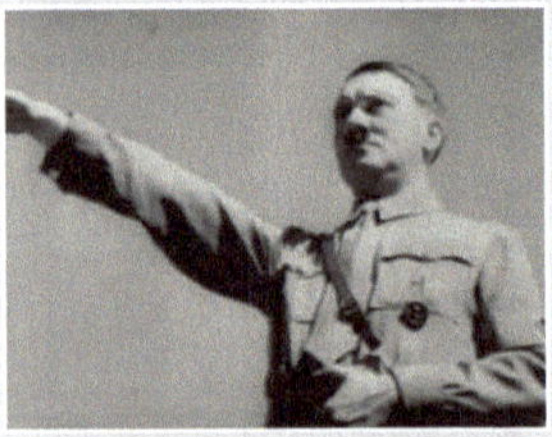

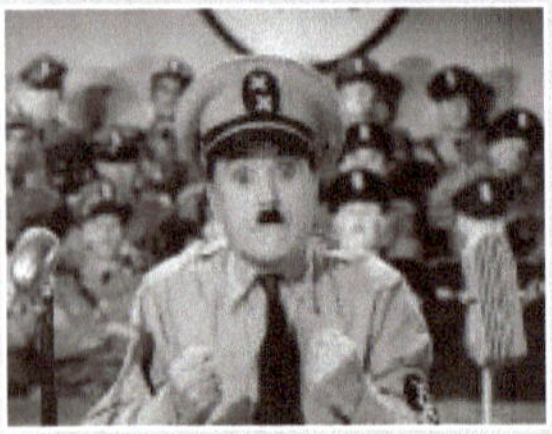

....

....

....

....

....

....

....

....

....

Agitation oder Propaganda?

Überlegen und diskutieren Sie, ob sich die Filme „Panzerkreuzer Potemkin" (1925), „Triumph des Willens" (1935) und „Der große Diktator" (1940) mit den Begriffen der Agitation und/oder Propaganda beschreiben lassen. Begründen Sie kurz Ihre Meinung.

Die Legitimation der Gegenwart durch die Vergangenheit

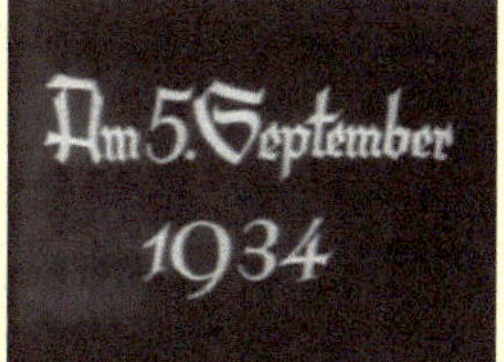

Der Film „Triumph des Willens" beginnt mit einem langen Prolog, der den „Reichsparteitag der Einheit und Stärke" in Nürnberg 1934 in eine historische Tradition stellt und damit dem Motto der Veranstaltung „Ein Volk, ein Land, ein Führer" zu legitimieren versucht. Auf welche historischen Ereignisse beziehen sich die Texttafeln zu Beginn des Filmes?
Notieren Sie Ihre Erkenntnisse und reflektieren Sie, wofür Leni Riefenstahl diesen Rückgriff auf Ereignisse der Vergangenheit nutzt. Warum wird Adolf Hitler hier in eine längere Tradition gestellt?

20 Jahre nach dem Ausbruch des Weltkrieges	16 Jahre nach dem Anfang deutschen Leidens	19 Monate nach dem Beginn der deutschen Wiedergeburt
....	....	....
....	....	....
....	....	....
....	....	....

Aus großen Wolkenformationen lichtet sich der Blick auf Nürnberg, der „deutschesten aller deutschen Städte" (Adolf Hitler), in der von 1933 bis 1938 die Reichsparteitage der NSDAP stattfanden. Abweichend vom programmatischen Titel „Reichsparteitag der Einheit und Stärke" entschied sich Adolf Hitler für den Filmtitel „Triumph des Willens". Was könnte ihn dazu veranlasst haben?

flog Adolf Hitler wiederum nach Nürnberg um Heerschau abzuhalten über seine Getreuen.

....

....

....

....

....

Filminterpretationen – „Die Zeit ist kaputt!" eine versteckte Zeitkritik?

Das von Erich Kästner unter dem Pseudonym Berthold Bürger verfasste Drehbuch zum Film „Münchhausen" ist immer wieder Anlass unterschiedlicher Interpretationsansätze. Sie reichen von der Vermutung, dass einige Elemente mit der NS-Ideologie unvereinbar waren und damit einen subversiven Charakter trugen, der den Filmschaffenden die Möglichkeit eröffnete, auch indirekte Zeitkritik zu platzieren bis hin zu der Ansicht, dass der Film die Stereotypisierungen und Allmachtsphantasien der NS-Propaganda fortführe. [90]
Schauen Sie sich die ausgewählten Dialoge, Filmstills und auch die Filmausschnitte an und entscheiden Sie selbst, ob Sie darin eine zeitkritische oder eine befürwortende Grundhaltung vermuten. Berücksichtigen Sie dabei auch das Filmentstehungsjahr 1943, das mit der Vernichtung der 6. Armee in Stalingrad begonnen hatte.

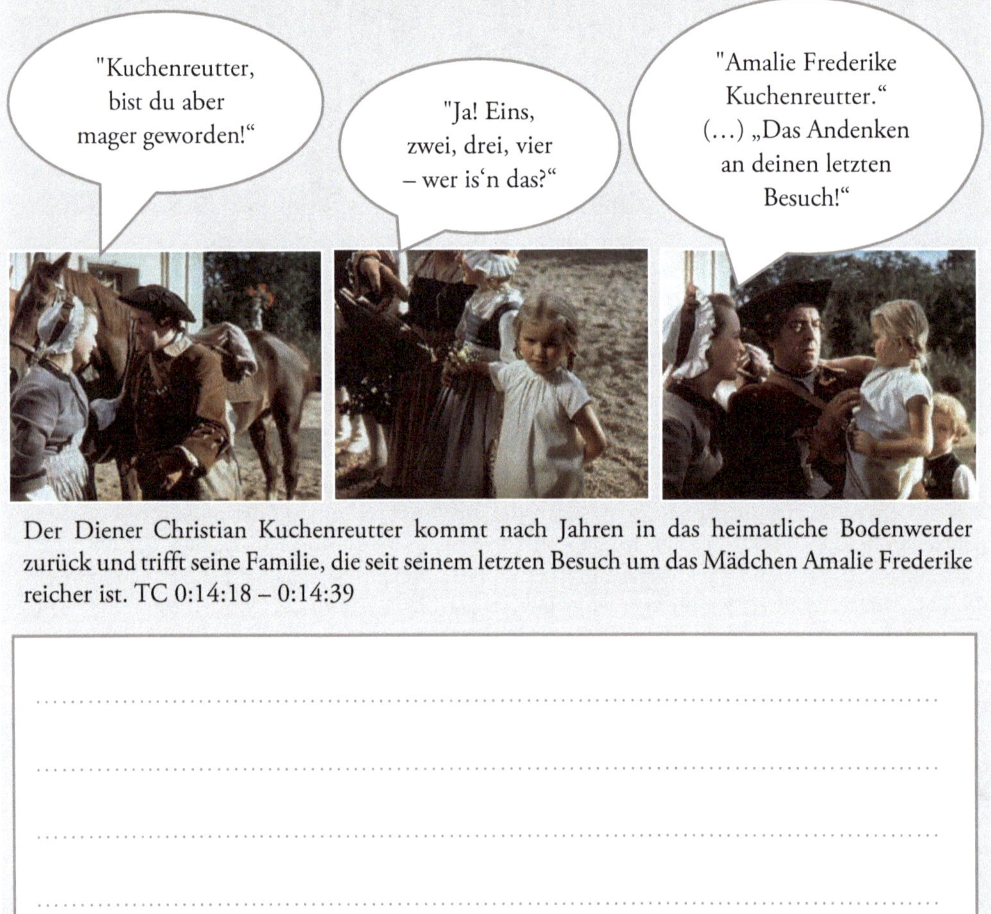

Der Diener Christian Kuchenreutter kommt nach Jahren in das heimatliche Bodenwerder zurück und trifft seine Familie, die seit seinem letzten Besuch um das Mädchen Amalie Frederike reicher ist. TC 0:14:18 – 0:14:39

....

....

....

....

....

"Wenn wir erst Kurland haben, pflücken wir Polen. Poniatowski ist reif. Dann werden wir König!"

"In einem werden wir zwei uns nie verstehen: In der Hauptsache! Sie wollen herrschen; ich will leben. Abenteuer, Krieg, fremde Länder, schöne Frauen – ich brauche das alles. Sie aber missbrauchen es!"

TC 0:25:30 – 0:26:07

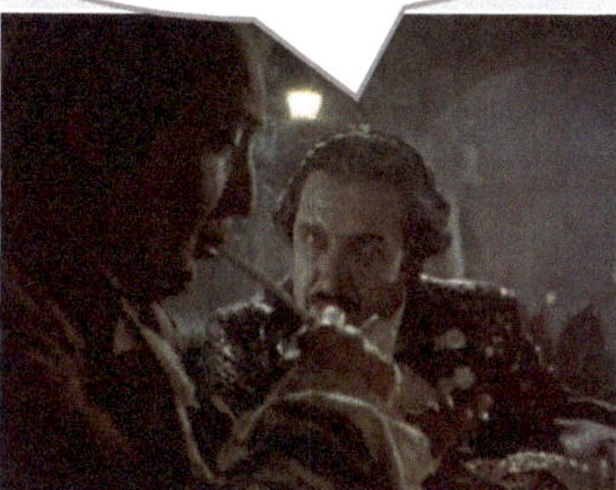

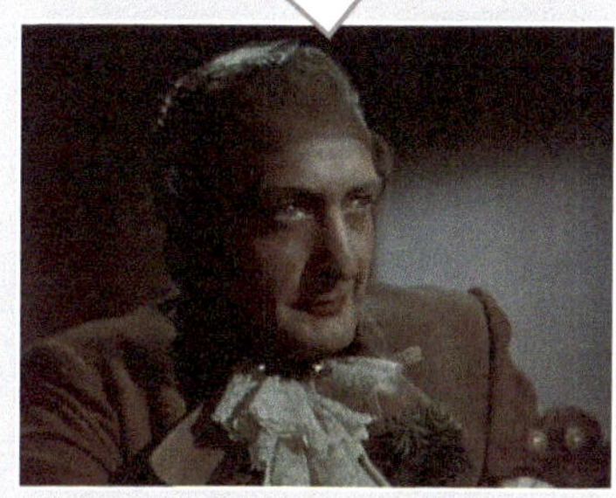

Dialog zwischen Graf Cagliostro und Hieronymus von Münchhausen

„Entweder Ihre Uhr ist kaputt, Herr Baron oder, oder die Zeit selber…"

„Die Zeit ist kaputt!"

TC 1:36:10 – 1:36:321

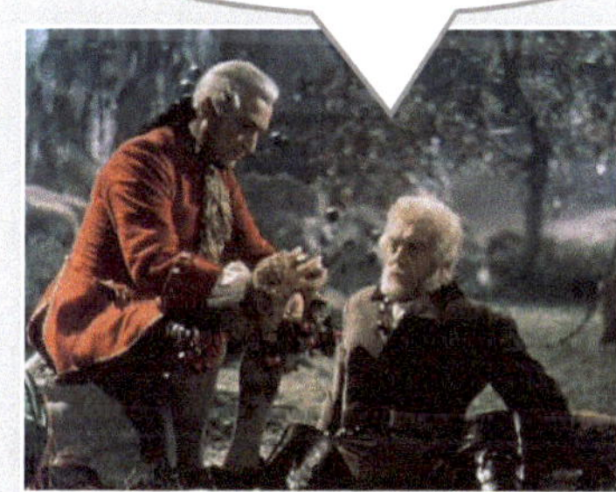

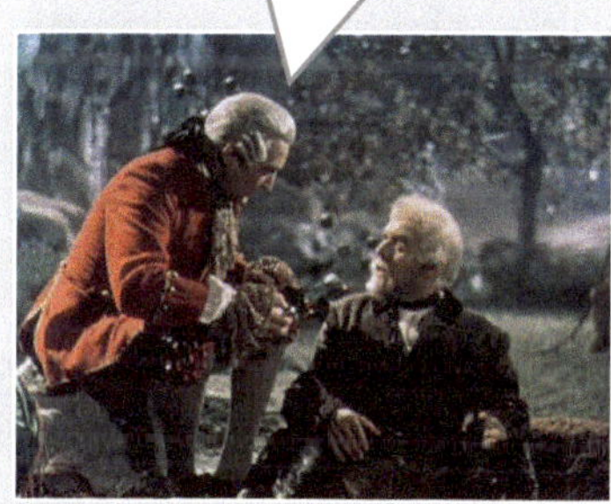

Dialog des Dieners Christian Kuchenreutter mit Baron Münchhausen auf der Rückseite des Mondes.

....

....

....

....

„Ich möchte, dass du mein Berater wirst. Ich mache dich zum Janitscharen, später zum Pascha, vielleicht auch zum Großwesir. Allerdings müsstest du dann meinen Glauben annehmen."

„Wer will entscheiden, was besser ist und kaum einer weiß was gut ist! Wer aus Bodenwerder stammt, kann kein Türke werden! Jeder hat nur eine Heimat, wie er nur eine Mutter hat!"

TC 1:01:07 – 1:01:37

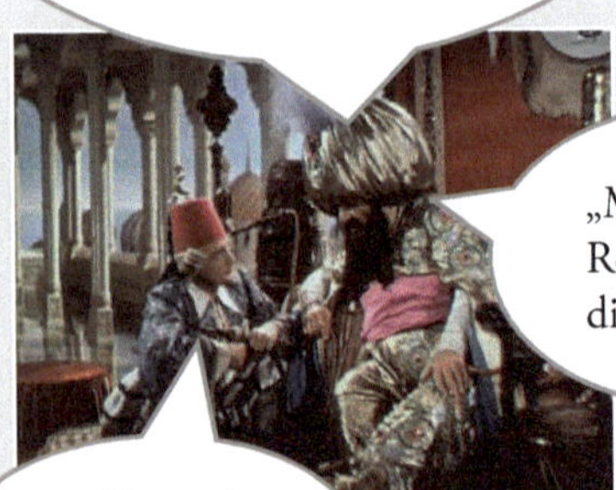

„Meine Religion ist die bessere!"

„Das geht nicht!"

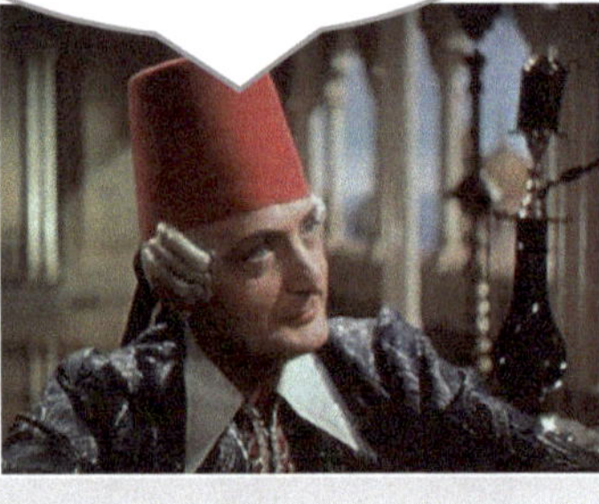

Dialog des gefangenen Münchhausens mit dem türkischen Sultan im Palast in Konstantinopel.

TC 1:19:03 - 1:19: 10

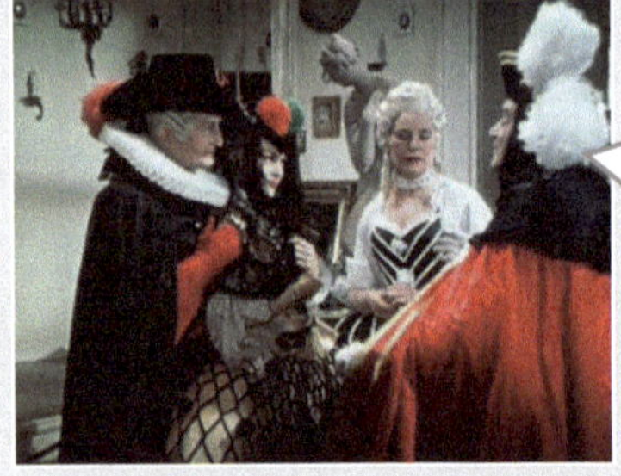

„Seien Sie aber trotzdem vorsichtig, die Staatsinquisition hat zehntausend Augen und Arme. Und sie hat die Macht, Recht und Unrecht zu tun, ganz wie es ihr beliebt."

Casanova zu Prinzessin Isabella d'Este und Münchhausen in Venedig

Verweise zur Filmgeschichte in „Inglourious Basterds"

In der Tavernenszene (TC 1:07:44 – 1:22:50) spielen die Soldaten mit der Ufa-Diva Bridget von Hammersmark eine Filmscharade, bei der jeweils der Name einer realen oder fiktiven Persönlichkeit erraten werden muss. Um Informationen zu dieser Person zu erhalten, sind zehn Fragen erlaubt, die nur mit Ja oder Nein beantwortet werden dürfen.

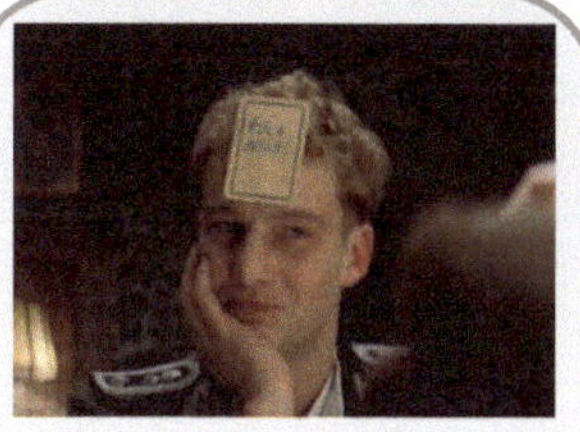

Pola Negri

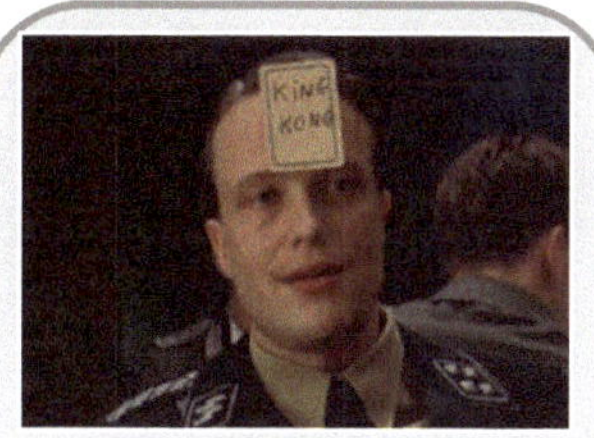

King Kong

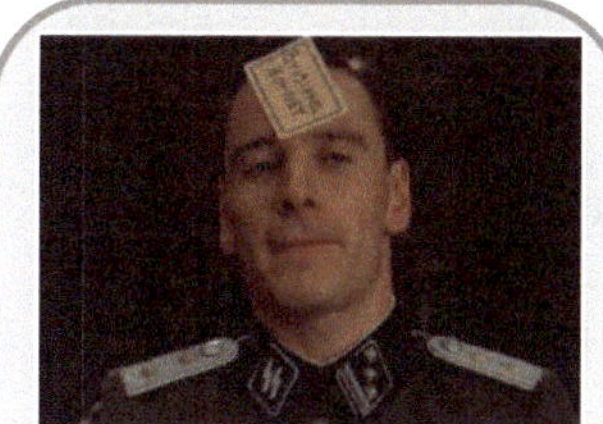

Brigitte Horney

Einige Personen, die es in dieser Szene zu erraten gilt, haben mit Film zu tun. Stellen Sie sich vor, Sie spielten dieses Spiel mit. Was sollten Sie über diese Personen wissen? Ergänzen Sie wichtige Informationen auf den Spielkarten auf dieser Seite. Sie können auch eigene Karten von Ihren Lieblingsfilmen gestalten und damit eine

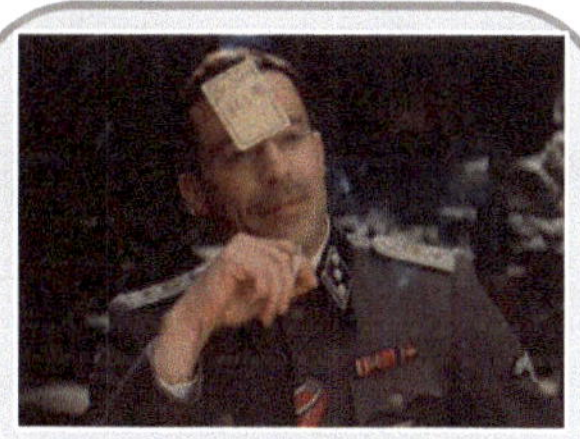

Brigitte Helm

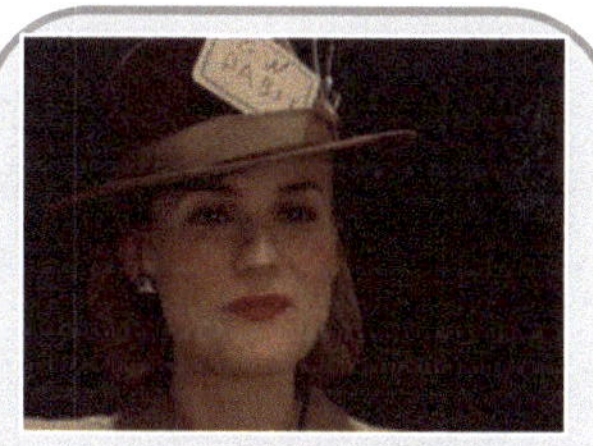

Georg Wilhelm Pabst

Neben diesen dialogischen und visuellen Verweisen zur Filmgeschichte, tauchen auch auditive Zitate auf. So hören wir im Hintergrund die Lieder „Davon geht die Welt nicht unter" von Zarah Leander und „Ich wollt ich wär ein Huhn" von Lilian Harvey & Willy Fritsch. Aus welchen Filmen stammen die Lieder und welche Informationen über diese Schauspieler und Filme könnten in einer Scharade von Nutzen sein?

Zarah Leander	Lilian Harvey & Willy Fritsch

Bevor es zur Konfrontation in der Taverne kommt, wird der Filmkritiker Lt. Hicox vom britischen Geheimdienst um Informationen über die deutsche Filmindustrie gebeten. (TC 0:59:57 – 1:02:53)

„Erklären Sie mir die Ufa unter Goebbels!"

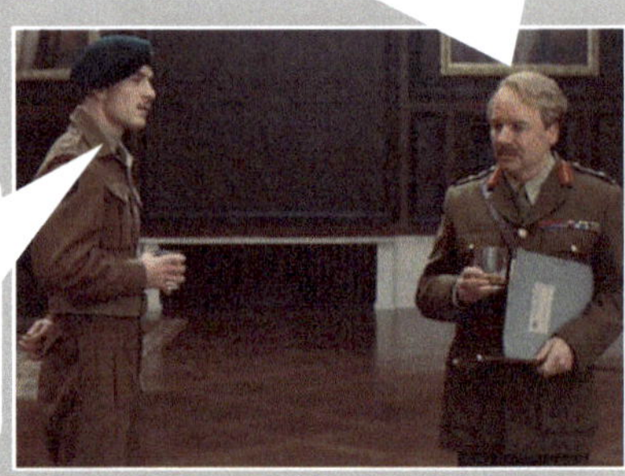

„Goebbels sieht in den Kinofilmen, die er macht, den Beginn einer neuen Ära des deutschen Films. Eine Alternative zu dem, was er den deutsch-jüdischen Intellektuellenfilm der 20er-Jahre nennt und dem von Juden beherrschten Dogma Hollywoods."

Wofür steht die Abkürzung Ufa und was könnte mit der Alternative zu den deutsch-jüdischen Intellektuellenfilmen der 1920er-Jahre gemeint sein? Von welchen Stilrichtungen und Filmen könnte sich Joseph Goebbels distanzieren wollen?

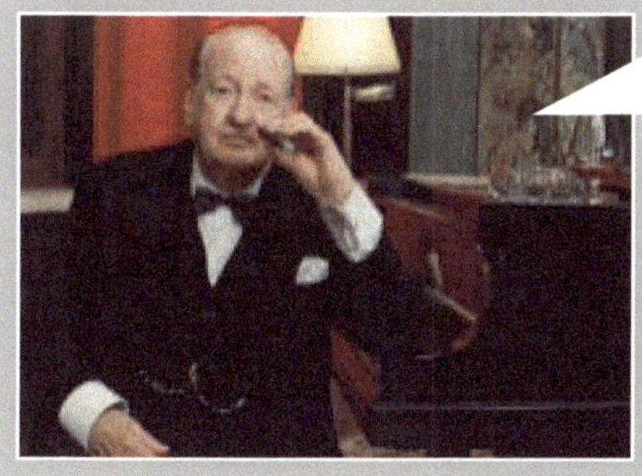

„Sie sagen, er will es mit den Juden aufnehmen. In ihrer Königsdisziplin? Wie macht er sich im Vergleich zu Louis B. Mayer? Hat er Erfolg?

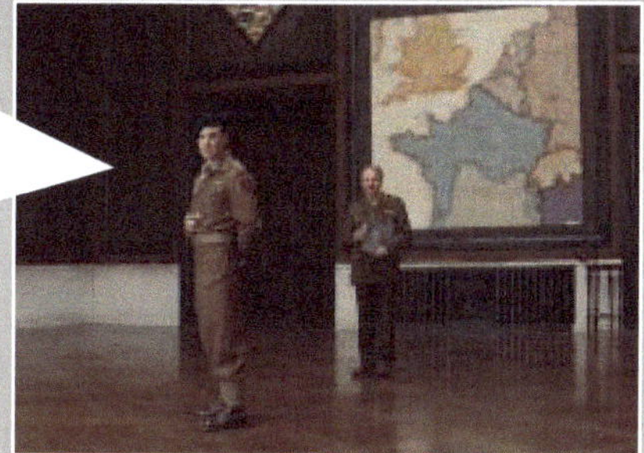

„Er macht sich recht gut, muss ich sagen. Seit Goebbels am Ruder ist, sind die Besucherzahlen in den deutschen Kinos während der letzten acht Jahre ständig gestiegen. Aber Louis B. Mayer ist im Fall Goebbels nicht das passende Beispiel. Ich glaube Goebbels vergleicht sich eher mit David O. Selznick."

In diesem kurzen Dialog zwischen Lieutenant Archie Hicox, General Ed Fenech und Winston Churchill werden zwei Hollywood-Filmproduzenten genannt und Hicox vergleicht Goebbels eher mit David O. Selznick als mit Louis B. Mayer. Warum? Recherchieren Sie Angaben zur Biografie beider Produzenten und stellen Sie Vermutungen an, warum Goebbels eher mit Selznick als mit Mayer verglichen werden kann.

Louis B. Mayer	David O. Selznik

Die besonderen Kriminalfilme – Film noir

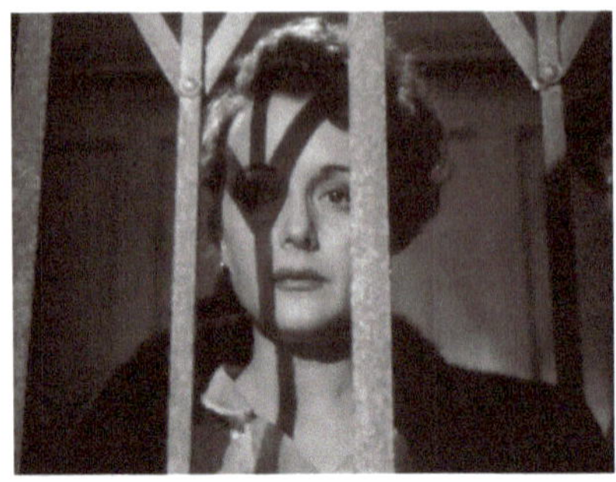

Die „Schwarze Serie" entstand in den 1940er- und 1950er-Jahren und umfasst rund 300 amerikanische Filme. Beginnend mit „Die Spur des Falken" (1941) wurden diese Schwarzweiß-Filme von einem sozialkritisch desillusionierenden Wertesystem geprägt und richteten sich mit einer spezifischen Ästhetik gegen die damaligen Konventionen des Hollywoodkinos. Stilistische und thematische Errungenschaften des Film noir schrieben sich in die internationale Filmsprache ein und prägten die Filmgenres der Horror- und Kriminalfilme.

Erstmals taucht die Bezeichnung „Film noir" (Schwarze Serie) beim französischen Filmkritiker Nino Frank auf, der damit die nach dem Zweiten Weltkrieg in Europa erschienenen Hollywood-Filme in ihrer Grundstimmung charakterisierte.[91] Die Wurzeln des Film noir liegen in den Hardboiled Novels der Autoren Dashiell Hammet und Raymond Chandler, die mit ihren Detektiven Sam Spade und Philip Marlowe die literarischen Vorlagen lieferten. Filmisch beeinflusst wurde die Serie vor allem durch den deutschen Expressionismus der 1920er-Jahre, die amerikanischen Gangsterfilme sowie die Filme des französischen poetischen Realismus der 1930er-Jahre und durch den Neorealismus. Die in Deutschland unter dem Begriff „Schwarze Serie" bezeichneten Kriminalfilme vereinte eine pessimistische Weltsicht, in denen zwielichtige Privatdetektive zwischen die Fronten von Gangstern, der Polizei und unberechenbaren Frauen gerieten.[92]

Merkmale des Film noir

Themen und Orte: Die Protagonisten flüchten häufig vor einer belastenden Vergangenheit, deren Auswirkungen bis in die Gegenwart reichen. Fast alle Films noirs spielen in Großstädten wie San Francisco, Los Angeles oder New York. Dieses urbane Umfeld erlaubt die Inszenierung von Lichtkreisen unter Straßenlaternen, Schattenspielen in dunklen Gassen und der Einsamkeit der Figuren im Großstadtdschungel.

Archetypen: Unverwechselbare Charaktertypen sind häufig der *Wahrheitssucher*, der den Dingen auf den Grund kommen will (Privatdetektiv oder Gesetzeshüter), die *Femme fatale*, die als weibliche Hauptfigur undurchsichtig bleibt, lügt und eigene Ziele verfolgt, der *Gejagte*, der häufig ein Außenseiter der Gesellschaft ist und dem es schwerfällt, sich in der Umgebung zurechtzufinden und zu behaupten.

Bildsprache: Den Themen entsprechend findet sich in den Schwarzweiß-Filmen eine Hell-Dunkel-Ausleuchtung im Low-Key-Stil mit starken Kontrasten und dominanten Schatten. Auch die ungewöhnlichen Kameraperspektiven mit einer Vorliebe für starke Untersichten und der Einsatz einer subjektiven Kamera, tragen dazu bei, dass die Umwelt als bedrohlich und pessimistisch erlebt wird.

Merkmale des Film noir in „Die Spur des Falken"

Überprüfen Sie, inwieweit die auf dem Informationsblatt genannten Merkmale beim ersten Film noir aus dem Jahr 1941 bereits zutreffen. Stellen Sie sich Fragen zum Thema, Handlungsort, zu den Archetypen und zur Bildsprache.

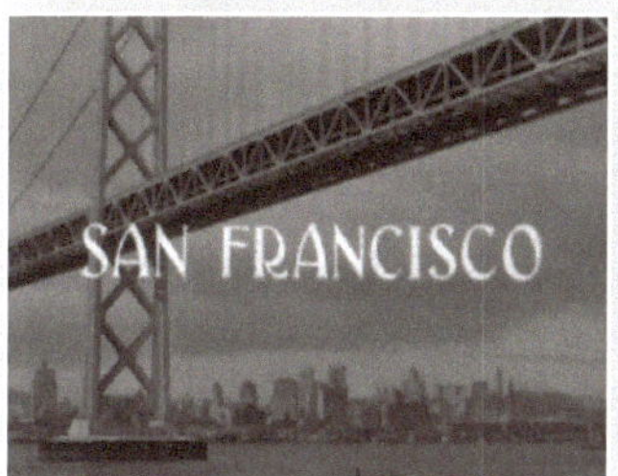

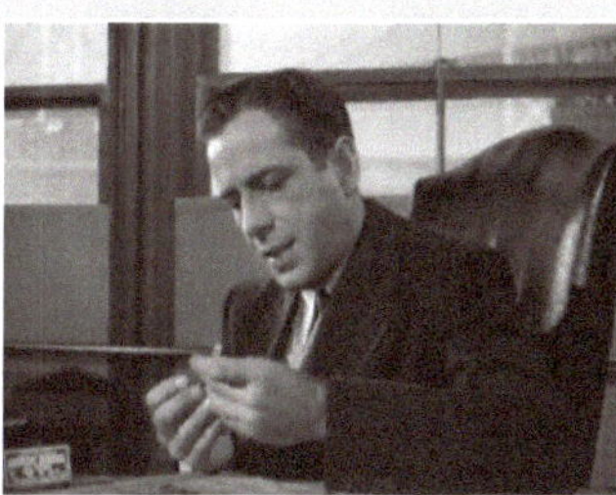

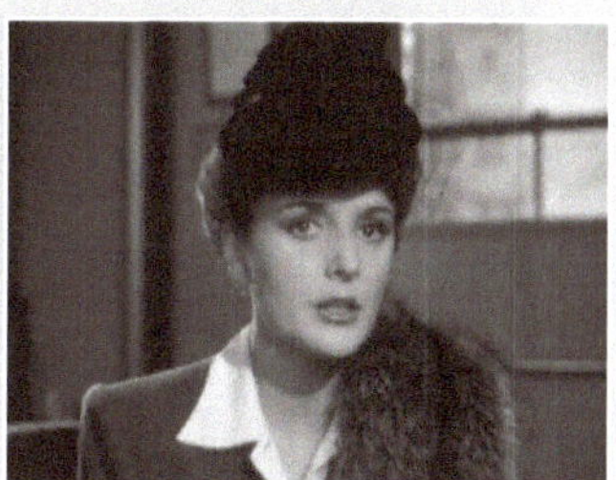

....

....

....

....

....

....

....

....

....

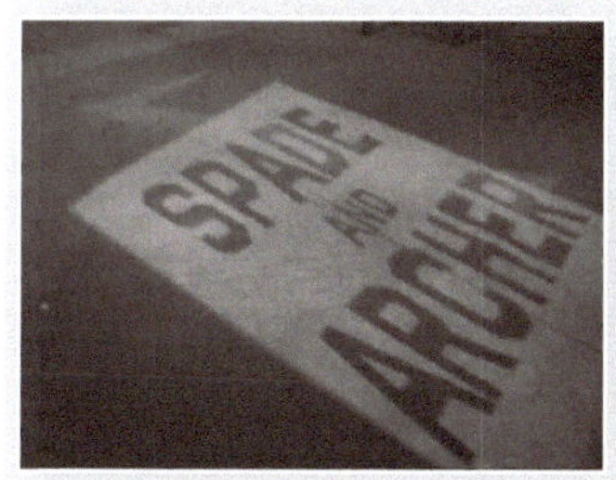

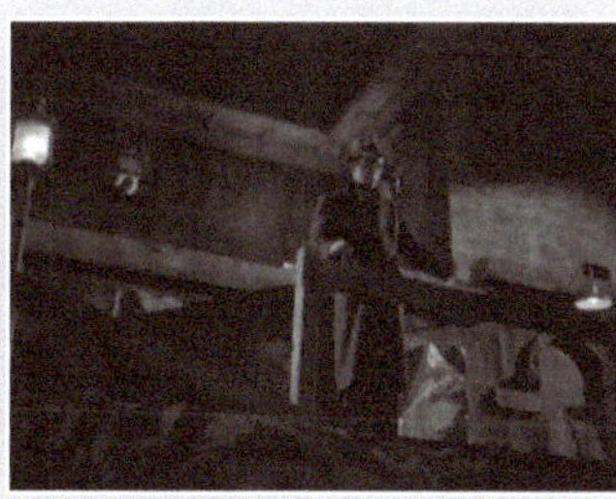

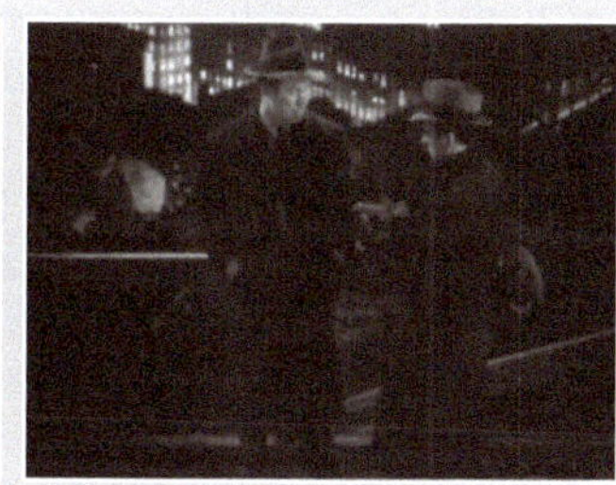

Die Alltagswirklichkeit im Fokus – der italienische Neorealismus

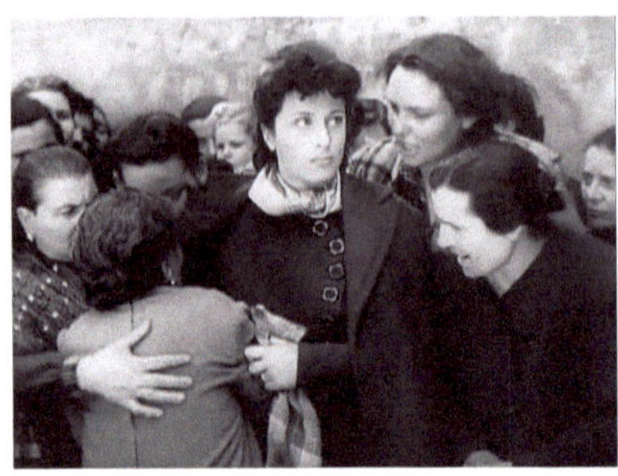

„Rom, offene Stadt" (1945)

Mit der Bezeichnung „italienischer Neorealismus" wird eine Gruppe von Filmen zusammengefasst, die in den 1940er- und 1950er-Jahren an die Tradition des poetischen Realismus in Frankreich anknüpften. Entstanden schon während der Zeit des Faschismus unter Benito Mussolini wiesen die Filme, trotz aller Unterschiede, in eine ideologische und filmsprachliche Richtung, die weg von den Traumwelten des Glamourkinos Hollywoods und hin zu den Alltagswirklichkeiten einfacher Menschen wies. Der Neorealismus bot damit eine zeitgemäße formale und inhaltliche Neuorientierung, die auf eine ungeschminkte Erfassung der Wirklichkeit abzielte.

Im und nach dem Zweiten Weltkrieg entstanden in Italien in rascher Folge Filme, die sich an der Alltagswirklichkeit der einfachen Bevölkerung orientierten und um Objektivität ihrer Darstellungsweise bemüht waren. Diese neorealistischen Filme waren beeinflusst von dokumentarischen Filmen wie den Wochenschauen und vom poetischen Realismus im Frankreich der 1930er-Jahre und sollten auch einen Gegenentwurf zu den Propagandafilmen aus dem nationalsozialistischen Deutschland liefern. Mit der thematischen und stilistischen Neuausrichtung, ungeschönte Bilder der Alltagsrealität mit ihren sozialen und wirtschaftlichen Nöten der einfachen Bevölkerung aufzuzeigen und auf die künstlichen Welten des Starkinos zu verzichten, wurde Film zu einer die Gesellschaft verändernden Kraft, die auch international Anerkennung fand.[93]

Merkmale des Neorealismus

Zusammenfassend lassen sich die Hauptmerkmale neorealistischer Filme Italiens durch Strategien des Verzichts kennzeichnen:

- Verzicht auf fiktionale (Traum-)Welten zugunsten von Geschichten, die der Alltagswirklichkeit einfacher Menschen entsprachen.
- Verzicht auf Stars zugunsten von Laiendarstellern und Verzicht auf klassische Helden zugunsten alltäglicher Menschen.
- Verzicht auf großes Ausstattungskino an künstlichen Sets zugunsten eines Drehs an Originalschauplätzen.
- Verzicht auf Künstlichkeit zugunsten von Authentizität, bei der die Kamera scheinbar zufällig beobachtet und meist natürliches Licht zum Einsatz kommt.
- Verzicht auf komplizierte Erzählstrukturen zugunsten einer chronologischen Erzählweise, die in der Gegenwart verortet ist.

Diese Hinwendung zu einem größeren Realismus in der Darstellung war nicht nur einem neuen Verständnis von Film geschuldet, sondern auch durch wirtschaftliche und ökonomische Zwänge bedingt, da die Cinecittà Studios in Rom weitgehend zerstört waren und viele Materialien zur Filmproduktion fehlten.

Wichtige Regisseure und Filme des italienischen Neorealismus

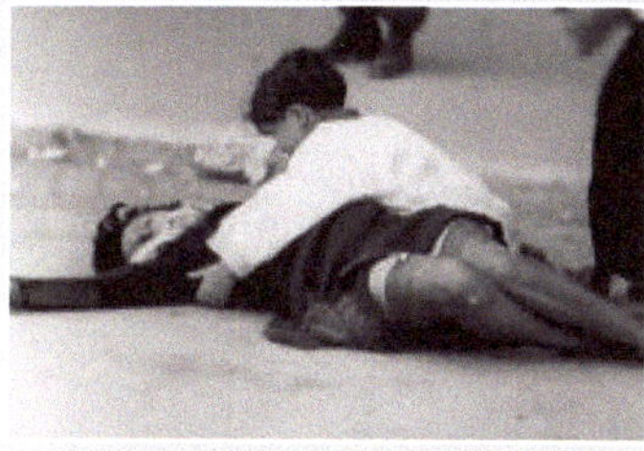

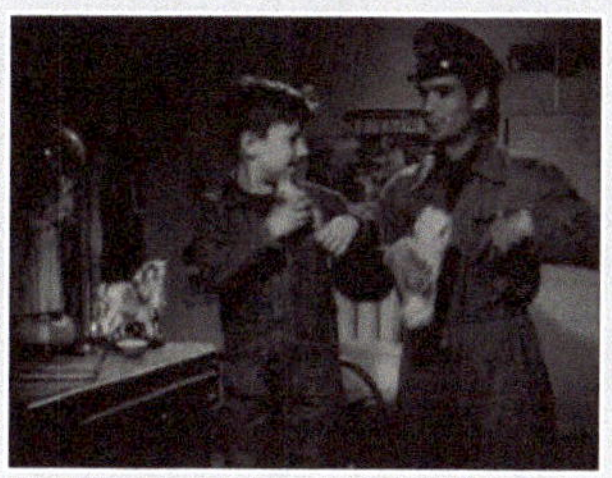

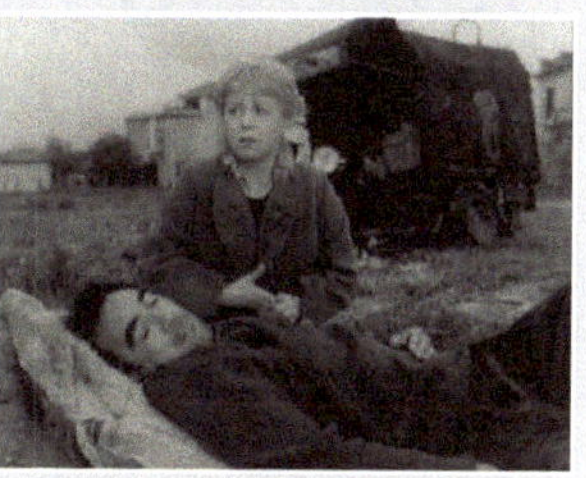

Roberto Rossellini
„Rom, offene Stadt" (1945)

Vittorio de Sica
„Fahrraddiebe" (1945)

Federico Fellini
„La Strada" (1954)

- Roberto Rossellini „Paisà" (1946) und „Deutschland im Jahre Null (1948)
- Luchino Visconti „Die Erde bebt" (1948)
- Giuseppe de Santis „Bitterer Reis" (1949)
- Vittorio de Sica „Schuhputzer" (1949) und „Umberto D." (1952)

Auch wenn allgemein der Film „Umberto D." aus dem Jahr 1952 als letzter Film dieser Stilrichtung gilt, lassen sich neorealistische Einflüsse auch in späteren Filmen wie „Rocco und seine Brüder" (1960) von Luchino Visconti, „Die mit der Liebe spielen" (1960) von Michelangelo Antonioni und „Achteinhalb" (1962) von Federico Fellini nachweisen.

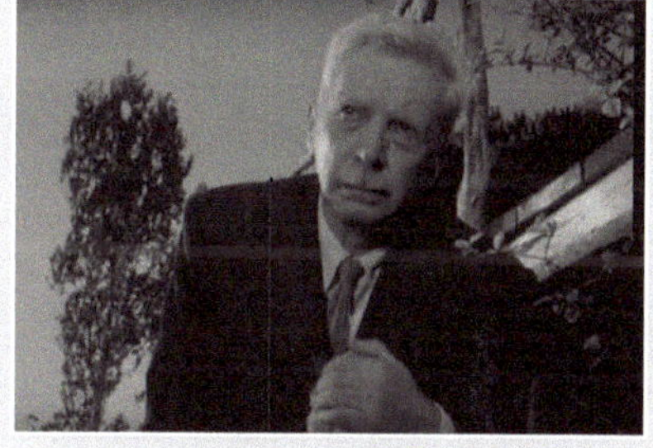

Vittorio de Sica
„Umberto D." (1952)

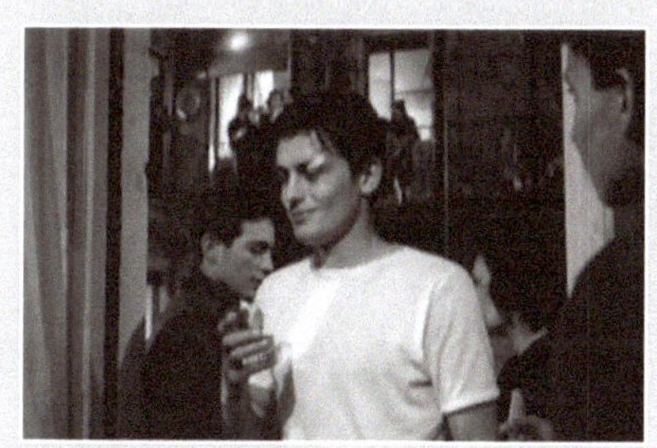

Luchino Visconti
„Rocco und seine Brüder" (1960)

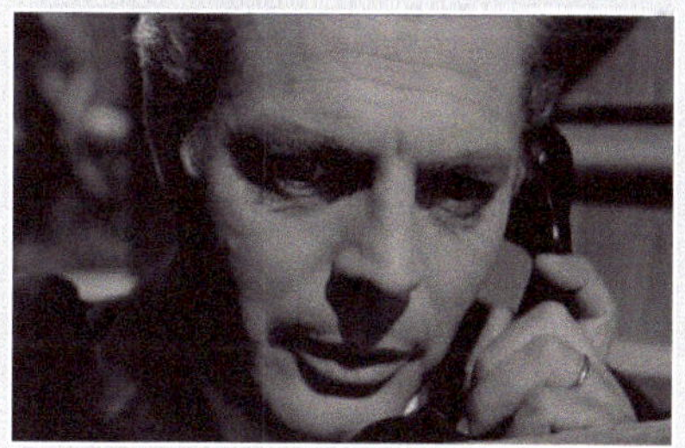

Federico Fellini
„Achteinhalb" (1962)

Hollywoodstars gegen Laiendarsteller

Vittorio de Sica war in den 1930er-Jahren ein beliebter Filmstar des italienischen Kinos, ab 1940 trat er auch als Regisseur in Erscheinung. Für die Verfilmung des Drehbuchs „Fahrraddiebe" bekam er offenbar auch ein Angebot des bekannten Hollywoodproduzenten David O. Selznick, der die Kassenschlager „King Kong und die weiße Frau" (1933) und „Vom Winde verweht" (1939) herausgebracht hatte. Selznick sah für die Rolle des arbeitssuchenden Antonio Ricci den Hollywoodstar Cary Grant vor. Vittorio de Sica lehnte dieses verlockende Angebot ab, da er überzeugt war, dass sich das Drehbuch von Cesare Zavattini nicht für eine Hollywoodproduktion eignete.[94]

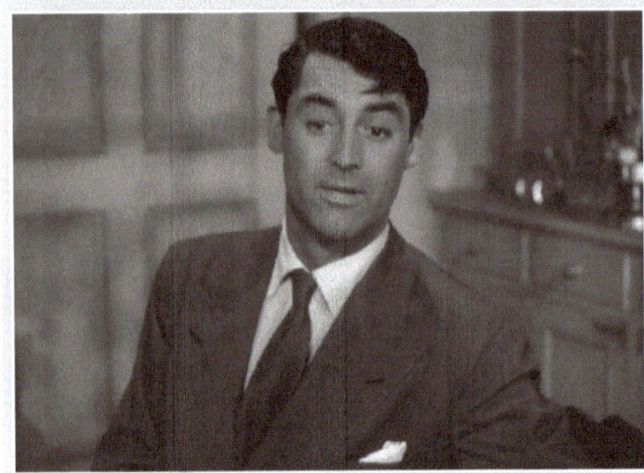

Cary Grant im Film „Arsen und Spitzenhäubchen" (1944)

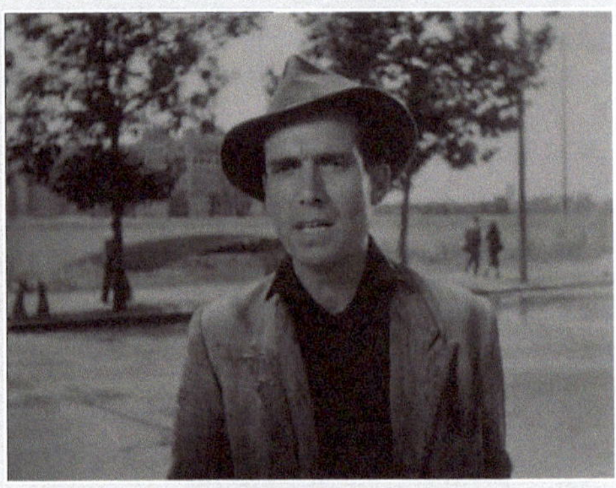

Lamberto Maggiorani im Film „Fahrraddiebe" (1948)

....

....

....

....

....

....

Warum könnte sich Vittoria de Sica entschieden haben, die Verfilmung lieber in Italien mit einem kleineren Budget zu verwirklichen? Warum erschienen ihm die Besetzung mit Laiendarstellern anstelle von Hollywoodstars und das Drehen an Originalschauplätzen gegenüber den Möglichkeiten damaliger Hollywoodstudios für dieses Drehbuch passender?

Beiläufiges Erzählen in „Fahrraddiebe“

Einige Szenen im Film werden beiläufig erzählt und spielen im weiteren Verlauf der Handlung keine Rolle mehr. Schauen Sie sich diese zwei Szenen an und entwickeln Sie Ideen, wie die Darstellung im klassischen Hollywoodstil der 1940er-Jahre filmisch gelöst worden wäre. Erhöhen diese fast zufällig erscheinenden Handlungen die Glaubwürdigkeit des Gezeigten?

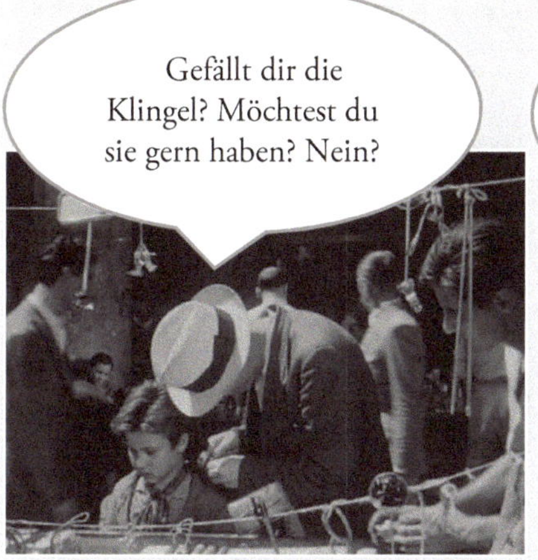

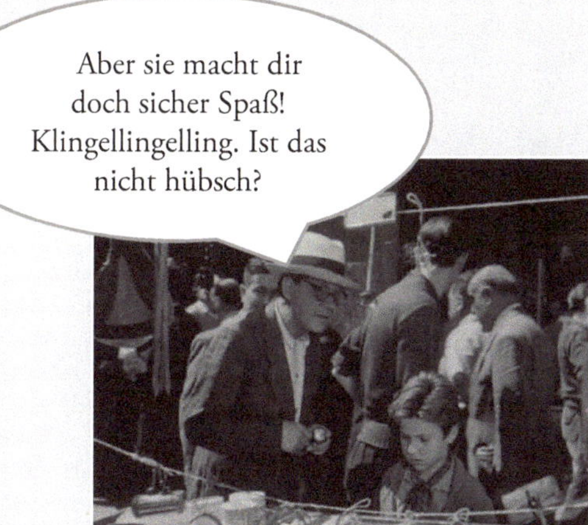

In dieser Parallelmontage ist Antonio mit der Suche nach dem Fahrradrahmen beschäftigt, während Bruno die Klingel und die Luftpumpe finden soll. Dabei wird er von einem Mann bedrängt. TC 0:33:34 – 0:36:30

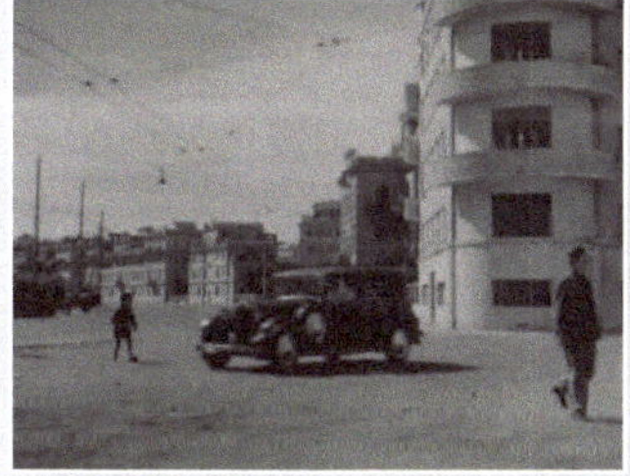

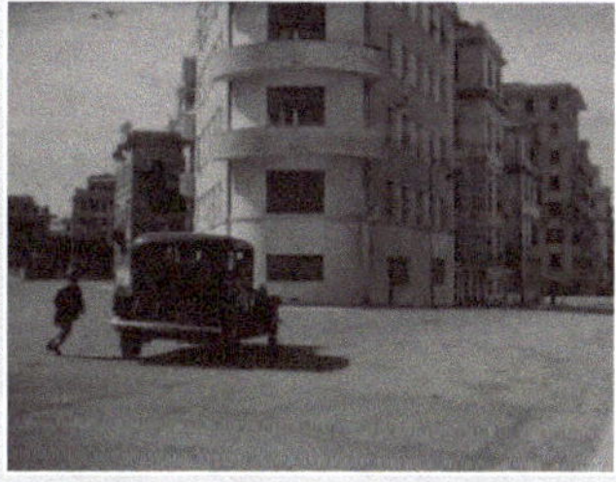

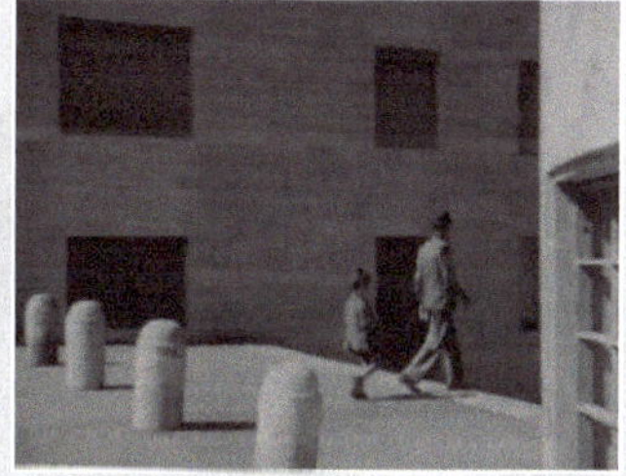

Antonio und Bruno laufen die Straße entlang. Dabei wird Bruno, der einige Schritte hinter seinem Vater geht, zweimal fast von Autos überfahren. Dies geschieht scheinbar zufällig und vom Vater unbemerkt. TC 1:16:30 – 1:17:28

....

....

....

....

Umgebung im Film – Die Stadt Rom in „Fahrraddiebe“

Durch die Verwendung von Originalschauplätzen liefert dieser Film auch dokumentarische Bilder der Lebensumstände Roms nach dem Zweiten Weltkrieg.
Welchen Eindruck erweckt dieser Filmanfang (TC 0:01:30 - 0:08:03) bei Ihnen und welche Funktionen haben die Straßen- und Raumansichten für die Charakterisierung der sozialen Umstände dieser Zeit?

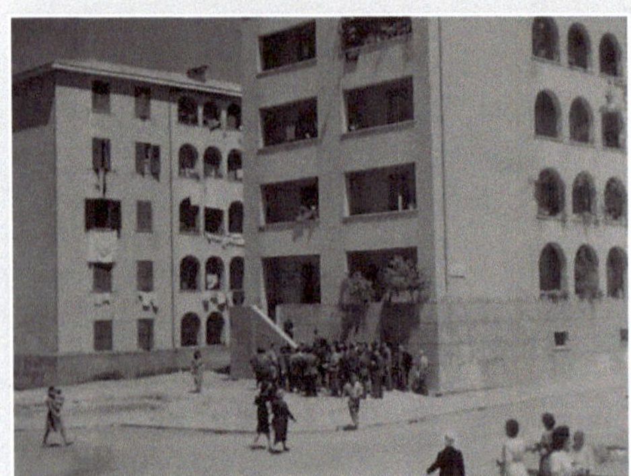

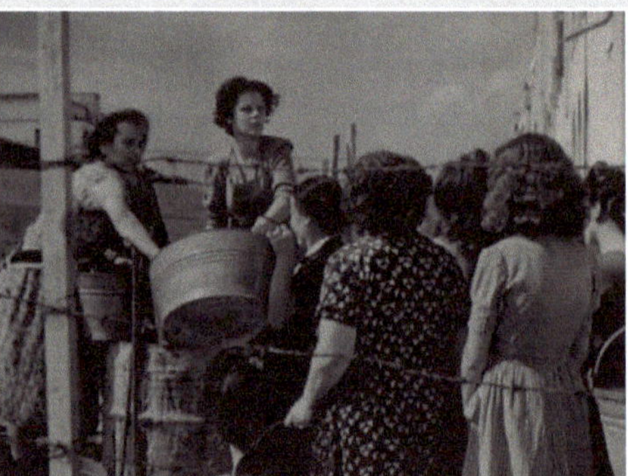

Mit Sherlock-Holmes-Filmen durch die Jahrzehnte

Nach dem Druck des ersten Abenteuers von Sherlock Holmes und seinem Sidekick Dr. John Watson im Jahr 1887 folgten in den nächsten 40 Jahren noch 59 weitere Fälle, die nicht nur die Kriminalliteratur des 20. Jahrhunderts wesentlich prägten, sondern vor allem das Figurenpaar über Medien- und auch Ländergrenzen hinweg weltberühmt machten. Schon im Jahr 1900 erschien bei der American Mutoscope and Biograph Company der Kurzfilm „Sherlock Holmes Baffled", in der Sherlock Holmes einen Einbrecher zu ergreifen sucht, der sich immer wieder (durch die Effekte des Stopp-Tricks) in Luft auflöst. Dieser ersten filmischen Adaption des Stoffes sollten bis zur Gegenwart noch mehr als 400 weitere Filme folgen. Damit ist der Detektiv die am häufigsten im Film behandelte literarische Figur. Die Werke reichen von möglichst originalgetreuen Verfilmungen der literarischen Vorlagen bis hin zu völlig freien Adaptionen, in denen lediglich die Figur des Detektivs oder seine Attribute wie die Pfeife und der Deerstalker-Hut[95] auf Doyles Geschichten verweisen.[96]

Sherlock-Holmes von 1900 bis 2016 (Auswahl)

Auch die Ufa-Stars Hans Albers und Heinz Rühmann griffen den Stoff in der Komödie „Der Mann, der Sherlock Holmes war" 1937 auf und spielten zwei erfolglose Detektive, die die Berühmtheit der fiktiven Figur zu ihren Gunsten nutzten. Am nachhaltigsten hat der Schauspieler Basil Rathbone mit seinen 14 Filmen die Darstellung des Sherlock Holmes geprägt. Während die ersten beiden Filme von 1939 der Vorlage entsprechend im viktorianischen England spielten, folgten zwischen 1942–46 zwölf weitere, in denen der Detektiv in der jeweiligen Gegenwart ermittelt u.a. gegen Nazi-Spione kämpft.

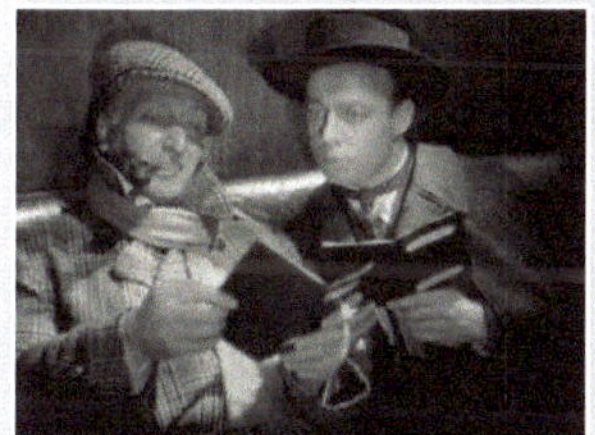

„Der Mann, der Sherlock Holmes war" (1937)

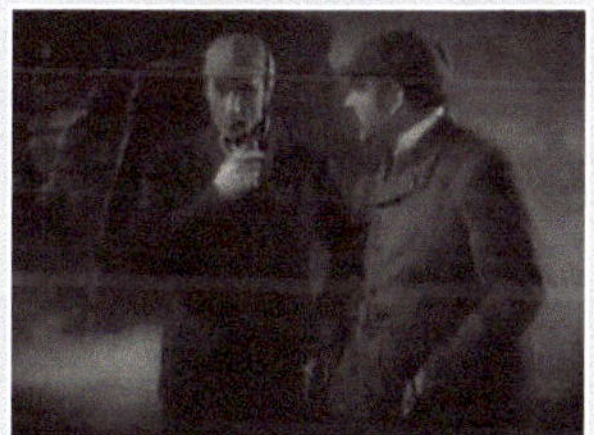

„Der Hund von Baskerville" (1939)

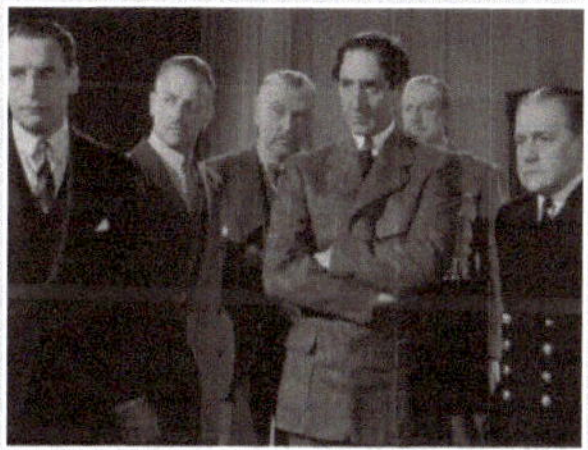

„Die Stimme des Terrors" (1942)

Als besonders geeignet hat sich für die Verfilmung der 56 Kurzgeschichten und 4 Romane von Arthur Conan Doyle das Format der Fernsehserie erwiesen:

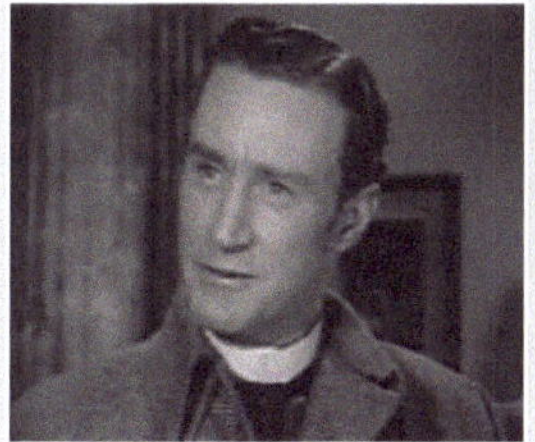

„Der Fall der Lady Beryl" (1954): US-amerikanische TV-Serie mit Ronald Howard in der Hauptrolle (39 Episoden)

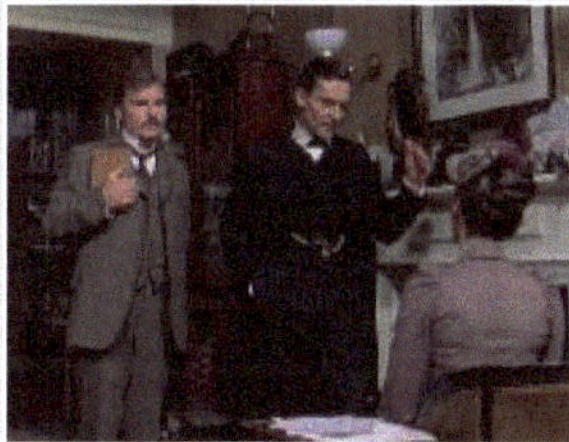

„Das gefleckte Band" (1984): Britische TV-Serie mit Jeremy Brett zwischen 1984 und 1994 (41 Episoden)

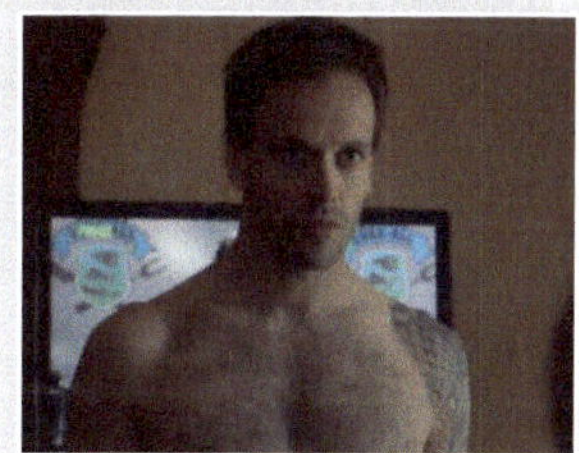

„Elementary – Ein aussichtsloser Fall" (2012): US-amerikanische TV-Serie mit Jonny Lee Miller (bislang 120 Episoden)

Zwischen Tradition und Modernisierung

In einem Exposé sollen mit knappen Angaben zu den zentralen Figuren, Handlungen und Schauplätzen Investoren für eine Filmidee gewonnen werden. Wendet sich ein Filmprojekt einem Stoff zu, der schon zahlreich verfilmt wurde, sollte zusätzlich dargestellt werden, was beispielsweise eine erneute Verfilmung des Dracula-, Robin Hood- oder Sherlock Holmes-Stoffes interessant machen kann. Die Frage ist hier: Was ist das Bewährte und was ist das Neue?

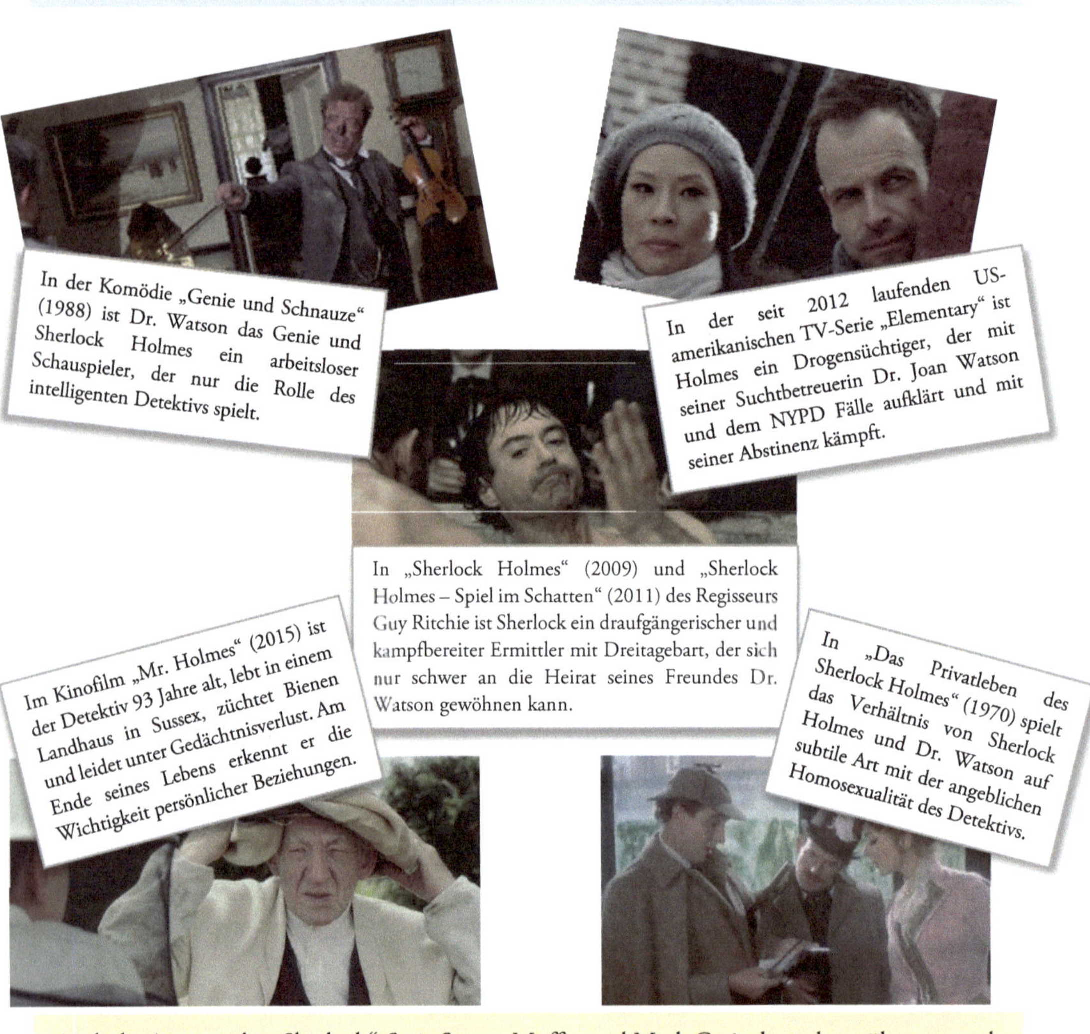

In der Komödie „Genie und Schnauze" (1988) ist Dr. Watson das Genie und Sherlock Holmes ein arbeitsloser Schauspieler, der nur die Rolle des intelligenten Detektivs spielt.

In der seit 2012 laufenden US-amerikanischen TV-Serie „Elementary" ist Holmes ein Drogensüchtiger, der mit seiner Suchtbetreuerin Dr. Joan Watson und dem NYPD Fälle aufklärt und mit seiner Abstinenz kämpft.

In „Sherlock Holmes" (2009) und „Sherlock Holmes – Spiel im Schatten" (2011) des Regisseurs Guy Ritchie ist Sherlock ein draufgängerischer und kampfbereiter Ermittler mit Dreitagebart, der sich nur schwer an die Heirat seines Freundes Dr. Watson gewöhnen kann.

Im Kinofilm „Mr. Holmes" (2015) ist der Detektiv 93 Jahre alt, lebt in einem Landhaus in Sussex, züchtet Bienen und leidet unter Gedächtnisverlust. Am Ende seines Lebens erkennt er die Wichtigkeit persönlicher Beziehungen.

In „Das Privatleben des Sherlock Holmes" (1970) spielt das Verhältnis von Sherlock Holmes und Dr. Watson auf subtile Art mit der angeblichen Homosexualität des Detektivs.

Auch die Autoren der „Sherlock"-Serie Steven Moffat und Mark Gatiss brauchten überzeugende Ideen, um Investoren für ihr Filmprojekt zu finden. Wie könnte ihr Exposé dazu ausgesehen haben? Was unterscheidet die „Sherlock"-Reihe von den zahlreichen anderen Verfilmungen, die zuvor oder auch zeitgleich im Kino und Fernsehen liefen? Schauen Sie sich die Auswahl auf dieser Seite an und finden Sie Unterscheidungsmerkmale, die vielleicht den enormen Erfolg der Serie begründen können.

Was könnten die Autoren Steven Moffat und Mark Gatiss mit der folgenden Aussage gemeint haben?

„Der Film ist keine Detektivgeschichte, sondern eine Geschichte über einen Detektiv."

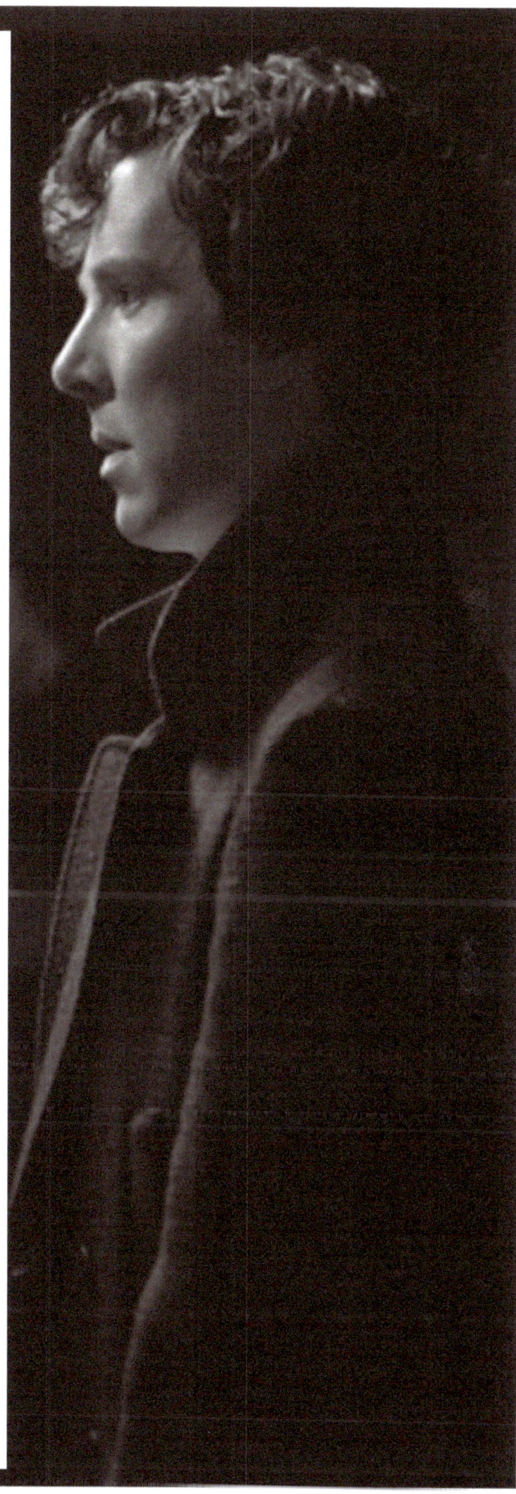

Filmgenres

Unter einem Filmgenre fasst man eine Gruppe von Spielfilmen mit gemeinsamen Merkmalen zusammen. Diese Merkmale können sich auf die Erzählform, auf die Grundstimmung in Bezug zur Handlung, auf den Handlungszeitraum oder Handlungsort beziehen.[97] Trotz dieser übereinstimmenden Aspekte unterliegen Genres dem historischen Wandel und viele Filme beziehen ihren Reiz aus der Variation dieser Genremerkmale. Genres sind, nach Knut Hickethier, „zunächst einmal Verständigungsbegriffe. Sie dienen als Klassifikationen unterschiedlicher Filme der Kommunikation über Filme, sowohl auf der Rezipienten- als auch auf der Produzentenseite sowie zwischen beiden Seiten. Genres stehen für die Organisation von Wissen über die filmische Gestaltung und regulieren die Produktion von Filmen."[98] Die Einteilung von Spielfilmen in Filmgenres gab es schon zu Beginn des Kinos und diente zunächst der Standardisierung von Erzähl- und Darstellungsformen und damit zur Kostensenkung der Filmproduktion. Darüber hinaus werden mit der Genreeinteilung auch Erwartungshaltungen des Publikums generiert.

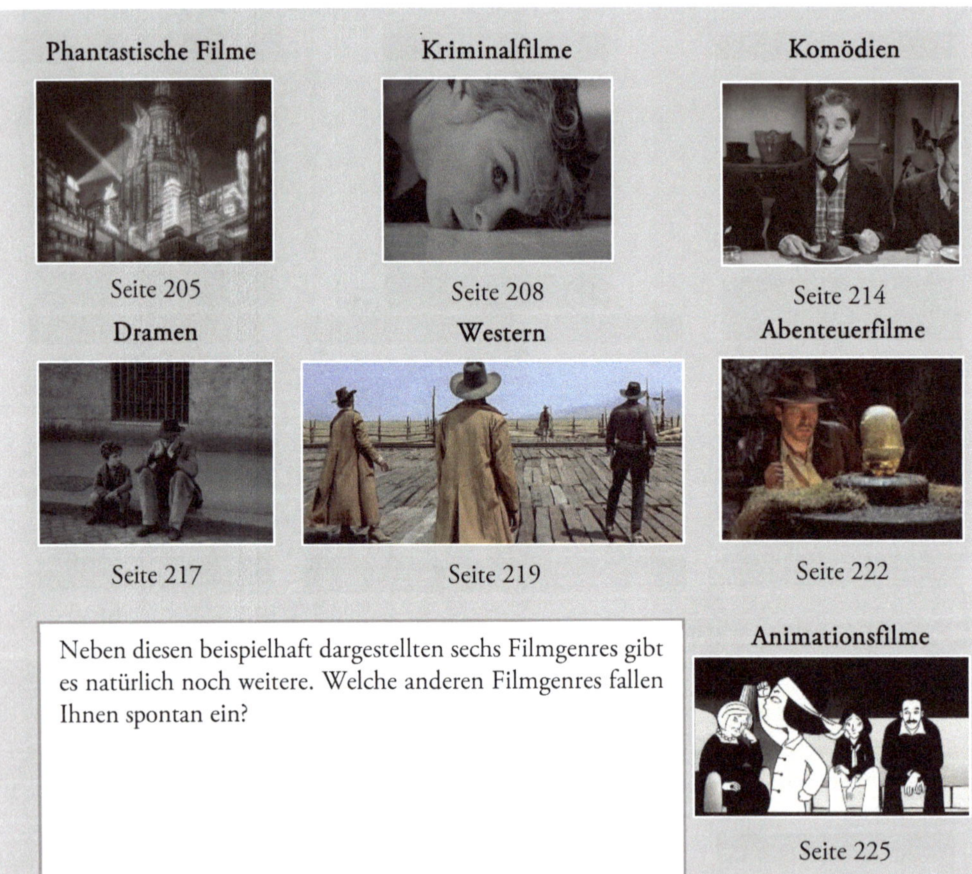

Phantastische Filme – der Zauber fremder Welten

Schon zu Beginn der Filmgeschichte wandten sich Filme dem Phantastischen zu, das Übernatürliche und in der eigenen Lebenswelt nicht Erfahrbare übten eine große Faszination auf Filmemacher und das Publikum aus. Aus diesem großen Bereich der phantastischen Filme haben sich schon frühzeitig die drei Subgenres der Science-Fiction-Filme, Horrorfilme und Fantasyfilme herausgebildet. Als gemeinsames Merkmal verbindet sie eine möglichst detaillierte Darstellung phantastischer Entwürfe, welche häufig als Plattform und Anstoß für die Entwicklung filmtechnischer Neuerungen diente und dient.[99]

Science-Fiction-Filme
imaginieren Zukunftsvisionen, in denen wissenschaftliche oder fiktive Techniken und deren Auswirkungen im Vordergrund stehen. Utopische Filme vermitteln eine positive Sicht auf die Zukunft, dystopische eine überwiegend negative.

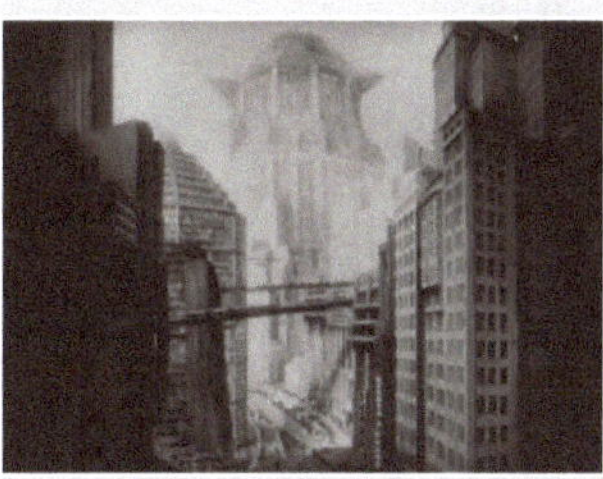

„Metropolis" (1927)

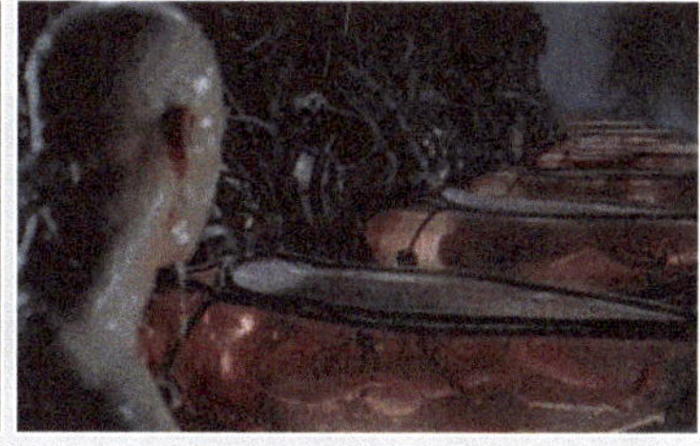

„Matrix" (1999)

Horrorfilme
bedienen sich häufig fremder Wesen, die in Charakter, Verhalten und Aussehen dazu geeignet sind, Angst und Schrecken zu verbreiten und deren Faszination im Schaurig-Schönen liegt. So wurde die literarische Figur Dracula in zahlreichen filmischen Varianten bearbeitet.

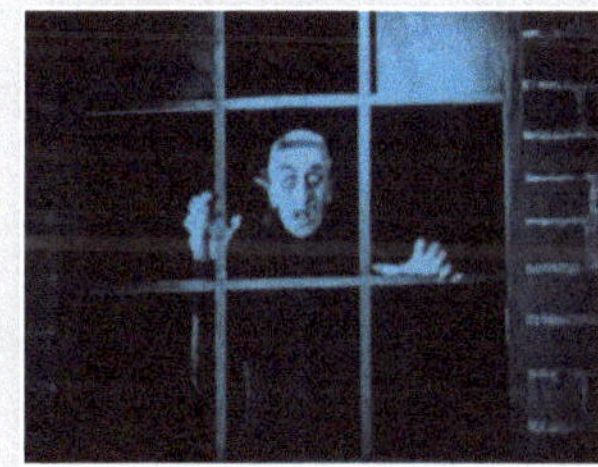

„Nosferatu" (1922)

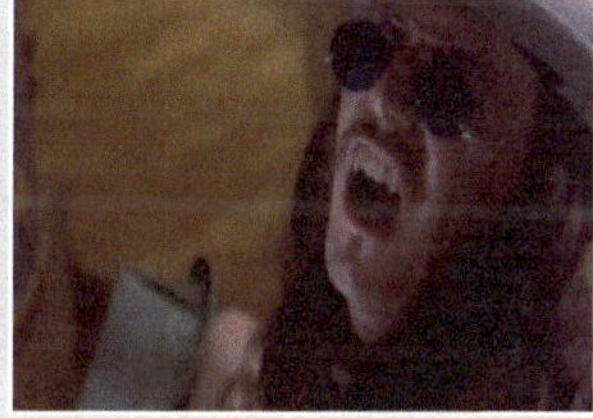

„Bram Stoker's Dracula" (1992)

Fantasyfilme
werden im deutschen Sprachgebrauch Filme genannt, die die Zuschauer in vergangene Zeiten oder in Welten führen, die von märchenhaften Figuren wie Zwerge, Kobolde oder Drachen bevölkert werden.

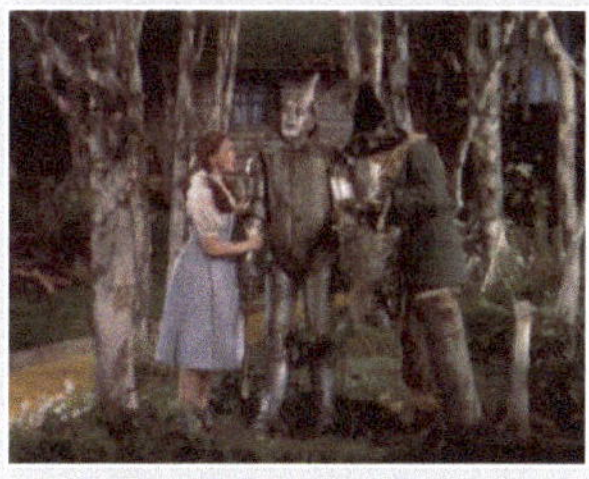

„Der Zauberer von Oz" (1939

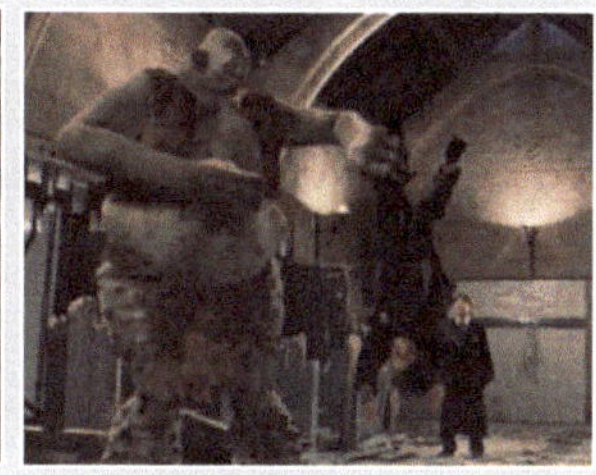

„Harry Potter und der Stein der Weisen" (2001)

Subgenres des phantastischen Films

Die Abbildungen auf dieser Seite zeigen Ihnen Ausschnitte aus verschiedenen phantastischen Filmen. Benennen Sie das Subgenre und notieren Sie Ihre Erwartungen an den Film. In welcher Zeit (Vergangenheit, Gegenwart, Zukunft) werden die Filme ihre Handlung verorten? Erwarten Sie ein Happy End oder einen tragischen bzw. offenen Ausgang der Geschichte? Welche Weltsicht wird der Protagonist wahrscheinlich vertreten (optimistisch, pessimistisch, zynisch usw.)?

Vergleichen Sie Ihre Erwartungen mit Ihren Mitlernenden und recherchieren Sie, ob Sie mit Ihren Vermutungen richtig lagen. Haben Sie phantastische Filme in der Vergangenheit gesehen, in denen Ihre Erwartungshaltung nicht erfüllt wurde und die Sie aus diesem Grund vielleicht besonders negativ oder auch positiv beurteilt haben?

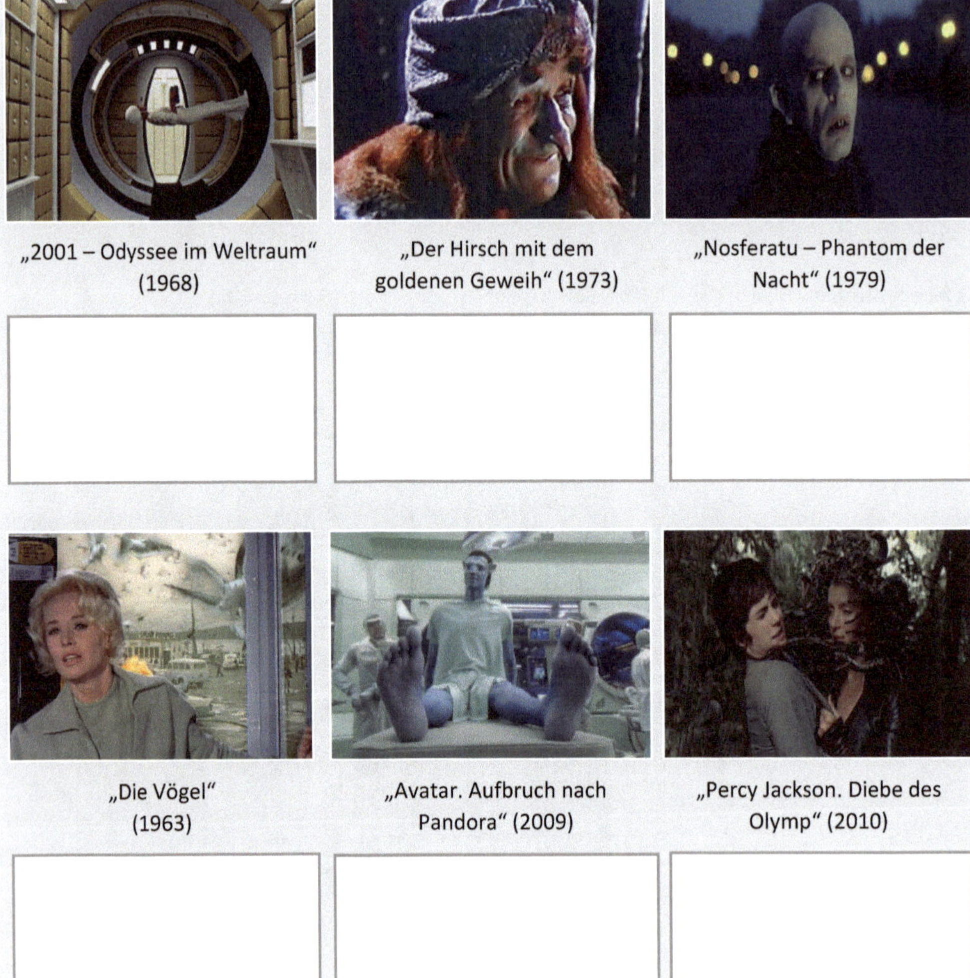

„2001 – Odyssee im Weltraum" (1968)

„Der Hirsch mit dem goldenen Geweih" (1973)

„Nosferatu – Phantom der Nacht" (1979)

„Die Vögel" (1963)

„Avatar. Aufbruch nach Pandora" (2009)

„Percy Jackson. Diebe des Olymp" (2010)

Science-Fiction-Filme – Utopie oder Dystopie?

Zukunftsvisionen, die als mögliches Ergebnis des technischen Fortschritts vorwiegend positiv dargestellt werden, nennt man utopische Filme. Einen Gegenentwurf dazu liefern dystopische Filme mit einer negativen Sicht auf die Auswirkungen von Wissenschaft und Technik in der Zukunft. Der technische Fortschritt wird, in Abhängigkeit zum jeweiligen Gegenwartsverständnis, als Segen oder Bedrohung dargestellt. Welche Perspektive auf die Zukunft jeweils dominiert, ist damit immer auch ein Spiegel der Filmentstehungszeit.

Utopischer Film

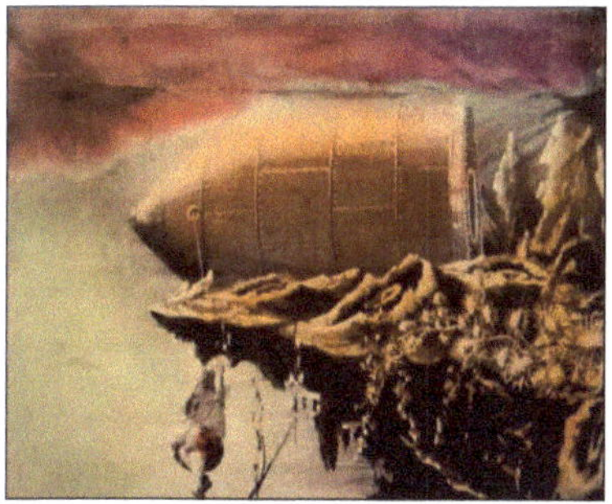

George Méliès „Reise zum Mond" (1902) zeigt durch den Ausflug ins Weltall mit positivem Ausgang eine fortschritts-optimistische Zukunftsvision.

Dystopischer Film

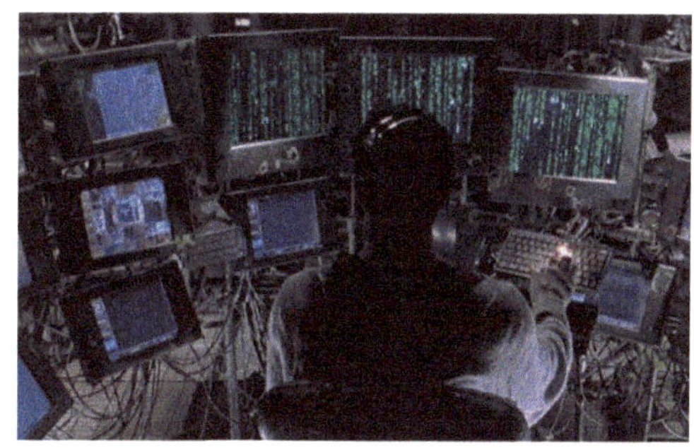

Im Film „Matrix" (1999) von den Brüdern Wachowski dominiert die negative Sicht auf eine computersimulierte Welt, in der die Grenzen zwischen Realität und Fiktion verschwimmen.

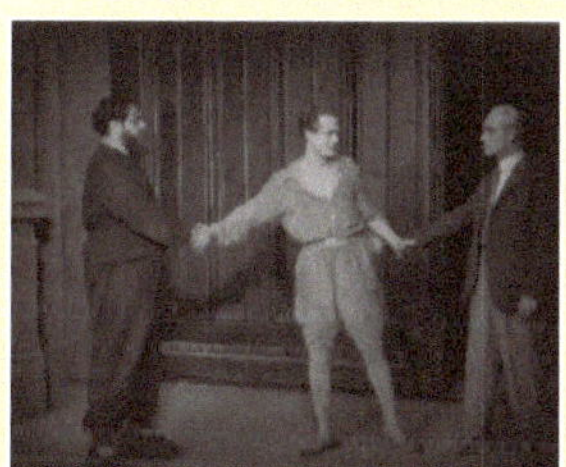

Fritz Langs „Metropolis" (1927) entwirft das negative Bild einer entmenschlichten und maschinen-dominierten Zukunft mit starken Gegensätzen zwischen den Klassen der Herrschenden und der Arbeiter. Am Ende des Filmes versöhnen sich beide Seiten mit einem Handschlag. Ist dieser Film damit dominant dystopisch oder utopisch? Was könnten Fritz Lang und die Drehbuchautorin Thea von Harbou zu diesem Happy End veranlasst haben? Welche Funktion könnte dieses schon zur Aufführungszeit stark umstrittene Filmende 1927 gehabt haben? Begründen Sie kurz Ihre Meinung.

....

....

....

Kriminalfilme – die Faszination des Verbrechens

Das populäre Filmgenre der Kriminalfilme hat im Laufe der Filmgeschichte eine Vielzahl von Subgenres herausgebildet, deren Gemeinsamkeit in der Darstellung eines Verbrechens liegt. Diese Regelverletzung kann aus Sicht der Täter (Gangster-, Gefängnis- und Serial-Killer-Film) oder der Ermittler (Detektiv-, Polizei- oder Gerichtsfilm) erfolgen, bzw. die potenzielle Gefährdung des Helden (Thriller) oder des Geheimagenten (Spionagefilm) in den Mittelpunkt stellen.

Gangsterfilme
stellen die Täter in den Mittelpunkt und schildern meist illegale Aktivitäten einzelner Verbrecher oder ganzer Organisationen.

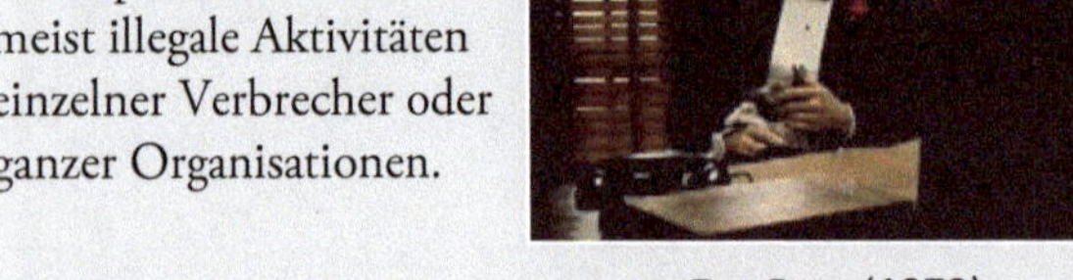

Der Pate (1972)

Pulp Fiction (1994)

Polizeifilme
zeigen die Arbeit der Polizei bei der Verfolgung der Täter. Im Gegensatz zu den meist individuell ermittelnden Detektiven steht den Ermittlern der ganze Polizeiapparat zur Verfügung.

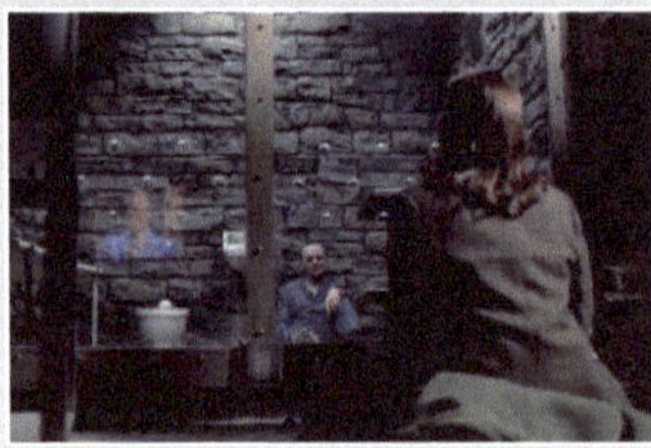

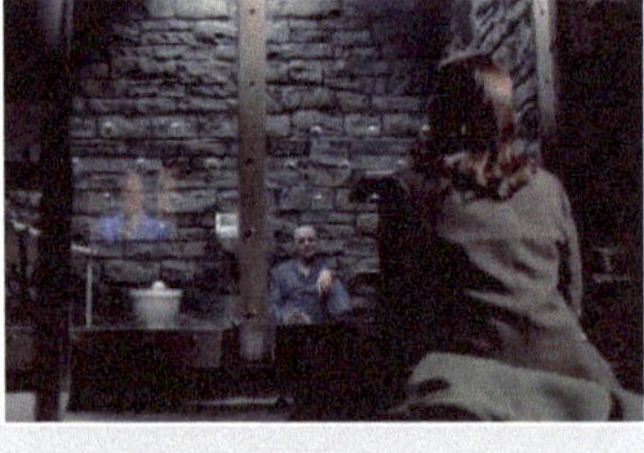

Das Schweigen der Lämmer (1991)

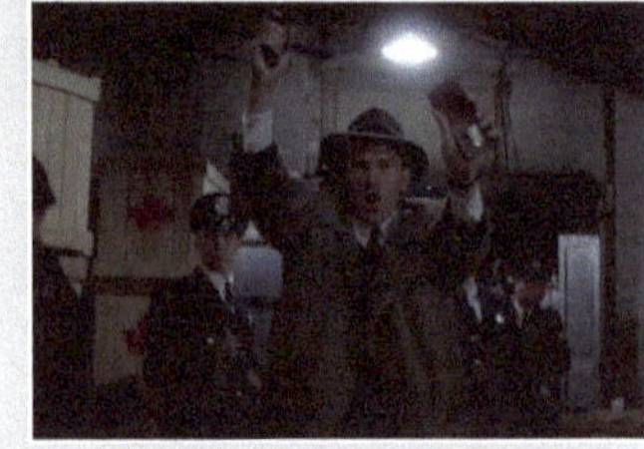

The Untouchables (1987)

Detektivfilme
stellen die Tätigkeit eines Ermittlers in den Vordergrund. Detektive können sich z.B. durch besondere Fähigkeiten (Sherlock Holmes) auszeichnen oder eine kühle Ironie ausstrahlen (Hercule Poirot).

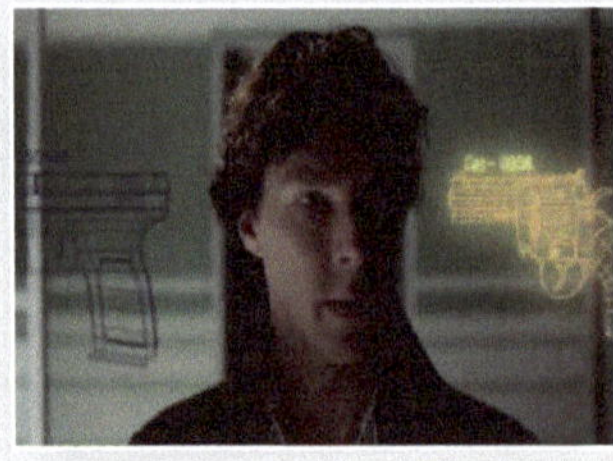

Sein letzter Schwur (2014)

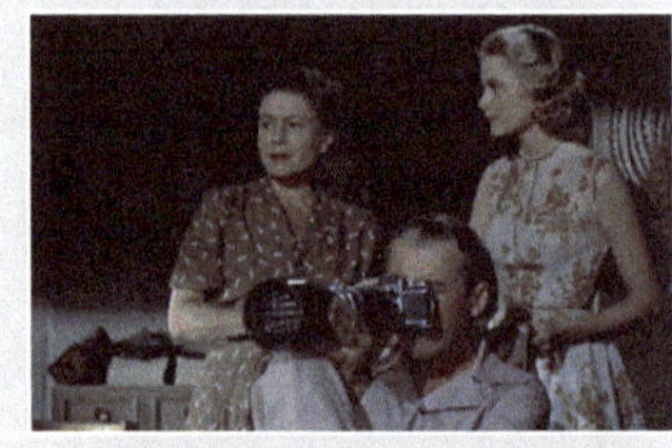

Das Fenster zum Hof (1954)

Gerichtsfilme
verlegen ihre Handlung nach der Ergreifung der Täter auf deren strafrechtliche

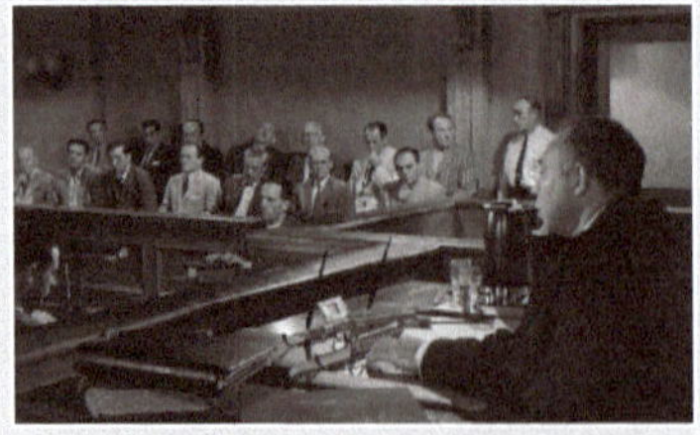

Die zwölf Geschworenen (1957)

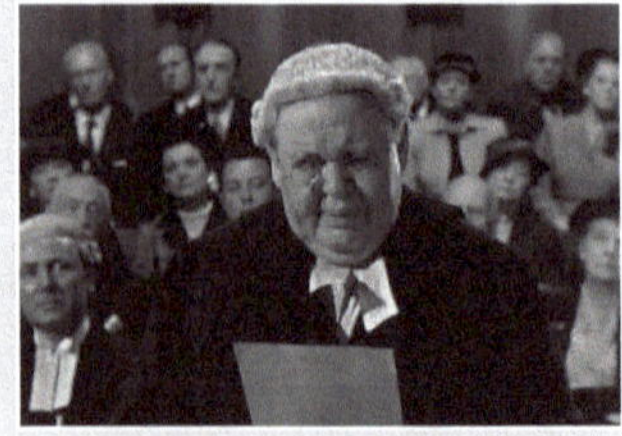

Zeugin der Anklage (1957)

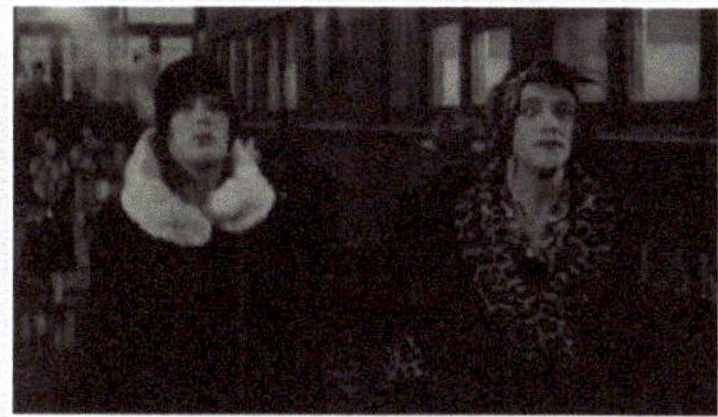

Manche mögen's heiß (1959)

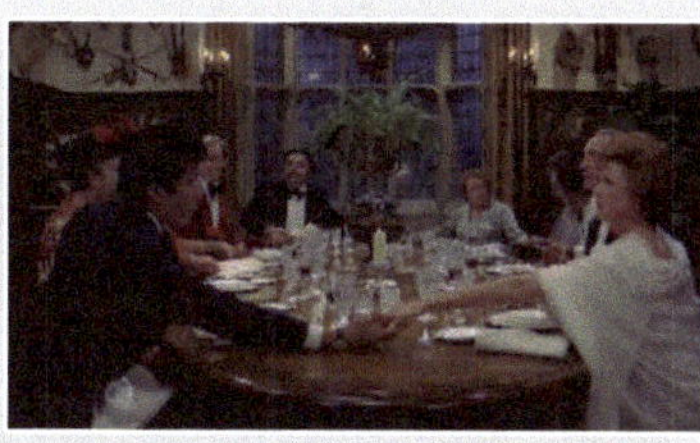

Eine Leiche zum Dessert (1976)

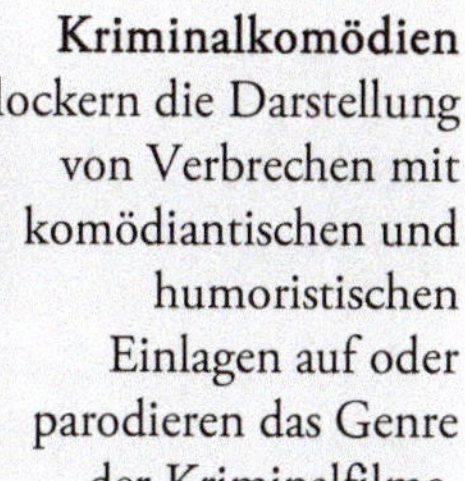

Kriminalkomödien lockern die Darstellung von Verbrechen mit komödiantischen und humoristischen Einlagen auf oder parodieren das Genre der Kriminalfilme.

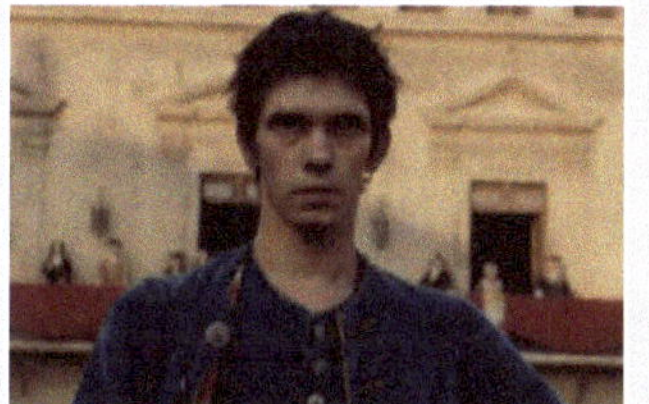

Das Parfum (2006)

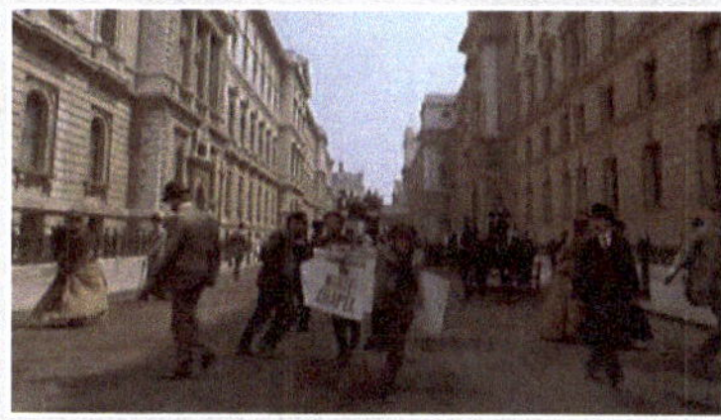

Jack the Ripper (1988)

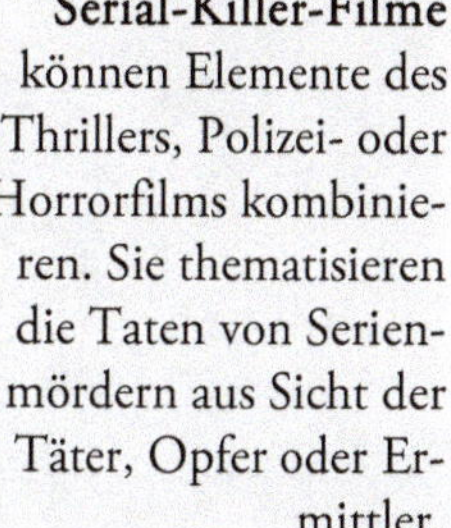

Serial-Killer-Filme können Elemente des Thrillers, Polizei- oder Horrorfilms kombinieren. Sie thematisieren die Taten von Serienmördern aus Sicht der Täter, Opfer oder Ermittler.

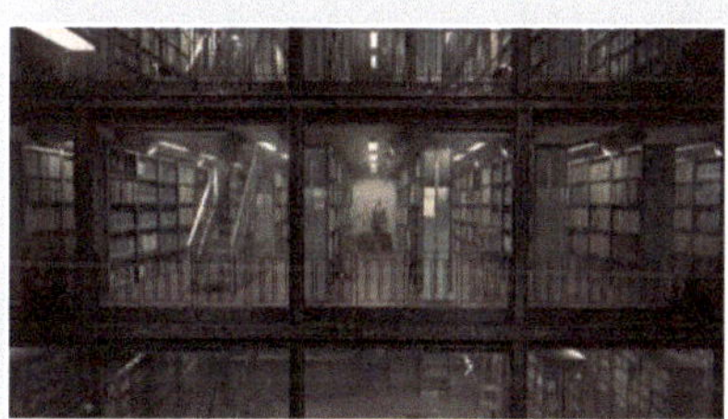

Dame, König, As, Spion (2011)

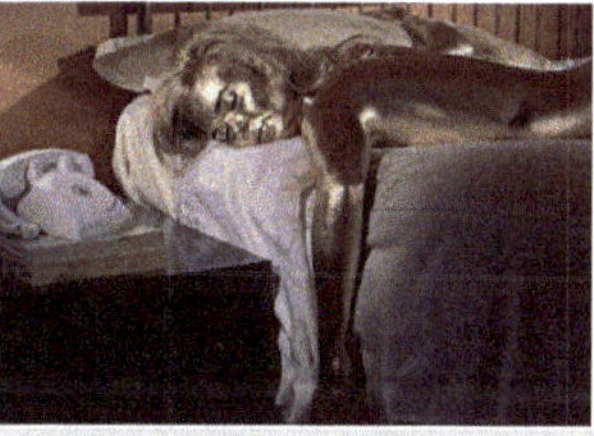

Goldfinger (1964)

Spionagefilme erfreuen sich in Zeiten politischer Instabilität einer großen Beliebtheit und behandeln die Aktivitäten von Spionen und Agenten sowie deren Verstrickungen mit anderen Geheimdiensten.

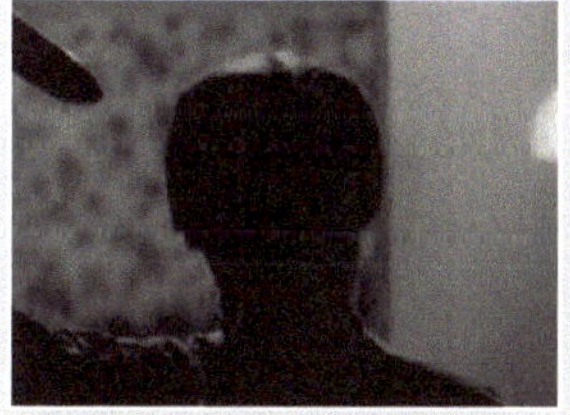

Psycho (1960)

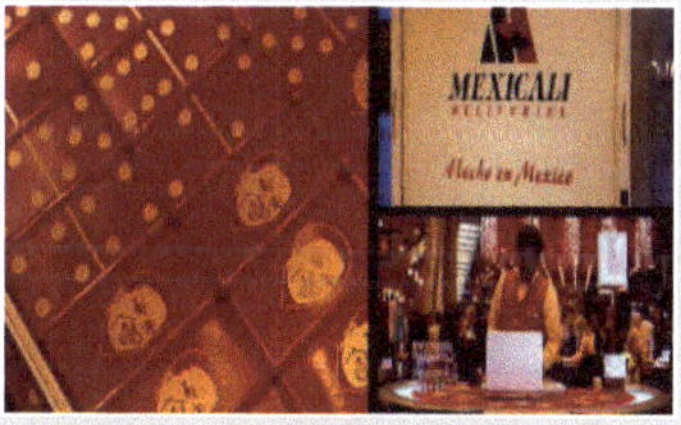

Ocean's 13 (2007)

Thriller stellen die Gefährdung des Helden in den Mittelpunkt. Heist Movies zeigen die Planung und Durchführung von meist spektakulären Raubüberfällen. Die Gesetzesbrecher sind die Sympathieträger und Identitätsfiguren.

Schauen Sie sich das aktuelle Kino- und Fernsehprogramm an und versuchen Sie zu ermitteln, ob gegenwärtig einzelne Subgenres des Kriminalfilms besonders häufig vertreten sind. Lassen sich Tendenzen feststellen oder sind alle Subgenres gleichermaßen vertreten? Diskutieren Sie Ihre Befunde und versuchen Sie, Erklärungen dafür zu finden.

Mix der Subgenres? – „M – eine Stadt sucht einen Mörder“

Der Film „M – eine Stadt sucht seinen Mörder“ (1931) ist nicht nur einer der ersten deutschen Tonfilme, er ist auch ein gekonnter Mix verschiedener Subgenres des Kriminalfilmes. Schauen Sie sich die Filmstills auf dieser Seite an und bestimmen Sie die entsprechenden Subgenres. Wie würden Sie diesen Film insgesamt einordnen? Überwiegt ein Subgenre oder handelt es sich hier um einen Film, der in allen Kategorien gleichermaßen Anleihen macht?

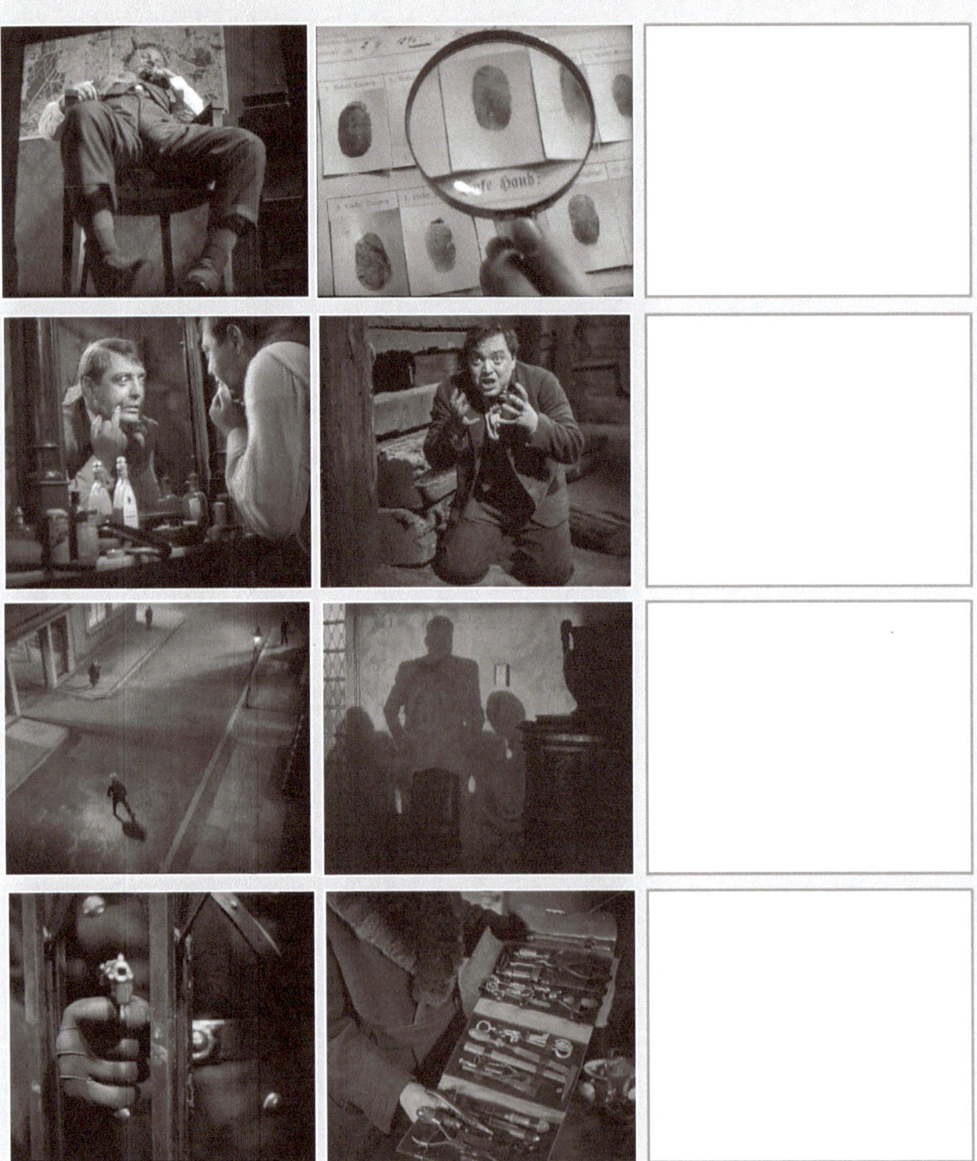

Strategien der Spannungserzeugung

Die dramaturgischen Arten des Spannungsaufbaus lassen sich durch das Verhältnis des Informationstands des Publikums gegenüber den Akteuren im Film definieren und als Suspense, Surprise und Informationsgleichstand beschreiben (vgl. Müller-Hansen 2014, S. 66).
Alfred Hitchcock, als „Master of Suspense" bezeichnet, unterschied Surprise („Überraschung") und Suspense („Gespanntheit") folgendermaßen: Während Surprise ein für den Zuschauer unerwartetes Ereignis charakterisiert, beschreibt der Begriff Suspense ein Ereignis, das der Zuschauer erwartet und das die Filmfiguren (noch) nicht wahrnehmen. In seinem Interview mit François Truffaut illustriert Hitchcock den Unterschied durch ein Beispiel: Wenn Personen in einer Unterhaltung vertieft an einem Tisch sitzen und plötzlich darunter einer Bombe explodiert, ist das Publikum überrascht (Surprise). Weiß das Publikum dagegen, dass die unter dem Tisch liegende Bombe um 1:00 Uhr explodieren wird und eine Uhr zeigt die Zeit 12:55 an, hat der Zuschauer einen Wissensvorsprung und nimmt aktiv an der Szene teil (Suspense). Im ersten Fall wird dem Publikum 15 Sekunden Surprise geboten, im zweiten Fall fünf Minuten Suspense (vgl. Truffaut 2010, S. 64). Auch Szenen und ganze Filme, in denen die Akteure genauso viel wissen wie die Zuschauer, können ein hohes Spannungspotenzial haben.

Im Film „Das Fenster zum Hof" verfügt das Publikum größtenteils über die gleichen Informationen wie die Hauptfiguren Jefferies und Lisa. Nur an wenigen Stellen haben die Zuschauer für einen Moment einen Wissensvorsprung und Suspense entsteht. Das Publikum stellt sich bis zum Ende die Frage, ob wirklich ein Mord geschehen ist oder ob die beobachteten Ereignisse auch durch harmlose Erklärungen aufgelöst werden können. Je nach individueller Interpretation bietet das Ende dem Zuschauer einen Moment der Überraschung oder nicht. Um die verschiedenen Arten der Spannungsdramaturgie effektvoll einsetzen und kombinieren zu können, muss dem Zuschauer auch Entspannung geboten werden. Dies inszeniert Alfred Hitchcock beispielsweise durch die parallel erzählte Beziehungsgeschichte zwischen Jefferies und Lisa und durch humorvolle Momente.

„Sagen Sie, wo glauben Sie hat er sie auseinandergenommen? Natürlich, in der Badewanne. Das ist der einzige Ort, wo er das Blut wegspülen konnte!"

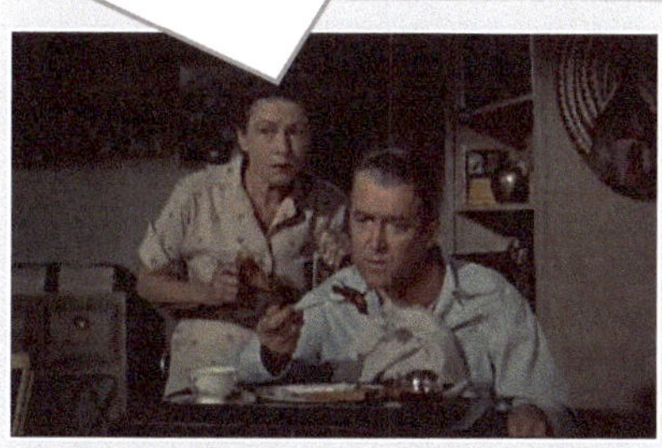

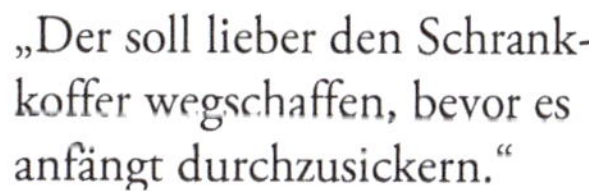

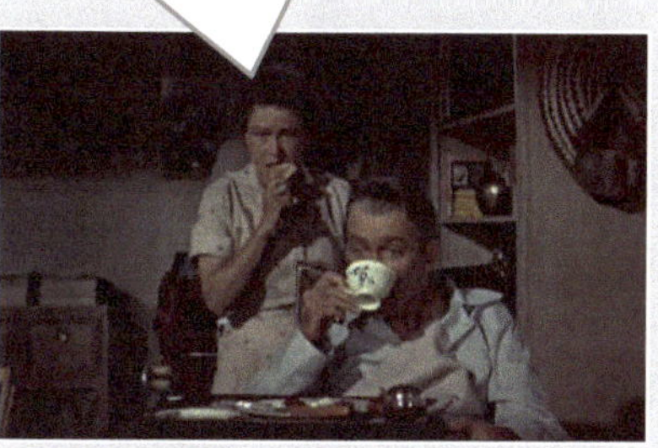

Hitchcocks subtiler Humor zeigt sich in den sehr praktischen Überlegungen Stellas, durch die Jefferies sichtlich der Appetit vergeht.

Informationsgleichstand, Suspense oder Surprise? – „Das Fenster zum Hof"

Im Film „Das Fenster zum Hof" nutzt Alfred Hitchcock verschiedene Strategien der Spannungserzeugung. Die überwiegende Zeit des Filmes wissen die Zuschauer genauso viel wie die Hauptfigur Jefferies. An einigen Stellen nutzt Hitchcock aber auch Suspense und Surprise. Ordnen Sie die drei Möglichkeiten der Spannungsdramaturgie den Filmstills zu und bewerten Sie diese drei Möglichkeiten nach ihrem Spannungsgehalt von gering bis sehr hoch.

Suspense, Surprise oder Informationsgleichstand?

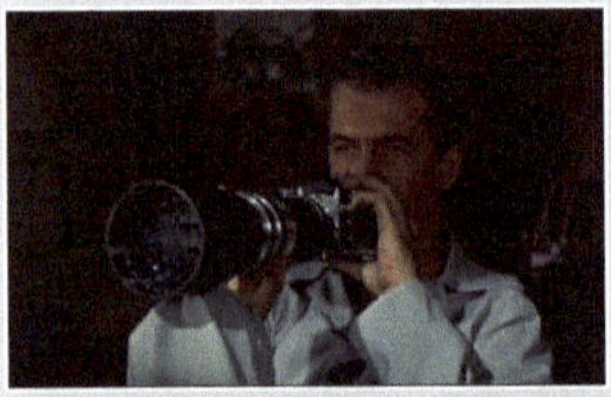

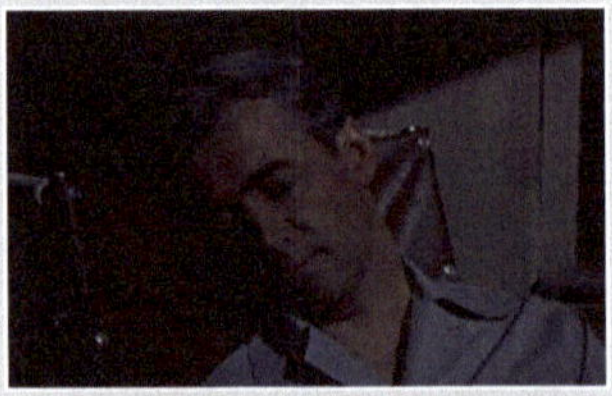

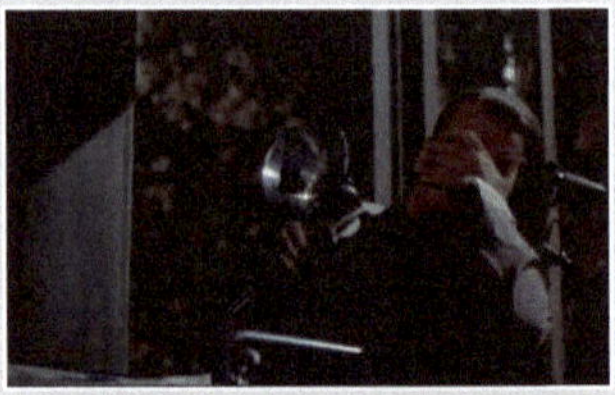

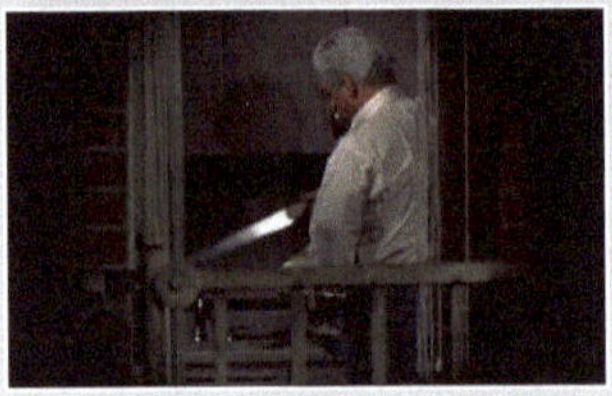

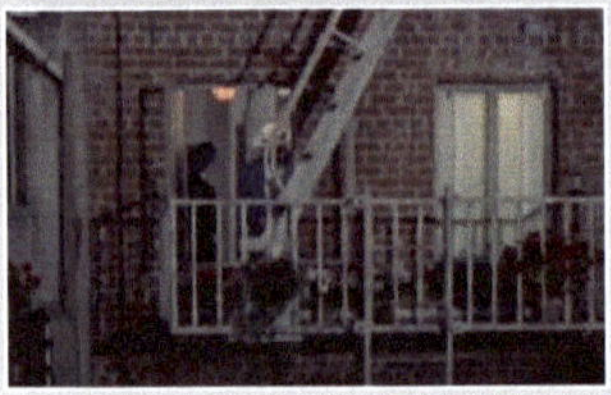

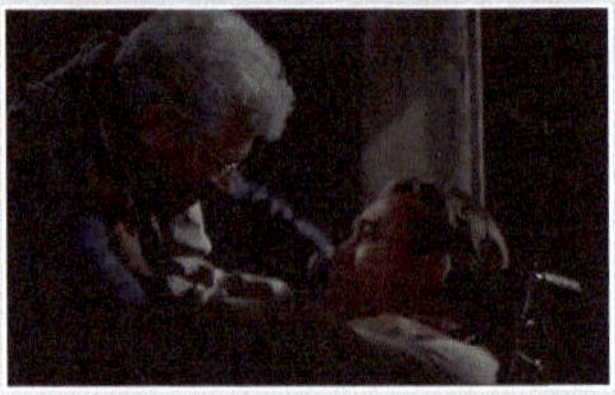

sehr hoch			
hoch			
mittel			
gering			
	Suspense	Surprise	Gleichstand

Gibt es eine Art der Spannungserzeugung, die Sie bevorzugen oder sehen Sie den größeren Reiz in der Kombination von Informationsgleichstand, Suspense und Surprise?

....

....

....

Informationsgleichstand, Suspense oder Surprise? – „Psycho“

Wie schon im Film „Das Fenster zum Hof“ (1954) verfügt der Zuschauer auch in „Psycho“ am Anfang über die dieselben Informationen wie die Hauptfiguren. In der Mitte des Films ändert sich dieser Wissenstand. Durch welche Ereignisse bietet der Film dem Publikum einen Wissensvorsprung und Suspense entsteht? An welchen Stellen spielt Hitchcock ganz bewusst mit den Erwartungen des Publikums, die er anschließend nicht erfüllt (Surprise)?

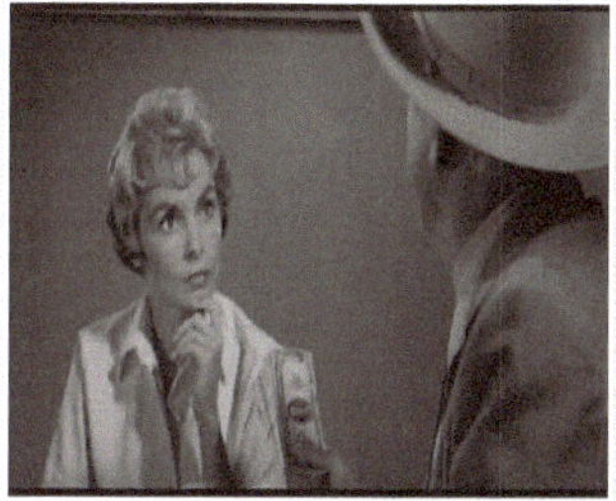
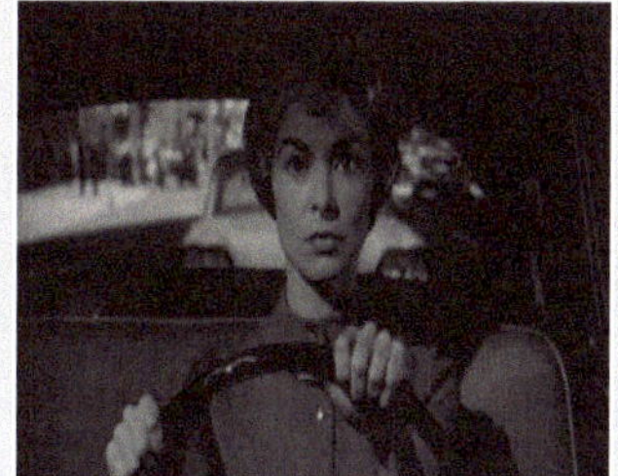
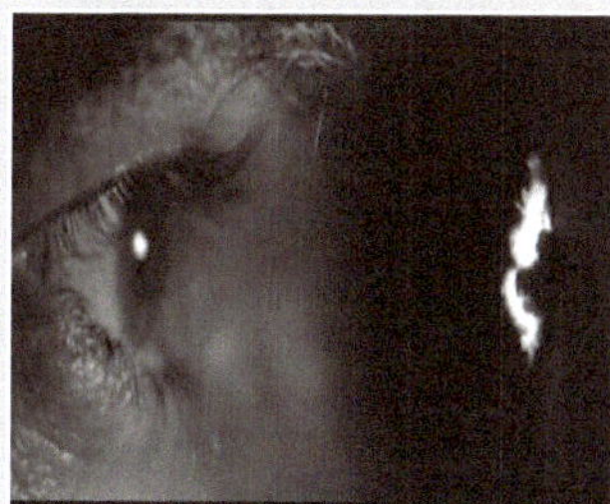

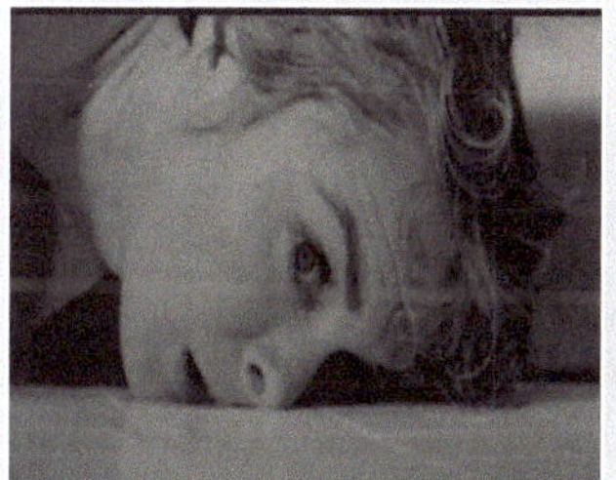
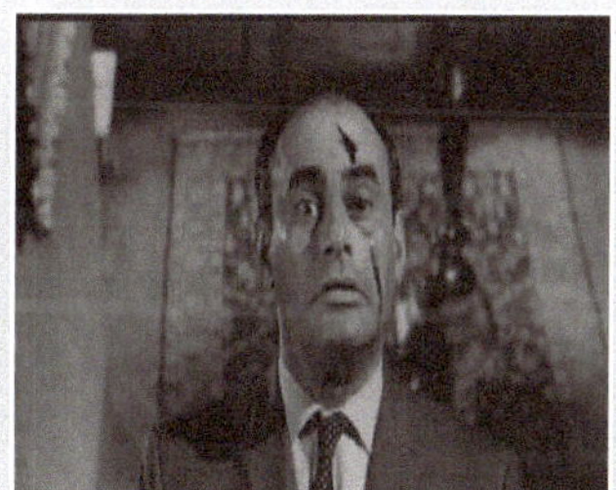
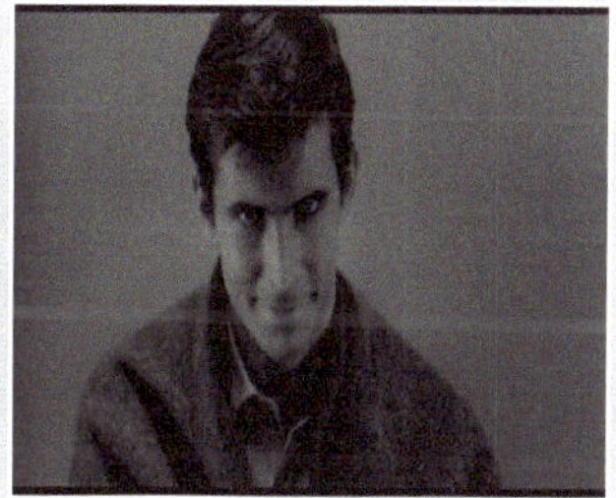

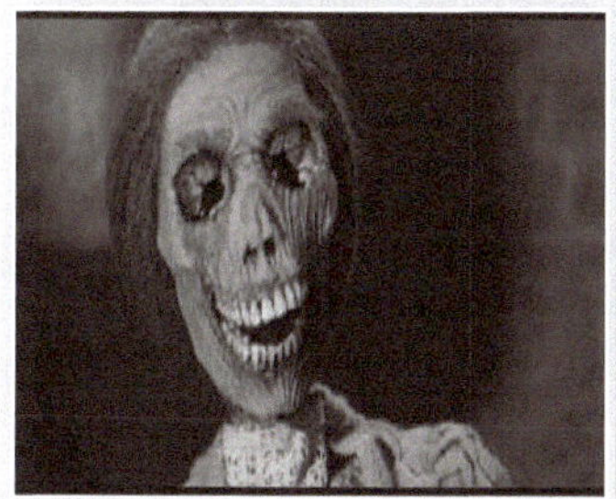

Hitchcock war für seinen makabren Sinn für Humor bekannt und sagte über „Psycho“: „Ich habe mich bei der Arbeit an Psycho sehr amüsiert. Für mich ist das ein ausgesprochen komischer Film.“ Worüber könnte sich Alfred Hitchcock so amüsiert haben?

Die Filmkomödie – mit Lachen zum Erfolg

Das Ziel aller Filmkomödien ist das Lachen der Zuschauer. Der erheiternde Handlungsverlauf soll unterhalten und bietet meist ein positives Ende der Geschichte. Komik entsteht dabei oft aus einem Missverhältnis zwischen der Erwartung des Publikums und der gezeigten Situation. Im Laufe der Zeit haben sich verschiedene Subgenres der Filmkomödie herausgebildet, die zum Teil eine heitere Variante anderer Filmgenres sind.
Ergänzen Sie die Beispiele auf dieser Seite um weitere Filmtitel. In welches Subgenre ordnen Sie den Film „Der große Diktator“ von Charlie Chaplin ein?

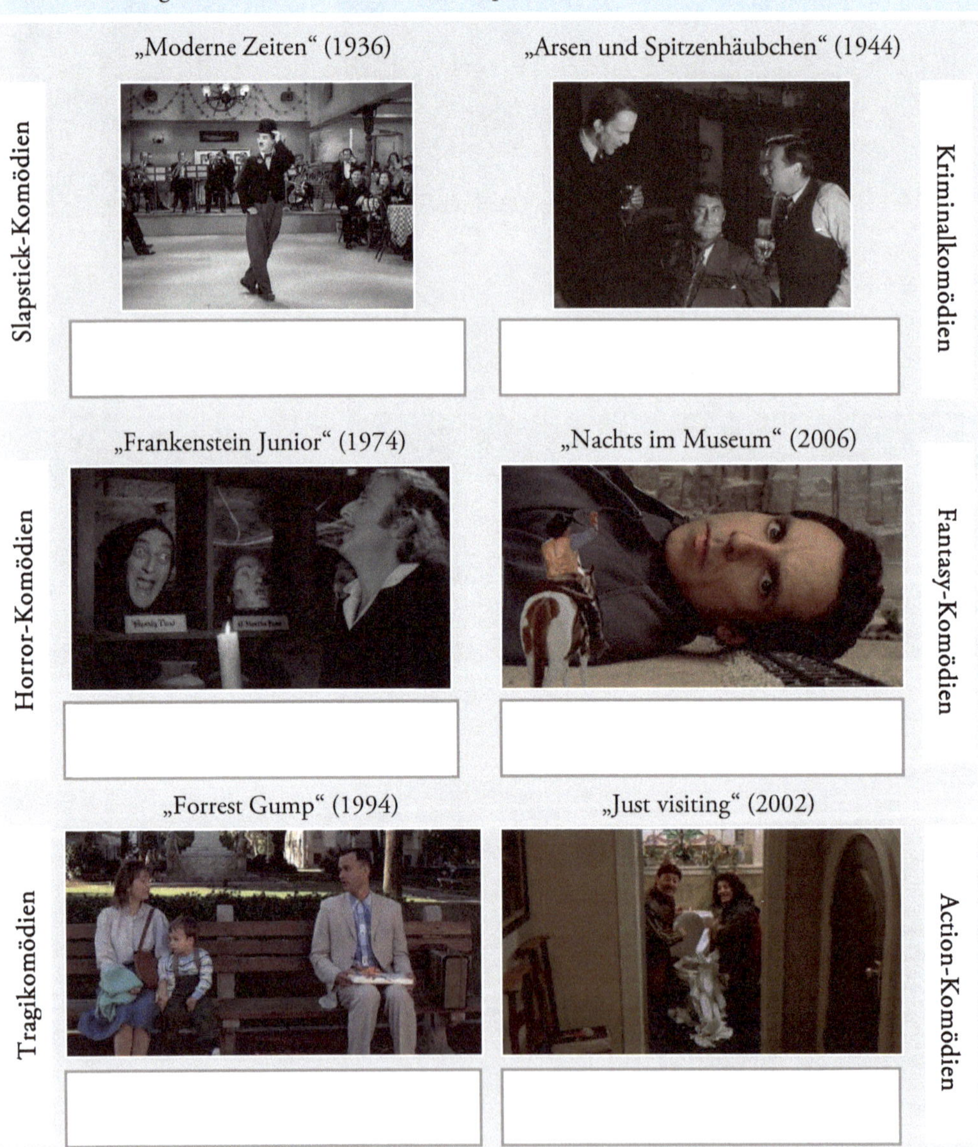

Informationsblatt 35.2

Slapstick und Parodie – zwei Formen der Komik

Slapstick (engl. für „Narrenpritsche“) bezeichnet eine spezifische Form der filmischen Komik, die schon zu Beginn der Filmgeschichte ein Kennzeichen vieler Stummfilme war. Diese Formen einer stark körperbetonten Situationskomik wurden vom Theater übernommen und sind bis heute ein Bestandteil vieler Filmkomödien.

Parodie (griech. für „Gegengesang“)
Während in den meisten Komödien mit den handelnden Figuren gelacht wird und eine grundsätzliche Sympathie und Empathie vorhanden ist, verfolgt die Parodie ein anderes Ziel. Hier werden Personen und Situation durch übertreibende und verspottende Nachahmungen kritisiert, Schwächen und Laster offengelegt und durch den Einsatz von Ironie und Satire überzeichnet. Eine Parodie braucht für diesen Angriff immer ein Original, das vielen Menschen vertraut ist. Gegenüber der Komödie bietet die Parodie nicht das befreiende oder versöhnende Lachen, sondern soll Missstände oder Fehler offenlegen.

Slapstick im Film

Schon bei der ersten öffentlichen Präsentation des neuen Mediums Film durch die Brüder Lumière war der Kurzfilm „Der begossene Gärtner“ (1895) Teil des Programms.

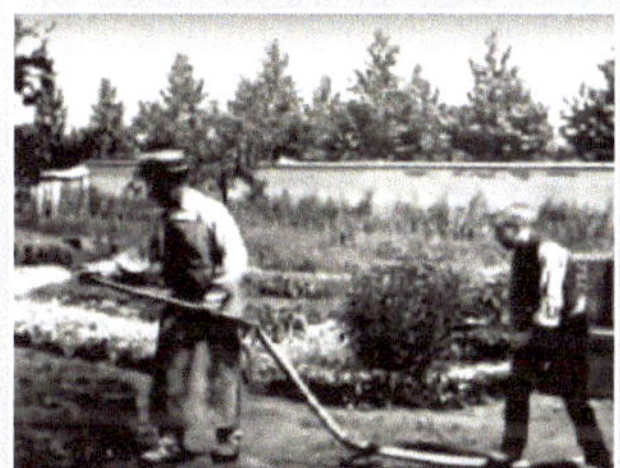
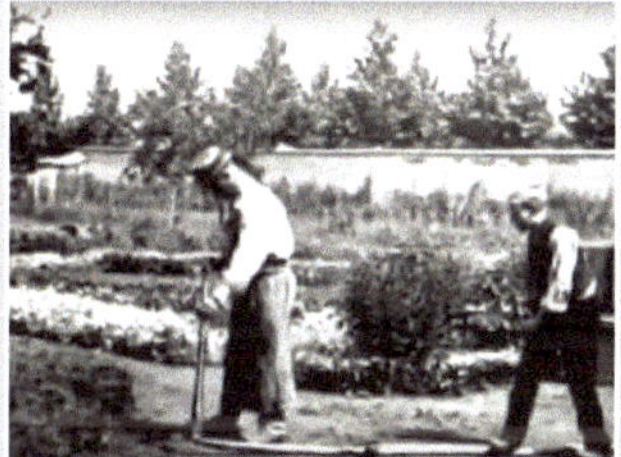
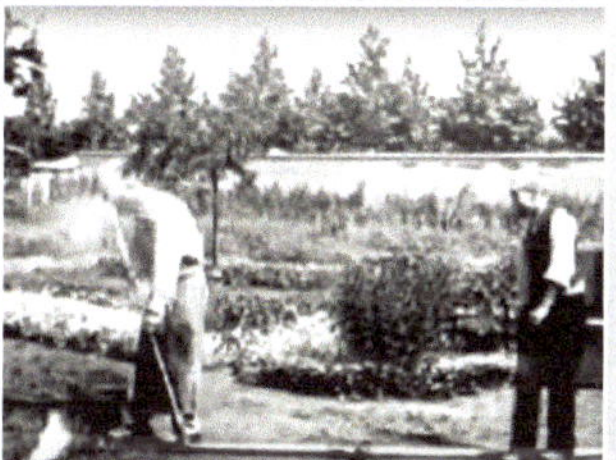

Slapstick als Situationskomik: Der Wasserschlauch wird abgedrückt – der Gärtner schaut in die Öffnung – der Schlauch wird wieder freigegeben – der Gärtner wird nass.

Hitler-Parodien im populären Film

Die Komik der Darstellung entsteht durch die Kenntnis des Originals und ist ein Mittel der Kritik und der Bloßstellung.

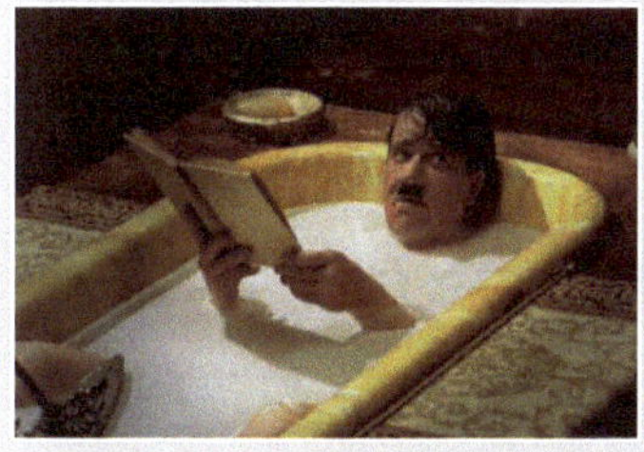
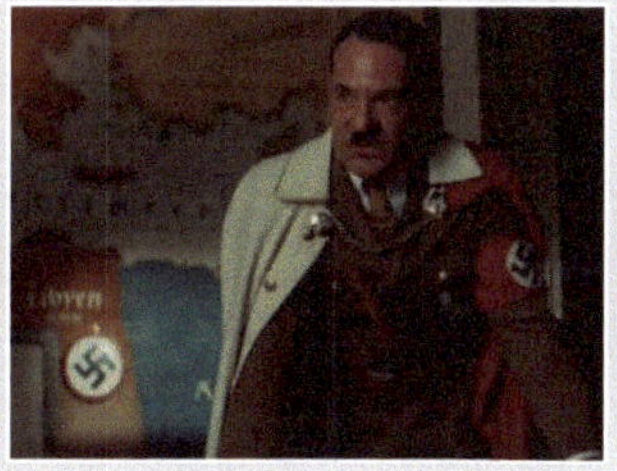
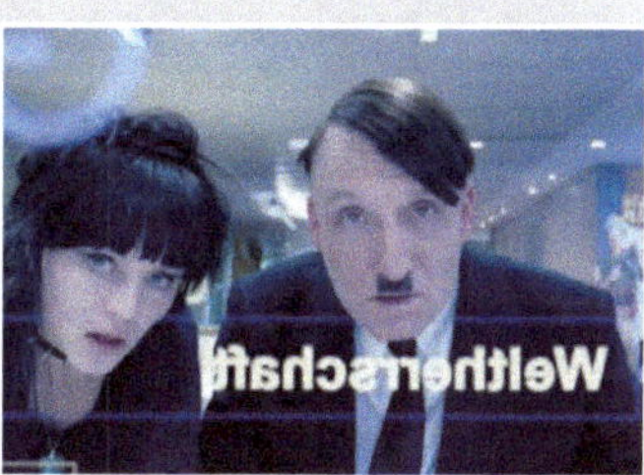

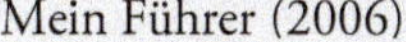

Mein Führer (2006) | Inglourious Basterds (2009) | Er ist wieder da (2015)

Slapstick oder Parodie?

Im Film „Der große Diktator“ bedient sich Charlie Chaplin in seiner Doppelrolle des kleinen jüdischen Friseurs und des Diktators Anton Hynkel verschiedener Arten der Komik. Schauen Sie sich die Filmstills an und entscheiden Sie, wodurch der Zuschauer zum Lachen gebracht werden soll. Setzt Chaplin für die Charakterisierung beider Personen Mittel des Slapsticks oder der Parodie ein? Gibt es Bilder und Szenen im Film, in denen beides miteinander verwoben erscheint?

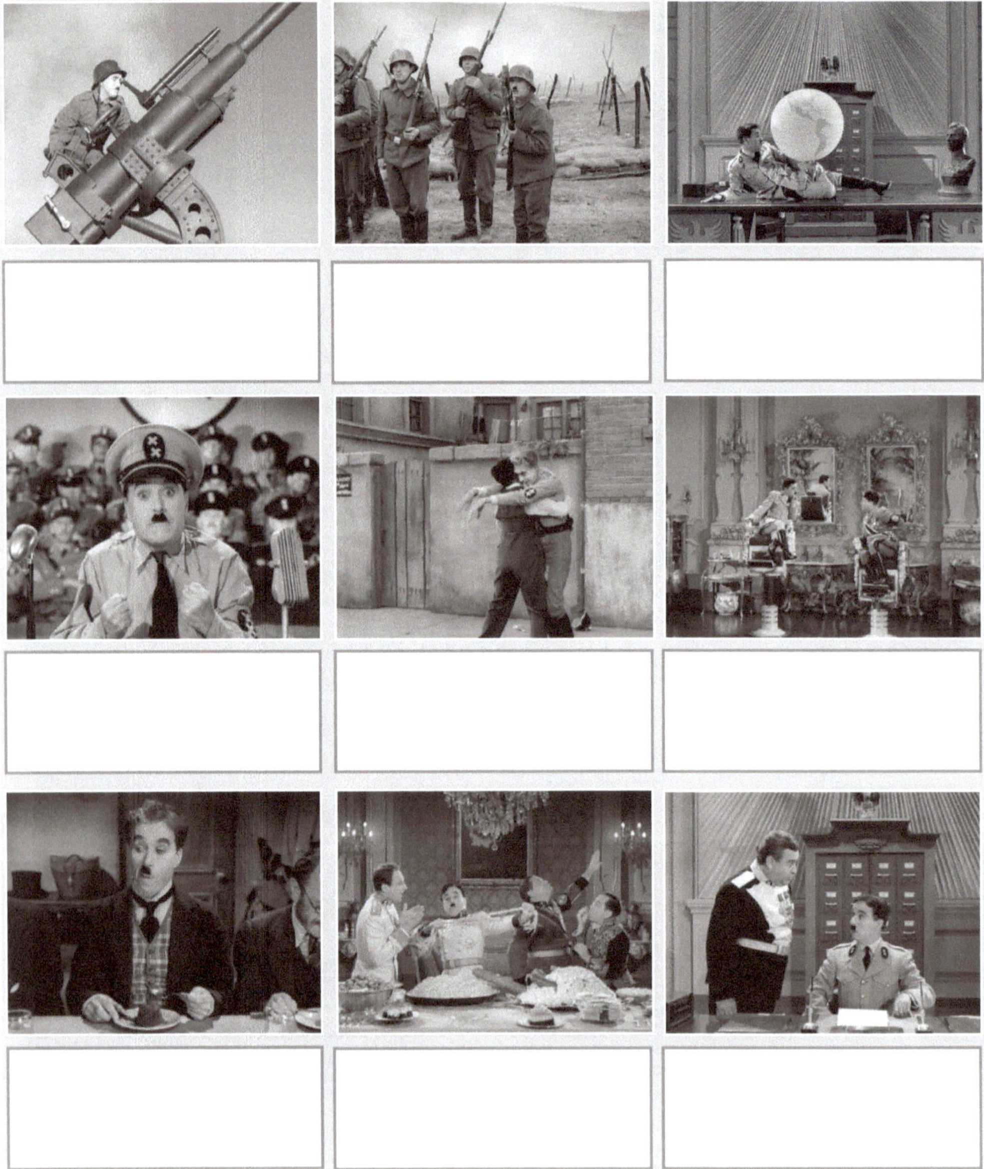

Die Dramen – Filme zum Weinen

Der Begriff des Dramas beschreibt nach antiker Definition zunächst einmal nur eine Gattung der Dichtung, deren Handlung mit verteilten Rollen gespielt wird. Filmdramen sind eine sehr unspezifische Genrebezeichnung, die in der Filmkritik als Sammelbezeichnung für Filme angewandt wird, die zwischen Melo- und Sozialdrama angesiedelt sind[101] und damit eine Vielzahl von Filmen umfasst. Im Zentrum der Filmdramen stehen ganz allgemein Figuren, die eine Lebenskrise durchmachen und ihr Leben neu ausrichten müssen. Verlust, Tod und Verfolgung prägen oft den Hintergrund eines Dramas.[102] In dieser weiten thematischen Bandbreite hat das Filmdrama zahlreiche Subgenres herausgebildet und dramatische Elemente können auch in anderen Filmgenres enthalten sein.[103]

Als **Sozialdrama** werden Filme bezeichnet, deren Handlungen und Charaktere durch ihre sozialen Umstände definiert werden. **Psychodramen** stellen den geistigen Verfalls einer Figur in den Mittelpunkt, der sich meist auf dramatische Weise vollzieht und oft auch in einem engen Bezug zu den sozialen Gegebenheiten ihres Umfelds steht.

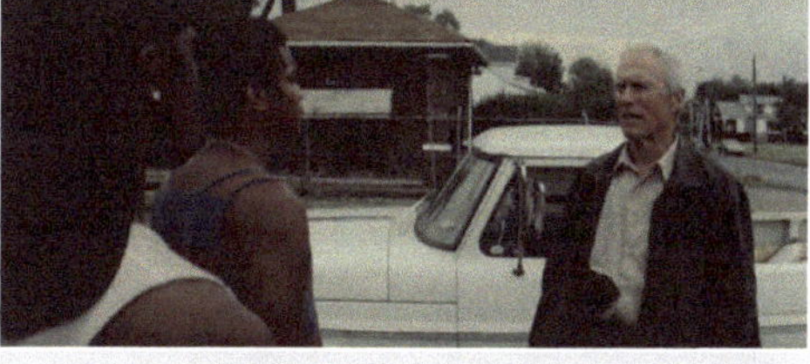

Gran Torino (2008)

Der Begriff **Melodram** setzt sich aus den griechischen Wörtern „melos" für Lied und „drama" für Handlung zusammen. Viele Melodramen sind Literaturverfilmungen und kennzeichnen sich inhaltlich und formal durch einen seelischen Konflikt, der starke Emotionen beim Publikum hervorrufen soll. Bezeichnend dafür werden sie im englischen Sprachraum „Tearjerker" (Tränenzieher) genannt.

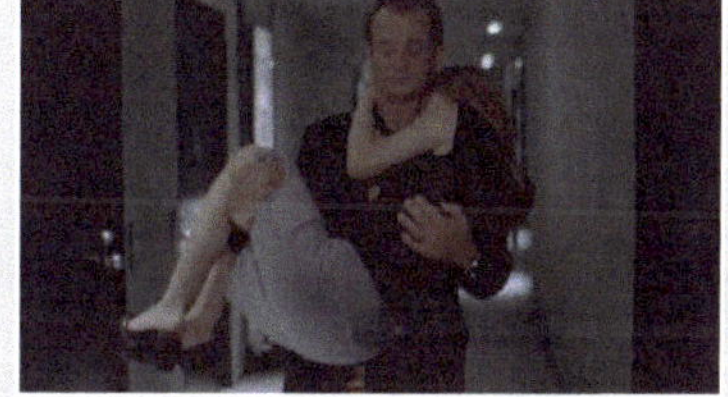

Lost in Translation (2003)

Historische Dramen (engl. period film) sind Spielfilme, deren Handlung in der Vergangenheit angesiedelt ist. Dabei kann es sich sowohl um Geschichtsfilme handeln, deren erzählte Zeit der Gegenwart weit vorgelagert ist, als auch um Filme, deren Handlung in der Zeitgeschichte verortet wird.

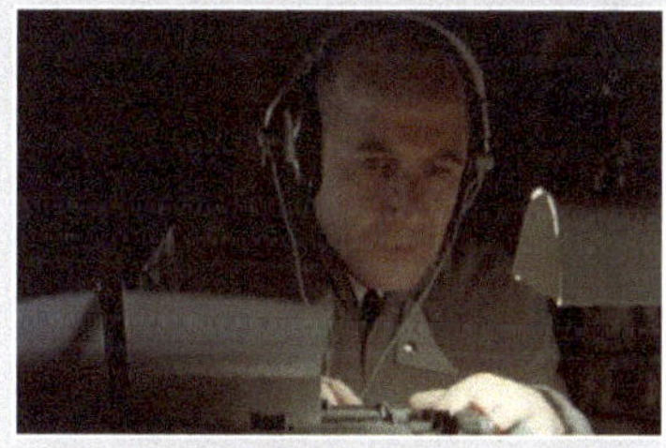

Das Leben der Anderen (2006)

Die meisten **Filmbiografien** (engl. biopic) weisen die Grundstruktur eines Dramas auf und zeichnen in fiktionalisierter Form das Leben historischer Personen nach. Filmbiografien können als Chamäleon-Genre bezeichnet werden, da sie keiner eigenen Stilrichtung folgen. So weisen Filme wie „Schindlers Liste" (1994) auch Merkmale des historischen Dramas und des Kriegsfilmes auf.

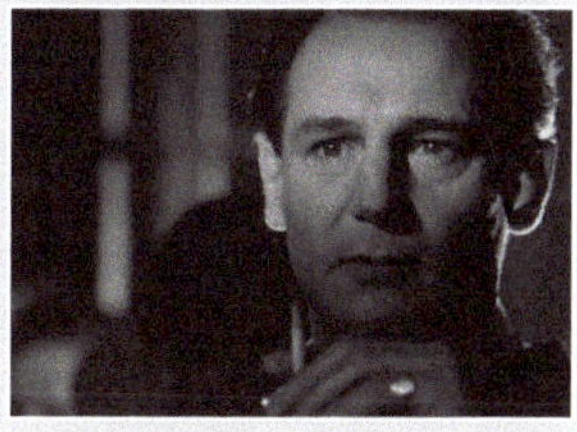

Schindlers Liste (1993)

Arbeitsblatt 36

Subgenres des Dramas erkennen

Wie schwierig sich jede Klassifizierung von Filmen in Genres gestaltet, lässt sich besonders dann nachvollziehen, wenn Sie versuchen, einzelne Filme den Subgenres des Dramas zuzuordnen. Einige Filme, die im ersten Teil dieses Buches vorgestellt werden, tragen Elemente des Dramas wie auch anderer Filmgenres in sich. Welchen Genres oder Genrekombinationen ordnen Sie die folgenden Filme zu? Vergleichen und diskutieren Sie Ihre Entscheidungen untereinander.

„Das Cabinet des Dr. Caligari" (1920)

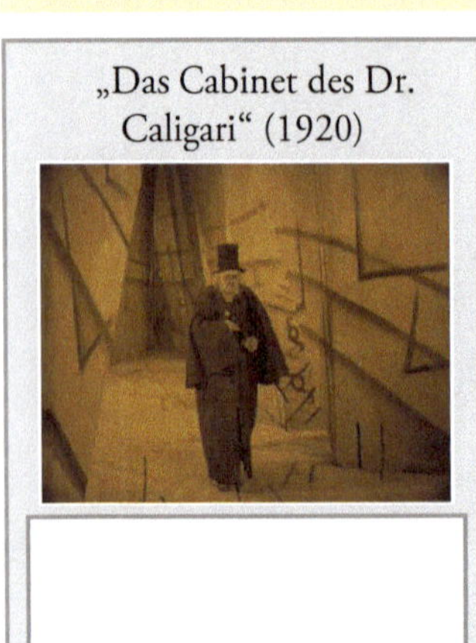

„M – eine Stadt sucht einen Mörder" (1931)

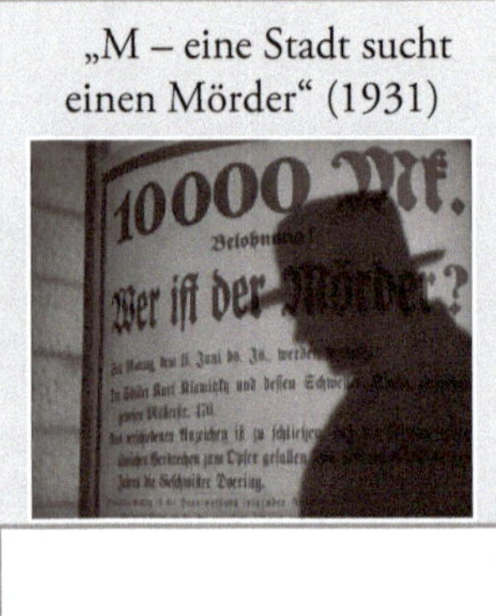

„Citizen Kane" (1941)

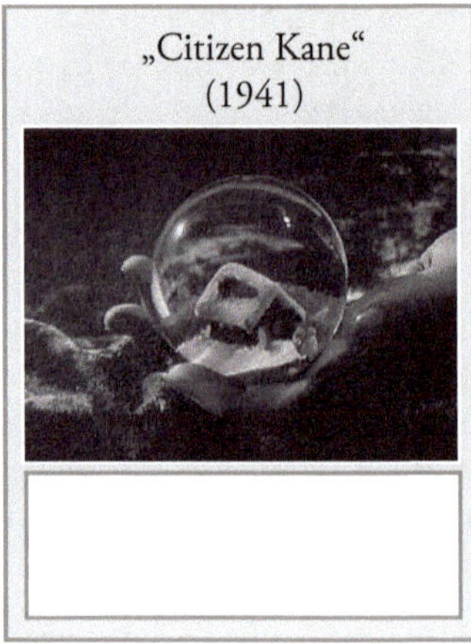

„Fahrraddiebe" (1948)

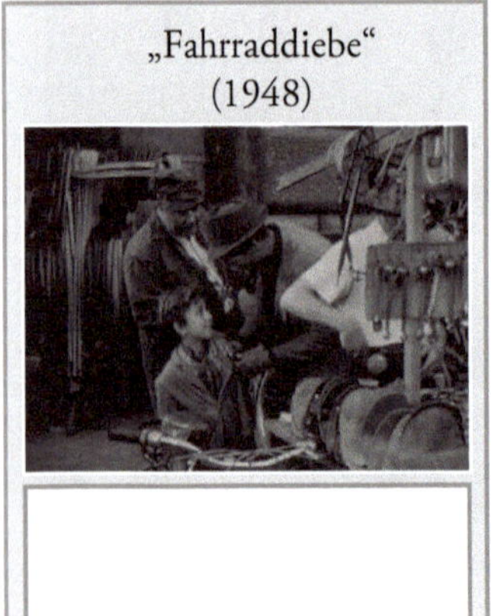

„Falling Down" (1993)

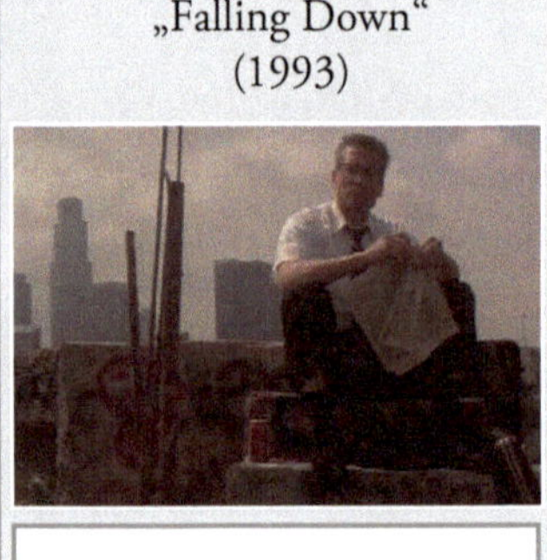

Recherchieren Sie im aktuellen Kinoprogramm nach weiteren Subgenres des Dramas.

Lassen sich gegenwärtig Tendenzen feststellen, die einzelnen Subgenres den Vorzug geben oder differenziert sich das Genre immer mehr aus?

....

....

....

....

Der Western – Der Mythos des Westens

Der Western ist das uramerikanische Filmgenre schlechthin, es zeigt wie kein anderes eine Kontinuität in Inhalt und Form über mehr als 100 Jahre Filmgeschichte und hat zum nationalen Selbstverständnis der USA beigetragen. Die zentralen Themen des Western behandeln die Eroberung des Landes von Ost nach West, den Kampf gegen die Indianer, die Inbesitznahme der Gebiete durch den Bau der Städte und schließlich die Konflikte zwischen Farmern und Viehzüchtern sowie zwischen Gesetzeshütern und Outlaws. Historisch lassen sich Western in die Phase nach der Gründung der USA 1776 situieren, wobei die meisten Filme in der Zeit nach dem Amerikanischen Bürgerkrieg von 1865 bis ca. 1890 spielen. Während der Western zwischen 1910 und 1960 das erfolgreichste Filmgenre des Kinos war und auch durch Serien wie „Bonanza" (1959–1973) den Einzug in das Fernsehen schaffte, spielt diese Filmgenre heute eine eher untergeordnete Rolle.[104]

Kaum ein anderer Teil der US-amerikanischen Geschichte wird bis heute so glorifiziert wie die Zeit der Besiedlung des „Wilden" Westens, die mit der Gründung der USA im Jahre 1776 beginnt und bis zum Ende des 19. Jahrhunderts reicht. Der Western, der diese Themen verarbeitete, war bereits in dieser Zeit tief in der US-amerikanischen Kultur verankert und ein beliebtes Genre in der Literatur, Malerei und im Theater. Konsequent griff 1903 auch das noch junge Medium Film dieses Genre auf und lieferte mit „Der großen Eisenbahnraub" den ersten Western der Filmgeschichte, welcher die dramaturgische Grundstruktur mit Überfall – Verfolgung – Kampf – Showdown im Wesentlichen festlegte. Etwas vereinfachend lässt sich die Geschichte dieses Filmgenres in drei Phasen einteilen:

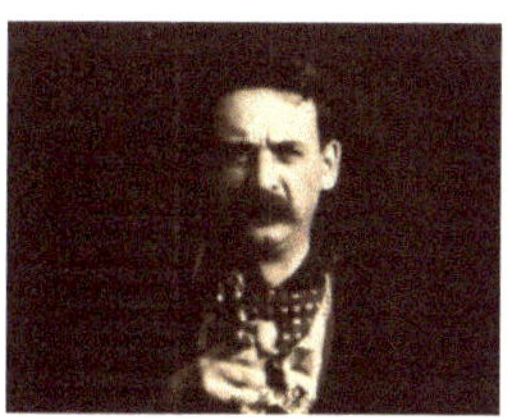

„Der große Eisenbahnraub" (1903)

Klassische Phase (1903–1950)

Dem *naiven* Western, der sich dem Spektakel der Schießszenen widmet, folgen der *epische* Western mit Heldenerzählungen und der *dramatische* Western mit einzelnen Konflikten.

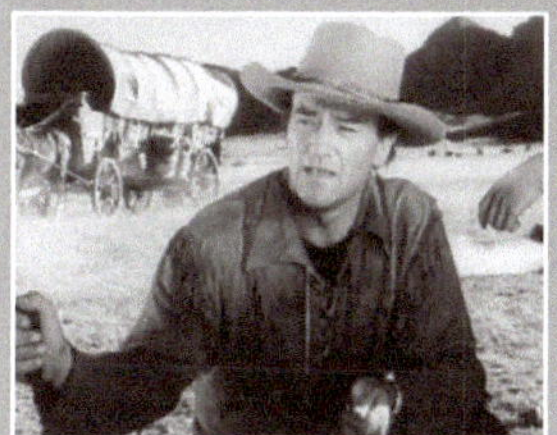

Red River (1948)

Adult Western (1950er-Jahre)

Die 1905er-Jahre sind die Blütezeit des Westerngenres, in denen „erwachsene" Themen wie Moral, Politik und Verantwortung behandelt werden.

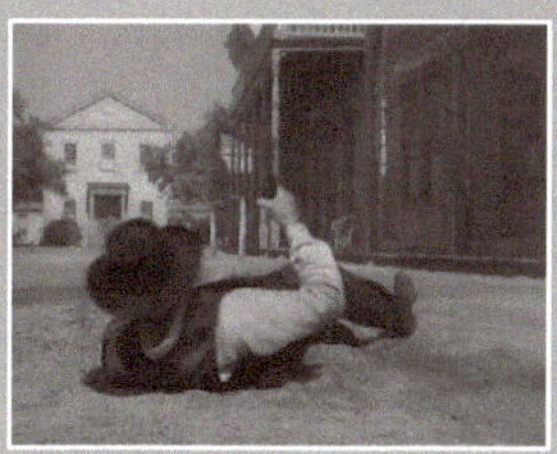

Zwölf Uhr mittags (1952)

Spätwestern (ab den 1960er-Jahren)

Nach der Blütezeit des Westerns wenden sich Spätwestern von den idealisierten Motiven des klassischen Westerns ab und entwerfen ein pessimistisches Bild der Vergangenheit.

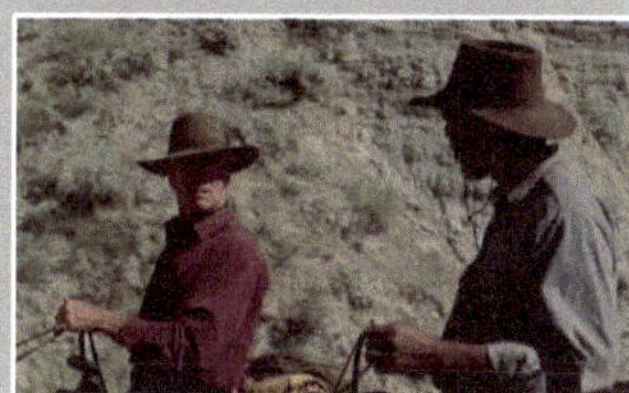

Erbarmungslos (1992)

Indianerwestern
In den älteren Filmen dieses Subgenres verkörpern Indianer die Wildnis, die den Pionieren bei der Eroberung des Westens im Wege stehen und die als grausame Barbaren dämonisiert werden. Erst Ende der 1950er-Jahre entstanden auch indianerfreundliche Western, die die Ureinwohner Nordamerikas nicht nur als Bedrohung der Zivilisation darstellten, sondern auch deren Kultur zeigten und die Besiedlungspraktiken kritisch hinterfragten. In Westdeutschland startete mit dem Film „Der Schatz im Silbersee" (1962) eine ganze Reihe von Karl-May-Adaptionen, die das Kinoprogramm der 1960er-Jahre prägten und mit denen die Filmindustrie auch auf rückläufige Publikumszahlen durch die Konkurrenz des Fernsehens reagierte. Vier Jahre später antwortete darauf die ostdeutsche Produktionsfirma DEFA mit den sogenannten Indianerfilmen, in denen die Ureinwohner nicht mehr als primitive und grausame Wilde geschildert wurden, sondern die sich berechtigt gegen die Unterdrückung der Weißen zur Wehr setzen.

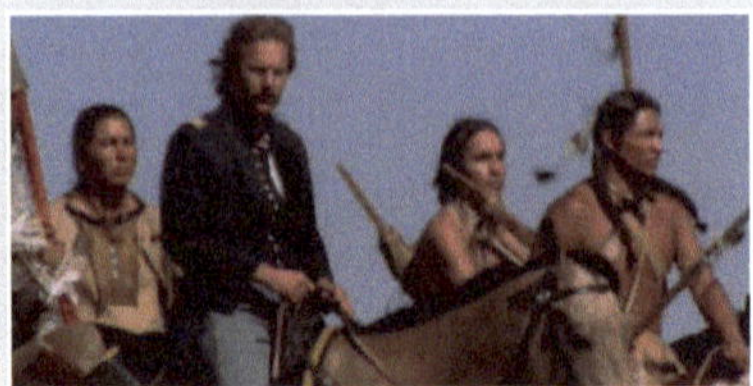

Ein indianerfreundlicher Western: „Der mit dem Wolf tanzt" (1990)

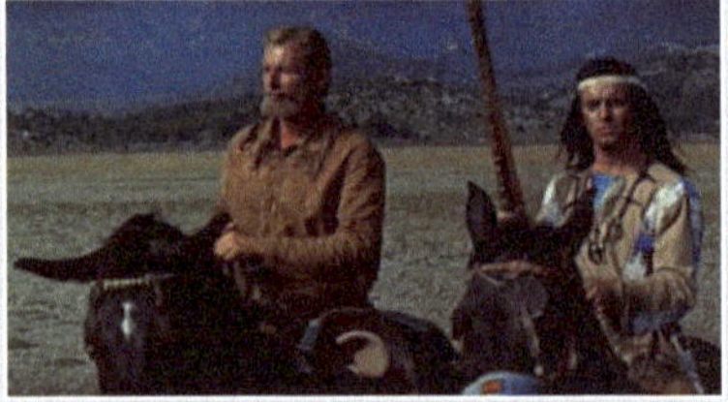

Die Karl-May-Adaption: „Der Schatz im Silbersee" (1962)

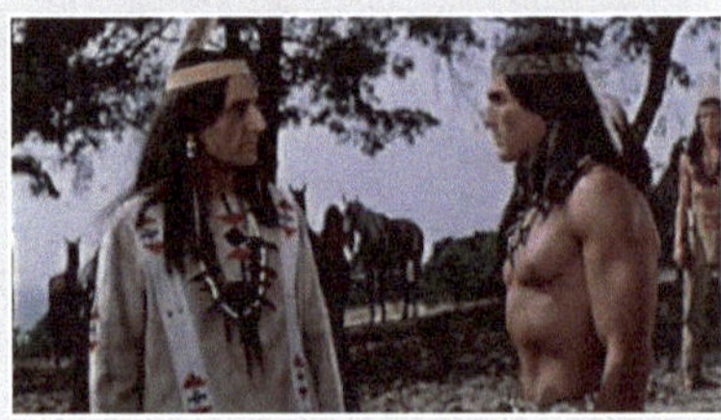

DDR-Indianerfilme als Antwort: „Die Söhne der großen Bärin" (1966)

Der Italowestern
Ebenfalls in dieser Zeit entstand in Italien eine Reihe von Western, die sich sehr von den klassischen US-amerikanischen Filmen dieses Genres unterschieden. Die Helden waren hier nicht mehr heroische, sondern zynische Gestalten, die sich nicht um das Wohl der Gemeinschaft scherten, sondern sich von persönlichen Vorteilen oder Rache leiten ließen.

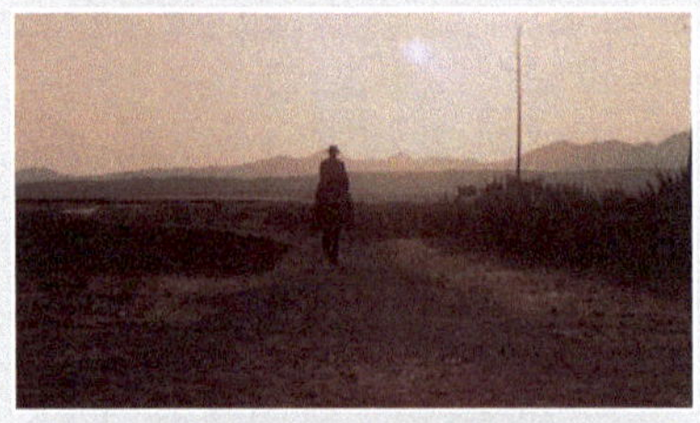

Italowestern von Sergio Leone „Für ein paar Dollar mehr" (1965)

Der Anti-Western
bezeichnet Filme, die sich ganz bewusst den Klischees des klassischen Westerns verweigern und durch ihre abweichende Darstellung die idealisierte und stereotypisierte Eroberung des Westens demaskieren. Beeinflusst von der politischen Protestbewegung gegen den Vietnamkrieg und durch die Hippiebewegung schien eine Neubewertung historischer Ereignisse notwendig, die auch in diesen Anti-Western ihren Ausdruck fand. Auch wenn die erfolgreichste Zeit des Western vorbei zu sein scheint, kommen immer wieder Westernfilme in die Kinos, die erfolgreich ihr Publikum finden. Die Faszination für Filmemacher wie auch für das Publikum liegt sicher auch in der Möglichkeit, bekannte Erzählmuster und Figurenkonstellationen zu variieren.

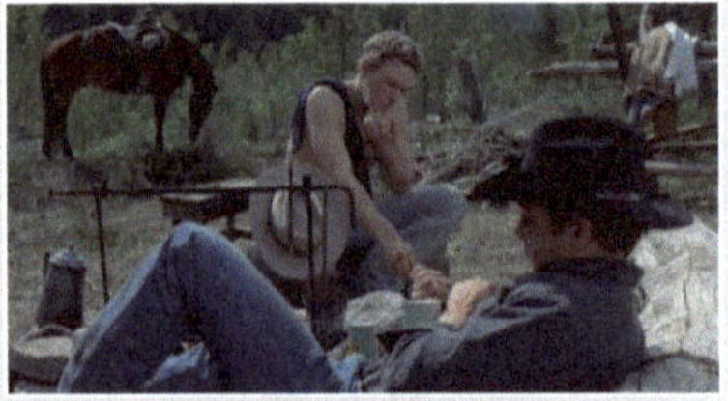

Der Anti-Western „Brokeback Mountain" (2005)

Durch den Western zum Filmstar – Clint Eastwood

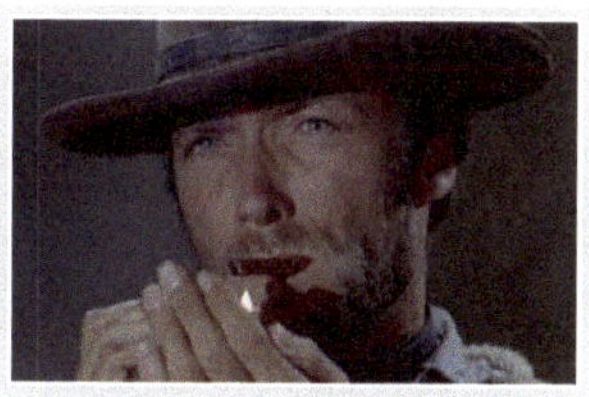

Informieren Sie sich im Internet über den Schauspieler, Regisseur und Filmkomponisten Clint Eastwood und beantworten Sie die Fragen.

Clint Eastwood wurde durch seine Hauptrolle in Sergios Leones Film „Für eine Handvoll Dollar“ (1964) populär. Dieser Western gehört zum Subgenre des

1	2	3	4	5		6	7	8	9	10	11	12

Seinen Durchbruch zum Superstar in Hollywood feierte er Anfang der 1970er-Jahre mit den

13	14	15	16	17		18	19	20	21	22

Filmen. Mit seiner Rolle als Polizeiinspektor Harry Callahan etablierte er den Dirty-Harry-Charakter als neue Kultfigur, dessen zynische und harte Perspektive zahlreiche internationale Kriminalfilme dieses Jahrzehnts prägte. Seinen ersten Oscar (Academy Award of Merit) für die beste Regie erhielt Clint Eastwood für den 1993 erschienenen Spätwestern

23	24	25	26	27	28	29	30	31	32	33	34	35

Die Funktionen des Produzenten, Regisseurs und Filmkomponisten übernahm Clint Eastwood in dem 2003 erschienenen Film

36	40	41	42	43	44		45	46	47	48	49

LÖSUNG: 2016 kam der Film

8	29	4	33	17

in die Kinos, in dem Eastwood als Produzent und Regisseur tätig war. Der Film dramatisiert die spektakuläre Landung eines Passagierflugzeugs im Jahre 2009 auf dem

18	29	13	41	34	12		15	1	47	23	49

Der Abenteuerfilm – eine eskapistische Reise

Abenteuerfilme sind ein sehr weit definiertes Filmgenre und können in den verschiedensten Epochen, Kulturen und an unterschiedlichsten Orten spielen. Alles scheint in diesem Genre möglich, lediglich der von den Zuschauern erlebte Alltag scheint ausgeschlossen zu sein. Mehr als andere Filmgenres zielen Abenteuerfilme darauf ab, das Publikum in unbekannte, aufregende Welten zu entführen und den eskapistischen Bedürfnissen zu entsprechen. Abenteuerfilme erheben meist nicht den Anspruch, realistisch zu sein und legen die Fiktionalität der Darstellungsform wie auch die Fiktivität des Inhalts offener dar, als andere Genres. Klassische Abenteuerfilme erzählen von Helden, die jenseits ihres Alltags Aufgaben zu erfüllen haben und nach ereignisreichen Geschehnissen gestärkt nach Hause zurückkehren. Dazu bedienen sich viele Abenteuerfilme dem dramaturgischen Muster der Heldenreise.

Abenteuerfilme spielen fast nie in der urbanen Umgebung der westlichen Welt, sondern meist an exotischen Orten und Sehnsuchtsplätzen des Publikums. Dementsprechend finden sich in diesem Genre auch überwiegend Außenaufnahmen und weniger Szenen in geschlossenen Räumen. Die Helden des Abenteuerfilms sind eher Typen statt Charaktere, d.h. die Figuren werden oft nicht differenziert mit individuellen und widersprüchlichen Eigenschaften dargestellt, sondern zeichnen sich durch stabile Wesenszüge aus, die sich in ihrem Handeln offenbaren.

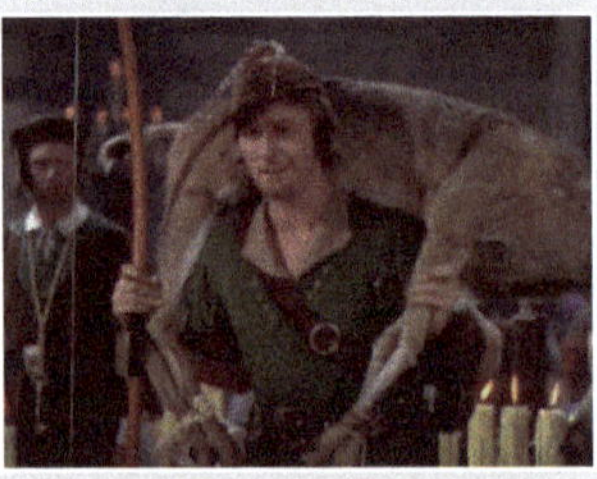

Klassischer Abenteuerfilm: „Robin Hood. König der Vagabunden“ (1938)

Anknüpfend an die Traditionen der Abenteuerromane von Daniel Defoe, Alexandre Dumas und Walter Scott aus dem 18. und 19. Jahrhunderts fällt die Zeit des *klassischen Abenteuerfilms* in die Zeit des klassischen Hollywood-Studiosystems zwischen den 1920er- und 1950er-Jahren. Mit dem Stummfilm „Das Zeichen des Zorro“ (1920) und dem Star Douglas Fairbanks Senior und dem Tonfilm „Robin Hood, König der Vagabunden“ (1938) mit Errol Flynn lässt sich der Spezialtypus des Abenteuers als sogenannter „Swashbuckler“ (engl. für „Säbelrassler“) beschreiben. Damit werden positive Helden bezeichnet, die wie Zorro, Robin Hood oder die Musketiere mit ihren Waffen meisterhaft umgehen können. Ähnlich wie im Film noir der 1940er-Jahre und im Spätwestern der 1960er-Jahre fand auch im Abenteuerfilm ein Perspektivwechsel statt. Beginnend mit Filmen wie „Der Schatz der Sierra Madre“ (1948) folgten vor allem in den 1970er-Jahren eine Reihe von Anti-Abenteuerfilmen mit fragwürdigen Helden im Mittelpunkt, die auch die dargestellte Handlungszeit kritisch beleuchteten. Eine Neubelebung dieses Filmgenres gelang Steven Spielberg mit dem Film „Jäger des verlorenen Schatzes“ (1981), in dessen Folge eine Vielzahl von Produktionen entstand, die die Stilmittel des klassischen Abenteuerfilms mit der Schnelligkeit aktueller Actionfilmen verbinden. Die Einteilung in Subgenres folgt der Einteilung der dargestellten Zeit in Epochen.

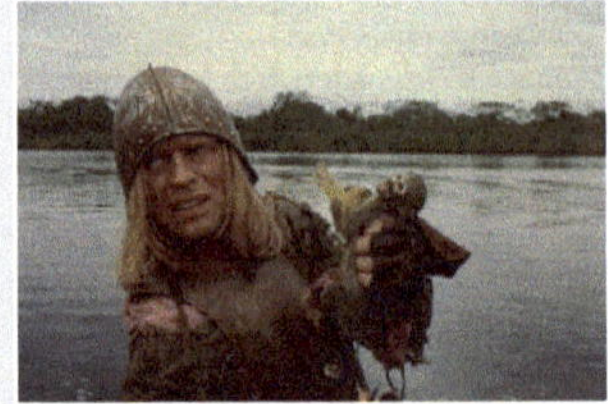

Anti-Abenteuerfilm: „Aguirre – Der Zorn Gottes“ (1972)

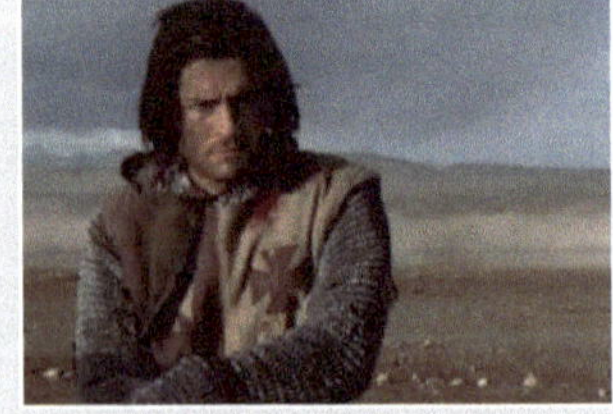

Abenteuerfilm der Postmoderne: „Königreich der Himmel“ (2005)

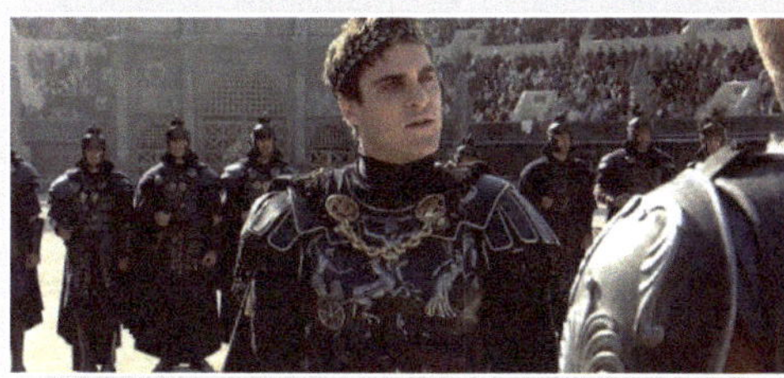

„Gladiator" (2000)

Der Antikenfilm erzählt abenteuerliche Geschichten aus der Zeit der Antike von etwa 800 v. Chr. bis ca. 600 n. Chr. Dieses Subgenre hatte seine Blütezeit mit der Verfilmung von Stoffen des Alten Testaments und der römischen Geschichte zwischen 1950 und 1965, die aber selbst durch den überraschenden Erfolg von Ridley Scotts „Gladiator" (2000) nicht dauerhaft wiederbelebt werden konnte.

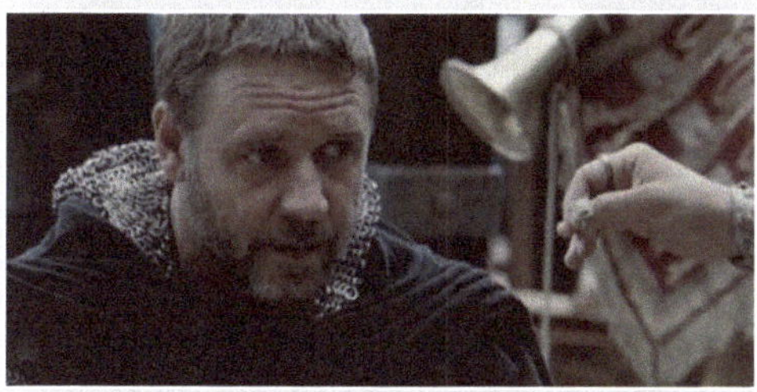

„Robin Hood" (2010)

Der Ritterfilm stellt das Mittelalter als Epoche nach dem Ende der Antike bis zum Beginn der Neuzeit vom 6. bis zum 15. Jahrhundert dar. Neben verschiedenen Motiven erzählen Ritterfilme häufig die Geschichten der Sagenfiguren König Artus und Robin Hood. Als übergeordnete Gruppe können Mittelalterfilme diese Epoche als Sehnsuchtsort zwischen Romantik und Heldentum darstellen und damit eine indirekte Zeitkritik ausüben oder als dunkles Zeitalter die Errungenschaften der Moderne betonen.

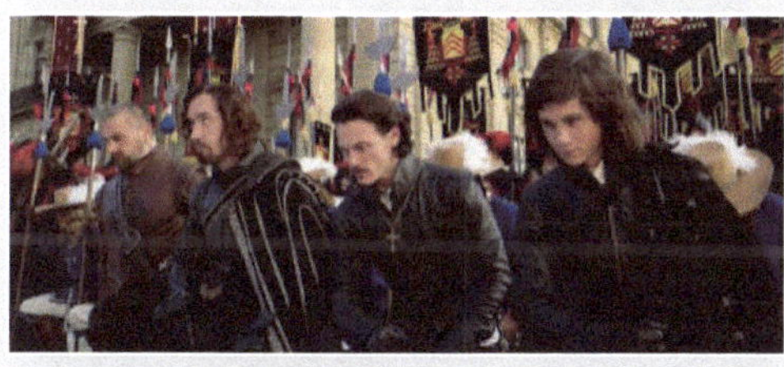

„Die drei Musketiere" (2011)

Der Mantel- und Degenfilm verortet seine Handlung vom 16. bis zum 19. Jahrhundert und kann als zeitlicher Nachfolger des Ritter- bzw. Mittelalterfilms gelesen werden. Die berühmtesten Figuren dieses Subgenres sind Zorro und die Musketiere. Auch hier finden sich die typischen Züge des Swashbucklers.

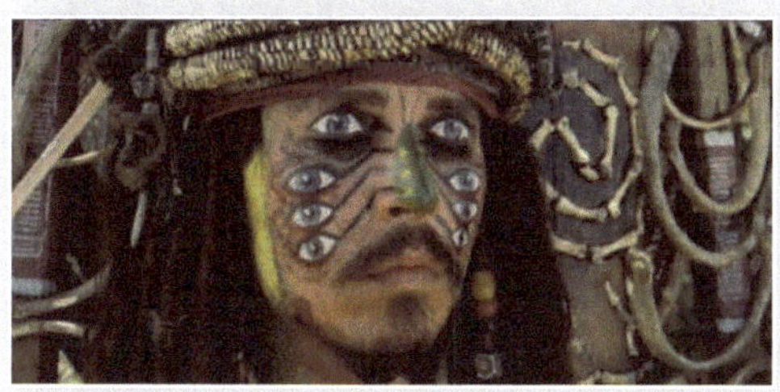

„Fluch der Karibik 2" (2008)

Der Piratenfilm spielt meist auf hoher See oder an exotischen Orten und lässt uns Helden sehen, die außerhalb der gesellschaftlichen Ordnung stehen. Der Pirat bedient durch seine Freiheit von allen Konventionen und gesellschaftlichen Zwängen besonders die eskapistischen Bedürfnisse des Publikums. Die Blütezeit des Piratenfilms ging in den 1950e-Jahren zuende und wurde durch die Fluch-der-Karibik-Filme wiederbelebt. Die Darstellung des Jack Sparrow durch Johnny Depp ist sowohl eine Hommage wie auch eine Parodie des klassischen Piratenfilms.

Subgenres des Abenteuerfilms erkennen

Ordnen Sie diese Filmstills den verschiedenen Subgenres des Abenteuerfilms zu und tragen Sie die nummerierten Buchstaben in das Lösungswort am Ende der Seite ein.

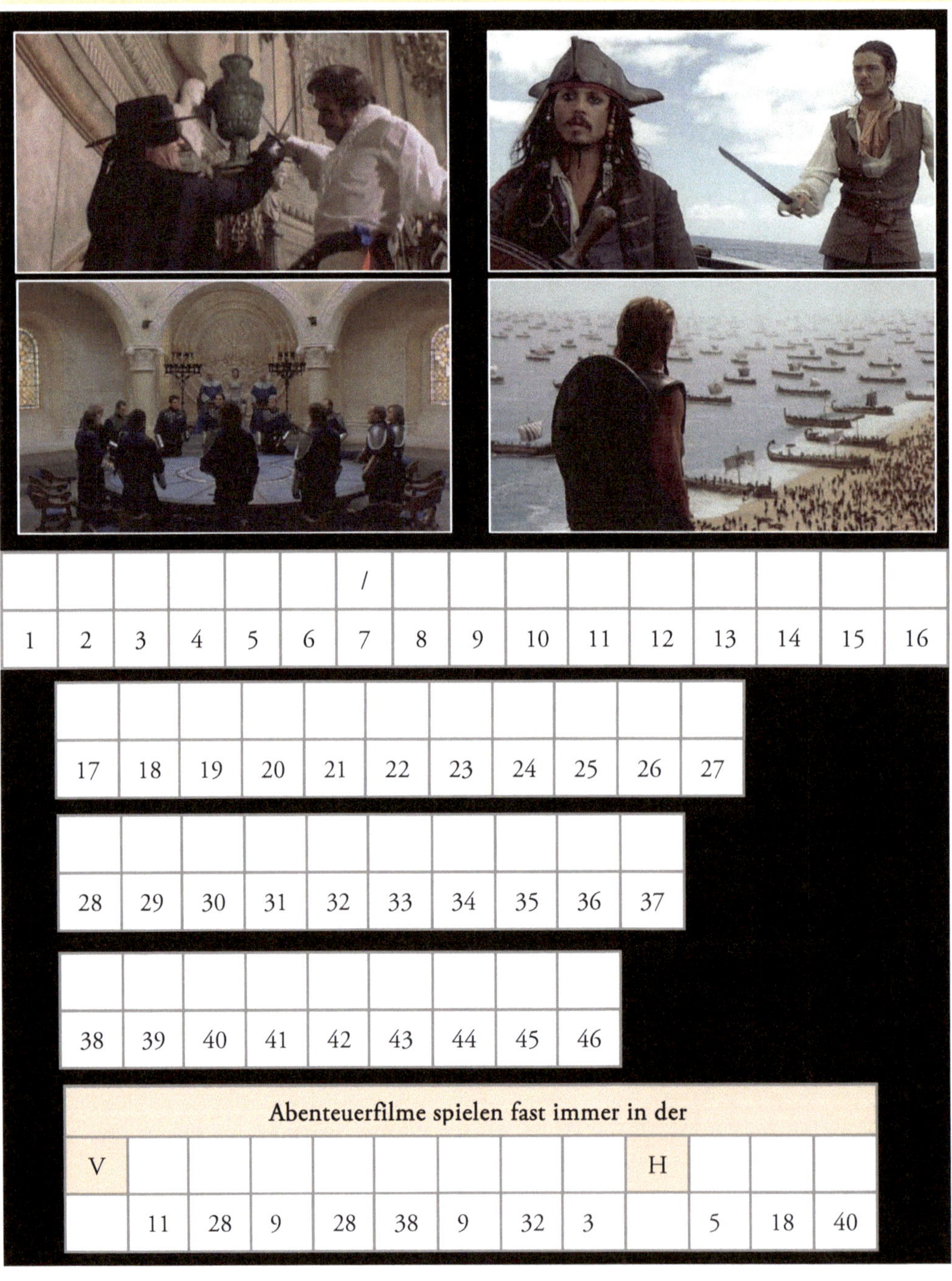

Animationsfilme – Nichts scheint unmöglich

Animation (lat. animare = Leben einhauchen, beseelen) nennt man die Technik, mit der im Film Zeichnungen oder Objekte scheinbar zum Leben erweckt werden. Da das menschliche Gehirn ab einer Frequenz von 16 Bildern pro Sekunde einzelne Bilder nicht mehr getrennt von den vorangegangenen und nachfolgenden wahrnimmt, kann mit der entsprechenden Anzahl von Einzelbildern, die jeweils eine Phase der Bewegung festhalten, der Eindruck eines fließenden Ablaufs erzeugt werden. Damit dieser Effekt entstehen kann, muss der Animator die Bildfrequenz der Wiedergabe von 24 Bildern pro Sekunde im Kino und 25 Bildern pro Sekunde im Fernsehen kennen.[105] Die klassischen Animationstechniken lassen sich in zweidimensionale (z.B. Zeichentrick- und Legetricktrickfilme) und dreidimensionale (Puppentrickfilme und Claymation) Verfahren unterteilen. Seit den 1990er-Jahren sind 2D- und 3D-Computeranimationen populär, in denen externe Bilder am Computer synchronisiert oder komplett am Rechner erstellt werden.[106]

Während beim Realfilm die Kamera eine Folge von Bildern durch die Aufnahme festhält, wird beim Animationsfilm jedes einzelne Bild „frame by frame“ separat aufgenommen. Realfilme halten echte Bewegungen auf dem Film fest, während Animationsfilme bei der Wiedergabe die Illusion von Bewegung erzeugen. Damit können sie alle erdenklichen Bewegungsabläufe zeigen, unabhängig davon, ob sie in der Realität möglich sind oder nicht, der Phantasie sind keine Grenzen gesetzt. Viele Animationsverfahren sind heute Teil der Special Effects im Realfilm (siehe Informationsblatt 46.1 – 46.4) und sollen den Eindruck einer Wirklichkeitsabbildung vermitteln. Im Unterschied dazu möchten echte Animationsfilme auch als solche erkennbar sein. Etwas vereinfacht lasssen sich folgende Formen und Techniken des Animationsfilmes unterscheiden:

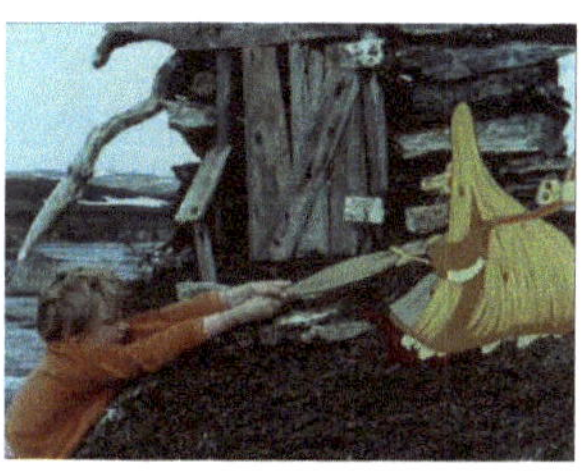

Kombination aus Real- und Animationsfilm in „Dunderklumpen!“ (1974)

Zeichentrickfilme (2D)

Der Ausgangspunkt jedes Zeichentrickfilms ist eine Vielzahl von Einzelbildern, die per Hand meist auf Folien gezeichnet werden. Kleine Veränderungen von Bild zu Bild bewirken bei der Wiedergabe langsame Bewegungen, große Abweichungen dienen der Beschleunigung.

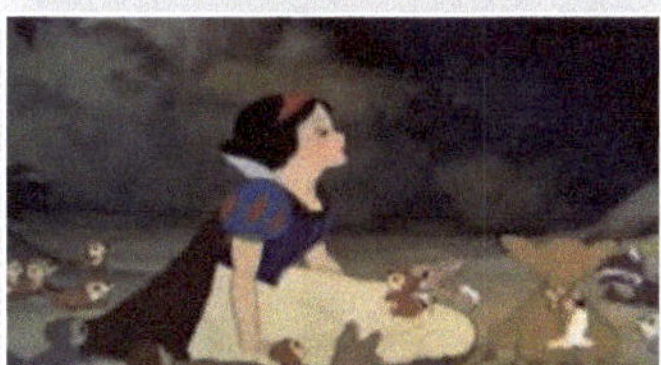

„Schneewittchen und die sieben Zwerge“ (1937) – der erste abendfüllende Zeichentrickfilm der Walt-Disney-Studios.

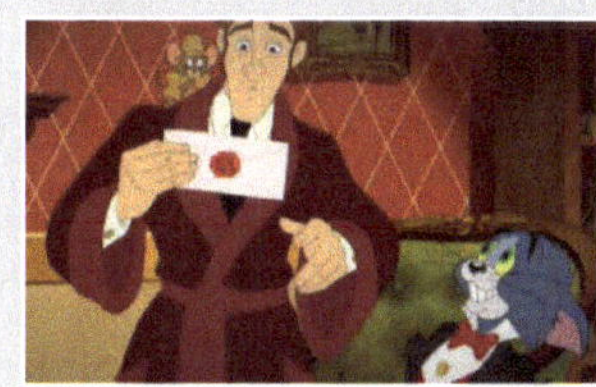

„Tom und Jerry als Sherlock Holmes & Dr. Watson“ (2010) – seit den 1940er-Jahren sind Tom und Jerry die häufigsten Oscargewinner im Zeichentrickfilm.

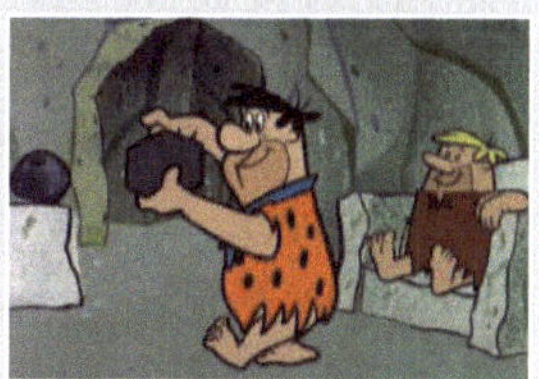

„Familie Feuerstein“ (1960) war bis zu den Simpsons (1997) die erfolgreichste Zeichentrickfilmserie.

Legetrickfilme (2D)

verwenden ausgeschnittene Figuren oder Figurenteile, die auf eine Fläche gelegt, einzeln bewegt und von oben gefilmt werden. Für den Legetrick können verschiedene Materialien wie Papier, Stoff, Pappe, Fotos usw. verwendet werden. Eine besondere und sehr frühe Form dieser Tricktechnik ist der Silhouettenfilm (Scherenschnitt).

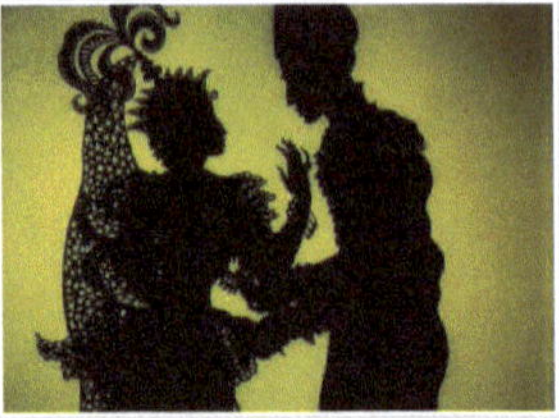

„Die Abenteuer des Prinzen Achmed“ (1926) – der älteste noch erhaltene animierte Langfilm

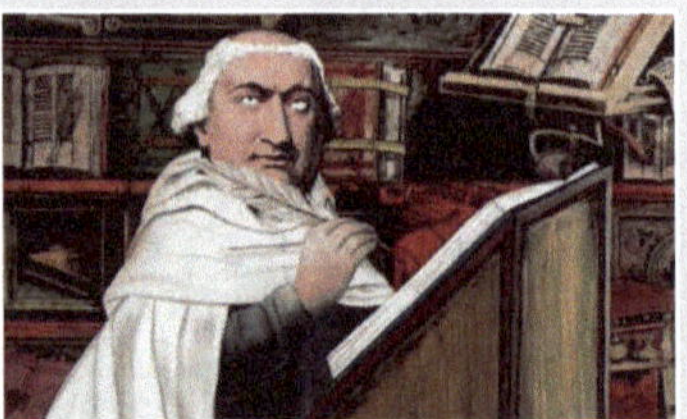

„Der Ritter der Kokosnuss“ (1975) – Tricksequenzen im Realfilm

Puppentrickfilme (3D)

basieren auf der Stopp-Motion-Technik, bei der keine Bilder, sondern Objekte Aufnahme für Aufnahme (frame by frame) separat verändert und fotografiert werden. Während beim Puppentrickfilm die Glieder der Figuren schrittweise bewegt werden, spricht man beim abgefilmten Puppentheater vom Puppenfilm.

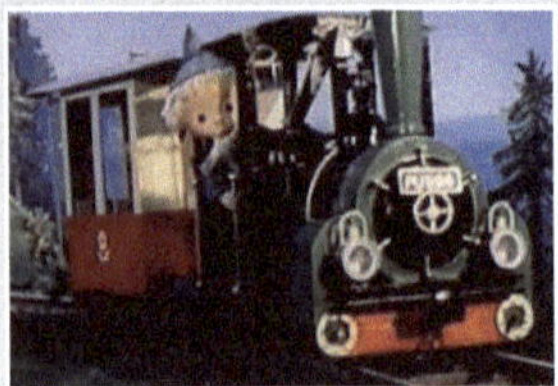

„Unser Sandmännchen“ – allabendlicher Puppentrickfilm des Fernsehens seit 1959

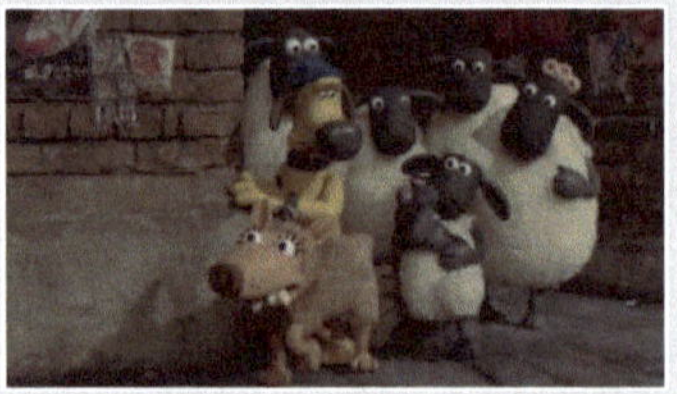

„Shaun das Schaf – der Film“ (2015) – der erfolgreiche Knetanimationsfilm aus Großbritannien

Computeranimationen

können externe Bilder am Computer synchronisieren oder diese auch komplett am Rechner erstellen. Dabei ist es nicht mehr nötig, jedes einzelne Bild separat zu erzeugen. Stattdessen werden häufig die Daten der Objekte in 2D oder 3D als Grundlage verwendet und Informationen über die Gestaltung und Bewegung zusammengefügt, sodass jedes Einzelbild berechnet werden kann.

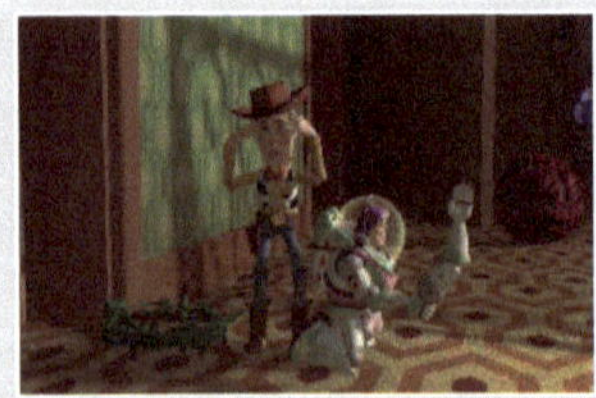

„Toy Story“ (1995) ist der erste komplett am Computer entstandene Animationsfilm.

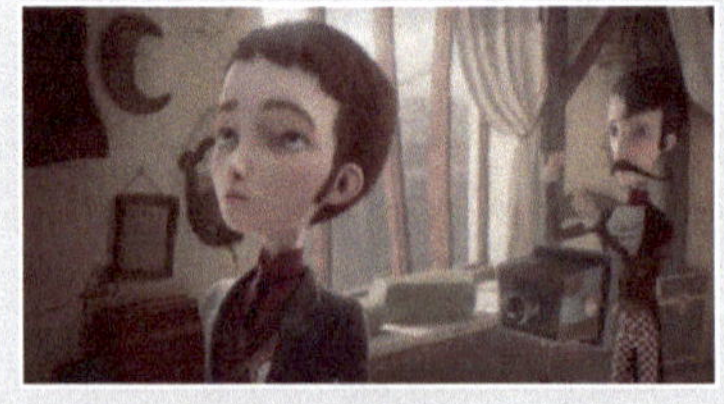

„Jack und das Kuckucksuhrherz“ (2013) – eine Verbindung der Tricktechniken. Der Held trifft auf den Erfinder des Filmtricks Georges Méliès.

Welche Arten der Animationstechnik erkennen Sie in den hier abgebildeten Filmstills? Finden Sie heraus, welcher Film keine Animation zeigt. Animationsfilme können sich der Erzählmuster, Motive und Handlungsschemata aller Filmgenres bedienen. Welchen Filmgenres ordnen Sie diesen Filmen zu?

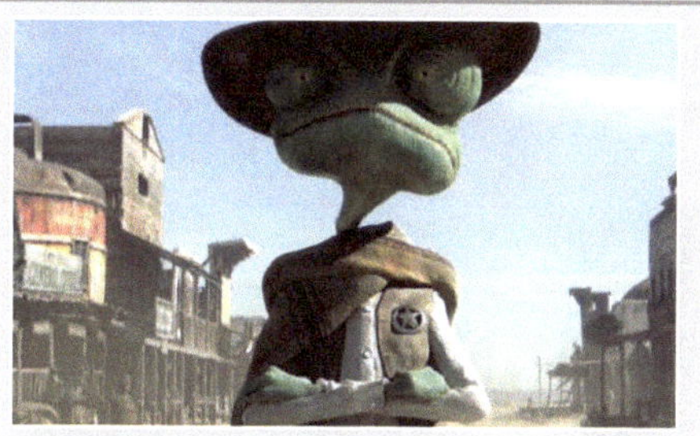

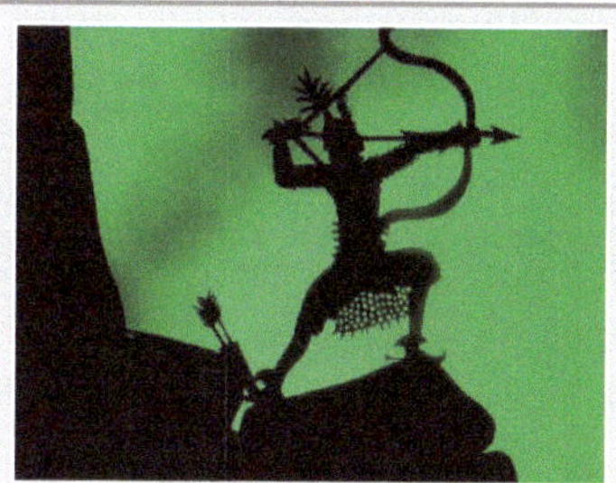

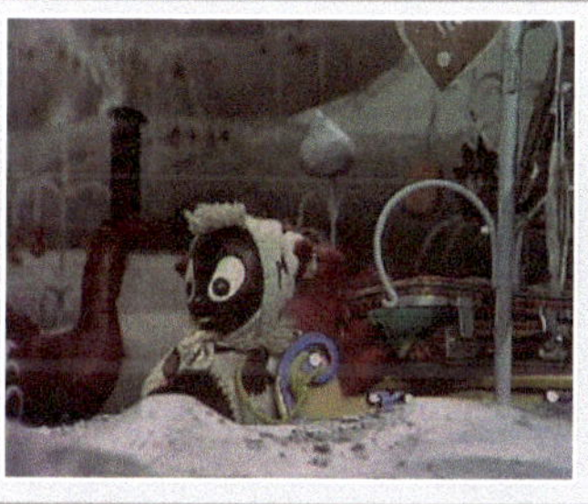

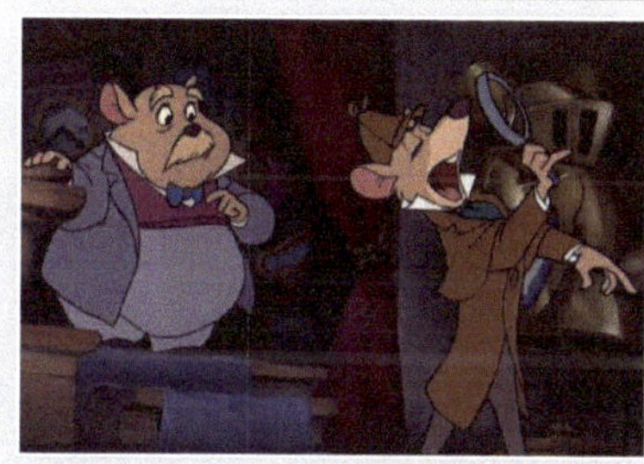

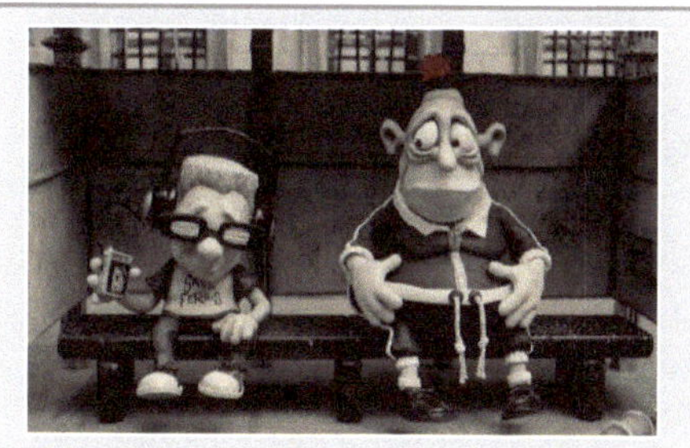

Animationsfilme – Gattung oder Genre?
Während mit dem Begriff des *Filmgenres* Gruppen von Spielfilmen mit gemeinsamen Merkmalen zusammengefasst werden, teilt der übergeordnete Begriff *Filmgattung* sie nach ihrer Form in Spiel-, Dokumentar- und Experimentalfilme. Die Zuordnung der Animationsfilme ist in der Literatur nicht einheitlich geregelt und sie werden manchmal als Gattung oder als Genres bezeichnet. Welche Zuordnung nehmen Sie vor und welche Gründe sind für Sie ausschlaggebend?

Visuelle Verweise auf die Geschichte des Animationsfilms in „Persepolis"

Im Film „Persepolis" finden sich auch visuelle Zitate aus Lotte Reinigers Film „Die Abenteuer des Prinzen Achmed". Dieser Verweis kann als Hommage an diesen ersten abendfüllenden Animationsfilm der Filmgeschichte gelesen werden, welcher als Silhouettenfilm (Scherenschnitt) zwischen 1923 und 1926 in Deutschland entstand. Der Begriff Silhouette beruht auf einem Spitznamen des französischen Finanzministers Marquis de Silhouette, der im 17. Jahrhundert der Verschwendung des Hofes starke Sparmaßnamen entgegensetzte. Deshalb wurden auch anstelle der teuren Miniaturmalereien Profilporträts aus schwarzem Papier ausgeschnitten und „à la Silhouette" genannt. [107]

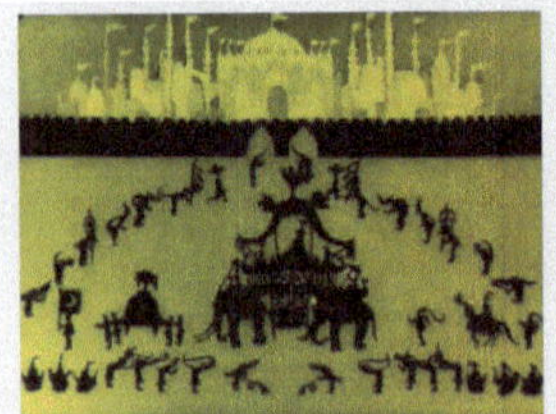
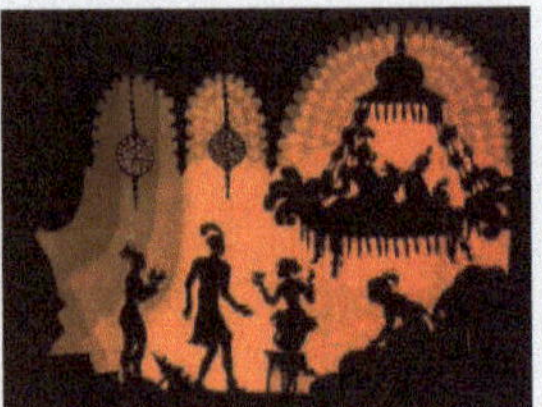
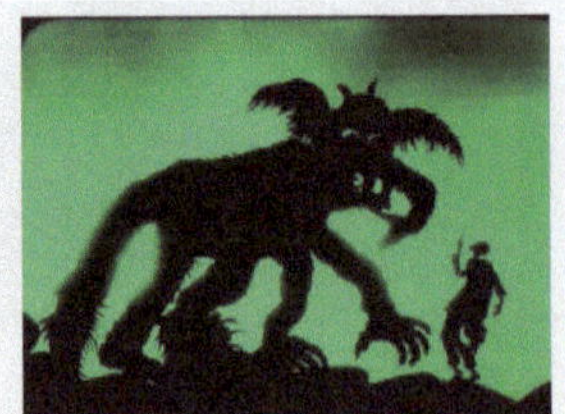

Der Silhouettenfilm erzählt in fünf Akten die Geschichte eines Prinzen, dessen Abenteuer den Märchen aus Tausendundeiner Nacht entlehnt sind.

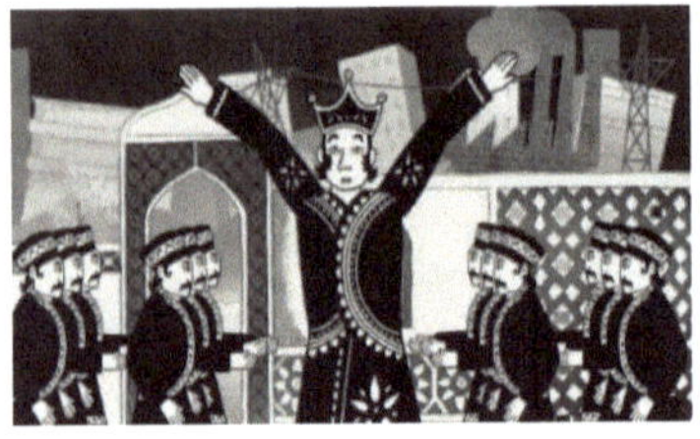

„Persepolis"

Lotte Reiniger hatte mit ihrem Team in drei Jahren 250.000 Einzelbilder für den Film „Die Abenteuer des Prinzen Achmed" hergestellt und aufgenommen, von denen schließlich ca. 96.000 den fertigen 65-minütigen Film ausmachen.
Dieser enorme Aufwand wurde kurz nach der Uraufführung 1926 auch in der Presse gewürdigt, die Kritiken dieser Zeit fielen aber insgesamt eher ablehnend aus. So schrieb damals Hans Wollenberg:

> „Aber alle diese Qualitäten können nicht darüber hinweghelfen, dass die Silhouette, die im letzten Grund auf die Seele, auf das Gesicht verzichten muss, nicht tragfähig ist, einen ganzen Abend zu füllen. Es bleibt eine Angelegenheit der empfindsamen Haut, es trifft nicht das Herz da, wo es menschlich mitfühlt. Ein Silhouetten-Einakter von Lotte Reiniger wird nicht nur ein künstlerischer Genuß sein, sondern wird auch seinen Zweck im Kino erfüllen. Aber fünf Akte sind zuviel für eine Kunstform, die von vornherein dazu bestimmt ist, ein flüchtiges Spiel zu sein, eine angenehme ästhetische Unterhaltung – die aber überall da versagen muß, wo Herz zu Herzen spricht." [108]

Teilen Sie diese Meinung? Welche Vor- und Nachteile kann ein Film in der Technik des Scherenschnittes aufweisen? Recherchieren Sie weitere Filme von Lotte Reiniger und stellen Sie fest, ob sich nach der Etablierung des Tonfilms 1927 ihre Filme in der Wahl der Motive und in ihrer Gestaltung geändert haben.

Filmwirkungen

Filmzitate im Videoclip

Musikvideos sind „...drei- bis fünfminütige Videofilme, in denen ein Musikstück (Pop- oder Rockmusik in allen Spielarten) von einem Solointerpreten oder einer Gruppe in Verbindung mit unterschiedlichen visuellen Elementen präsentiert wird".[109] Um die Erscheinungsformen von Musikvideos zu kategorisieren, existieren verschiedene Klassifizierungsmodelle. Ein Modell wurde von Michael Altrogge vorgestellt, in dem er vier miteinander kombinierbare Darstellungsebenen unterscheidet:[110]

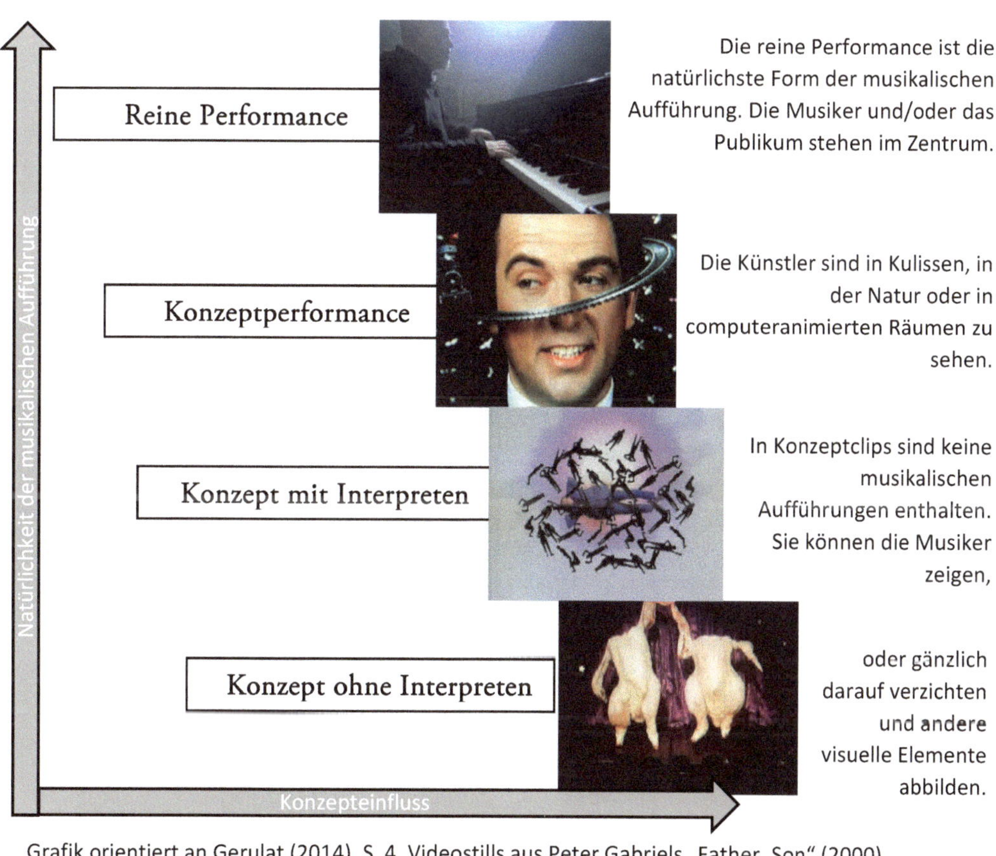

Grafik orientiert an Gerulat (2014), S. 4. Videostills aus Peter Gabriels „Father, Son" (2000), „Sledgehammer" (1986) und „Blood of Eden" (1992).

Auf der nächsten Seite sind Abbildungen aus Musikclips zu sehen, die den Film „Metropolis" zitieren. Schauen Sie sich die dazugehörenden Videoclips im Internet an und klassifizieren Sie die Darstellungsebenen. Welche Funktionen übernehmen die unterschiedlichen Bezüge zum Film „Metropolis"? Finden Sie noch andere Musikvideos, die sich von Metropolis inspirieren ließen?

Metropolis sei Dank!

Der Film „Metropolis" hat sich fest im visuellen Gedächtnis und in der internationalen Bildsprache etabliert. Dieser Querschnittsfilm zwischen Expressionismus und Neuer Sachlichkeit nimmt heute den Status eines „Urtextes" ein, der als unerschöpfliche Quelle Anregungen für zahlreiche weitere Medien gab und gibt.[111]

Besonders häufig finden sich Bezüge zu „Metropolis" im Genre der Videoclips. So veröffentlichte die Popgruppe Queen 1984 das Musikvideo „Radio Gaga", in dem der Regisseur David Mallet Ausschnitte der gekürzten und neu bearbeiteten Fassung des Filmes durch Giorgio Moroder (1984) mit szenischen Filmzitaten des Sängers Freddie Mercury kombinierte. Eines der aufsehenerregenden Videoclips der Postmoderne gelang dazu auch Madonna 1989 mit „Express Yourself".

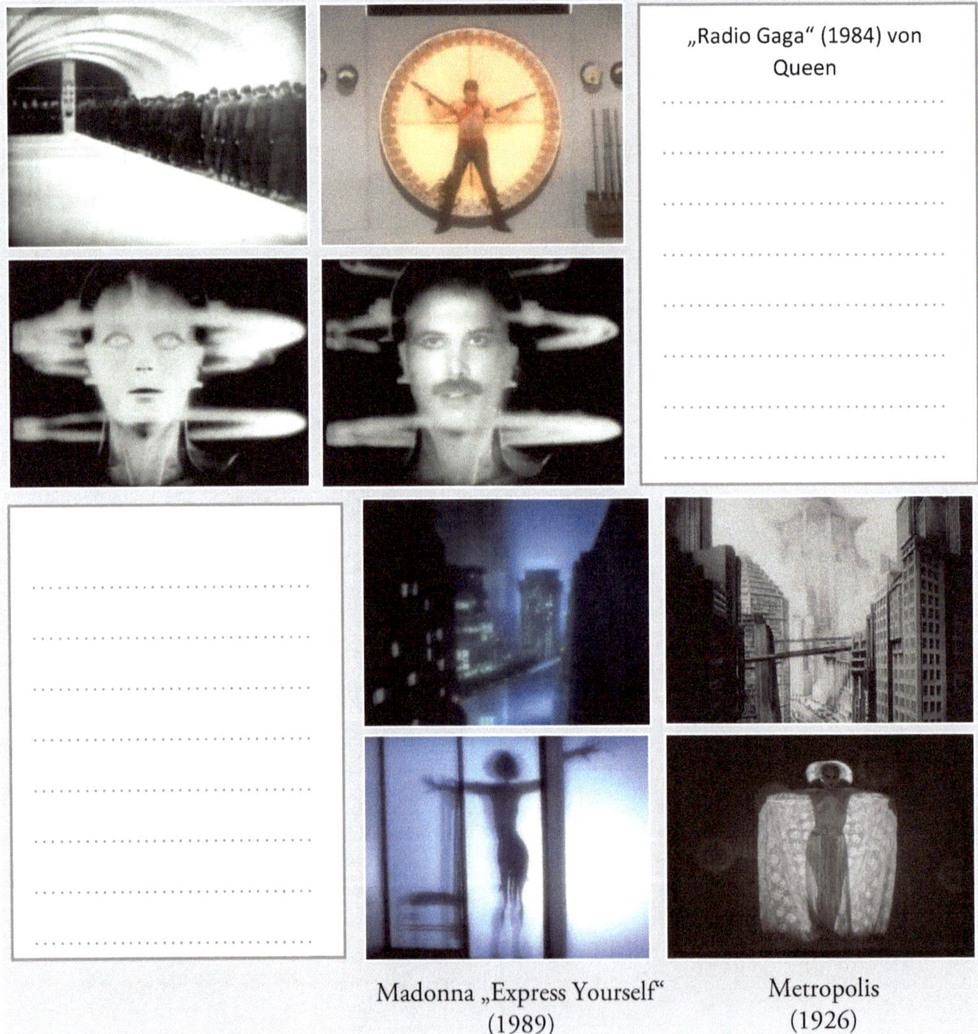

Madonna „Express Yourself" (1989)

Metropolis (1926)

Filmzensur in der Weimarer Republik

Bis zum Ersten Weltkrieg lag die Filmzensur in der Verantwortlichkeit der örtlichen Polizeibehörden. Danach wurden in den deutschen Hauptzentren der Filmindustrie Berlin und München Filmprüfstellen eingerichtet. Ihre Entscheidungen hatten gerichtliche Funktionen und galten im ganzen Reich. Länderregierungen konnten einen Antrag auf Widerruf stellen. In solchen Fällen wurde die übergeordnete Institution, die Oberprüfstelle in Berlin, aktiv und prüfte den Film erneut.[112] Der Film „Panzerkreuzer Potemkin" (1925) kann auf eine wechselvolle Aufführungsgeschichte in Deutschland zurückblicken. Zwischen März und Juli 1926 wurde das Werk mehrmals geprüft. Einem Aufführungsverbot folgte eine Zulassung unter Schnittauflagen und durch den Einspruch einiger Länder wieder ein Verbot. Diese Entscheidungen sind im Bundesarchiv-Filmarchiv als Teil der mehr als 40.000 bewahrten Zulassungskarten einsehbare Quellen für die Rezeptionsgeschichte historischer Filme.[113]

Filmprüfstelle Berlin. Berlin, den 24. März 1926.

Kammer II. Prüfnr. 12595.

N i e d e r s c h r i f t .

Anwesend

a) als Vorsitzender:
Reg. Rat Goetz.

b) als Beisitzer:
Herr Baermann (Lichtspielgewerbe)
Herr Major Schweitzer (Kunst und Literatur)
Prof. Hildebrandt (Volkswohlfahrt
Frau Dammann " " " "

Betrifft den Bildstreifen:
" Das Jahr 1905 (Panzerkreuzer Potemkin)
Antragsteller: Albert Angermann, Hamburg)
Ursprungsfirma: Goscino, Moskau.

Eine Erklärung der Beisitzer, daß sie befangen seien wurde nicht abgegeben.

c) als Jugendlicher: Leberecht.

d) als Sachverständige: Herr Geh-Leg. Rat Sievers, Dr. Freiherr von Mentzingen vom Auswärtigen Amt
" " " vom Reichswehrministerium: Herr Hauptmann Ritter von Speck
" " " vom Reichskommissariat für Überwachung der öffentlichen Ordnung: Herr Oberreg. Rat Mühleisen.

Für den Antragsteller sind erschienen: Frau Mellini, Herr Pfeiffer.
Der Bildstreifen wurde in folgender Länge vorgeführt:

1. Akt 315 m; 2. Akt 295 m; 3. Akt 308 m; 4. Akt 212 m; 5. Akt 208 m; 6. Akt 279 m = 1617 m.

Die Sachverständigen und der Jugendliche wurden mit Zustimmung der Kammer gehört. Sie äußerten sich, wie die Anlage ergibt.
Nach Wiederherstellung der Öffentlichkeit wurde vom Vorsitzenden folgende

E n t s c h e i d u n g

verkündet:

Die öffentliche Vorführung des Bildstreifens im Deutschen Reiche wird v e r b o t e n .

Entscheidungsgründe:

Die Kammer schloß sich den Gutachten der beiden Sachverständigen vollinhaltlich an und war der Ansicht, daß der Film geeignet sei, die öffentliche Ordnung und Sicherheit dauernd zu gefährden. Es war demnach zu erkennen, wie geschehen.

Die Frage, ob einzelne Scenen des Filmes geeignet sind, verrohend zu wirken, konnte infolgedessen außer Acht gelassen werden.

gez. G o e t z .

Zensurkarte der Filmprüfstelle Berlin vom 24. März 1926

Lesen Sie sich die Zensurkarte auf den Arbeitsblättern 41.1 – 41.2 durch. Welche Argumente wurden von den verschiedenen Prüfstellen für ein Verbot, eine Zulassung unter Schnittauflagen und für ein erneutes Verbot des Filmes angeführt? Berücksichtigen Sie dabei auch die politische Situation zur Zeit der Weimarer Republik. Welche Reaktionen würde heute eine Neuverfilmung mit einer veränderten Personengruppe vielleicht hervorrufen?

Zulassung des Filmes unter Schnittauflagen: Ausschnitt aus der Zensurkarte der Film-Oberprüfstelle Nr. 349 vom 10. April 1926

Es wurde folgende

Entscheidung

verkündet:

I. Die Entscheidung der Filmprüfstelle Berlin vom 24. März 1926 – Nr. 12595 – wird aufgehoben.

II. Der Bildstreifen wird zur öffentlichen Vorführung im Deutschen Reich zugelassen, darf jedoch vor Jugendlichen nicht vorgeführt werden.

Folgende Teile sind verboten:

Ein Kind wird neben seiner Mutter auf den Stufen von einer Salve getroffen. Großaufnahme des blutüberströmten Kindes und seiner Füße, über die andere hinweglaufen, endlich seines Kopfes, über den eine Frau hinwegschreitet.

(Gezeigt werden darf, wie die Frau das Kind aufhebt und den Kosaken mit dem Kind auf dem Arm entgegeneilt.)

Länge: 1,89 m

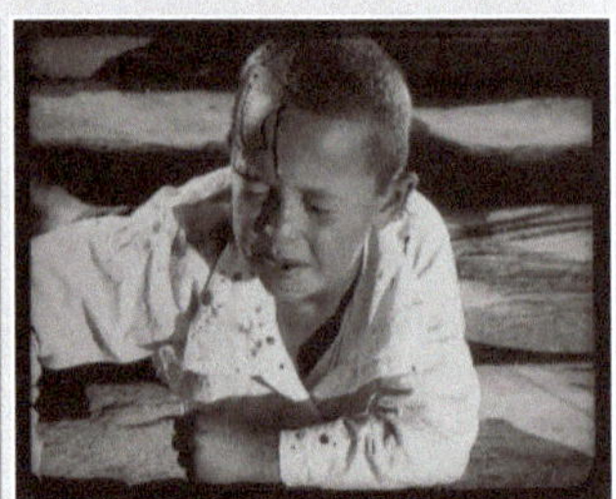

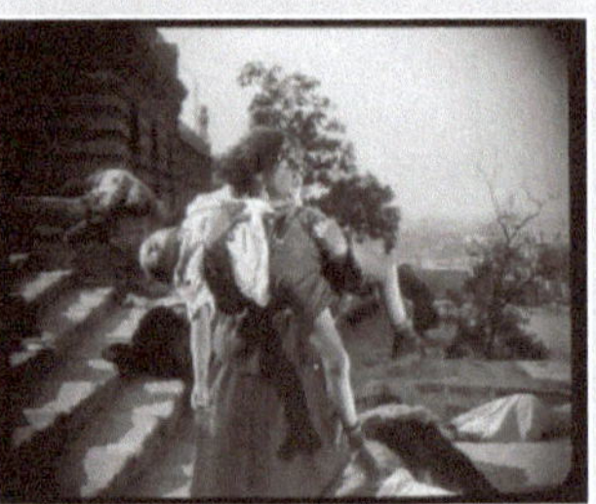

Auf die Zulassung unter Schnittauflagen folgte nach dem Einspruch einiger deutscher Länder ein erneutes Verbot durch die Film-Oberprüfstelle in Berlin am 12. Juli 1926 (Ausschnitt aus der Zensurkarte Nr. 681).

Es wurde folgende *Entscheidung*

verkündet:

I. Die durch die Entscheidung der Filmoberprüfstelle vom 10. April 1926 – Nr. 349 – ausgesprochene Zulassung des Bildstreifens wird widerrufen.

Der Bildstreifen gebe in unverantwortlicher, grob irreführender Weise umstürzlerische Geschehnisse aus der ersten Leninrevolution wieder. Seine Vorführung berge bei der herrschenden Erregung die Gefahr von Zusammenstößen und Gewalttätigkeiten in sich und gefährde damit den inneren Frieden und die Sicherheit des Staates. Die Zulassung des Bildstreifens habe die Öffentlichkeit lebhaft beunruhigt. Die Leitung der bedeutendsten Stuttgarter Lichtspieltheatergruppe habe die Vorführung des Bildstreifens als unmöglich abgelehnt. Seine Beurteilung durch die seiner agitatorischen Tendenz nahestehenden Kreise und die Besprechungen, die er in einem Teil der Presse erfahren habe, kennzeichneten seinen wahren Charakter als den eines tückischen und gefährlichen Griffes an die Kehle des Staates.

Die Filmkritik

In den Anfängen des Kinos dienten Filmkritiken zunächst der Aufmerksamkeitslenkung auf das neue Medium. Mit dem Erscheinen der ersten Fachzeitschriften wie „Der Kinematograph" (ab 1907), „Die Lichtbild-Bühne" (ab 1908) und „Bild und Film" (ab 1912) wandelte sich diese Zielsetzung und diente der Anerkennung von Film als Gegenstand der Kunstbetrachtung. Filmkritiken bildeten in den folgenden Jahrzehnten eine wichtige Grundlage für die Entwicklung filmtheoretischer Auseinandersetzungen, aus der sich in den 1950er-Jahren sogar die französische Stilrichtung der Nouvelle Vague entwickelte.

Auch wenn keine allgemeinverbindlichen Regeln über Inhalt und Aufbau von Filmkritiken existieren, gibt es dennoch einige Strukturelemente, die sich im Lauf der Zeit etabliert haben und die beim Verfassen hilfreich sind.

1. Informationen zum Film:
Titel, Produktionsjahr, Regisseur, Land, Länge des Films, Hauptdarsteller, Filmgenre
Sehr kurze Inhaltsangabe, die das Thema, die Handlung und die Figuren kurz benennt, ohne den Ausgang der Geschichte preiszugeben.

2. Interpretation:
Eine Interpretation eines Filmes kann aus verschiedenen Perspektiven erfolgen und sich auf unterschiedliche Bereiche des Werkes beziehen.
So fokussiert beispielsweise die biografische Filminterpretation auf den Vergleich verschiedener Werke eines Filmregisseurs oder Kameramannes. Mit der historisch-kritischen Interpretation wird die Untersuchung auf die Wirkung des Filmes in seiner Zeit gerichtet. Soziologische Ansätze sehen den Film als Manifestation der Entstehungszeit und leiten daraus Aussagen über die jeweilige Gesellschaft ab. Es hängt vom zu untersuchenden Film, vom individuellen Erkenntnisinteresse und nicht zuletzt auch von der Quellenlage ab, welche Perspektive die brauchbarsten Ergebnisse verspricht.
Darüber hinaus kann sich die Interpretation eines Filmes auf den Inhalt beziehen und sich mit den darin latent oder manifest gewordenen Handlungen, Figuren und Themen beschäftigen. Zum anderen kann auch die Form, wie diese Themen dem Zuschauer präsentiert werden, im Mittelpunkt der Betrachtung stehen. Hier öffnet sich die Vielfalt der filmästhetischen Mittel, die sich in ihrer Gesamtheit aufgrund der Komplexität des Mediums einer Komplettanalyse entzieht. Es ist also wichtig, sich, in Abhängigkeit des betrachteten Filmes, ganz genau zu überlegen, welche Bereiche der Darstellung für die Interpretation des Werkes zentral sein können (die Sprache der Kamera, Montagerhythmus, Atmo-Ton, Musik, Licht und Farbe usw.).

3. Beurteilung
Einen Film zu bewerten bedeutet, eigene und damit zwangsläufig subjektive Meinungen zu positiven und negativen Aspekten zu formulieren und zu begründen. Die übergeordnete Frage ist: Ist der Film sehenswert oder nicht? Oder sollte er bspw. nur von besonderen Zielgruppen oder in speziellen Stimmungen rezipiert werden?

„Metropolis" – ein siamesischer Zwilling?

Der Film „Metropolis" wurde schon kurz nach der Uraufführung am 10. Januar 1927 im Berliner Ufa-Palast sehr kontrovers diskutiert. Der Grundtenor der meisten Meinungen lässt sich in der Verurteilung der als Sozialkitsch empfundenen Story und einem Lob der modernen filmischen Effekte und der grandiosen Bilderwelt zusammenfassen. Kurz gesagt: ein Antagonismus zwischen Inhalt und Form oder wie der Filmwissenschaftler Thomas Elsaesser (2000a, S. 101) zusammenfasst „toller Film, wenn nur die Geschichte nicht wäre".
Auf dieser Seite finden Sie zwei Wertungen des Filmes aus dem Aufführungsjahr 1927. Stimmen Sie mit diesen Einschätzungen überein? Verfassen Sie selbst eine etwas ausführlichere Filmkritik und nutzen Sie dafür die strukturellen Hinweise der vorherigen Seite.

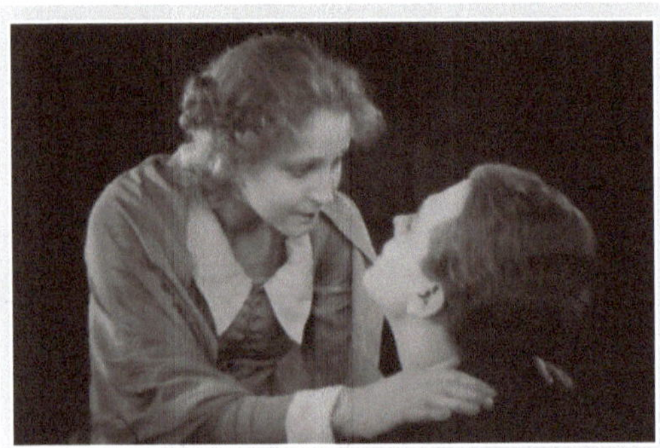

„*Metropolis* ist nicht ein Film, *Metropolis* ist zwei Filme, am Bauch aneinandergeklebt, aber mit unterschiedlichen, extrem antagonistischen geistigen Ansprüchen. Wer den Film als diskreten Geschichtenerzähler betrachtet, erlebt bei *Metropolis* eine herbe Enttäuschung. Was uns hier erzählt wird, ist trivial, schwülstig, pedantisch, von einem übermächtigen Romantizismus. Aber wenn man sich nicht auf die Anekdote, sondern auf den plastischen fotogenen Hintergrund konzentriert, dann übertrifft *Metropolis* alle Erwartungen, erstaunt einen wie das wunderbarste Bilderbuch, das je geschaffen wurde..."

Der Filmemacher Luis Buñel am 1.Mai 1927 in der Zeitung La Gaceta Literaria[114]

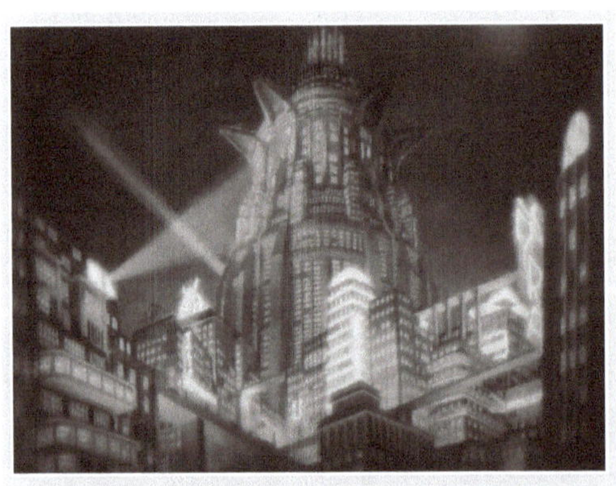

„Ich habe gerade den allerdümmsten Film gesehen. Ich glaube nicht, dass es möglich wäre, einen noch dümmeren zu machen. Er heißt Metropolis und kommt von den großen Ufa-Studios in Deutschland, und dem Publikum wird zu verstehen gegeben, dass er mit einem enormen Budget produziert wurde. Originalität gibt es keine darin. Auch keinen eigenständigen Gedanken. Keinen einzigen Moment lang glaubt man irgendetwas von dieser blödsinnigen Geschichte. Man kann nicht einmal darüber lachen. Es gibt keine einzige gut aussehende, sympathische oder lustige Figur in der Besetzungsliste. Mein Glaube an das deutsche Unternehmertum hat einen Schock erlitten. Sechs Millionen Mark! Was für eine Verschwendung!"

Der Schriftsteller Herbert George Wells im April 1927 in der New York Times[115]

Das Kapitel „Filmproduktion“ kann an dieser Stelle die aktive Medienarbeit selbsterstellter Filme in pädagogischen Kontexten nur sehr allgemein und verkürzt darstellen und soll, ergänzend zu Publikationen wie sie beispielsweise von Klaus Weller mit „Film School“ (2015), von Alexander Altendorfer mit „Stop Motion Animation“ (2016) und von Robert Blofield „Film ab!“ (2016) vorliegen, benutzt werden.
Sie können dieses Kapitel auch als Ausgangspunkt nehmen und sich in den einzelnen Arbeits- und Produktionsphasen Schritt für Schritt davon inspirieren lassen, welche kreativen Lösungen Filmschaffende vor Ihnen gefunden haben.

Das Exposé

soll in wenigen Sätzen die Filmidee beschreiben, das Besondere einer Geschichte und die zentralen Figuren vorstellen. Solch eine Ideenskizze als Vorlage für die weitere Ausarbeitung eines Drehbuchs kann eine bis vier Seiten lang sein. Auch wenn die Exposés in Form und Umfang stark voneinander abweichen, haben sich gängige Praktiken etabliert, die das Schreiben und Lesen dieser Vorstufen des Drehbuchs erleichtern.[116]

Das Deckblatt mit

Titel und Autoren
Schlagzeile und Zusammenfassung
Kurzinhalt

Seite 2 Skizzierung der Figuren

Die wichtigsten Charaktere werden kurz vorgestellt, ihre Verbindungen zueinander skizziert und ihre Handlungsmotivationen und Konflikte dargestellt.

ab Seite 3 Ablauf der Handlungsschritte

In der **Schlagzeile** wird die Handlung des Filmes in einem Satz zusammengefasst, dieser sollte die handlungstragende Person zum Gegenstand haben.

Die **Zusammenfassung** der Handlung kann aus vier Sätzen bestehen und beschreiben, was zuerst (1), anschließend (2) und am Ende (3) der Geschichte passiert und worum es im Film gehen soll (4).

Der **Kurzinhalt** führt diese vier Sätze etwas weiter aus und sollte nicht mehr als 1.000 Buchstaben umfassen. Nebenhandlungen können, falls die Schilderung nicht zu umfangreich ausfällt, auch erwähnt werden. Der Text sollte in der Gegenwartsform geschrieben werden. Sind zeitliche Rückblenden vorgesehen (Flashbacks) werden diese in der Vergangenheitsform geschildert.

Die zentralen **Figuren** werden mit jeweils max. zwei Sätzen beschrieben und ihre Funktion in der Geschichte vorgestellt. Äußere Kennzeichen werden nur erwähnt, sofern diese für die Handlung wichtig sind.

Nach dem Lesen des Exposés sollten folgende Fragen beantwortet werden können:

- Wann und wo spielt die Geschichte?
- Was sind die wichtigsten Charaktere des Films?
- Worin bestehen der Konflikt und der Höhepunkt des Films?
- Wie entwickelt sich die Geschichte?
- Wie endet der Film?

Das Exposé zum Film „Der große Diktator“

Stellen Sie sich vor, Sie wären Charlie Chaplin und möchten andere Filmschaffende von Ihrer Filmidee überzeugen. Wie hätte das Exposé zum Film „Der große Diktator“ aussehen können? Diese Übung kann Ihnen helfen, eigene Filmideen in Form eines Exposés zusammenzufassen.

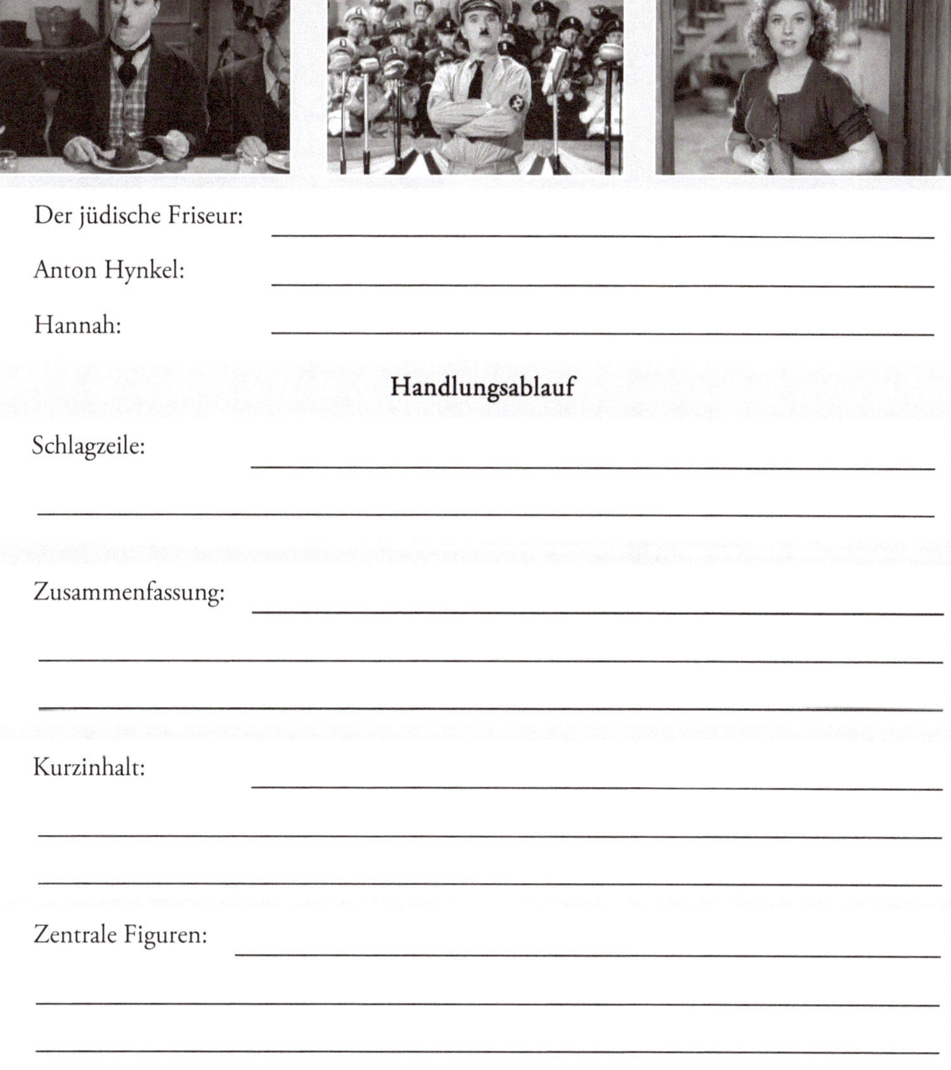

Figurenskizzen der Hauptfiguren

Der jüdische Friseur: ______________________

Anton Hynkel: ______________________

Hannah: ______________________

Handlungsablauf

Schlagzeile: ______________________

____

Zusammenfassung: ______________________

____

____

Kurzinhalt: ______________________

____

____

Zentrale Figuren: ______________________

____

____

____

Das Drehbuch

ist die textliche Grundlage eines Filmes und dient der Strukturierung der Handlung. Die Schilderung des Handlungsverlaufs erfolgt in Szenen, welche räumlich oder zeitlich voneinander abgrenzbar sind. Jede Szene beginnt mit einer ÜBERSCHRIFT, die angibt, wo und wann die folgenden Ereignisse spielen (INN. – für innen, AUSS. – für außen, TAG, NACHT usw.).

Wenn eine Filmfigur das erste Mal erscheint, folgt eine kurze Beschreibung mit ein oder zwei Charakteristika der Person. Kamerabewegungen oder -einstellungen werden nur in Ausnahmefällen erwähnt. Die meisten Drehbücher bestehen zum größten Teil aus Dialogen, welche mit dem Namen des Sprechenden in Großbuchstaben beginnen. Als Faustregel gilt: Eine Drehbuchseite entspricht etwa einer Minute Film.

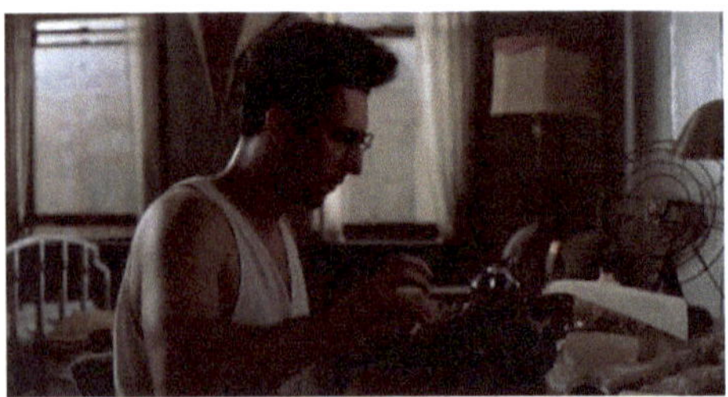

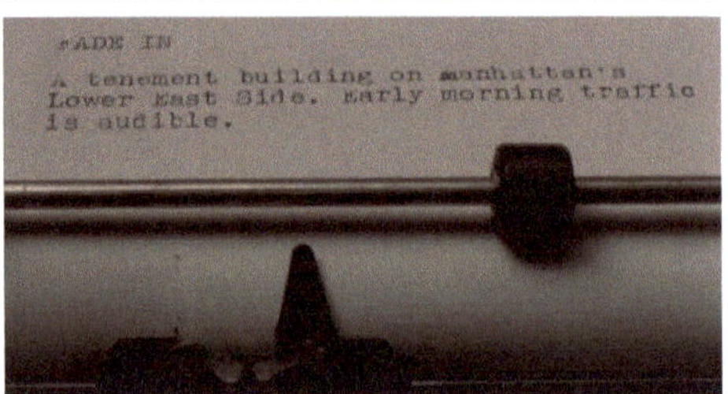

Der Film „Barton Fink“ (1991) erzählt von den Schwierigkeiten der Drehbuchautoren im kreativen Prozess des Schreibens und innerhalb der gewinnorientierten Filmindustrie.

Das Storyboard

ist die Visualisierung des textbasierten Drehbuchs und kann als Handzeichnung auf Papier oder Karton skizziert oder am Computer erstellt werden. Diese Anschlussskizzen (Continuity Sketches) dienen als Vorstufe der Regie und können auch Informationen zu den Einstellungsgrößen, Kameraperspektiven und -bewegungen wie auch zu den Bewegungen der Akteure liefern. Storyboards sind also ein Hilfsmittel zur Visualisierung einer Filmidee. Sie liefern in unterschiedlichen Formen und Formaten als lineare Bildfolge Richtlinien für den Dreh und werden von fast allen am Set beteiligten Personen als Kommunikationsmittel genutzt. Für die Präsentation werden diese Zeichnungen häufig auf schwarzen Karton aufgezogen und auf Stellwänden ausgehangen.[117] Mit der Erstellung eines Storyboards eng verwoben ist auch die visuelle Gestaltung der Szenenbilder, die als Kulisse den Raum für das Spiel der Schauspieler schaffen und in Form von Zeichnungen oder Modellen gestaltet werden können.

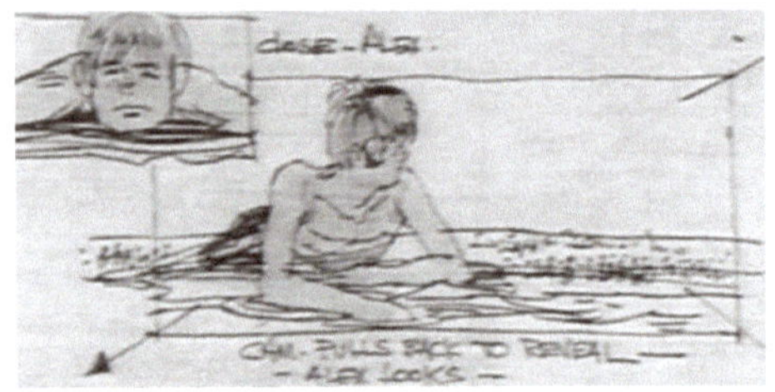

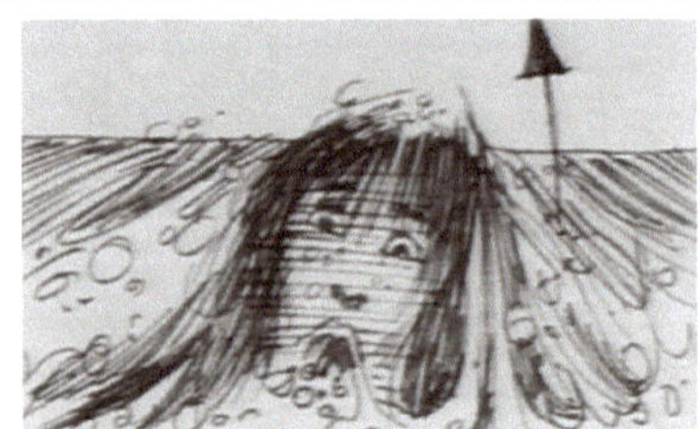

Auszüge aus dem Storyboard zum Film „Der weiße Hai“ (1975) von Tom Wright.

Vom Drehbuch über das Storyboard zum Film

Lesen Sie sich den kurzen Drehbuchauszug des Filmes „Inglourious Basterds“ durch und visualisieren Sie den Text in Form eines Storyboards. Sie können dazu auch die Vorlage des Arbeitsblattes 46.3 nutzen und ggf. Angaben zu Besonderheiten der Lichtgestaltung und der Kamerabewegungen (siehe IB 15.1 – 15.2 und 19.1 – 19.3) ergänzen.
Drehbücher und Storyboards werden selten unverändert beim Dreh und während der Postproduktion umgesetzt. Schauen Sie sich die filmische Umsetzung von Quentin Tarantino und seinem Kameramann Robert Richardson an (TC 0:51:45 – 0:52:50). Vergleichen Sie diesen Filmausschnitt mit der Drehbuchvorlage und Ihrem Storyboard-Entwurf. Welche Variante finden Sie am besten filmisch umgesetzt und warum?

Auszug aus dem Drehbuch „Inglourious Basterds“: Drittes Kapitel „Eine deutsche Nacht in Paris“[118]

Oberst Landa führt die junge untergetauchte Jüdin zu einem kleinen Tisch auf der Terrasse vor dem Maxim.

Die flüssige und elaborierte Art, wie der SS-Judenjäger Französisch spricht, offenbart dem Publikum, dass seine Monsieur LaPadite gegenüber vorgetäuschte Unbeholfenheit in der Anfangsszene des Films bloße Verhörtaktik war.

Sie sprechen FRANZÖSISCH, ENGLISCH

UNTERTITELT;

OBERST LANDA
Haben Sie hier den Strudel schon probiert?

SOSHANNA
Nein.

OBERST LANDA
Gar nicht mal übel. Also, wie ist es zu dieser Bekanntschaft zwischen Ihnen und dem jungen Gefreiten gekommen?

Als sie antworten will, tritt ein Kellner an den Tisch.

OBERST LANDA
Ja, zwei Strudel, einen für mich und einen für Mademoiselle. Eine Tasse Espresso mit einem Kännchen geschäumter Milch, separat. Für Mademoiselle ein Glas Milch.

Im Licht der Tatsache, dass Shoshanna auf einem Milchbauernhof aufgewachsen ist und sich auf einem solche befand, als ihr Apfelstrudelfreund ihre gesamte Familie ermorden ließ, erscheint der Umstand, dass er für sie ein Glas Milch bestellt…vorsichtig ausgedrückt…irritierend.
Der Schlüssel zu Oberst Landas Macht und – oder – Charme, je nachdem, auf welcher Seite man steht, liegt in seiner Fähigkeit, einem Gegenüber das Gefühl zu geben, mit seinen Geheimnissen bestens vertraut zu sein.

Der Kellner geht ab.

OBERST LANDA

Also, Mademoiselle, Sie wollten mir etwas erklären…?

SHOSHANNA

(furchtsam)

Bis vor ein paar Tagen wusste ich noch nichts von dem Gefreiten Zoller oder seinen Heldentaten. Für mich war er ein Kinobesucher wie jeder andere. Wir haben uns nur ein paarmal unterhalten, aber –

OBERST LANDA

Mademoiselle, wenn ich unterbrechen darf. Dies hier ist eine reine Formalität, Sie müssen keinerlei Befürchtungen haben.

Der Strudel kommt.

Der Oberst wirft einen Blick darauf und sagt zum Kellner;

OBERST LANDA

Es tut mir leid, ich hab die Schlagsahne vergessen.

KELLNER

Kommt sofort.

Geht ab.

Exkurs: „Die Glückskinder" (1936)

Einige Sekunden vor diesem Dialog nennt der Reichsminister für Volksaufklärung und Propaganda und Präsident der Reichskulturkammer Joseph Goebbels (gespielt von Sylvester Groth) mehrfach den Film „Glückskinder", den er in Emmanuelles Kino abends sehen möchte.

Der Film gehört zu den ca. 900 Spielfilmen des Unterhaltungskinos, die während der Zeit des Nationalsozialismus produziert wurden. Die Ufa-Stars Lilian Harvey und Willy Fritsch konnten in dieser wortwitzigen Beziehungskomödie erfolgreich an den amerikanischen Stil der Screwball-Comedy anknüpfen.

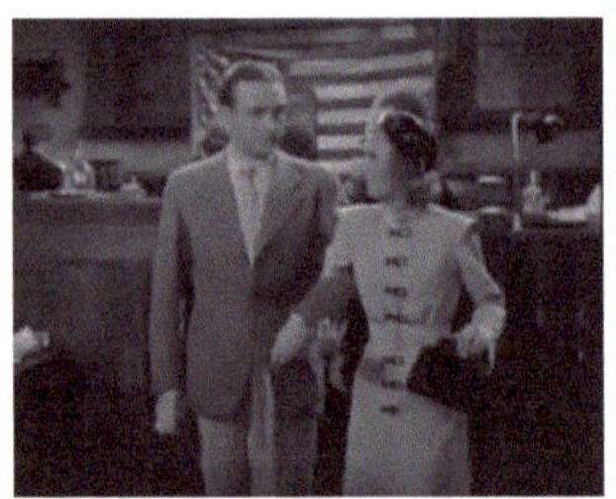

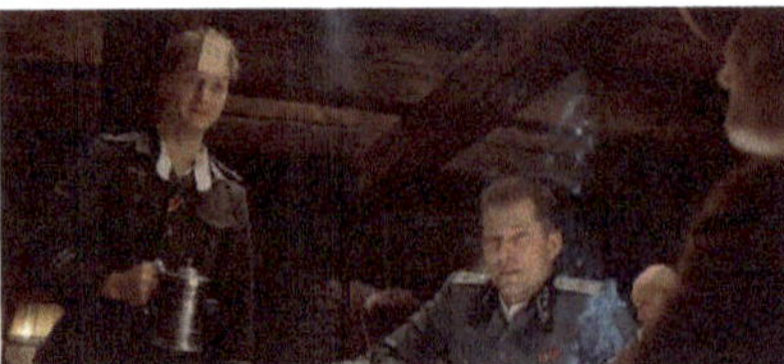

TC 1:12:50 – 1:14:30

Das von Lilian Harvey und Willy Fritsch gesungene Lied „Ich wollt, ich wär ein Huhn" aus „Glückskinder" wurde ein Gassenhauer und auch in der Coverversion der Comedian Harmonists 1936 ein Erfolg. Im Film „Inglourious Basterds" hören wir ihn als Soundtrack in der Tavernenszene.

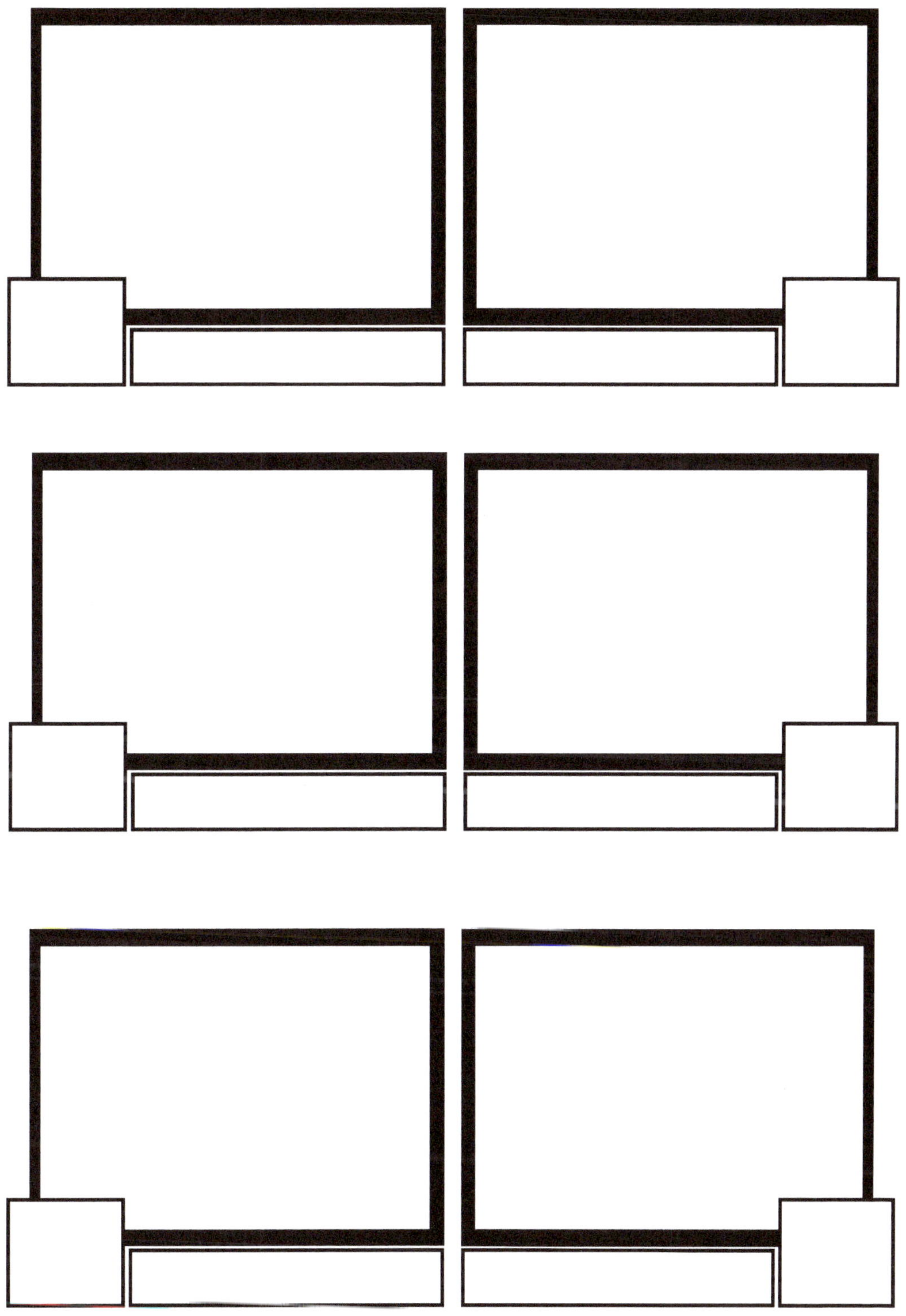

Tricktechniken im Film – Spezialeffekte und visuelle Effekte

Wie schon in den ersten Werken von George Méliès aufgezeigt, bedienten sich Filme von Beginn an auch den Möglichkeiten der Tricktechnik. Als Filmtrick werden alle Manipulationen des Filmbildes bezeichnet, die vor der Kamera (Spezialeffekte – SFX) oder in der Postproduktion (visuelle Effekte – VFX) durchgeführt werden, der Illusion dienen und den Attraktions- und Schauwert eines Films steigern. Das Kino ist per Definition eine Illusionsmaschine, und Filmtricks helfen, diese Illusionen aufrecht zu erhalten, indem sie eine Realität suggerieren, die es nur im Film gibt. Tricktechniken im Film beruhen auf drei Prämissen: 1. Ein Film muss nicht kontinuierlich gefilmt werden, sondern kann auch Bild für Bild aufgenommen werden. 2. Modelle, Grafiken und Malereien können so in den Film integriert werden, dass sie als Realität wahrgenommen werden. 3. Bilder sind kombinierbar.[119] Auf diesen Prämissen aufbauend und bezogen auf Abläufe der Filmproduktion kann grundsätzlich zwischen vier Arten der Tricktechniken unterschieden werden, von denen einige auf den folgenden Seiten näher beschrieben werden:[120]

1. Effekte, die in das Geschehen vor der Kamera eingreifen

Zu den Effekten vor der Kamera zählen die zahlreichen pyrotechnischen Tricks, ohne die das Action-Kino kaum denkbar ist, die künstliche Erzeugung von Wettererscheinungen, der Einsatz von Modellen sowie die Möglichkeiten der Maskenbildner, der Rückprojektion und des Schüfftan-Verfahrens.

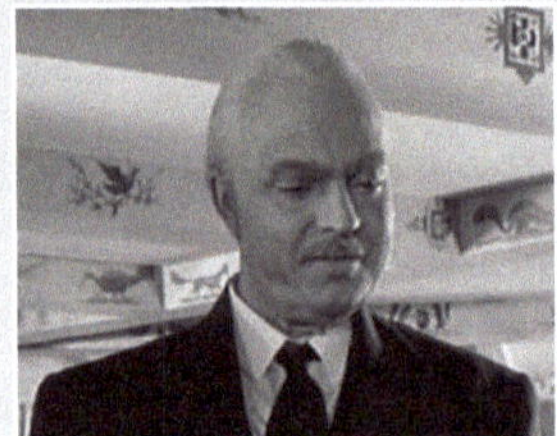

Künstliche Alterung durch die Maske in „Citizen Kane" (1941)

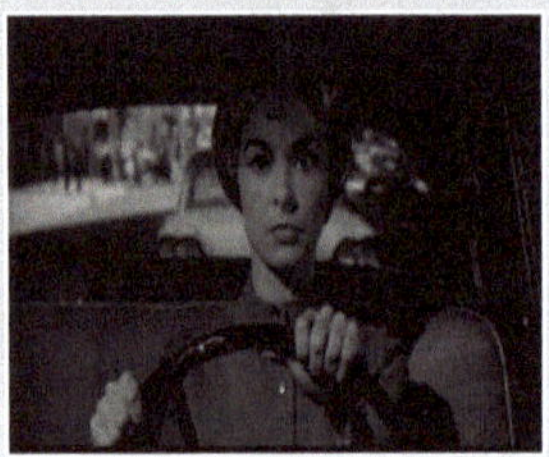

Rückprojektion in „Psycho" (1960)

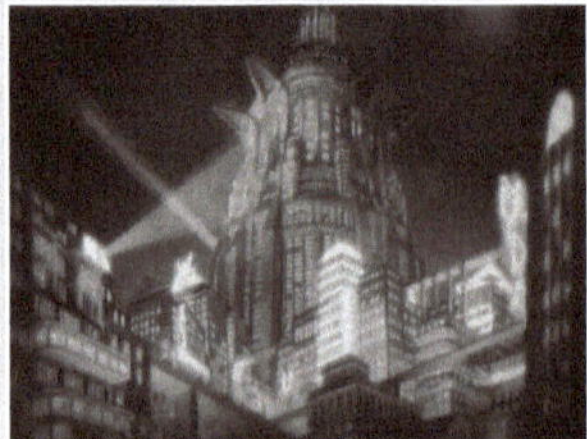

Schüfftan-Verfahren in „Metropolis" (1927)

2. Effekte, die bei der Aufnahme entstehen

sind beispielsweise die Doppel- und Mehrfachbelichtungen und die Stopp-Motion-Tricks. Streng genommen gehören auch alle Effekte, die durch die Kamerabewegungen entstehen, in diese Kategorie.

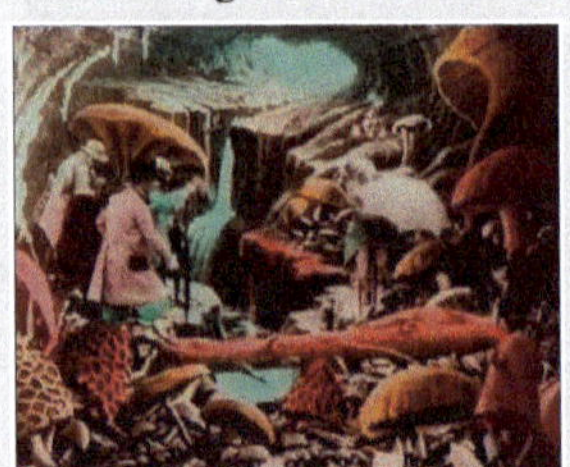

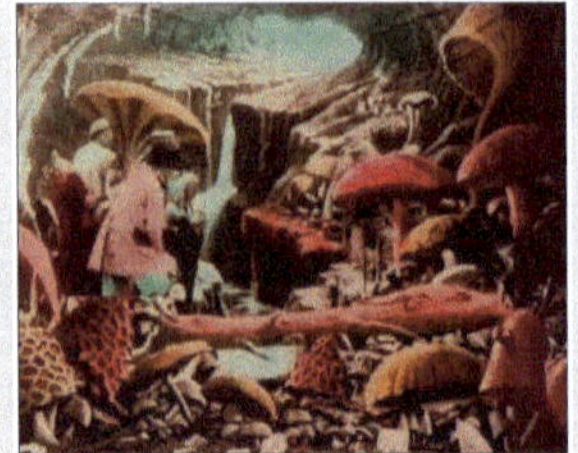

Stopp-Motion-Trick von Georges Méliès in „Die Reise zum Mond" (1903)

Mehrfachbelichtung von Georges Méliès in „Ein-Mann-Orchester" (1900)

3. Effekte, die bei der Projektion erzielt werden
Als einfachste Methode laufen zwei oder drei Filmprojektoren synchron oder asynchron und projizierten dementsprechend mehrere Bilder gleichzeitig nebeneinander auf die Leinwand. Dadurch dehnt sich das wahrnehmbare Filmbild in der Breite aus. Dieser Effekt wurde durch die Breitwandfilme (z.B. im Cinemascope- und Techniscope-Verfahren) in den 1950er-Jahren erreicht, durch die die Filmindustrie auf die schwindenden Zuschauerzahlen im Kino durch die Konkurrenz des Fernsehens reagierte.

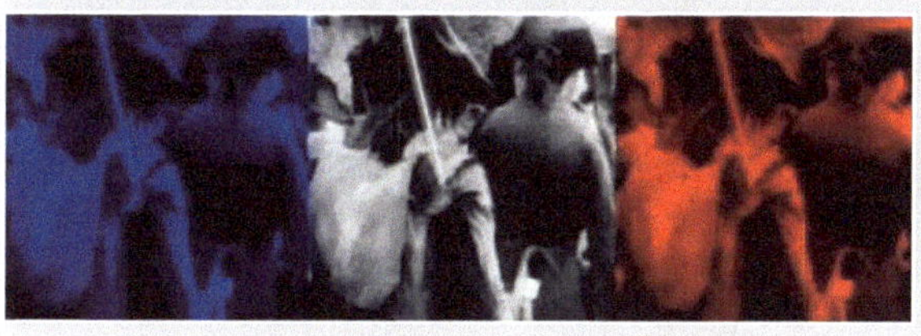

Ein Triptychon in der Breite durch drei nebeneinanderlaufende Filmprojektoren in „Napoleon" (1927)

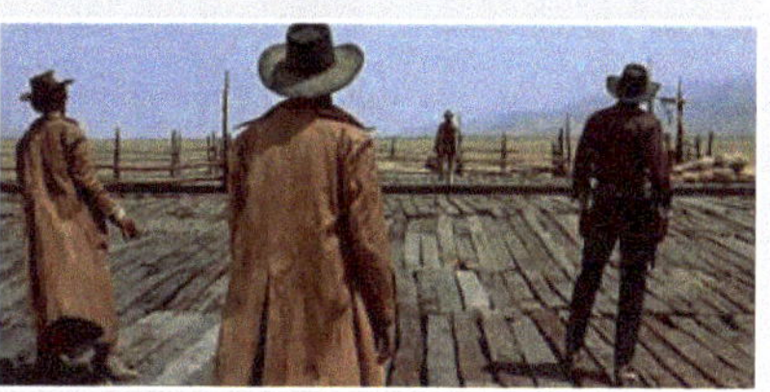

Breitwandformat im Techniscope-Verfahren in „Spiel mir das Lied vom Tod" (1968)

4. Effekte, die durch nachträgliche Bearbeitung des Filmmaterials entstehen
kommen gegenwärtig am häufigsten zum Einsatz, und die weiteren Möglichkeiten der digitalen Nachbearbeitung in der Postproduktion sind für die Zukunft kaum abzusehen. Von der Vielzahl der Möglichkeiten werden hier zwei Bereiche stellvertretend vorgestellt.
Das *Digital Compositing* ermöglicht das Zusammenfügen verschiedener Bilder oder Bildelemente, welche aus unterschiedlichen Filmen stammen oder als Kombination von Realaufnahmen und computeranimierten Bildern entstehen können.
Beginnend mit dem Film „Toy Story" (1995), der als erster komplett am Computer erstellte Spielfilm gilt, erhalten *Computeranimationen* (CGI) aufgrund der ansteigenden Leistungsfähigkeit der Rechner einen immer größeren Stellenwert im Bereich der visuellen Effekte.

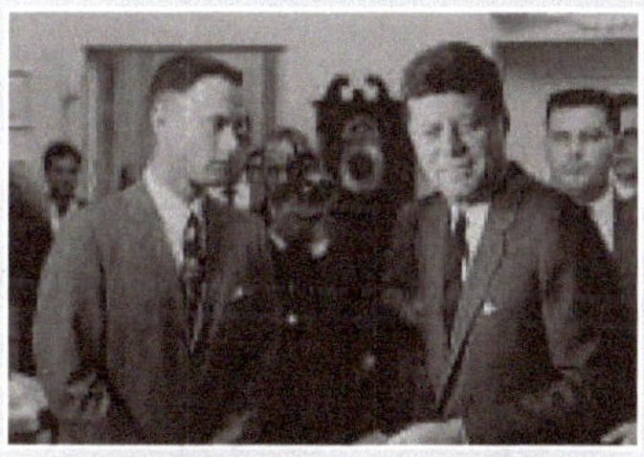

Digital Compositing durch Greenscreen-Aufnahmen in „Forrest Gump" (1994)

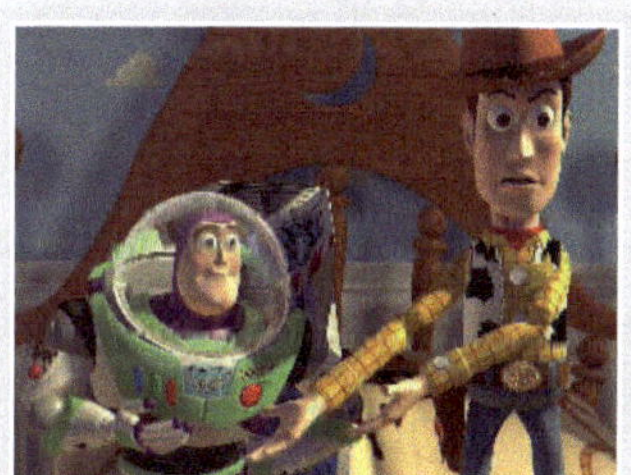

Computeranimation in „Toy Story" (1995)

Diese hier nur als Überblick verkürzt dargestellten Möglichkeiten der Spezialeffekte und visuellen Effekte zielen darauf ab, die Erlebnisqualität der Zuschauer zu steigern, indem sie den Realitätseindruck erhöhen oder ihn aber auch parodistisch überzeichnen und das Publikum auf Distanz halten.

Spezialeffekte vor der Kamera – die Rückprojektion

Beim Rückprojektionsverfahren agieren die Schauspieler vor einer durchscheinenden Leinwand, auf die ein Film oder ein Bild von der Rückseite aus projiziert wird. Die Szene wird dann von der eigentlichen Aufnahmekamera frontal gefilmt.
Es wurden schon frühzeitig die Möglichkeiten der Rückprojektion erkannt und häufig bei Aufnahmen angewendet, die sonst zu teuer, aufwendig oder gefährlich waren. Besonders in den 1930er- und 1940er-Jahren und damit nach Einführung des Tonfilms wurde dieses Verfahren zur führenden Tricktechnik, da die meisten Filme aufgrund der noch unzureichenden Tonaufnahmetechnik im Studio produziert werden mussten.

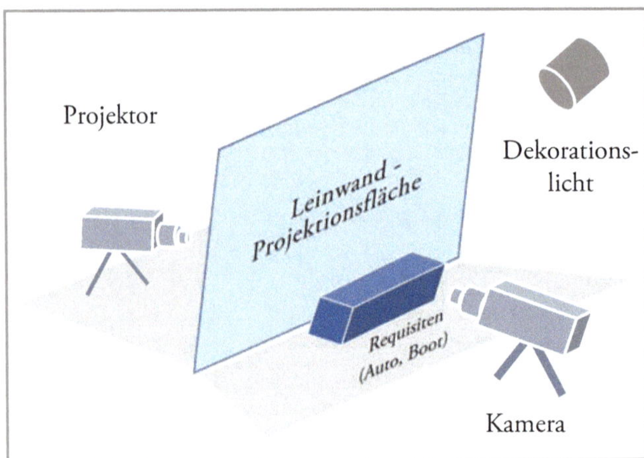

Im Film „King Kong“ (1933) wurde das Rückprojektionsverfahren erstmals so perfekt eingesetzt, dass es sogar mit dem Stopp-Motion-Trick kombiniert werden konnte. Die Puppe des Gorillas war nur 45 Zentimeter groß und wurde vor einer Projektionsfläche Stück für Stück und Bild für Bild bewegt.

Der Bedarf an Filmmaterial für diese Tricktechnik war so groß, dass der Beruf des Rückprojektions-Kameramanns entstand, der um die Welt reiste und nichts anderes als belebte Plätze, Straßen und Kulissen in europäischen Großstädten filmte.
Ein ähnlicher Spezialeffekt lässt sich auch durch das Filmen eines Objektes vor einer im Hintergrund rotierenden Leinwand erzeugen, die mit Bildmotiven (z.B. Wolken) ausgestattet ist. Die Technik der Rückprojektion ist heute weitgehend durch das Filmen vor Green-Screen-Leinwände ersetzt. Die Schauspieler agieren damit immer noch in einer künstlichen Welt, die aber erst in der Postproduktion ihr endgültiges Gesicht erhält.

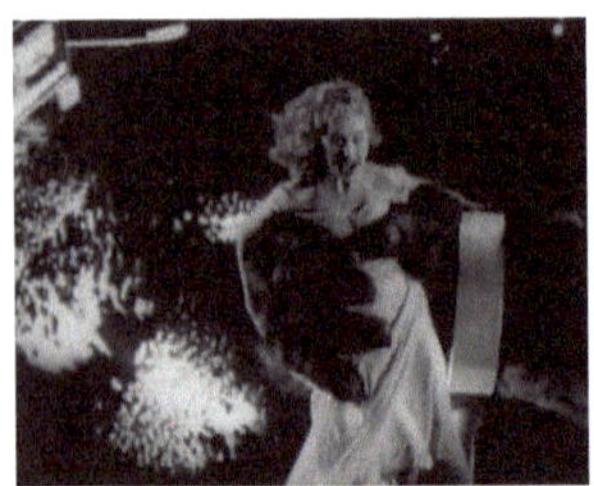

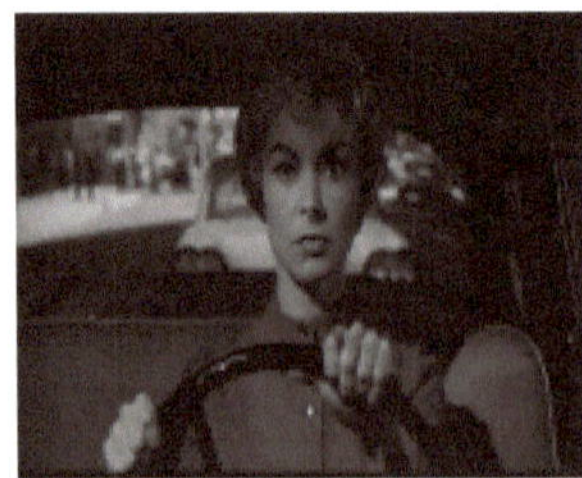

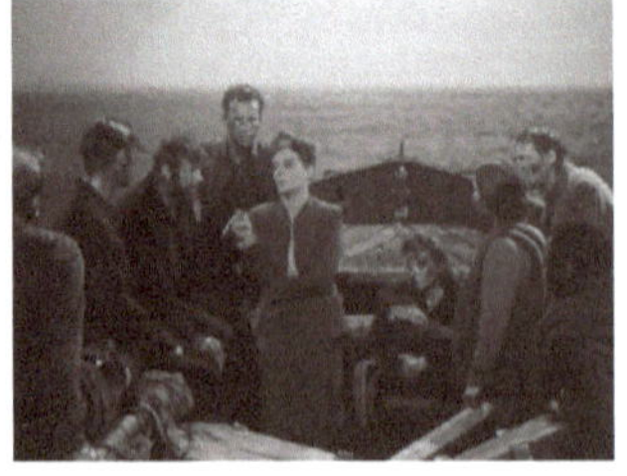

In der Hand des Riesengorillas – Rückprojektion im Film „King Kong und die weiße Frau“ (1933). Auch Alfred Hitchcock nutzte in seinen Filmen sehr häufig Rückprojektionen. Im Film „Psycho“ (1960) dient sie als Hintergrund der im Studio gedrehten Autofahrt von Marion Crane, und der Film „Das Rettungsboot“ (1944) spielt sogar fast ausschließlich vor einer Projektionsfläche.

Spezialeffekte bei der Aufnahme – der Stopp-Trick

Neben seinen Errungenschaften, den narrativen Spielfilm und das Genre der Science-Fiction-Filme begründet zu haben, war Georges Méliès auch ein genialer Trickpionier, der schon zu Beginn des Mediums Film alle traditionellen Tricktechniken einsetzte, welche auch heute noch in ihrer Grundstruktur angewendet werden. Der vermutlich älteste aller Spezialeffekte wird Stopp-Trick genannt. Er beruht auf der Möglichkeit, Film nicht kontinuierlich drehen zu müssen, sondern auch Bild für Bild aufnehmen zu können. Dabei wird eine Einstellung gefilmt, die Kamera wird gestoppt, der Bildinhalt wird verändert und die Aufnahme wird fortgesetzt. Bei der Wiedergabe des Films erscheinen die Veränderungen wie eine einzige Aufnahme. Mit dieser einfachen Methode können Gegenstände oder Personen auf wundersame Weise erscheinen oder verschwinden. Als Filmkameras auch Einzelbilder aufnehmen konnten, entwickelte sich aus dem Stopp-Trick das Stopp-Motion-Verfahren. Objekte werden animiert, indem sie von Bild zu Bild geringfügig verändert werden. Die Illusion von Bewegung entsteht bei der Wiedergabe durch den Stroboskopeffekt, den schon die Daumenkinos nutzten.

Im Film „Die Reise zum Mond" (1902) wird durch den Stopp-Trick aus dem Regenschirm ein Riesenpilz.

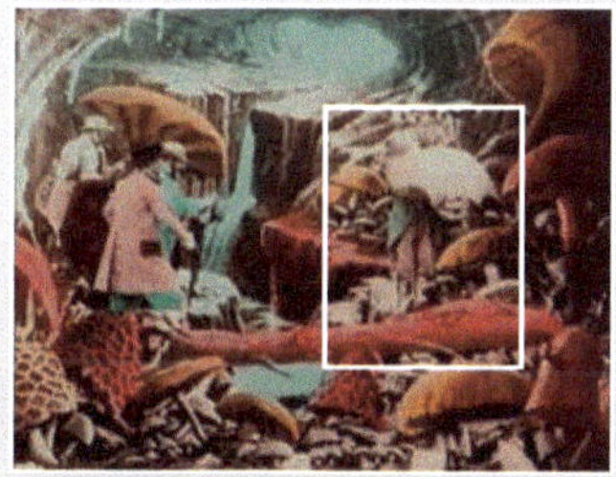

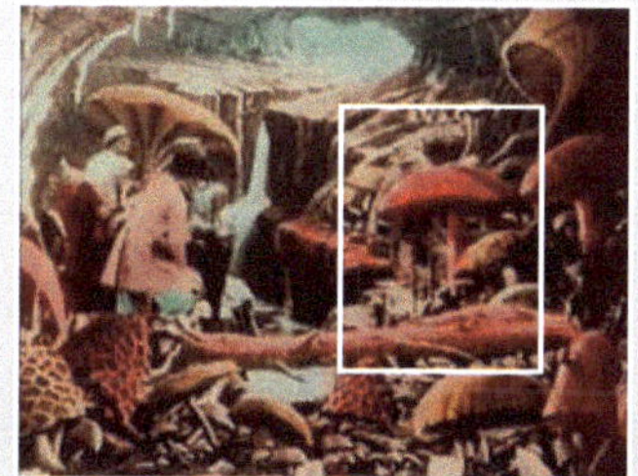

Martin Scorsese zeigt in seinem Film „Hugo Cabret" (2011) sehr anschaulich, wie George Méliès in seinem Star Film Studio mit dem Stopp-Trick arbeitete.

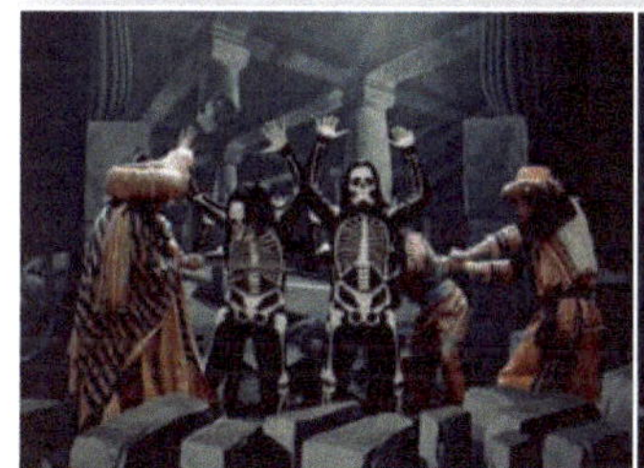

Die Schauspieler halten in ihrer Bewegung inne, die Aufnahme wird angehalten.

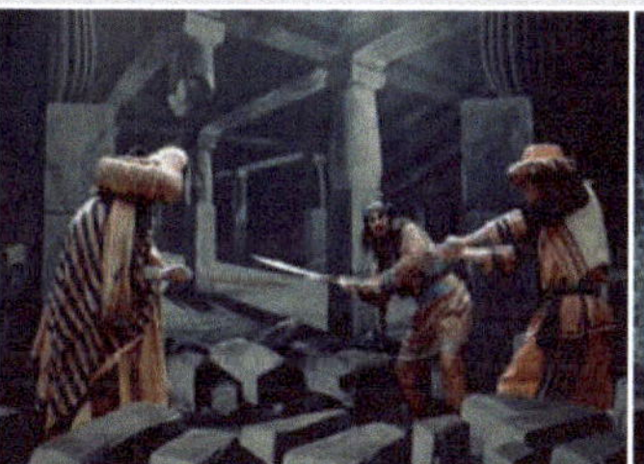

Die Skelette entfernen sich.

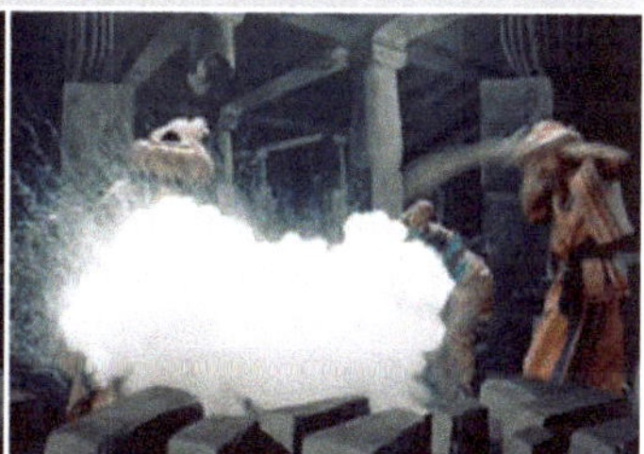

Die Kamera läuft weiter, die Skelette haben sich in Rauch aufgelöst.

Filmproduktion – Effekte mit dem Stopp-Trick

Überlegen Sie sich eine kurze Szene, in der der Stopp-Trick wirkungsvoll eingesetzt werden kann und die Zuschauer verblüfft. Achten Sie darauf, dass die Kamera die gleiche Position beibehält und nutzen Sie dafür möglichst ein Stativ. Auch der Bildausschnitt und die Lichtverhältnisse müssen gleich bleiben.

Das Daumenkino – einfache Tricktechniken selbst gestalten

Das Daumenkino macht sich den Stroboskopeffekt (Wagenradeffekt) zunutze und ermöglicht es dem Zuschauer, eine Abfolge von Einzelbildern als fortlaufende Bildfolge wahrzunehmen. Betrachtet man die Bilder einzeln, werden von Bild zu Bild kleine Veränderungen sichtbar, die durch das Abblättern die Illusion einer Bewegung entstehen lassen. Dieser Effekt beruht auf der Trägheit unserer Netzhaut, die jedes Bild für 0,05 Sekunden auf der Oberfläche behält und mit dem folgenden Bild zusammenfließen lässt. Ein Film besteht aus vielen Einzelbildern und die meisten Kinofilme zeigen uns 24 Bilder pro Sekunde (BpS). Da das menschliche Gehirn ab etwa 16 aufeinanderfolgenden Bildern pro Sekunde diese als Bewegung wahrnimmt, kann auch mit einfachen Mitteln eine Animation hergestellt werden.

1. Die Idee: Überlegen Sie sich zuerst eine kurze Story mit Anfang, Mitte und Ende (siehe dazu auch Infoblatt 2.1). Die Handlung sollte in einfachen Bewegungen wiedergegeben werden können und durch ein bis zwei Figuren darstellbar sein. Überlegen Sie sich auch, wie Sie den Bildvorder- und Hintergrund gestalten wollen und fertigen Sie erste Probeskizzen an.

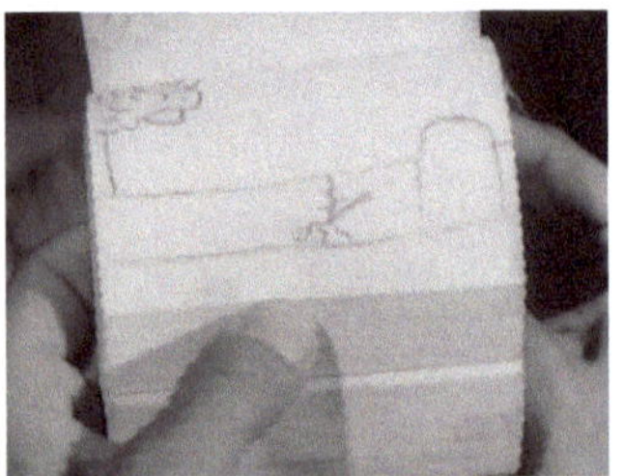

2. Das Papier: Damit ein Daumenkino funktionieren kann, müssen die Seiten die gleiche Größe haben. Am einfachsten arbeitet man deshalb mit einer Schablone aus stabilem Karton und zeichnet das Format auf Papier einer mittleren Stärke. Die einzelnen Blätter sollten einen Rand von 2 cm haben. Diese Fläche dient später dem Zusammenheften und muss frei bleiben. Dieser Rand kann auch zur Nummerierung der einzelnen Zeichnungen genutzt werden. Aus 30 bis 40 solcher Bilder lassen sich schon einfache Bewegungsabläufe eindrucksvoll wiedergeben.

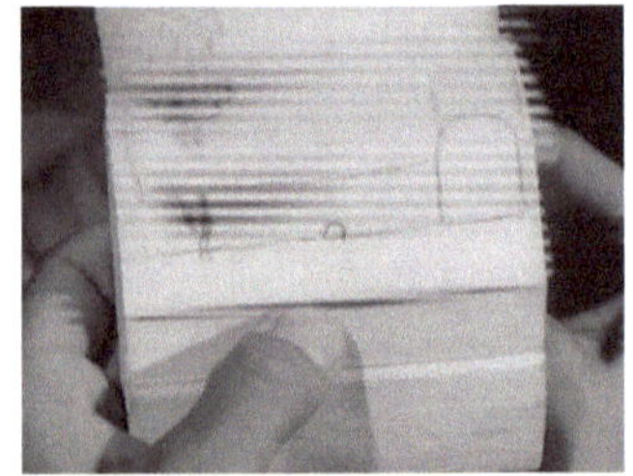

3. Die Zeichnungen: Nach dem Ausschneiden der Seiten kann das Zeichnen beginnen. Hilfreich ist es, mit der ersten und letzten Zeichnung der Bildergeschichte zu beginnen und diese beiden Blätter als Vorlage für den Bewegungsablauf zu nutzen. Nachdem alle Einzelbilder fertig sind, kann noch ein Titelblatt ergänzt werden.

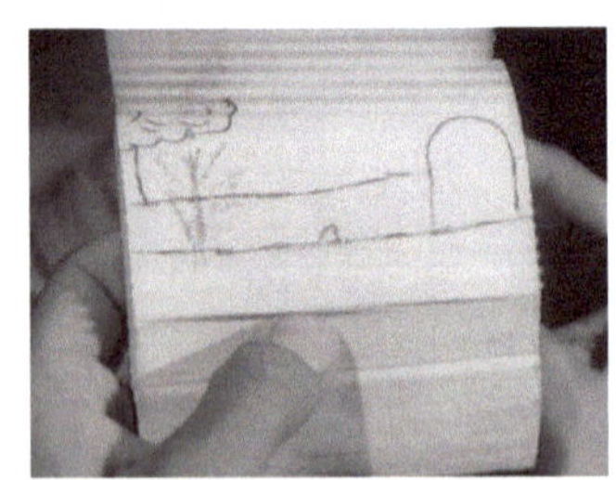

Daumenkinos im Film „Zur Sache Schätzchen" (1968)

4. Die Bindung: Zum Schluss werden alle Seiten zusammengebunden. Bei dünnem Papier und einer geringen Anzahl von Blättern kann getackert werden. Sonst kann ein Gummiband am Rand der Bilder für den Zusammenhalt sorgen oder eine Schnur durch zwei Löcher gezogen werden.

Bastelmaterial:
Stifte, Schere, Lineal, Papier oder Bastelkarton, Tacker, Schnur oder Gummiband, Locher

Spezialeffekte vor der Kamera – der Spiegeltrick des Eugen Schüfftan

Einer der ersten Filmemacher, der Spezialeffekte durch Modellaufnahmen meisterhaft nutzte, war Fritz Lang in seinem Film „Metropolis“ (1927). Um eine Synchronisation zwischen Schauspielaktionen und Modellaufnahmen zu gewährleisten, entwickelte der Kameramann Eugen Schüfftan eigens für diesen Film das sogenannten Schüfftan-Verfahren.

Ein halbdurchlässiger Spiegel mit Rückseitenversilberung wird dazu im Winkel von 45 Grad zur optischen Achse der Kamera positioniert. Wenn die gewünschte Position stimmt, werden die Teile der Spiegeloberfläche mit einem Messer entfernt, in denen die Schauspieler oder Objekte zu sehen sein sollen. Dadurch lassen sich Modelle oder Zeichnungen der Hintergrundkulisse mit Schauspielern im Vordergrund integrieren. Der Vorteil dieses Kombinationstricks liegt in der variablen Wahl des Größenverhältnisses der Modelbauten, sodass die Kulissen in stark verkleinerter Form angefertigt werden können. Im fertigen Film sehen wir nicht die Kulissen selbst, sondern deren Reflexion im Spiegel.

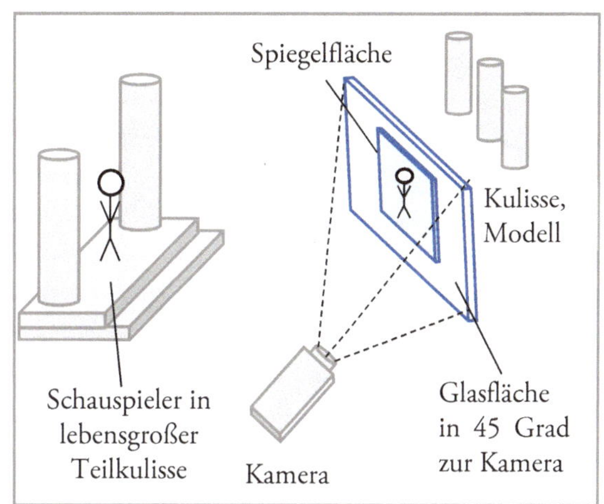

Der Spiegeltrick von Eugen Schüfftan. eigene Darstellung, orientiert an Manthey (2011), S. 53

Spezialeffekte bei der Aufnahme – Doppel- und Mehrfachbelichtungen

Bei diesem Spezialeffekt wird durch das teilweise Abdecken der Kameralinse nur ein Teil des Filmmaterials belichtet. Nach dem Zurückspulen des Filmes wird das Verfahren für den unbelichteten Teil des Filmes wiederholt. Die Abdeckung des Blickfelds, die mittels verschiebbarer Leinwandbegrenzungen vorgenommen werden können und die aus reflektionsarmen Materialien bestehen (z.B. schwarzer Samt), nennt man Kasch. Viele Doppelgängerrollen im Film entstanden durch dieses Verfahren.

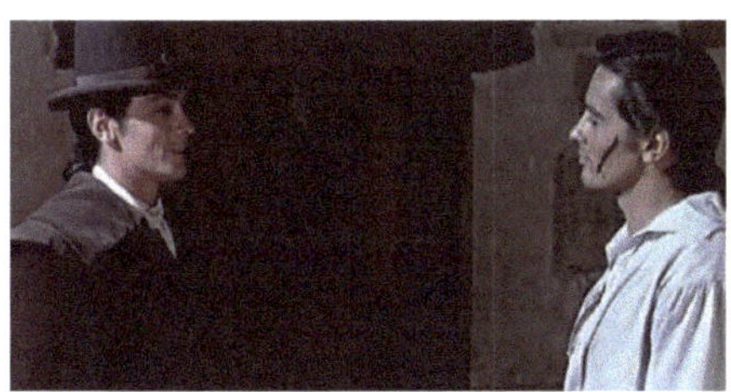

Doppelgängerszene in „Die schwarze Tulpe“ (1964)

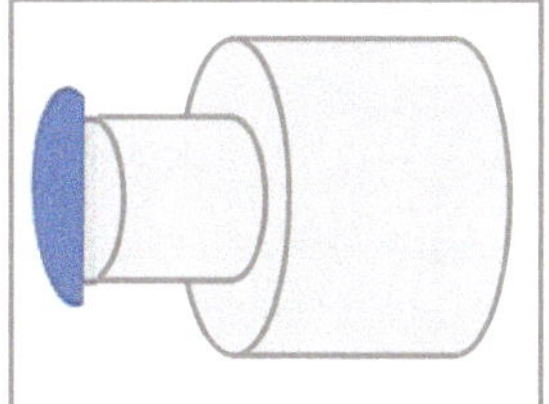
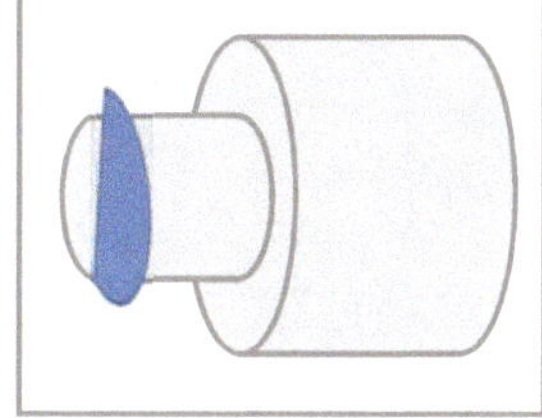

Mehrfachbelichtung durch das Abdecken der Kameralinse.

Tricktechniken erkennen in „Münchhausen“

Im Film „Münchhausen“ kamen verschiedene Tricktechniken zum Einsatz. Welche Verfahren erkennen Sie anhand der jeweiligen Filmstills und Filmausschnitte? Auf welchen Prämissen beruhen die jeweiligen Effekte? Nutzen Sie dafür auch die Informationsblätter 46.1 bis 46.4.

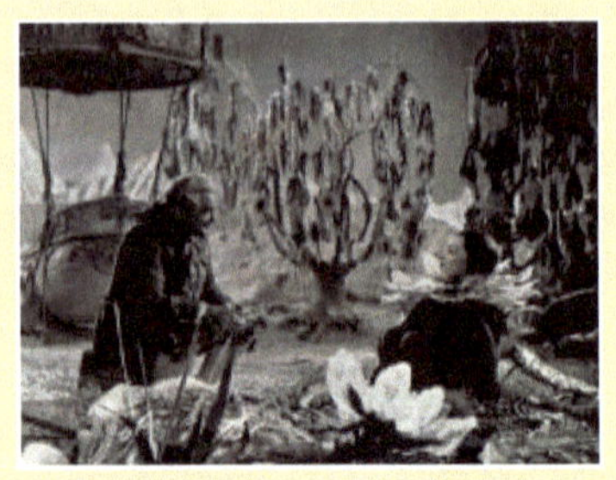

TC 0:51:25 – 0:52:24

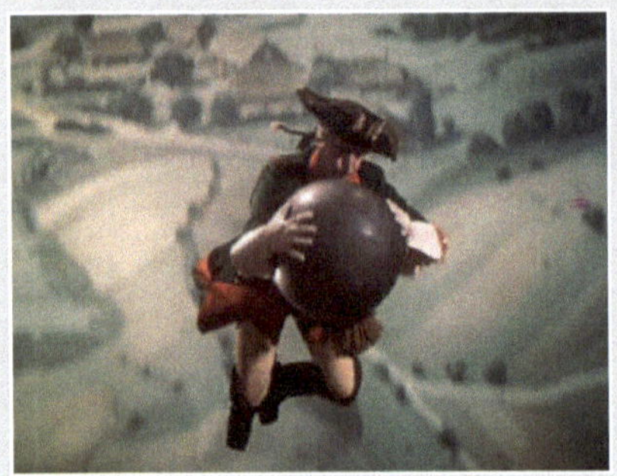

TC 1:29:09 – 1:29:55

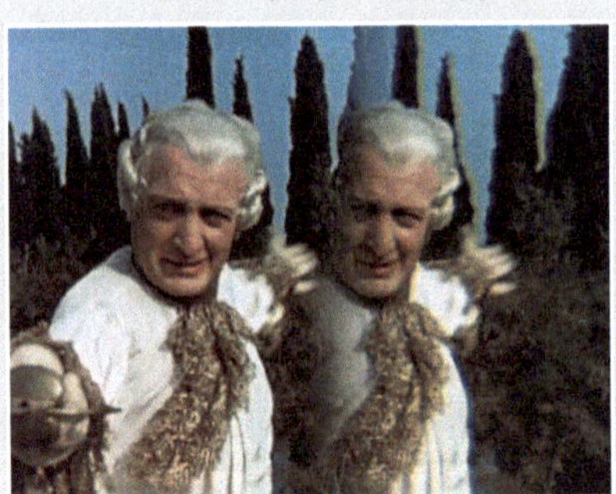

TC 1:39:30 – 1:42:00

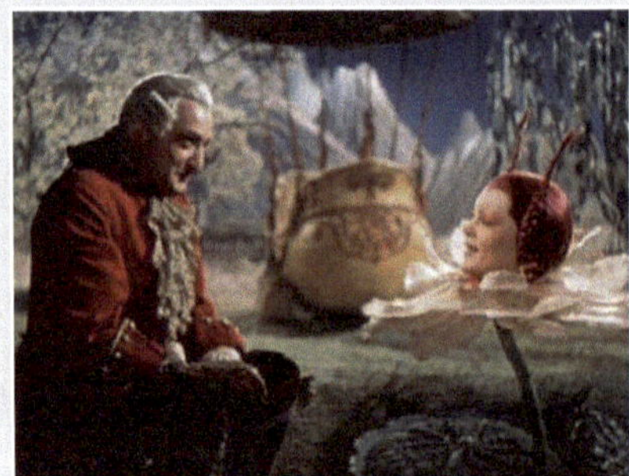

Welche Tricktechniken können Sie selbst mit einfachen Mitteln für Ihre Filmproduktion nutzen?

Berufe beim Film

Jeder Film ist ein Gemeinschaftswerk und spätestens beim Filmabspann wird deutlich, wie viele Menschen an einem Film beteiligt waren. Nicht alle Personen sind dabei während des ganzen Produktions- und Vertriebsprozesses permanent tätig.[121] Schauen Sie sich die Auswahl der Steckbriefe einiger Filmberufe an und gestalten Sie weitere für andere Zuständigkeitsbereiche. Diese Übung kann Ihnen helfen, bei eigenen Filmprojekten die Aufgaben sinnvoll zu verteilen und die Stärken der Mitwirkenden effizient einzusetzen. Umranden Sie die Steckbriefe mit den Farben ROT für Tätigkeiten vor Drehbeginn, BLAU für Berufe, die hauptsächlich beim Dreh ihren Einsatz finden und GRÜN für Tätigkeiten der Postproduktion. In einigen Fällen können auch mehrere Farben zum Einsatz kommen. Ergänzen Sie die englische Bezeichnung dieser Berufe auf den Steckbriefen.

MASKENBILDNER

Dieser Beruf ist in der Filmkunst und im Theaterbereich anzutreffen und umfasst alle Arten des äußeren Erscheinungsbildes der Darsteller mit Ausnahme der Kostüme.

DREHBUCHAUTOR

Am Anfang jedes Films steht der Text des Drehbuchs, denen Recherchen, das Exposé und Treatment vorausgehen. Häufig sind Drehbücher das Ergebnis einer längeren Zusammenarbeit mehrerer Autoren und Filmschaffenden.

PRODUZENT

Der Produzent verwaltet und steuert den Herstellungsprozess eines Films in allen Phasen von der Drehbuchentwicklung bis hin zur Vermarktung.

GERÄUSCHEMACHER

Diese Tätigkeit gehört zu den Filmtonberufen und beschäftigt sich mit der Nachbildung oder Neuerstellung von nicht-sprachlichen und gegenständlichen Tönen und Soundeffekten.

KOSTÜMBILDNER

Der Kostümbildner ist der künstlerische Gestalter aller Kostüme eines Films und bestimmt maßgeblich das Erscheinungsbild der im Film agierenden Figuren.

FILMEDITOR

Der Filmeditor gestaltet das bei den Dreharbeiten entstandene Filmmaterial durch den Schnitt und die Montage. Er wählt die geeignetsten Einstellungen aus und ordnet sie nach dramaturgischen und wirkungsvollen Gesichtspunkten in Sequenzen an.

REGISSEUR

Der Regisseur ist eine maßgebliche gestaltende Kraft bei der Vorbereitung und Produktion eines Films. Er muss nicht nur dramaturgische, visuelle und auditive Elemente eines Werkes zusammenfügen, sondern auch die Mitarbeiter führen und koordinieren.

OBERBELEUCHTER

Mit anderen Lichttechnikern zusammen setzt dieser Mitarbeiter die Vorstellung der Regie und des Kameramannes um. Diese Tätigkeit verlangt eine genaue Kenntnis des Drehbuchs und eine gute Planung der Ausrüstung für jede Aufnahmesituation.

FILMARCHITEKT

Der Begriff umfasst auch die Berufsbezeichnungen Szenenbildner, Filmausstatter und Bühnenbilder. Filmarchitekten gestalten die Filmwelt und sind für die Konzeption und Realisierung der Szenenbilder verantwortlich.

LICHTBESTIMMENDER KAMERAMANN

In Zusammenarbeit mit der Regie sind Kameramänner und Kamerafrauen für die Bildgestaltung, Kameraführung und Aufnahme der Filmwerke verantwortlich.

Tafeln für einen Filmvorspann entwerfen

Gestalten Sie Bilder eines Filmvorspanns zu unterschiedlichen Berufen und Zuständigkeitsbereichen für ein geplantes oder gewünschtes Filmprojekt. Achten Sie darauf, dass der Stil und die Darstellung etwas mit der Tätigkeit der genannten Person und auch mit dem folgenden Film zu tun haben. Diese Tafeln können auch schon Hinweise auf den Hauptfilm enthalten. Als Anregung können Sie die Bilder des Vorspanns aus dem Film „Persepolis" (2007) auf dieser Seite nutzen, welche mit der Schabkartontechnik hergestellt wurden.

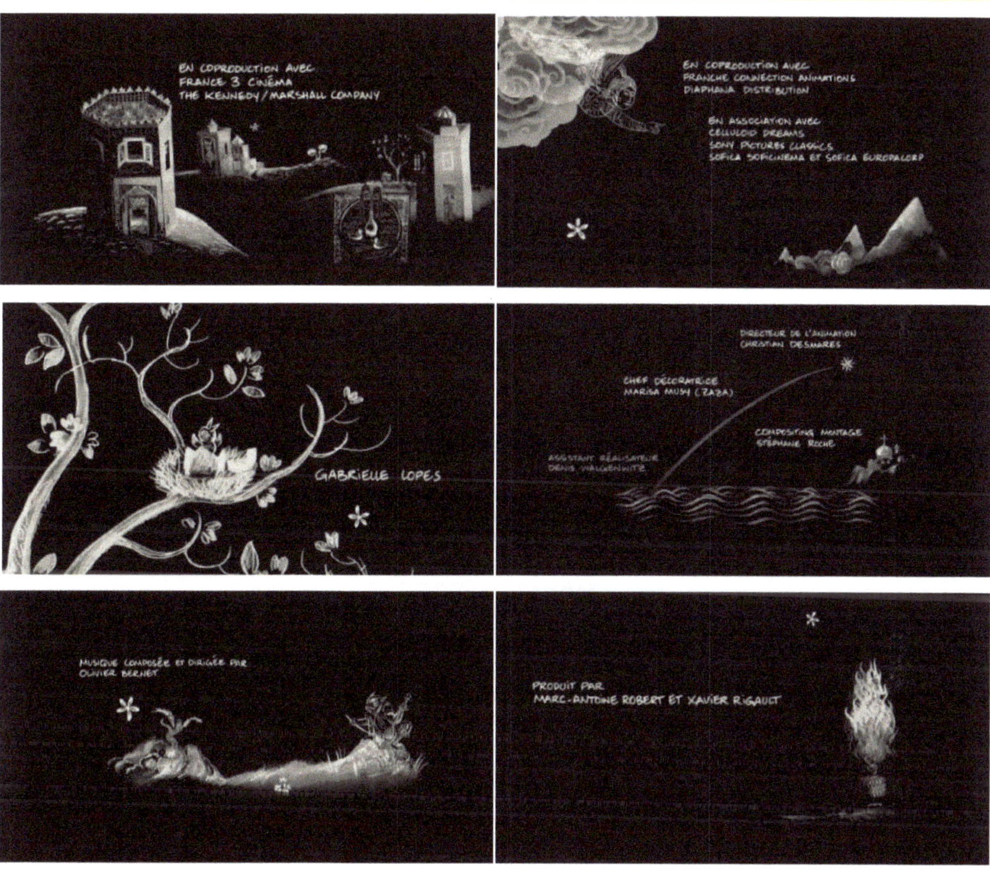

Die Schabkartontechnik wird vor allem im Bereich der Illustration angewendet. Dabei werden die Zeichnungen durch verschiedene Schabewerkzeug (z.B. Messer, Nadeln, Metallfedern) aus der schwarzen Oberfläche eines Schabkartons herausgearbeitet. Dem Holzschnitt ähnlich entsteht so ein Negativbild, dessen Konturen sich vom Untergrund abheben. Die Kartonbögen sind im Künstlerbedarf in unterschiedlichen Farbnuancen erhältlich (z.B. Weiß, Kupfer, Gold, Silber, Regenbogen). [122]

Von der Idee zum Film – in fünf Schritten zum eigenen Film

Filme sind immer das Ergebnis kreativer Prozesse aus dem Geist vieler Menschen, die ganz unterschiedliche Tätigkeiten und Berufe in sich vereinen. Von der ersten Idee bis zum fertigen Film lassen sich die Arbeitsphasen **Vorplanung**, **Produktion** und **Postproduktion** unterscheiden. Aus diesem Grund bietet sich eine arbeitsteilige Planung eines Filmprojektes an, in der verschiedene Gruppen unterschiedliche Aufgaben und Verantwortlichkeiten übernehmen. Die folgenden Seiten sollen Ihnen helfen, einige der Informationen und Erkenntnisse, die Sie aus diesem Buches gewonnen haben, für eigene Film- und Medienprojekte zu nutzen. Sie können auch eigene Filmprojekte als Ausgangspunkt wählen und im Anschluss recherchieren, wie Filmklassiker für einige Produktionsbereiche inhaltliche und formale Lösungen gefunden haben. Diese Vorschläge zur Filmplanung auf den nächsten Seiten müssen zwangsläufig sehr allgemein bleiben. Abhängig von Ihren eigenen Ideen, der Wahl Ihres Filmgenres, der Filmdauer und der zur Verfügung stehenden Zeit werden sich immer individuelle Besonderheiten einstellen, auf die Sie zu reagieren haben.

Nutzen Sie die folgenden Übersichten als Vorlage und passen Sie sie Ihren eigenen Bedürfnissen an, indem Sie Arbeitsbereiche festlegen und Personen bzw. Teams diesen Zuständigkeiten zuordnen. Um Kommunikationsprozesse zu vereinfachen, sollten diese Übersichten während der gesamten Produktionsphase allen Mitwirkenden zugänglich sein.

1. Vorplanung

Das Exposé	Das Drehbuch	Das Storyboard
Die Technik		

2. Der Filmdreh

Kamera	Licht	Filmarchitektur
Tontechnik		

3. Postproduktion

Geräusche	Filmmusik	Schnitt & Montage
Werbung		

1. Die zündende Idee

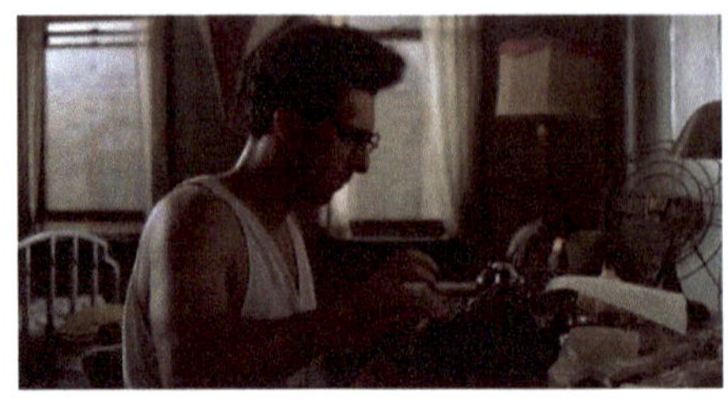

Am Anfang eines jeden Projektes steht immer eine Idee, aus der sich dann Schritt für Schritt ein Film entwickeln lässt. Damit eine Filmidee weiterentwickelt werden kann, bietet sich eine Zusammenfassung der wesentlichsten Punkte in Form eines Exposés an.

- Was möchten Sie mit diesem Film erreichen? Worin liegt Ihre Motivation, genau dieses Thema bearbeiten zu wollen?
- Ist dieses Thema von allgemeinem Interesse? Diskutieren Sie Ihre Vorstellungen in der Gruppe und machen Sie ggf. ein gemeinsames Brainstorming.
- Mit welchem Filmgenre lässt sich Ihre Filmidee am besten umsetzen? An welche Zielgruppe soll sich der Film richten?
- Welches Equipment und welche Zeit stehen für die Filmproduktion zur Verfügung? Stehen Ihnen nur wenigen Stunden für Ihr Filmprojekt zur Verfügung, wird sich kein abendfüllender Film umsetzen lassen. Hier bieten sich Kurzfilme an, die einige Filmminuten bis maximal eine halbe Stunde lang sein können.

Themen	Informationsblätter	Arbeitsblätter	Download
Vom Zeigen zum Erzählen	1	1.1 – 1.2	
Ein Exposé schreiben	44	44	
Filmgenres	32		
Phantastische Filme	33	33.1 -33.2	
Kriminalfilme	34.1 – 34.3	34.1 – 34.3	
Filmkomödien	35.1 – 35.2	35	
Dramen	36	36	
Western	37.1 – 37.2	37	
Abenteuerfilme	38.1 – 38.2	38	
Animationsfilme	39.1 – 39.2	39.1 – 39.2	
Filmwirkungen	40.1 + 41	40.1 + 41	IB 40.2 + AB 40.2 – 40.3
Mit Sherlock Holmes durch die Jahrzehnte	31	31.1 – 31.2	
Berufe beim Film		47.1 – 47.3	AB 47.4

2. Das Drehbuch

Auf der Grundlage des Exposés stellt das Drehbuch die textliche Gestaltung eines Films dar. Das Verfassen eines Drehbuches kann ein zeitaufwendiger und komplizierter Arbeitsschritt sein. Manchmal kann auch eine etwas abgekürzte Version mit der Auflistung eines Handlungsverlaufs zum Ziel führen und Platz für Spontaneität beim Filmdreh einräumen.

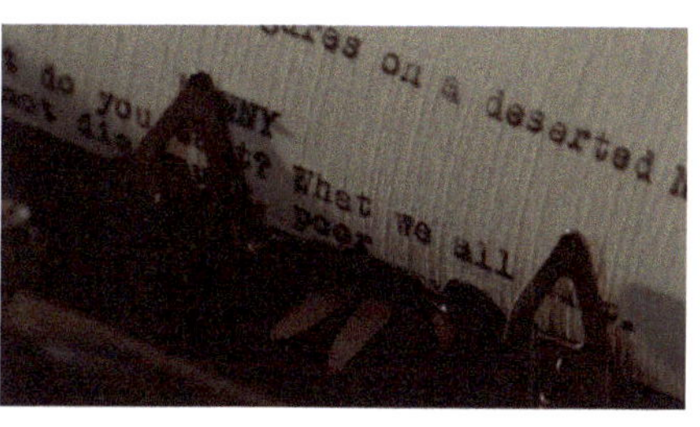

Egal für welche Art Sie sich entscheiden, denken Sie daran, für diesen Arbeitsschritt ausreichend Zeit und Sorgfalt einzuplanen. In dieser Phase bietet sich besonders eine Aufteilung der Zuständigkeitsbereiche an, die den weiteren Arbeitsprozess regeln.

Themen	Informationsblätter	Arbeitsblätter	Download
Das Drehbuch	45	45.1 – 45.3	
Vom Zeigen zum Erzählen	1	1.1 – 1.2	
Das Akt-Schema	2.1 – 2.2	2.1 – 2.3	
Nicht-lineares Erzählen			AB 2.4 – 2.7
Formen seriellen Erzählens	3.1 – 3.2	3.1 – 3.2	
Plot und Story	4	4.1 – 4.3	
Erzählinstanzen	5.1 – 5.2	5.1 – 5.2	
Rahmenhandlung und Binnenstory	6	6	
Eine Reise in 12 Stationen	7.1 – 7.3	7.1 – 7.2	
Die Exposition	9	9.1 – 9.3	
Zeit im Film	10.1 – 10.4	10.1 – 10.6	
Figuren im Film	11.1 – 11.4 + 12.1 – 12.2	11.1 + 11.6 – 11.12 + 12	AB 11.2 – 11.5
Strategien der Spannungserzeugung	34.3	34.2 – 34.3	
Zitate und Referenzen	40.1	40.1	IB 40.2 + AB 40.2 – 40.3

3. Das Storyboard[123]

Das Storyboard löst die Szenen des Drehbuchs in einzelne Bilder auf. Neben den Skizzen, die zeigen, was jeweils zu sehen sein soll, können hier Angaben zu den Einstellungsgrößen, Kamerabewegungen sowie zur Farbgestaltung, Handlung und zum Sound ergänzt werden. Jedes Bild sollte nummeriert werden: Bewährt hat sich als Erstes die Angabe der Szenennummer und danach die Zahl des Bildes innerhalb der Szene. So beschreibt die Nummer 8/3 das dritte Bild in Szene acht.

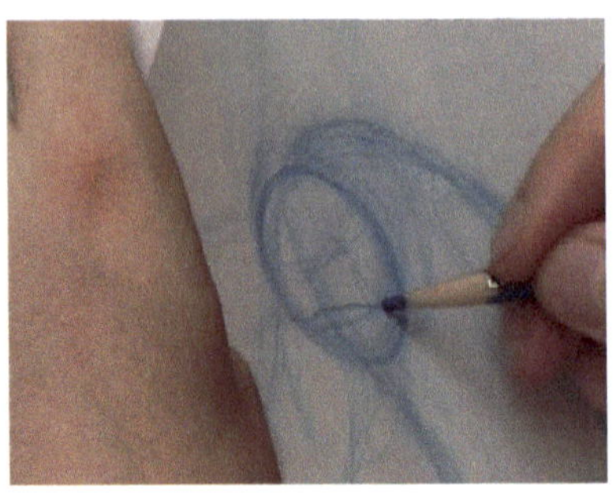

Themen	Informationsblätter	Arbeitsblätter	Download
Der Filmvorspann	8	8.1 – 8.2	
Die Einheiten des Films	13	13	
Vom Drehbuch zum Storyboard	45	45.1 – 45.3	
Bildgestaltung	14.1 – 14.4	14.1 – 14.3	AB 14.4
Licht und Schatten	15.1 – 15.2	15.1 – 15.3	
Farbe im Film	16.1 – 16.2	16.1 – 16.3	
Einstellungsgrößen	17.1 – 17.2	17.1 + 17.3	AB 17.2
Kameraperspektiven	18	18	
Kamerabewegungen	19.1 – 19.3	19.1 + 19.3	AB 19.2

4. Der Filmdreh[124]

Beginnen Sie zur Übung am besten mit dem Dreh einer einfachen und kurzen Szene und denken Sie daran, jede Einstellung aus mindestens zwei Richtungen zu filmen (z.B. im Schuss – Gegenschuss-Verfahren). Diese unterschiedlichen Takes liefern Ihnen dann in der Phase der Postproduktion ausreichend Material zur filmisch interessanten Gestaltung durch die Möglichkeiten der Montage. Einige Themen, die schon bei der Konzeption der Storyboards hilfreich waren, kommen beim Drehen erneut zum Einsatz.

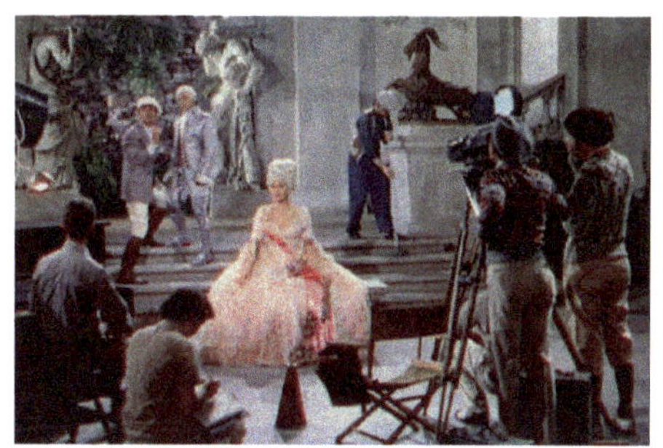

Themen	Informationsblätter	Arbeitsblätter	Download
Der Filmvorspann	8	8.1 – 8.2	
Bildgestaltung	14.1 – 14.4	14.1 – 14.3	AB 14.4
Licht und Schatten	15.1 – 15.2	15.1 – 15.3	
Farbe im Film	16.1 – 16.2	16.1 – 16.3	
Einstellungsgrößen	17.1 – 17.2	17.1 + 17.3	AB 17.2
Kameraperspektiven	18	18	
Kamerabewegungen	19.1 – 19.3	19.1 + 19.3	AB 19.2
Stimmige Übergänge	20.1 – 20.5	20.1 – 20.2	AB 20.3 – 20.4
Anschlussfehler	21	21	
Tricktechniken vor der Kamera	46.1 – 46.3	46.1 + 46.3 – 46.4	AB 46.2

5. Die Postproduktion

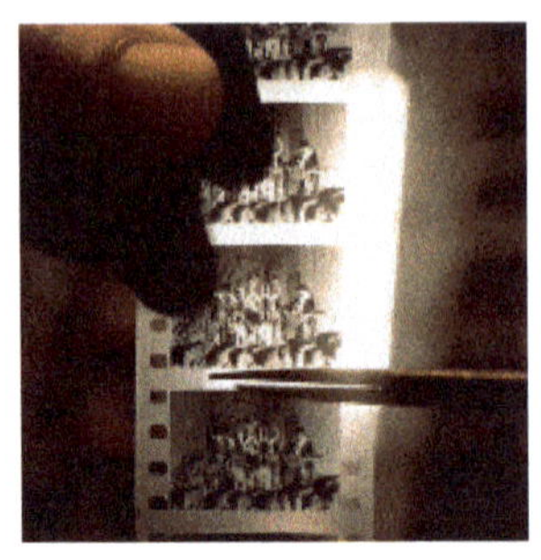

Sind alle Takes gedreht, beginnt die Phase der Post- oder Nachproduktion. Jetzt erfolgen die Arbeitsschritte des Schnittes und der Montage wie auch die digitale Nachbereitung der Filmbilder und das Sounddesign mit Atmotönen und Filmmusik. Unter Umständen kann auch bei undeutlich gesprochenen Monologen oder Dialogen eine Nachsynchronisation einzelner Spracheinlagen notwendig werden. Parallel zur Arbeit am Filmmaterial können in dieser Phase auch schon Materialien zur Bekanntmachung und Werbung konzipiert werden.

Themen	Informationsblätter	Arbeitsblätter	Download
Der Filmvorspann	8	8.1 – 8.2	
Die Einheiten des Films	13	13	
Schnitt und Montage	20.1 – 20.5	20.1 – 20.2	IB 22.1 – 22.2 + AB 22.1 – 22.6
Anschlussfehler	21	21	
Geräusche im Film	23.1 – 23.2	23.1 – 23.5	
Filmmusik	25.1 – 25.2	25.1 – 25.5	AB 25.6 – 25.8 IB 25.3 – 25.4 + 25.10 – 25.11
Tricktechniken im Film	46.1 – 46.4	46.1 + 46.3 – 46.4	AB 46.2
Werbemittel des Films			IB 27.3 + AB 27.1 – 27.2 AB 48.1 – 48.2

Lösungen

AB 1.1: Der deskriptive Film des einfahrenden Zuges zeigt einen Sachverhalt ohne narrative Struktur. Der Film „Die Reise zum Mond“ dagegen ist dramaturgisch dem 3-Akt-Schema zuzuordnen und weist eine Ausgangslage, einen Höhepunkt in Form eines Konfliktes und ein Ende auf. Auch wenn deskriptive Filme keine unbeeinflusste Wirklichkeit zeigen, da auch beim Film der Brüder Lumière die Passanten vor dem Filmen die Instruktion erhielten, sich möglichst natürlich zu verhalten und nicht direkt in die Kamera zu blicken, müssen narrative Filme in der Vorproduktion und während des Drehens meist aufwendiger geplant werden und folgen einem Drehbuch oder zumindest einer Anleitung.

AB 1.2: Die ersten drei Filmminuten zeigen uns ein menschenleeres, düsteres Anwesen, und das letzte Wort des sterbenden, unbekannten Mannes „Rosebud“ (Rosenknospe) bleibt den Zuschauern unverständlich. Die zentralen Fragen, die eine Exposition beantworten sollte (wo, wann, wer, was und wie), bleiben offen. Der sich daran anschließende dokumentarische Stil des Wochenschauberichtes „News On The March“ nimmt den Tod des Mannes zum Anlass und stellt uns das gigantische Anwesen und einzelne biographische Stationen des Charles Foster Kane vor. Kane wird als verschwenderisch und maßlos (Anwesen Xanadu mit unzähligen Kunstschätzen und dem größten Privatzoo der Welt) und unermesslich reich und mächtig (Besitz der größten Zeitungen, von Radiostationen, Immobilien, Industriefirmen, Wäldern, Ozeandampfern) vorgestellt. Der nun folgende Rückblick bezeichnet Kane als Kommunist, Faschist und Kriegstreiber, dessen Ambitionen als Politiker ebenso scheiterten wie seine zwei Ehen – ein Leben, das im Rampenlicht der Öffentlichkeit stand und polarisierte. Mit der Meldung seines Todes endet die Wochenschau und wir erkennen, dass wir einen Film im Film sahen. Das Format der Wochenschau liefert uns durch das Zusammenspiel aus gespielten Szenen und eingeschnittenen filmischen Zeitdokumenten in kompakter Form den biografischen und zeithistorischen Rahmen für die nun folgende Handlung. Das Nachrichtenformat übernimmt damit die Funktion einer Exposition und beantwortet die Fragen nach dem Wo, Wann, Wer, Was und Wie, so dass sich die daran anschließende Handlung mit der Recherche nach der Bedeutung des mysteriösen letzten Wortes „Rosebud“ ganz der Frage des Warum widmen kann. Dieser doppelte Filmanfang durch den Tod Kanes und der Darstellung des Wochenschauberichtes bildet im Anschluss den Auftakt zu einer retrospektiven Montage von fünf Erinnerungsfilmen, die durch die Erzählfigur des Reportes Thompson verbunden werden (vgl. dazu auch Seeßlen 2005, S. 73f.). „News On The March“ weist Ähnlichkeiten zum US-amerikanischen Nachrichtenformat „The March of Time“ auf, das in den englischsprachigen Kinos zwischen 1935 und 1951 lief. Wie auch die europäischen Wochenschauen zeigten diese Kurzfilme eine dokumentarische Zusammenstellung politischer, gesellschaftlicher und kultureller Ereignisse.

AB 2.1: *1. Akt – Die Exposition:* Der Zuschauer wird in die Geschichte eingeführt, die Figuren werden vorgestellt, Ort und Zeit der Handlung werden bestimmt. Die Situation birgt einen Konflikt in sich, der im Laufe des Filmes eskaliert und einer Lösung bedarf. Die Fragen, die sich der Zuschauer in der Exposition stellt, müssen im 3. Akt beantwortet werden. Die Wissenschaftler planen eine Exkursion zum Mond, lassen eine Kanone gießen und eine Raumkapsel bauen. Sie beginnen ihre Reise und landen im rechten Auge des Mondes. *2. Akt – Die Konfrontation:* Die Hauptfigur(en) setzen sich mit ihren Problemen auseinander und suchen nach Lösungen. Der zweite Plot Point am Ende dieses Aktes bringt einen Wendepunkt, der das Finale im letzten Akt vorbereitet. Der Kampf mit dem Mondbewohner beginnt. Die Reisenden geraten in Gefangenschaft, können sich befreien und eine abenteuerliche Flucht beginnt. *3. Akt – die Auflösung:* Der Konflikt wird aufgelöst und der Schluss eingeleitet. Die Flucht gelingt, die Raumkapsel stürzt ins Meer und wird von einem Schiff an Land gezogen. Die Astronauten werden von der Öffentlichkeit feierlich begrüßt und Prof. Barbenfouillis wird ein Denkmal errichtet.

AB 2.2: *1. Akt* – Hauptfigur: Sam Spade, Nebenfiguren: Miles Archer, Effie Perine, Mrs. Ruth Wonderly Handlungsort: San Francisco, Handlungszeit: 1930er-Jahre, aktuelle Situation: Die Privatdetektei soll die Schwester von Mrs. Wonderly aufspüren, welche mit einem Mann namens Floyd Thursby durchgebrannt ist. Der Plot Point 1 ist die Ermordung des Partners Miles Archer. *2. Akt* – Sam Spade erfährt von der Ermordung seines Partners und wird von der Polizei als Täter verdächtigt. Er übernimmt selbst die Ermittlungen zur mysteriösen Mrs. Wonderly. Ein weiterer Besucher namens Joel Cairo beauftragt Spade mit der Suche einer wertvollen Falken-Skulptur und der Detektiv trifft mit Mr. Gutman den Drahtzieher dieser Suche. Alle Personen, der Detektiv eingeschlossen, werden von Habgier getrieben und versuchen, einander zu hintergehen. *3. Akt* – Unerwartet erhält Spade die Statuette aus der Hand eines sterbenden Kapitäns, dessen Schiff gerade in San Francisco eingelaufen ist. Im Finale des letzten Aktes treffen Mr. Gutman, Bridget O'Shaughnessy (alias Mrs. Wonderly), Joel Cairo und Sam Spade zusammen und stellen fest, dass die Falken-Statuette eine Fälschung ist. Spade entscheidet sich, alle Personen der Polizei auszuliefern.

AB 2.4 (Download): Zwei Beispiele für non-lineares Erzählen mit der „Broken record-Struktur" sind die Filme „Mord im Orientexpress" (1974) und „Und täglich grüßt das Murmeltier" (1993). Hyperlinkstrukturen finden sich auch im Film „Die fabelhafte Welt der Amélie" (2001).

AB 2.5 (Download): *Bild 1* – 2. Fotostory; *Bild 2* – 1. Fotostory; *Bild 3* – 3. Fotostory

AB 3.1: *Bild 1* – Fortsetzungsfolge; *Bild 2* – Episodenfolge; *Bild 3* – Fortsetzungsfolge

AB 4.1:

	Intro	News On The March	Walter P. Thatcher	Mr. Bernstein	Mr. Leland	Susan Alexander	Butler Raymond	Ende: Auflösung
Kindheit			■					■
Jugend		■		■				
Medienimperium		■		■				
1. Ehe		■		■	■			
Gouverneur		■			■			
2. Ehe		■			■	■		
Machtverlust		■	■			■		
Ende der 2. Ehe		■				■	■	
Tod	■	■						■

AB 4.2: Lösungswort: MCGUFFIN

AB 4.3: 1 = Bild 4; 2 = Bild 2; 3 = Bild 3; 4 = Bild 7; 5 = Bild 6; 6 = Bild 5; 7 = Bild 8; 8 = Bild 1; Lösungswort: FLASHBACK

AB 5.2: In beiden Fällen handelt es sich um einen auktorialen Erzähler, der nicht Teil der erzählten Geschichte ist und damit eine externe Erzählperspektive repräsentiert, die distanzierend und erklärend wirkt. Durch den Wechsel zwischen den Voice-Over-Stimmen wird auch ein Perspektivwechsel vollzogen, da die erste Voice-Over-Stimme die Erzählung in einen historischen Kontext stellt und die zweite Voice-Over-Stimme sich auf die folgende Geschichte des Frisörs und Anton Hynkels bezieht.

IB 6: Die Rahmenhandlung im Film „Das Cabinet des Dr. Caligari" destabilisiert die Binnenstory und stellt sie Frage. Am Ende des Filmes bleibt offen, wessen Erzählung wir trauen können. Ist Franzis der Verrückte, der die Ereignisse in Holstenwall seiner kranken Psyche entsprechend interpretierte oder ist der Psychiater Dr. Caligari für die Morde verantwortlich? In den meisten Filmen dient die Rahmenstory aber zur Beglaubigung des Gezeigten. Drei Filmbeispiele dafür sind beispielsweise „Der Name der Rose" (1986), „Forrest Gump" (1994) und „Titanic" (1997).

AB 6: Die im ursprünglichen Drehbuch vorgesehene Rahmenhandlung beglaubigt die Binnenstory und beeinflusst damit auch die Interpretation des ganzen Filmes.

AB 7.1 und 7.2: (von oben links nach unten rechts): *Station 4:* Begegnung mit dem Mentor; *Station 7:* Vordringen zur tiefsten Höhle; *Station 1:* Die Gewohnte Welt; *Station 2:* Ruf zum Abenteuer; *Station 5:* Überschreiten der ersten Schwelle; *Station 6:* Bewährungsproben; *Station 8:* Entscheidende Prüfung; *Station 10:* Rückweg; *Station 11:* Auferstehung; *Station 12:* Rückkehr mit dem Elixier; *Station 9:* Belohnung.
Die Weigerung (Station 3) fehlt im Film, da Indiana den Ruf zum Abenteuer bereitwillig annimmt.

AB 8.1: Der Filmvorspann ist eine Kombination aus einem *Einführungsvorspann*, bei dem die Handlung schon beginnt, während wir die Namen der Filmfiguren lesen, und einem *Prolog*, der eine von der folgenden Handlung des Filmes unabhängige Geschichte erzählt und uns mit der Hauptfigur Indiana Jones bekannt macht.

AB 8.2: *„Falling Down"* – Einführungsvorspann; *„Inglourious Basterds"* – Titel-Vorspann; *„Lola rennt"* – Kombination aus Zeichentrick-, Clip- und Raum/Zeit-Vorspann; *„Das Cabinet des Dr. Caligari"* – Titelvorspann; *„Fahrraddiebe"* – Einführungsvorspann
Die Typographie von „Inglourious Basterds" verweist auf das Westerngenre und „Lola rennt" hat Bezüge zum Musikvideo.

AB 9.1: *„Das Fenster zum Hof":* Um dem Zuschauer das Wann, Wo, Wer und Was des Filmes vorzustellen, verwendet Alfred Hitchcock eine **deduktive Exposition.** In einer langen Kamerafahrt werden wir von außen in die Handlung eingeführt und aus einer allgemeinen Außenansicht zunehmend weitere Details gezeigt. Bis zur vierten Filmminute erhalten wir so schon eine Vielzahl von Informationen über die Handlung und Haupt- und Nebenfiguren. Das Meiste davon wird visuell erzählt, aber auch der Atmoton liefert uns zahlreiche Hintergrundinformationen. Der Film *„Falling Down"* führt uns mit den Mitteln der **induktiven Exposition** in die Handlung ein. Uns werden nach der Ansicht von Details immer größere Ausschnitte gezeigt. Die einzelnen Elemente erhalten dadurch erst nach und nach eine Kontextualisierung. Zusammenfassend kann man sagen: Während Alfred Hitchcock den Weg vom Allgemeinen zum Speziellen wählt, geht der Regisseur Joel Schumacher den umgekehrten Weg.

AB 9.2 - 9.3: *Bild 1–2:* Der Film beginnt noch vor dem ersten Bild mit schweren und bewusst langsamen Atemgeräuschen, die eine hohe innere Anspannung anzeigen. Brille, Haarschnitt und Kleidung des Protagonisten scheinen eher aus den 1980er-Jahren zu stammen als in die 1990er-Jahre der Handlung zu passen. Auch die später im Bild ersichtlichen Stifte in der Hemdtasche charakterisieren den Protagonisten William Foster als konservativ. Seine Mimik und Gestik scheint gefrustet, gelangweilt und genervt. Während die Kamera langsam zurückfährt, setzt leise Musik ein und wir sehen eine Plakette mit den Aufschriften DE-FENS und NOTEC. Später im Film wird ersichtlich, dass Notec als Rüstungsfirma u.a. Raketen herstellt und der Spitzname De-Fens auf das Selbstbild des Protagonisten William Foster verweist, der sich als Beschützer der Gesellschaft versteht. In der weiteren Handlung erfahren wir auch, dass er vor einem Monat entlassen wurde, jeden Morgen aber wie gewohnt zur Arbeit aufbricht, um seine Erwerbslosigkeit zu verdrängen und zu verschweigen. Viele der Hinweise, die wir am Anfang zu sehen und zu hören bekommen, erhalten erst später Schritt für Schritt eine Kontextualisierung und Auflösung. *Bild 3-4:* Die Kamera fährt weiter und wir hören Flöten- und Trommelklänge. Während die Geräuschkulisse dazu langsam lauter wird und Radiomusik, Stimmen und hupende Autos erklingen, zieht eine Frau ihren Lippenstift nach, um attraktiver zu erscheinen. Der fette, faule, egoistische und sarkastische Kater Garfield scheint jeden zu verhöhnen und eine allgemeine Lebenshaltung dieser Zeit zu symbolisieren. Ein hoher Kinderschrei, Kinderstimmen und das Geräusch wütender Autohupen lassen die Musik weiter in den Hintergrund treten. Die kreischenden Kinder im Schulbus verstärken den Eindruck großer Aggression. Sie stehen im Kontrast zur schlaff wirkenden amerikanischen Flagge als Symbol des American Way of Life oder des American Dream. *Bild 5-6:* Zwei Geschäftsmänner telefonieren unentwegt lautstark und ohne Rücksicht auf ihre Umgebung. Auch sie steigern die Atmosphäre hoch aufgeladener Aggressivität. Beim nächsten Bild hat die Kamera ihre Kreisfahrt einmal um das Fahrzeug des Protagonisten beendet und damit den einführenden Handlungsraum vermessen. Die Musik wird tiefer und das nervende Geräusch einer summenden Fliege setzt ein. *Bild 7-9:* Die ersten beiden Autoschilder verweisen auf drei unterschiedliche Grundhaltungen der amerikanischen Gesellschaft in den Bereichen des Geldes/Profits und der religiösen Gesinnung. Mit dem dritten Aufkleber „How am I Driving? EAT SHIT" wird eine verachtende und aggressive Einstellung sichtbar. *Bild 10-11:* Selbst eine an sich harmlose Fliege scheint sich gegen William Foster verschworen zu haben, und er schafft es nicht, sie dauerhaft zu vertreiben. An keiner Stelle der Exposition wird die Ursache der Baustelle und damit des Verkehrsstaus sichtbar. Keine Bauarbeiter sind zu sehen und der Stillstand erscheint willkürlich und sinnlos. *Bild 12-13:* Vergeblich versucht der Protagonist, die Klimaanlage und die Fensterkurbel zu benutzen. Was bleibt ist ein sprichwörtlicher Leerlauf und eine Ohnmacht. Diesen Eindruck verstärken noch die anschwellenden Geräusche der Fliege, des Stimmengewirrs und der immer bedrohlicher wirkenden Musik. Nach eine Abfolge von Einstellungen, die dem Blick des Protagonisten folgen und uns Bilder der vorhergehenden Kamerafahrt noch einmal im Detail zeigen, versucht er ohne Erfolg, die Fliege mit immer aggressiver werdenden Bewegungen zu vertreiben. Die Kamerabewegung wird hektischer. Auch der im Schulbus sitzende junge Afroamerikaner scheint sich in seine eigene Welt der Musik und Gedanken zurückgezogen zu haben, nimmt keinen sichtbaren Anteil an seiner Umwelt und blickt apathisch aus dem Fenster. *Bild 14-15:* Die mit starken Geräuschen unterlegte Anzeige „Delay" (Verspätung) scheint symbolische Bedeutung zu haben und der Protagonist nicht in seine Welt der

1990er-Jahre zu passen. Mysteriös bleibt das mehrfach gezeigte Mädchen im vorderen Auto, das durch ihre völlige Ausdruckslosigkeit fast schon psychopatische Züge hat und das Unbehagen beim Zuschauer noch weiter steigert (vgl. dazu auch Kamp & Rüsel (1998), S. 117ff. und Bienk (2006), S. 145-147).

AB 10.1-10.2. Zeitdauer = Zeitraffung. *Bild 1-2:* Die enge Verbundenheit der Eheleute wird in der ersten Szene durch ihre nahe Position zueinander am Frühstückstisch, ihre sorgfältige Kleidung und durch ihre liebevolle Mimik und Gestik deutlich. Die harmonischen Walzerklänge der Filmmusik unterstreichen das liebevolle Verhältnis der beiden Figuren. *Bild 3-4:* Die Eheleute sitzen nun weiter voneinander entfernt und auch die Kleidung wirkt legerer. Der Blumenstrauß in der Mitte des Tisches scheint die beiden noch zusätzlich zu trennen. *Bild 5-6:* Die Kleidung Kanes wirkt nun noch nachlässiger und Emily strahlt mit ihrer Kleidung und Frisur eine größere Strenge aus. *Bild 7-8:* Die Strenge und Kälte der Beziehung nimmt zu, die Kleidung erscheint förmlich und weniger privat. *Bild 9-10:* Die Blicke werden immer abweisender, die Falte zwischen Kanes Augen wird stärker. *Bild 11-12:* Der Dialog bleibt aus und beide lesen am Frühstückstisch; Kane die Zeitung Inquirer seines Unternehmens und Emily eine andere. Es scheint alles gesagt.
Die Dialoge sind als Tonbrücken gestaltet und werden in den folgenden Einstellungen weitergeführt. Die anfänglich langsame Musik eines Walzermotivs durch harmonisch wirkende Streichinstrumente wird in den folgenden Szenen immer hektischer und durch den Instrumentenwechsel von Flöten und Trompeten immer düsterer.

AB 10.3. *Bild 1-4:* Zeitdauer – deckungsgleich; Zeitordnung – chronologisch; *Bild 5-7:* Zeitdauer – dehnend; Zeitordnung – Flashback; *Bild 8:* Zeitdauer – deckungsgleich; Zeitordnung – chronologisch. Zwischen Bild 1 und Bild 2 sehen wir einen Achsensprung.

AB 10.4 – 10.5: FLASHBACK, FLASHFORWARD, DECKUNGSGLEICH, ZEITDEHNEND, ZEITRAFFEND, Lösungswort: **DEUTSCHE FILMPREIS**
Die zwei weiteren Titel, die dem Deutschen Filmpreis den Namen LOLA gaben, sind „Der blaue Engel" (1930) von Josef von Sternberg mit Marlene Dietrich als Lola und „Lola" (1981) von Rainer Werner Fassbinder.

AB 10.6: *„Panzerkreuzer Potemkin":* dargestellte Zeit: 1915; Entstehungszeit: 1925; Differenz zur Gegenwart: mehr als 20 Jahre = historischer Geschichtsfilm; *„M – eine Stadt sucht einen Mörder":* dargestellte Zeit: 1931; Entstehungszeit: 1931; Differenz zur Gegenwart: mehr als 20 Jahre = historischer Film; *„Jäger des verlorenen Schatzes":* dargestellte Zeit: 1936; Entstehungszeit: 1981; Differenz zur Gegenwart: mehr als 20 Jahre = historischer Geschichtsfilm; *„Inglourious Basterds":* dargestellte Zeit: 1941; Entstehungszeit: 2009; Differenz zur Gegenwart: weniger als 20 Jahre = Geschichtsfilm

AB 11.1: Baron Hieronymus von Münchhausen – Charakter; die russische Zarin – Typus; Christian Kuchenreutter – Charakter; die Mondfrau – Typus; der türkische Sultan – Typus; Prinzessin Isabella d'Este – Charakter

AB 11.6 – 11.7: *1. Bild:* Gegenstände im Zimmer charakterisieren diesen Mann als Musiker (Flügel), der gebildet (Bücher), wohlhabend (Loft mit großem Fenster) und dem Alkohol nicht abgeneigt ist (übergroße Flasche). Die Radioansage *„Männer über 40, fühlt ihr euch morgens, wenn ihr aufwacht, müde und erschlagen? Seid ihr unausgeruht, schlapp und lustlos?"* und seine Reaktion darauf kennzeichnen ihn als über 40-jährig und in der Midlife-Crisis befindlich. *2. Bild:* Das wegen der Hitze auf dem Balkon schlafende Paar scheint Beziehungsprobleme zu haben. Sie haben die Nacht nicht nur in entgegengesetzten Schlafrichtungen verbracht, sie wirken auch wie durch das Balkongitter im Vordergrund gefangen. Die auf dem Fensterbrett stehende Statue reitet von beiden weg und gibt uns den Hinweis, dass sich einer oder auch beide schon in eine andere Richtung orientieren. *3. Bild:* Diese junge Frau scheint sich als Unschuld vom Lande zu präsentieren. Unbekümmert und wie es den Anschein hat auch ohne das Gefühl, beobachtet zu werden, tanzt sie freizügig durch den Raum. Dieser Eindruck wird durch den symbolischen Einsatz der Rosen (Liebe, Lebensfreude) im Vordergrund und durch die Tauben auf dem Dach (Unschuld) noch verstärkt. *4. – 8. Bild:* Am längsten wird in der Exposition die Hauptfigur L. B. Jefferies vorgestellt. Seinen Namen erfahren wir durch die Beschriftung auf dem Gipsbein. Durch eine Abfolge von Bildern wird uns auch die Ursache seiner Verletzung vorgestellt. Die auf dem Tisch liegende zerstörte Kamera kennzeichnet Jefferies als Fotografen und die Fotografien an der Wand zeigen uns seine Spezialisierung. Er ist Fotoreporter für sportliche Ereignisse und scheint auch gefährliche Situationen nicht zu scheuen. Die Ursache seines gebrochenen Beines und der zerstörten Kamera wird uns im nächsten Bild gezeigt. Das Rad des Rennwagens fliegt direkt auf den Fotografen zu. Mit der Leidenschaft, abenteuerliche Ereignisse fotografisch zu dokumentieren, scheint er allerdings seinen Lebensunterhalt nicht bestreiten zu können. Seinen Brotberuf sehen wir im letzten Bild. Er fotografiert auch für Modezeitschriften.

AB 11.8 – 11.10: DIEGETISCH, AUDITIV, VISUELL, FIGURAL, FIGURAL
Es fehlt die mimetische Figurencharakterisierung. Lösungswort: **STRUKTURELLE** Gewalt

AB 11.13: *Effie Perine:* Sekretärin, Hilfsfigur, Typus; *Die Polizei:* Antagonisten, Episodenfiguren, Typen; *Mrs. Wonderly* (alias Bridget O'Shaughnessy): Antagonistin, Charakter; *Joel Cairo und Mr. Gutman:* Antagonisten und Typen. *Sam Spade:* Protagonist und Charakter

AB 11.14 – 11.15: *Thorwald mit Ehefrau*: unglückliche Ehe, die durch die Krankheit der Ehefrau eine scheinbar ausweglose Situation für Thorwald bedeutet. *Mrs Lonely Hearts:* Einsamkeit und Sehnsucht nach einer romantische Liebe, die sich am Ende des Films zu erfüllen scheint. *Das Ehepaar auf dem Balkon:* Beide Ehepartner scheinen sich entfremdet zu haben und orientieren sich schon in eine andere Richtung (symbolisiert durch den sich entfernenden Reiter auf dem Fensterbrett). *Das jungvermählte Ehepaar:* nach anfänglicher Verliebtheit und Leidenschaft scheint sich beim Ehemann Ernüchterung einzustellen. *Mrs. Torso:* Die unbekümmerte und anfänglich von vielen Männern umschwärmte junge Frau scheint am Ende in einer festen Beziehung mit einem Soldaten zu sein. *Familie mit Kind:* Da diese scheinbar glückliche Beziehung im weiteren Film und damit auch für Jefferies keine Rolle mehr spielt, scheint Hitchcock diesen Entwurf des Zusammenlebens für die beiden Figuren nicht vorgesehen zu haben. Letztendlich lässt der Film offen, ob Jefferies und Lisa in den Stand der Ehe treten und ob Jefferies sein abenteuerliches Leben aufgibt bzw. ob Lisa ein abenteuerliches und unbequemes Leben führen wird.

AB 12.1: Belloq – Schatten; Herr Toht – Schwellenhüter; Äffchen – Gestaltenwandler; Marcus Brody – Herold; Indiana – Held; Ravenwood – Mentor. Der Archetyp des Tricksers fehlt auf dieser Seite.

AB 13: SZENE, EINSTELLUNG, SEQUENZ – Lösungswort: FREQUENZ

AB 14.1: *Bild 1:* Objektumgebung – Innenhof einer Mietskaserne in einer Großstadt; *Bild 2-3: Kontextuelle Bindung* – Der Blick der Mutter auf die Uhr. *Bild 4*: Ausschnitthaftigkeit – Wir denken über den Ausschnitt des Gezeigten hinaus und ahnen, in welcher Gefahr sich Elsie Beckmann befindet. *Bild 5-7:* Ausschnitthaftigkeit,

Objektumgebungen und die kontextuelle Bindung – Die lange Bildfolge des leeren Treppenhauses, Dachbodens und Tellers in Verbindung mit den Rufen der Mutter nach ihrer Tochter lässt uns quälend viel Zeit zu erkennen, dass Elsie nicht mehr nach Hause kommen wird. *Bild 8-9:* kontextuelle Bindung und Ausschnitthaftigkeit – Wir sehen vor unserem inneren Auge durch vorangegangene Geschehnisse über die Bildgrenzen des Gezeigten hinaus und erleben den Mord indirekt mit, ohne dass er gezeigt wird. Die Wirkung wird durch das Fehlen des Tones verstärkt.

AB 14.2: *Bild 1:* Der Vater steht in der Mitte des Bildraumes und scheint damit auch zwischen seinem Sohn und den Plänen der ehrgeizigen Mutter zu stehen. Die große Tiefenschärfe lässt uns im Hintergrund Charles sehen, der noch unbeeinflusst seine Kindheit beim Spielen im Schnee genießt. Die drohende Gefahr des Verlustes einer unbekümmerten Kindheit wird schon durch den Rahmen des Fensters angedeutet, in dessen Begrenzungen der Junge gefangen zu sein scheint, ohne hiervon etwas zu ahnen. *Bild 2:* Diese ruhige Einstellung zeigt uns im Vordergrund übergroß ein Glas mit einem Löffel und eine Medizinflasche. In der unscharfen Bildmitte können wir eine menschliche Gestalt erahnen und die Tür im Hintergrund erscheint wieder scharf. Mit diesen unterschiedlich gewichteten drei Bildebenen werden dem Zuschauer schon zahlreiche Hinweise zum versuchten Selbstmord von Susan Alexander geliefert, die sich in den folgenden Einstellungen bestätigen. *Bild 3:* Auch hier weist das vervielfachte Motiv der Türrahmen auf die Gefangenheit, Isolation und Einsamkeit des Charles Kane hin und die Tiefenschärfe verstärkt diesen Eindruck.
Ohne den Einsatz der großen Tiefenschärfe wären diese Szenen durch die Montage unterschiedlicher Einstellungsfolgen aufgelöst wurden.

AB 15.1: Orson Welles hat sehr häufig den Beleuchtungsstil Low-Key mit starken Kontrasten und Schatten verwendet. Einzelne bewusst gestaltete Lichtbereiche wie in Bild 3 das helle Tagebuch lenken die Aufmerksamkeit auf diese Gegenstände.

AB 15.2: Nach der Erkenntnis, dass es Sherlock hier nicht mit Mrs. Smallwood, sondern mit Johns Ehefrau Mary zu tun hat, wird die Zeitdauer gedehnt und die Filmmusik lauter. Es folgen Erinnerungen (Flashbacks), die visuell durch eine hellere Ausleuchtung und teilweise durch schräge Kameraperspektiven kenntlich gemacht werden. Der Wechsel in Sherlocks Vorstellungswelten wird mit einem schrillen Signalton angekündigt und der gedachte Dialog mit Molly ist teilweise im High-Key-Stil gestaltet. Es folgt ein Dialog mit seinem Bruder Mycroft, der mit extremen Licht- und Schattenlinien visualisiert ist und Sherlock als Kind zeigt. Eine veränderte Farbgestaltung im Blauton signalisiert das Verlassen der Vorstellungswelten und Sherlock fällt vom Schuss getroffen in Zeitlupe und durch eine drehende Kamerabewegung nach hinten. Seine Empfindungen werden wieder im High-Key-Stil visualisiert und von einem schrillen Signalton begleitet. Es folgen Rückblicke, die Sherlocks Hund Rotbart zeigen und mit rotierenden Kamerabewegungen gefilmt wurden.

AB 16.2: Die grün-gelbe Einfärbung dient zur Kenntlichmachung der Rahmenhandlung. Die gelbe Viragierung zeigt Innenräume. Die bläuliche Einfärbung wird für Nachtszenen und die rötlichen Viragierung für emotionale Szenen in Innenräumen verwendet.

AB 17.1: TOTALE, DETAIL, AMERIKANISCHE, GROSS, PANORAMA, HALBNAHE, Lösungswort: KOERPER. Auf der Seite fehlen die Einstellungsgrößen: NAH und HALBTOTALE

AB 17.2 (Download): Von oben links nach unten rechts: Detail, Groß, Groß, Detail, Detail, Nah, Totale, Panorama

Um die subjektive Sicht des Protagonisten auf seine Umwelt zu veranschaulichen werden kleine Einstellungsgrößen aneinandergereiht. Erst als William Foster (D-Fens) sich entschließt, aus dem bedrückenden Stauszenario auszubrechen, wechseln die Einstellungsgrößen zu einem größeren Bildausschnitt von der nahen Einstellung über die Totale bis hin zum Panorama. In diesem Moment des Übergangs ändert sich auch der Sound des Films. Nachdem die Geräusche und Musik immer lauter, bedrohlicher und disharmonischer wurden, wird mit dem Öffnen der Tür der Sound leiser und die Geräuschvielfalt geringer. Dieser Übergang auf der visuellen und auditiven Ebene verdeutlicht einen Perspektivwechsel von der subjektiven Sicht hin zu mehr Distanz auf das Geschehen.

AB 18: Adolf Hitler wurde vorrangig aus der Kameraperspektive der Untersicht gefilmt und erscheint somit als mächtig und dominant. In der Abschlussrede Adolf Hitlers werden Joseph Goebbels, Hermann Göring und Heinrich Himmler in der Normalsicht gezeigt und scheinen sich damit der Übermacht Hitlers unterzuordnen.

AB 19.1: *Szene 1:* Vorbeifahrt und Schwenk – Wir sehen eine Kombination aus Hinfahrt, Kameraschwenk und Rückfahrt. Durch diese Kamerabewegung werden sowohl Adolf Hitler wie auch die jubelnden Menschenmassen gezeigt. *Szene 2:* Vertikale Kamerafahrt – Die Kamera bewegt nach oben und der Bildraum öffnet sich. Die Menschenmassen bewegen sich einheitlich auf die Tribüne zu und das Motto „Reichsparteitag der Einheit und Stärke" scheint sich zu bewahrheiten. *Szene 3:* Horizontaler Kameraschwenk nach rechts – Die Kamera folgt den Fahnenträgern in ihrer Bewegung nach rechts und verstärkt damit den Eindruck der Massenkundgebung. Es ist natürlich eine Sache der Interpretation, ob durch diese Wahl der Kamerabewegungen das Abgebildete dynamischer und interessanter erscheint als es durch die Kombination unterschiedlicher Einstellungen und deren Montage möglich gewesen wäre. Leni Riefenstahls Team hat durch die Wahl dieser Kameraperspektiven und -bewegungen Wirkungen erzielt, die damals neuartig waren und im Dienste nationalsozialistischer Propaganda dem Führerkult dienten.

AB 19.2 (Download): *Szene 1:* Der Kamerarechtsschwenk lässt uns den Gang Charles Foster Kanes durch den Raum verfolgen und die riesigen Dimensionen des Anwesens miterleben. *Szene 2:* Die langsame Kamerarückfahrt verändert die Einstellungsgröße der anfänglichen Halbtotale in eine Panoramaeinstellung und bewirkt eine Distanz und Verabschiedung vom Geschehen. *Szene 3:* Die daran anschließende Kamerahinfahrt verfährt umgekehrt und lässt aus einer Totalen immer mehr Details in der Halbtotalen sichtbar werden. In allen drei Fällen unterstreicht der Einsatz der Kamerabewegungen die Maßlosigkeit, aber auch Verlorenheit des Protagonisten.

AB 19.3: *Bild 1-2:* Vertikale Kamerafahrt nach unten; *Bild 3-4:* Kamerahinfahrt; *Bild 5-6:* vertikaler Kameraschwenk nach oben; *Bild 7-8:* Kreisfahrt; *Bild 9-10:* Kreisfahrt; Bild 11-12: leichte Kamerarückfahrt kombiniert mit einem horizontalen Kameraschwenk nach rechts

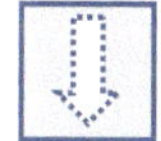   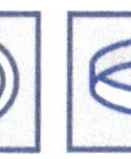 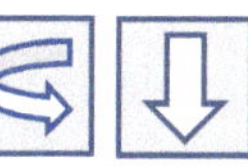 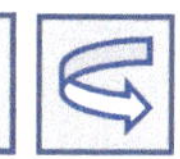

AB 20.3 (Download): *Bild 1 - 3:* Wechsel der Einstellungsgrößen von G (Groß) über N (Nah) und HN (Halbnah) bis zur A (Amerikanischen) Kamerarückfahrt, Schnitt; *Bild 4:* HT (Halbtotale); *Bild 5:* T (Totale); *Bild 6:* A, Schnitt; *Bild 7:* N, Kameralinksschwenk, Schnitt; *Bild 8:* N, Kameralinksschwenk; *Bild 9:* HN (Halbnah), Kamerahinfahrt, Schnitt;

Bild 10: N, Kameralinksschwenk; *Bild 11 – 12:* HT, Kameralinksschwenk, Schnitt; *Bild 13:* A, Schnitt; *Bild 14:* HT, Schnitt; *Bild 15:* A, Schnitt; *Bild 16:* HAT, Kamerahinfahrt

Die Dramatik dieser Szene entwickelt sich am Ende durch schnellere Schnittfolgen. Wie man an dieser Szene sehr gut sehen kann, wurden die Einstellungsgrößen und Kamerabewegungen, in denen die einzelnen Figuren gezeigt werden, über die Schnitte hinweg jeweils wieder aufgenommen und weitergeführt. So zeigt das Bild 13 Antonio an der Plakatwand in der Amerikanischen Einstellung, die, unterbrochen durch zwei Schnitte, im Bild 15 beibehalten wird. Auch der Kameralinksschwenk, der dem beobachtenden Fahrraddieb folgt, wird in folgenden Einstellungen weitergeführt. Mit dem Wechsel der Einstellungsgrößen am Anfang dieser Szene durch die Kamerarückfahrt (Bild 1–3) vergrößern sich die Bildausschnitte. Nach dem Schnitt (Bild 4–6) werden die Bildausschnitte durch die Bewegung der Männer kleiner. Auch dieser Wechsel wirkt spannungssteigernd.

AB 21: *Bild 1–3:* Streng genommen handelt es sich hier um einen logischen Fehler, da nicht nur Marion sichtbar alle Papierfetzen die Toilette hinuntergespült hat, sondern auch Norman Bates mit seiner Reinigung des Badezimmers alle Spuren beseitigt hat. Sam und Lila hätten demnach keinen Papierrest mit der Handschrift Marions mehr finden können. *Bild 4–5:* In der ersten Perspektive sieht man die mumifizierte Mutter auf einem Stuhl mit vier Beinen sitzen, der sich nach der Berührung Lilas dreht. Hier hätte eigentlich ein Drehstuhl platziert werden müssen.

AB 23.1: Filmausschnitt 1: *Bild 1:* Das Quietschen der Tür im On und das klagende Windrad im Off. *Bild 2:* das Kratzen der Kreide im On, das Windrad, Stiefelschritte und Vogelgezwitscher im Off. *Bild 3:* Stiefelgeräusche im On, Windrad und Vogelgezwitscher im Off. *Bild 4:* Windrad, Vogelgezwitscher und Türknarren im Off. **Filmausschnitt 2:** *Bild 5:* Das Windrad im On. *Bild 6:* Windrad und Wassergeräusche im Off. *Bild 7:* Windrad und Wassergeräusche im On. *Bild 8:* das Windrad und rhythmisches Klackern im Off, das Knarren des Schaukelstuhls im On. *Bild 9:* das Windrad im Off und das rhythmische Klackern des Telegraphen im On. *Bild 10:* das Windrad und das rhythmische Klackern im Off. Klagende Geräusche wie das Windrad oder das Klackern des Telegraphen wechseln wiederholt vom On ins Off und wirken wie eine akustische Klammer zwischen den Einstellungen.

AB 23.4: Liberty Schtonk! – Freiheit wird abgeschafft!; Demokratie Schtonk! – Demokratie wird abgeschafft!; Tomanien – Germanien; Bakterien – Italien; Osterlich – Österreich; Benzino Napoloni – Benito Mussolini; Feldmarschall Hering – Hermann Göring; Dr. Gorbitsch – Dr. Joseph Goebbels; Bretzelberg – Salzburg

Die vier weiteren Wörter in Anton Hynkels Rede lauten: Wiener Schnitzel, Sauerkraut, Bismarck Hering und Blitzkrieg.

AB 25.2: Die vom Musiker in der Studiowohnung gespielte Komposition bringt Mrs. Lonely Hearts von ihrem Selbstmordvorhaben ab. Am Ende des Filmes wird angedeutet, dass sich ihr durch die Bekanntschaft des Komponisten neue Zukunftsvisionen eröffnen. Die diegetische Musik übernimmt hier auch eine dramaturgische Funktion.

IB 25.2: Deskriptive Technik – „Panzerkreuzer Potemkin“; Mood-Technik – „Der große Diktator“; Leitmotivtechnik – „M – Eine Stadt sucht einen Mörder“

John Williams: z.B. „Der weiße Hai“ (1975), Indiana-Jones-Filme (1981-2008), Star-Wars-Filme (1977-2015), Harry-Potter-Filme (2001-2011); Bernhard Herrmann: z.B. „Citizen

Kane“ (1941), „Psycho“ (1960) und „Taxi Driver“ (1976); Hans Zimmer: z.B. „König der Löwen“ (1994), „12 Years a Slave“ (2013), „Inferno“ (2016)

AB 25.3: *„Psycho“:* Eine stakkatohafte und schrille Filmmusik begleitet den Opening Credit und soll den Zuschauer auf das Grauen des Folgenden vorbereiten. Der anschließende Filmanfang mit den Informationen *Phoenix, Arizona, Friday, December The Eleventh, Two Forty-Three P.M.* sind musikalisch anders gestaltet und beinhalten harmonische Streichinstrumente, die wesentlich dezenter die kommende Tragik der Ereignisse ankündigen.

AB 25.4: *TC 0:11:45:* LEITMOTIV – Am Ende des Prologs hören wir das erste Mal das musikalische Thema von Indiana Jones. Er flieht und wir lernen seine Angst vor Schlangen kennen. *TC 1:00:10:* DESKRIPTIV – Die Musik stilisiert die Geräusche der Schlangen, drückt aber auch Indianas Furcht und Ekel vor diesen Tieren aus und enthält damit Elemente der Mood-Technik. *TC 1:28:40:* MOOD: Marion und Indiana kommen sich auf der Rückfahrt in der Kajüte näher. Das Orchester unterstreicht diese Empfindungen am Anfang, hört aber schlagartig auf als Indiana einschläft. **Lösungswort: POTTER**
Marion und die Bundeslade werden ebenfalls durch musikalische Leitmotive gekennzeichnet.

AB 25.5: Auch wenn es sich bei dem gepfiffenen Leitmotiv des Täters immer um die gleiche Melodie handelt, so wandelt sich doch die Art und Weise ihrer Interpretation in Abhängigkeit zur jeweils seelischen Verfassung, und wir hören nicht nur Variationen des musikalischen Leitmotivs, wir interpretieren diese auch in Beziehung zur Handlung als fröhlich (Filmausschnitt 1), getrieben (Filmausschnitt 2), erwartungsvoll (Filmausschnitt 3), enttäuscht (Filmausschnitt 4) und froh (Filmausschnitt 5). Damit wären sowohl die Antworten „Motivzitat“ wie auch „idée fixe“ richtig, je nachdem ob wir Veränderungen der Melodie wahrnehmen oder nicht.

AB 25.6. Mundharmonika und Frank sind eher Typen als Charaktere. Mundharmonika steht als namenloser Rächer für Gerechtigkeit und Sühne, während Frank als klassischer Schurke des Westerns in Erscheinung tritt. Beide Figuren bleiben in ihren Eigenschaften und Überzeugungen weitestgehend konstant und entwickeln sich nicht wesentlich. Jill McBain und auch Cheyenne dagegen wandeln sich im Verlauf der Handlung und sind eigenständige Charaktere. Während die zur Witwe gewordene Jill erst den Kampf gegen Frank und seine Schurken aufgeben will, entschließt sie sich am Ende, dem Traum ihres verstorbenen Ehemannes in die Tat umzusetzen. Auch Cheyenne macht eine positive Entwicklung durch und wird immer sympathischer.

AB 25.7 – 25.8. Mundharmonika – der namenlose Rächer: *TC 0:09:22 – 0:10:58:* Der (an)klagende, fast schmerzende Sound der Mundharmonika erscheint hier als diegetischer Ton, d.h. die Melodie entstammt der Welt des Films und ihre Quelle ist im Bild ersichtlich.

TC 0:34:59 – 0:37:23: Noch bevor wir wissen, dass der Mundharmonikaspieler in der Taverne anwesend ist, hören wir sein klagendes Spiel, durch das sich er sich zu erkennen gibt und das dadurch die Funktion einer akustischen Wiedererkennung übernimmt. Bewusst oder unbewusst erinnern wir uns an den Schusswechsel in der neunten Filmminute.

TC 0:54:05 – 0:54:50: Auch hier lässt uns nur der Klang der Mundharmonika wissen, dass der Namenlose anwesend ist. Bis zum Schluss bleibt die Figur weitgehend rätselhaft und erst das Aufeinandertreffen mit Frank im Showdown bringt Klarheit über seine Motivation. Das Leitmotiv der Mundharmonika bleibt musikalisch einfach und unveränderlich und ist ein

Motivzitat. **Die Witwe Jill McBain:** *TC 0:25:05 – 0:27:42:* (Spinett, Streicher und Sopran) Die Melodie in Moll mit einer traurigen, melancholischen, romantischen Wirkung charakterisiert die einzige weibliche Handlungsfigur des Films. Die Streicher und der Sopran sind in einer hohen Tonlage gehalten und betonen die feminine Seite, während die Melodie in Moll auch Trauer symbolisiert. *TC 0:44:15 – 0:46:58:* Mit der gegensätzlichen musikalischen Wirkung von Mundharmonika, Cheyenne und Frank wird auch der Unterschied der Geschlechter betont. *TC 02:33:09 – 2:36:47:* Die heiter wirkende Melodie steht für Jill McBains Optimismus und Tatendrang, die das Erbe ihres Mannes annimmt und zur Gründerin einer neuen Stadt wird. Jill McBain wird durch die Leitmotivtechnik des Motivzitats repräsentiert. **Der Bandit Cheyenne** *TC 0:34:06 – 0:34:44* und *TC 0:56:17 – 0:57:05* (Banjo und Streichinstrumente): Die Wirkung beider Instrumente ist unterschiedlich: Während die Streicher eher die Gefahr unterstreichen, die von Cheyenne ausgeht, charakterisieren die Klänge des Banjos ihn auch als humorvoll, einfühlsam und lebensfroh. *TC 2:29:05 – 2:32:49:* Als Cheyenne am Ende des Films stirbt, dominiert das Banjo und die Melodie wird noch zusätzlich gepfiffen. Sein Leitmotiv hat sich damit etwas verändert, seine positiven Charaktereigenschaften dominieren und die Gefahr, die anfänglich von ihm ausging, ist gebannt. Cheyenne wird mit der Leitmotivtechnik „idée fixe" charakterisiert. **Der Bösewicht Frank** *TC 0:19:56 – 0:22:10* und TC 2:17:04 – 2:19:07 (kreischender Gitarrensound, Mundharmonika, Streicher): Diese Leitmusik steht im starken Kontrast mit dem bis dahin zu hörenden Wüstensound des Windes und der Grillen. Die Wirkung ist sehr dominant und gewaltorientiert. Durch die Kombination mit dem Leitmotiv der Mundharmonika wird die Verbindung der Figuren deutlich, die erst am Ende des Filmes im Showdown aufgelöst wird. Frank ist der Antagonist des Filmes und wird durch den Klang der aggressiv wirkenden E-Gitarre als gewalttätig, skrupellos und brutal geschildert.

AB 25.10 – 25.11 (Download): TC 0:02:44: *Bild 1* – Insektengeräusche, Vogelgezwitscher; Orgel, Bläser, Streicher in hoher Lage (mittlere Lautstärke); *Bild 2* – Insektengeräusche, Vogelgezwitscher; Orgel, Bläser, Streicher in hoher Lage (leiser werdend); *Bild 3:* Insektengeräusche, Vogelgezwitscher (sehr leise); Streicher, Holz- und Blechbläser (sehr leise); **TC 0:03:10:** *Bild 1* – Urwaldgeräusche (leise, fast still); Orgel, Bläser, Streicher in hoher Lage (Lautstärke ansteigend); *Bild 2* – Überlautes Klicken der sich spannenden Pistole; Schlagzeug (leise); *Bild 3* – Überlautes Peitschenknallen; Bläser (laut); **TC 0:03:19:** *Bild 1* – Peitschenknallen und Schuss; Bläser (lauter werdend); *Bild 2* – Urwaldgeräusche (sehr leise, fast still); Bläser (lauter werdend); *Bild 3* – Urwaldgeräusche (sehr leise, fast still); Bläser (noch lauter werdend); **TC 0:03:40:** *Bild 1* – Wasserfall (lauter werdend); Bläser, Streicher in hoher Lage (leiser werdend); *Bild 2* – Wasserfall und Insekten; Bläser, Streicher in hoher Lage (lauter werdend); *Bild 3* – Dialog, kaum Geräusche; Streicher (leise); **TC 0:04:20:** *Bild 1* – Insekten, Wassertropfen, Schritte (lauter werdend); Schlagzeug und andere Instrumente (erst leise, dann ansteigend); *Bild 2* – hupendes Geräusch als Signal, Streicher und andere Instrumente (leise), dann Paukenschlag; *Bild 3* – Atemgeräusche; Bläser und Streicher (ansteigend). Mit den Filmbildern setzt ein polyphones Geflecht aus Geräuschen, Sprache und Musik ein. Dabei variiert der Einsatz von Geräuschen und Instrumenten sowohl im Klang wie auch in der Lautstärke. Filmmusik ist multifunktional und übernimmt an verschiedenen Stellen dieser Szene sowohl dramaturgische wie auch epische, strukturelle und persuasive Funktionen. Eine dramaturgische Funktion übernimmt die Musik an den Stellen, welche die bedrohliche und düstere Atmosphäre des Dschungels illustrieren und zur Spannungssteigerung beitragen. Episch wird sie, wenn sie als Kommentar des Komponisten gegenüber den Filmbildern interpretiert wird, und eine strukturelle Funktion übernimmt sie, wenn sie den zahlreichen Schnitten und wechselnden Einstellungsgrößen Kontinuität verleiht. Auch die persuasive Funktion, die uns die Emotionen Indianas und seines Begleiters auditiv vermittelt, hat einen großen Einfluss auf die Interpretation der Filmbilder. So kündigt der Ton der Hupe und der Pauke auf eine drohende Gefahr hin.

AB 26.1: *„Jurassic Park"* – 1993, Science-Fiction-Film mit Anleihen aus dem Horror- und Abenteuergenre, Genrewandel und Diversifikation; *„Die Unbestechlichen"* – 1973, Drama, Konkurrenz und Erneuerung; „Die Geschichte vom kleinen Muck" – 1953, Defa-Kinderfilm, Phantastischer Film (Märchenfilm), Weltfilm nach dem Zweiten Weltkrieg; „Der schwarze Abt" – 1963, Edgar-Wallace-Film, Serienfilm, Filmgenre Kriminalfilm, Konkurrenz und Erneuerung; *„Die Nibelungen"* – 1924, Stummfilm, Filmgenre Phantastischer Film, Expressionistischer Film, Vom Ersten Weltkrieg bis zum Ende der Weimarer Republik; *„Feuerzangenbowle"* – 1944, Unterhaltungsfilm, Filmgenre Komödie, Filmkultur zur Zeit des Nationalsozialismus.

AB 28.1: Auch wenn sich kaum ganz eindeutige Zuordnungen feststellen lassen, so können die Filme „Panzerkreuzer Potemkin" und „Der große Diktator" in ihrer Tendenz eher mit dem Begriff der Agitation beschrieben werden und „Triumph des Willens" als Propagandafilm.

AB 28.2: Vom Veranstaltungsdatum des 5. September 1934 ausgehend, wird durch die vier Texttafeln auf den Beginn des Weltkrieges 1914 *(Bild 2)*, dessen Ende 1918 mit dem als erniedrigend empfundenen Versailler Vertrag *(Bild 3)* und der vermeintlichen Wiedergeburt durch die Machtergreifung Hitlers im Januar 1933 *(Bild 4)* Bezug genommen. Hitler machte sich die lange Geschichte, der besonders im Mittelalter bedeutend gewordenen Freien Reichsstadt Nürnberg zunutze und stellte sich damit in eine lange Tradition von Königen und Kaisern der deutschen Vergangenheit. Die Entscheidung, einen vom Parteitag abweichenden Filmtitel zu wählen, geht auf Adolf Hitler zurück, der damit dem Medium Film wohl eine eigenständige und weitreichendere Bedeutung zumaß als der Veranstaltung in Nürnberg selbst (vgl. dazu auch Trimborn 2003, S. 214f.).

AB 28.7 (Download): *Russland:* Der Beginn dieser Szene zeigt uns ein russisches Volksfest, dass die Bevölkerung als lebensfroh, aber auch trunksüchtig (Brunnen), maßlos (Baum mit Würsten und Kaviar), wild und unberechenbar (Kosake Pugatschow) zeigt. Auch die Hofhaltung Katharina der Großen scheint von Reichtum und Verschwendungssucht geprägt zu sein. Katharinas Aussage „Diese angebliche Verschwendungssucht ist eigentlich Sparsamkeit. Alles bleibt in meinem Land und kommt eines Tages zu mir zurück" ist ebenfalls sehr widersprüchlich. *Konstantinopel:* Auch der Sultan und seine Hofhaltung werden als unermesslich reich, freizügig (gering bekleidete Tänzerinnen und Haremsdamen), aber auch grausam (der Eunuch und die Stockschläge für den Koch) geschildert. Hinzu kommt noch eine gewisse Verschlagenheit des Herrschers. *Venedig:* Der Doge von Venedig ist hier eine eher intrigante Figur, die mit der Inquisition zusammenarbeitet.

Natürlich flossen auch Stereotypisierungen anderer Kulturen in die Darstellung mit hinein. Ob es sich dabei allerdings um eine Fortschreibung nationalsozialistischen Gedankenguts handelt oder auch zeitkritische Elemente enthielt, lässt sich nicht abschließend bestimmen. Welche Wirkungsabsicht und welche Überzeugungen die Filmemacher 1940 damit verbanden, kann durch die Filmbetrachtung nicht eindeutig beantwortet werden. Interpretationen dieser Art sind immer auch subjektiv und von den jeweiligen Ansichten der Gegenwart geprägt.

AB 28.8 – 28.9: *Pola Negri* (1897–1987) war ein Stummfilmstar, der durch den deutschen Film „Madame Dubarry" von Ernst Lubitsch 1919 berühmt wurde und im Anschluss daran für die Filmgesellschaft Paramount in den USA Filme drehte. Mehr noch als durch ihre Filme fiel Pola Negri durch ihre Inszenierung als Diva und ihre Skandale in der Presse auf. *King Kong* ist ein fiktiver Gorilla und das erste Monster, das keine literarische Vorlage hat, sondern eigens für den Film erschaffen wurde. Das Original des Monsteraffens tauchte erstmalig im Film „King Kong und die weiße Frau" (1933) auf und wurde auch durch die Anwendung zahlreicher Spezialeffekte zu einem Meilenstein der Filmgeschichte. *Brigitte Horney* (1911–1988) war eine deutsch-amerikanische Theater- und Filmschauspielerin, die mit einer großen Wandlungsfähigkeit sehr unterschiedliche Rollen verkörperte. Berühmt wurde sie durch ihre Rolle eines leichten Hafenmädchens im Film „Liebe, Tod und Teufel" (1934). *Brigitte Helm* (1906–1996) wurde durch ihre Rolle der Maria in Fritz Langs „Metropolis" berühmt, der auch gleichzeitig ihr Filmdebüt war. Nach der Stummfilmzeit spielte sie bis 1935 in zahlreichen Tonfilmen mit und zog sich anschließend aus dem Filmgeschäft zurück. *Georg Wilhelm Pabst* (1885–1967) ist kein deutscher, sondern ein österreichischer Regisseur! Berühmt wurde er vor allem mit seinem Film „Die freudlose Gasse" (1925), der zu den ersten Werken der Neuen Sachlichkeit gerechnet wird. Als Gegenströmung zum Expressionismus wandten sich die Filme der Neuen Sachlichkeit in den 1920er-Jahren verstärkt sozialkritischen Themen zu und sahen sich dem Realismus verpflichtet. *Zarah Leander* (1907–1981) war eine schwedische Theater- und Filmschauspielerin sowie Sängerin, die ab 1936 bei der Ufa unter Vertrag stand und zum höchstbezahlten weiblichen Filmstar während des Nationalsozialismus avancierte. Lieder wie „Davon geht die Welt nicht unter" und „Ich weiß, es wird einmal ein Wunder gescheh'n" aus dem NS-Propagandafilm „Die große Liebe" (1942) wurde Gassenhauer. *Lilian Harvey* (1906–1968) war eine britisch-deutsche Filmschauspielerin, Sängerin und Tänzerin, die vor allem durch deutsche Musikfilme der 1930er-Jahre wie „Die drei von der Tankstelle" (1930) und „Der Kongress tanzt" (1931) berühmt wurde. Im Film hören wir im Hintergrund das zusammen mit Willy Fritsch gesungene Lied „Ich wollt ich wär ein Huhn" aus dem Film „Glückskinder" (1936). *Willy Fritsch* (1901–1973) war ein deutscher Filmschauspieler und Sänger, der durch eine Vielzahl von Filmkomödien zu einem der beliebtesten Filmstars wurde.

Die *Universum Film AG* wurde als deutsches Filmunternehmen als Reaktion auf die ausländische Filmkonkurrenz und Propaganda Ende 1917 gegründet. Der Reichsminister für Volksaufklärung und Propaganda und Präsident der Reichskulturkammer Joseph Goebbels wollte sich vor allem von Filmen im Stil des Deutschen Expressionismus und der Neuen Sachlichkeit abgrenzen. Neben anderen Kunstrichtungen galten diese beiden Strömungen als Entartete Kunst und standen damit im Widerspruch zu den von den Nationalsozialisten vertretenen Kunstauffassungen und Schönheitsidealen.

AB 28.10: *Louis B. Mayer* (1884–1957) floh mit seiner Familie vor der Judenverfolgung in Minsk in den 1880er-Jahren und gründete 1907 sein erstes Nickelodeon. Drei Jahre später gehörten ihm 90% aller Kinos in Neuengland. Reich wurde er durch seinen Anteil an David Wark Griffiths Film „Geburt einer Nation" im Jahre 1915. Mit der Gründung der Metro Pictures Corporation 1916 und der Metro-Goldwyn-Mayer (MGM) 1924 wurde

Mayer einer der führenden Filmproduzenten Hollywoods. Filme wie „Ben Hur" (1925) begründeten die künstlerische und wirtschaftliche Blüte der Filmproduktions- und Filmverleihgesellschaft mit dem Löwen im Logo bis zum Ende der 1940er-Jahre. Die von Mayer produzierten Filme standen für eine *gesunde* Unterhaltung, in der Politik und Probleme keinen Platz hatten und Gottesfurcht, Patriotismus und Familiensinn die maßgeblichen Werte darstellten. Mit seiner erzkonservativen Überzeugung unterstützte er die Republikaner und war auch als rücksichtsloser und skrupelloser Geschäftsmann bekannt (vgl. Seeßlen 2009, S. 62f.).

David O. Selznick (1902–1965), ebenfalls aus einer jüdischen Familie stammend, war der Sohn des Stummfilmregisseurs Lewis J. Selznick und begann ab den 1920er-Jahren als Drehbuchautor und Regieassistent seine Karriere bei Metro Goldwyn Mayer. Nachdem er auch für Paramount erfolgreich Filme (z.B. „King Kong und die weiße Frau", 1933) produzierte, heiratete er Louis B. Mayers Tochter Irene und gründete die Produktionsfirma Selznick International Pictures. Dessen größter Erfolg war das mehr als dreistündige Bürgerkriegs-Epos „Vom Winde verweht" (1939), das 1940 auch von Adolf Hitler und Joseph Goebbels begeistert angesehen wurde und als Vorbild für die Verfilmung „Münchhausen" (1943) diente.

Quentin Tarantino scheint hier durch die Worte des Archie Hicox auf Goebbels Vorliebe für den Handlungsreichtum, die vielfältigen Charaktere, die imposante Ausstattung und meisterhafte Umsetzung einiger Szenen (z.B. den Brand von Atlanta) und nicht zuletzt auch für die Farbbrillanz des Technicolor-Verfahrens in „Vom Winde verweht" (1939) anzuspielen, den er als Gegenentwurf zu den eher konservativen und konventionellen Filmen Louis B. Mayers zu setzen scheint.

AB 30.1: Die Antworten begründen sich aus den Überzeugungen der Filmschaffenden dieser Zeit, die mit dieser Stilrichtung einen Gegenentwurf der deutschen Propagandafilme und des Starkinos Hollywoods liefern wollten und den gewöhnlichen Menschen mit seinen sozialen und wirtschaftlichen Nöten in den Mittelpunkt stellten. Der Filmstar Cary Grant und auch die Inszenierungen in den großen Hollywoodstudios hätten diesem Anspruch, nah am Leben alltäglicher Menschen sein zu wollen, nicht entsprochen.

AB 30.2: Beide Szenen werden uns beiläufig erzählt, ohne dass sie für den weiteren Verlauf der Handlung eine Rolle spielen und zeigen uns, dass Bruno neben seinen alltäglichen Nöten auch von anderen Gefahren bedroht ist, die von den Erwachsenen unbemerkt bleiben und gegen die er sich allein behaupten muss. Im traditionellen Film Hollywoods haben in der Regel alle Szenen und Episoden eine dramaturgische Funktion, die der Charakterisierung der Figuren oder der Entwicklung des Plots dient. Beiläufiges und Nebensächliches kommt, im Gegensatz zum realen Leben, kaum vor. Es ist davon auszugehen, dass in einem Hollywoodfilm beide Szenen an einer späteren Stelle des Films eine Rolle gespielt hätten.

AB 30.3: Der Anfang des Filmes zeigt uns die scheinbar neu errichteten Wohnhäuser, aber auch die große Arbeitslosigkeit nach dem Zweiten Weltkrieg und die Mühsal des Alltags durch das Fehlen eines Wasseranschlusses in den Häusern. Auch wenn sich die Familie Ricci sicherlich glücklich schätzen kann, in einer neuen Wohnung zu leben, wird ihre Armut durch die Verpfändung der Familienbettwäsche sichtbar, die als Vorkriegsware angepriesen, das Geld für die Auslösung des existenziell wichtigen Fahrrads erbringen soll. Dass diese wirtschaftliche Situation kein Einzelfall ist, wird uns eindrucksvoll durch die hohen Regale der Pfandleihe am Ende dieser Sequenz gezeigt. Dieser Filmanfang ist durch die Ansichten des Stadtteils, der Innenräume der Wohnung und der Pfandleihe sehr informationsdicht und schildert uns anschaulich die Situation im Nachkriegsitalien.

AB 32.1 – 33.2 (Download): *Bild 1* – Julio Iglesias, Stevie Wonder, Pink Floyd, Iron Maiden; *Bild 2-3* – „Und da? Was ist das? Michael Jackson!; *Bild 4* – Symbolfigur westlicher Dekadenz; *Bild 5-6* -„Was für ein mieser Film! Diese Japaner – rammen sich Schwerter in den Bauch und erfinden eklige Monster! Aber ansonsten sind sie zu nichts nütze."

AB 33.1. *„Odyssee im Weltraum"* – Science-Fiction-Film, Zukunft, dystopisch; *„Der Hirsch mit dem goldenen Geweih"*: Fantasy, Vergangenheit, Happy End; *„Nosferatu – Phantom der Nacht":* Horrorfilm, Vergangenheit, Happy End; *„Die Vögel":* Horrorfilm, Gegenwart, offenes Ende; *„Avatar. Aufbruch nach Pandora":* Science-Fiction-Film, Zukunft, utopisch; *„Percy Jackson. Diebe des Olymp":* Fantasy, Gegenwart mit Bezügen zur Antike, Happy End

AB 34.1. *Bild 1-2:* Polizeifilm; *Bild 3-4*: Serial-Killer-Film; *Bild 5-6:* Gangsterfilm; *Bild 7-8:* Heist Movie

AB 34.2: Informationsgleichstand, Suspense, Surprise

AB 34.3: Bis Norman Bates durch das Loch in der Wand Marion beim Auskleiden beobachtet, hat der Zuschauer den gleichen Wissensstand wie die Hauptfigur. Danach hat das Publikum einen Wissensvorsprung und Suspense entsteht. Eine wirkliche Überraschung für das damalige wie auch heutige Publikum ist der Mord in der Dusche, der uns noch vor der ersten Hälfte des Films unsere einzige Identifikationsfigur nimmt (Surprise). Auch den Mord an Detektiv Arbogast und die gestörte Psyche des Norman Bates mit seiner Persönlichkeitsspaltung am Ende des Filmes können als Surprise bezeichnet werden. Makaber und wahrscheinlich auch nicht völlig ernst gemeint ist die Inszenierung der mumifizierten Leiche der Mutter.

IB 35.1: Der Film „Der große Diktator" lässt sich dem Subgenre der Slapstick-Komödie zuordnen.

AB 35: *Bild 1-2:* Slapstick; *Bild 3-4:* Parodie; Bild 5: Slapstick; *Bild 6:* Slapstick wie auch Parodie unter Kenntnis von Benito Mussolini; *Bild 7:* Slapstick: *Bild 8-9:* Slapstick wie auch Parodie unter Kenntnis von Benito Mussolini, Dr. Joseph Goebbels und Hermann Göring

AB 36: *„M – eine Stadt sucht einen Mörder":* Sozial- und Psychodrama und Kriminalfilm; *„Citizen Kane"* – Sozialdrama und Biopic; „Fahrraddiebe" – Sozialdrama; *„Das Cabinet des Dr. Caligari"* – Psychodrama mit Anteilen des Horrorfilms und des Phantastischen Films; *„ Falling Down – ein ganz normaler Tag"* – Sozial- und Psychodrama

AB 37: ITALO WESTERN; DIRTY HARRY; ERBARMUNGSLOS; MYSTIC RIVER Lösungsworte: SULLY und HUDSON RIVER

AB 38: MANTEL-/DEGENFILM; PIRATENFILM; RITTERFILM; ANTIKFILM: Lösung: Abenteuerfilme spielen fast immer in der VERGANGENHEIT.

AB 39.1: *Bild 1* – Der Film „Rango" (2011) ist eine Computeranimation im Filmgenre Western. *Bild 2* – „Aladins Wunderlampe" (1923-1926) ist als Silhouettenfilm ein Legetrickfilm im Filmgenre des Phantastischen Films (Märchen). *Bild 3* – „Pittiplatsch im Koboldland" (1978) ist kein Animationsfilm, sondern abgefilmtes Puppentheater und damit ein Puppenfilm im Filmgenre des Phantastischen Films. *Bild 4* – „Basil der große Mäusedetektiv" (1986) ist ein Zeichentrickfilm im Filmgenre des Kriminalfilms (Detektivfilm). *Bild 5* – „Mary & Max" (2009) ist ein Puppentrickfilm (Knetanimation) im Filmgenre Drama.

AB 41: *Queen „Radio Gaga":* Kombination aus Konzeptperformance, Konzept mit und ohne Interpreten. Dieser Videoclip zeigt Originalausschnitte des Filmes „Metropolis" und kombiniert diese mit anderen Darstellungen. Der Sänger Freddie Mercury präsentiert sich singend in dieser computeranimierten Welt. Es sind aber auch Teile ohne die Präsentation der musikalischen Aufführung mit und ohne Künstler enthalten.
Madonna „Express Yourself": Konzeptperformance – Hier wurden Szenenbilder vom Film Metropolis inspiriert.
Weitere Verweise finden Sie auch in den Videoclips „Bad Metropolis" und „Paparazzi" von Lady Gaga.

AB 42.2 (Download): *„Die Simpsons"* – Reboot mit visuellen und dialogischen Filmzitaten, die je nach Lesart als Hommage oder als Parodie gelesen werden können; *„Das Fenster zum Hof" (1998)* – Remake als Neuverfilmung mit leichten Abänderungen der Figuren, Ausstattung und Story, aber mit deutlichen Bezügen zum Originalfilm, Hommage; *„Disturbia"* – Reboot, bei dem nur einige Elemente des Originalfilmes übernommen und Figuren und Handlungselemente stark verändert wurden und als Hommage an Hitchcocks Klassiker gedeutet werden kann. *„Hitchcock und Frau Wernicke"* – Reboot mit vielen visuellen und dialogischen Filmzitaten, die ebenfalls als Hommage interpretiert werden können. *„Castle – Das Fenster zum Hof"* – Reboot mit vielen dialogischen und visuellen Filmzitaten als Hommage.

AB 43.2 und 43.3 (Download): Sowohl die Menschen vor der Litfaßsäule wie auch die Herrenrunde und die Personen auf der Straße werden gleichermaßen von den Taten des Kindermörders und der Erfolglosigkeit der Polizei beunruhigt. Die Atmosphäre der Angst spiegelt die allgemeine Stimmung am Ende der Weimarer Republik wider, die von wirtschaftlicher Not und einem tiefen Misstrauen gegen die staatliche Ordnungsmacht geprägt ist. Auch hier finden wir wieder Tonbrücken in Form überlappender Dialoge, die die Gleichartigkeit der Empfindungen unterschiedlicher Bevölkerungskreise hervorheben und uns aufzeigen, wie schnell die Situationen in allgemeine Hysterie und Gewalt umschlagen können. Auf der visuellen Ebene wird dieses Misstrauen auch durch die unnatürlich erscheinenden Kameraperspektiven der starken Auf- und Untersicht der Bilder 10 und 11 ausgedrückt.

AB 46.2 (Download): *Bild 1:* Modelle können so in den Film integriert werden, dass sie als Realität wahrgenommen werden. Das Schüfftan-Verfahren als Effekt, der in das Geschehen vor der Kamera eingreift; *Bild 2:* Bilder sind kombinierbar. Die Mehrfachbelichtung als Effekt, der bei der Aufnahme entsteht; *Bild 3*: Ein Film muss nicht kontinuierlich gefilmt werden. Das Stopp-Motion-Verfahren als Effekt, der bei der Aufnahme entsteht; *Bild 4:* Modelle können so in den Film integriert werden, dass sie als Realität wahrgenommen werden. Das Schüfftan-Verfahren als Effekt, der in das Geschehen vor der Kamera eingreift. Die am einfachsten für Eigenproduktionen zu nutzende Tricktechnik ist der Stopp-Motion-Trick.

AB 46.4: *Bild 1:* Rückprojektion als Effekt, der in das Geschehen vor der Kamera eingreift – Münchhausen hängt an Seilen und fliegt vor der sich drehenden Leinwand im Hintergrund seinem Ziel entgegen. *Bild 2:* Filmmodell als Effekt, der in das Geschehen vor der Kamera eingreift – die Kamera bewegt sich in einer Hinfahrt über das Modell. Bild 3: Mehrfachbelichtung als Effekt, der bei der Aufnahme entsteht – Münchhausen scheint sich beim Duell zu vervielfachen. *Bild 4:* Spiegeltrick des Eugen Schüfftan als Effekt, der in das Geschehen vor der Kamera eingreift – Münchhausen spricht mit der körperlosen Mondfrau.

Eine einfach umsetzbare Tricktechnik ist der Stopp-Motion-Trick.

AB 47.1 – 47.2: *Maskenbildner* (blau) = Make-Up-Artist; *Drehbuchautor* (rot) = Screenwriter, Screenplay, Writer; *Produzent* (rot, blau, grün) = Producer; *Geräuschmacher* (grün) = Foley Artist; *Kostümbildner* (blau) = Costume Designer; *Filmeditor* (grün) = Cutter; *Regisseur* (rot, blau) = Director; *Oberbeleuchter* (blau) = Gaffer; *Filmarchitekt* (rot, blau) = Production Designer; *Lichtbestimmender Kameramann* (blau) = Director of Photography

AB 48.4 (Download): Kameramann, Kostümbildner, Maskenbildner; Filmarchitekt bzw. Szenenbildner, Drehbuchautor, Cutter. Außer den Berufen des Kameramannes und des Cutters sind alle anderen auch beim Theater anzutreffen. Film als Zusammenspiel aller Künste bezieht sich auf die vielen Bereiche der bildenden und darstellenden Kunst, die der Film beeinflusste und beeinflusst. So ist das Medium Film von der Malerei, der Grafik, der Baukunst und Bildhauerei genauso beeinflusst wie vom Theater, dem Tanz, der Musik, der Literatur und der Fotografie.

Literaturverzeichnis

Abraham, Ulf (2010): Filmkanon als Spiegel einer Filmgeschichte? Geschichte und Gegenwart des Mediums Film im Deutschunterricht. In: Matthis Kepser (Hg.): Fächer der schulischen Filmbildung. Deutsch, Englisch, Geschichte u.a.; mit zahlreichen Vorschlägen für einen handlungs- und produktionsorientierten Unterricht. München: kopaed, S. 39–54.

Adachi-Rabe, Kayo (2011): Zur Expansion des Off. Jean-Luc Godards LE MÉPRIS und Wong Kar-Wais IN THE MOOD FOR LOVE im Vergleich. In: *Rabbiteye. Zeitschrift für Filmforschung* (3), S. 93–101. Online verfügbar unter http://www.rabbiteye.de/2011/3/adachi-rabe_off.pdf, zuletzt geprüft am 23.02.2017.

Altendorfer, Alexander (2014): Stop Motion Animation. Kreative Filme mit Lego®-Figuren. Heidelberg, Hamburg: mitp Verl.-Gruppe Hüthig Jehle Rehm.

Altrogge, Michael (2001): Tönende Bilder. Interdisziplinäre Studien zu Musik und Bildern in Videoclips und ihre Bedeutung für Jugendliche. Band 2. Das Material: Die Musikvideos. Berlin: Vistas.

Appelt, Christian (2005): Es bewegt sich! Techniken der Filmanimation. In: Daniela Dietrich (Hg.): Stop motion – die fantastische Welt des Puppentrickfilms. Die Kunst des Puppentricks, Animation selbst gemacht; [zur Ausstellung „Stop Motion – die Fantastische Welt des Puppentrickfilms“ im Deutschen Filmmuseum, Frankfurt am Main, 2005]. Frankfurt am Main: Dt. Filmmuseum (Schriftenreihe des Deutschen Filmmuseums, Frankfurt am Main), S. 8–11.

Barsch, Achim (2010): Filmkanon und Curriculum. In: Matthis Kepser (Hg.): Fächer der schulischen Filmbildung. Deutsch, Englisch, Geschichte u.a.; mit zahlreichen Vorschlägen für einen handlungs- und produktionsorientierten Unterricht. München: kopaed, S. 67–84.

Bazin, André (2009): Was ist Film? 2. Aufl. Hg. v. Robert Fischer. Berlin: Alexander-Verl.

Beicken, Peter (2004): Wie interpretiert man einen Film? Für die Sekundarstufe II; [mit 66 Filmbildbeispielen]. Stuttgart: Reclam (Reclams Universal-Bibliothek).

Beil, Benjamin; Kühnel, Jürgen; Neuhaus, Christian (2012): Studienhandbuch Filmanalyse. Ästhetik und Dramaturgie des Spielfilms. München, Paderborn: Fink (UTB).

Bienk, Alice (2008): Filmsprache. Einführung in die interaktive Filmanalyse. Marburg: Schüren.

Bittkowski, Harry (2003): Das große Filmfehler-Buch. Alle Pannen, Irrtümer und Ungereimtheiten in 50 Movie-Welterfolgen. Wien: Ueberreuter.

Blofield, Robert (2016): Film ab! In 10 Schritten zum eigenen Film. Unter Mitarbeit von Susanne Schmidt-Wussow. München: Dorling Kindersley Verlag GmbH.

Bock, Annekatrin (2013): Fernsehserienrezeption. Zugl.: Braunschweig, Techn. Univ, Wiesbaden.

Bordwell, David (1985): Narration in the fiction film. transferred to digit. print. London: Routledge.

Bordwell, David; Thompson, Kristin (2010): Film art. An introduction. 9. Aufl. New York: McGraw-Hill.

Borries, Bodo von (1983). Geschichte im Fernsehen – und Geschichtsfernsehen in der Schule. In: Geschichtsdidaktik. 8, S. 219–225.

Boström, Mattias (2015): Von Mr. Holmes zu Sherlock. Meisterdetektiv. Mythos. Medienstar. Unter Mitarbeit von Susanne Dahmann und Hanna Granz. München: btb Verlag (TB).

Bühler, Phillip; Ganguly, Martin (2015): Animationsfilm: Trickfilm und Filmtrick. Klassiker sehen – Filme verstehen. Hg. v. Bundeszentrale für politische Bildung. Online verfügbar unter http://www.filmklassiker-schule.de/wp-content/uploads/Filmklassiker_Material_Animation.pdf, zuletzt geprüft am 23.02.2017.

Bullerjahn, Claudia (2016): Grundlagen der Wirkung von Filmmusik. 3. Aufl. Augsburg: Wißner-Verlag (Forum Musikpädagogik).

Buñuel, Luis (1927): „Metropolis“. In: La Gaceta Literaria, 1.5.1927

Campbell, Joseph (1978): Der Heros in tausend Gestalten. Frankfurt am Main: Suhrkamp.

Cristiano, Giuseppe (2008): Storyboard Design. Grundlagen Übungen Techniken; ein Kurs für Illustratoren Regisseure Produzenten und Drehbuchautoren. München: Stiebner.

Crivellari, Fabio (2010): Zeitgeschichte und Unterrichtsfilm. In: Susanne Popp, Michael Sauer, Bettina Alavi, Marko Demantowsky und Gerhard Paul (Hg.): Zeitgeschichte – Medien – historische Bildung. Göttingen: V & R Unipress (Zeitschrift für Geschichtsdidaktik : Beihefte zur Zeitschrift für Geschichtsdidaktik), S. 171–192.

Dadelsen, Bernhard von (1992): Höhe- und Wendepunkte klassischer Genres: SPIEL MIR DAS LIED VOM TOD. (C`ERA UNO VOLTA IL WEST, 1968). In: Werner Faulstich und Helmut Korte (Hg.): Fischer-Filmgeschichte. Band 4: Zwischen Tradition und Neuorientierung (1961–1976). Orig.-Ausg. 5 Bände. Frankfurt am Main: Fischer ([Fischer-Taschenbücher], 4), S. 154–166.

Der Mann, der Sherlock Holmes war (1937). In: *Illustrierter Film-Kurier*. Online verfügbar unter: https://archive.org/details/IllustrierterFilmKurierDerMannDerSherlockHolmesWar19378S.Scan, zuletzt geprüft am 08.03.2017.

Detering, Heinrich (2007): Politisches Tabu und politische Camouflage in Erich Kästners Münchhausen-Drehbuch (1942). In: Michael Braun (Hg.): Tabu und Tabubruch in Literatur und Film. Würzburg: Königshausen & Neumann (Film – Medium – Diskurs), S. 55–68.

Die Filmschaffenden. Bundesvereinigung der Filmschaffenden-Verbände e.V. (Hg.) (2011): Filmberufe. Online verfügbar unter http://www.die-filmschaffenden.de/sites/default/files/pressematerial/BVFS-Berufsbilder.pdf, zuletzt geprüft am 23.02.2017.

Donner, Wolf (1995): Propaganda und Film im "Dritten Reich". Unter Mitarbeit von Andreas Kilb und Bernd Pohlenz. Berlin: TIP-Verl.

Doyle, Arthur Conan (2007): Die Rückkehr des Sherlock Holmes. Erzählungen. Aus dem Englischen von Werner Schmitz. Frankfurt am Main, Leipzig: Insel Verl. (Insel-Taschenbuch, 3319).

Ebbrecht, Tobias; Steinle, Matthias (2008): Dokudrama in Deutschland als historisches Ereignisfernsehen. Eine Annäherung aus pragmatischer Perspektive. In: Medienwissenschaft Schweiz (3), S. 250–255.

Elsaesser, Thomas (2000a): Metropolis. Der Filmklassiker von Fritz Lang. Hamburg, Wien: Europa-Verl (Filmbibliothek).

Elsaesser, Thomas (2000b): Wie der frühe Film zum Erzählkino wurde. Vom kollektiven Publikum zum individuellen Zuschauer. In: Irmbert Schenk (Hg.): Erlebnisort Kino. Marburg: Schüren, S. 34–54.

Faulstich, Werner (2005): Filmgeschichte. Paderborn: Fink (UTB).

Field, Syd (1987): Das Drehbuch. In: Syd Field und Andreas Meyer (Hg.): Drehbuchschreiben für Fernsehen und Film. Ein Handbuch für Ausbildung und Praxis. 6., aktualisierte Aufl. München: List (Journalistische Praxis), S. 11–120.

Filmförderanstalt (FFA) (2015): Der Kinobesucher 2014. Online verfügbar unter http://www.ffa.de/download.php?f=f89499206f9fa5b4e0f18b7eac60e4dd&target=0, zuletzt geprüft am 23.02.2017.

Film-Oberprüfstelle (1926a): Niederschrift am 24. März 1926. Online abrufbar unter: http://www.difarchiv.deutsches-filminstitut.de/zengut/df2tb394zb.pdf, zuletzt geprüft am 22.02.2017.

Film-Oberprüfstelle (1926b): Niederschrift Nr. 349 am 10. April 1926. Online abrufbar unter: http://www.difarchiv.deutsches-filminstitut.de/zengut/df2tb394z1.pdf, zuletzt geprüft am 22.02.2017.

Film-Oberprüfstelle (1926c): Niederschrift Nr. 681 am 12. Juli 1926. Online abrufbar unter: http://www.difarchiv.deutsches-filminstitut.de/zengut/df2tb394z2.pdf, zuletzt geprüft am 22.02.2017.

Fleischhack, Maria (2015): Die Welt des Sherlock Holmes. Darmstadt: Lambert Schneider.

Fraller, Elisabeth (2007): "To see things as they are" – Direct Cinema und die Renaissance des dokumentarischen Films. In: ZfK – Zeitschrift für Kulturwissenschaft (2). Online verfügbar unter https://homepage.univie.ac.at/elisabeth.fraller/Article.pdf, zuletzt geprüft am 17.02.2017.

Freytag, Gustav (1963): Die Technik des Dramas. Leipzig: Verlag von Hirzel.

Friedrich, Andreas (Hg.) (2007): Filmgenres: Animationsfilm. Stuttgart: Reclam (Reclam Universal-Bibliothek).

Fuchs, Mechtild; Klant, Michael; Pfeiffer, Joachim; Staiger, Michael; Spielmann, Raphael (2008): Freiburger Filmcurriculum. Ein Modell des Forschungsprojekts "Integrative Filmdidaktik". In: *Der Deutschunterricht* (3), S. 84–90.

Fuxjäger, Anton (2007): Film- und Fernsehanalyse. Einführung in die grundlegende Terminologie. SS 2007 Lernheft zur Lehrveranstaltung. Online verfügbar unter https://fedora.phaidra.univie.ac.at/fedora/get/o:105927/bdef:Content/get, zuletzt geprüft am 23.02.2017.

Ganguly, Martin (2011): Filmanalyse. Themenheft. 1. Aufl. Stuttgart, Leipzig: Klett (Edition.Film).

Ganguly, Martin (2015): Mythos Western. Hg. v. Bundeszentrale für politische Bildung. Online verfügbar unter http://www.filmklassiker-schule.de/wp-content/uploads/Filmklassiker_Material_Mythos_Western.pdf, zuletzt aktualisiert am 23.02.2017.

Gerulat, Peter (2014): Gedanken zur Musikproduktion. Online verfügbar unter http://www.fi-hh.com/Musikvideo.pdf, zuletzt geprüft am 23.02.2017.

Geschwäntner, Kristin; Tschesch, Kristina (2004): Der Filmvorspann. Hg. v. Universität Potsdam. Online verfügbar unter http://www.uni-potsdam.de/u/slavistik/vc/filmanalyse/arb_stud/geschwaentner&tschesch/01_start.htm, zuletzt geprüft am 11.07.2016.

Grzeschik, Ilona (2011): Filmplakat. In: Thomas Koebner (Hg.): Reclams Sachlexikon des Films. 3., aktualisierte und erw. Aufl. Stuttgart: Reclam, S. 233–234.

Hammett, Dashiell ([1930] 2011): Der Malteser Falke. Roman. [Nachdr.]. Zürich: Diogenes-Verl (Diogenes-Taschenbuch, 20131).

Henkel, Katharina (2011): Zur Umsetzung von gezeichneten in bewegte Bilder. Ein Filmcheck. In: Katharina Henkel und Anja Hellhammer (Hg.): Zwischen Film und Kunst. Storyboards von Hitchcock bis Spielberg; [... anlässlich der Ausstellung "Zwischen Film und Kunst. Storyboards von Hitchcock bis Spielberg" Kunsthalle Emden 16. April bis 17. Juli 2011 und Deutsche Kinemathek – Museum für Film und Fernsehen 11. August – 27. November 2011]. Emden, Berlin: Kunsthalle Emden; Filmhaus am Potsdamer Platz, S. 24–29.

Hickethier, Knut (2002): Genretheorie und Genreanalyse. In: Jürgen Felix (Hg.): Moderne Film-Theorie. hrsg. von Jürgen Felix. Mainz: Bender (Filmforschung, 3), S. 62–96.

Hickethier, Knut (2006): Münchhausen. In: Thomas Koebner (Hg.): Filmklassiker. Beschreibungen und Kommentare. 1913-1945. 5. Aufl. Stuttgart: Reclam (1), S. 510–514.

Hickethier, Knut (2012): Film- und Fernsehanalyse. 5., aktualis. u. erw. Aufl. Stuttgart, Weimar: Metzler.

Hoffmann, Hilmar (1995): 100 Jahre Film. Von Lumière bis Spielberg; 1894 – 1994. Düsseldorf: Econ (ETB).

Holighaus, Alfred (Hg.) (2005): Der Filmkanon. 35 Filme, die Sie kennen müssen. Bonn: BPB [u.a.] (Schriftenreihe der Bundeszentrale für Politische Bildung).

Junkerjürgen, Ralf (2015): Sergio Leone: Once Upon a Time in the West / Spiel mir das Lied vom Tod (1968). In: Andrea Grewe, Giovanni Di Stefano und Rada Bieberstein (Hg.): Italienische Filme des 20. Jahrhunderts in Einzeldarstellungen. Berlin: Schmidt, S. 233–252.

Kamp, Werner; Braun, Michael (2011): Filmperspektiven. Filmanalyse für Schule und Studium. Haan-Gruiten: Verl. Europa-Lehrmittel.

Kamp, Werner; Rüsel, Manfred (1998): Vom Umgang mit Film. Berlin: Volk-und-Wissen-Verl.

Kastner, Jörg (2013): Sherlock Holmes in 60 Minuten. München, Wien: Thiele (Die Welt in 60 Minuten).

Kepser, Matthis (2006): Spielfilmwissen – Spielfilmdidaktik – Spielfilmnutzung. Abiturjahrgang 2006. Projektskizze und erste Ergebnisse. Universität Bremen. Online verfügbar unter http://www.fb10.uni-bremen.de/germanistik/didaktik/spielfilm/spielfilm%20in%20der%20schule-dateien/spielfilmwissen-%20spielfilmdidaktik%20-%20spielfilmnutzung.pdf, zuletzt geprüft am 23.02.2017.

Kepser, Matthis (2008): Brauchen wir einen Filmkanon? Ein Vorschlag für eine schulinterne Initiative. In: *Der Deutschunterricht* (3), S. 20–32.

Kepser, Matthis (2010): *Persepolis* einen Animationsfilm im Unterricht reflektieren. In: Klaus Maiwald und Ulf Abraham (Hg.): Comics und Animationsfilme. München: kopaed (Medien im Deutschunterricht), S. 122–140.

Kilb, Andreas (2010): Die Wiedergeburt eines Jahrhundertfilms. In: *Frankfurter Allgemeine*. Online verfügbar unter http://www.faz.net/aktuell/feuilleton/berlinale-2010/metropolis-wie-frueher-die-wiedergeburt-eines-jahrhundertfilms-1909970.html?printPagedArticle=true#pageIndex_2, zuletzt geprüft am 23.02.2017.

Klant, Micheal; Spielmann, Raphael (Hg.) (2008): Grundkurs Film 1. Kino, Fernsehen, Videokunst. Hannover: Schroedel.

Klein, Thomas (2011): Storyboard. In: Thomas Koebner (Hg.): Reclams Sachlexikon des Films. 3., aktualisierte und erw. Aufl. Stuttgart: Reclam, S. 695–696.

Kleinhans, Bernd (2012): Der Erste Weltkrieg als Medienkrieg. Spielfilm und Propaganda zwischen 1914 und 1918. Tagungsbeitrag, Bregens 2012. Online verfügbar unter http://www.erinnern.at/bundeslaender/oesterreich/aktivitaten/bodensee-didaktikerinnen-tagungen/visual-history/FilmPropagandaErsterWeltkrieg.pdf, zuletzt geprüft am 23.02.2017.

Kopf, Christine (2003): "Der Schein der Neutralität" – Institutionelle Filmzensur in der Weimarer Republik. In: Thomas Koebner (Hg.): Diesseits der "Dämonischen Leinwand". Neue Perspektiven auf das späte Weimarer Kino. [München]: Ed. Text + Kritik, S. 451–466. Online verfügbar unter: http://www.difarchiv.deutsches-filminstitut.de/news/dt2n13.htm, zuletzt geprüft am 23.02.2017.

Kracauer, Siegfried (1985): Theorie des Films. Die Errettung der äußeren Wirklichkeit. 1. – 3. Tsd. Frankfurt am Main: Suhrkamp.

Krützen, Michaela (1995): Hans Albers. Eine deutsche Karriere. Weinheim: Beltz Quadriga.

Kungel, Reinhard (Hg.) (2008): Filmmusik für Filmemacher. Die richtige Musik zum besseren Film. 2. Aufl. Heidelberg, Heidelberg: d-punkt; mediabook Verlag.

Länderkonferenz Medienbildung und Vision Kino (Hg.) (2009): Filmbildung. Kompetenzorientiertes Konzept für die Schule. Online verfügbar unter http://www.laenderkonferenz-medienbildung.de/index.php/filmbildung.html, zuletzt geprüft am 23.02.2017.

Lange, Barbara (2012): "Die Abenteuer des Prinzen Achmed" (1926). Ein cineastisches Experiment. reflex 5. Online verfügbar unter https://publikationen.uni-tuebingen.de/xmlui/bitstream/handle/10900/46958/pdf/06_Lange.pdf, zuletzt geprüft am 23.02.2017.

Lenin, V.I (Hg.) (1964): Polnoe sobranie sočinenij. 5. Ausgabe (Bd. 44).

Lenin, Vladimir Il'iéc (1970): Lenin über den Film. Dokumente und Materialien. Hg. v. Günther Dahlke. Berlin: Henschel.

Lenin, W.I. (1955): Mai 1901 – Februar 1902. In: W.I. Lenin (Hg.): Werke, Bd. 5: Dietz Verlag Berlin.

Liptay, Fabienne (2011): Phantastischer Film. In: Thomas Koebner (Hg.): Reclams Sachlexikon des Films. 3., aktualisierte und erw. Aufl. Stuttgart: Reclam, S. 515–520.

Lissa, Zofia (1965): Ästhetik der Filmmusik. Berlin: Henschelverlag.

Maas, Georg (Hg.) (2012): Filmmusik. Arbeitsheft für den Musikunterricht in den Sekundarstufen an allgemeinbildenden Schulen. 1. Aufl. Stuttgart, Leipzig: Klett.

Maas, Georg; Schudack, Achim (1994): Musik und Film, Filmmusik. Informationen und Modelle für die Unterrichtspraxis. Mainz, New York: Schott.

Maibohm, Ludwig (1990): Fritz Lang und seine Filme. 3. Aufl. München: Heyne (Heyne-Bücher : 32, Heyne-Filmbibliothek).

Manthey, Dirk (2006): Making of … Wie ein Film entsteht/1. Idee, Produktion, Drehbuch, Storyboard & Konzept, Regie, Kamera, Schauspieler, Kostüm & Design, Marketing, Kinos der Zukunft. 6. Aufl. Reinbek bei Hamburg: Rowohlt (rororo-Film + TV).

Mayer, Carl; Janowitz, Hans (1995): Das Cabinet des Dr. Caligari. Drehbuch. In: Carl Mayer und Robert Wiene (Hg.): Das Cabinet des Dr. Caligari. Drehbuch von Carl Mayer und Hans Janowitz zu Robert Wienes Film von 1919/20. München: Ed. Text und Kritik (Filmtext), S. 47–112.

Mayer, Susanne; Satrapi, Marjane (2007): Film "Persepolis". Das Leben kann so mies sein. Trotzdem! In: Zeit Online. Online verfügbar unter http://www.zeit.de/2007/48/Kino-Persepolis, zuletzt geprüft am 23.02.2017.

Metzler, Gabriele (2012): Zeitgeschichte – Begriff – Disziplin – Problem. In: Frank Danyel Jürgen Bösch (Hg.): Zeitgeschichte. Konzepte und Methoden. Göttingen: Vandenhoeck & Ruprecht, S. 22–46.

Mikos, Lothar (2008): Film- und Fernsehanalyse. 1. Aufl. Stuttgart: UTB GmbH.

Monaco, James (2000): Film verstehen. Kunst Technik Sprache Geschichte und Theorie des Films und der Neuen Medien. Mit einer Einführung in Multimedia. Überarb. und erw. Neuausg. Reinbek bei Hamburg: Rowohlt-Taschenbuch-Verl. (Rororo).

Monaco, James; Bock, Hans-Michael (2011): Film verstehen. Das Lexikon. Die wichtigsten Fachbegriffe zu Film und Neuen Medien. Reinbek bei Hamburg: Rowohlt Taschenbuch Verl.

Morandini, Morando (2006): Italien: Vom Faschismus zum Neo-Realismus. In: Geoffrey Nowell-Smith (Hg.): Geschichte des internationalen Films. Sonderausg. Stuttgart, Weimar: Metzler, S. 318–326.

Müller, Ines (2012): Filmbildung in der Schule. Ein filmdidaktisches Konzept für den Unterricht und die Lehrerbildung. München: kopaed.

Müller-Hansen, Ines (2014): Das große Arbeitsbuch Film. Kopiervorlagen zur Geschichte, Analyse und Produktion von Filmen in der Sekundarstufe. Mülheim an der Ruhr: Verlag an der Ruhr.

Munaretto, Stefan (2012): Wie analysiere ich einen Film? 3. Aufl. Hollfeld: Bange (Königs Lernhilfen Deutsch Klassen 10–13).

Neumann, Kerstin-Luise (2011): Production Code. In: Thomas Koebner (Hg.): Reclams Sachlexikon des Films. 3., aktualisierte und erw. Aufl. Stuttgart: Reclam, S. 545–546.

Neumann-Braun, Klaus; Schmidt, Axel (1999): McMusic. Einführung. In: Klaus Neumann-Braun (Hg.): Viva MTV! Popmusik im Fernsehen. Frankfurt am Main: Suhrkamp (Edition Suhrkamp), S. 7–42.

Nowell-Smith, Geoffrey (Hg.) (2006): Geschichte des internationalen Films. Sonderausg. Stuttgart, Weimar: Metzler.

Pandel, Hans-Jürgen; Schneider, Gerhard (2011): Einführung. In: Hans-Jürgen Pandel und Gerhard Schneider (Hg.): Handbuch Medien im Geschichtsunterricht. 6., erw. Aufl. Schwalbach/Ts.: Wochenschau-Verl., S. 7–15.

Pfeiffer, Joachim (2011): Integrative Filmdidaktik. Fächerverbindender Unterricht in Deutsch, Kunst und Musik am Beispiel des "Freiburger Filmcurriculums". In: Gudrun Sommer (Hg.): Orte filmischen Wissens. Filmkultur und Filmvermittlung im Zeitalter digitaler Netzwerke. Marburg: Schüren (Zürcher Filmstudien), S. 194–211.

Pfeiffer, Joachim, Staiger, Michael (Hg.) (2010): Grundkurs Film 2. Hannover: Schroedel.

Planet Schule (Hg.) (2012): dok'mal: Bildgestaltung. AB 3: Infoblatt Blicklenkung. Online verfügbar unter https://www.planet-schule.de/fileadmin/dam_media/wdr/dokmal/unterricht/08_bildgestaltung/AB3_Infoblatt_Blicklenkung.pdf, zuletzt geprüft am 23.02.2017.

Prommer, Elizabeth (2016): Das Kinopublikum im Wandel. In: Patrick Glogner-Pilz und Patrick S. Föhl (Hg.): Handbuch Kulturpublikum. Forschungsfragen und -befunde. Wiesbaden: Springer VS, S. 329–366.

Rajewsky, Irina O. (2002): Intermedialität. Tübingen, Basel: Francke [u.a.] (UTB).

Rall, Hannes (2015): Animationsfilm. Konzept und Produktion. Konstanz, München: UVK Verlagsgesellschaft mbH (Praxis Film).

Reinecke, Stefan (2001): Berlinale: Der Wille zum Stil. In: *Der Tagesspiegel.* Online verfügbar unter http://www.tagesspiegel.de/kultur/berlinale-der-wille-zum-stil/200640.html, zuletzt geprüft am 23.02.2017.

Robinson, David (1989): Chaplin. Sein Leben seine Kunst. Zürich: Diogenes.

Rongstock, Richard (2011): Film als mentalitätsgeschichtliche Quelle. Eine Betrachtung aus geschichtsdidaktischer Perspektive. Berlin: wvb Wissenschaftlicher Verl.

Roser, Traugott (2004): Wie hoch kann ich fliegen? Tom Tykwers Traktate über Liebe und Religion. In: Heike Radeck (Hg.): Die Filmsprache Tom Tykwers. Hofgeismar: Evangelische Akad. Hofgeismar (Hofgeismarer Protokolle), S. 7–32.

Ross, Michael (Hg.) (2003): Sherlock Holmes in Film und Fernsehen. Ein Handbuch. Köln: Baskerville Bücher.

Rother, Rainer (Hg.) (1997): Sachlexikon Film. Reinbek bei Hamburg: Rowohlt (Rororo).

Röwekamp, Burkhard (2003): Hollywood. Orig.-Ausg. Köln: DuMont (DuMont-Taschenbücher).

Satrapi, Marjane (2004): Eine Kindheit im Iran. Zürich: Ed. Moderne (Persepolis, 1).

Satrapi, Marjane (2004): Jugendjahre. Zürich: Ed. Moderne (Persepolis, 2).

Satrapi, Marjane (2011): Persepolis. Eine Kindheit im Iran; Jugendjahre. Lizenzausg. Hg. v. Stephan Pörtner. München: Süddt. Zeitung (Süddeutsche Zeitung Bibliothek – Graphic Novels).

Schenk, Irmbert (2008): Kino und Modernisierung. Von der Avantgarde zum Videoclip. Marburg: Schüren.

Schilling, Thorsten; Willmann, Katrin (2012): Methoden der Filmarbeit. Hg. v. Bundeszentrale für politische Bildung. Online verfügbar unter http://www.kinofenster.de/download/methoden-der-filmarbeit.pdf, zuletzt geprüft am 23.02.2017.

Schirmer, Sven (2005): Die Spur des Falken. The Maltese Falcon. In: Knut Hickethier (Hg.): Filmgenres. Kriminalfilm. Stuttgart: Reclam (Universal-Bibliothek), S. 488–491.

Schlichter, Ansgar (2012). Drama. In: Lexikon der Filmbegriffe der Universität Kiel. Abrufbar unter: http://filmlexikon.uni-kiel.de/index.php?action=lexikon&tag=det&id=7008, zuletzt geprüft am 23.02.2017.

Schlütz, Daniela (2016): Quality-TV als Unterhaltungsphänomen. Entwicklung Charakteristika Nutzung und Rezeption von Fernsehserien wie The Sopranos, The Wire oder Breaking Bad. 1. Aufl. 2016. Wiesbaden: Springer VS.

Schneider, Gerhard (2011): Das Plakat. In: Hans-Jürgen Pandel und Gerhard Schneider (Hg.): Handbuch Medien im Geschichtsunterricht. 6., erw. Aufl. Schwalbach/Ts.: Wochenschau-Verl., S. 291–348.

Schneider, Norbert Jürgen (1983): Der Film. Richard Wagners "Kunstwerk der Zukunft"? In: Erich Valentin (Hg.): Richard Wagner und die Musikhochschule München, die Philosophie, die Dramaturgie, die Bearbeitung, der Film. Regensburg: Bosse (Schriftenreihe der Hochschule für Musik in München), S. 123–150.

Schneider, Norbert Jürgen (1990): Handbuch Filmmusik I. Musikdramaturgie im Neuen Deutschen Film. Konstanz: UVK (Kommunikation audiovisuell).

Schrader, Paul (1996): Notes on Film Noir. In: Alain Silver und James Ursini (Hg.): Film noir reader. New York: Limelight Ed, S. 53–64.

Schultz, Sonja (2012): Der Nationalsozialismus im Film. Von Triumph des Willens bis Inglourious Basterds. Berlin: Bertz + Fischer (Deep Focus).

Seeßlen, Georg (2005): Citizen Kane. In: Alfred Holighaus (Hg.): Der Filmkanon. 35 Filme, die Sie kennen müssen. Bonn: BPB [u.a.] (Schriftenreihe der Bundeszentrale für Politische Bildung), S. 69–76.

Seeßlen, Georg (2009): Quentin Tarantino gegen die Nazis. Alles über "Inglourious Basterds". Berlin: Bertz + Fischer (Kleine Schriften zum Film).

Seeßlen, Georg (2013): Filmwissen Thriller. Grundlagen des populären Films. Marburg: Schüren.

Sellmann, Michael (2001): Hollywoods moderner "film noir". Tendenzen Motive Ästhetik. Würzburg: Königshausen & Neumann (Kieler Beiträge zur Anglistik und Amerikanistik).

Sind Sie ein Misanthrop, Mr. Kubrick? Spiegel-Gespräch mit dem "Full Metal Jacket"-Regisseur (1987). In: *Der Spiegel* (41), S. 222–224. Online verfügbar unter http://www.spiegel.de/spiegel/print/d-13524222.html, zuletzt geprüft am 23.02.2017.

Spielmann, Raphael (2011): Filmbildung! Traditionen Modelle Perspektiven. München: kopaed.

Surkamp, Carola (2010): Filmmusik – Musik im Film. Die Rolle der auditiven Dimension für den fremdsprachlichen Filmunterricht. In: Gabriele Blell und Rita Kupetz (Hg.): Der Einsatz von Musik und die Entwicklung von audio literacy im Fremdsprachenunterricht. Frankfurt am Main, Berlin, Bern, Wien: Lang (Fremdsprachendidaktik inhalts- und lernerorientiert), S. 275–289.

Stürickow, Regina (1998): Der Kommissar vom Alexanderplatz. Berlin: Das Neue Berlin.

Tarantino, Quentin (2009): Inglourious Basterds. Das Drehbuch. Unter Mitarbeit von Walter Ahlers. München: Luchterhand-Literaturverlag (Sammlung Luchterhand, 2179).

Tieber, Claus (2008): Schreiben für Hollywood. Das Drehbuch im Studiosystem. Berlin: Lit-Verl (Filmwissenschaft, 4).

Tribe, Steve; Gatiss, Mark (2015): Sherlock. Hinter den Kulissen der Erfolgsserie. Deutsche Erstausgabe. München: Knesebeck.

Trimborn, Jürgen (2003): Riefenstahl. Eine deutsche Karriere ; Biographie. Berlin: Aufbau-Taschenbuch-Verl (Aufbau-Taschenbücher, 2033).

Truffaut, François; Hitchcock, Alfred (2010): Mr. Hitchcock, wie haben Sie das gemacht? 6. Aufl. München: Heyne (Heyne-Taschenbücher, 86141).

Vogler, Christopher (2010): Die Odyssee des Drehbuchschreibers. Über die mythologischen Grundmuster des amerikanischen Erfolgskinos. 4. Aufl. Frankfurt am Main: Zweitausendeins.

Wagener, Kim (2015): Recycelte Bilder. Die Verweisstruktur im Videoclip am Beispiel von Fritz Langs Metropolis. Hamburg: Diplomica Verlag GmbH.

Weller, Klaus (2015): Film School. Filme machen mit Kindern und Jugendlichen. Konstanz: UVK (Praxis Film, 91).

Werner, Paul (2000): Film noir und Neo-Noir. Überarb. und erw. Ausg. München: Vertigo.

Witte, Karsten (1993): Film im Nationalsozialismus. Blendung und Überblendung. In: Wolfgang Jacobsen (Hg.): Geschichte des deutschen Films. Stuttgart, Weimar: Metzler, S. 119–170.

Wollenberg, Hans (1926): Die Geschichte des Prinzen Achmed. In: Lichtbild-Bühne (104). Online verfügbar unter http://www.filmportal.de/node/37873/material/719719, zuletzt geprüft am 23.02.2017.

Wulff, Hans Jürgen (1999): Darstellen und mitteilen. Elemente der Pragmasemiotik des Films. Tübingen: Narr.

Zavattini, Cesare (1979): Neorealismo ecc. Milano: Bompiani (Zavattini/cinema).

Zygouris, Wassili (2011): Vorspann / Abspann. In: Thomas Koebner (Hg.): Reclams Sachlexikon des Films. 3., aktualisierte und erw. Aufl. Stuttgart: Reclam, S. 762–763.

Filmverzeichnis

1. 12 Years a Slave (2013). Regie: Steve McQueen. USA; GB, 134 Min. FSK 12

2. 2001 – Odyssee im Weltraum (1968). Originaltitel: 2001: A Space Odyssey. Regie: Stanley Kubrick. UK, USA, F, 143 Min. FSK 12

3. Achteinhalb (1963). Originaltitel: 8 1/2. Regie: Federico Fellini. It, F, 138 Min. FSK 12

4. Aguirre – Der Zorn Gottes (1972). Regie: Werner Herzog. D, 91 Min. FSK 12

5. Aladin und die Wunderlampe (1923-1926). Regie: Lotte Reiniger. D, 13 Min. FSK 0

6. Alles auf Zucker! (2004). Regie: Dani Levy. D, 95 Min. FSK 6

7. Amadeus (1984). Regie: Milos Forman. USA, 160 Min. FSK 12

8. Amphitryon – Aus den Wolken kommt das Glück (1935). Regie: Reinhold Schünzel. D, 105 Min. FSK 6

9. Angst essen Seele auf (1974). Regie: Rainer Werner Fassbinder. D, 89 Min. FSK 12

10. Apocalypse Now (1979). Regie: Francis Ford Coppola. USA, 153 Min. FSK 16

11. Arbeiter verlassen die Lumière-Werke (1985). Originaltitel: La Sortie de l'Usine Lumière à Lyon. Regie: Louis Lumière. F, 1 Min.

12. Arsen und Spitzenhäubchen (1944). Originaltitel: Arsenic and Old Place. Regie: Frank Capra. USA, 113 Min. FSK 12

13. Aschenputtel (1899). Originaltitel: Cendrillon. Regie: Georges Méliès. F, ca. 5 Min. FSK 6

14. Auf der Jagd nach dem grünen Diamanten (1984). Originaltitel: Romancing the Stone. Regie: Robert Zemeckis. USA, 102 Min. FSK 12

15. Auf der Jagd nach dem Juwel am Nil (1985). Originaltitel: The Jewel of the Nile. Regie: Lewis Teague. USA, 106 Min. FSK 12

16. Außer Atem (1960). Originaltitel: À bout de souffle. Regie: Jean-Luc Godard. F, 87 Min. FSK 16

17. Avatar – Aufbruch nach Pandora (2009). Originaltitel: Avatar. Regie: James Cameron. USA, 161 Min. FSK 12

18. Babys Frühstück (1895). Originaltitel: Repas de bébé. Regie: Louis Lumière. F, 0:45 Min. FSK o. A.

19. Barry Lyndon (1975). Regie: Stanley Kubrick. GB, 177 Min. FSK 12

20. Barton Fink (1991). Regie: Joel Coen; Ethan Coen. USA; GB, 116 Min. FSK 16

21. Basil, der große Mäusedetektiv (1986). Originaltitel: The Great Mouse Detective. Trickfilm. Regie: John Musker. USA, 75 Min. FSK 6

22. Ben Hur (1959). Regie: William Wyler. USA, 212 Min. FSK 6

23. Besessenheit (1943). Originaltitel: Ossessione. Regie: Luchino Visconti. It., 140 Min. FSK 12

24. Bitterer Reis (1949). Originaltitel: Riso amaro. Regie: Guiseppe De Santis. I, 104 Min. FSK 16

25. Blindspot. Wer ist Jane Doe? (2016). Originaltitel: Pilot. Staffel 1, Episode 1. Regie: Mark Pellington. USA, 43 Min. FSK 16

26. Bram Stoker's Dracula (1992). Originaltitel: Dracula. Regie: Francis Ford Coppola. USA, 128 Min. FSK 16

27. Brokeback Mountain (2005). Regie: Ang Lee. USA; Can, 134 Min. FSK 12

28. Cabiria (1914). Regie: Giovanni Pastrone. I, 168 Min. FSK nicht geprüft

29. Casablanca (1942). Regie: Michael Curtiz. USA, 102 Min. FSK 6

30. Castle. Blumen für dein Grab (2009). Originaltitel: Flowers for Your Grave. Staffel 1, Episode 1. Regie: Rob Bowman. USA, ca. 43 Min. FSK 16

31. Castle. Das Fenster zum Hof (2013). Originaltitel: The Lives of Others. Staffel 5, Folge 19. Regie: Larry Shaw. USA, ca. 43 Min. FSK 16

32. Castle. Die schmutzige Bombe – Teil 1 (2011). Staffel 3, Episode 50. Regie: Bob Bowman. USA, ca. 40 Min. FSK 16

33. Catch Me If You Can (2002). Regie: Steven Spielberg. USA, Can, 135 Min. FSK 6

34. Citizen Kane (1941). Regie: Orson Welles. USA, 119 Min. FSK 12

35. Club der roten Bänder. Das Schwimmbad (2015)., Staffel 1, Episode 1. Regie: Felix Binder, Richard Huber u.a. D, ca. 46 Min. FSK 12

36. Cocktail für eine Leiche (1948). Originaltitel: Rope. Regie: Alfred Hitchcock. USA, 80 Min. FSK 16

37. Dame, König, As, Spion (2011). Originaltitel: Tinker Tailor Soldier Spy. Regie: Tomas Alfredson. GB; F; D, 127 Min. FSK 12

38. Das Cabinet des Dr. Caligari (1920). Regie: Robert Wiene. D, 71 Min. FSK 12

39. Das eiserne Pferd (1924). Originaltitel: The Iron Horse. Regie: John Ford. USA, 133 Min. FSK 12

40. Das Fenster zum Hof (1954). Originaltitel: Rear Window. Regie: Alfred Hitchcock. USA, 112 Min. FSK 12

41. Das Fenster zum Hof (1998). Originaltitel: Rear Window. Regie: Jeff Bleckner. USA, 85 Min. FSK 12

42. Das Fest (1998). Originaltitel: Festen. Regie: Thomas Vinterberg. DK; SW, 101 Min. FSK 12

43. Das gefleckte Band (1984). Originaltitel: The Speckled Band. Regie: John Bruce. GB, 60 Min. FSK 12

44. Das kalte Herz (1950). Regie: Paul Verhoeven. DDR, 104 Min. FSK o. A.

45. Das Leben der Anderen (2006). Regie: Florian Henckel von Donnersmarck. D, 137 Min. FSK 12

46. Das Parfum – Die Geschichte eines Mörders (2006). Regie: Tom Tykwer. D; F; Sp; USA, 147 Min. FSK 12

47. Das Privatleben des Sherlock Holmes (1970). Originaltitel: The Private Life of Sherlock Holmes. Regie: Billy Wilder. GB, 120 Min. FSK 6

48. Das Rettungsboot (1944). Originaltitel: Lifeboat. Regie: Alfred Hitchcock. USA, 96 Min. FSK 16

49. Das Schweigen der Lämmer (1991). Regie: Jonathan Demme. USA, 114 Min. FSK 16

50. Das Zeichen des Zorro (1920). Originaltitel: The Mark of Zorro. Regie: Fred Niblo. USA, 91 Min. FSK 0

51. Der 1. Ritter (1995). Originaltitel: First Knight. Regie: Jerry Zucker. USA, 129 Min. FSK 12

52. Der Baulöwe (1980). Regie: Georgi Kissimov. DDR, 86 Min. FSK o. A.

53. Der begossene Gärtner (1895). Originaltitel: L'Arroseur arrosé. Regie: Louis Lumière. F, ca. 1 Min. FSK 0

54. Der bewegte Mann (1994). Regie: Sönke Wortmann. D, 90 Min. FSK 12

55. Der blaue Engel (1930). Regie: Joseph von Sternberg. D, 108 Min. FSK 12

56. Der Fall der Lady Beryl (1954). Originaltitel: The Case of Lady Beryl. Regie: Jack Gage. USA, 25 Min. FSK 6

57. Der Golem, wie er in die Welt kam (1920). Regie: Paul Wegener. D, 86 Min. FSK 12

58. Der große Diktator (1940). Originaltitel: The Great Dictator. Regie: Charlie Chaplin. USA, 124 Min. FSK 6

59. Der große Eisenbahnraub (1903). Originaltitel: The Great Train Robbery. Regie: Edwin S. Porter. USA, 12 Min. FSK o. A.

60. Der grüne Bogenschütze (1961). Regie: Jürgen Roland. BRD, 93 Min. FSK 12

61. Der Hirsch mit dem goldenen Geweih (1973). Originaltitel: Solotui roga. Regie: Alexander Rou. UdSSR, 63 Min. FSK 0

62. Der Hund von Baskerville (1939). Originaltitel: The Hound of the Baskervilles. Regie: Sidney Lanfield. USA, 76 Min. FSK 12

63. Der infernalische Kessel (1903). Originaltitel: Le chaudron infernal. Regie: Georges Méliès. F, ca. 2 Min.

64. Der Jazzsänger (1927). Originaltitel: The Jazzsinger. Regie: Alan Crosland. USA, 88 Min. FSK 6

65. Der Kongress tanzt (1931). Regie: Erik Charell. D, 94 Min. FSK o. A.

66. Der König der Löwen (1994). Originaltitel: The Lion King. Regie: Roger Allers, Rob Minkoff .USA, 88 Min. FSK 0

67. Der letzte Mann (1924). Regie: Friedrich Wilhelm Murnau. D, 101 Min. FSK 0

68. Der Mann, der Sherlock Holmes war (1937). Regie: Karl Hartl. D, 107 Min. FSK 12

69. Der Medicus (2013). Eine Reise aus der Dunkelheit ins Licht. Regie: Philipp Stölzl. Universal Pictures. D, 150 Min. FSK 12

70. Der mit dem Wolf tanzt (1990). Regie: Kevin Costner. USA, 183 Min. FSK 12

71. Der müde Tod (1921). Regie: Fritz Lang. D, 105 Min. FSK 12

72. Der Name der Rose (1986). Originaltitel: Le Nom de la rose. Regie: Jean-Jacques Annaud. Mit Sir Sean Connery. F/I/D, 126 Min. FSK 16

73. Der Pate (1972). Originaltitel: The Godfather. Regie: Francis Ford Coppola. USA, 175 Min. FSK 16

74. Der Ritter der Kokosnuss (1975). Originaltitel: Monty Python and the Holy Grail. Regie: Terry Jones; Terry Gilliam. GB, 88 Min. FSK 12

75. Der Schatz der Sierra Madre (1948). Originaltitel: The Treasure of the Sierra Madre. Regie: John Huston. USA, 121 Min. FSK 12

76. Der Schatz im Silbersee (1962). Regie: Harald Reinl. D; Jug; F, 111 Min. FSK 12

77. Der schwarze Abt (1963). Regie: Franz Josef Gottlieb. D, 89 Min. FSK 12

78. Der Turm (2012). Zweiteiliger Fernsehfilm. Regie: Christian Schwochow. D, 180 Min. FSK 12

79. Der unsichtbare Dritte (1959). Originaltitel: North by Northwest. Regie: Alfred Hitchcock. USA, 136 Min. FSK 12

80. Der weiße Hai (1975). Originaltitel: Jaws. Regie: Steven Spielberg. USA, 119 Min. FSK 16

81. Der Zauberer von Oz (1939). Originaltitel: The Wizard of Oz. Regie: Victor Flemming. USA, 98 Min. FSK 0

82. Deutschland im Jahre Null (1948). Originaltitel: Germania anno zero. Regie: Roberto Rossellini. I, 78 Min. FSK 16

83. Die Abenteuer des jungen Marco Polo (2013). Gefangen im Sand der syrischen Wüste. Episode 5. Regie: Lutz Stützner, Tony Loeser, Dave Barton Thomas. 60 Min. FSK o. A.

84. Die Abenteuer des Prinzen Achmed (1926). Regie: Lotte Reiniger. D, 65 Min. FSK o. A.

85. Die Ankunft eines Zuges auf dem Bahnhof in La Ciotat (1895). Originaltitel: L'Arrivée d'un train en gare de La Ciotat. Regie: Louis Lumière. F, 1 Min. FSK o. A.

86. Die außergewöhnliche Reise (2011). Originaltitel: Le voyage extraordinaire. Serge Bromberg; Regie: Éric Lange. F, 76 Min. FSK 0

87. Die Blechtrommel (1979). Regie: Volker Schlöndorff. D; Pl; F; Jg, 142 Min. FSK 16

88. Die Brücke (1959). Regie: Bernhard Wicki. D, 98 Min. FSK 12

89. Die drei Musketiere (2011). Originaltitel: The Three Musketeers. Regie: Paul W. S. Anderson. D, USA, F, GB, 111 Min. FSK 12

90. Die drei Tage des Condor (1975). Originaltitel: Three Days of the Condor. Regie: Sydney Pollack. USA, 113 Min. FSK 16

91. Die drei von der Tankstelle (1930). Regie: Wilhelm Thiele. D, 99 Min. FSK 0

92. Die Dreigroschenoper (1931). Regie: Georg Wilhelm Pabst. D, 112 Min. FSK 0

93. Die Erde bebt (1948). Originaltitel: La terra trema. Regie: Luchino Visconti. I, 165 Min. FSK 6

94. Die fabelhafte Welt der Amélie (2001). Originaltitel: Le fabuleux destin d´Amélie Poulain. Regie: Jean-Pierre Jeunet. F; D, 122 Min. FSK 6

95. Die Feuerzangenbowle (1944). Regie: Helmut Weiss. D, 94 Min. FSK 12

96. Die freudlose Gasse (1925). Regie: Georg Wilhelm Pabst. D, 148 Min. FSK 0

97. Die Geburt einer Nation (USA). Originaltitel: Birth of a Nation. Regie: David Wark Griffith. 1915, 187 Min. FSK o. A.

98. Die Geschichte vom kleinen Muck (1953). Regie: Wolfgang Staudte. DDR, 100 Min. FSK 6

99. Die große Liebe (1942). Regie: Rolf Hansen. D, 100 Min. FSK 18

100. Die mit der Liebe spielen (1960). Originaltitel: L`avventura. Regie: Michelangelo Antonioni. It, 143 Min. FSK 18

101. Die Mörder sind unter uns (1946). Regie: Wolfgang Staudte. D, 91 Min. FSK 6

102. Die Reise zum Mond (1902). Originaltitel: Le Voyage dans la Lune. Regie: Georges Méliès. F, 16 Min. FSK 6

103. Die Schlacht an der Somme (1916). Originaltitel: The Battle of the Somme. GB, 74 Min. FSK o. A.

104. Die schwarze Tulpe (1964). Originaltitel: La Tulipe noire. Regie: Christian-Jaque. F; I; E, 115 Min. FSK 12

105. Die Simpsons. Ein grausiger Verdacht (1994). Originaltitel: The Simpsons – Bart of Darkness. Staffel 06, Folge 01. Regie: Jim Reardon. USA, 22 Min. FSK 12

106. Die Simpsons. Wer erschoss Mr. Burns – Teil 1 (1995). Originaltitel: Who shot Mr. Burns – Part One. Staffel 6, Episode 25. Regie: Jeffrey Lynch. USA, 22 Min. FSK 12

107. Die Söhne der großen Bärin (1966). Regie: Josef Mach. DDR, 92 Min. FSK 12

108. Die Spur des Falken (1941). Originaltitel: The Maltese Falcon. Regie: John Huston. USA, 101 Min. FSK 12

109. Die Stimme des Terrors (1942). Originaltitel: Sherlock Holmes and the Voice of Terror. Regie: John Rawlins. USA, 65 Min. FSK 12

110. Die Suffragette (1913). Regie: Urban Gad. D, Fragment: 61 Min. FSK 6

111. Die Sünderin (1951). Regie: Willi Forst. D, 100 Min. FSK 12

112. Die Unbestechlichen (1976). Originaltitel: All the President‘s Men. Regie: Alan J. Pakula. USA, 138 Min. FSK 12

113. Die Vögel (1963). Originaltitel: The Birds. Regie: Alfred Hitchcock. USA, 115 Min. FSK 16

114. Die zehn Gebote (1956). Originaltitel: The Ten Commandments. Regie: Cecil B. DeMille. USA, 220 Min. FSK 12

115. Die zwölf Geschworenen (1957). Originaltitel: 12 Angry Men. Regie: Sidney Lumet. USA, 96 Min. FSK 12

116. Dirty Harry (1971). Regie: Don Siegel. USA, 102 Min. FSK 16

117. Disturbia (2007). Regie: D. J. Caruso. USA, 104 Min. FSK 16

118. Django (1966). Regie: Sergio Corbucci. It; Sp, 87 Min. FSK 18

119. Django Unchained (2012). Regie: Quentin Tarantino. USA, 165 Min. FSK 16

120. Doktor Schiwago (1965). Originaltitel: Doctor Zhivago. Regie: David Lean. USA, 197 Min. FSK 16

121. Dr. Mabuse, der Spieler (1922). Regie: Fritz Lang. D, 195 Min.; restaurierte Version 270 Min. FSK 12

122. Du sollst mein Glücksstern sein (1952). Originaltitel: Singin‘ in the Rain. Regie: Gene Kelly Stanley Donen. USA, 98 Min. FSK 12

123. Dunderklumpen (1974). Der zauberhafte Spielzeugdieb. Regie: Per Åhlin, D, 97 Min. FSK 6

124. Ehe im Schatten (1947). Regie: Kurt Maetzig. D, 104 Min. FSK 16

125. Eine Leiche zum Dessert (1976). Originaltitel: Murder by Death. Regie: Robert Moore. USA, 95 Min. FSK 12

126. Ein-Mann-Orchester (1900). Originaltitel: L‘Homme orchestre. Regie: Georges Méliès. F, ca. 2 Min. FSK o. A.

127. Elementary. Ein aussichtsloser Fall (2012). Originaltitel: Pilot. Staffel 1; Episode 1. Regie: Robert Doherty. USA, 42 Min. FSK 16

128. Er ist wieder da (2015). Regie: David Wendt. D, 116 Min. FSK 12

129. Erbarmungslos (1992). Unforgiven. Regie: Clint Eastwood. USA, 131 Min. FSK 16

130. Ernst Thälmann – Sohn seiner Klasse (1954). Kurt Maetzig; Regie: Johannes Arpe. DDR, 127 Min. FSK 12

131. Es war einmal in Amerika (1984). Originaltitel: Once upon a Time in America. Regie: Sergio Leone. I; USA, 229 Min. FSK 16

132. Fahrraddiebe (1948). Originaltitel: Ladri di biciclette. Regie: Vittorio de Sica. I, 90 Min. FSK 12

133. Falling Down – ein ganz normaler Tag (1993). Originaltitel: Falling Down. Regie: Joel Schumacher. USA; F; GB, 107 Min. FSK 16

134. Familie Feuerstein – Flugversuch (1960). Originaltitel: The Flintstone Flyer. Staffel 1, Folge 1. Regie: Joseph Barbera, William Hanna. USA, 25 Min. FSK 6

135. Faust – eine deutsche Volkssage (1926). Regie: Friedrich Wilhelm Murnau. D, 106 Min. FSK 6

136. Film Noir (2007). Regie: D. Jud Jones. USA; Serbien, 96 Min. FSK 16

137. Fluch der Karibik 2 (2008). Originaltitel: Pirates of the Caribbean: Dead Man's Chest. Regie: Gore Verbinski. USA, 145 Min. FSK 12

138. Forrest Gump (1994). Regie: Robert Zemeckis. USA, 136 Min. FSK 12

139. Frankenstein Junior (1974). Originaltitel: Young Frankenstein. Regie: Mel Brooks. USA, 106 Min. FSK 12

140. Frau ohne Gewissen (1944). Originaltitel: Double Indemnity. Regie: Billy Wilder. USA, 197 Min. FSK 16

141. Frauen sind doch die besseren Diplomaten (1941). Regie: Georg Jacoby. D, 89 Min. FSK 12

142. Frenzy (1972). Regie: Alfred Hitchcock. GB, 116 Min. FSK 16

143. Fritz Lang – Der Andere in uns (2016). Regie: Gordian Maugg. D, 104 Min. FSK 12

144. Full Metal Jacket (1987). Regie: Stanley Kubrick. GB; USA, 116 Min. FSK 16

145. Für eine Handvoll Dollar (1964). Originaltitel: Per un pugno di dollari. Regie: Sergio Leone. I; E, D, 100 Min. FSK 16

146. Für ein paar Dollar mehr (1965). Originaltitel: Per qualche dollaro in più. Regie: Sergio Leone. I; E; D, 132 Min. FSK 16

147. Genie und Schnauze (1988). Originaltitel: Without a Clue. Mit Michael Caine & Ben Kingsley. Regie: Thom Eberhardt. GB, 107 Min. FSK 12

148. Giorgio Moroder presents Metropolis ([1927] 1984). Special Edition. Regie: Fritz Lang; Giorgio Moroder. D, 82 Min. FSK 6

149. Gladiator (2000). Regie: Ridley Scott. GB; USA, 164 Min. FSK 16

150. Glückskinder (1936). Regie: Paul Martin. D, 94 Min. FSK 12

151. Goldfinger (1964). Regie: Guy Hamilton. GB. FS K16

152. Goldrausch (1925). Originaltitel: The Gold Rush. Regie: Charlie Chaplin. USA, 96 Min. FSK 6

153. Gran Torino (2008). Regie: Clint Eastwood. USA, 116 Min. FSK 12

154. Große Freiheit Nr. 7 (1944). Regie: Helmut Käutner. D, 109 Min. FSK 12

155. Gute Zeiten, schlechte Zeiten (GZSZ) (1992). Staffel 1, Episode 1. Regie: Mark Piper. D, 25 Min. FSK 12

156. Harry Potter und der Stein der Weisen (2001). Originaltitel: Harry Potter and the Philosopher's Stone. Regie: Chris Columbus. GB; USA, 152 Min. FSK 6

157. Heißes Eisen (1953). Originaltitel: The Big Heat. Regie: Fritz Lang. USA, 89 Min. FSK 16

158. Herrenabend (2011). Tatort Folge 799. Regie: Matthias Tiefenbacher. D, 114 Min. FSK 12

159. Hitchcock und Frau Wernicke (2010). Tatort Folge 764. Regie: Klaus Krämer. D, 89 Min. FSK 12

160. Hitlerjunge Quex (1933). Originaltitel: Ein Film vom Opfergeist der deutschen Jugend. Regie: Hans Steinhoff. D, 95 Min. Vorbehaltsfilm

161. House of Cards. Das Spiel beginnt (2013). Staffel 1, Episode 1. Regie: David Fincher. USA, 60 Min. FSK 12

162. Hugo Cabret (2011). Originaltitel: Hugo. Regie: Martin Scorsese. USA, 126 Min. FSK 6

163. Ice Age (2002). Regie: Carlos Saldanha, Chris Wedge. USA, 81 Min. FSK 0

164. Im Lauf der Zeit (1976). Regie: Wim Wenders. D, 168 Min. FSK 6

165. Im Zeichen des Bösen (1958). Originaltitel: Touch of Evil. Regie: Orson Welles. USA, 106 Min. FSK 16

166. Indiana Jones und das Königreich des Kristallschädels (2008). Originaltitel: Indiana Jones and the Kingdom of the Crystal Skull. Regie: Steven Spielberg. USA, 123 Min. FSK 12

167. Indiana Jones und der letzte Kreuzzug (1989). Originaltitel: Indiana Jones and the last Crusade. Regie: Steven Spielberg. USA, 122 Min. FSK 12

168. Indiana Jones und der Tempel des Todes (1984). Originaltitel: Indiana Jones and the Temple of Doom. Regie: Steven Spielberg. USA, 114 Min. FSK 16

169. Inferno (2016). Regie: Ron Howard. USA, 122 Min. FSK 12

170. Inglourious Basterds (2009). Regie: Quentin Tarantino. USA; D, 154 Min. FSK 16

171. Jack the Ripper – Das Ungeheuer von London (1988). Regie: David Wickes. GB, 182 Min. FSK 16

172. Jack und das Kuckucksuhrherz (2013). Regie: Mathias Malzieu; Stéphane Berla. F, 93 Min. FSK 6

173. Jäger des verlorenen Schatzes (1981). Originaltitel: Raiders of the Lost Ark. Regie: Steven Spielberg. USA, 111 Min. FSK 16

174. Jakob der Lügner (1974). Regie: Frank Beyer. DDR, CSSR, 100 Min. FSK 12

175. James Bond 007 – Man lebt nur zweimal (1967). Originaltitel: You Only Live Twice. Regie: Lewis Gilbert. GB, 117 Min. FSK 12

176. Jud Süß (1940). Regie: Veit Harlan. D, 98 Min. Vorbehaltsfilm

177. Jurassic Park (1993). Regie: Steven Spielberg. USA, 123 Min. FSK 12

178. Just Visiting – Mit Vollgas in die Zukunft (2002). Originaltitel: Les visiteurs en Amérique. Regie: Jean-Marie Poiré. Mit Jean Reno. USA; F, 91 Min. FSK 6

179. Karbid und Sauerampfer (1963). Regie: Frank Beyer. DDR, 80 Min. FSK 16

180. King Kong und die weiße Frau (1933). Originaltitel: King Kong. Regie: Merian C. Cooper. USA, 100 Min. FSK 6

181. Kolberg (1945). Regie: Veit Harlan. D, 111 Min. FSK 16

182. Königreich der Himmel (2005). Originaltitel: Kingdom of Heaven. Regie: Ridley Scott. USA, 139 Min. FSK 12

183. Krieg der Sterne: Episode IV – Eine neue Hoffnung (1977). Originaltitel: Star Wars: Episode IV – A New Hope. Regie: George Lucas. USA, 121 Min. FSK 12

184. Kuhle Wampe oder wem gehört die Welt (1932). Regie: Slátan Dudow. D, 74 Min. FSK 0

185. La Strada – Das Lied der Straße (1954). Originaltitel: La Strada. Regie: Federico Fellini. I, 104 Min. FSK 16

186. Leichen pflastern seinen Weg (1968). Originaltitel: Il grande silenzio. Regie: Sergio Corbucci. F; I, 105 Min. FSK 18

187. Lichter der Großstadt (1931). Originaltitel: City Lights. Regie: Charlie Chaplin. USA, 87 Min. FSK 6

188. Liebe, Tod und Teufel (1934). Regie: Heinz Hilpert, Reinhart Steinbicker. D, 104 Min.

189. Lola (1981). Regie: Rainer Werner Fassbinder. D, 113 Min. FSK 16

190. Lola rennt (1998). Regie: Tom Tykwer. D, 81 Min. FSK 12

191. Lost – Gestrandet (2004). Staffel 1, Episode 1. Regie: j. J. Abrams. USA, 40 Min. FSK 18

192. Lost in Translation (2003). Regie: Sofia Coppola. USA, Jap, 97 Min. FSK 6

193. M – Eine Stadt sucht einen Mörder (1931). Regie: Fritz Lang. D, 107 bzw. 117 Min. FSK 12

194. Madame Dubarry (1919). Regie: Ernst Lubitsch. D, 113 Min. FSK o. A.

195. Manche mögen's heiß (1959). Originaltitel: Some Like It Hot. Regie: Billy Wilder. USA, 120 Min. FSK 16

196. Mary & Max oder schrumpfen Schafe, wenn es regnet? (2009). Originaltitel: Mary & Max. Regie: Adam Elliot. Australien, 90 Min. FSK 12

197. Matrix (1999). Originaltitel: The Matrix. Regie: Lana Wachowski, Andy Wachowski. USA; Australien, 131 Min. FSK 16

198. Mein Führer (2006). Originaltitel: Die wirklich wahrste Wahrheit über Adolf Hitler. Regie: Dani Levy. D, 90 Min. FSK 12

199. Metropolis (1927). Regie: Fritz Lang. D, ca. 153 Min. FSK 6

200. Moderne Zeiten (1936). Originaltitel: Modern Times. Regie: Charlie Chaplin. USA, 87 Min. FSK 6

201. Mr. Holmes (2015). Regie: Bill Condon. GB; USA, 104 Min. FSK 0

202. Münchhausen (1943). Regie: Josef von Báky. D, 105 Min. [119 Min. Neufassung]. FSK 6

203. Mystic River (2003). Regie: Clint Eastwood. USA, 138 Min. FSK 16

204. Nachts im Museum (2006). Originaltitel: Night at the Museum. Regie: Shawn Levy. USA, 105 Min. FSK 6

205. Nanuk, der Eskimo (1922). Originaltitel: Nanook of the North. Regie: Robert K. Flaherty. USA, 78 Min. FSK 6

206. Napoleon (1927). Originaltitel: Napoléon vu par Abel Gance. Regie: Abel Gance. F, 330 Min. (222 Min. DVD). FSK 12

207. Nibelungen (1924). Regie: Fritz Lang. D, 293 Min. FSK 6

208. Nickelodeon (1976). Regie: Peter Bogdanovich. USA, 122 Min. FSK 12

209. Nosferatu – Eine Symphonie des Grauens (1922). Regie: F.W. Murnau. D, 94 Min. FSK 12

210. Nosferatu – Phantom der Nacht (1979). Regie: Werner Herzog. D, 107 Min. FSK 16

211. Ocean's 13 (2007). Originaltitel: Ocean´s Thirteen. Regie: Steven Soderbergh. USA, 122 Min. FSK 0

212. Ödipussi (1988). Regie: Loriot. BRD, 90 Min. FSK 0

213. Otto – Der Film (1985). Regie: Xaver Schwarzenberger, Otto Waalkes. BRD, 85 Min. FSK o. A.

214. Paisà (1946). Regie: Roberto Rossellini. I, 134 Min. FSK 12

215. Panzerkreuzer Potemkin (1925). Regie: Sergei Eisenstein. UdSSR, 70 Min. FSK 12

216. Paris, Texas (1984). Regie: Wim Wenders. D; F, 147 Min. FSK 6

217. Percy Jackson – Diebe im Olymp (2010). Originaltitel: Percy Jackson & the Olympians: The Lightning Thief. Regie: Chris Columbus. USA; Can, 120 Min. FSK 12

218. Persepolis (2007). Originaltitel: Persépolis. Vincent Paronnaud; Regie: Marjane Satrapi. F, 95 Min. FSK 12

219. Pirates of the Carribean – Am Ende der Welt (2007). Originaltitel: Pirates of the Carribean: At World´s End. Regie: Gore Verbinski. USA, 162 Min. FSK 12

220. Pittiplatsch im Koboldland (1978). Stuffel aus dem Riesenland. Regie: Günther Feustel. D, 28 Min. FSK 0

221. Psycho (1960). Regie: Alfred Hitchcock. USA, 109 Min. FSK 12

222. Psycho (1998). Regie: Gus van Sant. USA, 99 Min. FSK 12

223. Pulp Fiction (1994). Regie: Quentin Tarantino. USA, 154 Min. FSK 16

224. R.E.D. – Älter, Härter, Besser (2010). Originaltitel: RED. Regie: Robert Schwentke. USA, 111 Min. FSK 16

225. Rango (2011). Regie: Gore Verbinski. USA, 107 Min. FSK 6

226. Ratatouille (2007). Regie: Jan Pinkava; Brad Bird. USA, 111 Min. FSK 0

227. Red River (1948). Regie: Howard Hawks. USA, 133 Min. FSK 12

228. Ringo (1939). Originaltitel: Stagecoach. Alternativtitel: Höllenfahrt nach Santa Fe. Regie: John Ford. USA, 97 Min. FSK 12

229. Robin Hood (1922). Regie: Allan Dwan. USA, 141 Min. FSK o. A.

230. Robin Hood (2010). Regie: Ridley Scott. USA, 148 Min. FSK 12

231. Robin Hood, König der Vagabunden (1938). Originaltitel: The Adventure of Robin Hood. Regie: Michael Curtiz. USA, 102 Min. FSK 6

232. Rocco und seine Brüder (1960). Originaltitel: Rocco e i suoi fratelli. Regie: Luchino Visconti. I; F, 177 Min. FSK 16

233. Rom, offene Stadt (1945). Originaltitel: Roma, cittá aperta. Regie: Roberto Rossellini. I, 100 Min. FSK 12

234. Schindlers Liste (1993). Originaltitel: Schindler's List. Regie: Steven Spielberg. Mit Liam Neeson. USA, 194 Min. FSK 12

235. Schneewittchen und die sieben Zwerge (1937). Originaltitel: Snow White and the Seven Dwarfs. Regie: David D. Hand. USA, 83 Min. FSK o. A.

236. Schtonk! (1992). Regie: Helmut Dietl. D, 115 Min. FSK 6

237. Schuhputzer (1946). Originaltitel: Sciuscià. Regie: Vittorio de Sica. I. FSK 16

238. Shaun das Schaf – Der Film (2015). Originaltitel: Shaun the Sheep Movie. Regie: Richard Starzak, Mark Burton. GB, 85 Min. FSK 0

239. Sherlock – Der leere Sarg (2014). Originaltitel: Sherlock – The Empty Hearse. Regie: Jeremy Lovering. GB, 89 Min. FSK 12

240. Sherlock – Ein Fall von Pink (2010). Originaltitel: A Study in Pink. Staffel 1, Folge 1. Regie: Paul McGuigan. GB, 88 Min. FSK 12

241. Sherlock – Im Zeichen der Drei (2014). Originaltitel: Sherlock – The Sign of Three. Staffel 3, Folge 2. Regie: Colm McCarthy. GB, 90 Min. FSK 12

242. Sherlock – Sein letzter Schwur (2014). Originaltitel: His Last Vow. Staffel 3, Folge 3. Regie: Nick Hurran. GB, 89 Min. FSK 12

243. Sherlock Holmes – Der Fall der Lady Beryl (1954). Originaltitel: The Case of Lady Beryl. Regie: Sheldon Reynolds. Mit Ronald Howard und Howard Marion-Crawford. USA, Ca. 25 Min. FSK 12

244. Sherlock Holmes (2009). Regie: Guy Ritchie. Mit Robert Downey Jr. und Jude Law. USA / D / UK, 128 Min. FSK 12

245. Sherlock Holmes Baffled (1900). Regie: Arthur Marvin. USA, ca. 1 Min. FSK o. A.

246. Sherlock Holmes: Spiel im Schatten (2011). Originaltitel: Sherlock Holmes: A Game of Shadows. Regie: Guy Ritchie. USA, 128 Min. FSK 12

247. Sherlock, jr. (1924). Regie: Buster Keaton. USA, 44 Min. FSK o. A.

248. Shining (1980). Originaltitel: The Shining. Regie: Stanley Kubrick. GB, 119 Min. FSK 16

249. Shutter Island (2010). Regie: Martin Scorsese. USA, 138 Min. FSK 16

250. Sie küßten und sie schlugen ihn (1959). Originaltitel: Les Quatre Cents Coups. Regie: Francois Truffaut. F, 99 Min. FSK 12

251. Sieben (1995). Originaltitel: Se7en. Regie: David Fincher. USA, 127 Min. FSK 16

252. Sieg des Glaubens (1933). Regie: Leni Riefenstahl. D, 60 Min. FSK 18

253. Sleepy Hollow (1999). Regie: Tim Burton. USA, 101 Min. FSK 16

254. Solo Sunny (1980). Regie: Konrad Wolf. DDR, 102 Min. FSK 12

255. Spectre. James Bond 007 (2015). Originaltitel: Spectre. Regie: Sam Mandes. GB, 148 Min. FSK 12

256. Spider-Man (2002). Regie: Sam Raimi. USA, 116 Min. FSK 12

257. Spider-Man 2 (2004). Regie: Sam Raimi. USA, 122 Min. FSK 12

258. Spider-Man 3 (2007). Regie: Sam Raimi. USA, 139 Min. FSK 12

259. Spiel mir das Lied vom Tod (1968). Originaltitel: Once Upon a Time in the West. Regie: Sergio Leone. I/USA, 165 Min. FSK 16

260. Spur der Steine (1966). Regie: Frank Beyer. DDR, 139 Min. FSK 6

261. Stadt ohne Maske (1948). Originaltitel: The Naked City. Regie: Jules Dassin. USA, 96 Min. FSK 12

262. Stanley Kubrick – ein Leben für den Film (2001). Originaltitel: Stanley Kubrick: A Life in Pictures. Regie: Jan Harlan. USA, 142 Min. FSK 12

263. Star Wars Episode IV. Eine neue Hoffnung (1977). Originaltitel: A New Hope. Regie: George Lucas. USA, 116 Min. FSK 12

264. Sterne (1959). Regie: Konrad Wolf. DDR, Bul. 92 Min. FSK 12

265. Sully (2016). Regie: Clint Eastwood. USA, 96 Min. FSK 12

266. Superman (1978). Regie: Richard Donner. USA, 137 Min. FSK 12

267. Taxi Driver (1976). Regie: Martin Scorsese. USA, 114 Min. FSK 16

268. The Amazing Spider-Man (2012). Regie: Marc Webb. USA, 136 Min. FSK 12

269. The Imitation Game – Ein streng geheimes Leben (2014). Originaltitel: The Imitation Game. Regie: Morton Tyldum. GB, 113 Min. FSK 12

270. The Untouchables – Die Unbestechlichen (1987). Originaltitel: The Untouchables. Regie: Brian de Palma. USA, 119 Min. FSK 16

271. Thomas Crown ist nicht zu fassen (1968). Originaltitel: The Thomas Crown Affair. Regie: Norman Jewison. USA, 102 Min. FSK 12

272. Titanic (1997). Regie: James Cameron. USA, 194 Min. FSK 12

273. Todesmelodie (1971). Originaltitel: Giù la testa. Regie: Sergio Leone. It, 157 Min. FSK 16

274. Tom und Jerry als Sherlock Holmes und Dr. Watson (2010). Originaltitel: Tom and Jerry meet Sherlock Holmes. Regie: Spike Brandt; Jeff Siegey. USA, 50 Min. FSK 6

275. Toy Story (1995). Regie: John Lassetter. USA, 81 Min. FSK 0

276. Triumph des Willens (1935). Regie: Leni Riefenstahl. D, 114 Min. FSK 18

277. Troja (2004). Originaltitel: Troy. Regie: Wolfgang Petersen. USA; Malta; GB, 156 Min. FSK 12

278. Umberto D. (1952). Regie: Vittorio de Sica. I., 91 Min. FSK 12

279. Verdacht (1941). Originaltitel: Suspicion. Regie: Alfred Hitchcock. USA, 99 Min. FSK 6

280. Vertigo – Aus dem Reich der Toten (1958). Originaltitel: Vertigo. Regie: Alfred Hitchcock. USA, 129 Min. FSK 12

281. Vom Winde verweht (1939). Originaltitel: Gone with the Wind. Regie: Victor Fleming. USA, 220 Min. FSK 12

282. Yeah Yeah Yeah (1964). Originaltitel: A Hard Day's Night. Regie: Richard Lester. GB, 87 Min. FSK 6

283. Zeugin der Anklage (1957). Originaltitel: Witness for the Prosecution. Regie: Billy Wilder. USA, 113 Min. FSK 12

284. Zorro (1975). Regie: Duccio Tessari. I, F, 124 Min. FSK 12

285. Zur Sache, Schätzchen (1968). Regie: May Spils. D, 80 Min. FSK 12

286. Zwei glorreiche Halunken (1966). Originaltitel: Il buono, il brutto, il cattivo. Regie: Sergio Leone. I; E, 178 Min. FSK 16

287. Zwölf Uhr mittags (1952). Originaltitel: High Noon. Regie: Fred Zinnemann. USA, 85 Min. FSK 12

Videoclips

288. Lady Gaga (2009). Paparazzi. Album: The Fame. 7:45 Min.

289. Madonna (1989). Express Yourself. Album: Like a Prayer. 5:02 Min

290. Peter Gabriel (1986). Sledgehammer. Album: SO, 5:01 Min.

291. Peter Gabriel (1992). Blood of Eden. Album: US, 6:36 Min.

292. Peter Gabriel (2000). Father, Son. Album: OVO, 4:49 Min.

293. Queen (1984). Radio Gaga. Album: The Works. 5:53 Min.

Weiterführende Literatur

DVDs zur Filmgeschichte und Filmsprache

Best of Cinema Hits (2012). Die schönsten Melodien aus den erfolgreichsten Filmen und die größten Hits der Kino-Geschichte. D, 207 Min.

Die Geschichte des Kinos – Martin Scorseses Reise durch den amerikanischen Film (1995). Originaltitel: A Personal Journey with Martin Scorsese Through American Movies. Regie: Martin Scorsese. USA, 225 Min. FSK 12

Die Geschichte des Kinos – Meine italienische Reise (2001). Originaltitel: Il mio viagio in Italia. Regie: Martin Scorsese. USA, 236 Min. FSK 12

Hans Zimmer – Der Sound für Hollywood (2011). Regie: Jeffrey Katzenberg. D, 50 Min.

Steinmetz, Rüdiger (2005): Grundlagen der Filmästhetik. Filme sehen lernen Teil 1. DVD mit Begleitbuch. D, 225 Min.

Steinmetz, Rüdiger (2008): Wie Licht, Farbe, Sound die großen Gefühle verstärken. Filme sehen und hören lernen Teil 2. 2 DVDs. D, ca. 360 Min.

Steinmetz, Rüdiger (2011). Filmmusik. Filme sehen lernen Teil 3. 2 DVDs mit Begleitbuch. D, 361 Min.

The Story of Film – Die Geschichte des Kinos (2011). 5 DVDs. Regie: Mark Cousins. USA, 915 Min.

Literatur zur Filmgeschichte

Aab, Vanessa (2014): Kinematographische Zeitmontagen. Zur Entwicklungsgeschichte des Kinos. Marburg: Schüren (Marburger Schriften zur Medienforschung, 47).

Arnheim, Rudolf (2004): Film als Kunst. Frankfurt am Main: Suhrkamp (Suhrkamp-Taschenbuch Wissenschaft).

Balázs, Béla (1930/2001): Der Geist des Films. Frankfurt am Main: Suhrkamp (Suhrkamp-Taschenbuch Wissenschaft).

Blume, Thomas (2005): Das Kino der Meisterregisseure. Einführung in eine Geschichte des Films in 24 Porträts. Norderstedt: Books on Demand.

Bordwell, David (2001): Visual style in cinema. Vier Kapitel Filmgeschichte. Frankfurt am Main: Verl. der Autoren (Filmbibliothek).

Ceram, C. W. (1965): Eine Archäologie des Kinos. Hamburg: Rowohlt.

Christen, Thomas (Hg.) (2008): Einführung in die Filmgeschichte. Marburg: Schüren.

Elsaesser, Thomas (2002): Filmgeschichte und frühes Kino. Archäologie eines Medienwandels. München: Ed. Text + Kritik.

Elsaesser, Thomas; Wedel, Michael (Hg.) (2002): Kino der Kaiserzeit. Zwischen Tradition und Moderne. München: Ed. Text + Kritik.

Engell, Lorenz (1992): Sinn und Industrie. Einführung in die Filmgeschichte. Frankfurt/Main, Paris: Campus-Verl.; Ed. de la Maison des Sciences de l'Homme (Edition Pandora).

Engell, Lorenz (1995): Bewegen beschreiben. Theorie zur Filmgeschichte. Weimar: VDG Verl. und Datenbank für Geisteswiss.

Faulstich, Werner (2005): Filmgeschichte. Paderborn: Fink (UTB).

Faulstich, Werner; Korte, Helmut (Hg.) (1991): Fischer-Filmgeschichte. Band 2: Der Film als gesellschaftliche Kraft (1925-1944). Orig.-Ausg. Frankfurt am Main: Fischer ([Fischer-Taschenbücher], 2).

Faulstich, Werner; Korte, Helmut (Hg.) (1992): Fischer-Filmgeschichte. Band 3: Auf der Suche nach Werten (1945-1960). Orig.-Ausg. Frankfurt am Main: Fischer ([Fischer-Taschenbücher], 3).

Faulstich, Werner; Korte, Helmut (Hg.) (1992): Fischer-Filmgeschichte. Band 4: Zwischen Tradition und Neuorientierung (1961-1976). Orig.-Ausg. 5 Bände. Frankfurt am Main: Fischer ([Fischer-Taschenbücher], 4).

Faulstich, Werner; Korte, Helmut (Hg.) (1996): Fischer-Filmgeschichte. Band 1: Von den Anfängen bis zum etablierten Medium 1895-1924. Orig.-Ausg. 5 Bände. Frankfurt am Main: Fischer ([Fischer-Taschenbücher], 1).

Faulstich, Werner; Korte, Helmut (Hg.) (1996): Fischer-Filmgeschichte. Band 5: Massenware und Kunst (1977-1995). Orig.-Ausg. 5 Bände. Frankfurt am Main: Fischer ([Fischer-Taschenbücher], 5).

Godard, Jean-Luc (1989): Einführung in eine wahre Geschichte des Kinos. Ungekürzte Ausg. Frankfurt am Main: Fischer-Taschenbuch-Verl (Fischer-Taschenbücher).

Gregor, Ulrich; Patalas, Enno (1976): Geschichte des Films. 1895 – 1936. Unter Mitarbeit von Enno Patalas. 2 Bände. Reinbek bei Hamburg: Rowohlt.

Gronemeyer, Andrea (1998): Schnellkurs Film. Orig.-Ausg. Köln: DuMont (DuMont-Taschenbücher).

Hake, Sabine (2004): Film in Deutschland. Geschichte und Geschichten seit 1895. Dt. Erstausg. Reinbek bei Hamburg: Rowohlt (Rowohlts Enzyklopädie).

Hickethier, Knut (1989): Filmgeschichte schreiben. Ansätze, Entwürfe und Methoden ; Dokumentation der Tagung der GFF 1988. Berlin: Ed. Sigma (Schriften der Gesellschaft für Film- und Fernsehwissenschaft, 2).

Hoffmann, Hilmar (1995): 100 Jahre Film. Von Lumière bis Spielberg; 1894 – 1994. Düsseldorf: Econ (ETB).

Jacobsen, Wolfgang; Kaes, Anton; Prinzler, Hans Helmut (Hg.) (2004): Geschichte des deutschen Films. 2. Aufl. Stuttgart, Weimar: Metzler.

Jockenhovel, Jesko (2014): Der digitale 3D-Film. Narration Stereoskopie Filmstil. Wiesbaden: Springer VS.

Koebner, Thomas (Hg.) (2006): Filmklassiker. Beschreibungen und Kommentare. 5. Aufl. 5 Bände. Stuttgart: Reclam.

Kracauer, Siegfried (1995): Von Caligari zu Hitler. Eine psychologische Geschichte des deutschen Films. 3. Aufl. Frankfurt am Main: Suhrkamp (Suhrkamp-Taschenbuch Wissenschaft).

Kreimeier, Klaus (1992): Die Ufa-Story. Geschichte eines Filmkonzerns. München: Hanser.

Kreimeier, Klaus (2011): Traum und Exzess. Die Kulturgeschichte des frühen Kinos. Wien: Zsolnay (Zsolnay / Kino).

Leimbacher, Mario (2012): Die Mechanisierung des Bildes. Geschichte der Fotografie und des Films. Online verfügbar unter http://bg.ken.ch/dokumente/Filmmarathon.pdf, zuletzt geprüft am 23.02.2017.

Monaco, James (2009): Film verstehen. Kunst Technik Sprache Geschichte und Theorie des Films und der Neuen Medien; mit einer Einführung in Multimedia. Überarb. und erw. Neuausg. Reinbek bei Hamburg: Rowohlt-Taschenbuch-Verl. (Rororo).

Müller, Corinna (2000): Das neue Medium: Der Film. In: Der Deutschunterricht (2), S. 62–76.

Nowell-Smith, Geoffrey (Hg.) (1998): Geschichte des internationalen Films. Stuttgart, Weimar: Metzler.

Schröder, Nicolaus (Hg.) (2000): 50 Klassiker Film. Die wichtigsten Werke der Filmgeschichte. Hildesheim: Gerstenberg (Gerstenberg visuell).

Thompson, Kristin; Bordwell, David (2003): Film history. An introduction. Unter Mitarbeit von David Bordwell. 2. Aufl. Boston, Mass: McGraw-Hill (McGraw-Hill Higher education).

Toulet, Emmanuelle; Meidow, Anne-Beatrice; Albrecht, Gerd (Hg.) (1995): Pioniere des Kinos. Dt. Erstausg. Ravensburg: Ravensburger Buchverl (Ravensburger Taschenbuch).

Wedel, Michael (2011): Filmgeschichte als Krisengeschichte. Schnitte und Spuren durch den deutschen Film. Bielefeld: transcript (transcript Film).

Nachschlagewerke

Bergan, Ronald (2012): Alles über Film. Weltbeste Filme, Regisseure, Genres. München: Dorling Kindersley.

Binotto, Thomas (2009): Mach‘s noch einmal, Charlie! 100 Filme für Kinofans (und alle die es werden wollen). Lizenzausg. Bonn: Bundeszentrale für Politische Bildung (Schriftenreihe der Bundeszentrale für Politische Bildung).

Engelmeier, Peter W.; Engelmeier, Regine (Hg.) (1996): Das Buch vom Film. Augsburg: Augustus-Verl.

Holighaus, Alfred (Hg.) (2005): Der Filmkanon. 35 Filme, die Sie kennen müssen. Bonn: BPB [u.a.] (Schriftenreihe der Bundeszentrale für Politische Bildung).

Klant, Michael; Spielmann, Raphael (Hg.) (2008): Grundkurs Film 1. Kino, Fernsehen, Videokunst. Hannover: Schroedel.

Koebner, Thomas (Hg.) (2006): Filmklassiker. Beschreibungen und Kommentare. 5. Aufl. 5 Bände. Stuttgart: Reclam.

Koebner, Thomas (Hg.) (2011): Reclams Sachlexikon des Films. 3., aktualisierte und erw. Aufl. Stuttgart: Reclam.

Krusche, Dieter (2008): Reclams Filmführer. 13. Aufl. Stuttgart: Reclam.

Müller, Jürgen (Hg.) (2012): 100 Filmklassiker. 2 Bände. Hong Kong, Köln, London, Los Angeles, Calif., Madrid, Paris, Tokyo: Taschen.

Pfeiffer, Joachim; Staiger, Michael (Hg.) (2010): Grundkurs Film 2. Filmkanon, Filmklassiker, Filmgeschichte. Hannover: Schroedel.

Töteberg, Michael (Hg.) (2006): Film-Klassiker. 120 Filme. Stuttgart, Weimar: Metzler (Metzler kompakt).

Literaturauswahl zu einzelnen Filmen

Citizen Kane (1941). Regie: Orson Welles. USA, 119 Min. FSK 12

Citizen Kane – die Hollywood-Legende (1999). Originaltitel: RKO 281. Regie: Benjamin Ross. USA; UK, 83 Min. FSK 12

Die Simpsons. Frische Fische mit drei Augen (1990). Originaltitel: Two cars in every garage in three eyes on every fish. Staffel 2, Folge 4. Regie: Matt Groening. USA, 22 Min.

Abraham, Ulf (2009): Filme im Deutschunterricht. Seelze: Kallmeyer (Praxis Deutsch). S. 28-36

Fluck, Winfried (2012): Filmkunst als Kritik der Macht. Orson Welles: Citizen Kane (1941). In: Stefan Keppler-Tasaki (Hg.): Was lehrt das Kino? 24 Filme und Antworten. München: Ed. Text + Kritik, S. 146-172.

Haiß, Stefan; Kempas, Stefan (2010): Citizen Kane. Komposition & Film. Hochschule der Medien. Online verfügbar unter https://www.hdm-stuttgart.de/~curdt/Citizen_Kane.pdf, zuletzt geprüft am 23.02.2017.

Hickethier, Knut (1991): Filmkunst und Filmklassik: Citizen Kane (1941). In: Werner Faulstich und Helmut Korte (Hg.): Fischer-Filmgeschichte. Band 2: Der Film als gesellschaftliche Kraft (1925-1944). Orig. Ausg. Frankfurt am Main: Fischer ([Fischer-Taschenbücher]), S. 293-309.

Hickethier, Knut (2006): Citizen Kane. In: Thomas Koebner (Hg.): Filmklassiker. Beschreibungen und Kommentare. 1913-1945. 5. Aufl. Stuttgart: Reclam (1), S. 479-485.

Pfeiffer, Joachim; Staiger, Michael (Hg.) (2010): Grundkurs Film 2. Filmkanon, Filmklassiker, Filmgeschichte. Hannover: Schroedel. S. 70-76.

Seeßlen, Georg (2005): Citizen Kane. In: Alfred Holighaus (Hg.): Der Filmkanon. 35 Filme die Sie kennen müssen. Bonn: BPB [u.a.] (Schriftenreihe der Bundeszentrale für Politische Bildung), S. 69-76.

Das Cabinet des Dr. Caligari (1920). Regie: Robert Wiene. D, 71 Min. FSK 12

Beicken, Peter (2004): Wie interpretiert man einen Film? Für die Sekundarstufe II; [mit 66 Filmbildbeispielen]. Stuttgart: Reclam (Reclams Universal-Bibliothek). S. 153-155

Brill, Olaf (2012): Der Caligari-Komplex. Überarb., aktualisierte und erw. Fassung. München: Belleville.

Brill, Olaf; Busche, Andreas (2014): Film des Monats 02/2014: Das Cabinet des Dr. Caligari. Online verfügbar unter http://www.kinofenster.de/download/monatsausgabe-das-cabinet-des-dr-caligari.pdf, zuletzt geprüft am 23.02.2017.

Heinzlmeier, Adolf; Schulz, Berndt (1986): Kinoklassiker. 100 Meisterwerke d. Filmgeschichte. Unter Mitarbeit von Berndt Schulz. Hamburg: Rasch u. Röhring. S. 16f.

Kracauer, Siegfried (1995): Von Caligari zu Hitler. Eine psychologische Geschichte des deutschen Films. 3. Aufl. Frankfurt am Main: Suhrkamp (Suhrkamp-Taschenbuch Wissenschaft).

Lehmann, Dagmar (1992): Mediziner, Mörder, Monster. Drei Filmklassiker spiegeln Geschichte wider. In: Geschichte lernen (42), S. 48–52.

Mayer, Carl; Wiene, Robert (Hg.) (1995): Das Cabinet des Dr. Caligari. Drehbuch von Carl Mayer und Hans Janowitz zu Robert Wienes Film von 191920. München: Ed. Text und Kritik (Filmtext).

Pfeiffer, Joachim (2010): Die Abwesenheit des Films in der Schule. Anmerkungen zur frühen Filmgeschichte und zum Kulturkampf gegen das Kino am Beispiel des Films Das Cabinet des Dr. Caligari. In: Matthias N. Lorenz (Hg.): Film im Literaturunterricht. Von der Frühgeschichte des Kinos bis zum Symmedium Computer. Freiburg im Breisgau, 4030 [Stuttgart]: Fillibach; Klett Sprachen, S. 19–30.

Pflaum, Hans Guenther (2002): Deutsche Stummfilmklassiker. Eine Publikation der Friedrich-Wilhelm-Murnau-Stiftung und Transit Film GmbH in Zs.arb. mit Goethe Institut Inter Nationes. Wiesbaden: Friedrich-Wilhelm-Murnau-Stiftung.

Sannwald, Daniela (2006): Das Cabinet des Dr. Caligari. In: Thomas Koebner (Hg.): Filmklassiker. Beschreibungen und Kommentare. 1913-1945. 5. Aufl. Stuttgart: Reclam (1), S. 49–52.

Scheunemann, Dietrich (1997): Intolerance – Caligari – Potemkin. Zur ästhetischen Funktion der Zwischentitel im frühen Film. In: Paul Goetsch (Hg.): Text und Ton im Film. Tübingen: Narr (ScriptOralia), S. 11–46.

Simon, Maximilian (2008): Das Cabinet des Dr. Caligari. Die Geburt des expressionistischen Films? Online verfügbar unter http://www.ms-trade-eu.de/berichte/caligari_internet_v01.pdf. zuletzt geprüft am 23.02.2017.

Thiele, Jens (1996): Die dunklen Seiten der Seele: Das Cabinet des Dr. Caligari (1920). In: Werner Faulstich und Helmut Korte (Hg.): Fischer-Filmgeschichte. Band 1: Von den Anfängen bis zum etablierten Medium 1895-1924. Orig.-Ausg. 5 Bände. Frankfurt am Main: Fischer ([Fischer-Taschenbücher], 1), S. 344–360.

Zuschlag, Christoph (2012): Von "Schreckenskammern", "Horrorkabinetten" und "Schandausstellungen". Die NS-Kampagne gegen "Entartete Kunst". In: Christiane Ladleif und Gerhard Schneider (Hg.): Moderne am Pranger. Die NS-Aktion "Entartete Kunst" vor 75 Jahren ; Werke aus der Sammlung Gerhard Schneider. Bönen, Westf, Aschaffenburg: Kettler; Museen der Stadt Aschaffenburg, S. 21–33.

Das Fenster zum Hof (1954). Originaltitel: Rear Window. Regie: Alfred Hitchcock. USA, 112 Min. FSK 12

Castle – Das Fenster zum Hof (2013). Originaltitel: The Lives of Others. Staffel 5, Folge 19. Regie: Larry Shaw. USA, ca. 43 Min. FSK 16

Das Fenster zum Hof (1998). Originaltitel: Rear Window. Regie: Jeff Bleckner. USA, 85 Min. FSK 12

Die Simpsons – ein grausiger Verdacht (1994). Originaltitel: The Simpsons – Bart of Darkness. Staffel 06, Folge 01. Regie: Jim Reardon. USA, 22 Min. FSK 12

Disturbia (2007). Regie: D. J. Caruso. USA, 104 Min. FSK 16

Hitchcock und Frau Wernicke (2010). Tatort Folge 764. Regie: Klaus Krämer. D, 89 Min. FSK 12

Beier, Lars-Olav (Hg.) (1999): Alfred Hitchcock. Berlin: Bertz (Film).

Chandler, Charlotte (2005): Hitchcock. Die persönliche Biografie. München: Herbig.

Klaassen, Klaas (2005): Das Fenster zum Hof. In: Knut Hickethier (Hg.): Filmgenres. Kriminalfilm. Stuttgart: Reclam (Universal-Bibliothek), S. 115–119.

Oliver Fahle (2011): Grenzgänge des Sichtbaren. Optische Instrumente im Film: Mikroskop, Teleskop, Fernglas, Brille. In: Kay Kirchmann und Boris Goesl (Hg.): Medienreflexion im Film. Ein Handbuch. Bielefeld: Transcript-Verl (Film), S. 73–86.

Schmidt, Johann N. (2006): Das Fenster zum Hof. In: Thomas Koebner (Hg.): Filmklassiker. Beschreibungen und Kommentare. 1946-1962. 5. Aufl. 5 Bände. Stuttgart: Reclam (2), S. 249–253.

Truffaut, François; Hitchcock, Alfred (2010): Mr. Hitchcock, wie haben Sie das gemacht? 6. Aufl. München: Heyne (Heyne-Taschenbücher, 86141).

Der große Diktator (1940). Originaltitel: The Great Dictator. Regie: Charlie Chaplin. USA, 124 Min. FSK 6

Chaplin (1992). Regie: Richard Attenborough. USA, 138 Min. FSK 6

Der Tramp und der Diktator (2002). Regie: Michael Kloft. GB, 43 Min.

Aping, Norbert (2011): Liberty – Shtunk! Die Freiheit wird abgeschafft; Charlie Chaplin und die Nationalsozialisten. Marburg: Schüren-Verl.

Aping, Norbert (2014): Charlie Chaplin in Deutschland. 1915–1924: der Tramp kommt ins Kino. Marburg: Schüren.

Chaplin, Charlie (1964): Die Geschichte meines Lebens. Hg. v. Günther Danehl und Hans J. von Koskull. [Frankfurt a.M.]: Fischer.

Charlie Chaplin – Der große Diktator. Presseheft (2004). Online verfügbar unter http://www.hoehnepresse-media.de/diktator/pdf/TGD_Presseheft_1MB.pdf, zuletzt geprüft am 23.02.2017.

Eisenstein, Sergej M.; Pudowkin, Wsewolod I.; Alexandrow, Grigorij M. (2003): Manifest zum Tonfilm. In: Franz-Josef Albersmeier (Hg.): Texte zur Theorie des Films. 5. Aufl. Stuttgart: Reclam (Universal-Bibliothek), S. 54–57.

Giesenfeld, Günter (2006): Der große Diktator. In: Thomas Koebner (Hg.): Filmklassiker. Beschreibungen und Kommentare. 1913–1945. 5. Aufl. Stuttgart: Reclam (1), S. 471–475.

Hilgers, Lisa von (2009): Propaganda im US-amerikanischen Spielfilm. Hg. v. filmABC – Institut für angewandte Medienbildung und Filmvermittlung. Online verfügbar unter http:// http://www2.mediamanual.at/pdf/filmabc/12_filmabcmat_propaganda_small.pdf, zuletzt geprüft am 23.02.2017.

Kahovec, Nikos (2007): Chaplin vs. Hitler. Eine historische Untersuchung von The Great Dictator unter Berücksichtigung filmisch-ästhetischer Aspekte. Diplomarbeit. Online verfügbar unter http://textfeld.ac.at/download/1550.pdf, zuletzt geprüft am 23.02.2017.

Koebner, Thomas (Hg.) (2006): Chaplin – Keaton. Verlierer und Gewinner der Moderne. München: Ed. Text + Kritik (Film-Konzepte).

Kreimeier, Klaus (2002): Chaplins Great Dictator – revisted. In: Waltraud Wende (Hg.): Geschichte im Film. Mediale Inszenierungen des Holocaust und kulturelles Gedächtnis; Dokumentation eines von der "Alfried-Krupp-von-Bohlen-und-Halbach-Stiftung" (Essen) … geförderten Symposiums das am 29. und 30. November 2001 auf Einladung der Herausgeberin an der Rijksuniversiteit Groningen (NL) stattfand. Stuttgart, Weimar: Metzler (M-&-P-Schriftenreihe für Wissenschaft und Forschung: Kulturwissenschaften), S. 31–43.

Robinson, David (1989): Chaplin. Sein Leben seine Kunst. Zürich: Diogenes.

Rodek, Hanns-Georg (2010): Wie sich Chaplin von Hitler den Bart zurückeroberte. In: Die Welt (12.10.2010). Online verfügbar unter http://www.welt.de/kultur/article10236331/Wie-sich-Chaplin-von-Hitler-den-Bart-zurueckeroberte.html, zuletzt geprüft am 23.02.2017.

Strobel, Ricarda (1991): Filme gegen Hitler: Der große Diktator (1938/40). In: Werner Faulstich und Helmut Korte (Hg.): Fischer-Filmgeschichte. Band 2: Der Film als gesellschaftliche Kraft (1925-1944). Orig.-Ausg. Frankfurt am Main: Fischer ([Fischer-Taschenbücher]), S. 245–262.

Die Reise zum Mond (1902). Originaltitel: Le Voyage dans la Lune. Regie: Georges Méliès. F, 16 Min. FSK 0

Georges Méliès. Die Magie des Kinos ([1896] 2011). Diese Doppel-DVD enthält neben der „Reise zum Mond" auch 28 weitere Kurzfilme aus den Jahren 1896 bis 1912, sowie die zwei Dokumentationen „Méliès, Vater und Sohn" (1952) und „Die außergewöhnliche Reise" (2011).

Die außergewöhnliche Reise (2011). Originaltitel: Le voyage extraordinaire. Serge Bromberg; Regie: Éric Lange. F, 76 Min. FSK 0

Méliès, Vater und Sohn (1952). Originaltitel: Le grand Méliès. Regie: Georges Franju. F, 31 Min. FSK 6

Hugo Cabret (2011). Originaltitel: Hugo. Regie: Martin Scorsese. USA, 126 Min. FSK 6

Cherchi Usai, Paolo (1993): (Ein kleines) Heldenleben. Die Entdeckung der Filme von Georges Méliès. In: Frank Kessler, Sabine Lenk und Martin Loiperdinger (Hg.): Georges Méliès. Magier der Filmkunst. Basel, Frankfurt am Main: Stroemfeld Roter Stern (Kintop Jahrbuch zur Erforschung des frühen Films, 2), S. 83–92.

Fries, Michaela (2008): "Bon Voyage, Monsieur Méliès!". Die Wechselbeziehung der Künste in der Belle Époche, überprüft anhand der Ausstattung von Georges Méliès Le voyage dans la lune. Diplomarbeit. Universität Wien, Wien. Theater-, Film- und Medienwissenschaft. Online verfügbar unter http://othes.univie.ac.at/2052/1/2008-10-28_9909687.pdf, zuletzt geprüft am 23.02.2017.

Gaudreault, André (1993): Theatralität, Narrativität und „Trickästhetik". Eine Neubewertung der Filme von Georges Méliès. In: Frank Kessler, Sabine Lenk und Martin Loiperdinger (Hg.): Georges Méliès. Magier der Filmkunst. Basel, Frankfurt am Main: Stroemfeld Roter Stern (Kintop Jahrbuch zur Erforschung des frühen Films, 2), S. 31–44.

Gauthier, Guy (1993): Von Jules Verne zu Méliès oder Von der Gravur zur Leinwand. In: Frank Kessler, Sabine Lenk und Martin Loiperdinger (Hg.):

Georges Méliès. Magier der Filmkunst. Basel, Frankfurt am Main: Stroemfeld Roter Stern (Kintop Jahrbuch zur Erforschung des frühen Films, 2), S. 53–58.

Kessler, Frank (1993): Öffentliche Lustbarkeiten. Jahrmarkt, Varieté, Kino. In: Frank Kessler, Sabine Lenk und Martin Loiperdinger (Hg.): Georges Méliès. Magier der Filmkunst. Basel, Frankfurt am Main: Stroemfeld Roter Stern (Kintop Jahrbuch zur Erforschung des frühen Films, 2), S. 179–182.

Kessler, Frank; Lenk, Sabine (1993): Ein Leben für Méliès. Ein Interview mit Madeleine Malthete-Méliès, der Enkelin des Zauberers von Montreuil. In: Frank Kessler, Sabine Lenk; Loiperdinger, Martin (Hg.): Georges Méliès. Magier der Filmkunst. Basel, Frankfurt am Main: Stroemfeld Roter Stern (Kintop Jahrbuch zur Erforschung des frühen Films, 2), S. 92–102.

Lefebvre, Thierry (1993): Georges Méliès und die Welt der Scharlatane. In: Frank Kessler, Sabine Lenk und Martin Loiperdinger (Hg.): Georges Méliès. Magier der Filmkunst. Basel, Frankfurt am Main: Stroemfeld Roter Stern (Kintop Jahrbuch zur Erforschung des frühen Films, 2), S. 59–65.

Manthey, Dirk (2011): Making of … Wie ein Film entsteht. Band 2. 5. Aufl. Reinbek bei Hamburg: Rowohlt (Rororo Rororo-Sachbuch Rororo Film + TV, 60574). S. 52-55

Méliès, Georges (1993): Die Filmaufnahme. In: Frank Kessler, Sabine Lenk und Martin Loiperdinger (Hg.): Georges Méliès. Magier der Filmkunst. Basel, Frankfurt am Main: Stroemfeld Roter Stern (Kintop Jahrbuch zur Erforschung des frühen Films, 2), S. 13–30.

Die Spur des Falken (1941). Originaltitel: The Maltese Falcon. Regie: John Huston. USA, 101 Min. FSK 12

Klaus Kreimeier (2006): Die Spur des Falken. In: Thomas Koebner (Hg.): Filmklassiker. Beschreibungen und Kommentare. 1913–1945. 5. Aufl. Stuttgart: Reclam (1), S. 488–491.

Schirmer, Sven (2005): Die Spur des Falken. The Maltese Falcon. In: Knut Hickethier (Hg.): Filmgenres. Kriminalfilm. Stuttgart: Reclam (Universal-Bibliothek), S. 488–491.

Grob, Norbert (Hg.) (2008): Film noir. Stuttgart: Reclam (Reclams Universal-Bibliothek, 18552).

Stiglegger, Marcus (2011): Film Noir. In: Thomas Koebner (Hg.): Reclams Sachlexikon des Films. 3., aktualisierte und erw. Aufl. Stuttgart: Reclam, S. 229–232.

Werner, Paul (2000): Film noir und Neo-Noir. Überarb. und erw. Ausg. München: Vertigo.

Fahrraddiebe (1948). Originaltitel: Ladri di biciclette. Regie: Vittorio de Sica. I, 90 Min. FSK 12

Koebner, Thomas (2006): Fahrraddiebe. In: Thomas Koebner (Hg.): Filmklassiker. Beschreibungen und Kommentare. 1946–1962. 5. Aufl. 5 Bände. Stuttgart: Reclam (2), S. 99–104.

Köhler, Hartmut (1992): Der italienische Neorealismus. Die Erde bebt (La Terra Trema, 1947). In: Werner Faulstich und Helmut Korte (Hg.): Fischer-Filmgeschichte. Band 3: Auf der Suche nach Werten (1945–1960). Orig.-Ausg. 5 Bände. Frankfurt am Main: Fischer ([Fischer-Taschenbücher], 3), S. 80–101.

Schilder, Erk (2010): Soziale Realität im europäischen Spielfilm. Hg. v. Institut für angewandte Medienbildung und Filmvermittlung. Online verfügbar unter http://www.filmabc.at/bilder/file/Dateien%20UnterrMat/Filmhefte/31_FilmheftFilmABC_SozialeRealitaet.pdf, zuletzt geprüft am 23.02.2017.

Pfeiffer, Joachim; Staiger, Michael (Hg.) (2010): Grundkurs Film 2. Filmkanon, Filmklassiker, Filmgeschichte. 1. Aufl. Hannover: Schroedel. S. 92-95

Schröder, Johannes (2005): Handwerkliche Filmkunst in neorealistischen Film. Drei Beispiele zur Filmanalyse. In: Der Deutschunterricht (1), S. 82–87.

Bazin, André (2009): Was ist Film? 2. Aufl. Hg. v. Robert Fischer. Berlin: Alexander-Verl. S. 335–352.

Falling Down – ein ganz normaler Tag (1993). Originaltitel: Falling Down. Regie: Joel Schumacher. USA; F; GB, 107 Min. FSK 16

Gudrun Baudisch (2001): Falling Down – Ein ganz normaler Tag. Joel Schumacher. USA 1993. Filmheft. Hg. v. Institut für KINO und FILMKULTUR (IKF). Online verfügbar unter http://www.film-kultur.de/filme/filmhefte/falling_down.pdf, zuletzt geprüft am 23.02.2017.

Inglourious Basterds (2009). Regie: Quentin Tarantino. USA; D, 154 Min. FSK 16

Gronau, Martin (2009): Der Film als Ort der Geschichts(de)konstruktion. Reflexionen zu einer geschichtswissenschaftlichen Filmanalyse. In: AEON – Forum für junge Geschichtswissenschaft 1, S. 18–39. Online verfügbar unter http://d-nb.info/1000621146/34, zuletzt geprüft am 23.02.2017.

Huller, Eva C.; Huber, Christoph (2012): Das Kino besiegt die Nazis. Quentin Tarantinos kontrafaktische Geschichtsinszenierung „Inglourious Basterds“. In: Praxis Deutsch 39, S. 54–62.

Körte, Peter (2009): Setbesuch bei Tarantino. Ein Quantum Quentin. In: *Frankfurter Allgemeine* 14.04.2009. Online verfügbar unter http://www.faz.net/aktuell/feuilleton/kino/setbesuch-bei-tarantino-ein-quantum-quentin-1106061.html?printPagedArticle=true#pageIndex_2, zuletzt geprüft am 23.02.2017.

Nitsche, Lutz (2000): „May the hype be with you". Quentin Tarantino als Star-Regisseur im amerikanischen independent cinema der 90er Jahre. In: Montage/AV 9, S. 127–153. Online verfügbar unter http://www.montage-av.de/pdf/092_2000/09_2_Lutz_Nitsche_Quentin_Tarantino.pdf, zuletzt geprüft am 23.02.2017.

Pedarnig, Susanne (Hg.) (2010): Filme über die Shoah. Innsbruck: Studia Univ.-Verl (Sprachraum).

Saupe, Achim (2009): Kill Hitler. Die „Inglourious Basterds" auf Rachefeldzug (Zeitgeschichte Online). Online verfügbar unter http://www.zeitgeschichte-online.de/sites/default/files/documents/Basterds-Saupe.pdf, zuletzt geprüft am 23.02.2017.

Schilder, Erk (2010): Popkultur und Geschichtsvermittlung. Aktuelle Spielfilme über den Nationalsozialismus. Hg. v. filmABC – Institut für angewandte Medienbildung und Filmvermittlung. Online verfügbar unter http://www.filmabc.at/bilder/file/Dateien%20UnterrMat/Filmhefte/28_FilmheftFilmABC_Popkultur_NS.pdf, zuletzt geprüft am 23.02.2017.

Schultz, Sonja (2009): Inglourious Basterds. Online verfügbar unter http://www.critic.de/film/inglourious-basterds-1573/, zuletzt geprüft am 23.02.2017.

Schultz, Sonja (2012): Der Nationalsozialismus im Film. Von Triumph des Willens bis Inglourious Basterds. Berlin: Bertz + Fischer (Deep Focus).

Seeßlen, Georg (2009): Quentin Tarantino gegen die Nazis. Alles über „Inglourious Bastards". Berlin: Bertz + Fischer (Kleine Schriften zum Film).

Steierer, Benedikt (2012): Tarantinos Rache an Hitler. Inglourious Basterds als kontroverser Metafilm. In: Medienobservationen. Online verfügbar unter http://www.medienobservationen.lmu.de/artikel/kontrovers/steierer_basterds.pdf, zuletzt geprüft am 23.02.2017.

Tarantino, Quentin (2009): Inglourious basterds. Das Drehbuch. Unter Mitarbeit von Walter Ahlers. 1. Aufl. München: Luchterhand-Literaturverl (Sammlung Luchterhand, 2179).

Thiele, Martina (2001): Publizistische Kontroversen über den Holocaust im Film. Münster, Hamburg, Berlin: Lit (Medien- und Kommunikationswissenschaft).

Tykwer, Tom; Tarantino, Quentin (2009): Das intime Gespräch der Top-Regisseure. Tykwer trifft Tarantino. In: Stern. Online verfügbar unter http://www.stern.de/kultur/film/tykwer-trifft-tarantino-das-intime-gespraech-der-top-regisseure-1504251.html, zuletzt geprüft am 23.02.2017.

Waldhof, Lara (2010): Umerzählen – Umwerten – Umwerfen. Geschichtsschreibung in „Das Leben ist schön" und „Inglourious Basterds". In: Susanne Pedarnig (Hg.): Filme über die Shoah. Innsbruck: Studia Univ.-Verl (Sprachraum), S. 185–204.

Walk, Ines (2009): US-Kritiker verteufeln Inglourious Basterds. Online verfügbar unter http://www.moviepilot.de/news/us-kritiker-verteufeln-inglourious-basterds-103706, zuletzt geprüft am 23.02.2017.

Jäger des verlorenen Schatzes (1981). Originaltitel: Raiders of the Lost Ark. Regie: Steven Spielberg. USA, 111 Min. FSK 16

Indiana Jones und der Tempel des Todes (1984). Originaltitel: Indiana Jones and the Temple of Doom. Regie: Steven Spielberg. USA, 114 Min. FSK 16

Indiana Jones und der letzte Kreuzzug (1989). Originaltitel: Indiana Jones and the last Crusade. Regie: Steven Spielberg. USA, 122 Min. FSK 12

Indiana Jones und das Königreich des Kristallschädels (2008). Originaltitel: Indiana Jones and the Kingdom of the Crystal Skull. Regie: Steven Spielberg. USA, 123 Min. FSK 12

Die Abenteuer des jungen Indiana Jones (1992–1996). Originaltitel: The Adventure of Young Indiana Jones. 44 Folgen. Idee: George Lucas. USA, je 45 Min. FSK 12

Gresh, Lois H.; Weinberg, Robert E.; Gerke-Unger, Kinka (2008): Die Wissenschaft bei Indiana Jones. Weinheim: Wiley-VCH.

Kiefer, Bernd (2006): Indiana Jones. In: Thomas Koebner (Hg.): Filmklassiker. Beschreibungen und Kommentare. 1978–1992. 5. Aufl. 5 Bände. Stuttgart: Reclam (4), S. 114–120.

Kirchenmayer, Ursula (2013): Indiana Jones. In: Andrea Baron (Hg.): Helden der Kindheit. Aus Comic, Film und Fernsehen. Frankfurt am Main: Edition Büchergilde, S. 198–203.

Kleiner, Felicitas (2004): Indiana-Jones-Zyklus. In: Bodo Traber (Hg.): Filmgenres hrsg. von Thomas Koebner. Stuttgart: Reclam (Universal-Bibliothek), S. 137–148.

Gresh, Lois H.; Weinberg, Robert E. (2008): Die Wissenschaft bei Indiana Jones. 1. Aufl. Weinheim: Wiley-VCH-Verl.

Seeßlen, Georg (2011): Filmwissen Abenteuer. Grundlagen des populären Films. Marburg: Schüren Verlag GmbH.

Lola rennt (1998). Regie: Tom Tykwer. D, 81 Min. FSK 12

D'Alessio, Germana; Marbach, Beatrice; Saurer, Martin (2004): Lola rennt. Tom Tykwer. Arbeitsmaterialien für den Unterricht. Online verfügbar unter http://www.goethe.de/ins/be/bru/pro/download/lolarennt.pdf, zuletzt geprüft am 23.02.2017.

Anders, Petra (2006): Rund um „Lola rennt". Kopiervorlagen für den Deutschunterricht. Unter Mitarbeit von Manfred Rüsel. Berlin: Cornelsen Verlag (Rund um. Deutschunterricht Sekundarstufe Lehrmittel).

Bauer, Matthias (2006): Lola rennt. In: Thomas Koebner (Hg.): Filmklassiker. Beschreibungen und Kommentare. Ab 1993. 5. Aufl. 5 Bände. Stuttgart: Reclam (5), S. 187–191.

Film Education (Hg.) (1999): Run Lola Run. Online verfügbar unter http://www.filmeducation.org/pdf/resources/secondary/Run_Lola_Run.pdf, zuletzt geprüft am 23.02.2017.

Film Institut of Ireland (Hg.) (2000): Lola rennt. Begleitheft. Online verfügbar unter http://www.ifi.ie/downloads/ifi_lola_sg.pdf, zuletzt geprüft am 23.02.2017.

Hickethier, Knut (2002): Drei Möglichkeiten zum Leben: Lola rennt (10. –13. Jahrgangsstufe). In: Deutschunterricht 55 (6), S. 13–17.

Kepser, Matthis (2002): Auf den Spuren eines Zeit-Spiel-Films. Anregungen zu Lola rennt. In: Praxis Deutsch (175), S. 44–50.

Pauleit, Winfried (2001): Lola und Sissi im Spiegel deutscher Filmgeschichte(n). Eine Lektüre der Arbeit von Tom Tykwer und Franka Potente. In: Plurale. Zeitschrift für Denkversionen (0), S. 13–29. Online verfügbar unter https://core.ac.uk/download/pdf/14524399.pdf, zuletzt geprüft am 23.02.2017.

Roser, Traugott (2004): Wie hoch kann ich fliegen? Tom Tykwers Traktate über Liebe und Religion. In: Heike Radeck (Hg.): Die Filmsprache Tom Tykwers. Hofgeismar: Evangelische Akad. Hofgeismar (Hofgeismarer Protokolle), S. 7–32.

Roth, Wilhelm (1999): Lola rennt, aber nicht überall – Erfolge und Mißerfolge des deutschen Films im Ausland. In: epd Film (10), S. 13–15.

Schuppach, Sandra (2004): Tom Tykwer. Mainz: Bender.

Töteberg, Michael (1998): Lola rennt – Das Buch zum Film. Reinbek: Rowohlt.

Tykwer, Tom (1998): Lola rennt. Originalausgabe. Reinbek bei Hamburg: Rowohlt-Taschenbuch-Verl. (Rororo, 22455).

M – Eine Stadt sucht einen Mörder (1931). Regie: Fritz Lang. Seymour Nebenzahl. D, 107 bzw. 117 Min. FSK 6

Behmenburg, Lisa (2007): M – Eine Stadt sucht einen Mörder. In: Thomas Hoeren und Lena Meyer (Hg.): Verbotene Filme. Berlin: Lit (Arbeitsberichte zum Informations-, Telekommunikations- und Medienrecht, 14), S. 129–166.

Bareither, Christoph (Hg.) (2010): Fritz Lang. „M – Eine Stadt sucht einen Mörde"; Texte und Kontexte. Würzburg: Königshausen & Neumann (Film, Medium, Diskurs).

Grob, Norbert (2014): Fritz Lang. „Ich bin ein Augenmensch". Berlin: Propyläen Verlag.

Heinzlmeier, Adolf; Schulz, Berndt (1986): Kinoklassiker. 100 Meisterwerke d. Filmgeschichte. Unter Mitarbeit von Berndt Schulz. Hamburg: Rasch u. Röhring.

Holighaus, Alfred (Hg.) (2005): Der Filmkanon. 35 Filme, die Sie kennen müssen. Bonn: BPB [u.a.] (Schriftenreihe der Bundeszentrale für Politische Bildung). S. 41–50.

Jacobsen, Wolfgang (2012): Wie Angst entsteht. Fritz Lang: M (1931). In: Stefan Keppler-Tasaki (Hg.): Was lehrt das Kino? 24 Filme und Antworten. München: Ed. Text + Kritik, S. 69–89.

Lehmann, Dagmar (1992): Mediziner, Mörder, Monster. Drei Filmklassiker spiegeln Geschichte wider. In: Geschichte lernen (42), S. 48–52.

Leubner, Martin (2010): Filmgeschichte mit Ufa-Klassikern im Unterricht? Zur Integration von früher Filmgeschichte in zeitgemäße Curricula. In: Matthis Kepser (Hg.): Fächer der schulischen Filmbildung. Deutsch, Englisch, Geschichte u.a.; mit zahlreichen Vorschlägen für einen handlungs- und produktionsorientierten Unterricht. München: kopaed, S. 147–162.

Pfeiffer, Joachim; Staiger, Michael (Hg.) (2010): Grundkurs Film 2. Filmkanon, Filmklassiker, Filmgeschichte. Hannover: Schroedel. S. 46–49.

Prinzler, Hans Helmut (Hg.) (2012): Licht und Schatten. Die großen Stumm- und Tonfilme der Weimarer Republik; 335 Filmbilder von „Mutter Krause" bis „Dr. Mabuse"; [... anlässlich der Ausstellung „Licht und Schatten am Filmset der Weimarer Republik" 16. Oktober 2012 bis 27. Januar 2013 Kunstfoyer der Versicherungskammer Bayern München]. München, Berlin: Schirmer Mosel; Deutsche Kinemathek.

Schwartz, Heike (2015): Fritz Lang, M – eine Stadt sucht einen Mörder (1931). In: Günter Butzer und Hubert Zapf (Hg.): Große Werke des Films. Tübingen: Narr Francke Attempto Verlag (Große Werke des Films), S. 39–60.

Seeßlen, Georg (2005): M – Eine Stadt sucht einen Mörder. In: Alfred Holighaus (Hg.): Der Filmkanon. 35 Filme, die Sie kennen müssen. Bonn: BPB [u.a.] (Schriftenreihe der Bundeszentrale für Politische Bildung), S. 41–50.

Volk, Stefan (2002): M – Eine Stadt sucht einen Mörder. Fritz Lang, D 1923. Hg. v. Institut für KINO und FILMKULTUR (IKF). Online verfügbar unter http://www.deutschlxl.com/Files/m_eine_stadt_sucht.pdf, zuletzt geprüft am 23.02.2017.

Vogt, Gundram (2006): M. Mörder unter uns. In: Thomas Koebner (Hg.): Filmklassiker. Beschreibungen und Kommentare. 1913-1945. 5. Aufl. Stuttgart: Reclam (1), S. 275–280.

Metropolis (1927). Regie: Fritz Lang. D, ca. 153 Min. FSK 6

Giorgio Moroder presents Metropolis ([1927] 1984). Special Edition. Regie: Fritz Lang; Giorgio Moroder. D, 82 Min. FSK 6 (gekürzt, beschleunigt und mit einer anderen Filmmusik unterlegt)

Robotic Angel (2001). Originaltitel: Metropolis. Regie: Rintaro. Jap, 107 Min. FSK 12

Queen (1984). Radio Gaga. Album: The Works. 5:53 Min.

Madonna (1989). Express Yourself. Album: Like a Prayer. 5:02 Min

Lady Gaga (2009). Paparazzi. Album: The Fame. 7:45 Min.

Beicken, Peter (2004): Wie interpretiert man einen Film? Für die Sekundarstufe II; [mit 66 Filmbildbeispielen]. Stuttgart: Reclam (Reclams Universal-Bibliothek). S. 162-164

Elsaesser, Thomas (2001): Metropolis. Der Filmklassiker von Fritz Lang. Hamburg, Wien: Europa-Verl (Filmbibliothek).

Filmportal (Hg.): Alles bewegt sich – Babelsberg in der Weimarer Republik. Online verfügbar unter http://www.filmportal.de/thema/alles-bewegt-sich-babelsberg-in-der-weimarer-republik, zuletzt geprüft am 23.02.2017.

Filmportal (Hg.): Fritz Langs „Metropolis“ im Wandel der Zeit. Online verfügbar unter http://www.filmportal.de/thema/fritz-langs-metropolis-im-wandel-der-zeit, zuletzt geprüft am 23.02.2017.

Grob, Norbert (2014): Fritz Lang. „Ich bin ein Augenmensch“. Berlin: Propyläen Verlag.

Heinzlmeier, Adolf; Schulz, Berndt (1986): Kinoklassiker. 100 Meisterwerke d. Filmgeschichte. Unter Mitarbeit von Berndt Schulz. Hamburg: Rasch u. Röhring.

Jacobsen, Wolfgang; Sudendorf, Werner (Hg.) (2000): Metropolis. Ein filmisches Laboratorium der modernen Architektur. Mit Beiträgen von Martin Koerber, Yvonne Rehhahn. Stuttgart, London: Menges.

Kiefer, Bernd (2006): Metropolis. In: Thomas Koebner (Hg.): Filmklassiker. Beschreibungen und Kommentare. 1913-1945. 5. Aufl. Stuttgart: Reclam (1), S. 158–162.

Maaß, Claudia (2009): Zukunftsvisionen? Dystopische Räume in den Eröffnungssequenzen von „METROPOLIS“, „BLADE RUNNER“ und „BRAZIL“. In: Deutschmagazin (6), S. 59–63.

Manthey, Dirk (2011): Making of … Wie ein Film entsteht. Band 2. 5. Aufl. Reinbek bei Hamburg: Rowohlt (Rororo Rororo-Sachbuch Rororo Film + TV, 60574). S. 52-55

Neumann, Dietrich; Albrecht, Donald (Hg.) (1996): Filmarchitektur. Von Metropolis bis Blade Runner; [anlässlich der gleichnamigen Ausstellung im Deutschen Architektur-Museum und Deutschen Filmmuseum Frankfurt am Main vom 26. Juni bis 8. September 1996]. München: Prestel.

Patalas, Enno (2001): Metropolis in, aus Trümmern. Eine Filmgeschichte. Berlin: Bertz.

Picker, Marion (2011): „Die Massen zum Verschwinden bringen“. Kracauer, Metropolis, und das Medium des Films. In: Olivier Agard (Hg.): Das Populäre. Untersuchungen zu Interaktionen und Differenzierungsstrategien in Literatur Kultur und Sprache. Göttingen: V&R unipress, S. 171–188.

Münchhausen (1943). Regie: Josef von Bàky. D, 105 Min. [119 Min. Neufassung]. FSK 6

Beyer, Friedemann; Koshofer, Gert; Krüger, Michael (Hg.) (2010): UFA in Farbe. Technik Politik und Starkult zwischen 1936 und 1945. München: Collection Rolf Heyne.

Borgelt, Hans (1993): Die UFA – ein Traum. 100 Jahre deutscher Film; Ereignisse und Erlebnisse. Berlin: Ed. q.

Detering, Heinrich (2007): Politisches Tabu und politische Camouflage in Erich Kästners Münchhausen-Drehbuch (1942). In: Michael Braun (Hg.): Tabu und Tabubruch in Literatur und Film. Würzburg: Königshausen & Neumann (Film – Medium – Diskurs), S. 55–68.

Hickethier, Knut (2006): Münchhausen. In: Thomas Koebner (Hg.): Filmklassiker. Beschreibungen und Kommentare. 1913-1945. 5. Aufl. Stuttgart: Reclam (1), S. 510–514.

Jacobsen, Wolfgang (Hg.) (2004): Geschichte des deutschen Films. 2. Aufl. Stuttgart, Weimar: Metzler.

Koch, Michelle (2013): Münchhausen. In: Fabienne Liptay (Hg.): Filmgenres: Historien- und Kostümfilm. Stuttgart: Reclam (Reclams Universal-Bibliothek, 19064), S. 75–79.

Kreimeier, Klaus (1992): Die Ufa-Story. Geschichte eines Filmkonzerns. München: Hanser.

Marek, Michael (2013): „Münchhausen", Erich Kästner und die Nazis. Schweizer Radio und Fernsehen. Online verfügbar unter http://www.srf.ch/kultur/film-serien/muenchhausen-erich-kaestner-und-die-nazis, zuletzt geprüft am 23.02.2017.

Panzerkreuzer Potemkin (1925). Regie: Sergei Eisenstein. UdSSR, 70 Min. FSK 12

Giesenfeld, Günter (2006): Panzerkreuzer Potemkin. In: Thomas Koebner (Hg.): Filmklassiker. Beschreibungen und Kommentare. 1913-1945. 5. Aufl. Stuttgart: Reclam (1), S. 141–147.

Gotto, Lisa (Hg.) (2011): Eisenstein-Reader. Die wichtigsten Schriften zum Film. Leipzig: Henschel.

Heinzlmeier, Adolf; Schulz, Berndt (1986): Kinoklassiker. 100 Meisterwerke d. Filmgeschichte. Unter Mitarbeit von Berndt Schulz. Hamburg: Rasch u. Röhring. S. 22f.

Holighaus, Alfred (Hg.) (2005): Der Filmkanon. 35 Filme, die Sie kennen müssen. Bonn: BPB [u.a.] (Schriftenreihe der Bundeszentrale für Politische Bildung). S. 27-34

Hurst, Matthias (2012): „Man muß den Kopf heben und sich als Mensch fühlen lernen...". Sergej Eisenstein: Panzerkreuzer Potemkin (1925). In: Stefan Keppler-Tasaki (Hg.): Was lehrt das Kino? 24 Filme und Antworten. München: Ed. Text + Kritik, S. 39–68.

Moormann, Peter (2009): Klassiker der Filmmusik. Stuttgart: Reclam (Reclams Universal-Bibliothek, 18621). S. 24-26

Pfeiffer, Joachim; Staiger, Michael (Hg.) (2010): Grundkurs Film 2. Filmkanon, Filmklassiker, Filmgeschichte. Hannover: Schroedel. S.38-41

Rother, Rainer (2005): Panzerkreuzer Potemkin. In: Alfred Holighaus (Hg.): Der Filmkanon. 35 Filme die Sie kennen müssen. Bonn: BPB [u.a.] (Schriftenreihe der Bundeszentrale für Politische Bildung), S. 27–43.

Rüsel, Manfred (2013): Panzerkreuzer Potemkin. Filmheft. Unter Mitarbeit von Bundeszentrale für politische Bildung. Online verfügbar unter http://www.bpb.de/shop/lernen/filmhefte/166964/filmkanon-filmheft-panzerkreuzer-potemkin, zuletzt geprüft am 23.02.2017.

Scheunemann, Dietrich (1997): Intolerance – Caligari – Potemkin. Zur ästhetischen Funktion der Zwischentitel im frühen Film. In: Paul Goetsch (Hg.): Text und Ton im Film. Tübingen: Narr (ScriptOralia), S. 11–46.

Schlegel, Hans-Joachim (1991): Die Verfilmung der Revolution und die Revolutionierung des Films: Panzerkreuzer Potemkin (1925). In: Werner Faulstich und Helmut Korte (Hg.): Fischer-Filmgeschichte. Band 2: Der Film als gesellschaftliche Kraft (1925-1944). Orig.-Ausg. Frankfurt am Main: Fischer ([Fischer-Taschenbücher]), S. 42–57.

Volk, Stefan (2011): Skandalfilme. Cineastische Aufreger gestern und heute. Marburg: Schüren.

Persepolis (2007). Originaltitel: Persépolis. Regie: Vincent Paronnaud, Marjane Satrapi. F, 95 Min. FSK 12

Ammann, Daniel (Hg.) (2008): Trickfilm entdecken. Animationstechniken im Unterricht. Zürich: Verl. Pestalozzianum.

Eder, Barbara (2009): Politische Amnesien. Zur Verfilmung und Bewerbungspolitik von Marjane Satrapis iranisch-österreichisch-französischer Migrationsbiografie. Persepolis. In: Barbara Kainz (Hg.): Comic.Film.Helden. Heldenkonzepte und medienwissenschaftliche Analysen. Wien: Löcker, S. 167–186.

Engel, Kai; Claassen, Johannes; Schmidt, Kathrin (2008): Materialien und Unterrichtsideen zum Comic: Persepolis. Autorin: Marjane Satrapi. Online verfügbar unter https://www.ph-ludwigsburg.de/fileadmin/subsites/2b-akjl-t-01/user_files/ph_lesenswert/ausgabe1109/Persepolis.pdf, zuletzt geprüft am 23.02.2017.

Kepser, Matthis (2010): Persepolis einen Animationsfilm im Unterricht reflektieren. In: Klaus Maiwald und Ulf Abraham (Hg.): Comics und Animationsfilme. München: kopaed (Medien im Deutschunterricht).

Kleinschmidt, Michael M. (2007): Persepolis. Hg. v. Institut für KINO und FILMKULTUR (IKF). Online verfügbar unter http://www.film-kultur.de/glob/kc_2007_persepolis.pdf, zuletzt geprüft am 10.02.2016.

Mayer, Susanne; Satrapi, Marjane (2007): Film „Persepolis". Das Leben kann so mies sein. Trotzdem! In: *Zeit Online*. Online verfügbar unter http://www.zeit.de/2007/48/Kino-Persepolis, zuletzt geprüft am 23.02.2017.

Prasse, Markus (2013): Vom Leben gezeichnet. Animierte Dokumentarfilme. Hg. v. Institut für angewandte Medienbildung und Filmvermittlung. Online verfügbar unter http://www.filmabc.at/bilder/file/Materialien/57_FilmheftFilmABC_AnimDokus.pdf, zuletzt geprüft am 23.02.2017.

Raiss, Natasha (2007): Iran ist wie meine Mutter. In: Berliner Zeitung. Online verfügbar unter http://www.berliner-zeitung.de/archiv/marjane-satrapi-ueber-ihren-zeichentrickfilm--persepolis---ihr-heimatland-und-starke-frauen--iran-ist-wie-meine-mutter-,10810590,10520244.html, zuletzt geprüft am 23.02.2017.

Satrapi, Marjane (2011): Persepolis. Eine Kindheit im Iran; Jugendjahre. Lizenzausg. Hg. v. Stephan Pörtner. München: Süddt. Zeitung (Süddeutsche Zeitung Bibliothek – Graphic Novels).

Literatur zum Animationsfilm:

Animationsfilm (2013). Marburg: Schüren (Montage AV).

Friedrich, Andreas (Hg.) (2007): Filmgenres: Animationsfilm. Stuttgart: Reclam (Reclam Universal-Bibliothek).

Reinerth, Maike Sarah (2013): Animationsfilm. In: Markus Kuhn (Hg.): Filmwissenschaftliche Genreanalyse. Eine Einführung. Berlin: de Gruyter (De Gruyter Studium), S. 319–337.

Schenk, Ralf; Herrmann, Jörg (Hg.) (2003): Die Trick-Fabrik. DEFA-Animationsfilme 1955–1990. Unter Mitarbeit von DIAF – Deutsches Institut für Animationsfilm Dresden. Berlin: Bertz.

Schoemann, Annika (2003): Der deutsche Animationsfilm. Von den Anfängen bis zur Gegenwart 1909 – 2001. Sankt Augustin: Gardez!-Verl (Filmstudien).

Psycho (1960). Regie: Alfred Hitchcock. USA, 109 Min. FSK 12

Hitchcock (2012). Regie: Sacha Gervasi. USA, 98 Min. FSK 12

Psycho II (1983). Regie: Richard Franklin. USA, 113 Min. FSK 16

Psycho III (1986). Regie: Anthony Perkins. USA, 89 Min. FSK 16

Goetsch, Paul (1997): Spannung, Text und Ton in Hitchcocks spektakulären Szenen. In: Paul Goetsch (Hg.): Text und Ton im Film. Tübingen: Narr (ScriptOralia), S. 141–164.

Jansen, Peter W. (1999): Psycho (1959/60). In: Lars-Olav Beier (Hg.): Alfred Hitchcock. Berlin: Bertz (Film), S. 403–407.

Kammerer, Ingo (2015): Alfred Hitchcock, Psycho (1960). In: Günter Butzer und Hubert Zapf (Hg.): Große Werke des Films. Tübingen: Narr Francke Attempto Verlag (Große Werke des Films), S. 105–126.

Moormann, Peter (2009): Klassiker der Filmmusik. Stuttgart: Reclam (Reclams Universal-Bibliothek, 18621). S. 147-149

Rebello, Stephen (2013): Hitchcock und die Geschichte von Psycho. Heyne.

Schmidt, Johann N. (2006): Psycho. In: Thomas Koebner (Hg.): Filmklassiker. Beschreibungen und Kommentare. 1946-1962. 5. Aufl. 5 Bände. Stuttgart: Reclam (2), S. 467–473.

Sherlock – Sein letzter Schwur (2014). Originaltitel: His Last Vow. Staffel 3, Folge 3. Regie: Nick Hurran. GB, 89 Min. FSK 12

Adams, Guy (2013): Sherlock. Die Fallsammlung. München: Riva.

Boström, Mattias (2015): Von Mr. Holmes zu Sherlock. Meisterdetektiv. Mythos. Medienstar. Unter Mitarbeit von Susanne Dahmann und Hanna Granz. München: btb Verlag (TB).

Fleischhack, Maria (2015): Die Welt des Sherlock Holmes. Darmstadt: Lambert Schneider.

Kastner, Jörg (2013): Sherlock Holmes in 60 Minuten. München, Wien: Thiele (Die Welt in 60 Minuten).

Ross, Michael (Hg.) (2003): Sherlock Holmes in Film und Fernsehen. Ein Handbuch. Köln: Baskerville Bücher.

Tribe, Steve; Gatiss, Mark (2015): Sherlock. Hinter den Kulissen der Erfolgsserie. Deutsche Erstausgabe. München: Knesebeck.

Spiel mir das Lied vom Tod (1968). Originaltitel: Once Upon a Time in the West. Regie: Sergio Leone. I/USA, 165 Min. FSK 16

Brunow, Dagmar (2013): Western. In: Markus Kuhn (Hg.): Filmwissenschaftliche Genreanalyse. Eine Einführung. Berlin: de Gruyter (De Gruyter Studium), S. 39–61.

Dadelsen, Bernhard von (1992): Höhe- und Wendepunkte klassischer Genres: SPIEL MIR DAS LIED VOM TOD. (C`ERA UNO VOLTA IL WEST, 1968). In: Werner Faulstich und Helmut Korte (Hg.): Fischer-Filmgeschichte. Band 4: Zwischen Tradition und Neuorientierung (1961-1976). Orig.-Ausg. 5 Bände. Frankfurt am Main: Fischer ([Fischer-Taschenbücher], 4), S. 154–166.

Jost, Roland (2012): Filmanalyse im Deutschunterricht Spielfilmklassiker. Von Roland Jost und Ingo Kammerer. Unter Mitarbeit von Ingo Kammerer. München: Oldenbourg Schulbuchverlag (Oldenbourg Interpretationen).

Leder, Dietrich (2006): Spiel mir das Lied vom Tod. In: Thomas Koebner (Hg.): Filmklassiker. Beschreibungen und Kommentare. 1963-1977. 5. Aufl. 5 Bände. Stuttgart: Reclam (3), S. 240–243.

Moormann, Peter (2009): Spiel mir das Lied vom Tod. In: Peter Moormann (Hg.): Klassiker der Filmmusik. Stuttgart: Reclam (Reclams Universal-Bibliothek, 18621), S. 181–183.

Pfeiffer, Joachim; Staiger, Michael (Hg.) (2010): Grundkurs Film 2. Filmkanon, Filmklassiker, Filmgeschichte. Hannover: Schroedel. S. 154-157

Schmidt, Christoph (2005): Filmmusik als ästhetisches Objekt – Ästhetisches Bilden mit Filmmusik. In: Ludwigsburger Beiträge zur Medienpädagogik (7).

Online verfügbar unter http://www.ph-ludwigsburg.de/fileadmin/subsites/1b-mpxx-t-01/user_files/Online-Magazin/Ausgabe7/Schmidt7.pdf, zuletzt geprüft am 23.02.2017

Seeßlen, Georg (2011): Filmwissen Western. Grundlagen des populären Films. Marburg: Schüren

Triumph des Willens (1935). Regie: Leni Riefenstahl, 114 Min. FSK 18

Leni Riefenstahl: Die Macht der Bilder (1993). Regie: Ray Müller. D; Bl; GB, 197 Min. FSK 12

Donner, Wolf (1995): Propaganda und Film im „Dritten Reich". Unter Mitarbeit von Andreas Kilb und Bernd Pohlenz. Berlin: TIP-Verl.

Hoffmann, Hilmar (1988): „Und die Fahne führt uns in die Ewigkeit". Propaganda im NS-Film. Frankfurt am Main: Fischer-Taschenbuch-Verl ([Fischer-Taschenbücher]).

Jacobs, Julia; Schepp, Philipp (2007): Triumph des Willens. In: Thomas Hoeren und Lena Meyer (Hg.): Verbotene Filme. Berlin: Lit (Arbeitsberichte zum Informations-, Telekommunikations- und Medienrecht, 14), S. 167–208.

Kanzog, Klaus (1995): Der Dokumentarfilm als politischer Katechismus. Bemerkungen zu Leni Riefenstahls TRIUMPH DES WILLENS (1935). In: Manfred Hattendorf (Hg.): Perspektiven des Dokumentarfilms. München: Diskurs-Film-Verl. Schaudig und Ledig (Diskurs Film), S. 57–84.

Kuller, Christiane (2006): Der Führer in fremden Welten. Das Star-Wars-Imperium als historisches Lehrstück? In: Zeithistorische Forschungen / Studies in Contemporary History 3 (1). Online verfügbar unter http://www.zeithistorische-forschungen.de/1-2006/id%3D4573, zuletzt geprüft am 23.02.2017.

Loiperdinger, Martin (1987): Der Parteitagsfilm „Triumph des Willens" von Leni Riefenstahl. Rituale der Mobilmachung. Opladen: Leske + Budrich (Forschungstexte Wirtschafts- und Sozialwissenschaften).

Peters, Christian (2009): „Triumph des Willens". Herrschaftssicherung durch symbolische Inszenierung. In: Praxis Geschichte (3), S. 22–26.

Schultz, Sonja (2012): Der Nationalsozialismus im Film. Von Triumph des Willens bis Inglourious Basterds. Berlin: Bertz + Fischer (Deep Focus).

Trimborn, Jürgen (2003): Riefenstahl. Eine deutsche Karriere ; Biographie. Berlin: Aufbau-Taschenbuch-Verl (Aufbau-Taschenbücher, 2033).

Wieland, Karin (2011): Dietrich & Riefenstahl. Der Traum von der neuen Frau. München: Hanser.

Filme nach Altersstufen

FSK 6

Der große Diktator (1940). Originaltitel: The Great Dictator. Regie: Charlie Chaplin. USA, 124 Min.

Die Reise zum Mond (1902). Originaltitel: Le Voyage dans la Lune. Regie: Georges Méliès. F, 16 Min.

Metropolis (1927). Regie: Fritz Lang. D, ca. 153 Min.

Münchhausen (1943). Regie: Josef von Báky. D, 105 Min. [119 Min. Neufassung].

FSK 12

Citizen Kane (1941). Regie: Orson Welles. USA, 119 Min.

Das Cabinet des Dr. Caligari (1920). Regie: Robert Wiene. D, 71 Min.

Das Fenster zum Hof (1954). Originaltitel: Rear Window. Regie: Alfred Hitchcock. USA, 112 Min.

Die Spur des Falken (1941). Originaltitel: The Maltese Falcon. Regie: John Huston. USA, 101 Min.

Fahrraddiebe (1948). Originaltitel: Ladri di biciclette. Regie: Vittorio de Sica. I, 90 Min.

Lola rennt (1998). Regie: Tom Tykwer. D, 81 Min.

M – Eine Stadt sucht einen Mörder (1931). Regie: Fritz Lang. D, 107 bzw. 117 Min.

Panzerkreuzer Potemkin (1925). Regie: Sergei Eisenstein. UdSSR, 70 Min.

Persepolis (2007). Originaltitel: Persépolis. Regie: Marjane Satrapi, Vincent Paronnaud. F, 95 Min.

Psycho (1960). Regie: Alfred Hitchcock. USA, 109 Min.

FSK 16

Falling Down – ein ganz normaler Tag (1993). Originaltitel: Falling Down. Regie: Joel Schumacher. USA; F; GB, 107 Min.

Inglourious Basterds (2009). Regie: Quentin Tarantino. USA; D, 154 Min.

Jäger des verlorenen Schatzes (1981). Originaltitel: Raiders of the Lost Ark. Regie: Steven Spielberg. USA, 111 Min.

Spiel mir das Lied vom Tod (1968). Originaltitel: Once Upon a Time in the West. Regie: Sergio Leone. I/USA, 165 Min.

FSK 18

Triumph des Willens (1935). Regie: Leni Riefenstahl. D, 114 Min.

Bildquellen

Die Angabe der Bildquellen erfolgt in der Reihenfolge ihres Erscheinens auf den Seiten von oben links nach unten rechts. Die kursiven Zahlen verweisen auf die Nummer des Films im Filmverzeichnis und die Angaben der Time Codes auf die Stelle im Film der im Handel erhältlichen DVD-Ausgaben.

Seite 10: *102* (TC 0:07:07); *18* (TC 0:00:07). **Seite 11:** *102* (TC 0:01:47; 0:04:37; 0:07:07; 0:10:13; 0:11:13; 0:14:32). **Seite 12:** *38* (TC 0:07:15). **Seite 13:** *38* (TC 0:01:33; 0:18:18; 0:23:57; 0:39:17; 0:44:01; 0:46:57; 0:51:52; 1:01:12; 1:12:02). **Seite 14:** *215* (TC 0:41:51). **Seite 15:** *215* (TC 0:06:00; 0:22:29; 0:28:45; 0:35:44; 0:44:08; 0:46:32; 0:46:38; 0:47:41; 1:05:57). **Seite 16:** *199* (TC 0:02:59; 1:24:37). **Seite 17:** *199* (TC 0:03:53; 0:04:06; 0:06:59; 0:24:29; 0:43:38; 0:58:49; 1:46:15; 2:15:58; 2:26:06). **Seite 18:** *193* (TC 0: 01:37). **Seite 19:** *193* (TC 0:05:47; 0:06:45; 0:13:47; 0:15:14; 0:15:42; 1:34:31; 1:35:41; 1:40:09; 1:45:59). **Seite 20:** *276* (TC 0:01:39). **Seite 21:** *276* (TC 0:05:08; 0:07:28; 0:07:40; 0:16:06: 0:18:38: 0:34:56; 0:48:17: 0:53:46; 1:02:49; 1:04:27; 1:04:46: 1:36:46). **Seite 22:** *58* (TC 0:56:21). **Seite 23:** *58* (TC 0:08:45; 0:17:47; 0:32:26; 0:41:08; 0:44:21; 0:47:27; 0:55:54: 1:09:18; 1:20:39; 1:35:38; 1:44:01; 1:55:25). **Seite 24:** *34* (TC 0:02:23). **Seite 25:** *34* (TC 0:02:25; 0:03:03; 0:13:58; 0:17:59; 0:21:40; 0:25:38; 0:38:37; 0:59:29; 1:45:35). **Seite 26:** *108* (TC 1:08:59). **Seite 27:** *108* (TC 0:04:05; 0:06:04; 0:11:27; 0:16:48; 0:23:29; 0:50:06; 0:55:11; 0:53:38; 1:08:59; 1:25:15; 1:35:29; 1:35:30). **Seite 28:** *202* (TC 0:00:22; 1:40:29). **Seite 29:** *202* (TC 0:10:09; 0:11:41; 0:13:48; 0:34:38; 0:44:18; 0:51:45; 0:56:59; 1:01:09; 1:15:32; 1:33:21; 1:39:44; 1:49:46). **Seite 30:** *132* (TC 1:19:04). **Seite 31:** *132* (TC 0:02:30; 0:05:45; 0:07:41; 0:15:30; 0:18:50; 0:32:09; 1:08:57; 1:18:55: 1:20:48: 1:21:14; 1:22:26; 1:23:54). **Seite 32:** *41* (TC 0:39:11; 0:25:14). **Seite 32:** *41* (TC 0:40:33; 0:02:13; 1:27:44; 0:06:21; 0:40:38; 0:47:09: 0:52:47; 1:15:33: 0:53:27; 1:44:17; 1:47:03; 1:47:52). **Seite 34:** *221* (TC 0:12:29; 0:42:43). **Seite 35:** *221* (TC 0:04:23; 0:07:56; 0:15:33; 0:34:11; 0:42:37; 0:45:35; 0:59:26; 1:13:01; 1:43:41). **Seite 36:** *259* (TC 0:11:06). **Seite 37:** *259* (TC 0:11:06; 0:11:10; 0:19:59; 0:23:13; 0:40:29; 1:03:56; 2:19:29; 2:21:42). **Seite 38:** *173* (TC 0:07:25). **Seite 39:** *173* (TC 0:07:50; 0:10:26; 0:13:43; 0:30:10; 0:51:36; 1:05:16; 1:43:01; 1:46:13). **Seite 40:** *133* (TC 0:19:22). **Seite 41:** *133* (TC 0:02:21; 0:07:06; 0:11:45; 0:19:20; 0:41:42; 1:01:47; 1:36:45; 1:40:40). **Seite 42:** *190* (TC 0:13:20); *280* (TC 0:22:46); *190* (TC 1:06:35; 0:03:26). **Seite 43:** *190* (TC 0:04:24; 0:04:34; 0:04:47;0:20:58; 0:28:04; 0:30:09; 0:48:27; 0:49:59; 1:03:22; 1:05:12; 1:05:13). **Seite 44:** *218* (TC 0:27:08). **Seite 45:** *218* (TC 0:02:50; 0:05:31; 0:06:49; 0:27:08; 0:39:23; 0:42:40; 0:47:58; 0:53:43; 0:57:41; 1:01:56; 1:15:24; 1:28:38). **Seite 46:** *170* (TC 2:21:29. **Seite 47:** *170* (TC 0:14:51; 0:19:18; 0:35:53; 0:49:25; 1:21:19; 1:40:36; 2:19:40; 2:25:19). **Seite 48:** *242* (TC 0:06:54; 0:58:20). **Seite 49:** *242* (TC 0:00:17; 0:01:21; 0:15:11; 0:21:09; 0:29:27; 1:00:59; 0:52:12; 1:17:23; 1:22:04; 1:23:05; 1:24:19; 1:27:08). **Seite 52:** *11* (TC 0:00:56), *18* (TC 0:00:07), *85* (TC 0:00:41), *102* (TC 0:05:33), *63* (TC 0:00:11), *13* (TC 0:26:00). **Seite 53:** *85* (TC 0:00:13; 0:00:21; 0:00:29), *102* (TC 0:05:53; 0:09:27; 0:12:10). **Seite 54:** *34* (TC 0:03:03; 0:05:16; 0:05:59; 0:06:32; 0:08:12; 0:08:46). **Seite 56:** *102* (TC 0:01:47; 0:04:37; 0:07:07; 0:10:13; 0:11:13; 0:12:18; 0:12:46; 0:13:35; 0:14:31). **Seite 59:** *170* (TC 0:07:43; 0:19:29: 0:35:34; 1:08:47; 2:19:19). **Seite 60:** *106* (TC 0:11:09). *30* (TC 0:33:14). **Seite 61:** *78* (0:27:47), *155* (TC 0:17:55), *191* (TC 0:03:31), *158* (TC 0:00:10; 0:10:56). **Seite 62:** *239* (TC 1:25:27), *241* (TC 1:25:22), *242* (TC 1:28:11). **Seite 63:** *161* (TC 0:00:29), *25* (TC 0:06:21), *35* (TC 0:16:44). **Seite 64:** *138* (TC 0:02:14; 0:04:42, 1:20:49). **Seite 65:** *34* (TC 0:02:23; 0:03:03; 0:17:59; 0:19:03; 0:30:13; 0:38:37; 0:48:31; 0:51:33, 1:22:20; 1:37:45; 1:43:00; 1:43:15). **Seite 66:** *34* (TC 0:51:33; 0:02:23; 0:38:37; 0:19:03; 1:37:45; 1:43:15). **Seite 67:** *218* (TC 0:01:50; 0:04:39; 0:23:03, 0:07:09; 1:19:31; 0:53:43; 0:47:58; 1:27:39). **Seite 68:** *38* (TC 0:13:03; 0:06:18; 0:09:15, *209* (TC 0:01:32), *207* (TC 0:05:54), *1* (TC 0:00:41). **Seite 69:** *38* (TC 0:20:03; 0:20:46; 1:12:50; 1:13:29). **Seite 70:** *29* (TC 0:01:15), *6* (TC 0:00:38). **Seite 71:** *58* (TC 0:15:54; 0:16:02; 0:16:09; 0:16:13; 0:16:20; 0:16:28). **Seite 72:** *38* (TC 0:01:37; 0:02:30; 0:14:12; 0:18:18; 0:23:57; 0:45:54; 0:51:52; 1:05:23; 1:12:02; 1:13:27). **Seite 73:** *38* (TC 0:03:40). **Seite 74:** *182* (TC

1:22:04), *226* (TC 0:37:02). **Seite 75:** *156* (TC 0:04:16; 0:08:17, 0:14:12; 0:19:15; 0:19:25; 0:32:57). **Seite 76:** *79* (TC 1:08:05; 2:04:56; 2:07:31; 2:09:40; 2:16:00; 2:17:15). **Seite 77:** *173* (TC 0:15:46; 0:51:36; 0:14:24; 0:15:34; 0:22:49; 0:40:44). **Seite 78:** *173* (TC 1:24:24; 1:33:45; 1:41:55; 1:46:13; 1:28:54). **Seite 79:** *151* (TC 0:01:35), *280* (TC 0:02:04), *33* (TC 0:02:35), *269* (TC 0:01:56), *151* (TC 0:00:18), *251* (TC 0:04:10), *138* (TC 0:01:32). **Seite 80:** *173* (TC 0:01:20; 0:02:44; 0:03:23; 0:05:08; 0:07:50; 0:09:18; 0:12:05; 0:12:34). **Seite 81:** *133* (TC 0:00:47: 0:01:43; 0:02:08), *170* (TC 0:00:20; 0:00:21; 0:00:24), *190* (TC 0:02:40; 0:02:51; 0:03:04), *38* (TC 0:00:21; 0:00:32; 0:01:02), *132* (TC 0:00:10; 0:00:31; 0:01:19).**Seite 82:** *218* (TC 0:01:29; 0:01:52; 0:02:14; 0:02:39). **Seite 83:** *40* (TC 0:01:22), *133* (TC 0:00:47), *40* (TC 0:02:13), *133* (TC 0:02:21), *40* (TC 0:02:26), *133* (TC 0:04:13). **Seite 84:** *133* (TC 0:00:47; 0:01:00, 0:01:24; 0:01:43; 0:01:59; 0:02:21). **Seite 85:** *133* (TC 0:02:50; 0:02:52, 0:02:55; 0:03:04; 0:03:10, 0:03:17, 0:03:54; 0:04:00; 0:03:46). **Seite 86:** *36* (TC 0:11:25), *287* (TC 1:18:08). **Seite 87:** *29* (TC 0:37:43; 0:37:55), *270* (TC 1:33:00; 1:33:02). **Seite 88:** *34* (TC 0:51:39; 0:51:36; 0:51:56; 0:51:52; 0:52:11; 0:52:09; 0:52:39; 0:52:35). **Seite 89:** *34* (TC 0:52:53; 0:52:51; 0:53:02; 0:52:58). **Seite 90:** *287* (TC 1:04:49; 1:04:55; 1:10:27). *201* (TC 0:25:07), *32* (TC 0:00:36), *193* (TC 0:34:55; 0:34:56), *271* (TC 0:46:03). **Seite 91:** *259* (TC 2:17:11; 2:17:12; 2:19:45; 2:19:47; 2:20:45; 2:21:12; 2:22:36; 2:22:43). **Seite 92:** *190* (TC 0:04:34; 0:04:35; 0:04:55; 0:05:05; 0:06:00; 0:06:48; 0:12:33; 0:12:40; 0:12:44; 0:30:09; 0:50:02; 1:12:15). **Seite 93:** *190* (TC 0:29:25; 0:29:44; 0:30:09; 0:12:09; 0:12:13; 0:12:16). **Seite 94:** *91* (TC 0:51:04), *97* (TC 2:41:18), *69* (TC 1:49:44). **Seite 95:** *215* (TC 0:49:32), *193* (TC 0:05:45), *173* (TC 0:07:50), *170* (TC 2:21:33). **Seite 96:** *156* (TC 0:34:10; 0:34:42; 1:20:42; 0:05:17; 0:39:29; 0:21:13). **Seite 97:** *202* (TC 0:34:09; 0:34:15; 1:44:04; 1:39:18; 1:00:39; 1:26:26). **Seite 98:** *138* (TC 0:04:26). **Seite 99:** *40* (TC 0:02:30; 0:02:50: 0:03:08). **Seite 100:** *40* (TC 0:03:31; 0:03:36; 0:03:49; 0:03:44; 0:04:05). **Seite 101:** *133* (TC 0:04:06; 0:48:03; 1:11:21). **Seite 102:** *133* (TC 1:20:14; 1:24:48). **Seite 103:** *133* (TC 0:18:05; 1:01:26; 0:41:12; 0:24:21; 0:48:30; 1:11:05). **Seite 104:** *242* (TC 0:01:42; 0:01:48; 0:01:30; 0:01:44; 1:12:53). **Seite 105:** *242* (TC 0:01:25; 1:12:56; 0:18:21; 0:16:32). **Seite 106:** *156* (TC 1:39:19; 0:51:59; 1:47:20; 2:05:17; 0:51:48; 2:16:00). *163* (TC 1:23:12). **Seite 108:** *108* (TC 0:01:46; 0:03:14; 1:08:59; 0:58:38; 0:23:29). **Seite 109:** *40* (TC 0:06:39; 0:58:56; 0:02:39). **Seite 110:** *40* (TC 0:13:58; 0:05:17; 0:01:49; 1:47:26; 1:47:42; 1:47:52). **Seite 111:** *156* (TC 0:13:33; 2:05:17; 0:44:12; 1:06:26; 0:06:31; 2:02:45; 0:14:44). **Seite 113:** *173* (TC 0:10:26; 0:28:12; 0:45:57; 0:19:48; 0:40:41). **Seite 116:** *200* (TC 0:58:33; 0:59:02; 0:59:16; 0:59:20; 0:59:29; 1:05:34; 1:05:35). **Seite 117:** *190* (TC 0:10:35; 0:10:37; 0:10:59; 0:04:38; 0:04:39; 0:04:40; 0:04:47; 0:04:48, 004:49). **Seite 118:** *193* (TC 0:05:45), *19* (TC 0:12:29; 0:26:48). **Seite 119:** *193* (TC 0:05:45; 0:02:09; 0:09:01). **Seite 120:** *193* (TC 0:02:09; 0:04:19; 0:04:20; 0:05:45; 0:07:46; 0:08:42; 0:08:50; 0:09:01; 0:09:04). **Seite 121:** *216* (TC 0:22:08), *242* (TC 0:16:32). **Seite 122:** *216* (TC 0:35:29), *19* (TC 0:06:32), *201* (TC 0:00.29; 0:00:31). **Seite 123:** *34* (TC 0:19:03; 1:31:23; 1:43:15). **Seite 124:** *240* (TC 0:26:21; 0:39:02; 0:26:56), *242* (TC 0:28:55; 1:22:04; 0:33:52; 0:29:39; 0:35:32). **Seite 125:** *209* (TC 0:33:52), *279* (TC 1:29:18), *248* (TC 1:36:07; 1:09:28; 1:47:26; 1:37.12). **Seite 126:** *19* (TC 0:01:35; 0:21:27), *101* (TC 0:11:02; 1:18:46), *2* (TC 0:24:51; 0:55:22). **Seite 127:** *34* (TC 0:13:58; 0:17:28; 0:17:59; 1:42:37). **Seite 128:** *242* (TC 0:34:01; 0:33:52; 0:34:37; 0:34:42; 0:34:54; 0:34:56; 0:35:03; 0:35:05; 0:35:10; 0:35:30; 0:35:32; 0:35:39). **Seite 129:** *242* (TC 0:35:46; 0:36:20; 0:36:38; 0:36:47; 0:36:50; 0:36:52; 0:37:00; 0:37:11; 0:37:12; 0:37:17; 0:37:21; 0:37:23; 0:37:33; 0:37:40; 0:37:51). **Seite 130:** *86* (TC 0:28:11), *97* (TC 1:19:23; 2:22:47; 2:41:18), *281* (TC 1:46:49), 141 (TC 0:51:55). **Seite 131:** *102* (TC 0:05:53; 0:05:33). **Seite 132:** *38* (TC 0:01:37; 0:07:15; 0:51:03; 0:47:15). **Seite 133:** *7* (TC 0:43:20; 2:21:39), *94* (TC 0:35:53). **Seite 134:** *190* (TC 0:04:38; 0:28:52; 0:49:40; 1:10:52). **Seite 135:** *119* (TC 0:02:17; 0:19:34; 1:27:28; 0:20:269. **Seite 136:** *119* (TC 1:31:29; 1:33:18; 1:27:42; 0:09:08), *259* (TC 0:09:27). **Seite 137:** *259* (TC 0:00:42; 2:20:48; 0:10:29; 0:05:36; 2:21:42; 1:13:42). **Seite 139:** *200* (TC 0:41:07), *193* (TC 0:13:37; 0:55:16; 0:13:30). **Seite 140:** *276* (TC 1:12:22; 1:21:12; 1:45:27, 1:38:51; 1:38:54; 1:39:03). **Seite 141:** *10* (TC 0:26:27), *216* (TC 0:26:49; 0:26:52; 0:26:57), *276* (TC 1:05:51; 1:05:58; 1:06:13). **Seite 142:** *276* (1:13:57), *142* (TC 1:02:38; 1:02:41; 1:02:53; 1:03:09; 1:03:40: 1:03:53). **Seite 143:** *216* (TC 0:32:23; 0:32:34; 0:32:35), *224* (TC 0:21:12; 0:21:14; 0:21:17; 0:21:20), *19* (TC 0:02:04; 0:02:33). **Seite 144:** *276* (TC 0:09:17;

0:09:22; 0:09:24; 1:07:54, 1:08:10; 1:08:18; 1:08:34; 1:08:40: 1:08:44). **Seite 145:** *133* (TC 0:16:55; 0:17:31; 0:16:58; 0:17:47; 0:17:11; 0:17:55; 0:17:14; 0:18:01; 0:17:25; 0:20:40; 0:17:30; 0:20:48). **Seite 146:** *29* (TC 0:25:48; 0:25:53; 0:25:57; 0:26:04). **Seite 147:** *29* (TC 0:25:48; 0:25:53; 0:25:53; 0:26:04; 0:26:05; 0:26:08). **Seite 148:** *248* (TC 1:07:34; 1:09:09; 1:09:28). **Seite 149:** *79* (TC 1:04:08; 1:04:26; 1:04:35; 1:05:32). **Seite 150:** *221* (TC 0:34:29; 0:34:34; 0:34:36). **Seite 151:** *259* (TC 2:24:51; 2:25:20; 2:19:45; 2:19:58), *36* (TC 0:11:31; 0:11:32; 0:11:33; 0:11:34). **Seite 152:** *108* (TC 0:01:43; 0:01:46; 0:01:49; 0:02:02; 0:02:03; 0:02:11; 0:02:39; 0:02:53; 0:03:00). **Seite 153:** *40* (TC 0:23:28; 0:25:21). *79* (TC 1:41:35). **Seite 154:** *221* (TC 0:44:24; 1:29:00; 1:36:30; 1:36.46). **Seite 155:** *90* (TC 0:16:44; 0:17:31), *94* (TC 0:04:40; 0:51:56), *137* (TC 0:40:49; 0:04:29). **Seite 156:** *208* (TC 1:47:28). **Seite 157:** *259* (TC 0:00:11; 0:00:16; 0:00:24; 0:00:36; 0:03:31: 0:03:45). **Seite 158:** *259* (TC 0:03:49; 0:04:16; 0:04:22; 0:05:36; 0:06:06; 0:07:09). **Seite 159:** *38* (TC 0:14:12; 0:14:36; 0:17:06; 0:20:43). **Seite 160:** *58* (TC 0:21:06; 0:19:08; 0:18:36), *236* (TC 1:10:57). **Seite 161:** *193* (TC 0:34:30; 0:34:55; 0:34:56). **Seite 162:** *8 Extras* (TC 0:15:29; 0:15:38; 0:17:05). **Seite 163:** *259* (TC 2:20:45; 2:21:45; 2:21:51). **Seite 164:** *259* (TC 2:24:51; 2:25:24; 2:27:39; 2: 27:41). **Seite 165:** *91* (TC 0:06:57), *180* (TC 1:30.33), *183* (TC 0:04:41). **Seite 166:** *247* (TC 0:20:12), *215* (TC 0:47:37), *148* (TC 0:01:29). **Seite 167:** *40* (TC 1:35:26; 1:26:19; 1:45:49). **Seite 168:** *40* (TC 0:01:20), *221* (TC 0:00:15; 0:01:39). **Seite 169:** *193* (TC 1:40:09), *215* (TC 0:08:14), *58* (TC 1:09:18). **Seite 170:** *173* (TC 0:11:45; 1:00:27; 1:28:54). **Seite 171:** *193* (TC 0:06:45; 0:09:51; 0:52:02; 0:54:13; 0:55:50). **Seite 172:** *108* (TC 0:06:04; 0:06:47; 0:07:59; 0:09:04; 0:08:34; 0:10:05). **Seite 175:** *28* (TC 0:38:40), *110* (TC 0:36:07), *103* (TC 0:19:54), *97* (TC 0:22:13). **Seite 176:** *229* (TC 0:05:16), *205* (TC 0:40:54), *64* (TC 0:42:19), *55* (TC 0:54:19), *58* (TC 1:55:25). **Seite 177:** *276* (TC 1:04:27), *8* (TC 0:18:31), *132* (TC 0:10:08), *22* (TC 2:38:24), *221* (TC 0:45:33). **Seite 178:** *101* (TC 1:17:12), *98* (TC 0:54:33), *73* (0:05:27), *267* (TC 0:56:49), *151* (TC 0:16:20). **Seite 179:** *60* (TC 0:25:03), *4* (TC 1:16:30), *107* (TC 0:28:41), *179* (TC 0:25:44), *144* (TC 0:02:31). **Seite 180:** *254* (TC 1:05:51), *212* (TC 0:34:41), *42* (TC 0:33:12), *190* (TC 0:13:20), *45* (TC 0:56:50). **Seite 181:** *177* (TC 0:47:17), *112* (TC 0:57:24), *98* (TC 1:12:12), *77* (TC 0:05:59), *207* (TC 0:48:15), *95* (TC 0:33:56). **Seite 182:** *38* Extras (TC 0:00:58). **Seite 183:** *57* (TC 0:29:38), *71* (TC 0:27:11), *209* (TC 0:00:45), *121* (TC 1:01:16), *207* (TC 0:07:55), *135* (TC 0:52:01), *108* (TC 1:35:29), *253* (TC 1:31:28), 249 (TC 0:58:07). **Seite 184:** *276* (TC 1:38:51). **Seite 185:** *160* (TC 0:10:32), *176* (TC 1:02:32), *181* (TC 0:55:04), *8* (TC 0:12:02), *202* (TC 0:51:46), *95* (TC 0:33:56), *154* (TC 0:05:35). **Seite 186:** *215* (TC 0:49:59), *276* (TC 1:21:12), *58* (TC 0:21:09). **Seite 187:** *276* (TC 0:02:14; 0:02:20; 0:02:30; 0:02:40; 0:02:52). **Seite 188:** *202* (TC 0:14:24; 0:14:30; 0:14:35). **Seite 189:** *202* (TC 0:25:30; 0:25:58; 1:36:14; 1:36:31). **Seite 190:** *202* (TC 1:01:09; 1:01:22; 1:19:05). **Seite 191:** *170* (TC 1:14:21; 1:20:51; 1:20:57; 1:21:30; 1:20:59). **Seite 192:** *170* (TC 1:02:05). **Seite 193:** *170* (TC 1:02:32; 1:02:45). **Seite 194:** *108* (TC 1:35:29). **Seite 195:** *108* (TC 0:01:21, 0:01:36; 0:03:14; 0:05:56; 0:07:59; 0:08:34). **Seite 196:** *233* (TC 0:46:05). **Seite 197:** *233* (TC 0:51:34), *132* (TC 0:14:49), *185* (TC 0:22:23), *278* (TC 1:21:08), *232* (TC 2:34:07), *3* (TC 0:45:50). **Seite 198:** *12* (TC 0:25:48), *132* (TC 0:52:45). **Seite 199:** *132* (TC 0:34:56; 0:35:02; 1:17:15; 1:17:19: 1:17:23). **Seite 200:** *132* (TC 0:01:44; 0:03:44, 0:05:58; 0:08:00). **Seite 201:** *68* (TC 0:06:08), *62* (TC 0:53:45), *109* (TC 0:25:46), *243* (TC 0:15:51), *43* (TC 0:08:53), *127* (TC 0:02:48). **Seite 202:** *147* (TC 0:08:13), *127* (TC 0:20:12), *244* (TC 0:16:42), *201* (TC 0:23:05), *47* (TC 0:55:57). **Seite 203:** *242* (TC 0:35:05). **Seite 204:** *199* (TC 1:59:14), *221* (TC 0:47:31), *58* (TC 1:13:11), *132* (TC 1:18:55), *259* (TC 0:11:06), *173* (TC 0:07:27), *218* (TC 0:09.21). **Seite 205:** *199* (TC 0:18:34), *197* (TC 0:31:49), *209* (TC 1:25:39), *26* (TC 0:50:57), *81* (TC 0:40:40), *156* (TC 1:08:36). **Seite 206:** *2* (TC 0:34:08), *61* (TC 0:40:51), *210* (TC 1:12:09), *113* (TC 1:24:01), *17* (TC 0:16:56), *217* (TC 0:53:45). **Seite 207:** *102* (TC 0:12:18), *197* (TC 1:15:18), *199* (TC 2:29:06). **Seite 208:** *73* (TC 0:05:27), *223* (TC 0:08:56), *49* (TC 0:30:01), *270* (TC 0:14:28), *242* (TC 0:35:32), *40* (TC 1:27:44), *115* (TC 0:01:22). *283* (TC 0:58:55). **Seite 209:** *195* (TC 0:23:36), *125* (TC 0:48:58), *46* (TC 1:58:31), *171* (TC 0:01:12), *37* (TC 1:02:09), *151* (TC 0:16:20), *221* (TC 0:45:22), *211* (TC 1:11:23). **Seite 210:** *193* (TC 1:24:58; 0:15:38; 0:16:46; 1:40:09; 1:02:53, 0:41:42; 1:08:28; 0:27:47). **Seite 211:** *40* (TC 0:49:15; 0:49:31). **Seite 212:** *40* (TC 0:40:28, 0:34:34; 1:44:08; 0:40:34; 0;34:43; 1:44:17). **Seite 213:** *221* (TC

0:07:56; 0:12:29; 0:42:43; 0:47:31; 1:13:01; 1:43:41; 1:36:46). **Seite 214:** *200* (TC 1:17:48), *12* (TC 1:27:17), *139* (TC 0:27:51), *204* (TC 0:31:51), *138* (TC 0:04:16), *178* (TC 0:34:40). **Seite 215:** *53* (TC 0:00:08; 0:00:13; 0:00:17), *198* (TC 1:05:30), *170* (TC 0:23:02), 128 (TC 0:55:02). **Seite 216:** *58* (TC 0:06:35; 0:08:45; 0:56:21; 0:21:09; 0:34:13; 1:35:38; 1:13:11; 1:44:01; 0:41:08). **Seite 217:** *153* (TC 0:32:59), *192* (TC 0:54:27), *45* (TC 0:56:50), *234* (TC 0:07:44). **Seite 218:** *38* (TC 0:08:10), *193* (TC 0:05:47), *34* (TC 0:02:23), *132* (TC 0:31:13), *133* (TC 0:17:16). **Seite 219:** *59* (TC 0:11:03), *227* (TC 0:17:43); *287* (TC 1:16:50), *129* (TC 0:46:40). **Seite 220:** *70* (TC 1:21:34), *76* (TC 0:00:26), *107* (TC 0:12:46), *146* (TC 2:09:24), 27 (TC 0:19:36). **Seite 221:** *146* (TC 1:05:57). **Seite 222:** *231* (TC 0:09:54), *4* (TC 1:28:37), *182* (TC 1:06:12). **Seite 223:** *149* (TC 1:47:00), *230* (TC 0:44:06), *89* (TC 0:45:54), *137* (TC 0:22:56). **Seite 224:** *284* (TC 1:49:31), *219* (TC 0:48:24), *51* (TC 0:55:59), *277* (TC 0:46.35). **Seite 225:** *123* (TC 1:11:30), *235* (TC 0:09:17), *274* (TC 0:07:24), *134* (TC 0:00:04). **Seite 226:** *84* (TC 0:08:32), *74* (TC 0:44:41), *238* (TC 0:46:53), *275* (TC 0:12:51), *172* (TC 0:36:35). **Seite 227:** *225* (TC 1:33:34), *84* (TC 0:40:03), *220* (TC 0:22:37), *21* (TC 0:20:59), *196* (TC 0:56:22). **Seite 228:** *84* (TC 0:04:45; 0:12:59; 0:39:52), *218* (TC 0:07:09). **Seite 229:** *292* (TC 0:02:58), *290* (TC 0:00:56), *291* (TC 0:06:26), *290* (TC 0:03:30). **Seite 230:** *293* (TC 0:00:29; 0:02:06; 0:04:34; 0:04:35), *289* (TC 0:00:07), *199* (TC 0:18:34), *289* (TC 0:01:50), *199* (TC 1:11:05). **Seite 232:** *215* (TC 0:47:41; 0:48:34). **Seite 234:** *199* (TC 0:59:11; 1:59: 14). **Seite 237:** *58* (TC 1:13:11; 0:17:47; 0:50:27). **Seite 238:** *20* (TC 1:28:23; 0:18:09); *80 Extras Storyboard* (TC 0:03:18; 0:05:27). **Seite 240:** *150* (TC 0:22:44), *170* (TC 1:13:12). **Seite 242:** *34* (TC 1:40:34), *221* (TC 0:12:29), *199* (TC 1:59: 14), *102* (TC 0:10:01; 0:10:02), *126* (TC 0:00:24). **Seite 243:** *206* (TC 1:46:07), *259* (TC 0:11:06), *138* (TC 0:29:20), *275* (0:18:33). **Seite 244:** *180* (TC 1:25:22), *221* (TC 0:12:29), *48* (TC 0:12:31). **Seite 245:** *102* (TC 0:10:01; 0:10:02), *162* (TC 1:38:10; 1:38:21; 1:38:22). **Seite 246:** *285* (TC 0:59:23; 0:59:24; 0:59:25). **Seite 247:** *104* (TC 0:22:20). **Seite 248:** *202* Extras (TC 0:08:12), *202* (TC 0:51:31; 0:52:17; 1:29:35; 1:40:29). **Seite 251:** *218* (TC 0:00:17; 0:00:24; 0:00:45; 0:00:59; 0:01:07; 0:01:12). **Seite 254:** *20* (TC 1:28:23). **Seite 255:** *20* (TC 0:02:49). **Seite 256:** *218* Extras (TC 0:04:29). **Seite 257:** *122* (TC 0:30:40). **Seite 258:** *162* (TC 1:35:26).

Arbeitsmaterialien im Downloadbereich:

AB 2.4: *190* (TC 0:12:39; 0:12:33; 0:15:07; 0:18:34). **AB 2.5:** *190* (TC 0:12:33; 0:12:38;0:35:05; 0:53;39; 0:12:41; 0:35:06; 0:53:41; 0:12:42; 0:35:07; 0:53:42; 0:12:44; 0:35:08; 0:53:43; 0:12:46; 0:35:09; 0:53:46: 0:50:02; 0:30:09; 1:12:15). **AB 2.6:** *190* (TC 0:15:07; 0:15:25; 0:36:21; 0:54:49; 0:15:26; 0:36:22; 0:54:58; 0:15:27; 0:36:22; 0:55:05; 0:15:27; 0:36:23; 0:55:11; 0:15:29; 0:36:25; 0:55:18). **AB 2.7:** *190* (TC 0:18:34; 0:18:35; 0:42:24; 0:18:36; 0:42:25; 0:18:37; 0:42:27; 0:18:38; 0:42:28; 0:18:39; 0:42:28). **AB 11.2:** *108* (TC 1:08:59; 0:14:10; 0:11:34; 0:06:47). **AB 11.3:** *108* (TC 0:50:06; 0:55:11; 0:58:38; 1:13:45). **AB 11.4:** *108* (TC 0:02:39; 0:18:27; 1:35:29). **AB 11.5:** *108* (TC 0:23:29; 0:24:17; 0:36:53; 1:13:45). **AB 14.4:** *170* (TC 0:03:04; 0:03:44, 0:14:51). **AB 17.2:** *133* (TC 0:00:29; 0:00:47; 0:02:21; 0:04:03; 0:03:04; 0:04:06 ; 0:04:13; 0:04:30). **AB 19.2:** *34* (TC 1:34:01; 1:34:14; 1:34:22; 1:50:19; 1:51:02; 1:51:16; 1:48:58; 1:49:20; 1:49:53). **AB 20.3:** *132* (TC 0:18:01; 0:18:06: 0:18:09; 0:18:11; 0:18:18; 0:18:23). **AB 20.4:** *132* (TC 0:18:24; 0:18:33; 0:18:35, 0.18.38, 0:18:44; 0:18:45; 0:18:46; 0:18:48; 0:18:50; 0:18:51). **IB 22.1:** *262* (TC 0:45:56). **IB 22.2:** *215* (TC 0:52:43; 0:52:44; 0:52:45). **AB 22.1:** *215* (TC 0:47:45; 0:47:37; 0:47:49; 0:47:48: 0:47:35; 0:47:50; 0:48:04; 0:47:55; 0:47:58; 0:47:38; 0:48:14; 0:47:40; 0:48:22; 0:47:47; 0:48:27; 0:47:46; 0:48:13). **AB 22.2:** *215* (TC 0:47:35; 0:47:37; 0:47:38: 0:47:39; 0:47:40; 0:47:45; 0:47:46; 0:47:48; 0:47:49: 0:47:50; 0:47:55; 0:47:58; 0:48:13; 0:48:14; 0:48:17; 0:48:22). **AB 22.3:** *221* (TC 0:44:51; 0:44:58; 0:45:13; 0:45:25; 0:45:34; 0:45:53; 0:46:28; 0:45:35; 0:47:31). **AB 22.4:** *221* (TC 0:45:12; 0:44:54; 0:44:54; 0:45:30; 0:45:33; 0:46:01; 0:45:51; 0:45:54; 0:46:31; 0:45:51; 0:46:43; 0:47:07; 0:47:02; 0:46:37; 0:46:38). **AB 22.5:** *221* (TC 0:44:51; 0:44:54; 0:44:58; 0:45:12; 0:45:13; 0:45:25; 0:45:30; 0:45:33; 0:45:34; 0:45:35; 0:45:50: 0:45:51). **AB 22.6:** *221* (TC 0:45:53; 0:45:54; 0:46:01; 0:46:21; 0:46:31; 0:46:36; 0:46:37; 0:46:42; 0:46:43; 0:47:02; 0:47:10; 0:47:31). **AB 25.6:** *259* (TC 2:19:43; 0:21:30: 0:25:06; 2:25:24). **AB 25.7:** *259* (TC 0:09:22; 0:35:42; 0:54:32; 0:25:06; 0:44:16; 2:35:39). **AB 25.8:** *259* (TC 0:34:06; 0:56:06; 2:30:31; 0:21:30; 2:17:14). **IB 25.3:** *208* (TC 1:11:06); *282* (TC

0:48:22). **IB 25.4:** *221* (TC 0:45:22); *94* (TC 0:09:23); *215* (TC 0:47:37; 0:47:38). **AB 25.10:** *173* (TC 0:02:44; 0:02:51; 0:03:06; 0:03:13; 0:03:15; 0:03:17; 0:03:19; 0:03:22; 0:03:33). **AB 25.11:** *173* (TC 0:03:40; 0:03:52; 0:04:14; 0:04:20; 0:04:50; 0:05:08). **IB 27.3:** *38 Extras* (TC 0:00:55; 0:00:56; 0:00:57). **AB 27.1:** *38 Extras* (TC 0:00:53; 0:00:50; 0:00:49; 0:00:50). **IB 28.3:** *58 Extras* (TC 0:03:58; 0:03:48); *152* (TC 1:06:40); *200* (TC 0:41:07); *276* (TC 1:08:46; 1:37:58). **AB 28.6:** *58 Extras* (TC 0:01:43); *276* (TC 1:39:37; 1:45:27; 1:47:02); *58* (TC 0:16:51; 0:21:00; 0:21:09). **AB 28.7:** *202* (TC 0:26:35; 0:26:58; 0:30:28; 0:53:43; 0:57:37; 0:59:59; 1:15:32; 1:19:03; 1:20:14). **AB 31.3:** *218* (TC 0:26:36; 0:26:43; 0:27:03; 0:27:05). **AB 31.4:** *218* (TC 0:34:21; 0:34:56; 0:48:24; 0:48:29). **AB 31.5:** *218* (TC 0:49:45; 0:50:26; 0:50:34; 0:50:35). **IB 40.2:** *221* (TC 0:12:29); *222* (TC 0:15:49); *268* (TC 0:54:53); *215* (TC 0:51:57); *276* (TC 1:05:43); *270* (TC 1:33:21); *149* (TC 0:57:08). **AB 40.2:** *40* (TC 0:39:11); *105* (TC 0:13:18; 0:12:43); *41* (TC 0:34:30; 0:55:11). **AB 40.3:** *117* (TC 0:27:02; 0:59:29); *159* (TC 0:33:44; 0:03:58); *31* (TC 0:06:45; 0:02:18). **IB 43:** *193* (TC 0:27:24; 0:21:20; 0:21:00; 0:42:28; 0:22:30; 0:55:16). **AB 43.1:** *193* (TC 0:44:45; 0:41:48; 0:43:12; 0:33:26; 0:27:47; 1:34:31; 0:15:45; 0:22:27; 1:24:58). **AB 43.2:** *193* (TC 0:10:50; 0:10:53; 0:12:04; 0:12:07; 0:12:17; 0:12:30). **AB 43.3:** *193* (TC 0:13:12; 0:13:18; 0:13:28; 0:13:27; 0:13:30; 0:13:47; 0:14:10). **AB 46.2:** *199* (TC 0:07:00; 1:18:51; 0:18:21; 1:52:48). **AB 47.4:** *162* (TC 1:32:57; 1:33:17; 1:33:42; 1:11:16; 1:33:20; 1:33:19; 1:38:25). **AB 48.1:** Illustrierter Film-Kurier (1937). Der Mann, der Sherlock Holmes war. S. 1 – 2; 3; 7. **AB 48.2:** *242* (TC 0:20:31; 0:36:38; 1:00:01; 1:23:43).

Anmerkungen

Filme konkret

[1] Vgl. Holighaus (2005) und Länderkonferenz Medienbildung und Vision Kino (2009).

[2] Dies spiegelt sich auch in den empirischen Befunden von Matthis Kepser aus dem Jahr 2006 wider, der nach einer Befragung von 700 Abiturienten aus sechs Bundesländern feststellt, dass über ein Drittel während ihrer Schulzeit Spielfilme nie reflektiert haben. Auch jene Abiturienten, die sich mit einem oder mehreren Spielfilmen intensiv auseinandergesetzt hatten, waren noch weit von einem angemessenen Wissen über die wichtigsten Gestaltungsmittel des Films entfernt (Vgl. Kepser 2006, S. 12f.).

[3] Lenin (1964), S. 579. Vgl. auch Lenin (1970).

[4] Reinecke (2001).

[5] Vgl. Trimborn (2003), S. 212f.

[6] Alexander Korda (1893–1956) war ein ungarisch-britischer Filmregisseur und Filmproduzent. Nachdem er in Deutschland und Frankreich bei einigen Filmen die Regie übernahm, gehörte er in den 1930er-Jahren zu den einflussreichsten Persönlichkeiten des britischen Films. Großen Erfolg verzeichnete er als Produzent der Filme „Der Dieb von Bagdad“ (1940) und „Der dritte Mann“ (1949).

[7] „Der große Diktator“ wurde für die Kategorien „Bester Film“, „Bester Hauptdarsteller“, „Bester Nebendarsteller“, „Bestes Originaldrehbuch“ und „Beste Original-Filmmusik“ nominiert.

[8] Vgl. Schirmer (2005), S. 489.

[9] Vgl. dazu auch Pfeiffer & Staiger (2010), S. 77.

[10] Vgl. Pfeiffer & Staiger (2010), S. 95 und S. 12.

[11] Zavattini (1979), S. 103f.; zitiert nach Fraller (2007), S. 49.

[12] Der italienische Regisseur Sergio Corbucci (1927–1990) drehte zwischen 1950 und 1990 mehr aus 60 Filme und gilt neben Sergio Leone als prägender Regisseur des Italo-Westerns. Besonders bekannt sind seine Filme „Django“ (1966) und „Leichen pflastern seinen Weg“ (1968).

[13] Zur sogenannten Dollar-Trilogie gehören die Filme „Für eine Handvoll Dollar“ (1964), „Für ein paar Dollar mehr“ (1965) und „Zwei glorreiche Halunken“ (1966).

[14] Vgl. Dadelsen (1992), S. 157.

[15] Die Amerika-Trilogie wurde durch die Filme „Todesmelodie“ (1971) und „Es war einmal in Amerika“ (1984) fortgeführt.

[16] Diesem ersten Teil folgten die Filme „Indiana Jones und der Tempel des Todes“ (1984), Indiana Jones und der letzte Kreuzzug“ (1989) und „Indiana Jones und das Königreich des Kristallschädels“ (2008). Gegenwärtig scheint ein fünfter Teil beschlossene Sache zu sein und wurde für den Sommer 2019 angekündigt.
Vgl. dazu: http://www.filmstarts.de/nachrichten/18502208.html [letzter Abruf: 7.2.2017]

[17] Der Film konnte davon vier Oscars in den Bereichen „Bestes Szenenbild“, „Beste visuelle Effekte“, „Bester Schnitt“ und „Bester Ton“ für sich gewinnen.

[18] In dieser Tradition erschienen beispielsweise die Filme „Auf der Jagd nach dem grünen Diamanten“ (1984) und „Auf der Jagd nach dem Juwel vom Nil“ (1985) mit Michael Douglas und Kathleen Turner in den Hauptrollen.

[19] So hat beispielsweise der Autor Wolfgang Hohlbein zwischen 1990 und 1994 acht Indiana-Jones-Abenteuerromane vorgelegt.
Einen guten Überblick über das Indiana-Jones-Syndrom in den Medien liefert die Webseite: http://indianajones.wikia.com/wiki/Main_Page

[20] Intramedialität wird hier für jene Bezüge verwendet, die innerhalb des Mediums bestehen und sich als Verweise auf konkrete Filme oder Filmgenres ausdrücken können. Intermedial sind die Bezüge dann, wenn sie Mediengrenzen überschreiten und sich der Gestaltungsmittel anderer Medien auf der narrativen, visuellen oder auditiven Ebene bedienen. Zu den Begriffen Intra- und Intermedialität vgl. Rajewsky (2002), S. 12–14.

[21] Vgl. Roser (2004), S. 7f.

[22] Vgl. Lola rennt. Interview mit Tom Tykwer. Abrufbar unter: http://www.tomtykwer.com/de/Filmographie/Lola-rennt/Entstehung [letzter Abruf: 7.2.2017]

[23] Im französischen Original erschienen zwischen 2000–2003 vier Comicbände. Die deutschsprachigen Übersetzungen wurden in zwei Bänden „Persepolis. Eine Kindheit im Iran“ (2004) und „Jugendjahre“ (2004) erstmals veröffentlicht und sind auch als Sammelband „Persepolis“ (2011) verfügbar.

[24] Mayer & Satrapi (2007), S. 2.

[25] Vgl. dazu auch Steierer (2012), S. 2 und Schultz (2012), S. 474.

[26] Steierer (2012), S. 2.

[27] Der Production Code (auch Hays Code genannt) entstand in den 1930er-Jahren und sollte eine inhaltliche Kontrolle der Filmproduktion gewährleisten, die als freiwillige Filmzensur der amerikanischen Filmindustrie vor dem Hintergrund christlicher Werte Filme als moralisch unbedenklich auszeichneten und dem „gutem Geschmack“ entsprachen. Obwohl

diese Vorschriften 1968 offiziell aufgehoben wurden, finden sich diese konservativen Wertungen immer noch in der US-amerikanischen Filmindustrie und Normabweichungen nehmen zwar zu, gehören aber immer noch zu den Ausnahmen. Vgl. dazu auch Röwekamp 2003, S. 55 und Neumann 2011, S. 545f.

[28] Laut Booklet der deutschen DVD-Ausgabe sahen über 9 Millionen und damit 31,3% aller Zuschauer die Fernsehpremiere in Großbritannien. Zu weiteren Quotenzahlen vgl. Tribe (2015), S. 308–318.

Filmanalyse Narrativ

[29] Schlütz (2016), S. 13.

[30] Vgl. ebd., S. 26.

[31] Bock (2013), S. 38.

[32] Vgl. Bordwell & Thompson (2010), S. 80-84; Mikos (2008), S. 112-115 und 134-142.

[33] Vgl. Fuxjäger (2007), S. 14.

[34] Vgl. Mikos (2008), S. 107.

[35] Vgl. Tieber (2008), S. 59f.

[36] Vgl. Munaretto (2012), S. 23. und Rother (1997), S. 317f.

[37] Mayer & Janowitz (1995), S. 51f. und 110f.

[38] Vgl. Bienk (2008), S. 95 und Zygouris (2011), S. 762f.

[39] Die Webseite der Universität Potsdam kategorisiert zehn verschiedene Arten des Filmvorspanns. Aus Gründen der Vereinfachung und der oft auch unzureichenden Trennschärfe werden hier nur sechs Kategorien aufgelistet und um die eigenständige Kategorie „Prolog“ ergänzt. Vgl. Geschwäntner & Tschesch (2004).

[40] Vgl. dazu auch Kamp (2011), S. 43-45.

[41] Vgl. Bienk (2008), S. 98

[42] Vgl. Borries (1983, S. 226). Borries verwendet die Begrifflichkeiten „verfilmte Zeit“ (dargestellte Zeit im Film), „Verfilmzeit“ (Filmentstehungszeit) und „Konsumzeit“ (Rezeptionszeit) und legt eine zeitliche Differenz von mindestens 20 Jahren zwischen dem dargestellten Geschehen und der Verfilmung fest, damit man von einem Rückblick, von Erinnerung und Vergangenheits-Aufarbeitung sprechen und der Film als „historisch angelegt“ gelten kann.

[43] Filme (wie andere Medien auch) können sowohl als Quelle für wie auch als Darstellung von Geschichte betrachtet werden (vgl. Crivellari 2010, S. 173). Quellen sind beispielsweise Dokumente und Monumente. Dokumente sind Überreste historischer Prozesse und Monumente Botschaften der Vergangenheit an spätere Generationen, die absichtliche Sinndeutungen enthalten (vgl. Pandel & Schneider 2011, S. 10). Darstellungen als Geschichtsschreibung sind dagegen Sinndeutungen der Vergangenheit von der jeweiligen Gegenwart aus und damit retrospektive Konstruktionen.

[44] Mehr dazu in Beil, Kühnel & Neuhaus (2012), S. 249-252.

[45] Doyle (2007), S. 229.

[46] Vgl. Vogler (2010), S. 79-85 und Kamp & Braun (2011), S. 100-104.

Filmanalyse visuell und auditiv

[47] Vgl. Hickethier (2012), S. 48.

[48] Vgl. Monaco (2000), S. 187.

[49] Vgl. Hickethier (2012), S. 44.

[50] Vgl. Kamp & Rüsel (1998), S. 47f.

[51] Vgl. Adachi-Rabe (2011), S. 93.

[52] Vgl. Wulff (1999), S. 83.

[53] Vgl. ebd., S. 84.

[54] Vgl. dazu auch Planet Schule (2012), Bienk (2008), S. 39 und Müller (2012), S. 9.

[55] Vgl. Tribe & Gatiss (2015), S. 300f.

[56] Vgl. Eisner (1987) und Kamp & Rüsel (1998)S. 29f.

[57] Vgl. Kamp & Rüsel (1998). S. 38f.

[58] Vgl. ebd., S. 38f.

[59] Vgl. Bienk (2008), S. 63.

[60] Monaco & Bock (2011), S, 81.

[61] Vgl. zur 5-Shot-Technik auch: https://www.planet-schule.de/fileadmin/dam_media/wdr/dokmal/unterricht/ein_dokumentarisches_filmprojekt/AB14_Infoblatt_5-Shot-Technik.pdf [letzter Abruf: 23.03.2017] und Müller (2012, S. 115.

[62] Vgl. dazu auch Müller (2012), S. 115.

[63] Vgl. Bienk (2008), S. 60.

[64] Vgl. ebd., S. 67f. und Rother 1997, S. 49.

[65] Vgl. http://filmlexikon.uni-kiel.de/index.php?action=lexikon&tag=det&id=3425 [letzter Aufruf: 23.03.2017]

[66] Vgl. ausführlicher dargestellt bei Bienk (2008), S. 71 und 129f.

[67] Vgl. Kamp & Rüsel (1998), S. 11 und 71-76; Bienk (2008), S. 77-82.

[68] Vgl. Bienk (2008), S. 72f. und 131-134.

[69] Vgl. ebd., S. 74-76 und Kamp & Rüsel (1998), S. 73-76.

[70] Eine Auflistung zahlreicher Filmfehler aus 50 bekannten Filmen ist nachzulesen bei Bittkowski (2003).

[71] Vgl. Bienk (2008), S. 139f.

[72] Benannt wurden die Techniker nach dem Universal-Pictures-Mitarbeiter Jack Foley, der als Erstes Ende der 1920er-Jahre zusätzliche Töne für einen Film erzeugte.
Vgl. dazu http://filmlexikon.uni-kiel.de/index.php?action=lexikon&tag=det&id=775 [letzter Abruf: 19.02.2017].

[73] Vgl. Hickethier (2012), S. 92.

[74] Kungel (2008), S. 27.

[75] Maibohm (1990), S. 144-146.

[76] Vgl. Junkerjürgen (2015), S. 245.

[77] Vgl. Maas (2012), S. 14.

[78] Vgl. Surkamp (2010), S. 278.

[79] Vgl. Maas (2012), S. 17.

[80] Vgl. Bullerjahn (2016), S. 75f. Claudia Bullerjahn führt als vierte Strategie die Baukasten-Technik an, die hier aus praktischen Überlegungen vernachlässigt wird, da sie bisher vor allem im Avantgardefilm und damit nur selten anzutreffen ist.

[81] Vgl. Schneider (1986, S. 141); zitiert nach Bullerjahn (2016), S. 89.

Film in der Mediengesellschaft

[82] Vgl. dazu auch Faulstich 2005; Hoffmann (1995) und Nowell-Smith (2006).

[83] Vgl. Kleinhans 2012, S. 1f.

[84] Vgl. Faulstich (2005), S. 89f.

[85] Vgl. Schultz (2012), S. 64. Die Prozentangaben der im 3. Reich produzierten Propagandafilme weichen voneinander ab, bewegen sich aber meist zwischen 10% und 20%. Vgl. dazu auch Donner (1995), S. 14.

[86] Vgl. Witte (1993), S. 165.

[87] Vgl. Prommer (2016), S. 336.

[88] Vgl. Filmförderungsanstalt (2015)

[89] Lenin (1955), S. 422.

[90] Vgl. Hickethier (2006), S. 513; Detering (2007), S. 57 und Krützen (1995).

[91] Vgl. http://deutsches-filminstitut.de/filmmuseum/ausstellungen/sonderausstellung/film-noir/stil-und-geschichte-film-noir/ (letzter Abruf: 21.02.2017]

[92] Vgl. Schrader (1996); Werner (2000), S.26-68, Faulstich (2005), S. 120 und Sellmann (2001), S. 48f.

[93] Vgl. Morandini (2006), S. 323 und Faulstich (2005), S. 126-131.

[94] Vgl. Pfeiffer & Staiger (2010), S. 92.

[95] Der Deerstalker ist eine Jagdmütze, die normalerweise nur auf dem Land getragen wurde. Dieser Hut, auf den auch die BBC-Verfilmung der „Sherlock"-Reihe mehrmals anspielt, wird nur in der Originalgeschichte „Silberstrahl" erwähnt. In dieser ermittelt das Duo in der Hügellandschaft von Dartmoor. Dass sich dieser Hut als Markenzeichen von Sherlock Holmes in der Populärkultur etabliert hat, ist vor allem dem Illustrator Sidney Paget im Strand Magazine zuzurechnen.

[96] Mehr zum Thema Sherlock Holmes im Film bei Ross (2003), Kastner (2013), Fleischhack (2015) und Boström (2015).

[97] Vgl. Ganguly (2011), S. 12.

[98] Hickethier (2002), S. 63.

[99] Vgl. dazu Pfeiffer & Staiger (2010), S. 32.f. und Liptay (2011), S. 515-520.

[100] Seeßlen (2013), S.147.

[101] Vgl. Schlichter (2012).

[102] Vgl. http://www.film-fokus.de/filmgenres/ [letzter Abruf: 22.03.2017]

[103] Als weiteres Subgenre hat sich das Doku-Drama im Fernsehen etabliert, das die Formen des Dokumentar- und Spielfilms kombiniert und als Hybrid Fakten und Fiktives mischt. Während der erste Teil des Wortes als Zusicherung von Information, Bildung und Authentizität verstanden werden kann, betont der zweite Teil des Wortes die Aspekte der Unterhaltung, des Schauspiels und der sinnlichen Attraktion. Vgl. dazu auch Ebbrecht & Steinle (2008), S. 251.

[104] Mehr dazu ist im Themenheft „Mythos Western" der Reihe „Klassiker sehen – Filme verstehen" der Deutschen Filmakademie und der Bundeszentrale für politische Bildung nachzulesen. Vgl. Ganguly (2015).

[105] Vgl. Appelt (2005), S. 9.

[106] Vgl. Bühler & Ganguly (2015), S. 11. Mehr dazu auch bei Friedrich (2007).

[107] Vgl. Webseite über Lotte Reiniger unter: http://www.lottereiniger.de/lotte_reiniger/portrait.php [letzter Abruf: 22.02.2017] und Kepser (2010), S. 127f.

[108] Wollenberg, Hans (1926). Die Geschichte des Prinzen Achmed. Vgl. dazu auch Lange (2012), S. 2f.

[109] Neumann-Braun & Schmidt (1999), S. 10.

[110] Vgl. Altrogge (2001). S. 26-30.

[111] Vgl. Schenk (2008). S. 90. Für Filmzitate im Videoclip vgl. Wagener (2015).

[112] Vgl. Kopf (2003).

[113] Vgl. Film-Oberprüfstelle (1926a), (1926b), (1926c).

[114] Buñuel (1927), zitiert nach Elsaesser (2000a), S. 19.

[115] Wells (1927), zitiert nach Kilb (2010).

Filmproduktion

[116] Vgl. https://www.drehbuchwerkstatt.de/Fachtexte/expose.htm und http://www.uni-potsdam.de/u/slavistik/vc/filmanalyse/arb_stud/ehrenhart_goeckeler_jura/theorie/ [letzter Abruf: 06.03.2017]

[117] Vgl. Klein (2011), S. 695f., Cristiano (2008), S. 12f., Henkel (2011), S. 24f.

[118] Tarantino (2009), S. 105-107.

[119] Vgl. Monaco (2000), S. 134.

[120] Vgl. Mikos (2008), S. 244-253.

[121] Mehr Informationen zum Thema Filmberufe unter: Bundesvereinigung der Filmschaffenden-Verbände e.V. (Hrsg.) (2011). Filmberufe. Abrufbar unter: http://www.die-filmschaffenden.de/sites/default/files/pressematerial/BVFS-Berufsbilder.pdf [letzter Abruf: 06.03.2017]

[122] Vgl. dazu auch Kepser (2010), S. 126f.

[123] Nützliche Hinweise zur Gestaltung eines Storyboards liefern Manthey (2006), Christiano (2008) und Henkel & Hellhammer (2011).

[124] Von den zahlreichen Publikationen mit Praxistipps zum Filmdreh mit Schülern sei hier stellvertretend auf Altendorfer (2014), Rall (2015) und Weller (2015) verwiesen.